【传世经典 文白对照】

通鉴纪事本末

四

〔宋〕袁枢 撰

杨寄林 主编

中华书局

目录

第四册

通鉴纪事本末

卷第十三

刘渊据平阳 杀太弟乂附

汉灵帝中平五年春三月,诏发南匈奴兵配刘虞讨张纯,单于羌渠遣左贤王将骑诣幽州。国人恐发兵无已,于是右部醢落反,与屠各胡合,凡十馀万人,攻杀羌渠。国人立其子右贤王於扶罗为持至尸逐侯单于。

六年。初,南单于於扶罗既立,国人杀其父者遂叛,共立须卜骨都侯为单于。於扶罗诣阙自讼。会灵帝崩,天下大乱,於扶罗将数千骑与白波贼合兵寇郡县。时民皆保聚,钞掠无利,而兵遂挫伤。复欲归国,国人不受,乃止河东平阳。须卜骨都侯为单于一年而死,南庭遂虚其位,以老王行国事。

献帝兴平二年冬十二月,南单于於扶罗死,弟呼厨泉立,居于平阳。

建安二十一年秋七月,南单于呼厨泉入朝于魏,魏王操因留之于邺,使右贤王去卑监其国。单于岁给绵、绢、钱、谷如列侯,子孙传袭其号。分其众为五部,各立其贵人

刘渊据平阳 杀太弟义附

东汉灵帝中平五年(188)春季三月,灵帝下诏调发南匈奴的兵力配合刘虞征讨张纯,单于羌渠派左贤王统帅骑兵到幽州听候调遣。单于的部众害怕没完没了的发兵,于是右部醢落反叛,与屠各胡的兵力合在一起,一共十多万人,进攻并杀死了羌渠单于。部众们立单于的儿子原来担任右贤王的於扶罗为持至尸逐侯单于。

中平六年(189)。起初,南单于於扶罗刚刚被立为单于时,曾参与杀死他父亲的部众就发生了反叛,共同拥立须卜骨都侯为单于。於扶罗亲自跑到京师来告状。正赶上灵帝驾崩,天下大乱,於扶罗率几千骑兵与白波谷的贼寇合兵掳掠各郡县。当时百姓都群聚以自保,於扶罗等抢夺一番没得到什么好处,兵力却因此受了损失。於扶罗又打算回到自己国中,但部众们不接纳他,就只好停驻在河东郡的平阳县。须卜骨都侯仅当了一年的单于就死了,南匈奴就让单于的位置空着,让老王处理国事。

东汉献帝兴平二年(195)冬季十二月,南单于於扶罗死,其弟呼厨泉继立,住在平阳。

建安二十一年(216)秋季七月,南单于呼厨泉前来朝见魏王,魏王曹操借机把他留在了邺城,让右贤王去卑监摄国政。单于每年所享受的绵、绢、钱、粮待遇,与列侯相同,其子孙世代传袭单于的封号。曹操将单于手下的部众分为五部,分别任命其贵族

为帅,选汉人为司马以监督之。

魏邵陵厉公嘉平三年。初,南匈奴自谓其先本汉室之甥,因冒姓刘氏。太祖留单于呼厨泉于邺,分其众为五部,居并州境内。左贤王豹,单于於扶罗之子也,为左部帅,部族最强。城阳太守邓艾上言:"单于在内,羌夷失统,合散无主。今单于之尊日疏而外土之威日重,则胡虏不可不深备也。闻刘豹部有叛胡,可因叛割为二国,以分其势。去卑功显前朝而子不继业,宜加其子显号,使居雁门。离国弱寇,追录旧勋,此御边长计也。"又陈:"羌胡与民同处者,宜以渐出之,使居民表,以崇廉耻之教,塞奸宄之路。"司马师皆从之。

晋武帝泰始六年。初,魏人居南匈奴五部于并州诸郡,与中国民杂居,自谓其先汉氏外孙,因改姓刘氏。

咸宁五年。初,南单于呼厨泉以兄於扶罗子豹为左贤王,及魏武帝分匈奴为五部,以豹为左部帅。豹子渊,幼而俊异,师事上党崔游,博习经史。尝谓同门生上党朱纪、雁门范隆曰:"吾常耻随、陆无武,绛、灌无文。随、陆遇高帝而不能建封侯之业,绛、灌遇文帝而不能兴庠序之教,岂不惜哉!"于是兼学武事。及长,猿臂善射,膂力过人,姿貌魁伟。为任子在洛阳,王浑及子济皆重之,屡荐于帝,帝召与语,悦之。济曰:"渊有文武长才,陛下任以东南之事,吴不

为统帅,同时选派汉人任司马来监督他们。

魏邵陵厉公嘉平三年(251)。起初,南匈奴人自称其祖先本是汉王室的外甥,因此冒充姓刘氏。太祖曹操将单于呼厨泉留在邺城,将其部众分为五部,住在并州境内。左贤王刘豹,是单于於扶罗的儿子,任左部的统帅,部族实力最强。城阳太守邓艾上书言道:"单于长住在都城之内,那些少数民族失去统领,聚散没有人管。现在单于的尊严越来越微弱而居外的部族首领的威风却一天比一天显重,对这胡人不可不多加防备。听说刘豹部族中反叛的胡人,可以利用其背叛的情况把它分为两国,借以削弱它的势力。去卑这个人在前朝曾立下大功,但他的儿子却没有承袭他的功业,可以给予他儿子以显赫的名号,让他居住在雁门。割裂强国,削弱贼寇,追赏旧日的功勋,这是统治边境地区的长久之计。"又奏道:"羌胡与汉民杂居一处的,应该逐渐把他们分出,让他们住在汉族编民的外围,借以推崇廉耻方面的教化,堵塞作乱的途径。"邓艾的建议司马师都依从了。

晋武帝泰始六年(270)。当初,曹魏朝廷让南匈奴的五部居住在并州诸郡,与中原地区的汉民杂居,南匈奴人自称其祖先是汉王室的外孙,因此改姓刘氏。

咸宁五年(279)。当初,南单于呼厨泉任用他哥哥於扶罗的儿子刘豹为左贤王,到魏武帝将匈奴分为五部时,任用刘豹为左部帅。刘豹的儿子刘渊,年幼却才智出众,拜上党人崔游为老师,广泛学习经史典籍。他曾经对同窗上党人朱纪、雁门人范隆说:"我常遗憾于随何、陆贾没有武略,绛侯、灌婴缺少文才。随何、陆贾遇到汉高祖这样的皇帝却不能建立封侯的伟业,绛侯、灌婴遇到文帝这样的君主却无力振兴学校的教育,这岂不可惜吗?"于是他在学文的同时学习军事。等他长大了,臂长似猿,善于射箭,体力超过常人,身材高大魁梧。他作为人质住在洛阳,王浑和儿子王济都很看重他,屡次向晋武帝推荐他,晋武帝召他去与他谈话,很喜爱他。王济说:"刘渊有文武全才,陛下如让他统领东南地区的事务,那么,平定吴国这样的大事,也不

足平也。"孔恂、杨珧曰："非我族类,其心必异。渊才器诚少比,然不可重任也。"及凉州覆没,帝问将于李憙,对曰："陛下诚能发匈奴五部之众,假刘渊一将军之号,使将之而西,树机能之首可指日而枭也。"孔恂曰："渊果枭树机能,则凉州之患方更深耳。"帝乃止。

东莱王弥家世二千石,弥有学术勇略,善骑射,青州人谓之"飞豹"。然喜任侠,处士陈留董养见而谓之曰："君好乱乐祸,若天下有事,不作士大夫矣。"渊与弥友善,谓弥曰："王、李以乡曲见知,每相称荐,适足为吾患耳。"因歔欷流涕。齐王攸闻之,言于帝曰："陛下不除刘渊,臣恐并州不得久安。"王浑曰："大晋方以信怀殊俗,奈何以无形之疑杀人侍子乎?何德度之不弘也!"帝曰："浑言是也。"会豹卒,以渊代为左部帅。

太康十年冬十一月,诏以刘渊为匈奴北部都尉。渊轻财好施,倾心接物,五部豪杰,幽、冀名儒,多往归之。

惠帝永熙元年冬十月,以刘渊为建威将军、匈奴五部大都督。

永兴元年。初,太弟颖表匈奴左贤王刘渊为冠军将军,监五部军事,使将兵在邺。渊子聪,骁勇绝人,博涉经史,善属文,弯弓三百斤。弱冠游京师,名士莫不与交。颖以聪为积弩将军。

够他施展才能的。"孔恂、杨珧说:"不是我们的同族,就必定怀有异心。刘渊的才华的确少有人能与他相比,但不可以委以重任。"后来凉州被攻陷后,晋武帝问李憙谁可为将统兵出征,李憙回答说:"陛下果真能调发匈奴五部的兵力,授给刘渊一个将军的名号,让他带领这些士兵西征,树机能的脑袋指日就会被砍下来了。"孔恂说:"如果刘渊真砍掉树机能的脑袋,那凉州的祸患只怕是更深了。"晋武帝就没有使用刘渊。

东莱人王弥,出身于世袭二千石俸禄的家庭。王弥读过许多书,有勇气有谋略,善于骑射,青州人称他为"飞豹"。然而他喜欢打抱不平,隐士陈留人董养见了对他说:"您这人喜好祸乱,如果赶上天下不太平,您不会老老实实做士大夫的。"刘渊与王弥关系很好,刘渊曾经对王弥说:"王浑、李憙因为与我是同乡所以了解我,每每向上推荐我,实际上恰恰足以给我带来祸患。"说着就痛哭起来。齐王司马攸听说这件事后,对晋武帝说:"陛下不除掉刘渊,为臣我担心并州不会长久安宁了。"王浑说:"堂堂晋朝正在用信义来感化异族,为什么要凭毫无根据的怀疑去杀死前来侍奉天子的质子呢?为什么气度就如此不宽宏呢?"晋武帝说:"王浑说得对。"正在这时刘豹死去了,就让刘渊代任左部帅。

太康十年(289)冬季十一月,晋武帝下诏任命刘渊为匈奴北部都尉。刘渊不吝啬财物乐于施舍,诚心诚意地与人交往,匈奴五部的英雄豪杰,以及幽州、冀州一带有名的儒士,大多数都去投奔了他。

晋惠帝永熙元年(290)冬季十月,任命刘渊为建威将军、匈奴五部大都督。

永兴元年(304)。当初,皇太弟司马颖表奏匈奴左贤王刘渊为冠军将军,监理匈奴五部的军务,让他率军驻防邺城。刘渊的儿子刘聪骁勇过人,博览经史典籍,善写文章,能拉开三百斤张力的大弓。年轻时到京都游历,京都名士没有不与他结交的。司马颖任命刘聪为积弩将军。

渊从祖右贤王宣谓其族人曰："自汉亡以来,我单于徒有虚号,无复尺土;自馀王侯,降同编户。今吾众虽衰,犹不减二万,奈何敛手受役,奄过百年! 左贤王英武超世,天苟不欲兴匈奴,必不虚生此人也。今司马氏骨肉相残,四海鼎沸,复呼韩邪之业,此其时矣!"乃相与谋,推渊为大单于,使其党呼延攸诣邺告之。渊白颖,请归会葬,颖弗许。渊令攸先归,告宣等使招集五部及杂胡,声言助颖,实欲叛之。王浚、东嬴公腾攻颖,渊请归发五部兵以击浚、腾,颖许之。渊至左国城,宣等上大单于号,二旬之间,有众五万,都于离石。渊闻颖去邺,命刘景等将兵击鲜卑,刘宣等谏而止。事并见《西晋之乱》。

冬十月,刘渊迁都左国城。胡、晋归之者愈众。渊谓群臣曰："昔汉有天下久长,恩结于民。吾,汉氏之甥,约为兄弟;兄亡弟绍,不亦可乎!"乃建国号曰汉。刘宣等请上尊号,渊曰:"今四方未定,且可依高祖称汉王。"于是即汉王位,大赦,改元曰元熙。追尊安乐公禅为孝怀皇帝,作汉三祖、五宗神主而祭之。立其妻呼延氏为王后。以右贤王宣为丞相,崔游为御史大夫,左於陆王宏为太尉,范隆为大鸿胪,朱纪为太常,上党崔懿之、后部人陈元达皆为黄门郎,族子曜为建武将军。游固辞不就。

元达少有志操,渊尝招之,元达不答。及渊为汉王,或谓元达曰:"君其惧乎?"元达笑曰:"吾知其人久矣,彼亦亮

刘渊的堂祖父右贤王刘宣对他的族人说:"自从汉朝灭亡以来,我们的单于都是徒有虚名,不再有尺寸之地;单于以下的王侯,地位降到与百姓一样。现在我们的部众虽然衰弱,但仍不少于二万户,为什么要俯首帖耳地供人役使,竟这样匆匆地过了一百年?左贤王英武盖世,假使上天不想使匈奴兴盛,一定不会白白让这个人出生了。现在司马氏骨肉亲人互相残杀,全国像滚水一样沸腾,恢复呼韩邪单于的事业,正在此时!"于是一起谋划,推举刘渊为大单于,派他的亲信呼延攸到邺城去向他通报了这件事。刘渊禀告司马颖,请求回去参加葬礼,司马颖不允许。刘渊命呼延攸先回去告诉刘宣等人,让他召集匈奴五部以及各小部族,声称要协助司马颖,实际是打算背叛他。到王浚、东嬴公司马腾起兵攻打司马颖时,刘渊请求回去召集五部匈奴的兵力进攻王浚、司马腾,司马颖同意了他的请求。刘渊到左国城,刘宣等给他加上大单于的尊号,二十天之内,已有了五万兵众,在离石县建都。刘渊听说司马颖离开了邺城,就命刘景等人带兵去进攻鲜卑,由于刘宣等人的劝谏才停止。事情并见《西晋之乱》。

　　冬季十月,刘渊迁都左国城。胡人和汉人投靠他的越来越多。刘渊对群臣说:"过去汉王朝长久地拥有天下,对人民施以恩德。我是汉王室的外甥,结盟为兄弟;哥哥死去弟弟继承,不也是可以的嘛!"于是建国号称汉。刘宣等人请刘渊称帝,刘渊说:"现在天下尚未平定,可以像高祖那样称汉王。"于是即汉王位,大赦,改年号为元熙。追尊安乐公刘禅为孝怀皇帝,又为汉高祖、世祖、昭烈皇帝三祖和汉太宗、世宗、中宗、显宗、肃宗五宗建牌位祭祀他们。立他的妻子呼延氏为王后。任命右贤王刘宣为丞相,崔游为御史大夫,左於陆王刘宏为太尉,范隆为大鸿胪,朱纪为太常,任命上党人崔懿之、匈奴后部人陈元达为黄门郎,又任命同族侄子刘曜为建武将军。崔游坚决辞让,不肯就职。

　　陈元达年少时就有志向有节操,刘渊曾经召他前去做官,陈元达没有应召。等到刘渊当了汉王后,有人对陈元达说:"您害怕吗?"元达笑着说:"我了解刘渊的为人已经很久了,他也明白

吾之心，但恐不过三二日，驿书必至。"其暮，渊果征元达。元达事渊，屡进忠言，退而削草，虽子弟莫得知也。

曜生而眉白，目有赤光，幼聪慧，有胆量，早孤，养于渊。及长，仪观魁伟，性拓落高亮，与众不群，好读书，善属文，铁厚一寸，射而洞之。常自比乐毅及萧、曹，时人莫之许也，惟刘聪重之，曰："永明，汉世祖、魏武之流，数公何足道哉！"

怀帝永嘉二年冬十月甲戌，汉王渊即皇帝位，大赦，改元永凤。

十一月，以其子和为大将军，聪为车骑大将军，族子曜为龙骧大将军。

十二月乙亥，汉主渊以大将军和为大司马，封梁王；尚书令欢乐为大司徒，封陈留王；后父御史大夫呼延翼为大司空，封雁门郡公。宗室以亲疏悉封郡县王，异姓以功伐悉封郡县公侯。

三年春正月，徙都平阳，大赦，改元河瑞。五月，汉主渊封子裕为齐王，隆为鲁王。汉主渊遣楚王聪等寇洛阳，军失利，渊召聪等还。事见《西晋之乱》。

十二月，汉主渊以陈留王欢乐为太傅，楚王聪为大司徒，江都王延年为大司空。遣都护大将军曲阳王贤与征北大将军刘灵、安北将军赵固、平北将军王桑，东屯内黄。王弥表左长史曹嶷行安东将军，东徇青州，且迎其家，渊许之。

四年春正月，汉主渊立单徽女为皇后，梁王和为皇太子，大赦；封子义为北海王；以长乐王洋为大司马。

我的心意,只怕过不了两三天,驿站的车马就会送书信来了。"当天傍晚,刘渊果然征召陈元达。陈元达事奉刘渊,多次进谏忠言,但退朝后就将奏章底稿销毁,即使是自家子弟都没人能知道内容。

刘曜生下来眉毛就是白色的,眼睛闪着红光,自幼聪明,很有胆量,很早父母就去世了,刘渊抚养他长大。成年后,仪态魁伟,为人光明磊落,跟常人不同。他喜爱读书,善写文章,一寸厚的铁板,一箭就能射穿。他常常把自己比作乐毅和萧何、曹参,当时的人没有赞许他的,只有刘聪看重他,说:"刘曜是汉世祖、魏武帝一类的人物,乐毅等人又算得什么?"

晋怀帝永嘉二年(308)冬季十月甲戌(初三),汉王刘渊即皇帝位,宣布大赦,改年号为永凤。

十一月,任命他的儿子刘和为大将军,刘聪为车骑大将军,同族侄子刘曜为龙骧大将军。

十二月乙亥(初五),汉主刘渊任命大将军刘和为大司马,封为梁王;任命尚书令刘欢乐为大司徒,封为陈留王;任命皇后的父亲御史大夫呼延翼为大司空,封雁门郡公。刘姓亲族根据亲疏远近都封给郡王、县王爵位,非刘姓则以军功大小封给郡县公侯爵位。

三年(309)春季正月,迁都平阳,实行大赦,改年号为河瑞。五月,汉主刘渊封儿子刘裕为齐王,刘隆为鲁王。汉主刘渊派楚王刘聪等人进犯洛阳,军队失利,刘渊将刘聪等人召回。事见《西晋之乱》。

十二月,汉主刘渊任命陈留王刘欢乐为太傅,楚王刘聪为大司徒,江都王刘延年为大司空。派遣都护大将军曲阳王刘贤与征北大将军刘灵、安北将军赵固、平北将军王桑向东驻防内黄。王弥上表请求让左长史曹嶷兼安东将军,向东夺取青州,并迎接他的家眷,刘渊同意了他的请求。

四年(310)春季正月,汉主刘渊立单徵的女儿为皇后,梁王刘和为皇太子,宣布大赦;封儿子刘义为北海王;任命长乐王刘洋为大司马。

秋七月庚午，汉主渊寝疾。辛未，以陈留王欢乐为太宰，长乐王洋为太傅，江都王延年为太保，楚王聪为大司马、大单于，并录尚书事。置单于台于平阳西。以齐王裕为大司徒，鲁王隆为尚书令，北海王乂为抚军大将军、领司隶校尉，始安王曜为征讨大都督、领单于左辅，廷尉乔智明为冠军大将军、领单于右辅，光禄大夫刘殷为左仆射，王育为右仆射，任颛为吏部尚书，朱纪为中书监，护军马景领左卫将军，永安王安国领右卫将军，安昌王盛、安邑王钦、西阳王璿皆领武卫将军，分典禁兵。丁丑，渊召太宰欢乐等入禁中，受遗诏辅政。己卯，渊卒。太子和即位。

和性猜忌无恩。宗正呼延攸，翼之子也，渊以其无才行，终身不迁官。侍中刘乘，素恶楚王聪。卫尉西昌王锐，耻不预顾命。乃相与谋，说和曰："先帝不惟轻重之势，使三王总强兵于内，大司马拥十万众屯于近郊，陛下便为寄坐耳。宜早为之计。"和，攸之甥也，深信之。辛巳夜，召安昌王盛、安邑王钦等告之。盛曰："先帝梓宫在殡，四王未有逆节，一旦自相鱼肉，天下谓陛下何！且大业甫尔，陛下勿信谗夫之言以疑兄弟，兄弟尚不可信，他人谁足信哉！"攸、锐怒之曰："今日之议，理无有二，领军是何言乎！"命左右刃之。盛既死，钦惧，曰："惟陛下命。"壬午，锐帅马景攻楚王聪于单于台，攸帅永安王安国攻齐王裕于司徒府，乘帅安邑王钦攻鲁王隆，使尚书田密、武卫将军刘璿攻北海王乂。密、璿挟乂斩关归于聪，聪命贯甲以待之。锐知聪有备，驰还，与攸、乘共攻隆、裕。攸、乘疑安国、钦有异志，

秋季七月庚午(初九),汉主刘渊病重。辛未(初十),任命陈留王刘欢乐为太宰,长乐王刘洋为太傅,江都王刘延年为太保,楚王刘聪为大司马、大单于,四人全都录尚书事。在平阳西侧设置单于台。任命齐王刘裕为大司徒,鲁王刘隆为尚书令,北海王刘义为抚军大将军、兼司隶校尉,始安王刘曜为征讨大都督、兼单于左辅,廷尉乔智明为冠军大将军、兼单于右辅,光禄大夫刘殷为左仆射,王育为右仆射,任颛为吏部尚书,朱纪为中书监,护军马景兼左卫将军,永安王刘安国兼右卫将军,安昌王刘盛、安邑王刘钦、西阳王刘璿都兼武卫将军,分别统领禁兵。丁丑(十六日),刘渊宣召太宰刘欢乐等人进入皇宫,接受遗诏辅佐朝政。己卯(十八日),刘渊去世。太子刘和继承皇位。

刘和性情多疑寡恩。宗正呼延攸是呼延翼的儿子,刘渊因他没有才能品行,终身没有给他升官。侍中刘乘一向厌恶楚王刘聪。卫尉西昌王刘锐对没有参预临终顾命感到羞耻。他们于是一起密谋,劝刘和说:"先帝不考虑轻重的形势,让三王在都城内统领重兵,让大司马刘聪率十万兵众驻扎在近郊,这样陛下您不过是名义上身在皇位罢了。应早做打算!"刘和是呼延攸的外甥,对他深信不疑。辛巳(二十日)夜,宣召安昌王刘盛、安邑王刘钦等并告知他们。刘盛说:"先帝的棺枢还没有安葬,刘聪等四王也没有变节,一旦自相残杀,天下会怎么议论陛下呢?况且大业刚刚开始,陛下不要听信小人的谗言来怀疑兄弟,兄弟尚且不能相信,那别人谁还值得相信呢?"呼延攸、刘锐对他发怒道:"今天商议,没有别的道理可讲,领军你这是什么话!"命令左右把刘盛杀了。刘盛一死,刘钦惧怕,说:"听从陛下的旨意。"壬午(二十一日),刘锐率领马景向单于台进攻楚王刘聪,呼延攸率领永安王刘安国向司徒府攻打齐王刘裕,刘乘率领安邑王刘钦攻打鲁王刘隆,派尚书田密、武卫将军刘璿攻打北海王刘义。田密、刘璿挟持刘义劈开城门归附刘聪,刘聪命军队穿上铠甲等待刘锐。刘锐觉察刘聪有防备,迅速回师,与呼延攸、刘乘一起攻打刘隆、刘裕。呼延攸、刘乘怀疑刘安国、刘钦有二心,

杀之。是日,斩裕,癸未,斩隆。甲申,聪攻西明门,克之,锐等走入南宫,前锋随之。乙酉,杀和于光极西室,收锐、攸、乘,枭首通衢。

群臣请聪即帝位,聪以北海王乂,单后之子也,以位让之。乂涕泣固请,聪久而许之,曰:"乂及群公正以祸难尚殷,贪孤年长故耳。此家国之事,孤何敢辞!俟乂年长,当以大业归之。"遂即位。大赦,改元光兴。尊单氏曰皇太后,其母张氏曰帝太后。以乂为皇太弟、领大单于、大司徒。立其妻呼延氏为皇后。呼延氏,渊后之从父妹也。封其子粲为河内王,易为河间王,翼为彭城王,悝为高平王;仍以粲为抚军大将军、都督中外诸军事。以石勒为并州刺史,封汲郡公。九月辛未,葬汉主渊于永光陵,谥曰光文皇帝,庙号高祖。汉主聪自以越次而立,忌其嫡兄恭。因恭寝,穴其壁间,刺而杀之。

汉太后单氏卒。汉主聪尊母张氏为皇太后。单氏年少美色,聪烝焉。太弟乂屡以为言,单氏惭恚而死。乂宠由是渐衰,然以单氏故,尚未之废也。呼延后言于聪曰:"父死子继,古今常道。陛下承高祖之业,太弟何为者哉!陛下百年后,粲兄弟必无种矣。"聪曰:"然,吾当徐思之。"呼延氏曰:"事留变生。太弟见粲兄弟浸长,必有不安之志,万一有小人交构其间,未必不祸发于今日也。"聪心然之。乂舅光禄大夫单冲泣谓乂曰:"疏不间亲。主上有意

就把他们杀了。当天杀了刘裕，癸未(二十二日)，杀了刘隆。甲申(二十三日)，刘聪攻打并拿下了西明门，刘锐等逃进南宫，前锋紧随着他们冲了进去。乙酉(二十四日)，刘聪在光极殿西室杀了刘和，抓住刘锐、呼延攸、刘乘，在大街上将他们斩首示众。

　　大臣们请刘聪即帝位，刘聪因为北海王刘义是单皇后的儿子，要把皇位让给刘义。刘义流着泪坚决请求刘聪即位，刘聪推辞了好久才答应了，说："刘义和诸位大臣正是因为天下祸乱灾难还很多，看重我年长几岁罢了。这是国家的大事，我怎么敢推辞？等刘义长大后应当把帝业交还给他。"于是即位。宣布大赦，改年号为光兴。尊奉刘渊的皇后单氏为皇太后，生身母亲张氏为帝太后。以刘义为皇太弟，兼大单于、大司徒。册立妻室呼延氏为皇后。呼延氏，是刘渊皇后的堂妹。封自己的儿子刘粲为河内王，刘易为河间王，刘翼为彭城王，刘悝为高平王；同时让刘粲任抚军大将军、都督中外诸军事。任命石勒为并州刺史，封汲郡公。九月辛未(十一日)，将汉主刘渊安葬在永光陵，谥号为光文皇帝，庙号为高祖。汉主刘聪自己觉得是越过了兄弟的次序而当上的皇帝，便疑忌他的亲哥哥刘恭。趁着刘恭睡觉的时候，把房间墙壁挖了个洞钻进去，将刘恭刺杀。

　　汉太后单氏去世。汉主刘聪尊奉生身母亲张氏为皇太后。单氏年轻貌美，刘聪占有了她。太弟刘义屡次就此事进行劝说，单氏羞愧气愤而死。刘义所受的恩宠因此而逐渐减弱，但因为他是单氏儿子的缘故，刘聪还没有将他废黜。呼延皇后对刘聪说："父亲死了由儿子继承他的位子，这是古今通常的道理。陛下继承的是高祖刘渊的事业，太弟算是干什么的？陛下您百年之后，刘粲兄弟们一定会被杀得精光了。"刘聪说："你说得有道理，我会慢慢考虑这件事的。"呼延氏说："该决断的事情，一拖延反会生出变故。太弟看到刘粲兄弟们慢慢长大，心里肯定会感到不安，万一有小人在中间挑拨离间，说不定今天就会发生祸乱。"刘聪内心里很赞成皇后的话。刘义的舅舅光禄大夫单冲哭着对刘义说："关系疏远的不能插到关系亲近的人中间。皇上有意

于河内王矣，殿下何不避之！"乂曰："河瑞之末，主上自惟嫡庶之分，以大位让乂。乂以主上齿长，故相推奉。天下者，高祖之天下，兄终弟及，何为不可！粲兄弟既壮，犹今日也。且子弟之间，亲疏讵几，主上宁可有此意乎！"

愍帝建兴二年春正月，聪置丞相等七公；又置辅汉等十六大将军，各配兵二千，以诸子为之；又置左、右司隶，各领户二十馀万，万户置一内史；单于左、右辅，各主六夷十万落，万落置一都尉；左、右选曹尚书，并典选举。自司隶以下六官，皆位亚仆射。以其子粲为丞相、领大将军、录尚书事，进封晋王。江都王延年录尚书六条事，汝阴王景为太师，王育为太傅，任颛为太保，马景为大司徒，朱纪为大司空，中山王曜为大司马。

十一月，汉主聪以晋王粲为相国、大单于，总百揆。粲少有俊才，自为宰相，骄奢专恣，远贤亲佞，严刻愎谏，国人始恶之。

三年三月，雨血于汉东宫延明殿，太弟乂恶之，以问太傅崔玮、太保许遐。玮、遐说乂曰："主上往日以殿下为太弟者，欲以安众心耳；其志在晋王久矣，王公已下莫不希旨附之。今复以晋王为相国，羽仪威重，逾于东宫，万机之事，无不由之，诸王皆置营兵以为羽翼，事势已去；殿下非徒不得立也，朝夕且有不测之危，不如早为之计。今四卫精兵不减五千，相国轻佻，正烦一刺客耳。大将军无日不

让河内王刘粲继承皇位,殿下为什么不避退呢?"刘乂说:"河瑞末年,主上自己考虑到嫡、庶的分别,将皇位让给我刘乂。我因为主上年长,所以推他即位。天下是高祖的天下,哥哥死了弟弟来继承,有什么不可以的? 刘粲兄弟长大以后,我也应该像今天一样让出皇位的。况且父子、兄弟之间难道还有亲疏之分吗?主上难道有这个意思吗?"

晋愍帝建兴二年(314)春季正月,刘聪设置了丞相等七公;又设置辅汉等十六位大将军,各配给士兵二千名,让他的儿子们来分别担任;又设置左、右司隶,各辖领二十多万户,每一万户设置一名内史;设单于左、右辅,各统领匈奴、羯、鲜卑、氐、羌、乌桓六个部族共十万落,每一万落设置一名都尉;设左、右选曹尚书,共同负责选举事务。从司隶以下的六个官职,地位都在仆射之下。任命他的儿子刘粲为丞相、兼大将军、录尚书事,进封晋王。任命江都王刘延年录尚书六条事,汝阴王刘景任太师,王育任太傅,任颛任太保,马景任大司徒,朱纪任大司空,中山王刘曜任大司马。

十一月,汉主刘聪任命晋王刘粲为相国、大单于,总领百官。刘粲年轻时就有出众的才能,但自从当了宰相,骄纵奢侈,恣意专权,疏远贤能,亲近奸佞,严厉苛刻,不听规劝,开始遭到国人的厌恶。

建兴三年(315)三月,汉国东宫延明殿下了血雨,太弟刘乂对此很是厌恶,向太傅崔玮、太保许遐询问这件事。崔玮、许遐对刘乂说:"皇上过去让您任太弟,不过是要安定人心罢了;他想让晋王刘粲继承皇位已经很久了,王公以下的官员没有谁不迎合他的旨意附和他。现在又让晋王担任相国,仪仗威严庄重,超过了殿下的东宫,所有的军国大事没有不是由他决定的,亲王们都设置营兵作为羽翼,殿下您继承皇位的大势已经失去了;您非但不能被立为皇帝,恐怕随时会有不可预测的危险,不如早做打算。现在东宫四卫率所统领的精兵不下五千,相国刘粲狂妄轻敌,正可以寻求一位刺客除掉他。大将军刘粲没有一天不

出，其营可袭而取；馀王并幼，固易夺也。苟殿下有意，二万精兵指顾可得，鼓行入云龙门，宿卫之士，孰不倒戈以迎殿下者？大司马不虑其为异也。"乂弗从。东宫舍人荀裕告玮，遐劝乂谋反，汉主聪收玮，遐于诏狱，假以他事杀之。使冠威将军卜抽将兵监守东宫，禁乂不听朝会。乂忧惧不知所为，上表乞为庶人，并除诸子之封，褒美晋王，请以为嗣。抽抑而弗通。

四年，汉中常侍王沈、宣怀、中宫仆射郭猗等，皆宠幸用事。汉主聪游宴后宫，或三日不醒，或百日不出；自去冬不视朝，政事一委相国粲，唯杀生、除拜乃使沈等入白之。沈等多不白，而自以其私意决之，故勋旧或不叙，而奸佞小人有数日至二千石者。军旅岁起，将士无钱帛之赏，而后宫之家，赐及僮仆，动至数千万。沈等车服、第舍逾于诸王，子弟中表为守令者三十馀人，皆贪残为民害。靳準阿宗谄事之。

郭猗与準皆有怨于太弟乂，猗谓相国粲曰："殿下光文帝之世孙，主上之嫡子，四海莫不属心，奈何欲以天下与太弟乎？且臣闻太弟与大将军谋因三月上巳大宴作乱，事成，许以主上为太上皇，大将军为皇太子，又许卫军为大单于。二王处不疑之地，并握重兵，以此举事，无不成者。然二王贪一时之利，不顾父兄，事成之后，主上岂有全理！殿下兄弟，固不待言；东宫、相国、单于，当在武陵兄弟，

走出他的军营,军营可以袭击夺占;其馀的亲王们都还年幼,本来就容易收拾。如果殿下有意,毫不费力就可以得到两万名精锐士兵,擂着鼓进入云龙门,负责禁卫的将士谁会不倒戈来迎接殿下呢? 对大司马刘曜,我们也不怕他有什么不服从的举动。"刘义没有听从。东宫舍人荀裕密告崔玮、许遐曾劝说刘义谋反,汉主刘聪将崔玮、许遐拘捕关押在奉诏令关押犯人的牢狱里,假借其他罪过把他们杀了。派冠威将军卜抽率兵监视守卫东宫,软禁刘义,不许他参加朝会。刘义忧虑惧怕不知所措,上表乞求废为庶人,并废除对他的儿子们的封爵,对晋王刘粲大加赞美,请求立刘粲为皇位继承人。卜抽压着表章没有为他转呈刘聪。

四年(316),汉国中常侍王沈、宣怀、中宫仆射郭猗等都因得到宠幸而掌握大权。汉主刘聪在后宫游玩宴乐,有时三天不醒,有时也百日不出后宫;从去年冬天开始不理朝政,政事全都交给相国刘粲,只有杀生委任等大事才让王沈等人入后宫禀告刘聪。王沈等又大多不去报告,而总以自己的私愿来决定,所以,那些有功勋的旧臣得不到进用,而那些奸邪小人却能几天之内升至二千石俸禄的高官。兴兵征战连年不断,将士们得不到一点钱、帛之类的赏赐,而后宫家属,给仆人侍僮的赏赐,动不动就以千万计。王沈等人车马服饰、府第的规模超过了诸王,他们的子弟及表亲担任郡守县令的有三十多人,都贪婪残忍为害百姓。靳准的整个宗族都巴结事奉王沈。

郭猗与靳准都与太弟刘义有仇隙,郭猗对相国刘粲说:"殿下您是光文帝的长孙,皇上的嫡子,天下没有不心归于您的,为什么要把天下传给太弟呢? 而且为臣听说太弟与大将军刘翼密谋,要趁三月上巳日大宴之时作乱,事成之后答应以皇上为太上皇,大将军为皇太子,又答应卫将军刘劢任大单于。二位亲王地位不受人猜疑,都握有重兵,依靠这些条件来成就大事,没有不成功的。然而二位亲王贪图一时之利,不顾父兄,事情成功之后,皇上哪里有保全的道理? 殿下和众兄弟更不用说了;东宫、相国、单于这些位子,会属于刘义的儿子刘武陵及其兄弟们,

何肯与人也！今祸期甚迫，宜早图之。臣屡言于主上，主上笃于友爱，以臣刀锯之馀，终不之信，愿殿下勿泄，密表其状。殿下傥不信臣言，可召大将军从事中郎王皮、卫军司马刘惇，假之恩意，许其归首以问之，必可知也。"粲许之。猗密谓皮、惇曰："二王逆状，主上及相国具知之矣，卿同之乎？"二人惊曰："无之。"猗曰："兹事已决，吾怜卿亲旧并见族耳！"因歔欷流涕。二人大惧，叩头求哀。猗曰："吾为卿计，卿能用之乎？相国问卿，卿但云'有之'；若责卿不先启，卿即云：'臣诚负死罪，然仰惟主上宽仁，殿下敦睦，苟言不见信，则陷于诬谮不测之诛，故不敢言也。'"皮、惇许诺。粲召问之，二人至不同时，而其辞若一，粲以为信然。

　　靳準复说粲曰："殿下宜自居东宫以领相国，使天下早有所系。今道路之言，皆云大将军、卫将军欲奉太弟为变，期以季春。若使太弟得天下，殿下无容足之地矣。"粲曰："为之奈何？"準曰："人告太弟为变，主上必不信，宜缓东宫之禁，使宾客得往来；太弟雅好待士，必不以此为嫌，轻薄小人不能无迎合太弟之意为之谋者。然后下官为殿下露表其罪，殿下收其宾客与太弟交通者考问之，狱辞既具，则主上无不信之理也。"粲乃命卜抽引兵去东宫。少府陈休、左卫将军卜崇，为人清直，素恶沈等，虽在公座，未尝与语，

怎么肯让给他人呢？现在大祸临头的日子很迫近了，应当早做打算。为臣我屡次对皇上说起此事，可皇上过于看重兄弟之间的友爱，认为臣下我是刑馀之人，始终不信我的话，希望殿下不要泄露今天的谈话，秘密地表奏太弟等人谋反的情状。殿下如果不信为臣的话，可以召来大将军从事中郎王皮、卫军司马刘惇，对他们特施恩惠，允许他们自首，然后询问他们，一定可以了解真情。"刘粲同意了郭猗的建议。郭猗偷偷地对王皮、刘惇说："二位亲王要反叛的情况，皇上和相国都知道了，你们参与此事了吗？"二人惊骇地说："没有此事。"郭猗说："这件事已经无疑了，我不过是可怜你们的亲朋故旧都要被灭族罢了！"说着就痛哭流涕。二人非常害怕，向郭猗叩头请求哀怜。郭猗说："我替你们出个主意，你们能采用吗？相国如果向你们问起此事，你们只说'有此事'；如果责备你们没有事先报告，你们就说'为臣我实在是负有死罪，然而只因为主上宽和仁厚，殿下敦厚温和，如果我说的话不被你们相信，我们就会被认为犯了诬陷挑拨之罪而被处死，所以不敢说。'"王皮、刘惇答应按郭猗说的去做。刘粲召见他们问起这件事，两人不是同时到达，而回答却都一样，刘粲认为刘义谋反是真的了。

靳准又对刘粲说："殿下应当自己居住在东宫当皇位继承人，而兼任相国，让天下早一点有所寄托。现在街谈巷议，都说大将军、卫将军要拥奉太弟发动变乱，时间定在春季三月。如果让太弟得了天下，殿下可就没有立足之地了。"刘粲说："对这件事怎么办呢？"靳准说："如果有人报告太弟要变乱，皇上一定不会相信，应当放松对东宫的禁戒，让太弟得以和宾客们来往；太弟一向好客，必定不会对此产生怀疑，轻薄的小人当中不可能不会有为迎合太弟的心愿而为他出谋划策的。然后我替殿下公开表奏太弟的罪行，殿下将太弟宾客中与太弟往来密切的拘捕审问，有了犯人的供词，那皇上就没有不信之理了。"刘粲就命卜抽带兵离开东宫。少府陈休、左卫将军卜崇，为人清正廉直，向来厌恶王沈等人，即使同在公事场合，也不曾与他们讲过话，

沈等深疾之。侍中卜幹谓休、崇曰:"王沈等势力足以回天地,卿辈自料亲贤孰与窦武、陈蕃?"休、崇曰:"吾辈年逾五十,职位已崇,唯欠一死耳!死于忠义,乃为得所;安能俯首低眉以事阉竖乎!去矣卜公,勿复有言!"

　　二月,汉主聪出临上秋阁,命收陈休、卜崇及特进綦毋达、太中大夫公师彧、尚书王琰、田歆、大司农朱诞并诛之,皆宦官所恶也。卜幹泣谏曰:"陛下方侧席求贤,而一旦戮卿大夫七人,皆国之忠良,无乃不可乎!藉使休等有罪,陛下不下之有司,暴明其状,天下何从知之?诏尚在臣所,未敢宣露,愿陛下熟思之!"因叩头流血。王沈叱幹曰:"卜侍中欲拒诏乎!"聪拂衣而入,免幹为庶人。太宰河间王易、大将军勃海王敷、御史大夫陈元达、金紫光禄大夫西河王延等皆诣阙表谏曰:"王沈等矫弄诏旨,欺诬日月,内谄陛下,外佞相国,威权之重,侔于人主,多树奸党,毒流海内。知休等忠臣,为国尽节,恐发其奸状,故巧为诬陷。陛下不察,遽加极刑,痛彻天地,贤愚伤惧。今遗晋未殄,巴、蜀不宾,石勒谋据赵、魏,曹嶷欲王全齐,陛下心腹四支,何处无患!乃复以沈等助乱,诛巫咸,戮扁鹊,臣恐遂成膏肓之疾,后虽救之,不可及已。请免沈等官,付有司治罪。"聪以表示沈等,笑曰:"群儿为元达所引,遂成痴也。"沈等顿首泣曰:"臣等小人,过蒙陛下识拔,得洒扫闱阁,

王沈等人恨透了他们。侍中卜幹对陈休、卜崇说:"现在王沈等人的势力完全可以翻天覆地,你们自己估计一下,论与皇上的亲近关系谁比得上汉代窦武,论贤能谁能比得上汉代陈蕃?"陈休、卜崇说:"我们这些人都已年过五十,官职地位也够高的了,现在只差一死了!为忠义而死,就是死得其所;怎么能俯首低眉去侍奉那些宦官呢?去吧卜公,不要再说什么了!"

二月,汉主刘聪出后宫驾临上秋阁,下令逮捕陈休、卜崇和特进綦毋达、太中大夫公师彧、尚书王琰、田歆、大司农朱诞,将他们全部处死,这些人都是宦官们一向厌恶的。卜幹哭着劝谏说:"陛下您正恭敬地寻求贤能之士,却在一个早上杀死七位卿大夫,这些人都是国家的忠良,恐怕不可以吧!假使陈休等人有罪,陛下不把他们交付有关部门,揭露昭示他们的罪状,天下人哪里知道他们犯了什么罪?您的诏令还在为臣那里,没有敢公布,希望陛下仔细考虑这件事!"说着叩头直至流血。王沈叱责卜幹说:"卜侍中要抗拒诏令吗?"刘聪甩袖入内,免去卜幹官职贬为庶人。太宰河间王刘易、大将军勃海王刘敷、御史大夫陈元达、金紫光禄大夫西河王刘延等人都到皇宫上表劝谏说:"王沈等人假造圣旨,欺瞒日月,对内谄媚陛下,对外讨好相国,声威权力之重,可与君主相比,还树立了许多奸佞同党,危害遍及全国。他们知道陈休等是忠臣,为国家始终尽忠尽节,害怕他们揭露其作恶的罪状,所以巧妙地加以诬蔑陷害。陛下不仔细加以审察,这么快就对他们处以极刑,真是天地也要为之悲痛,贤者与愚者全都伤叹惊惧。现在残留的晋朝的势力还没有完全消灭,巴、蜀等国还未归服,石勒阴谋据有赵、魏,曹嶷则要称王于整个齐地,陛下的心腹和四肢,哪里没有危险?却又让王沈等人来增加祸乱,杀掉巫咸、扁鹊这样的神巫、良医,我们害怕这样下去会病入膏肓,以后即使想医治,也来不及了。请陛下免去王沈等人官职,交给有关部门治罪。"刘聪将这份表章拿给王沈等人看,笑着说:"这群小子被陈元达带着,也就都成痴呆的人了。"王沈等叩头哭着说:"我们这些小人,蒙陛下格外错爱提拔,得以为陛下打扫内室,

而王公、朝士疾臣等如仇，又深恨陛下。愿以臣等膏鼎镬，则朝廷自然雍穆矣。"聪曰："此等狂言常然，卿何足恨乎？"聪问沈等于相国粲，粲盛称沈等忠清；聪悦，封沈等为列侯。太宰易又诣阙上疏极谏，聪大怒，手坏其疏。三月，易忿恚而卒。易素忠直，陈元达倚之为援，得尽谏诤。及卒，元达哭之恸，曰："'人之云亡，邦国殄瘁。'吾既不复能言，安用默默苟生乎！"归而自杀。

九月，汉主宴群臣于光极殿，引见太弟义。义容貌憔悴，鬓发苍然，涕泣陈谢，聪亦为之恸哭；乃纵酒极欢，待之如初。

元帝建武元年春三月，汉相国粲使其党王平谓太弟义曰："适奉中诏，云京师将有变，宜衷甲以备非常。"义信之，命宫臣皆衷甲以居。粲驰遣告靳准、王沈。准以白汉主聪曰："太弟将为乱，已衷甲矣！"聪大惊曰："宁有是邪！"王沈等皆曰："臣等闻之久矣，屡言之，而陛下不之信也。"聪使粲以兵围东宫。粲使准、沈收氏、羌酋长十馀人，穷问之，皆悬首高格，烧铁灼目，酋长自诬与义谋反。聪谓沈等曰："吾今而后知卿等之忠也！当念知无不言，勿恨往日言而不用也！"于是诛东宫官属及义素所亲厚，准、沈等素所憎怨者大臣数十人，坑士卒万五千馀人。夏四月，废义为北部王，粲寻使准贼杀之。义形神秀爽，宽仁有器度，故士心多附之。聪闻其死，哭之恸，曰："吾兄弟止馀二人而不

而王公、朝士嫉恨我们如同仇敌，又深深怨恨陛下。希望陛下能把我们放在大锅中烹煮，这样，朝廷自然就会平和静穆了。"刘聪说："这样的劾奏狂言是很平常的，你们哪里值得去痛恨呢？"刘聪向相国刘粲询问王沈等人的表现，刘粲盛赞王沈等人忠诚清廉；刘聪十分高兴，封王沈等人为列侯。太宰刘易到皇宫上疏极力劝谏，刘聪勃然大怒，亲手撕坏了刘易的奏章。三月，刘易愤恨而死。刘易向来忠诚正直，陈元达将他倚为后援，才得以尽全力劝谏力争。等到刘易死了，陈元达哭得非常悲痛，说："《诗经》上说：'贤良丧亡，国运大伤。'我既然不再能说什么，还用得着默默无语地苟且偷生吗？"回到家里就自杀了。

九月，汉主在光极殿宴请群臣，派人引领召见太弟刘义。刘义容貌憔悴，鬓须头发全白了，哭着谢罪，刘聪也因此痛哭；于是饮酒尽欢，像当初一样对待刘义。

晋元帝建武元年（317）春季三月，汉相国刘粲派他的党羽王平对太弟刘义说："刚刚得到皇帝从宫中发出的亲笔诏令，说京城将有变乱，应内穿甲衣来防备不测。"刘义相信了王平的话，命令宫中臣属都内穿甲衣等待。刘粲派人飞马暗中告知靳准、王沈。靳准禀告汉主刘聪说："太弟将要谋乱，现在他的臣属已内穿甲衣了！"刘聪十分吃惊地说："真有这种事？"王沈等都说："我们早就听说太弟要谋乱了，屡次告诉您可您就是不相信。"刘聪让刘粲派兵包围东宫。刘粲让靳准、王沈拘捕氐、羌十几位酋长，严刑逼问，把他们的头都固定在高高的木架上，用烧红的铁灼烤他们的双目，酋长们含冤承认自己与刘义谋反。刘聪对王沈等人说："我从今以后才知道你们对我的忠诚！你们应当想着要知无不言，不要记恨以前我没有听从你们的话！"于是诛杀东宫属官，诛杀刘义平素亲近交厚而靳准、王沈等人平素所憎恨的大臣几十人，坑杀士卒一万五千多人。夏季四月，废黜刘义，改封为北部王，刘粲不久就让靳准暗害了他。刘义容貌神态清雅俊秀，对人宽厚仁和有度量，因此士人多心附于他。刘聪听说太弟的死讯，哭得非常伤心，说："我们兄弟只剩下我们两人，却不能

相容,安得使天下知吾心邪!"秋七月,汉主聪立晋王粲为皇太子,领相国、大单于,总摄朝政如故,大赦。

大兴元年夏四月,汉中常侍王沈养女有美色,汉主聪立以为左皇后。尚书令王鉴、中书监崔懿之、中书令曹恂谏曰:"臣闻王者立后,比德乾坤,生承宗庙,没配后土,必择世德名宗,幽闲令淑,乃副四海之望,称神祇之心。孝成帝以赵飞燕为后,使继嗣绝灭,社稷为墟,此前鉴也。自麟嘉以来,中宫之位,不以德举。借使沈之弟女,刑馀小丑,犹不可以尘污椒房,况其家婢邪! 六宫妃嫔,皆公子公孙,奈何一旦以婢主之! 臣恐非国家之福也。"聪大怒,使中常侍宣怀谓太子粲曰:"鉴等小子,狂言侮慢,无复君臣上下之礼,其速考实!"于是收鉴等送市,皆斩之。金紫光禄大夫王延驰,将入谏,门者弗通。

鉴等临刑,王沈以杖叩之曰:"庸奴,复能为恶乎? 乃公何与汝事!"鉴瞋目叱之曰:"竖子! 灭大汉者,正坐汝鼠辈与靳準耳! 要当诉汝于先帝,取汝于地下治之!"準谓鉴曰:"吾受诏收君,有何不善,君言汉灭由吾也?"鉴曰:"汝杀皇太弟,使主上获不友之名。国家畜养汝辈,何得不灭!"懿之谓準曰:"汝心如枭镜,必为国患,汝既食人,人亦当食汝。"

彼此相容,怎样才能使天下人知道我的心呢!"秋季七月,汉主刘聪立晋王刘粲为皇太子,像以前一样兼相国、大单于,总管朝政,宣布大赦。

大兴元年(318)夏季四月,汉中常侍王沈的养女长得很美,汉主刘聪将她立为左皇后。尚书令王鉴、中书监崔懿之、中书令曹恂劝谏说:"臣下听说君王册立王后,她的德行要能与天地相配,在世时承继宗庙祭祀,死后配祀土神,一定要选择世代都有德行的名门望族的女子,本人也要雅静贤淑,这样才能符合天下臣民的期望,让神灵们满意。西汉孝成帝立赵飞燕为皇后,使子嗣灭绝,社稷毁为废墟,这是前朝的教训。本朝从麟嘉年间以来,选立皇后不以德行为标准。假使是王沈的亲妹妹,也不过是受过阉割的丑类,还不能让她玷污后妃的房子,何况是他家的奴婢呢!六宫的妃嫔们,都是王公贵族的后代,为什么突然让一个婢女来做她们的主人?臣下恐怕这不是国家的福分。"刘聪非常愤怒,派中常侍宣怀对太子刘粲说:"王鉴等混账小子们口出狂言,诋毁轻慢皇上,不再有君臣上下的礼节,要从速审查定罪!"于是将王鉴等逮捕,押送街市,将他们全部斩首。金紫光禄大夫王延急速赶来,要入宫劝谏,把门的不给他通报。

王鉴等临刑前,王沈用木杖敲着他说:"无能的奴才,还能再作恶吗?老子关你们什么事呢?"王鉴瞪圆双眼叱骂他说:"小子!覆灭大汉的人,就是你这种鼠辈和靳準之流!我一定会在先帝面前控告你们,把你们抓到地下治罪!"靳準对王鉴说:"我奉受诏书拘捕您,有什么不妥的,您怎说汉国要因我而亡呢?"王鉴说:"你杀死了皇太弟刘乂,让皇上蒙上了对兄弟不友爱的恶名。国家养活了你们这些人,怎么能不灭亡呢?"崔懿之对靳準说:"你的心像吃生母的枭和吃生父的镜这类禽兽一样残忍,必定成为国家的大害。你既然吃人,别人也会吃掉你的。"

慕容据邺

晋武帝太康二年。初,鲜卑莫护跋始自塞外入居辽西棘城之北,号曰慕容部。莫护跋生木延,木延生涉归,迁于辽东之北,世附中国,数从征讨有功,拜大单于。冬十月,涉归始寇昌黎。

三年三月,安北将军严询败慕容涉归于昌黎,斩获万计。

四年,鲜卑慕容涉归卒。弟删篡立,将杀涉归子廆,廆亡匿于辽东徐郁家。

六年,慕容删为其下所杀,部众复迎涉归子廆而立之。涉归与宇文部素有隙,廆请讨之,朝廷弗许。廆怒,入寇辽西,杀略甚众。帝遣幽州军讨廆,战于肥如,廆众大败。自是每岁犯边,又东击扶馀,扶馀王依虑自杀,子弟走保沃沮。廆夷其国城,驱万馀人而归。

七年夏,慕容廆寇辽东,故扶馀王依虑子依罗求帅见人还复旧国,请援于东夷校尉何龛,龛遣督护贾沈将兵

慕容据邺

晋武帝太康二年(281)。当初,鲜卑人莫护跋开始从塞外入内,居住在辽西棘城以北,称号是慕容部。莫护跋生下慕容木延,木延又生下慕容涉归,迁到辽东北部,世代依附中原,几次跟随晋王朝征讨立下军功,因而被拜为大单于。冬季十月,慕容涉归开始寇掠昌黎。

三年(282)三月,安北将军严询在昌黎打败慕容涉归,斩首、捕获的数以万计。

四年(283),鲜卑人慕容涉归死去。他的弟弟慕容删篡位自立,准备杀死涉归的儿子慕容廆,慕容廆逃跑藏在了辽东人徐郁的家里。

六年(285),慕容删被他的部下杀死,部众们重新迎回涉归的儿子慕容廆,拥立他继位。慕容涉归和宇文部向来有仇隙,慕容廆请求讨伐他们,晋朝廷不同意。慕容廆十分气愤,入侵辽西,杀人抢掠,造成了很大的损害。晋武帝派幽州军讨伐慕容廆,双方在肥如打了起来,慕容廆的部众被打得大败。从此以后每年都进犯边境地区,又向东进攻扶馀,扶馀王依虑自杀,他的子弟们都跑到沃沮拒守。慕容廆毁掉了扶馀国的都城,驱赶着一万多人返回。

七年(286)夏,慕容廆犯辽东,前扶馀王依虑之子依罗求率现有人马回去复国,向东夷校尉何龛求援,何龛派督护贾沈领兵

送之。廆遣其将孙丁帅骑邀之于路,沈力战,斩丁,遂复扶馀。

十年夏四月,慕容廆遣使请降。五月,诏拜廆鲜卑都督。廆谒见何龛,以士大夫礼,巾衣诣门,龛严兵以见之,廆乃改服戎衣而入。人问其故,廆曰:"主人不以礼待客,客何为哉!"龛闻之,甚惭,深敬异之。时鲜卑宇文氏、段氏方强,数侵掠廆,廆卑辞厚币以事之。段国单于阶以女妻廆,生皝、仁、昭。廆以辽东僻远,徙居徒河之青山。

惠帝元康四年,慕容廆徙居大棘城。

太安元年,鲜卑宇文单于莫圭部众强盛,遣其弟屈云攻慕容廆,廆击其别帅素怒延,破之。素怒延耻之,复发兵十万,围廆于棘城。廆众皆惧,廆曰:"素怒延兵虽多而无法制,已在吾算中矣,诸君但为力战,无所忧也!"遂出击,大破之,追奔百里,俘斩万计。辽东孟晖,先没于宇文部,帅其众数千家降于廆,廆以为建威将军。廆以其臣慕舆句勤恪廉靖,使掌府库,句心计默识,不案簿书,始终无漏。以慕舆河明敏精审,使典狱讼,覆讯清允。

怀帝永嘉元年冬十二月,慕容廆自称鲜卑大单于。拓跋猗卢与廆通好。

三年。初,辽东太守庞本袭杀东夷校尉李臻,诏以勃海封释代之,释收斩本。

护送他们。慕容廆派他的大将孙丁率领骑兵在半路拦截他们，贾沈全力迎战，杀死了孙丁，于是重建起扶馀国。

十年(289)夏季四月，慕容廆派遣使者前来请求归降。五月，晋武帝下诏拜授慕容廆为鲜卑都督。慕容廆前去拜见何龛，依据中原士大夫的礼节，头戴幅巾，身着单衣到了门前，何龛却整肃军队来接见他，慕容廆就改换军服入内。有人问他这样做的缘故，慕容廆说："主人不以相应的礼节接待客人，客人有什么办法!"何龛听说后十分惭愧，非常敬重他，认为他非同小可。当时鲜卑宇文氏、段氏正很强大，多次入侵寇掠慕容廆部，慕容廆用谦卑的言辞、丰厚的礼物事奉他们。段国单于段阶把女儿嫁给慕容廆，生下了慕容皝、慕容仁、慕容昭。慕容廆因为辽东偏僻辽远，迁居住在徒河的青山。

晋惠帝元康四年(294)，慕容廆迁居到大棘城。

晋惠帝太安元年(302)，鲜卑宇文单于莫圭的部众十分强盛，派他的弟弟屈云进攻慕容廆，慕容廆却攻打莫圭的偏将素怒延，击溃了素怒延。素怒延以此为耻，又发兵十万在棘城包围了慕容廆。慕容廆的部众都很恐惧，慕容廆说："素怒延的兵士虽多，但没有严明的军法纪律，他已落在我的谋算中了，各位只需奋力迎战，不要有什么忧虑!"于是就出击，击溃了素怒延，追击一百里，俘获斩首的数以万计。辽东人孟晖，以前陷身于宇文部，现在率领他的部众几千家向慕容廆投降，慕容廆任命他为建威将军。慕容廆因为臣下慕舆句勤勉尽职清廉，就让他掌管府库。慕舆句心算默记，不查账簿，始终没有差错。因为慕舆河明智敏捷，精细缜密，就让他主管诉讼。慕舆河复查审讯案件，处理得清正公允。

晋怀帝永嘉元年(307)冬季十二月，慕容廆自称鲜卑大单于。拓跋猗卢与慕容廆结交通好。

三年(309)。当初，辽东太守庞本袭击杀死了东夷校尉李臻，晋朝廷下诏让勃海人封释接任李臻的职位，封释拘捕并斩杀了庞本。

五年。初,东夷校尉李臻之死也,辽东附塞鲜卑素喜连、木丸津托为臻报仇,攻陷诸县,杀掠士民,屡败郡兵,连年为寇。东夷校尉封释不能讨,请与连和,连、津不从。民失业,归慕容廆者甚众,廆廪给遣还,愿留者即抚存之。

廆少子鹰扬将军翰言于廆曰:"自古有为之君,莫不尊天子以从民望,成大业。今连、津外以庞本为名,内实幸灾为乱。封使君已诛本请和,而寇暴不已。中原离乱,州师不振,辽东荒散,莫之救恤,单于不若数其罪而讨之。上则兴复辽东,下则并吞二部,忠义彰于本朝,私利归于我国,此霸王之基也。"廆笑曰:"孺子乃能及此乎!"遂帅众东击连、津,以翰为前锋,破斩之,尽并二部之众。得所掠民三千馀家,及前归廆者悉以付郡,辽东赖以复存。封释疾病,属其孙奕于廆。释卒,廆召奕与语,说之,曰:"奇士也!"补小都督。释子冀州主簿悛、幽州参军抽来奔丧。廆见之曰:"此家抏抏千斤犍也。"以道不通,丧不得还,皆留仕廆,廆以抽为长史,悛为参军。王浚以妻舅崔毖为东夷校尉。

愍帝建兴元年。初,中国士民避乱者多北依王浚,浚不能存抚,又政法不立,士民往往复去之。段氏兄弟专尚武勇,不礼士大夫。唯慕容廆政事修明,爱重人物,故士民

五年(311)。当初,东夷校尉李臻被杀后,辽东靠近边塞的鲜卑人素喜连、木丸津假托为李臻报仇,攻陷辽东各县,杀害掠夺士人百姓,屡次打败郡属军队,连年进犯抢劫。东夷校尉封释无力征讨,请求与素喜连讲和,素喜连、木丸津不听从。百姓失去本业,许多人归附慕容廆,慕容廆发给他们米粮让他们回去,愿意留下的就抚慰收留。

　　慕容廆的小儿子鹰扬将军慕容翰对慕容廆说:"自古以来,有所作为的君主,没有谁不是尊奉天子而顺应百姓的愿望来成就大业的。现在素喜连、木丸津名义上是要杀廆本为李臻报仇,实际是幸灾乐祸趁机作乱。现在封使君已经杀了廆本请求讲和,他们却寇掠暴虐不止。现在中原地区正离析溃乱,州府的军队调动不起来,辽东地区田园荒芜人口离散,没有谁能予以救济抚恤,单于您不如历数素喜连等人的罪行来讨伐他们。上可以兴复辽东,下可以吞并素喜连、木丸津二部,这样既能以忠义之名彰明于本朝,我国也会得到私利,这是霸王的基业啊。"慕容廆笑着说:"小孩子竟能想到这一步!"于是率部众向东进攻素喜连、木丸津,任命慕容翰为前锋,击溃并将二人斩首,把二人的部众全部兼并。得到被素喜连等抢掠的百姓三千多家,加上以前投奔慕容廆的,全部交给所在郡县,辽东地区赖慕容廆之力得以复存。封释得了重病,把他的孙子封奕托付给慕容廆。封释死后,慕容廆叫来封奕和他谈话,很喜欢他,说:"是个非凡的人才!"委任他为小都督。封释的儿子冀州主簿封悛、幽州参军封抽来奔父丧。慕容廆见了他们之后说:"这一家子都是天上掉下来的有千斤力的神牛啊。"因为道路不通,封释的灵柩不能送回老家,封释的儿子们就都留下来在慕容廆手下任职,慕容廆任命封抽为长史,任命封悛为参军。王浚任用妻舅崔毖为东夷校尉。

　　晋愍帝建兴元年(313)。当初,中原躲避战乱的士人百姓大多向北投奔王浚,王浚不能抚存,加上政令法制没有建立,士人百姓往往又都离开他。段氏兄弟只知崇尚武勇,不能以礼对待士大夫。只有慕容廆政务整饬清明,爱惜重视人才,因此士人百姓

多归之。廆举其英俊,随才授任,以河东裴嶷、北平阳耽、庐江黄泓、代郡鲁昌为谋主,广平游邃、北海逢羡、北平西方虔、西河宋奭及封抽、裴开为股肱,平原宋该、安定皇甫岌、岌弟真、兰陵缪恺、昌黎刘斌及封奕、封裕典机要。裕,抽之子也。

　　裴嶷清方有干略,为昌黎太守,兄武为玄菟太守。武卒,嶷与武子开以其丧归,过廆,廆敬礼之,及去,厚加资送。行及辽西,道不通,嶷欲还就廆。开曰:"乡里在南,奈何北行!且等为流寓,段氏强,慕容氏弱,何必去此而就彼也!"嶷曰:"中国丧乱,今往就之,是相帅而入虎口也。且道远,何由可达!若俟其清通,又非岁月可冀。今欲求托足之地,岂可不慎择其人。汝观诸段,岂有远略,且能待国士乎!慕容公修仁行义,有霸王之志,加以国丰民安,今往从之,高可以立功名,下可以庇宗族,汝何疑焉!"开乃从之。既至,廆大喜。阳耽清直沉敏,为辽西太守,慕容翰破段氏于阳乐,获之,廆礼而用之。游邃、逢羡、宋奭,皆尝为昌黎太守,与黄泓俱避地于蓟,后归廆。王浚屡以手书召邃兄畅,畅欲赴之,邃曰:"彭祖刑政不修,华、戎离叛,以邃度之,必不能久,兄且磐桓以俟之。"畅曰:"彭祖忍而多疑,顷者流民北来,命所在追杀之。今手书殷勤,我稽留不往,将累及卿。且乱世宗族宜分,以冀遗种。"邃从之,卒与浚俱没。宋该与平原杜群、刘翔先依王浚,又依段氏,

大多归附于他。慕容廆选择其中出众的,根据其各自的才能委以重任,把河东人裴嶷、北平人阳耽、庐江人黄泓、代郡人鲁昌倚为主要谋士,把广平人游邃、北海人逢羡、北平人西方虔、西河人宋奭以及封抽、裴作作为重臣,任用平原人宋该、安定人皇甫岌、皇甫岌之弟皇甫真、兰陵人缪恺、昌黎人刘斌以及封奕、封裕掌管枢密机要。封裕是封抽的儿子。

　　裴嶷清廉方正有才能和谋略,担任昌黎太守,他的哥哥裴武担任玄菟太守。裴武死去,裴嶷和裴武的儿子裴开送他的灵柩回故乡,路过慕容廆所辖的地方,慕容廆敬重礼待他们,等到要离去时,送给他们丰厚的礼物。走到辽西,道路不通,裴嶷想要回去投奔慕容廆。裴开说:"家乡在南边,为什么要向北走? 况且同样是流亡时暂时的住处,段氏强大,慕容氏微弱,又何必离开这里去投奔那边呢?"裴嶷说:"中原地区正处在死丧战乱之中,现在我们去中原,是一起投入虎口。而且路途遥远,怎么才能到达呢? 如果要等道路清静畅通,又不是一年半载就能等到的。现在要寻求立足之地,怎么可以不谨慎地择人呢? 你观察段氏兄弟,哪里有什么远大的谋略,而且能善待士人吗? 慕容公修仁行义,有创立霸业的志向,加上国富民安,现在去投靠他,上可以立功名,下可以庇护宗族,你还怀疑什么呢?"裴开于是依从了。到了以后,慕容廆非常高兴。阳耽清廉正直沉毅机敏,任辽西太守。慕容翰在阳乐击溃段氏,将他抓获,慕容廆待之以礼并重用他。游邃、逢羡、宋奭都曾担任过昌黎太守,与黄泓都到蓟地躲避战祸,以后又都投奔了慕容廆。王浚几次用亲笔信征召游邃的哥哥游畅,游畅想去投奔他,游邃说:"王浚刑法政务都不修明,华人、异族都叛离了他,依我的估计,他一定不会长久,哥哥暂且停留一段时间等等看。"游畅说:"王浚残忍而且多疑,近来流民都向北来,他命令所到之处追杀他们。现在亲笔写信态度殷勤,我停留在这里不去,将会连累于你的。再说战乱年代宗族应当分开,以期留下后代。"游邃依从了他,他到最后和王浚同归于尽。宋该和平原人杜群、刘翔先依附王浚,又依附段氏,

皆以为不足托，帅诸流寓同归于廆。东夷校尉崔毖请皇甫
岌为长史，卑辞说谕，终莫能致；廆招之，岌与弟真即时俱
至。辽东张统据乐浪、带方二郡，与高句丽王乙弗利相攻，
连年不解。乐浪王遵说统帅其民千馀家归廆，廆为之置乐
浪郡，以统为太守，遵参军事。

元帝建武元年三月，晋王以鲜卑大都督慕容廆为都督
辽左杂夷流民诸军事、龙骧将军、大单于、昌黎公，廆不受。
征虏将军鲁昌说廆曰："今两京覆没，天子蒙尘，琅邪王承
制江东，为四海所系属。明公虽雄据一方，而诸部犹阻兵
未服者，盖以官非王命故也。谓宜通使琅邪，劝承大统，然
后奉诏令以伐有罪，谁敢不从！"处士辽东高诩曰："霸王之
资，非义不济。今晋室虽微，人心犹附之，宜遣使江东，示
有所尊，然后杖大义以征诸部，不患无辞矣。"廆从之，遣长
史王济浮海诣建康劝进。

大兴元年三月，帝复遣使授慕容廆龙骧将军、大单于、
昌黎公，廆辞公爵不受。廆以游邃为龙骧长史，刘翔为主
簿，命邃创定府朝仪法。裴嶷言于廆曰："晋室衰微，介居
江表，威德不能及远，中原之乱，非明公不能拯也。今诸部
虽各拥兵，然皆顽愚相聚，宜以渐并取，以为西讨之资。"廆
曰："君言大，非孤所及也。然君中朝名德，不以孤僻陋而
教诲之，是天以君赐孤而祐其国也。"乃以嶷为长史，委以
军国之谋，诸部弱小者稍稍击取之。

都认为不足以托付,带领各流亡的宗族一同归附于慕容廆。东夷校尉崔毖请皇甫岌任长史,用谦卑的言辞邀请他,始终没能把皇甫岌召来;慕容廆征召他,皇甫岌和他的弟弟皇甫真立即一起到了。辽东人张统占据乐浪、带方二郡,与高句丽王乙弗利交相进攻,连年不断。乐浪人王遵劝说张统率领他的百姓一千多家归附于慕容廆,慕容廆为他设置乐浪郡,任用张统为太守,王遵任参军事。

晋元帝建武元年(317)三月,晋王司马睿任命鲜卑大都督慕容廆为都督辽左杂夷流民诸军事、龙骧将军、大单于,封昌黎公,慕容廆辞谢不受。征虏将军鲁昌劝慕容廆说:"现在洛阳、长安两座都城陷落,天子出降失位,琅邪王在江东按照皇帝授权行事,四海归心。您虽然雄踞一方,但各部落中还有不少拥兵不服从号令的,就是因为您的官职不是朝廷正式任命的缘故。臣以为应当派使者去晋见琅邪王,劝他承继帝王之位,然后奉皇帝的诏令讨伐有罪的人,谁敢不听从?"隐士辽东人高诩说:"霸王之业,没有道义不能成功。现在晋王室虽然衰微,但仍是人心所向,应当派使者去江东,表示我们有所尊崇,然后倚仗君臣大义去征讨各部,就不怕没有理由了。"慕容廆听从了这些建议,派长史王济渡海去建康劝晋王即帝位。

大兴元年(318)三月,晋元帝又派使者前来授给慕容廆以龙骧将军、大单于、昌黎公的官爵,慕容廆推辞昌黎公的爵位不肯接受。慕容廆任命游邃为龙骧长史,刘翔为主簿,命令游邃制定府署的礼仪法度。裴嶷对慕容廆说:"晋王室衰微,独居江南,威仪恩德不能达到远方,中原地区的战乱,除了您没有人能够拯救。现在诸部落虽然各自拥有军队,但都是由一些顽钝愚昧的人聚在一起组成的,应当逐渐兼并他们,作为西征的资本。"慕容廆说:"您说的事情太大,不是我所能达到的。然而您是中朝有名望有德行的人,不嫌弃我僻陋而加以教诲,这是上天把您赐给我来保佑国家的。"于是任用裴嶷为长史,将谋划军国大事的重任交给他,并逐渐对比较弱小的部落展开进攻加以兼并。

二年,平州刺史崔毖,自以中州人望,镇辽东,而士民多归慕容廆,心不平。数遣使招之,皆不至,意廆拘留之,乃阴说高句丽、段氏、宇文氏,使共攻之,约灭廆,分其地。毖所亲勃海高瞻力谏,毖不从。三国合兵伐廆,诸将请击之,廆曰:"彼为崔毖所诱,欲邀一切之利。军势初合,其锋甚锐,不可与战,当固守以挫之。彼乌合而来,既无统壹,莫相归服,久必携贰,一则疑吾与毖诈而覆之,二则三国自相猜忌。待其人情离贰,然后击之,破之必矣。"三国进攻棘城,廆闭门自守,遣使独以牛酒犒宇文氏。二国疑宇文氏与廆有谋,各引兵归。宇文大人悉独官曰:"二国虽归,吾当独取之。"

宇文氏士卒数十万,连营四十里。廆使召其子翰于徒河。翰遣使白廆曰:"悉独官举国为寇,彼众我寡,易以计破,难以力胜。今城中之众,足以御寇,翰请为奇兵于外,伺其间而击之,内外俱奋,使彼震骇不知所备,破之必矣。今并兵为一,彼得专意攻城,无复他虞,非策之得者也;且示众以怯,恐士气不战先沮矣。"廆犹疑之,辽东韩寿言于廆曰:"悉独官有凭陵之志,将骄卒惰,军不坚密,若奇兵卒起,掎其无备,必破之策也。"廆乃听翰留徒河。

二年(319),平州刺史崔毖自认为在中原人中享有威望,现在镇守辽东,而许多士人百姓却都归附于慕容廆,心中不服。几次派使者去征召那些归附慕容廆的士民,都不来,认为是慕容廆强行扣留了他们,于是暗中鼓动高句丽、段氏、宇文氏,让他们共同向慕容廆进攻,相约灭掉慕容廆之后瓜分他的领地。崔毖的亲信勃海人高瞻极力劝谏,崔毖不听。三国合兵一处讨伐慕容廆,慕容廆的将领们请求向他们进攻,慕容廆说:"他们是被崔毖所引诱,不顾长远而想在短期内捞到好处。他们几股力量刚刚合在一处,来势凶猛,我们现在不能和他们交战,应当坚守来挫伤他们的锐气。他们草草合兵一处而来,既没有统一的号令,彼此间又互不服从,时间长了必然产生二心,一方面会怀疑我与崔毖使诈将他们全部消灭,另一方面三国之间互相猜忌。等到他们人心离散,然后攻打他们,击败他们就有把握了。"三国军队进攻棘城,慕容廆关起城门坚守,派使者送去牛和酒单独犒劳宇文氏。高句丽和段氏怀疑宇文氏和慕容廆事先有过预谋,各自领兵回去。宇文氏的首领悉独官说:"他们二国虽然回去了,我们要独自攻取慕容部。"
　　宇文氏的士兵有几十万,军营连绵四十里。慕容廆派人去徒河要召回儿子慕容翰的兵力。慕容翰派使者对慕容廆说:"悉独官征调全国的兵力来攻打我们,他们人多我们人少,以计谋攻破容易,以武力战胜会有困难。现在城里的兵众足可以抵御敌人的进攻,我请求在城外作为奇兵,寻找对方的漏洞向他们进攻,里外同时奋战,使敌人震惊惧怕,不知道去防备哪里,这样就有把握打败他们了。现在如果合兵一处,敌人得以专心一意攻城,不再有其他顾虑,这不是合适的对策;而且这是向大家表明自己胆怯,恐怕还没开战士气就先丧失了。"慕容廆还在犹豫,辽东人韩寿对慕容廆说:"悉独官有侵凌进逼的志向,将领骄纵而士兵怠惰,军队内部不坚固紧密,如果有奇兵出其不意地出现,乘其没有防备而发动进攻,这才是必定破敌的计策。"慕容廆这才听任慕容翰留在徒河。

悉独官闻之曰:"翰素名骁果,今不入城,或能为患,当先取之,城不足忧。"乃分遣数千骑袭翰。翰知之,诈为段氏使者,逆于道曰:"慕容翰久为吾患,闻当击之,吾已严兵相待,宜速进也。"使者既去,翰即出城,设伏以待之。宇文氏之骑见使者,大喜驰行,不复设备,进入伏中。翰奋击,尽获之,乘胜径进,遣间使语廆出兵大战。廆使其子皝与长史裴嶷将精锐为前锋,自将大兵继之。悉独官初不设备,闻廆至,惊,悉众出战。前锋始交,翰将千骑从旁直入其营,纵火焚之,众皆惶扰,不知所为,遂大败,悉独官仅以身免。廆尽俘其众,获皇帝玉玺三纽。

崔毖闻之,惧,使其兄子焘诣棘城伪贺。会三国使者亦至,请和,曰:"非我本意,崔平州教我耳。"廆以示焘,临之以兵,焘惧,首服。廆乃遣焘归谓毖曰:"降者上策,走者下策也。"引兵随之。毖与数十骑弃家奔高句丽,其众悉降于廆。廆以其子仁为征虏将军,镇辽东,官府、市里,案堵如故。

高句丽将如奴子据于河城,廆遣将军张统掩击,擒之,俘其众千馀家。以崔焘、高瞻、韩恒、石琮归于棘城,待以客礼。恒,安平人;琮,鉴之孙也。廆以高瞻为将军,瞻称疾不就,廆数临候之,抚其心曰:"君之疾在此,不在他也。今晋室丧乱,孤欲与诸君共清世难,翼戴帝室。君中州望

悉独官听说后说:"慕容翰向来以骁勇果敢出名,现在他不进入城里,也许会给我们造成祸患,应当先消灭他,城里倒不足为忧。"于是分派几千骑兵去袭击慕容翰。慕容翰知道后,派人假扮段氏的使者,在路上迎住骑兵说:"慕容翰长久以来就是我们的心头之患,听说你们要进攻他,我们已经严阵以待,你们应该快速前进。"使者走后,慕容翰立即出城设下埋伏等待宇文氏的骑兵。宇文氏的骑兵见到使者后,非常高兴,骑着马快速前进,不再设防,进入了慕容翰的埋伏圈中。慕容翰奋力出击,将他们全部斩获,乘胜前进,同时派密使报告慕容廆,让他们出兵决战。慕容廆派儿子慕容翮和长史裴嶷带领精锐部队作为先锋,自己率领大部队跟在后面。悉独官起初没有防备,听说慕容廆到了,大惊,出动全部兵众迎战。双方前锋刚刚开始交战,慕容翰率千名骑兵从旁边直冲进悉独官的兵营,放火烧营,兵众们都惊恐不安,不知如何是好,结果大败,悉独官仅得以只身逃脱。慕容廆将其部众全部俘获,并得到皇帝的玉玺共三枚。

崔毖听说这个消息,十分害怕,派他哥哥的儿子崔焘去棘城假意表示祝贺。正赶上三国的使者也到棘城请求讲和,说:"这不是我们的本意,是崔平州教我们这样做的。"慕容廆让崔焘见三国的使者,摆出要杀他的架势,崔焘吓坏了,低头认罪。慕容廆就派崔焘回去对崔毖说:"投降是上策,逃跑是下策。"并领兵跟在后面。崔毖和几十名骑兵弃家投奔高句丽,他的部众都向慕容廆投降。慕容廆任命他的儿子慕容仁为征虏将军,镇守辽东,官府、市里安居如故。

高句丽将领如奴子占据于河城,慕容廆派将军张统向他突然袭击,将他抓获,俘虏他的部众一千多家。把崔焘、高瞻、韩恒、石琮带回棘城,用对待客人的礼节接待他们。韩恒是安平人,石琮是石鉴的孙子。慕容廆任用高瞻为将军,高瞻假称有病不去就职,慕容廆几次到他的住所去问候他,摸着他的心口说:"先生的病在这里,不在别处。现在晋王室面临丧乱,我要与诸君共同清除世上的灾难,辅佐、拥戴晋朝皇帝。您是中州地区的望

族,宜同斯愿,奈何以华、夷之异,介然疏之哉! 夫立功立事,惟问志略何如耳,华、夷何足问乎!"瞻犹不起,廆颇不平。龙骧主簿宋该,与瞻有隙,劝廆除之,廆不从。瞻以忧卒。

宋该劝廆献捷江东,廆使该为表,裴嶷奉之,并所得三玺诣建康献之。

三年三月,裴嶷至建康,盛称慕容廆之威德,贤俊皆为之用,朝廷始重之。帝谓嶷曰:"卿中朝名臣,当留江东,朕别诏龙骧送卿家属。"嶷曰:"臣少蒙国恩,出入省闼,若得复奉辇毂,臣之至荣。但以旧京沦没,山陵穿毁,虽名臣宿将,莫能雪耻,独慕容龙骧竭忠王室,志除凶逆,故使臣万里归诚。今臣来而不返,必谓朝廷以其僻陋而弃之,孤其向义之心,使懈体于讨贼,此臣之所甚惜,是以不敢徇私而忘公也。"帝曰:"卿言是也。"乃遣使随嶷拜廆安北将军、平州刺史。

四年十二月,以慕容廆为都督幽平二州东夷诸军事、车骑将军、平州牧,封辽东公,单于如故,遣谒者即授印绶,听承制置官司守宰。廆于是备置僚属,以裴嶷、游邃为长史,裴开为司马,韩寿为别驾,阳耽为军谘祭酒,崔焘为主簿,黄泓、郑林参军事。廆立子皝为世子。作东横,以平原刘赞为祭酒,使皝与诸生同受业,廆得暇,亦亲临听之。皝雄毅多权略,喜经术,国人称之。廆徙慕容翰镇辽东,慕容仁镇平郭。翰抚安民夷,甚有威惠,仁亦次之。

族,应当与我有相同的心愿,为什么因为有华人、夷人的区别,就耿耿于怀,故意疏远呢? 成就功业,只考虑志向、谋略是否相同就行了,是华人还是夷人有什么值得探究呢?"高瞻还不肯出来做官,慕容廆心中颇为怏怏不平。龙骧主簿宋该与高瞻有仇怨,劝慕容廆除掉他,慕容廆不听从。高瞻因忧虑而死。

宋该劝慕容廆向江东晋王室献俘、告捷,慕容廆让宋该撰写表章,让裴嶷奉持表章,连同得到的三枚玉玺一起到建康进献。

三年(元320)三月,裴嶷到了建康,盛赞慕容廆的威望德行,称贤能之士都乐意为他效力,朝廷开始重视慕容廆。晋元帝对裴嶷说:"你本是中朝的名臣,应当留在江东,朕另外下诏让龙骧将军慕容廆把你的家属送来。"裴嶷说:"为臣从年轻时起就蒙受国家的恩惠,得以出入禁中,如果能再次侍奉皇上,这是为臣最大的荣耀。只是因为旧有京城沦陷,皇陵毁败,即使是名臣宿将,也没有谁能报仇雪耻,只有慕容廆尽忠于王室,立志铲除凶恶叛逆的人,所以派臣下不远万里来向皇上表示忠诚。现在如果我来而不返,慕容廆一定以为朝廷是因为他僻陋而抛弃他,冷落了他崇尚大义的心意,会使他懈怠于讨贼伐逆的事业,为臣认为这样是十分令人痛惜的,所以不敢为了个人私利而忘了公义。"元帝说:"你说得对。"于是就派使者随同裴嶷前往,封慕容廆为安北将军、平州刺史。

四年(321)十二月,任命慕容廆为都督幽平二州东夷诸军事、车骑将军、平州牧,封辽东公,仍旧保留单于的称号,派遣谒者当即授予印绶,允许他按皇帝授权设置官府机构,委任所属官员。慕容廆自此配置了完备的僚属,任命裴嶷、游邃为长史,裴开任司马,韩寿任别驾,阳耽任军谘祭酒,崔焘任主簿,黄泓、郑林任参军事。慕容廆立儿子慕容皝为世子。建造学舍,让平原人刘赞任祭酒,让慕容皝和学子们一起从师学习,慕容廆有空也亲自去听讲。慕容皝勇敢坚定,富于谋略,喜好儒家学说,受到国人称赞。慕容廆调慕容翰镇守辽东,慕容仁镇守平郭。慕容翰抚慰安顿百姓和夷人,很有威望,慕容仁也追随效仿他。

成帝咸和六年冬,慕容廆遣使与太尉陶侃笺,劝以兴兵北伐,共清中原。僚属宋该等共议,以"廆立功一隅,位卑任重,等差无别,不足以镇华、夷,宜表请进廆官爵"。参军韩恒驳曰:"夫立功者患信义不著,不患名位不高。桓、文有匡复之功,不先求礼命以令诸侯。宜缮甲兵,除群凶,功成之后,九锡自至。比于邀君以求宠,不亦荣乎!"廆不悦,出恒为新昌令。于是东夷校尉封抽等疏上侃府,请封廆为燕王,行大将军事。侃复书曰:"夫功成进爵,古之成制也。车骑虽未能为官摧勒,然忠义竭诚,今腾笺上听,可不、迟速,当在天台也。"

八年夏五月甲寅,辽东武宣公慕容廆卒。六月,世子皝以平北将军行平州刺史,督摄部内,赦系囚。以长史裴开为军谘祭酒,郎中令高诩为玄菟太守。皝以带方太守王诞为左长史,诞以辽东太守阳骛为才而让之,皝从之,以诞为右长史。

秋七月,慕容皝遣长史勃海王济等来告丧。
九年秋八月,王济还辽东,诏遣侍御史王齐祭辽东公廆,又遣谒者徐孟策拜慕容皝镇军大将军、平州刺史、大单于、辽东公,持节、都督、承制封拜,一如廆故事。

咸康元年秋七月,慕容皝立子儁为世子。冬十月,王齐南还。十二月,慕容皝始受朝命。

二年秋九月,慕容皝遣长史刘斌、兼郎中令辽东阳景送徐孟等还建康。

晋成帝咸和六年(331)冬季,慕容廆派使者给太尉陶侃送去信笺,劝他兴兵北伐,共同扫清中原。慕容廆的僚属宋该等人共同议论,认为"慕容廆在边地建立功业,职位卑微,责任重大,等级不加区别不足以震慑华人和胡夷,应当上表请求加封慕容廆的官爵"。参军韩恒反驳说:"建立功业的人担心的是威信道义不昭著,不担心名分地位不够高。齐桓公、晋文公有匡复天下的功绩,也没有事先向周王请求按礼制加以任命来号令诸侯。应当修缮甲胄、兵器,铲除所有凶逆,功成之后,九锡的礼遇自然会得到。这比要挟君主而求得宠幸,不是更荣耀吗?"慕容廆不高兴,让韩恒出棘城任新昌令。这时东夷校尉封抽等人写章疏上呈陶侃幕府,请求封慕容廆为燕王,摄理大将军事。陶侃回信说:"功业成就加官进爵,这是古代固有的制度。车骑将军慕容廆虽然还未能为朝廷摧毁石勒,但忠心仁义,竭尽忠诚,现在我已把章疏转呈给皇上,是否同意,授官早晚,应当由朝廷决定。"

八年(333)夏季五月甲寅(初六),辽东武宣公慕容廆去世。六月,世子慕容皝以平北将军的身份代理平州刺史,督察、统领境内事务,释放囚犯。任命长史裴开为军谘祭酒,郎中令高诩为玄菟太守。慕容皝任命带方太守王诞为左长史,王诞认为辽东太守阳鹜有才能而把左长史的职位辞让给他,慕容皝同意,任命王诞为右长史。

秋季七月,慕容皝派长史勃海人王济等来到晋朝廷报丧。

九年(334)秋季八月,王济返回辽东,成帝下诏派侍御史王齐祭悼辽东公慕容廆,又派谒者徐孟册封慕容皝为镇军大将军、平州刺史、大单于、辽东公,持节、都督,按照皇帝授权封官拜爵,与慕容廆旧例完全相同。

咸康元年(335)秋季七月,慕容皝立儿子慕容儁为世子。冬季十月,王齐等人返回南方。十二月,慕容皝开始接受朝廷的命令。

二年(336)秋季九月,慕容皝派长史刘斌、兼郎中令辽东人阳景护送徐孟等人回到建康。

　　三年秋九月,镇军左长史封奕等劝慕容皝称燕王,皝从之。于是备置群司,以封奕为国相,韩寿为司马,裴开为奉常,阳鹜为司隶,王寓为太仆,李洪为大理,杜群为纳言令,宋该、刘睦、石琮为常伯,皇甫真、阳协为冗骑常侍,宋晃、平熙、张泓为将军,封裕为记室监。洪,臻之孙;晃,奭之子也。冬十月丁卯,皝即燕王位,大赦。十一月甲寅,追尊武宣公曰武宣王,夫人段氏曰武宣后;立夫人段氏为王后,世子儁为王太子,如魏武、晋文辅政故事。

　　四年十二月,燕王皝讨段辽。事见《燕讨段辽》。

　　五年,燕王皝自以称王未受晋命,冬,遣长史刘翔、参军鞠运来献捷论功,且言权假之意,并请刻期大举,共平中原。

　　七年春正月,燕王皝使唐国内史阳裕等筑城于柳城之北,龙山之西,立宗庙、宫阙,命曰龙城。二月,刘翔至建康,帝引见,问慕容镇军平安。对曰:"臣受遣之日,朝服拜章。"翔为燕王皝求大将军、燕王章玺。朝议以为:"故事:大将军不处边;自汉、魏以来,不封异姓为王;所求不可许。"翔曰:"自刘、石构乱,长江以北,翦为戎薮,未闻中华公卿之胄有一人能攘臂挥戈,摧破凶逆者也。独慕容镇军父子竭力,心存本朝,以寡击众,屡珍强敌,使石虎畏惧,悉徙边陲之民散居三魏,蹙国千里,以蓟城为北境。功烈如此,而惜海北之地不以为封邑,何哉?昔汉高祖不爱王爵于韩、彭,故能成其帝业;项羽刓印不忍授,卒用危亡。吾之至心,非苟欲尊其所事,窃惜圣朝疏忠义之国,使四海无

三年(337)秋季九月,镇军左长史封奕等人劝慕容皝称燕王,慕容皝听从了。于是设置各个官署,让封奕任国相,韩寿任司马,裴开任奉常,阳鹜任司隶,王寓任太仆,李洪任大理,杜群任纳言令,宋该、刘睦、石琮任常伯,皇甫真、阳协任冗骑常侍,宋晃、平熙、张泓任将军,封裕任记室监。李洪是李臻的孙子,宋晃是宋奭的儿子。冬季十月丁卯(十四日),慕容皝即燕王位,实行大赦。十一月甲寅这一天,追尊武宣公慕容廆为武宣王,夫人段氏称为武宣后;又立自己的夫人段氏为王后,立世子慕容儁为王太子,效仿魏武帝、晋文帝辅佐朝政之旧例。

四年(338)十二月,燕王慕容皝讨伐段辽。事见《燕讨段辽》。

五年(339),燕王慕容皝自认为称王没有受到晋王室的任命,冬季,派长史刘翔、参军鞠运前来献俘、报捷,报告战功,并且言明暂时假摄称王的意愿,又请求约定日期,大举起兵,共同平定中原。

七年(341)春季正月,燕王慕容皝派唐国内史阳裕等人在柳城以北、龙山以西修建新城,设立宗庙和宫殿,命名为龙城。二月,刘翔到达建康,成帝召见,询问慕容皝是否平安。刘翔回答说:"我接受派遣时,他身穿朝服,向南拜授章表。"刘翔为慕容皝请求大将军和燕王的章玺。朝臣们商议认为:"按旧例:大将军不委派到边关;从汉、魏以来不封异姓为王;所请求的事不能应允。"刘翔说:"自从刘氏、石氏作乱,长江以北完全沦为战乱的渊薮,从未听说华夏公卿的后代中有一人能捋袖挥戈,摧毁凶逆之徒。只有慕容氏父子竭尽全力,心怀晋朝,以少击多,屡次歼灭强敌,使得石虎畏惧,把达陉的百姓全部迁徙,让他们散居在魏郡、阳平、广平一带,国土因而缩小千里,以致把蓟城作为他们北方的边境。慕容皝父子功绩如此显赫,朝廷却吝惜勃海以北的土地,不愿当作给他的封邑,这是为什么呢?当初汉高祖不吝惜封给韩信、彭越以王爵之位,因此能够成就帝业;项羽把官印磨损了也不舍得授人,终致危亡。我的内心,不仅仅是希望尊崇我所侍奉的人,私下还为朝廷疏远忠义之国,使四海之内没有

所劝慕耳。"尚书诸葛恢,翔之姊夫也,独主异议,以为:"夷狄相攻,中国之利,惟器与名,不可轻许。"乃谓翔曰:"借使慕容镇军能除石虎,乃是复得一石虎也,朝廷何赖焉!"翔曰:"嫠妇犹知恤宗周之陨。今晋室阽危,君位侔元、凯,曾无忧国之心邪?向使靡、晷之功不立,则少康何以祀夏!桓、文之战不捷,则周人皆为左衽矣。慕容镇军枕戈待旦,志殄凶逆,而君更唱邪惑之言,忌间忠臣。四海所以未壹,良由君辈耳!"翔留建康岁馀,众议终不决。

翔乃说中常侍彧弘曰:"石虎苞八州之地,带甲百万,志吞江、汉,自索头、宇文暨诸小国,无不臣服。惟慕容镇军翼戴天子,精贯白日,而更不获殊礼之命,窃恐天下移心解体,无复南向者矣。公孙渊无尺寸之益于吴,吴主封为燕王,加以九锡。今慕容镇军屡摧贼锋,威振秦、陇,虎比遣重使,甘言厚币,欲授以曜威大将军、辽西王。慕容镇军恶其非正,却而不受。今朝廷乃矜惜虚名,沮抑忠顺,岂社稷之长计乎!后虽悔之,恐无及已。"弘为之入言于帝,帝意亦欲许之。会鲩上表,称"庾氏兄弟擅权召乱,宜加斥退,以安社稷",又与庾冰书,责其当国秉权,不能为国雪耻。冰甚惧,以其绝远,非所能制,乃与何充奏从其请。乙卯,以慕容皝为使持节、大将军、都督河北诸军事、幽州牧、大单于、燕王,备物、典策,皆从殊礼。又以其世子儁为假节、安北将军、东夷校尉、左贤王;赐军资器械以千万计。

努力和仰慕的目标而痛惜。"尚书诸葛恢,是刘翔的姐夫,独自持有不同的看法,认为:"夷狄互相攻击,这对中原皇朝有利,只有礼器和名号,不能轻易相许。"于是对刘翔说:"假使慕容皝能除掉石虎,这是又得到另一个石虎,朝廷又去仰赖谁呢?"刘翔说:"寡妇还知道痛惜宗周的陨灭。现在晋王室处在危险之中,您的地位和高辛氏的八个才子及高阳氏的八个才子相当,竟然就没有忧虑国事之心吗?假使过去靡和有扈氏的功业没有建立,那么少康凭什么能承祀夏朝!齐桓公、晋文公指挥的战争不能取胜,那么周朝人早就披发左衽,沦为异族了。慕容皝枕戈待旦,立志铲除凶逆,而您却宣扬邪僻令人迷惑的言论,嫉妒离间忠臣。天下没有得到统一,实在是因为有您这样的人!"刘翔留住建康一年多,众朝臣的讨论始终没有结果。

　　刘翔于是游说中常侍彧弘说:"石虎占据八州之地,拥有甲兵百万,立志吞并长江、汉水流域,从索头、宇文氏以至各个小国,没有不臣服的。只有慕容皝辅翼拥戴天子,精诚上通日月,却不能获得特殊礼仪的任命,我私下里担心天下人因此改变心意分崩离析,不再南向称臣。公孙渊对吴国没有一点功绩,吴主封他为燕王,加授九锡的礼遇。现在慕容皝屡次挫败贼逆的锋芒,威震秦州、陇上,石虎连续派遣职高位重的使者,说尽好话送上厚礼,要授给他曜威大将军、辽西王的官爵。慕容皝厌恶他不是正统,拒而不受。现在朝廷却看重吝惜虚名,压制忠顺的臣民,这难道是国家的长久之计吗?以后即使后悔,恐怕也来不及了。"彧弘替他入宫向成帝陈述,成帝之意也是准备同意他的请求。正赶上慕容皝上表称"庾氏兄弟专权召致祸乱,应当加以斥退,来安定社稷",又写信给庾冰,指责他占据要职专擅权柄,不能为国家雪耻。庾冰非常害怕,因为慕容皝在边远之地,无力控制,就与何充上奏请求同意刘翔的请求。乙卯日,任命慕容皝为使持节、大将军、都督河北诸军事、幽州牧、大单于、燕王,所用的全套仪物典策,都按照特殊的礼节配备。又任命他的世子慕容儁为假节、安北将军、东夷校尉、左贤王;赐给数以千万计的军资器械。

又封诸功臣百馀人,以刘翔为代郡太守,封临泉乡侯,加员外散骑常侍。翔固辞不受。

翔疾江南士大夫以骄奢酣纵相尚,尝因朝贵宴集,谓何充等曰:"四海板荡,奄逾三纪,宗社为墟,黎民涂炭,斯乃庙堂焦虑之时,忠臣毕命之秋也。而诸君宴安江沱,肆情纵欲,以奢靡为荣,以傲诞为贤,謇谔之言不闻,征伐之功不立,将何以尊主济民乎!"充等甚惭。诏遣兼大鸿胪郭悕持节诣棘城册命燕王,与翔等偕北。公卿饯于江上,翔谓诸公曰:"昔少康资一旅以灭有穷,句践凭会稽以报强吴,蔓草犹宜早除,况寇仇乎!今石虎、李寿,志相吞噬,王师纵未能澄清北方,且当从事巴、蜀。一旦石虎先人举事,并寿而有之,据形便之地以临东南,虽有智者,不能善其后矣。"中护军谢广曰:"是吾心也。"

秋七月,郭悕、刘翔等至燕,燕王皝以翔为东夷护军、领大将军长史,以唐国内史阳裕为左司马,典书令李洪为右司马,中尉郑林为军谘祭酒。

八年冬十月,燕王皝迁都龙城,赦其境内。

又封赏一百多位有功之臣,任命刘翔为代郡太守,封临泉乡侯,加授员外散骑常侍。刘翔坚决推辞不受。

刘翔痛恨江南的士大夫们竞相崇尚骄逸、奢侈、酣饮、放纵的风气,曾经趁着朝廷显贵们宴饮集会之机,对何充等人说:"天下动荡,一晃就超过三十年了,宗庙社稷化为废墟,黎民百姓惨遭涂炭,这正是朝廷上下焦虑的时候,忠臣效命的年代。诸君却在江沱安然宴乐,尽情纵欲,以奢侈靡费为荣,以狂傲怪诞为贤,忠正耿直的言论充耳不闻,征伐的功业不去建立,打算拿什么去尊奉主上、救助百姓呢?"何充等人非常惭愧。皇帝下诏派兼大鸿胪郭悕持符节到棘城,册封燕王,与刘翔等偕同北上。公卿大夫在江边为他们饯行,刘翔对各位公卿说:"当年少康借助五百人的军队消灭有穷氏,越王句践凭借会稽山向强大的吴国报仇,乱草尚且应当早日铲除,何况是仇敌呢?现在石虎、李寿志在互相吞并,王室的军队纵使不能平定北方,也应当经略巴、蜀。一旦石虎首先起事,兼并李寿而占有其地,占据有利的地形而兵临东南,到时候即使再有智慧的人也不能收拾残局了。"中护军谢广说:"这正是我所想的。"

秋季七月,郭悕、刘翔等到达燕国,燕王慕容皝任命刘翔为东夷护军、领大将军长史,任命唐国内史阳裕为左司马,典书令李洪为右司马,中尉郑林为军谘祭酒。

八年(342)冬季十月,燕王慕容皝迁都到龙城,在他的境内实行大赦。

成李据蜀

晋惠帝元康八年。初,张鲁在汉中,賨人李氏自巴西宕渠往依之。魏武帝克汉中,李氏将五百馀家归之,拜为将军,迁于略阳北土,号曰巴氐。其孙特、庠、流,皆有材武,善骑射,性任侠,州党多附之。

及齐万年反,关中荐饥,略阳、天水等六郡民流移就谷入汉川者数万家,道路有疾病穷乏者,特兄弟常营护振救之,由是得众心。流民至汉中,上书求寄食巴、蜀,朝议不许,遣侍御史李苾持节慰劳,且监察之,不令入剑阁。苾至汉中,受流民略,表言:"流民十万馀口,非汉中一郡所能振赡,蜀有仓储,人复丰稔,宜令就食。"朝廷从之。由是散在梁、益,不可禁止。李特至剑阁,太息曰:"刘禅有如此地,面缚于人,岂非庸才邪!"闻者异之。

永康元年冬十一月,诏征益州刺史赵廞为大长秋,以成都内史中山耿滕为益州刺史。廞,贾后之姻亲也。闻征,甚惧,且以晋室衰乱,阴有据蜀之志,乃倾仓廪,赈流

成李据蜀

晋惠帝元康八年(298)。当初,张鲁占据汉中,賨人李氏从巴西宕渠去依附他。魏武帝攻克了汉中,李氏带领五百多家归附魏武帝,被授予将军职位,迁移到略阳北部地区,号称巴氐。他的孙子李特、李庠、李流都有才能而且勇武,擅长骑马射箭,性情豪爽仗义,好打抱不平,州中志同道合的人大多去归附他们。

待到齐万年造反的时候,关中连年饥荒,略阳、天水等六郡的百姓迁移流亡,进入汉川就食的有几万家。道路上有不少生病穷困的人,李特兄弟常常救助、赈济他们,因此很得民心。流民到了汉中,上书请求到巴、蜀寄食,朝廷经过讨论决定不允许这样做,派侍御史李苾持符节慰劳流民,同时监督他们,不许他们进入剑阁。李苾到了汉中,接受了流民的贿赂,上表奏称:"流亡的百姓有十万多人,不是汉中一郡能够救济负担得起的。蜀地有存粮,人又丰足富裕,应当让他们去蜀地解决吃饭问题。"朝廷接受了他的建议。从此流民散居在梁州、益州,不能禁止。李特到了剑阁,叹息说:"刘禅有这样一块地方,竟然投降了别人,难道不是庸才吗?"听到的人都感到惊奇。

永康元年(300)冬季十一月,惠帝下诏征召益州刺史赵廞为大长秋,任命成都内史中山人耿滕为益州刺史。赵廞是贾皇后的姻亲。听到征召,十分恐惧,再加上他因为晋朝的衰微败乱,暗地里已有占据蜀地的野心,于是拿出粮仓的所有粮食来赈济流

民,以收众心。以李特兄弟材武,其党类皆巴西人,与廞同郡,厚遇之以为爪牙。特等凭恃廞势,专聚众为盗,蜀人患之。滕数密表:"流民刚剽,蜀人懦弱,主不能制客,必为乱阶,宜使还本居。若留之险地,恐秦、雍之祸更移于梁、益矣。"廞闻而恶之。

　　州被诏书,遣文武千馀人迎滕。是时,成都治少城,益州治太城,廞犹在太城,未去。滕欲入州,功曹陈恂谏曰:"今州、郡构怨日深,入城必有大祸,不如留少城以观其变,檄诸县合村保以备秦氏,陈西夷行至,且当待之。不然,退保犍为,西渡江源,以防非常。"滕不从。是日,帅众入州,廞遣兵逆之,战于西门,滕败死,郡吏皆窜走,惟陈恂面缚诣廞,请滕丧,廞义而许之。

　　廞又遣兵逆西夷校尉陈总。总至江阳,闻廞有异志,主簿蜀郡赵模曰:"今州郡不协,必生大变,当速行赴之。府是兵要,助顺讨逆,谁敢动者!"总更缘道停留,比至南安鱼涪津,已遇廞军,模白总:"散财募士以拒战,若克州军,则州可得;不克,顺流而退,必无害也。"总曰:"赵益州忿耿侯,故杀之;与吾无嫌,何为如此!"模曰:"今州起事,必当杀君以立威,虽不战,无益也。"言至垂涕。总不听,众遂自溃。总逃草中,模著总服格战;廞兵杀模,见其非是,更搜

民,以此来收买民心。因为李特兄弟英武并有才能,其亲信同党都是巴西郡人,与赵廞同郡,赵廞对待他们非常优厚,把他们作为自己的爪牙。李特等人凭仗着赵廞的威势,专门聚集众人做强盗,蜀郡当地的人把他们视为祸害。耿滕多次秘密表奏:"流民刚烈剽悍,蜀人怯懦软弱,主人压制不住客人,必定会导致祸乱,应当让他们回到原来居住的地方。如果把他们留在险要的地方,恐怕秦州、雍州的灾祸就要移到梁州、益州了。"赵廞听说后十分憎恶耿滕。

益州接到诏书,派一千多名文武官员迎接耿滕。当时成都的治所在少城,益州的治所在太城,赵廞还在太城没有离开。耿滕打算进益州的治所太城,功曹陈恂劝道:"现在成都和益州结怨越来越深,进入太城一定会有大的祸患,不如留在少城来观察他们的动向,向各县发布号令,让各村保联合做好抵御秦氏人的准备,西夷校尉陈总马上就要到了,应当先等他来。不这样的话,就后退到犍为郡防守,西渡到江源,以防不测。"耿滕不听。这天,耿滕率领兵众进入太城,赵廞派军队迎击,战于西门,耿滕战败而死,他的属官们都逃窜了,只有陈恂双手反绑去见赵廞,请求为耿滕葬埋尸体,赵廞赞赏他的义气而同意了他的请求。

赵廞又派兵拦阻西夷校尉陈总。陈总走到江阳,听到赵廞有反叛的打算,主簿蜀郡人赵模说:"现在州与郡彼此不和,必生大变,应当迅速前进赶到那里。您掌握着蜀兵大权,帮助顺从朝廷的人讨伐想要谋反的人,有谁敢乱动!"陈总却反而沿途走走停停,等到了南安县的鱼涪津,便与赵廞的军队相遇,赵模劝陈总:"发放钱财招募士兵来作战,如果打败赵廞的军队,就可以得到益州;如果不能战胜,可以顺江流而退,一定没有害处。"陈总说:"益州刺史赵廞怨恨耿滕,所以才杀了他;我与他没有仇怨,为什么要这样?"赵模说:"现在益州挑起事端,一定会杀了您来建立威权,即使不与他发生战斗,也没有好处。"说得声泪俱下。陈总不听劝阻,于是兵众自散。陈总逃在草丛中,赵模穿着陈总的衣服力战;赵廞的兵众杀了赵模,发现他不是陈总,再次搜

求得总,杀之。

廞自称大都督、大将军、益州牧,署置僚属,改易守令,王官被召,无敢不往。李庠帅妹婿李含、天水任回、上官晶、扶风李攀、始平费他、氐符成、隗伯等四千骑归廞。廞以庠为威寇将军,封阳泉亭侯,委以心膂,使招合六郡壮勇至万馀人,以断北道。

永宁元年春正月,李庠骁勇得众心,赵廞浸忌之而未言。长史蜀郡杜淑、张粲说廞曰:"将军起兵始尔,而遽遣李庠握强兵于外。非我族类,其心必异,此倒戈授人也,宜早图之。"会庠劝廞称尊号,淑、粲因白廞以庠大逆不道,引斩之,并其子侄十馀人。时李特、李流皆将兵在外,廞遣人慰抚之曰:"庠非所宜言,罪应死。兄弟罪不相及。"复以特、流为督将。特、流怨廞,引兵归绵竹。

廞牙门将涪陵许弇求为巴东监军,杜淑、张粲固执不许,弇怒,手杀淑、粲于廞阁下,淑、粲左右复杀弇。三人,皆廞之腹心也,廞由是遂衰。

廞遣长史犍为费远、蜀郡太守李苾、督护常俊督万馀人断北道,屯绵竹之石亭。李特密收兵得七千馀人,夜袭远等军,烧之,死者十八九,遂进攻成都。费远、李苾及军祭酒张微,夜斩关走,文武尽散。廞独与妻子乘小船走,至广都,为从者所杀。特入成都,纵兵大掠,遣使诣洛阳,陈廞罪状。

寻找到了陈总,把他杀了。

赵廞自称大都督、大将军、益州牧,安排设置僚属,改换所属的郡守县令,晋朝廷任命的官员被他征召后,没有敢不去的。李庠带领妹夫李含、天水人任回、上官晶,扶风人李攀、始平人费他、氐人苻成、隗伯及所属四千骑兵前去归附赵廞。赵廞任命李庠为威寇将军,封为阳泉亭侯,把他看作亲信心腹,委派他招募六郡流民当中强壮勇武的人,招募到一万多人,以截断北部的道路。

晋惠帝永宁元年(301)春季正月,李庠骁勇又很得人心,赵廞慢慢开始忌恨他却又没说出来。长史蜀郡人杜淑、张粲劝赵廞说:"将军刚刚开始起兵,却骤然委派李庠握有强兵在外镇守。不是我的同族,必定怀有异心,这是倒转武器而把它送给他人,应当早做打算。"正赶上李庠劝赵廞称帝,杜淑、张粲趁机报告赵廞,认为李庠犯了大逆不道之罪,将李庠和他的子侄十多人都斩杀了。当时李特、李流都领兵在外,赵廞派人抚慰他们说:"李庠说了不该说的话,论罪应当处死。与你们做兄弟的无关。"又任用李特、李流为督将。李特、李流怨恨赵廞,便带领兵马回到了绵竹。

赵廞的牙门将涪陵人许弇请求任巴东监军,杜淑、张粲坚持不同意,许弇十分愤怒,在赵廞门前亲手杀了杜淑、张粲,杜淑、张粲手下的人又杀了许弇。这三个人都是赵廞的心腹,赵廞从此开始衰败。

赵廞派遣长史犍为人费远、蜀郡太守李苾、督护常俊督领一万多人截断北部的通道,屯驻在绵竹的石亭。李特暗地里招收的士兵已有七千多人了,他们在夜间突袭费远等人的军队,用火烧他们,费远等人的军队死了十有八九,于是进攻成都。费远、李苾和军祭酒张微连夜劈开城门逃走,文武官员全都跑散了。只剩下了赵廞和妻子儿女乘小船逃走,到了广都,被跟随他的人杀死。李特进入成都,纵兵大肆抢掠,派遣使者去洛阳,陈述赵廞的罪行。

初,梁州刺史罗尚,闻赵廞反,表:"廞素非雄才,蜀人不附,败亡可计日而待。"诏拜尚平西将军、益州刺史,督牙门将王敦、蜀郡太守徐俭、广汉太守辛冉等七千馀人入蜀。特等闻尚来,甚惧,使其弟骧于道奉迎,并献珍玩。尚悦,以骧为骑督。特、流复以牛酒劳尚于绵竹,王敦、辛冉说尚曰:"特等专为盗贼,宜因会斩之,不然,必为后患。"尚不从。冉与特有旧,谓特曰:"故人相逢,不吉当凶矣。"特深自猜惧。三月,尚至成都。

初,朝廷符下秦、雍州,使召还流民入蜀者,又遣御史冯该、张昌督之。李特兄辅自略阳至蜀,言中国方乱,不足复还。特然之,累遣天水阎式诣罗尚求权停至秋,又纳赂于尚及冯该,尚、该许之。朝廷论讨赵廞功,拜特宣威将军,弟流奋威将军,皆封侯。玺书下益州,条列六郡流民与特同讨廞者,将加封赏。广汉太守辛冉欲以灭廞为己功,寝朝命,不以实上,众咸怨之。

罗尚遣从事督遣流民,限七月上道。时流民布在梁、益,为人佣力,闻州郡逼遣,人人愁怨,不知所为;且水潦方盛,年谷未登,无以为行资。特复遣阎式诣尚,求停至冬,辛冉及犍为太守李苾以为不可。尚举别驾蜀郡杜弢秀才,式为弢说逼移利害,弢亦欲宽流民一年;尚用冉、苾之谋,不从;弢乃致秀才板,出还家。冉性贪暴,欲杀流民首领,取其资货,乃与苾白尚,言:"流民前因赵廞之乱,多所剽掠,宜因移设关以夺取之。"尚移书令梓潼太守张演,于诸要施关,搜索宝货。

当初，梁州刺史罗尚听说赵廞谋反，表奏说："赵廞一向没有雄才大略，蜀地的人不归附他，他的失败是指日可待的。"惠帝下诏任命罗尚为平西将军、益州刺史，督领牙门将王敦、蜀郡太守徐俭、广汉太守辛冉等七千多人入蜀。李特等人听说罗尚要来，十分害怕，让他的弟弟李骧在路上恭迎，并献上珍宝古玩。罗尚十分高兴，任命李骧为骑督。李特、李流又在绵竹用牛肉和酒犒劳罗尚，王敦、辛冉劝罗尚说："李特等人专门做盗贼，应当趁此机会把他杀了，不这样的话，一定会成为日后的祸患。"罗尚不听。辛冉和李特有旧交，对李特说："老朋友相聚，不是吉祥就是凶险。"李特非常猜疑恐惧。三月，罗尚到了成都。

当初，朝廷曾下令秦州、雍州，让各自召回进入蜀地的流民，又派御史冯该、张昌监督此事。李特的哥哥李辅从略阳到了蜀地，声言中原正在动乱，不值得再回去。李特同意他的话，多次派天水人阎式去拜见罗尚，请求暂缓停留到秋天，又向罗尚、冯该施以贿赂，罗尚、冯该同意了他的请求。朝廷评定消灭赵廞的功劳，任命李特为宣威将军，他的弟弟李流为奋威将军，都封侯爵。皇帝诏书下达到益州，让开列与李特共同讨伐赵廞的六郡流民的名单，准备加以封赏。广汉太守辛冉想要把消灭赵廞的功劳算在自己名下，扣押朝廷的命令，不如实上报，大家都怨恨他。

罗尚派从事去监督遣送流民，限期在七月上路。当时流民分散在梁州、益州，替人当佣工，听说州郡逼迫遣返，人人愁怨，不知如何是好；加上雨水正盛，当年的粮食还没收打，没有东西用作路费。李特又派阎式到罗尚那里请求停留到冬天，辛冉和犍为太守李苾认为不行。罗尚荐举别驾蜀郡人杜弢为秀才，阎式向杜弢述说逼迫迁移的利害关系，杜弢也想对流民宽限一年；罗尚采用辛冉、李苾的建议，没有听从；杜弢就送还秀才板，离开官府回了家。辛冉性情贪婪残暴，要杀掉流民的首领，掠取他们的财产，于是和李苾报告罗尚说："流民以前趁着赵廞之乱，剽窃掠夺了很多财产，应当发文设置关卡来收回这些财物。"罗尚发文令梓潼太守张演在各要道设置关卡，搜索财宝货物。

特数为流民请留,流民皆感而恃之,多相帅归特。特乃结大营于绵竹以处流民,移辛冉求自宽。冉大怒,遣人分榜通衢,购募特兄弟,许以重赏。特见之,悉取以归,与弟骧改其购云:"能送六郡之豪李、任、阎、赵、杨、上官及氐、叟侯王一首,赏百匹。"于是流民大惧,归特者愈众,旬月间过二万人。流亦聚众数千人。

特又遣阎式诣罗尚求申期,式见营栅冲要,谋掩流民,叹曰:"民心方危,今而速之,乱将作矣。"又知辛冉、李苾意不可回,乃辞尚还绵竹。尚谓式曰:"子且以吾意告诸流民,今听宽矣。"式曰:"明公惑于奸说,恐无宽理。弱而不可轻者民也,今趣之不以理,众怒难犯,恐为祸不浅。"尚曰:"然。吾不欺子,子其行矣!"式至绵竹,言于特曰:"尚虽云尔,然未可信也。何者?尚威刑不立,冉等各拥强兵,一旦为变,亦非尚所能制,深宜为备。"特从之。

冬十月,特分为二营,特居北营,流居东营,缮甲厉兵,戒严以待之。

冉、苾相与谋曰:"罗侯贪而无断,日复一日,令流民得展奸计。李特兄弟并有雄才,吾属将为所虏矣!宜为决计,罗侯不足复问也。"乃遣广汉都尉曾元、牙门张显、刘并等潜帅步骑三万袭特营。罗尚闻之,亦遣督护田佐助元。元等至,特安卧不动,待其众半入,发伏击之,死者甚众。杀田佐、曾元、张显,传首以示尚、冉。尚谓将佐曰:"此虏

李特几次为流民请求留下,流民们都感激并倚仗他,许多人接连归附李特。李特于是在绵竹设立大营来安置流民,并上书给辛冉请求宽限。辛冉大怒,派人在交通要道上张贴告示,悬赏捉拿李特兄弟,许下很重的赏格。李特看见告示,全部取下带回,和弟弟李骧将悬赏的内容改为:"能送六郡豪强李、任、阎、赵、杨、上官各姓以及氐、叟侯王之中任何一人的首级的,赏绢百匹。"这时流民大为惊恐,投奔李特的人更多了,一月之间超过了二万人。李流也聚集了几千人。

李特又派阎式去见罗尚请求延期,阎式看到官府在交通要冲营造栅栏,图谋抢掠流民,叹道:"民心正不安定,现在却要火上浇油,将要发生变乱了。"又得知辛冉、李苾态度不可改变,就去辞别罗尚回绵竹。罗尚对阎式说:"先生就把我的意见告诉给流民,说是现在放宽期限了。"阎式说:"您受小人的蒙蔽,恐怕不会宽限的吧。百姓虽是卑弱的,但却是不可轻视的,现在不讲道理就驱赶他们,众怒难犯,恐怕造成的祸患不浅。"罗尚说:"是这样。我不会欺骗您的,您只管走吧。"阎式到了绵竹,对李特说:"罗尚虽然这么说,但不可相信。为什么呢?罗尚威势刑法都没有树立,而辛冉等人各自拥有强兵,一旦发生变乱,也不是罗尚所能控制的,应当做好充分准备。"李特接受了他的意见。

冬季十月,李特将部下分为二营,李特住在北营,李流住在东营,修整铠甲磨砺武器,严阵以待。

辛冉、李苾在一起密谋说:"罗尚贪婪而缺少决断能力,日复一日,使流民得以施展他们奸诈的计谋。李特兄弟都有雄才,我们这些人都要被他们俘虏了!应当做出决断,罗尚不值得再去请示了。"于是他们派广汉都尉曾元、牙门将张显、刘并等人悄悄率领三万步兵骑兵袭击李特的大营。罗尚听说后,也派督护田佐去帮助曾元。曾元等人到了,李特安然躺卧不动声色,等到曾元的人马进来了一半,指挥埋伏的士兵突然出击,打死了很多人。这一伏击杀死了田佐、曾元、张显,李特将他们的首级送到罗尚、辛冉那里给他们看。罗尚对属下军官说:"李特这个贼虏

成去矣，而广汉不用吾言以张贼势，今若之何！"

于是六郡流民李含等共推特行镇北大将军，承制封拜；以其弟流行镇东大将军，号东督护，以相镇统；又以兄辅为票骑将军，弟骧为骁骑将军，进兵攻冉于广汉。尚遣李苾、费远帅众救冉，畏特，不敢进。冉出战屡败，溃围奔德阳。特入据广汉，以李超为太守，进兵攻尚于成都。尚以书谕阎式，式复书曰："辛冉倾巧，曾元小竖，李叔平非将帅之材。式前为节下及杜景文论留、徙之宜。人怀桑梓，孰不愿之？但往日初至，随谷庸赁，一室五分，复值秋潦，乞须冬熟，而终不见听。绳之太过，穷鹿抵虎，流民不肯延颈受刀，以致为变。即听式言，宽使治严，不过去九月尽集，十月进道，命达乡里，何有如此也！"

特以兄辅，弟骧，子始、荡、雄及李含，含子国、离，任回，李攀，攀弟恭，上官晶，任臧，杨褒，上官惇等为将帅，阎式、李远等为僚佐。罗尚素贪残，为百姓患。特与蜀民约法三章，施舍振贷，礼贤拔滞，军政肃然，蜀民大悦。尚频为特所败，乃阻长围，缘郫水作营，连延七百里，与特相拒，求救于梁州及南夷校尉。

太安元年夏五月，河间王颙遣督护衙博讨李特，军于梓潼；朝廷复以张微为广汉太守，军于德阳；罗尚遣督护张龟军于繁城。特使其子镇军将军荡等袭博；而自将击龟，破之。荡败博兵于阳沔，梓潼太守张演委城走，巴西丞毛

终成气候反叛了,而广汉太守辛冉不听我的话,使李特的声势更加嚣张,现在拿他们怎么办?"

从此,六郡流民李含等一致推举李特兼任镇北大将军,按照皇帝授权封官拜爵;以他的弟弟李流兼镇东大将军,号为东督护,共同镇护统领军队;又以哥哥李辅为骠骑将军,弟弟李骧为骁骑将军,向广汉进兵攻打辛冉。罗尚派李芯、费远率兵救辛冉,因为害怕李特,不敢前进。辛冉出战屡次失败,突破包围跑到德阳。李特进占广汉,任李超为太守,向成都进军攻打罗尚。罗尚给阎式写信进行晓谕,阎式回信说:"辛冉狡诈习滑,曾元是小人,李芯非将帅之才。我当初为您和杜弢说过让流民留下或迁徙的适当办法。人都怀念家乡,谁不愿回去呢?但当初他们刚到蜀地,为口粮而受雇佣卖力气,一家人分散在各处,又赶上秋雨季节,只能乞求等到冬天作物收后,你们却始终不接受。对流民的政策过于严厉,走投无路的鹿也要与虎相拼,流民们不想伸着脖子等着宰割,所以导致变乱。如果当初听了我的话,放宽期限让他们从容整理行装,不过是过完九月就会全部会集在一起,十月就会上路,使他们回到家乡,怎么会闹到这个地步呢?"

李特任用兄李辅,弟李骧,儿子李始、李荡、李雄以及李含,李含的儿子李国、李离,任回,李攀,李攀的弟弟李恭,上官晶,任臧,杨褒,上官惇等人担任将帅,任用阎式、李远等人为僚佐。罗尚一向贪婪残暴,成为百姓的祸害。李特和蜀地百姓约法三章,遍施恩惠,赈济百姓,礼待贤士提拔怀才不遇的人,军队政务井然有序,蜀地百姓非常高兴。罗尚多次被李特打败,就建起长长的防御工事,沿郫水安营扎寨,绵延达七百里,和李特相对峙,并向梁州和南夷校尉求救。

晋惠帝太安元年(302)夏季五月,河间王司马颙派遣督护衙博讨伐李特,在梓潼驻军;朝廷又任命张微为广汉太守,在德阳驻军;罗尚派遣督护张龟在繁城驻军。李特命令他的儿子镇军将军李荡等人袭击衙博;而自己领兵攻击张龟,击败了张龟。李荡在阳沔打败衙博的军队,梓潼太守张演弃城逃走,巴西郡丞毛

植以郡降。荡进攻博于葭萌，博走，其众尽降。河间王颙更以许雄为梁州刺史。特自称大将军、益州牧、都督梁益二州诸军事。

秋八月，李特攻张微，微击破之，遂进攻特营。李荡引兵救之，山道险狭，荡力战而前，遂破微兵。特欲还涪，荡及司马王幸谏曰："微军已败，智勇俱竭，宜乘锐气遂禽之。"特复进攻微，杀之，生禽微子存，以微丧还之。

特以其将骞硕守德阳。李骧军毗桥，罗尚遣军击之，屡为骧所败。骧遂进攻成都，烧其门。李流军成都之北。尚遣精勇万人攻骧，骧与流合击，大破之，还者什一二。许雄数遣军攻特，不胜，特势益盛。

建宁大姓李叡、毛诜逐太守杜俊，朱提大姓李猛逐太守雍约以应特，众各数万。南夷校尉李毅讨破之，斩诜。李猛奉笺降，而辞意不逊，毅诱而杀之。

二年春正月，李特潜渡江击罗尚，水上军皆散走。蜀郡太守徐俭以少城降，特入据之，惟取马以供军，馀无侵掠；赦其境内，改元建初。罗尚保太城，遣使求和于特。蜀民相聚为坞者，皆送款于特，特遣使就抚之；以军中粮少，乃分六郡流民于诸坞就食。李流言于特曰："诸坞新附，人心未固，宜质其大姓子弟，聚兵自守，以备不虞。"又与特司马上官惇书曰："纳降如待敌，不可易也。"前将军雄亦以为言。特怒曰："大事已定，但当安民，何为更逆加疑忌，使之离叛乎！"

植献郡投降。李荡在葭萌向衔博进攻,衔博逃走,他的军队全部投降。河间王司马颙换许雄任梁州刺史。李特自称大将军、益州牧、都督梁益二州诸军事。

秋季八月,李特进攻张微的军队,张微回击打败了李特,乘胜攻打李特的大营。李荡领兵援救李特,山路险峻狭窄,李荡奋力迎战向前,于是打败了张微的军队。李特想要回到涪陵,李荡和司马王幸劝谏道:"张微的军队已经失败,智谋勇气均已枯竭,应当乘着这股锐气抓住他。"李特再次进攻张微,将他杀了,抓住了张微的儿子张存,让他带着张微的尸体回去。

李特任用他的将领骞硕驻守德阳。李骧在毗桥驻军,罗尚派部队向他进攻,屡次被李骧所打败。李骧乘胜进攻成都,烧了该城城门。李流在成都以北驻军。罗尚派精锐的勇士一万人进攻李骧,李骧与李流联合出击,大败敌军,生还的才十有一二。许雄多次派兵攻打李特,不能取胜,李特的声势更加强盛。

建宁的富家大族李叡、毛诜驱逐了建宁太守杜俊,朱提的富家大族李猛驱逐了朱提太守雍约来响应李特,部众各有几万人。南夷校尉李毅攻讨打败了他们,杀了毛诜。李猛奉上书信表示投降,但言辞并不恭顺,李毅就把他骗来杀掉了。

二年(303)春季正月,李特偷渡江袭击罗尚,水上驻防的军队全部溃散。蜀郡太守徐俭献出少城投降,李特进驻少城,只索取马匹供应军需,并不掠取其他财物;在所辖地区实行大赦,改年号为建初。罗尚据守太城,派使者向李特求和。筑坞堡相聚以自保的蜀地百姓,都向李特投诚,李特派使者去坞堡安抚他们;因为军队中缺少粮食,就分散六郡的流民到各坞堡去就食。李流对李特说:"各坞堡刚刚归附,人心不稳,应当取其中大户人家的子弟作为人质,集中兵力进行防守,以准备应付不可预料的变故。"又给李特的司马上官惇写信说:"接纳归降的人如同面对敌人,不可以轻视。"前将军李雄也这样说。李特发怒说:"大事已经成功,现在只应当安抚民心,为什么反而更加对他们怀疑猜忌,使他们背叛离开我们呢?"

　　朝廷遣荆州刺史宗岱、建平太守孙阜帅水军三万以救罗尚。岱以阜为前锋，进逼德阳。特遣李荡及蜀郡太守李璜就德阳太守任臧共拒之。岱、阜军势甚盛，诸坞皆有贰志。益州兵曹从事蜀郡任叡言于罗尚曰："李特散众就食，骄怠无备，此天亡之时也。宜密约诸坞，刻期同发，内外击之，破之必矣！"尚使叡夜缒出城，宣旨于诸坞，期以二月十日同击特。叡因诣特诈降，特问城中虚实，叡曰："粮储将尽，但馀货帛耳。"叡求出省家，特许之，遂还报尚。二月，尚遣兵掩袭特营，诸坞皆应之，特兵大败，斩特及李辅、李远，皆焚尸，传首洛阳，流民大惧。李流、李荡、李雄收馀众还保赤祖。流自称大将军、大都督、益州牧，保东营，荡、雄保北营。孙阜破德阳，获骞硕，任臧退屯涪陵。

　　三月，罗尚遣督护何冲、常深等攻李流，涪陵民药绅等亦起兵攻流。流与李骧拒深，使李荡、李雄拒绅。何冲乘虚攻北营，氐苻成、隗伯在营中，叛应之。荡母罗氏擐甲拒战，伯手刃伤其目，罗氏气益壮。营垂破，会流等破深、绅，引兵还，与冲战，大破之。成、伯帅其党突出诣尚。流等乘胜进抵成都，尚复闭城自守。荡驰马逐北，中矛而死。

　　朝廷遣侍中燕国刘沈假节统罗尚、许雄等军，讨李流。行至长安，河间王颙留沈为军师，遣席薳代之。李流以李特、李荡继死，宗岱、孙阜将至，甚惧。李含劝流降，流从

朝廷派荆州刺史宗岱、建平太守孙阜统帅三万水军去援救罗尚。宗岱让孙阜任前锋,逼近德阳。李特派李荡和蜀郡太守李璜靠拢德阳太守任臧共同抗拒宗岱、孙阜。宗岱、孙阜的军队威势十分强大,各坞堡都有了二心。益州兵曹从事蜀郡人任叡对罗尚说:"李特分散兵众去解决吃饭问题,骄傲懈怠没有防备,这是上天要灭亡他的时候。应当和各坞堡秘密相约,约定时间同时发难,来内外夹击,一定可以击溃他。"罗尚让任叡夜晚用绳索滑下城墙,向各坞堡宣布罗尚的旨意,约定在二月十日同时向李特出击。任叡就便到李特那里假装投降,李特询问他城里的情况,任叡说:"存粮马上就要用完了,只剩下一些钱财和布帛而已。"任叡请求出营看望家人,李特允许了,于是任叡回城向罗尚报告。二月,罗尚派兵突然袭击李特的营地,各坞堡都响应罗尚,李特的军队大败,斩杀了李特和李辅、李远,焚烧了他们的尸体,将他们的首级送往洛阳,流民们十分恐惧。李流、李荡、李雄收容残馀兵众退保赤祖。李流自称大将军、大都督、益州牧,据守东营,李荡、李雄据守北营。孙阜攻破德阳,抓住了骞硕,任臧撤退到了涪陵驻扎。

三月,罗尚派都护何冲、常深等进攻李流,涪陵人药绅等人也组织兵众向李流进攻。李流和李骧抵御常深,派李荡、李雄抵御药绅。何冲乘虚攻打北营,氐人苻成、隗伯在北营中反叛响应何冲。李荡的母亲罗氏穿上甲衣迎战,隗伯挥刀刺伤了她的眼睛,而罗氏的斗志却更加旺盛。北营眼看就要被攻陷时,正赶上李流等人打败了常深、药绅领兵回营,又与何冲等人交战,何冲惨败。苻成、隗伯率领他们的亲信突围投奔罗尚。李流等人乘胜攻到成都,罗尚再次关闭城门防守。李荡跃马追击败逃的敌军,中矛而死。

朝廷派遣侍中燕国人刘沈持符节前去统领罗尚、许雄等人的军队,讨伐李流。刘沈走到长安,河间王司马颙留下刘沈为自己当军师,派席薳代替他。李流因为李特、李荡相继战死,宗岱、孙阜马上就要杀到,十分恐惧。李含劝说李流投降,李流听从了

之。李骧、李雄迭谏，不纳。

夏五月，流遣其子世及含子胡为质于阜军。胡兄离为梓潼太守，闻之，自郡驰还，欲谏不及。退，与雄谋袭阜军，雄曰："为今计，当如是，而二翁不从，奈何？"离曰："当劫之耳！"雄大喜，乃共说流民曰："吾属前已残暴蜀民，今一旦束手，便为鱼肉，惟有同心袭阜以取富贵耳！"众皆从之。雄遂与离袭击阜军，大破之。会宗岱卒于垫江，荆州军遂退。流甚惭，由是奇雄才，军事悉以任之。六月，李雄攻杀汶山太守陈图，遂取郫城。

秋七月，李流徙屯郫。蜀民皆保险结坞，或南入宁州，或东下荆州，城邑皆空，野无烟火。流虏掠无所得，士众饥乏。唯涪陵千馀家，依青城山处士范长生。平西参军涪陵徐轝说罗尚，求为汶山太守，邀结长生，与共讨流。尚不许，轝怒，出降于流，流以轝为安西将军。轝说长生，使资给流军粮，长生从之，流军由是复振。

九月，李流疾笃，谓诸将曰："骁骑仁明，固足以济大事；然前军英武，殆天所相，可共受事于前军。"流卒，众推李雄为大都督、大将军、益州牧，治郫城。雄使武都朴泰绐罗尚，使袭郫城，云已为内应。尚使隗伯将兵攻郫，泰约举火为应，李骧伏兵于道，泰出长梯于外。隗伯兵见火起，争缘梯上，骧纵兵击，大破之。追奔夜至城下，诈称万岁，曰：

他。李骧、李雄交替劝阻,李流不接受。

夏季五月,李流送他的儿子李世和李含的儿子李胡到孙阜的军中充当人质。李胡的哥哥李离任梓潼太守,听说这件事,从梓潼郡快马赶回,想要劝阻但没有赶上。李离回来,和李雄商量袭击孙阜的军队,李雄说:"为眼前考虑,应当这样做,可二位老人不听从,怎么办呢?"李离说:"应当用武力胁迫他们!"李雄非常高兴,于是二人共同说服流民道:"我们这些人以前曾残暴对待过蜀民,现在一旦束手被擒,就成了任人宰割的鱼肉,只有同心协力袭击孙阜,才能获得富贵!"大家都听从了他们。李雄就和李离袭击孙阜的军队,把他们杀得大败。正赶上宗岱在垫江去世,荆州军于是退去。李流十分惭愧,从此认为李雄的才能不凡,把军中事务全都交给李雄处理。六月,李雄进攻并杀死汶山太守陈图,于是占有郫城。

秋季七月,李流迁移到郫城驻扎。蜀地的百姓都建筑坞堡据险自守,有的向南进入宁州,有的向东去往荆州,城镇乡邑都走空了,四处没有人烟。李流的军队没有掳掠到什么东西,兵士们饥饿疲乏。只有涪陵的一千多户人家,依附于青城山隐士范长生。平西参军涪陵人徐舆劝说罗尚,请求担任汶山太守,邀请联合范长生共同讨伐李流。罗尚不同意,徐舆十分气愤,出去投降了李流,李流任命徐舆为安西将军。徐舆劝说范长生让他为李流军队提供粮食,范长生接受了他的建议,李流军队因此得以重新振作。

九月,李流病重,对众将领说:"李骧仁德精明,本来足以成就大事;然而李雄英明勇武,大概是得到上天的辅助,你们可以共同听命于李雄。"李流死去,众将士推举李雄为大都督、大将军、益州牧,治所设在郫城。李雄派武都人朴泰欺骗罗尚,劝他袭击郫城,声称自己可作为内应。罗尚派隗伯领兵攻打郫城,朴泰约定以举火为信号,李骧在路上埋伏了士兵,朴泰将长梯放在城外。隗伯的士兵看见火起,争相攀缘长梯登城,李骧纵兵出击,大败敌军。追击败兵,连夜到达成都城下,假装呼喊万岁,说:

"已得郫城矣!"入少城,尚乃觉之,退保太城。隗伯创甚,雄生获之,赦不杀。李骧攻犍为,断尚运道。获太守龚恢,杀之。闰十二月,李雄急攻罗尚。尚军无食,留牙门张罗守城,夜,由牛鞞水东走,罗开门降。雄入成都,军士饥甚,乃帅众就谷于郪,掘野芋而食之。许雄坐讨贼不进,征,即罪。

永兴元年春正月,罗尚逃至江阳,遣使表状;诏尚权统巴东、巴郡、涪陵以供军赋。尚遣别驾李兴诣镇南将军刘弘求粮,弘纲纪以运道阻远,且荆州自空乏,欲以零陵米五千斛与尚。弘曰:"天下一家,彼此无异,吾今给之,则无西顾之忧矣。"遂以三万斛给之,尚赖以自存。

李雄以范长生有名德,为蜀人所重,欲迎以为君而臣之,长生不可。诸将固请雄即尊位。

冬十月,雄即成都王位,大赦,改元曰建兴。除晋法,约法七章。以其叔父骧为太傅,兄始为太保,李离为太尉,李云为司徒,李璜为司空,李国为太宰,阎式为尚书令,杨褒为仆射。尊母罗氏为王太后,追尊父特为成都景王。雄以李国、李离有智谋,凡事必咨而后行,然国、离事雄弥谨。

十一月,罗尚移屯巴郡,遣兵掠蜀中,获李骧妻昝氏及子寿。

光熙元年春三月,范长生诣成都,成都王雄门迎,执版,拜为丞相,尊之曰范贤。

"已经拿下郫城了!"进入少城,罗尚才发觉中计,后退据守太城。隗伯受了重伤,李雄将他活捉,赦免而不杀他。李骧进攻犍为,截断了罗尚运送物资的道路。抓获了太守龚恢,将他杀了。闰十二月,李雄向罗尚发起猛攻。罗尚的军队没有粮食,留下牙门将张罗守城,罗尚夜间从牛鞞水向东逃走,张罗打开城门投降。李雄进入成都,士兵非常饥饿,就率领兵众到郪县寻找粮食,挖掘野山芋当粮吃。许雄被判定犯了讨伐贼逆裹足不前的罪过,朝廷召他回去受罚。

晋惠帝永兴元年(304)春季正月,罗尚逃到江阳,派使者向朝廷报告战况;朝廷下诏命罗尚暂时统领巴东、巴郡、涪陵之地,以供应军事给养。罗尚派别驾李兴到镇南将军刘弘那里请求供应粮食,刘弘的主要参佐考虑到运粮的道路受阻而且遥远,加上荆州本身粮食不足,就想从零陵拨出五千斛粮食给罗尚。刘弘说:"天下本是一家,互相不分彼此,我现在多给他粮食,就不用担心西边了。"于是给了他们三万斛粮食,罗尚靠这些粮食得以留存。

李雄因为范长生有名望德行,被蜀地百姓所推重,想要迎立他为国君而自己当臣下,范长生不同意。众将领坚决请求李雄登上王位。

冬季十月,李雄即位为成都王,宣布大赦,改年号为建兴。废除晋朝的法律,约定法律七章。任命他的叔父李骧为太傅,哥哥李始任太保,李离任太尉,李云任司徒,李璜任司空,李国任太宰,阎式任尚书令,杨褒任仆射。尊奉母亲罗氏为王太后,追尊父亲李特为成都景王。李雄因为李国、李离有智慧谋略,任何事情都一定与他们商量之后才施行,而李国、李离事奉李雄也更加谨慎。

十一月,罗尚迁移到巴郡驻扎,派士兵掳掠蜀中,抓获李骧的妻子昝氏和儿子李寿。

晋惠帝光熙元年(306)春季三月,范长生到成都,成都王李雄在城门口迎接他,手持官员上朝时拿的笏板,拜他为丞相,尊称他为范贤。

夏六月，成都王雄即皇帝位，大赦，改元曰晏平，国号大成。追尊父特曰景皇帝，庙号始祖；尊王太后曰皇太后。以范长生为天地太师，复其部曲，皆不豫征税。诸将恃恩，互争班位。尚书令阎式上疏，请考汉、晋故事，立百官制度，从之。

夏季六月,成都王李雄即皇帝位,宣布大赦,改年号为晏平,国号为大成。追尊父亲李特为景皇帝,庙号为始祖;尊奉王太后为皇太后。任命范长生为天地太师,免除他的部众的徭役,全都不征收赋税。众将领倚仗李雄的恩宠,互相争抢职位。尚书令阎式上疏,请求参考汉朝、晋朝的旧例,建立百官制度,李雄采纳了他的建议。

张氏据凉

晋惠帝永宁元年春正月，以散骑常侍安定张轨为凉州刺史。轨以时方多难，阴有保据河西之志，故求为凉州。时州境盗贼纵横，鲜卑为寇。轨至，以宋配、氾瑷为谋主，悉讨破之，威著西土。

怀帝永嘉二年春二月，凉州刺史张轨病风，口不能言，使其子茂摄州事。陇西内史晋昌张越，凉州大族，欲逐轨而代之，与其兄酒泉太守镇及西平太守曹祛，谋遣使诣长安，告南阳王模，称轨废疾，请以秦州刺史贾龛代之。龛将受之，其兄让龛曰："张凉州一时名士，威著西州，汝何德以代之！"龛乃止。镇、祛上疏，更请刺史，未报。遂移檄废轨，以军司杜耽摄州事，使耽表越为刺史。

轨下教，欲避位，归老宜阳。长史王融、参军孟畅蹋折镇檄，排阁入言曰："晋室多故，明公抚宁西夏，张镇兄弟敢肆凶逆，当鸣鼓诛之。"遂出，戒严。会轨长子寔自京师还，乃以寔为中督护，将兵讨镇。遣镇甥太府主簿令狐亚

张氏据凉

晋惠帝永宁元年(301)春季正月,西晋朝廷任命散骑常侍安定人张轨为凉州刺史。张轨见时局动乱,暗中产生了保有割据河西地区的志向,所以要求担任凉州刺史。当时,凉州境内盗贼猖獗,鲜卑入侵。张轨到凉州后,以宋配、氾瑗为首席谋士,将盗贼和鲜卑都讨灭和击破了,在河西威名传扬。

晋怀帝永嘉二年(308)春季二月,凉州刺史张轨患了中风病,不能说话,让他儿子张茂代管州政。陇西内史晋昌人张越是凉州的大族,想驱逐张轨而取代他。张越与他哥哥酒泉太守张镇和西平太守曹祛,商量派使者到长安向南阳王司马模报告,说张轨因病不能任职,请求让秦州刺史贾龛代替他。贾龛打算接受这项任命,他哥哥责备他说:"张凉州是当今名士,在河西威名传扬,你有什么德望来代替他呢?"贾龛于是打消了接替张轨职务的念头。张镇、曹祛向朝廷呈递奏疏,再次请求另行任命刺史,朝廷没有答复。于是,他们发布檄文废黜张轨,让军司杜耽代理州政,让杜耽表奏任命张越为刺史。

张轨下令,想避位,回宜阳养老。长史王融、参军孟畅用脚踩坏张镇的檄文,推门进去对张轨说:"晋室多变故,您安抚稳定了西夏,张镇兄弟胆敢肆意逞凶叛逆,应当鸣鼓诛杀他们。"他们于是出门下令戒严。这时,正好张轨的长子张寔从京城回来,他们就让张寔担任中督护,带兵讨伐张镇。张寔派张镇的外甥太府主簿令狐亚

先往说镇，为陈利害，镇流涕曰："人误我！"乃诣寔归罪。寔南击曹祛，走之。

朝廷得镇、祛疏，以侍中袁瑜为凉州刺史。治中杨澹驰诣长安，割耳盘上，诉轨之被诬。南阳王模表请停瑜，武威太守张琠亦上表留轨；诏依模所表，且命诛曹祛。轨于是命寔帅步骑三万讨祛，斩之。张越奔邺，凉州乃定。

五月，诏封张轨西平郡公，轨辞不受。时州郡之使，莫有至者，轨独遣使贡献，岁时不绝。

四年十一月，诏加张轨镇西将军、都督陇右诸军事。光禄大夫傅祗、太常挚虞遗轨书，告以京师饥匮，轨遣参军杜勋献马五百匹、毯布三万匹。

六年春三月，凉州主簿马鲂说张轨："宜命将出师，翼戴帝室。"轨从之，驰檄关中，共尊辅秦王；且言："今遣前锋督护宋配帅步骑二万，径趋长安，西中郎将寔帅中军三万，武威太守张琠帅胡骑二万，络驿继发。"

秋九月，秦州刺史裴苞据险以拒凉州兵。张寔、宋配等击破之，苞奔柔凶坞。

愍帝建兴二年二月壬寅，以张轨为太尉、凉州牧，封西平郡公。朝廷以张轨老病，拜其子寔为副刺史。

夏五月，西平武穆公张轨寝疾，遗令文武将佐务安百姓，上思报国，下以宁家。己丑，轨薨，长史张玺等表世子寔摄父位。冬十月，以张寔为都督凉州诸军事、凉州刺史、西平公。

先去劝说张镇，向他陈述利害关系，张镇流着眼泪说："别人坑害了我！"于是，他到张寔那里去认了罪。张寔向南攻打曹祛，把曹祛赶走了。

朝廷接到张镇、曹祛的奏疏后，任命侍中袁瑜为凉州刺史。凉州治中杨澹骑马赶到长安，把自己的耳朵割下来放在盘上，向朝廷诉说张轨被诬陷的情况。南阳王司马模上表请求停止任命袁瑜，武威太守张琠亦上表请留张轨；晋怀帝下诏依照司马模的意见处理，并且命令诛杀曹祛。张轨于是命令张寔率领三万步兵和骑兵讨伐曹祛，把曹祛杀掉了。张越逃奔到邺城，凉州这才安定了下来。

五月，晋怀帝下诏封张轨为西平郡公，张轨推辞不接受。当时，各州郡都不向朝廷派遣使者，只有张轨独自派遣使者进贡，一年四季从不间断。

四年（310）十一月，晋怀帝下诏加封张轨为镇西将军、都督陇右诸军事。光禄大夫傅祗、太常挚虞写信给张轨，告诉他京师发生了饥荒，物资匮乏，张轨派参军杜勋献马五百匹、毯布三万匹。

六年（312）春季三月，凉州主簿马鲂劝张轨说："应该命将出师，拥戴帝室。"张轨接受了马鲂的建议，派人飞马向关中地区散发檄文，号召共同尊辅秦王；而且称："现今派遣前锋督护宋配统率二万步兵和骑兵直接赶赴长安，西中郎将张寔统率中军三万，武威太守张琠统率胡骑二万，陆续进发。"

秋季九月，秦州刺史裴苞占据险要以阻击凉州兵马。张寔、宋配等人击破了裴苞，裴苞逃奔柔凶坞。

晋愍帝建兴二年（314）二月壬寅（初二），西晋朝廷任命张轨为太尉、凉州牧，封西平郡公。朝廷见张轨年老多病，便拜他的儿子张寔为副刺史。

夏季五月，西平武穆公张轨病危，他在遗书中命令文武将佐一定要安定百姓，对上要想到报效国家，对下要使家庭安宁和睦。己丑（二十日），张轨去世，凉州长史张玺等人上表，请求让张轨的世子张寔代理父亲的职务。冬季十月，西晋朝廷任命张寔为都督凉州诸军事、凉州刺史、西平公。

三年冬十月，凉州军士张冰得玺，文曰"皇帝行玺"，献于张寔，僚属皆贺。寔曰："是非人臣所得留。"遣使归于长安。

四年夏四月，张寔下令所部吏民，有能举其过者，赏以布帛羊米。贼曹佐高昌隗瑾曰："今明公为政，事无巨细，皆自决之，或兴师发令，府朝不知；万一违失，谤无所分。群下畏威，受成而已。如此，虽赏之千金，终不敢言也。谓宜少损聪明，凡百政事，皆延访群下，使各尽所怀，然后采而行之，则嘉言自至，何必赏也！"寔悦，从之，增瑾位三等。

寔遣将军王该帅步骑五千入援长安，且送诸郡贡计。诏拜寔都督陕西诸军事，以寔弟茂为秦州刺史。

元帝建武元年春正月，黄门郎史淑、侍御史王冲自长安奔凉州，称愍帝出降前一日，使淑等赍诏赐张寔，拜寔大都督、凉州牧、侍中、司空，承制行事；且曰："朕已诏琅邪王时摄大位，君其协赞琅邪，共济多难。"淑等至姑臧，寔大临三日，辞官不受。

初，寔叔父肃为西海太守，闻长安危逼，请为先锋入援；寔以其老，弗许。及闻长安不守，肃悲愤而卒。

寔遣太府司马韩璞、抚戎将军张阆等帅步骑一万东击汉，命讨虏将军陈安、安故太守贾骞、陇西太守吴绍各统郡兵为前驱。又遗相国保书曰："王室有事，不忘投躯。前遣贾骞瞻公举动，中被符命，敕骞还军。俄闻寇逼长安，胡崧

三年(315)冬季十月,凉州军士张冰得到一方印玺,印文是"皇帝行玺",献给了张寔,僚属们都来祝贺。张寔说:"这不是做臣子的所能保留的。"派使者把印玺送到长安,交给朝廷。

四年(316)夏季四月,张寔下达命令,规定:自己属下的官吏和民众,有能指出自己过错的,就奖给他布帛羊米。贼曹佐高昌人隗瑾说:"如今您处理政事,事无巨细都是自己决断,有时出动军队和发布命令,政府部门并不知道;万一出现失误,无法分担责任。下属畏惧您的权威,只好机械地接受命令而已。这样一来,虽然奖赏千金,最终也没人敢说话。我认为您应该稍稍克制一下自己的聪明才智,所有政事都应该向下属广泛征询意见,让大家把各自心中的想法全都说出来,然后选择实施。这样,好的意见自然就出来了,何必要奖赏呢!"张寔很高兴,采纳了这个意见,把隗瑾的官位提升了三级。

张寔派遣将军王该统率五千步兵和骑兵赴援长安,并且送去了各郡的上贡钱物会计簿册。晋愍帝下诏拜张寔为都督陕西诸军事,任命张寔的弟弟张茂为秦州刺史。

晋元帝建武元年(317)春季正月,黄门郎史淑、侍御史王冲从长安逃奔凉州,说晋愍帝在出降前一天,派他们携带诏书赐给张寔,拜张寔为大都督、凉州牧、侍中、司空,按照皇帝授权处理政事;诏书还说:"朕已下诏让琅邪王代摄帝位,你要协助琅邪王,共同渡过多难的岁月。"史淑等人到达姑臧,张寔隆重哭吊愍帝三天,辞官不接受任命。

当初,张寔的叔父张肃担任西海太守,听说长安危急,便请求担任先锋赴援;张寔因他年老,没有同意。等到听说长安失守,张肃悲愤而死。

张寔派遣太府司马韩璞、抚戎将军张阆等率一万步兵和骑兵向东攻击汉军,命讨虏将军陈安、安故太守贾骞、陇西太守吴绍各统领本郡兵马作为前锋。又送信给相国司马保说:"王室遇到灾祸,我不忘投身报效。前日曾派遣贾骞仰望您的举动行事,中途接到符命,令贾骞回师。不久听说敌寇进逼长安,胡崧

不进，麹允持金五百，请救于崧，遂决遣骞等进军度岭。会闻朝廷倾覆，为忠不遂，愤痛之深，死有馀责。今更遣璞等，唯公命是从。"璞等卒不能进而还。至南安，诸羌断路，相持百馀日，粮竭矢尽。璞杀车中牛以飨士，泣谓之曰："汝曹念父母乎？"曰："念。""念妻子乎？"曰："念。""欲生还乎？"曰："欲。""从我令乎？"曰："诺。"乃鼓噪进战，会张阆帅金城兵继至，夹击，大破之，斩首数千级。

　　先是长安谣曰："秦川中，血没腕，唯有凉州倚柱观。"及汉兵覆关中，氐、羌掠陇右；雍、秦之民死者什八九，独凉州安全。
　　大兴元年春三月，寔遣牙门蔡忠奉表诣建康，比至，帝已即位。寔不用江东年号，犹称建兴。

　　三年夏六月，京兆人刘弘客居凉州天梯山，以妖术惑众，从受道者千馀人，西平元公张寔左右皆事之。帐下阎涉、牙门赵印，皆弘乡人，弘谓之曰："天与我神玺，应王凉州。"涉、印信之，密与寔左右十馀人谋杀寔，奉弘为主。寔弟茂知其谋，请诛弘。寔令牙门将史初收之，未至，涉等怀刃而入，杀寔于外寝。弘见史初至，谓曰："使君已死，杀我何为！"初怒，截其舌而囚之，辇于姑臧市，诛其党与数百人。左司马阴元等以寔子骏尚幼，推张茂为凉州刺史、西平公，赦其境内，以骏为抚军将军。

屯兵不前,麹允带着五百金向他求救,于是我决定派遣贾骞等翻山越岭进军赴援。这时听说朝廷已经倾覆,我未能实现尽忠的愿望,心情十分沉痛而悲愤,死也逃脱不了责任。现在再次派遣韩璞等率军前往,听从您的命令。"韩璞等人的军队始终不能东进,只好退军。军队行至南安,被羌人部落截断退路,双方相持一百多天,韩璞等人的军队箭尽粮绝。韩璞把拉车的牛杀掉给士卒吃,流着眼泪对他们说:"你们想念父母吗?"士卒回答:"想念。""想念妻子儿女吧?"回答说:"想念。""想活着回家吗?"回答说:"想。"韩璞又问:"听从我的命令吗?"士卒回答说:"听从。"于是擂鼓呐喊,进击搏战。这时,正好张阆率领金城兵马随后赶到了,夹击羌人,大破敌军,斩首数千级。

早先,长安的民谣说:"秦川中,血没腕,唯有凉州倚柱观。"等到汉军攻陷关中,氐族、羌族攻掠陇右后,雍州、秦州的人民十有八九死亡,唯独凉州安然无恙。

晋元帝大兴元年(318)春季三月,张寔派遣牙门蔡忠奉表赴赴建康。蔡忠到达建康时,晋元帝已经即位。张寔不用江东东晋的年号,仍称年号为建兴。

三年(320)夏季六月,京兆人刘弘客居凉州的天梯山,用妖术迷惑民众,随他学道的人有一千多,西平元公张寔身边的人也都奉事他。张寔的帐下阎涉、牙门赵印都是刘弘的同乡,刘弘对他们说:"上天送给我神玺,应在凉州称王。"阎涉、赵印深信不疑,秘密与张寔身边的十多人计划杀害张寔,拥戴刘弘为主子。张寔的弟弟张茂了解到他们的计划,请求诛杀刘弘。张寔命令牙门将史初去逮捕刘弘,史初还未到达刘弘那里,阎涉等人已怀藏利刀入内,把张寔杀死在外寝。刘弘见史初到来,对他说:"张使君已经死了,杀我有什么用?"史初大怒,把他的舌头割掉后关了起来,在姑臧城的街市上处以车裂的酷刑,并诛杀了刘弘的党羽数百人。左司马阴元等人见张寔的儿子张骏年龄还小,便推举张茂为凉州刺史、西平公,张茂在境内赦免罪犯,任命张骏为抚军将军。

秋八月,西平公张茂立兄子骏为世子。

四年春二月,张茂筑灵钧台,基高九仞。武陵阎曾夜叩府门呼曰:"武公遣我来,言:'何故劳民筑台!'"有司以为妖,请杀之。茂曰:"吾信劳民。曾称先君之命以规我,何谓妖乎!"乃为之罢役。

永昌元年冬十二月,张茂使将军韩璞帅众取陇西、南安之地,置秦州。

明帝太宁元年八月,赵主曜自陇上西击凉州,遣其将刘咸攻韩璞于冀城,呼延晏攻宁羌护军阴鉴于桑壁,曜自将戎卒二十八万军于河上,列营百馀里,金鼓之声动地,河水为沸,张茂临河诸戍,皆望风奔溃。曜扬声欲百道俱济,直抵姑臧,凉州大震。参军马岌劝茂亲出拒战,长史氾祎怒,请斩之。岌曰:"氾公糟粕书生,刺举小才,不思家国大计。明公父子欲为朝廷诛刘曜有年矣,今曜自至,远近之情,共观明公此举,当立信勇之验以副秦、陇之望,力虽不敌,势不可以不出。"茂曰:"善。"乃出屯石头。茂谓参军陈珍曰:"刘曜举三秦之众,乘胜席卷而来,将若之何?"珍曰:"曜兵虽多,精卒至少,大抵皆氐、羌乌合之众,恩信未洽,且有山东之虞,安能舍其腹心之疾,旷日持久,与我争河西之地邪!若二旬不退,珍请得弊卒数千,为明公擒之。"茂喜,使珍将兵救韩璞。赵诸将争欲济河,赵主曜曰:"吾军势虽盛,然畏威而来者三分有二,中军疲困,其实难用。今但案甲勿动,以吾威声震之,若出中旬张茂之表不至者,

秋季八月,西平公张茂把他兄长的儿子张骏立为世子。

四年(321)春季二月,张茂修筑灵钧台,台基高达九仞。武陵人阎曾在夜里叩打府门呼叫:"武公张轨派我来问:'为何劳民筑台?'"有关部门认为阎曾是妖人,请求杀死他。张茂说:"我的确是劳民。阎曾口称先君的命令来规劝我,怎能认为他是妖人呢?"于是,张茂停下了筑台的劳役。

晋元帝永昌元年(322)冬季十二月,张茂派将军韩璞统率人马夺取了陇西、南安地区,设置了秦州。

晋明帝太宁元年(323)八月,前赵国主刘曜由陇上出发向西进攻凉州,派遣部将刘咸在冀城进攻韩璞,派遣部将呼延晏在桑壁进攻宁羌护军阴鉴,自己率二十八万人马驻扎在黄河边上,布列营寨,连绵一百多里,金鼓之声震动大地,黄河河水都为之翻滚,张茂沿黄河的各军事据点都望风溃逃。刘曜扬言将兵分百路齐渡河,直达姑臧,凉州军民大为惊恐。参军马岌劝张茂亲自出城迎战,长史氾祎大怒,请求将马岌斩首。马岌说:"氾祎只是个无用的书生,有点检举揭发他人的小才,却不考虑国家大计。您父子想为朝廷诛灭刘曜已有许多年了,如今刘曜自己来了,远近之人都在共同观看明公这次的举动,您应当用实际行动来证明自己的信誉和勇敢,不辜负秦、陇人民的希望,您的力量虽然不足与刘曜对抗,但在形势上却不能不出城作战。"张茂说:"好。"于是出城在石头驻扎。张茂对参军陈珍说:"刘曜调集了三秦的全部人马乘胜席卷而来,我们该怎么对付?"陈珍说:"刘曜兵马虽多,但精兵极少,大都是氐族和羌族的乌合之众,并不被刘曜信任,况且又有山东方面的担忧,他怎么能不顾心腹之患,与我方旷日持久地争夺河西之地呢?如果刘曜二十天以后还不退兵,那么,我就请求给我数千弱兵,我替您把他抓来。"张茂大喜,便派陈珍领兵救援韩璞。前赵的各位将领都争着想渡河,赵主刘曜说:"我军势力虽然强盛,但其中迫于压力而来的有三分之二,中军疲惫困顿,实际上难于作战。如今只能按兵不动,用我方的声势威慑对方,如果过了中旬张茂的表章不送来的话,

吾为负卿矣。"茂寻遣使称藩,献马、牛、羊、珍宝不可胜纪。曜拜茂侍中、都督凉南北秦梁益巴汉陇右西域杂夷匈奴诸军事、太师、凉州牧,封凉王,加九锡。

张茂大城姑臧,修灵钧台。别驾吴绍谏曰:"明公所以修城筑台者,盖惩既往之患耳。愚以为苟恩未洽于人心,虽处层台,亦无所益,适足以疑群下忠信之志,失士民系托之望,示怯弱之形,启邻敌之谋,将何以佐天子,霸诸侯乎!愿亟罢兹役,以息劳费。"茂曰:"亡兄一旦失身于物,岂无忠臣义士欲尽节者哉!顾祸生不意,虽有智勇无所施耳。王公设险,勇夫重闭,古之道也。今国家未靖,不可以太平之理责人于屯遭之世也。"卒为之。

二年夏五月甲申,张茂疾病,执世子骏手泣曰:"吾家世以孝友忠顺著称,今虽天下大乱,汝奉承之,不可失也。"且下令曰:"吾官非王命,苟以集事,岂敢荣之!死之日,当以白帢入棺,勿以朝服敛。"是日,薨。愍帝使者史淑在姑臧,左长史氾祎、右长史马谟等使淑拜骏大将军、凉州牧、西平公,赦其境内。前赵主曜遣使赠茂太宰,谥曰成烈王;拜骏上大将军、凉州牧、凉王。

冬十二月,凉州将辛晏据枹罕,不服,张骏将讨之。从事刘庆谏曰:"霸王之师,必须天时、人事相得,然后乃起。辛晏凶狂安忍,其亡可必,奈何以饥年大举,盛寒攻城乎!"骏乃止。

那就算我辜负你们了。"张茂不久便派遣使者向刘曜称藩属,献上的马、牛、羊和珍宝不计其数。刘曜拜张茂为侍中,都督凉州、南秦州、北秦州、梁州、益州、巴州、汉中、陇右、西域杂夷及匈奴诸军事,任太师、凉州牧,封凉王,加赐九锡的礼仪。

张茂大举修建姑臧城,修筑灵钧台。别驾吴绍劝谏说:"您之所以修城墙、筑高台,大概是因为害怕以往的祸患重演罢了。我认为如果恩情没能融洽人心,那么,即使是住在多层高台上也没有什么好处,反倒足以扰乱臣下的忠诚志向,失去军民的寄托和期望,暴露出怯弱的情形,勾起邻境敌人的觊觎之心,这怎么能辅佐天子,称霸诸侯呢?希望能尽快中止这项工程,以免浪费人力和财力。"张茂说:"亡兄忽然遭人暗杀而死,难道没有忠臣义士想为他效死尽忠的吗?只不过祸乱发生在意想不到的情况下,虽然有智有勇也无法施展罢了。王公设置险阻,勇士多设关隘,这是古人之道。如今国家还没有太平,不能在这动荡不定的时候用太平盛世的情理去要求人。"最后,张茂还是修建了城墙、修筑了高台。

二年(324)夏季五月甲申(十四日),张茂病重,拉着世子张骏的手哭着说:"我家世代以孝友忠顺著称,如今虽然天下大乱,但你要继承家风,不能丧失。"并下令说:"我的官职并不是朝廷正式任命的,只是暂时用来召集众人的,怎敢以此为荣?我死的时候,应该戴着白色的便帽入棺,不要用朝服殡殓。"这一天,张茂病逝。晋愍帝的使者史淑在姑臧,左长史氾祎、右长史马谟等人让史淑拜张骏为大将军、凉州牧、西平公,在凉州境内实施大赦。前赵国主刘曜派遣使者追赠张茂为太宰,谥号为成烈王;拜张骏为上大将军、凉州牧、凉王。

冬季十二月,凉州将领辛晏占据枹罕,不服从张骏命令,张骏准备讨伐他。从事刘庆劝谏说:"霸王的军队,必须在天时和人事都具备后,才能出动。辛晏凶暴残忍,必然会灭亡,何必在这饥荒的年头大举出兵,在这严寒的季节攻打城池呢?"张骏于是作罢。

骏遣参军王骘聘于赵,赵主曜谓之曰:"贵州款诚和好,卿能保之乎?"骘曰:"不能。"侍中徐邈曰:"君来结好,而云不能保,何也?"骘曰:"齐桓贯泽之盟,忧心兢兢,诸侯不召自至。葵丘之会,振而矜之,叛者九国。赵国之化,常如今日,可也;若政教陵迟,尚未能察迩者之变,况鄙州乎!"曜曰:"此凉州之君子也,择使可谓得人矣!"厚礼而遣之。

三年春二月,张骏承元帝凶问,大临三日。会黄龙见嘉泉,氾祎等请改年以章休祥,骏不许。辛晏以枹罕降,骏复收河南之地。

成帝咸和元年,张骏畏赵人之逼,是岁,徙陇西、南安民二千馀家于姑臧,又遣使修好于成,以书劝成主雄去尊号,称藩于晋。雄复书曰:"吾过为士大夫所推,然本无心于帝王,思为晋室元功之臣,扫除氛埃;而晋室陵迟,德声不振,引领东望,有年月矣。会获来贶,情在暗至,有何已已。"自是聘使相继。

二年夏五月,张骏闻赵兵为后赵所败,乃去赵官爵,复称晋大将军、凉州牧,遣武威太守窦涛、金城太守张阆、武兴太守辛岩、扬烈将军宋辑等帅众数万,东会韩璞攻掠赵秦州诸郡。赵南阳王胤将兵击之,屯狄道。枹罕护军辛晏告急,秋,骏使韩璞、辛岩救之。璞进度沃干岭。岩欲速战,璞曰:"夏末以来,日星数有变,不可轻动。且曜与石勒相攻,胤必不能久与我相守也。"与胤夹洮相持七十馀日。

张骏派参军王骘出访前赵,前赵国主刘曜对王骘说:"贵州诚心和好,你能保证吗?"王骘说:"不能。"侍中徐邈说:"你来与我们结好,却又说不能保证,为什么?"王骘说:"齐桓公在贯泽盟会时,忧心忡忡,诸侯不等召请自己就来了。葵丘盟会时,齐桓公却盛气凌人,结果叛盟的达九国之多。赵国的教化,如果长久与今日相似,当然可以得到鄙州的担保;如果政教衰微,那么,你们也还不知道身边会发生什么变化,又何况鄙州呢?"刘曜说:"这是凉州的君子,他们挑选使者可以说是选对人了!"于是厚礼相待,送王骘回去了。

三年(325)春季二月,张骏得知元帝的死讯后,隆重哀悼了三天。这时,正逢嘉泉出现黄龙,氾祎等人请求改年号以宣扬吉祥,张骏不同意。辛晏献出枹罕投降,张骏又收复了黄河以南的地区。

晋成帝咸和元年(326),张骏害怕赵人的进逼,因此在这一年,迁徙陇西、南安的民众二千多家到姑臧,又派使者与成汉修好,写信劝成汉国主李雄除去皇帝尊号,向东晋称藩。李雄复信说:"我错误地被士大夫们所推举,但我自己本来无心做帝王,而想成为晋室的第一功臣,扫除世间的妖气和尘埃;但晋室国运衰微,缺乏威望,我翘首东望,已经很长时间了。正巧接到您的来信,情志与我暗合,我不会中断联系的。"从此,相互间使者往来不断。

二年(327)夏季五月,张骏听说前赵军队被后赵击败,便去掉了前赵的官爵,又称晋朝大将军、凉州牧,派武威太守窦涛、金城太守张阆、武兴太守辛岩、扬烈将军宋辑等人率领数万人马,向东会同韩璞攻掠前赵的秦州各郡。前赵南阳王刘胤率兵进攻凉州,驻扎在狄道。枹罕护军辛晏告急,秋季,张骏让韩璞、辛岩救援辛晏。韩璞进军翻越沃干岭。辛岩想速战速决,韩璞说:"夏末以来,太阳、星辰之象数次发生变化,不能轻举妄动。况且刘曜正在和石勒互相攻击,刘胤必定不能长期和我们相持下去。"与刘胤隔着洮水相持了七十多天。

冬十月,璞遣辛岩督运于金城,胤闻之,曰:"韩璞之众,十倍于吾。吾粮不多,难以持久。今虏分兵运粮,天授我也。若败辛岩,璞等自溃。"乃帅骑三千袭岩于沃干岭,败之,遂前逼璞营,璞众大溃。胤乘胜追奔,济河,攻拔令居,斩首二万级,进据振武。河西大骇。张阆、辛晏帅其众数万降赵,骏遂失河南之地。

三年,张骏治兵,欲乘虚袭长安。理曹郎中索询谏曰:"刘曜虽东征,其子胤守长安,未易轻也。借使小有所获,彼若释东方之图,还与我校,祸难之期,未可量也。"骏乃止。

五年夏五月,张骏因前赵之亡,复收河南地,至于狄道,置五屯护军,与赵分境。六月,赵遣鸿胪孟毅拜骏征西大将军、凉州牧,加九锡。骏耻为之臣,不受,留毅不遣。

七年,凉州僚属劝张骏称凉王,领秦、凉二州牧,置公卿百官如魏武、晋文故事。骏曰:"此非人臣所宜言也。敢言此者,罪不赦!"然境内皆称之为王。骏立次子重华为世子。

八年。初,张骏欲假道于成以通表建康,成主雄不许。骏乃遣治中从事张淳称藩于成以假道。雄伪许之,将使盗覆诸东峡。蜀人桥赞密以告淳。淳谓雄曰:"寡君使小臣行无迹之地,万里通诚于建康者,以陛下嘉尚忠义,能成人之美故也。若欲杀臣者,当斩之都市,宣示众目曰:'凉州不忘旧德,通使琅邪,主圣臣明,发觉杀之。'如此,则义

冬季十月,韩璞派辛岩在金城督运军粮,刘胤听闻后说:"韩璞的人马超过我们十倍。我们军粮不多,难以持久。现在敌虏分兵运粮,这是天赐良机。如果击败辛岩,韩璞等人就不战自溃了。"于是,率领三千骑兵在沃干岭袭击辛岩,把辛岩打败,随即向前进逼韩璞军营,韩璞的人马大乱溃逃。刘胤乘胜追击,渡过黄河,攻取了令居,斩首二万级,向前推进,占据振武。河西地区极为恐慌。张阆、辛晏率所部人马数万投降了前赵,张骏于是失去了黄河以南的地盘。

三年(328),张骏集结军队,准备乘虚偷袭长安。他的理曹郎中索询劝谏说:"刘曜虽然东征,但他儿子刘胤防守长安,不能轻视。即使小有收获,但如果刘曜放弃征讨东方的计划,回军与我们较量,那么,什么时候会发生灾祸就难以预料了。"张骏这才罢休。

五年(330)夏季五月,张骏乘着前赵的灭亡,又收复黄河以南的地区,从那里直到狄道,设置了五支屯护军,与后赵隔着边界对峙。六月,后赵派遣鸿胪孟毅拜张骏为征西大将军、凉州牧,赐给九锡的礼遇。张骏把做后赵的臣子看作耻辱,不接受后赵的任命,扣留了孟毅,不放他回去。

七年(332),凉州的僚属劝张骏称凉王,领秦、凉二州牧,设置公卿百官,如同魏武帝、晋文帝的旧例。张骏说:"这不是臣子所应该说的话。敢说这话的人,罪在不赦!"但是,凉州境内都称他为王。张骏立次子张重华为世子。

八年(333)。当初,张骏想向成汉借道去建康呈送表章,成汉主李雄不答应。张骏便派治中从事张淳用向成汉称藩的方式来借道。李雄假装同意,却准备派盗贼在东峡袭杀张淳。蜀人桥赞秘密告诉了张淳。张淳对李雄说:"我的君主之所以让我通过荒无人烟的地区,不远万里向建康表达诚意,是因为见陛下崇尚忠义,能成人之美。如果想杀为臣我,就应当在都市问斩,在众人面前宣布:'凉州不忘旧恩,向琅邪王派遣使者,由于我们的君主圣贤、臣下明察,发觉此事后,把张淳杀了。'这样,你忠义

声远播，天下畏威。今使盗杀之江中，威刑不显，何足以示天下乎！"雄大惊曰："安有此邪！"司隶校尉景骞言于雄曰："张淳壮士，请留之。"雄曰："壮士安肯留！且试以卿意观之。"骞谓淳曰："卿体丰大，天热，可且遣下吏，小住须凉。"淳曰："寡君以皇舆播越，梓宫未返，生民涂炭，莫之振救，故遣淳通诚上都。所论事重，非下吏所能传；使下吏可了，则淳亦不来矣。虽火山汤海，犹将赴之，岂寒暑之足惮哉！"雄谓淳曰："贵主英名盖世，土险兵强，何不亦称帝自娱一方？"淳曰："寡君祖考以来，世笃忠贞，以仇耻未雪，枕戈待旦，何自娱之有！"雄甚惭，曰："我之祖考本亦晋臣，遭天下大乱，与六郡之民避难此州，为众所推，遂有今日。琅邪若能中兴大晋于中国者，亦当帅众辅之。"厚为淳礼而遣之。淳卒致命于建康。

长安之失守也，敦煌计吏耿访自汉中入江东，屡上书请遣大使慰抚凉州。朝廷以访守持书御史，拜张骏镇西大将军，选陇西贾陵等十二人配之。访至梁州，道不通，以诏书付贾陵，诈为贾客以达之。是岁，陵始至凉州，骏遣部曲督王丰等报谢。

九年春二月丁卯，诏遣耿访、王丰赍印绶授张骏大将军、都督陕西雍秦凉州诸军事。自是每岁使者不绝。

咸康元年。初，张轨及二子寔、茂，虽保据河右，而军旅之事无岁无之。及张骏嗣位，境内渐平。骏勤修庶政，

的名声就会远远传播,天下人都会害怕你的威风。现在如果让盗贼把我杀害在江中,那你的威风和手段就显不出来了,怎么能昭示天下呢?"李雄大吃一惊,说:"哪有这种事呢?"司隶校尉景骞对李雄说:"张淳是位壮士,请留下他。"李雄说:"壮士怎肯留下! 姑且试着用你的意思试探一下他。"景骞对张淳说:"你身高体胖,天气炎热,可以先派遣下级官员前去建康,而你就在这里住上一段时间,等待天气转凉吧。"张淳说:"我的君主因为皇帝远迁江南,先帝的灵柩还没有被送还,生民涂炭,不能拯救,所以派我张淳到皇都表达诚意。我要论述的事情十分重要,不是下级官员可以传达的;如果下级官员可以胜任,那么我张淳也就不来了。即使有火山汤海,我也将前往,怎能被天气的寒暑吓住呢?"李雄对张淳说:"你的君主英名盖世,境内地势险要,兵力强大,为什么不也称帝,占据一方自己享乐呢?"张淳说:"我的君主自祖父、父亲以来,世代坚守忠贞,因国耻未能昭雪而枕戈待旦,怎么能够自己享乐呢?"李雄十分惭愧,说:"我的祖父和父亲本来也是晋国的臣子,因遇到天下大乱,和六个州郡的民众到了这个州避难,被大家推举,才有了今天。琅邪王如果真能在中原中兴大晋,我也会率领人马辅佐他的。"于是为张淳准备厚礼,送他上了路。张淳终于到建康完成了他的使命。

长安失守时,敦煌计吏耿访从汉中进入江东,屡次上书请求派大使慰抚凉州。朝廷以耿访为守持书御史,拜张骏为镇西大将军,挑选陇西人贾陵等十二人配备给他。耿访到梁州后,道路不通,便把诏书交给贾陵,贾陵假扮为商贩前往凉州。这年,贾陵才到达凉州,张骏派部曲督王丰等人前往朝廷答谢。

九年(334)春季二月丁卯(二十三日),晋成帝下诏派遣耿访、王丰携带印绶授张骏为大将军,都督陕西、雍州、秦州、凉州诸军事。从此以后,双方使者每年往来不断。

晋成帝咸康元年(335)。当初,张轨和他的两个儿子张寔、张茂虽然占据、保有了河右地区,但战事每年都要发生。等到张骏继位以后,辖境内渐渐安宁。张骏辛勤致力于处理各种政事,

总御文武，咸得其用，民富兵强，远近称之以为贤君。骏遣将杨宣伐龟兹、鄯善，于是西域诸国焉耆、于寘之属，皆诣姑臧朝贡。骏于姑臧南作五殿，官属皆称臣。

骏有兼秦、雍之志，遣参军麹护上疏，以为："勒、雄既死，虎、期继逆，兆庶离主，渐冉经世；先老消落，后生不识，慕恋之心，日远日忘。乞敕司空鉴、征西亮等泛舟江、沔，首尾齐举。"

五年九月，张骏立辟雍、明堂以行礼。十一月，以世子重华行凉州事。

六年春三月，张骏遣别驾马诜入贡于赵，表辞寒傲。赵王虎怒，欲斩诜。侍中石璞谏曰："今国家所当先除者，遗晋也；河西僻陋，不足为意。今斩马诜，必征张骏，则兵力分而为二，建康复延数年之命矣。"乃止。璞，苞之曾孙也。

穆帝永和元年十二月，张骏伐焉耆，降之。是岁，骏分武威等十一郡为凉州，以世子重华为刺史；分兴晋等八郡为河州，以宁戎校尉张瓘为刺史；分敦煌等三郡及西域都护等三营为沙州，以西胡校尉杨宣为刺史。骏自称大都督、大将军、假凉王，督摄三州。始置祭酒、郎中、大夫、舍人、谒者等官，官号皆仿天朝而微变其名；车服旌旗，拟于王者。

二年夏五月丙戌，西平忠成公张骏薨。官属上世子重华为使持节、大都督、太尉、护羌校尉、凉州牧、西平公、假凉王；赦其境内；尊嫡母严氏为大王太后，母马氏为王太后。

赵将军王擢击张重华，袭武街，执护军曹权、胡宣，徙

总领文武官员。文武官员都为他效力,民富兵强,远近之人都称赞他,认为他是一位贤君。张骏派将领杨宣征讨龟兹、鄯善,于是西域各国如焉耆、于阗等,都来姑臧朝贡。张骏在姑臧城南建造了五座宫殿,官属都自称为臣。

张骏有兼并秦州、雍州的志向,派参军麹护向东晋朝廷上疏,认为:"石勒、李雄死后,石虎、李期继续叛逆,万民离开君主,逐渐经过了整整一代人;老人们已经死了,年轻人不知往事,仰慕思恋之心,一天天疏远淡忘。请敕令司空郗鉴、征西将军庾亮等人率领水师在长江、沔水发动攻势,我们首尾一起行动。"

五年(339)九月,张骏建立辟雍、明堂以举行礼仪活动。十一月,以世子张重华兼摄凉州事。

六年(340)春季三月,张骏派别驾马诜到后赵进贡,表章中的言辞十分傲慢。赵王石虎发怒,想杀了马诜。侍中石璞劝谏说:"如今国家应当最先消灭的是晋;河西偏僻荒凉,不值得挂在心上。现在斩杀马诜,就必定要征伐张骏,这样一来,兵力一分为二,建康就又能延长若干年的寿命了。"石虎于是没杀马诜。石璞即石苞的曾孙。

晋穆帝永和元年(345)十二月,张骏攻伐焉耆,焉耆向张骏投降了。这年,张骏分出武威等十一郡为凉州,任命世子张重华为刺史;分出兴晋等八郡为河州,任命宁戎校尉张瓘为刺史;分出敦煌等三个郡及西域都护等三营为沙州,任命西胡校尉杨宣为刺史。张骏自称大都督、大将军、假凉王,督摄三州。开始设置祭酒、郎中、大夫、舍人、谒者等官,官号全都仿效东晋朝廷,只是稍微改变了名称;车服旌旗则依照王的规格设置。

二年(346)夏季五月丙戌(二十三日),西平忠成公张骏去世。前凉的官员拥戴张骏的世子张重华为使持节、大都督、太尉、护羌校尉、凉州牧、西平公、假凉王;赦免境内的罪犯;张重华尊奉父亲的正妻严氏为大王太后,尊奉自己的生母马氏为王太后。

赵将军王擢攻打张重华,袭击武街,抓获护军曹权、胡宣,迁徙

七千馀户于雍州。凉州刺史麻秋、将军孙伏都攻金城，太守张冲请降，凉州震动。重华悉发境内兵，使征南将军裴恒将之以御赵。恒壁于广武，久而不战。凉州司马张耽言于重华曰："国之存亡在兵，兵之胜败在将。今议者举将，多推宿旧。夫韩信之举，非旧德也。盖明主之举，举无常人，才之所堪，则授以大事。今强寇在境，诸将不进，人情危惧。主簿谢艾，兼资文武，可用以御赵。"重华召艾，问以方略。艾愿请兵七千人，必破赵以报。重华拜艾中坚将军，给步骑五千，使击秋。艾引兵出振武，夜有二枭鸣于牙中，艾曰："六博得枭者胜，今枭鸣牙中，克敌之兆也。"进与赵战，大破之，斩首五千级。重华封艾为福禄伯。

三年夏四月，赵凉州刺史麻秋攻枹罕。晋昌太守郎坦以城大难守，欲弃外城。武成太守张悛曰："弃外城则动众心，大事去矣。"宁戎校尉张璩从悛言，固守大城。秋帅众八万围堑数重，云梯地突，百道皆进。城中御之，秋众死伤数万。赵王虎复遣其将刘浑等帅步骑二万会之。郎坦恨言不用，教军士李嘉潜引赵兵千馀人登城。璩督诸将力战，杀二百馀人，赵兵乃退。璩烧其攻具，秋退保大夏。

虎以中书监石宁为征西将军，帅并、司州兵二万馀人为秋等后继。张重华将宋秦等帅户二万降于赵。重华以谢艾为使持节、军师将军，帅步骑三万进军临河。艾乘轺

七千多户百姓到雍州。凉州刺史麻秋、将军孙伏都进攻金城，太守张冲请求投降，凉州一片震惊和恐惧。张重华征发了境内的全部军队，让征南将军裴恒统率去抵御后赵。裴恒在广武坚壁固守，长时间不交战。凉州司马张耽对张重华说："国家的存亡在于军队，军队的胜败在于将领。如今出主意的人推荐将领，大多推荐老将。韩信被荐举，并非因为是旧日的功臣。所以贤明的君主用人，并没有固定不变的人选，只要才能胜任，就授以重任。如今强敌就在境内，众将领都不发兵出击，人心恐惧。主簿谢艾，文武双全，可以起用他来抵御后赵。"张重华召见谢艾，询问他的用兵计划。谢艾希望能给他七千士兵，说一定会打败赵军来向张重华报捷。张重华拜谢艾为中坚将军，给了他五千步兵和骑兵，让他去攻打麻秋。谢艾带领军队离开了振武，夜里，有两只猫头鹰在大营中鸣叫，谢艾说："玩六博棋时，得到猫头鹰棋子的人获胜，如今猫头鹰在大营中鸣叫，这是战胜敌人的征兆。"于是就进军与赵军交战，大破后赵军队，斩首五千级。张重华封谢艾为福禄伯。

三年（347）夏季四月，后赵凉州刺史麻秋进攻枹罕。晋昌太守郎坦见枹罕城大难以防守，想放弃外城。武成太守张悛说："放弃了外城就会动摇军心，大事就完了。"宁戎校尉张璩听从了张悛的话，固守大城。麻秋率领八万人马挖掘了几道长壕，将枹罕城围住，搭云梯、挖地道，多路进攻。城中的守军顽强抵抗，麻秋的人马死伤数万。赵王石虎又派他的将领刘浑等人率领步、骑兵二万人与麻秋会合。郎坦怨恨张悛不采纳自己的建议，唆使军士李嘉悄悄地勾引一千多后赵士兵爬城。张璩督率各位将领奋力战斗，杀死了二百多人，赵兵才后退了。张璩焚烧了后赵军队攻城的器械，麻秋退守大夏。

石虎任命中书监石宁为征西将军，让他率领并州、司州的军队二万多人作为麻秋的后援部队。张重华的部将宋秦等人率领二万多户人家向后赵投降了。张重华任命谢艾为使持节、军师将军，率领步、骑兵三万人进军临河。谢艾乘着一匹马驾驶的轻便

车,戴白帢,鸣鼓而行。秋望见,怒曰:"艾年少书生,冠服如此,轻我也。"命黑矟龙骧三千人驰击之。艾左右大扰。或劝艾宜乘马,艾不从,下车,踞胡床,指麾处分,赵人以为有伏兵,惧不敢进。别将张瑁自间道引兵截赵军后,赵军退,艾乘势进击,大破之,斩其将杜勋、汲鱼,获首虏一万三千级,秋单马奔大夏。

五月,秋与石宁复帅众十二万进屯河南,刘宁、王擢略地晋兴、广武、武街,至于曲柳。张重华使将军牛旋御之,退守枹罕,姑臧大震。重华欲亲出拒之,谢艾固谏。别驾从事索遐曰:"君者,一国之镇,不可轻动。"乃以艾为使持节、都督征讨诸军事、行卫将军,遐为军正将军,帅步骑二万拒之。别将杨康败刘宁于沙阜,宁退屯金城。

秋七月,赵王虎复遣征西将军孙伏都、将军刘浑帅步骑二万会麻秋军,长驱济河,击张重华,遂城长最。谢艾建牙誓众,有风吹旌旗东南指,索遐曰:"风为号令,今旌旗指敌,天所赞也。"艾军于神鸟,王擢与艾前锋战,败,走还河南。八月戊午,艾进击秋,大破之,秋遁归金城。虎闻之,叹曰:"吾以偏师定九州,今以九州之力困于枹罕,彼有人焉,未可图也!"艾还,讨叛虏斯骨真等万馀落,皆破平之。

九月,赵麻秋又袭张重华将张瑁,败之,斩首三千馀级。枹罕护军李逵帅众七千降于赵。自河以南,氐、羌皆附于赵。

冬十月乙丑,遣侍御史俞归至凉州,授张重华侍中、大都督、督陇右关中诸军事、大将军、凉州刺史、西平公。

车,戴着白色便帽,敲着战鼓前进。麻秋望见后愤怒地说:"谢艾是个年轻书生,这样穿着打扮,是轻视我。"命令三千黑矟龙骧兵向谢艾发起冲锋。谢艾身边的人大乱。有人劝谢艾应该骑马,谢艾不听,下车坐在胡床上,指挥部署,后赵兵以为有伏兵,心中害怕,不敢前进了。别将张瑁率兵从小路绕到了后赵军队的后面发动攻击,后赵军队后退,谢艾乘势进攻,大破后赵军队,斩杀了后赵将领杜勋、汲鱼,杀死和俘虏了后赵将士一万三千多人,麻秋单枪匹马逃奔大夏。

五月,麻秋和石宁又率领十二万人马推进到黄河南岸驻扎,刘宁、王擢攻略晋兴、广武、武街,直到曲柳。张重华让将军牛旋抵挡他们,但牛旋却退守枹罕,姑臧城内大为震惊。张重华想亲自出征抵抗,谢艾坚决劝阻。别驾从事索遐说:"君王是一国的核心,不可轻率行动。"张重华于是任命谢艾为使持节、都督征讨诸军事、行卫将军,任命索遐为军正将军,率领二万步、骑兵抵挡后赵军队。别将杨康在沙阜打败刘宁,刘宁后退到金城驻扎。

秋季七月,赵王石虎又派征西将军孙伏都、将军刘浑率领二万步、骑兵与麻秋的军队会合,长驱直入,渡过黄河,攻打张重华,屯军长最城。谢艾在军前竖起大旗誓师,风吹动旌旗指向东南,索遐说:"风是号令,现在旌旗指向敌人,这是上天在帮助我们。"谢艾在神鸟布阵,王擢与谢艾的前锋部队交战,被打败,逃回黄河以南。八月戊午(初三),谢艾进军攻打麻秋,大败麻秋,麻秋逃回金城。石虎听说以后,叹息道:"我用偏师就平定了九州,如今拥有九州的兵力却受困于枹罕,他们有人才在这里,不可图谋!"谢艾率军返回,讨伐反叛的虏斯骨真等一万多个部落,全都讨平了他们。

九月,后赵的麻秋又袭击张重华的部将张瑁,打败了他,斩首三千多级。枹罕护军李逵率领七千人马投降了后赵。自黄河以南,氐族、羌族全都归附了后赵。

冬十月乙丑(十一日),派侍御史俞归到凉州,授予张重华侍中、大都督、督陇右关中诸军事、大将军、凉州刺史、西平公。

归至姑臧，重华欲称凉王，未肯受诏，使所亲沈猛私谓归曰："主公奕世为晋忠臣，今曾不如鲜卑，何也？朝廷封慕容皝为燕王，而主公才为大将，何以表劝忠贤乎！明台宜移河右，共劝州主为凉王。人臣出使，苟利社稷，专之可也。"归曰："吾子失言！昔三代之王也，爵之贵者莫若上公。及周之衰，吴、楚始僭号称王，而诸侯不之非，盖以蛮夷畜之也。借使齐、鲁称王，诸侯岂不四面攻之乎！汉高祖封韩、彭为王，寻皆诛灭，盖权时之宜，非厚之也。圣上以贵公忠贤，故爵以上公，任以方伯，宠荣极矣，岂鲜卑夷狄所可比哉！且吾闻之，功有大小，赏有重轻。今贵公始继世而为王，若帅河右之众，东平胡、羯，修复陵庙，迎天子返洛阳，将何以加之乎？"重华乃止。

五年秋九月，凉州官属共上张重华为丞相、凉王、雍秦凉三州牧。重华屡以钱帛赐左右宠臣，又喜博奕，颇废政事。征事索振谏曰："先王夙夜勤俭以实府库，正以仇耻未雪，志平海内故也。殿下嗣位之初，强寇侵逼，赖重饵之故，得战士死力，仅保社稷。今蓄积已虚而寇仇尚在，岂可轻有耗散，以与无功之人乎！昔汉光武躬亲万机，章奏诣阙，报不终日，故能隆中兴之业。今章奏停滞，动经时月，下情不得上通，沉冤困于囹圄，殆非明主之事也。"重华谢之。

俞归抵达姑臧,张重华想称凉王,不肯接受诏命,让亲信沈猛私下对俞归说:"主公世代都是晋室的忠臣,如今竟然不如鲜卑,这为什么?朝廷封慕容儁为燕王,而主公才为大将军,靠什么褒奖勉励忠臣贤良呢?您最好向河右地区发布文告,共同劝说州主做凉王。臣下出外担任使节时,如果是事情对国家有利,全权处理也是可以的。"俞归说:"您说错了!过去三代称王的时候,爵位最高的莫过于上公。等到周室衰微,吴国、楚国才开始僭越封号称王,而诸侯们也不加以非难,这是因为当时是把他们当作蛮夷来畜养的。假使齐国、鲁国称王,那诸侯们难道还不会四面攻击他们吗?汉高祖封韩信、彭越为王,不久全都把他们诛灭了,这是权宜之计,不是厚待他们。圣上见贵主公忠诚贤明,所以赐爵为上公,任命为方伯,恩宠荣耀已到极点了,这难道是鲜卑夷狄所能比的吗?况且我听说,功有大小,赏有重轻。如今贵主公刚刚继位就称王,如果他率领河右的兵马,东进平定胡、羯,修复陵庙,迎接天子返回洛阳,那将怎样给他加授官爵呢?"张重华于是打消了称王的念头。

五年(349)秋季九月,凉州的官员共同拥戴张重华为丞相、凉王、雍秦凉三州牧。张重华经常用钱帛赏赐身边的宠臣,又喜欢赌博和下棋,荒废了政事。征事索振劝谏说:"先王不分白天黑夜,勤奋节俭,让国家府库得到了充实,正是因为还没有报仇雪耻,立志要平定海内的缘故。殿下刚刚即位的时候,强寇来侵犯我们,依赖重赏,所以得到了战士们的拼死效力,勉强保住了社稷。如今积蓄已经空了,而仇敌却还在,怎么能轻易地耗费钱财,把它给予没有功劳的人呢?从前东汉光武帝日理万机,奏章文书送到宫廷后,不出一天就有了批示,所以他能振兴中兴大业。如今奏章文书滞留积压,往往一拖就是数月,下情不能上达,沉冤困在牢狱,这大概不是英明的君主所做的事业吧?"张重华向索振谢了罪。

王敦平湘汉

晋怀帝永嘉五年，巴、蜀流民布在荆、湘间，数为土民所侵苦，蜀人李骧聚众据乐乡反，南平太守应詹与醴陵令杜弢共击破之。荆州刺史王澄使成都内史王机讨骧，骧请降，澄伪许而袭杀之，以其妻子为赏，沉八千馀人于江；流民益怨忿。蜀人杜畴等复反，湘州参军冯素与蜀人汝班有隙，言于刺史荀眺曰："巴、蜀流民皆欲反。"眺信之，欲尽诛流民。流民大惧，四五万家一时俱反，以杜弢州里重望，共推为主。弢自称梁、益二州牧、领湘州刺史。

王敦为扬州刺史，寻加都督征讨诸军事。

夏四月，杜弢攻长沙。五月，荀眺弃城奔广州，弢追擒之。于是弢南破零、桂，东掠武昌，杀二千石、长吏甚众。

六年，故新野王歆牙门将胡亢聚众于竟陵，自号楚公，寇掠荆土，以歆南蛮司马新野杜曾为竟陵太守。曾勇冠三军，能被甲游于水中。

王敦平湘汉

晋怀帝永嘉五年(311),巴、蜀的流民散布在荆州、湘州一带,多次被土著民众侵扰,十分困苦,蜀人李骧聚众占据乐乡反叛,南平太守应詹与醴陵县令杜弢共同出兵击破了李骧。荆州刺史王澄派成都内史王机讨伐李骧,李骧请求投降,王澄假装同意,乘李骧不备,发起袭击,把李骧杀了,用李骧的妻儿作为奖赏,把八千多人都沉入江中;流民更加怨恨愤怒。蜀人杜畴等人再次反叛,湘州参军冯素与蜀人汝班有矛盾,就对刺史荀眺说:"巴、蜀流民都想反叛。"荀眺相信了冯素的话,想把流民全部杀光。流民非常害怕,四五万家同时反叛,流民见杜弢在同乡中有很高的名望,就共同推举杜弢为首领。杜弢自称梁、益二州牧、领湘州刺史。

王敦担任了扬州刺史,不久又被加封为都督征讨诸军事。

夏季四月,杜弢进攻长沙。五月,荀眺放弃长沙城,逃奔到广州,杜弢追击,把他抓获了。于是杜弢向南攻破了零陵、桂阳,向东攻掠武昌,杀死了很多俸禄为二千石粮食的郡守和高级官吏。

六年(312),原来在新野王司马歆手下担任牙门将的胡亢在竟陵聚集部众,自己号称楚公,在荆州地区抢掠,任用司马歆的南蛮司马新野人杜曾为竟陵太守。杜曾勇冠三军,能披挂铠甲在水中游泳。

王澄在荆州，悦成都内史王机，谓为己亚，使之内综心膂，外为爪牙。澄屡为杜弢所败，望实俱损，犹傲然自得，无忧惧之意，但与机日夜纵酒博奕，由是上下离心。南平太守应詹屡谏，不听。

澄自出军击杜弢，军于作塘。故山简参军王冲拥众迎应詹为刺史，詹以冲无赖，弃之，还南平，冲乃自称刺史。澄惧，使其将杜蕤守江陵，徙治孱陵，寻又奔沓中。别驾郭舒谏曰："使君临州虽无异政，然一州人心所系，今西收华容之兵，足以擒此小丑，奈何自弃，遽为奔亡乎！"澄不从，欲将舒东下。舒曰："舒为万里纪纲，不能匡正，令使君奔亡，诚不忍渡江。"乃留屯沌口。琅邪王睿闻之，召澄为军谘祭酒，以军谘祭酒周颢代之，澄乃赴召。

颢始至州，建平流民傅密等叛迎杜弢，弢别将王真袭沔阳，颢狼狈失据。征讨都督王敦遣武昌太守陶侃、寻阳太守周访、历阳内史甘卓共击弢，敦进屯豫章，为诸军继援。

王澄过诣敦，自以名声素出敦右，犹以旧意侮敦。敦怒，诬其与杜弢通信，遣壮士扼杀之。王机闻澄死，惧祸，以其父毅、兄矩皆尝为广州刺史，就敦求广州，敦不许。会广州将温邵等叛刺史郭讷，迎机为刺史，机遂将奴客门生千馀人入广州。讷遣兵拒之，将士皆机父兄时部曲，不战迎降，讷乃避位，以州授之。

王澄在荆州，喜欢成都内史王机，认为他仅次于自己，让他在内成为自己的心腹臂膀，在外成为领兵的主将。王澄多次被杜弢打败，声望与实力都受到了损失，但他仍傲然自得，心里没有忧虑和害怕，只是与王机日夜纵情喝酒对弈，因此上下离心。南平太守应詹多次劝谏，而王澄不听。

　　王澄自己出兵攻打杜弢，在作塘布下战阵。以前在山简手下担任参军的王冲带领部众迎立应詹当刺史，应詹见王冲是位无赖，便唾弃他返回了南平，王冲于是自称刺史。王澄害怕了，让部将杜蕤防守江陵，自己把治所迁徙到孱陵，不久又逃奔到沓中。别驾郭舒劝谏王澄说："您到荆州做官，虽然没有特殊的政绩，但仍维系着一州的人心，现在您从西边收回华容县的军队，就完全能够擒获这个小丑，怎么能够自暴自弃，仓促逃亡呢？"王澄不接受郭舒的意见，想带着郭舒顺流东下。郭舒说："我作为地方大员的手下人，不能够扶正长官，以致让您逃亡，我实在不忍心渡江。"于是就留守在沌口。琅邪王司马睿听说王澄逃跑的事情后，就征召王澄担任军谘祭酒，以军谘祭酒周颢代替王澄。王澄于是接受了司马睿的征召。

　　周颢刚到荆州时，建平的流民傅密等人反叛，迎接杜弢，杜弢的别将王真袭击沔阳，周颢丧失了立足之地，十分狼狈。征讨都督王敦派武昌太守陶侃、寻阳太守周访、历阳内史甘卓共同攻打杜弢。王敦进军，在豫章驻扎，作为各路军队的后援。

　　王澄路过时去见王敦，他认为自己名声素来就在王敦之上，还照以往的态度轻侮王敦。王敦大怒，诬陷他与杜弢通信，派壮士把王澄掐死了。王机听说王澄死了，害怕大祸临头，因为他的父亲王毅、哥哥王矩都曾经当过广州刺史，所以，他就到王敦那里请求担任广州刺史，王敦不答应。这时，正遇到广州的武将温邵等人反叛刺史郭讷，迎接王机去做刺史，王机于是带着家奴、门客、门生一千多人前去广州。郭讷派兵阻挡王机入城，郭讷的将士都是王机的父亲和哥哥任职时的老部下，因而不同王机交战反而迎上去投降，郭讷于是辞职，把广州交给了王机。

愍帝建兴元年,胡亢性猜忌,杀其骁将数人。杜曾惧,潜引王冲之兵使攻亢。亢悉精兵出拒之,城中空虚,曾因杀亢而并其众。

周颛屯浔水城,为杜弢所困。陶侃使明威将军朱伺救之,弢退保泠口。侃曰:"弢必步向武昌。"乃自径道还郡以待之,弢果来攻。侃使朱伺逆击,大破之,弢遁归长沙。周颛出浔水投王敦于豫章,敦留之。陶侃使参军王贡告捷于敦,敦曰:"若无陶侯,便失荆州矣!"乃表侃为荆州刺史,屯沔江。左丞相睿召周颛,复以为军谘祭酒。

秋九月,王贡自王敦所还,至竟陵,矫陶侃之命,以杜曾为前锋大都督,击王冲,斩之,悉降其众。侃召曾,曾不至。贡恐以矫命获罪,遂与曾反击侃。冬十月,侃兵大败,仅以身免。敦表侃以白衣领职。侃复帅周访等进击杜弢,大破之,敦乃奏复侃官。

二年春三月,杜弢将王真袭陶侃于林障,侃奔滠中。周访救侃,击弢兵破之。

三年春二月,王敦遣陶侃、甘卓等讨杜弢,前后数十战,弢将士多死,乃请降于丞相睿,睿不许。弢遗南平太守应詹书,自陈昔与詹"共讨乐乡,本同休戚。后在湘中,惧死求生,遂相结聚。傥以旧交之情,为明枉直,使得输诚盟府,厕列义徒,或北清中原,或西取李雄,以赎前愆,虽死之日,犹生之年也!"詹为启呈其书,且言:"弢,益州秀才,素有清望,为乡人所逼。今悔恶归善,宜命使抚纳;以息江、

晋愍帝建兴元年(313),胡亢生性猜忌,杀掉了自己的好几位骁勇部将。杜曾感到恐惧,暗中引来王冲的军队让他们攻打胡亢。胡亢出动全部精锐部队出城抵抗,城中空虚,杜曾趁机杀了胡亢,并吞了他的部众。

周颛驻扎在浮水城,被杜曾围困。陶侃派明威将军朱伺前去救援,杜曾退保泠口。陶侃说:"杜曾一定会走陆路去武昌。"就从近路回到武昌等待杜曾,杜曾果然前来进攻。陶侃派朱伺迎头痛击,大败杜曾,杜曾逃回长沙。周颛离开浮水到豫章投奔王敦,王敦留下了他。陶侃派参军王贡向王敦报捷,王敦说:"如果没有陶侯,便会失去荆州了!"于是上表请求让陶侃任荆州刺史,在沔江驻扎。左丞相司马睿征召周颛,又让他担任军谘祭酒。

秋季九月,王贡从王敦那里回来,到了竟陵,假称陶侃的命令,任命杜曾为前锋大都督,攻打王冲,杀了王冲,全部降服了王冲的部众。陶侃征召杜曾,杜曾不到。王贡害怕会因为假称命令而获罪,便与杜曾反叛了,攻打陶侃。冬季十月,陶侃的军队大败,陶侃孤身一人逃脱。王敦上表请求让陶侃以布衣百姓的身份担任原来的职务。陶侃又带领周访等人进攻杜曾,大败杜曾,王敦于是上奏让陶侃恢复了官职。

二年(314)春季三月,杜曾的将领王真在林障袭击陶侃,陶侃逃奔湴中。周访援救陶侃,击败了杜曾的军队。

三年(315)春季二月,王敦派陶侃、甘卓等人讨伐杜曾,前后数十次交战,杜曾的将士大多战死,杜曾这才向丞相司马睿请求投降,司马睿不允许。杜曾给南平太守应詹写信,陈述过去与应詹"共同讨伐乐乡,本来休戚与共。后来在湘中,畏死求生,这才与流民结成一伙。假如你能够看在旧交的情分上,为我辨明真情,使我能向盟府投诚,列身于举义人们的行列,或者北伐平定中原,或者西征攻取李雄,来赎我以前犯下的罪过,那么,我死的那一天,也像是新生之年!"应詹替他呈交了这封信,并且说:"杜曾是益州的秀才,历来有很好的名望,被同乡逼迫才叛乱的。现在他悔恶从善,应当下令让使者去安抚招纳他,以安定江、

湘之民！"睿乃使前南海太守王运受廞降，赦其反逆之罪，以廞为巴东监军。廞既受命，诸将犹攻之不已。廞不胜愤怒，遂杀运复反，遣其将杜弘、张彦杀临川内史谢摛，遂陷豫章。三月，周访击彦，斩之。弘奔临贺。

秋八月，陶侃与杜弢相攻，弢使王贡出挑战，侃遥谓之曰："杜弢为益州小吏，盗用库钱，父死不奔丧。卿本佳人，何为随之？天下宁有白头贼邪？"贡初横脚马上，闻侃言，敛容下脚。侃知可动，复遣使谕之，截发为信，贡遂降于侃。弢众溃，遁走，道死。侃与南平太守应詹进克长沙，湘州悉平。丞相睿承制赦其所部，进王敦镇东大将军，加都督江扬荆湘交广六州诸军事、江州刺史。敦始自选置刺史以下，浸益骄横。

初，朝廷闻张光死，以侍中第五猗为安南将军，监荆梁益宁四州诸军事、荆州刺史，自武关出。杜曾迎猗于襄阳，为兄子娶猗女，遂聚兵万人，与猗分据汉、沔。

陶侃既破杜弢，乘胜进击曾，有轻曾之志。司马鲁恬谏曰："凡战，当先料其将。今使君诸将，无及曾者，未易可逼也。"侃不从，进围曾于石城。曾军多骑兵，密开门突侃陈，出其后，反击之，侃兵死者数百人。曾将趋顺阳，下马拜侃，告辞而去。

时荀崧都督荆州江北诸军事，屯宛，曾引兵围之。崧兵少食尽，欲求救于故吏襄阳太守石览。崧小女灌，年十三，帅勇士数十人，逾城突围夜出，且战且前，遂达览所；又

湘地区的百姓。"司马睿就派前南海太守王运去接受杜弢投降，赦免了杜弢的叛逆罪行，任杜弢为巴东监军。杜弢接受任命后，各位将领仍然不停地攻打他。杜弢按捺不住愤怒，于是杀了王运再次反叛，派他的部将杜弘、张彦杀了临川内史谢擒，于是攻陷了豫章。三月，周访攻打张彦，把他杀了。杜弘逃往临贺。

　　秋季八月，陶侃与杜弢互相攻打，杜弢派王贡出去挑战，陶侃远远对王贡说："杜弢是益州的小官吏，盗用州库中的钱，父亲死了不奔丧。你本是好人，为什么要跟随他？天下难道有白头发的贼吗？"王贡起初把脚横在马上，听了陶侃的话后，端正仪容，把脚放了下来。陶侃知道可以策反他，便又派使者去劝说，并割下头发作为信物，王贡于是向陶侃投降了。杜弢的部众溃散，杜弢逃走，死在路上。陶侃与南平太守应詹进军攻克长沙，湘州全部平定。丞相司马睿按照皇帝授权赦免了陶侃的部队，晋升王敦为镇东大将军，加授都督江扬荆湘交广六州诸军事、江州刺史。王敦开始自选安排刺史以下的官员，逐渐变得更加骄横。

　　当初，朝廷听说张光死了，便任命侍中第五猗担任安南将军，监荆梁益宁四州诸军事、荆州刺史，从武关出兵。杜曾在襄阳迎接第五猗，为哥哥的儿子娶了第五猗的女儿，于是聚集了一万人马，与第五猗分别占据了汉、沔地区。

　　陶侃打败杜弢后，乘胜进军攻打杜曾，打心底轻视杜曾。司马鲁恬劝谏说："凡是作战都应当先了解对方的将领。现在您的部将，没有比得上杜曾的，逼近他作战并不容易。"陶侃没有听从，进兵把杜曾包围在石城中。杜曾军队中骑兵多，偷偷打开城门用骑兵冲击陶侃的兵阵，绕到陶侃军队的背后，反攻陶侃，陶侃的士兵战死的有几百人。杜曾打算前去顺阳，下马向陶侃行拜礼后，告辞而去。

　　当时荀崧都督荆州江北诸军事，驻扎在宛城，杜曾带领军队包围了他。荀崧兵少粮尽，想向以前的部下襄阳太守石览求救。荀崧的小女儿荀灌，年纪十三岁，带领了几十个勇士，在夜里翻过城墙突围出去，一边作战一边向前，于是到达了石览那里；又

为崧书,求救于南中郎将周访。访遣子抚帅兵三千,与览共救崧,曾乃遁去。

曾复致笺于崧,求讨丹水贼以自效,崧许之。陶侃遗崧书曰:"杜曾凶狡,所谓'鸱枭食母之物',此人不死,州土未宁,足下当识吾言!"崧以宛中兵少,藉曾为外援,不从。曾复帅流亡二千馀人围襄阳,数日,不克而还。

王敦嬖人吴兴钱凤,疾陶侃之功,屡毁之。侃将还江陵,欲诣敦自陈。朱伺及安定皇甫方回谏曰:"公入必不出。"侃不从。既至,敦留侃不遣,左转广州刺史,以其从弟丞相军谘祭酒廙为荆州刺史。荆州将吏郑攀、马隽等诣敦,上书留侃,敦怒,不许。攀等以侃始灭大贼,而更被黜,众情愤惋;又以廙忌戾难事,遂帅其徒三千人屯涢口,西迎杜曾。廙为攀等所袭,奔于江安。杜曾与攀等北迎第五猗以拒廙。廙督诸军讨曾,复为曾所败。敦意攀承侃风旨,被甲持矛将杀侃,出而复还者数四。侃正色曰:"使君雄断,当裁天下,何此不决乎?"因起如厕。谘议参军梅陶、长史陈颁言于敦曰:"周访与侃亲姻,如左右手,安有断人左手而右手不应者乎?"敦意解,乃设盛馔以饯之,侃便夜发,敦引其子瞻为参军。

初,交州刺史顾祕卒,州人以祕子寿领州事。帐下督梁硕起兵攻寿,杀之,硕遂专制交州。王机自以盗据广州,恐王敦讨之,更求交州。会杜弘诣机降,敦欲因机以讨硕,

替荀崧写信,向南中郎将周访求救。周访派儿子周抚带领三千人马,与石览共同救援荀崧,杜曾这才逃走。

杜曾又给荀崧去信,请求讨伐丹水的贼寇来为国效力,荀崧同意了。陶侃给荀崧去信,说:"杜曾凶恶狡猾,就像人们所说的鸱枭一样,是吃自己母亲的动物,这个人不死,荆州地区就不得安宁,您应该记住我的话!"荀崧因为宛城军中兵少,借用杜曾的力量作为外援,所以没有听从陶侃的话。杜曾再次率领流亡人马二千多人包围了襄阳好几天,没有攻下,于是撤回了军队。

王敦宠幸的人吴兴人钱凤嫉妒陶侃的功劳,多次诋毁陶侃。陶侃将要回江陵时,想到王敦那儿去当面解释。朱伺和安定人皇甫方回劝谏说:"您进去了以后肯定就出不来了。"陶侃不听。到了江陵以后,王敦留住陶侃不放,把他降为广州刺史,而派自己的堂弟丞相军谘祭酒王廙担任了荆州刺史。荆州的武将文官郑攀、马隽等人拜见王敦,上书挽留陶侃,王敦大怒,不同意。郑攀等人见陶侃刚刚消灭了大贼寇,却反而被贬黜,不由群情激愤;大家又见王廙猜忌暴戾,难以在他手下办事,于是率领部众三千人屯驻在涢口,向西迎接杜曾。王廙遭到郑攀等人的袭击,逃奔到江安。杜曾与郑攀等人向北迎接第五猗来抵御王廙。王廙督率各路军队讨伐杜曾,又被杜曾打败。王敦猜测郑攀是接受了陶侃的暗示,就披上铠甲手持长矛要杀陶侃,王敦出去后又回来,来回数次。陶侃表情严肃地说:"您超人的魄力可以决断天下大事,为什么在这件事情上犹豫不决呢?"说完就站起身来上厕所去了。谘议参军梅陶、长史陈颁对王敦说:"周访与陶侃是姻亲,就像左右手,哪里有砍断人的左手而他的右手不反应的呢?"王敦想通了,便安排了丰盛的宴席为陶侃饯行,陶侃便连夜出发,王敦任用他的儿子陶瞻担任参军。

当初,交州刺史顾祕去世,州人以其子顾寿领州事。帐下督梁硕起兵攻打顾寿,把他杀了,梁硕于是专制交州。王机认为自己是窃据广州,害怕王敦讨伐他,就改求担任交州刺史。这时,正遇上杜弘向王机投降了,王敦想利用王机来讨伐梁硕,

乃以降杜弘为机功，转交州刺史。机至郁林，硕迎前刺史
脩则子湛行州事以拒之。机不得进，乃更与杜弘及广州将
温邵、交州秀才刘沈谋复还据广州。陶侃至始兴，州人皆
言宜观察形势，不可轻进；侃不听，直至广州，诸郡县皆已
迎机矣。杜弘遣使伪降，侃知其谋，进击弘，破之，遂执刘
沈于小桂。遣督护许高讨王机，走之。机病死于道，高掘
其尸，斩之。诸将皆请乘胜击温邵，侃笑曰："吾威名已著，
何事遣兵？但一函纸自定耳。"乃下书谕之。邵惧而走，追
获于始兴。杜弘诣王敦降，广州遂平。敦以杜弘为将，宠
任之。

元帝建武元年秋八月，郑攀等相与拒王廙，众心不壹，
散还横桑口，欲入杜曾。王敦遣武昌太守赵诱、襄阳太守朱
轨击之，攀等惧，请降。杜曾亦请击第五猗于襄阳以自赎。

廙将赴荆州，留长史刘浚镇扬口垒。竟陵内史朱伺谓
廙曰："曾，猾贼也，外示屈服，欲诱官军使西，然后兼道袭
扬口耳。宜大部分，未可便西。"廙性矜厉自用，以伺为老
怯，遂西行。曾等果还趋扬口。廙乃遣伺归，裁至垒，即为
曾所围。刘浚自守北门，使伺守南门。马隽从曾来攻垒，隽
妻子先在垒中，或欲皮其面以示之。伺曰："杀其妻子，未能
解围，但益其怒耳。"乃止。曾攻陷北门，伺被伤，退入船，
开船底以出，沉行五十步，乃得免。曾遣人说伺曰："马隽

就把收降杜弘算作王机的功劳,让他转官,改任交州刺史。王机到了郁林,梁硕迎立前刺史脩则的儿子脩湛掌管州中政务,以阻挡王机上任。王机不能进城,就改变主意,与杜弘以及广州武将温卲、交州秀才刘沈谋划,又回去占据了广州。陶侃到了始兴,州里的人都说应当观察形势,不能轻率前进;陶侃不听,直接到了广州,广州的各郡县都已经迎立了王机。杜弘派使者假装投降,陶侃察觉了他的阴谋,进军攻打杜弘,把他打败了,于是在小桂抓住了刘沈。陶侃派遣督护许高讨伐王机,把王机赶跑了。王机在路上病死,许高挖出他的尸体,砍下了他的头。部将们都请求乘胜攻打温卲,陶侃笑着说:"我已是威名远扬了,还用得着派兵吗?只需一封信自然就平定了。"就写信告谕温卲。温卲感到恐惧而逃跑,在始兴被陶侃的军队追上,当了俘虏。杜弘向王敦投降,广州于是平定。王敦任命杜弘为将,宠信他,放手任用他。

晋元帝建武元年(317)秋季八月,郑攀等人联合起来一起抗拒王廙,但因众心不齐,溃散回到了横桑口,打算投靠杜曾。王敦派遣武昌太守赵诱、襄阳太守朱轨率军攻击郑攀,郑攀等人畏惧,请求投降。杜曾也自己请求在襄阳攻打第五猗的军队来赎罪。

王廙打算前往荆州,留下长史刘浚镇守扬口垒。竟陵内史朱伺对王廙说:"杜曾是狡猾的贼寇,表面上装出屈服的样子,想诱使官军往西,然后长途奔袭扬口。应当增强防务,不能立即西进。"王廙性格矜持严厉、自以为是,认为朱伺是年老怯懦,于是率军西进。杜曾等果然回军直奔扬口。王廙这才派遣朱伺回扬口,朱伺刚进入壁垒,就被杜曾包围了。刘浚自己守卫北门,让朱伺守卫南门。马隽跟随杜曾前来攻垒,而他的妻子儿女原先就留在垒中,有人想削马隽妻子儿女的脸皮给马隽看。朱伺说:"杀了马隽的妻子儿女并不能解围,只能加剧马隽的恨怒罢了。"这才罢休。杜曾攻陷北门,朱伺受伤,退入船中,打开船底入水,在水底潜行了五十步,才得以幸免。杜曾派人游说朱伺:"马隽

德卿全其妻子,今尽以卿家内外百口付隽,隽已尽心收视,卿可来也。"伺报曰:"吾年六十馀,不能复与卿作贼,吾死亦当南归,妻子付汝裁之。"乃就王廙于甑山,病创而卒。

戊寅,赵诱、朱轨及陵江将军黄峻与曾战于女观湖,诱等皆败死。曾乘胜径造沔口,威震江、沔。

王使豫章太守周访击之。访有众八千,进至沌阳。曾锐气甚盛,访使将军李恒督左甑,许朝督右甑,访自领中军。曾先攻左、右甑,访于阵后射雉以安众心。令其众曰:"一甑败,鸣三鼓;两甑败,鸣六鼓。"赵诱子胤,将父馀兵属左甑,力战,败而复合,驰马告访。访怒,叱令更进,胤号哭还战。自旦至申,两甑皆败。访选精锐八百人,自行酒饮之,敕不得妄动,闻鼓音乃进。曾兵未至三十步,访亲鸣鼓,将士皆腾跃奔赴,曾遂大溃,杀千馀人。访夜追之,诸将请待明日,访曰:"曾骁勇能战,向者彼劳我逸,故克之;宜及其衰乘之,可灭也。"乃鼓行而进,遂定汉、沔。曾走保武当。王廙始得至荆州。访以功迁梁州刺史,屯襄阳。

大兴元年冬十一月,诏以王敦为荆州牧,加陶侃都督交州诸军事。敦固辞州牧,乃听为刺史。

二年夏四月,周访击杜曾,大破之。马隽等执曾以降,访斩之,并获第五猗送于武昌。访以猗本中朝所署,加有时望,白王敦不宜杀,敦不听而斩之。

感激您保全了他妻子儿女，我现在把您全家内外百口人交托给了马隽，马隽已尽心收留看管，您可到我这边来。"朱伺回答说："我年龄已六十多了，不能再与你同做叛贼，我死了也应当回到南方，妻子儿女就交给你裁决了。"于是前往甑山投奔王廙，因伤口感染而死。

戊寅（二十八日），赵诱、朱轨及陵江将军黄峻与杜曾在女观湖交战，赵诱等人都兵败战死。杜曾乘胜直抵沔口，威震长江、沔水一带。

晋王让豫章太守周访攻打杜曾。周访有八千人马，推进到了沌阳。杜曾锐气很盛，周访让将军李恒督率左翼，许朝督率右翼，自己率领中军。杜曾先攻左、右两翼，周访在阵后玩射雉来安定军心。他命令士卒说："一翼兵败，鸣鼓三声；两翼兵败，鸣鼓六声。"赵诱的儿子赵胤率领父亲的残兵隶属左翼，奋力作战，失败以后又聚集起来，飞马禀告周访。周访发怒，喝令让他继续进攻，赵胤大哭着回去，又投入作战。从早上激战至傍晚，周访的两翼都战败了。周访挑选出精锐士兵八百人，亲自斟酒给士兵喝，命令他们不得妄动，听到鼓声再进攻。杜曾军队杀到离周访军队不到三十步的地方时，周访亲自击鼓，将士们都勇猛地扑向敌人，杜曾军队于是大乱溃败，被杀掉一千多人。周访连夜追击，将领们请求等待明日再追击，周访说："杜曾骁勇善战，此前是他疲劳我轻松，所以打败了他；现在应当乘他士气低落之时追袭，可以歼灭他。"于是鸣鼓前进，平定了汉、沔地区。杜曾逃跑，保守武当。王廙这才得以到达荆州。周访因军功升迁为梁州刺史，在襄阳驻扎。

晋元帝大兴元年（318）冬季十一月，晋元帝下诏任命王敦为荆州牧，加封陶侃为都督交州诸军事。王敦坚决不接受州牧的任命，于是晋元帝听从他的意见，让他担任了刺史。

二年（319）夏季四月，周访进攻杜曾，大获全胜。马隽等人抓住杜曾来投降，周访斩杀了杜曾。周访并且抓获了第五猗，送往武昌。周访认为第五猗本是朝廷任命的官员，而且又有声望，便告诉王敦最好不要杀他，王敦不听，斩杀了第五猗。

石勒寇河朔

晋惠帝太安二年，安北将军、都督幽州诸军事王浚，以天下方乱，欲结援夷狄，乃以一女妻鲜卑段务勿尘，又表以辽西郡封务勿尘为辽西公。

怀帝永嘉四年冬十月壬子，以刘琨为平北大将军，王浚为司空，进鲜卑段务勿尘为大单于。

五年秋七月，王浚设坛告类，立皇太子，布告天下，称受中诏承制封拜，备置百官，列署征、镇，以荀藩为太尉，琅邪王睿为大将军。浚自领尚书令，以裴宪及其婿枣嵩为尚书，以田徽为兖州刺史，李恽为青州刺史。

刘琨长于招怀而短于抚御，一日之中，虽归者数千，而去者亦相继。冬十二月，琨遣子遵请兵于代公猗卢，又遣族人高阳内史希合众于中山，幽州所统代郡、上谷、广宁之民多归之，众至三万。王浚怒，遣燕相胡矩督诸军，与辽西公段疾陆眷共攻希，杀之，驱略三郡士女而去。疾陆眷，务勿尘之子也。

石勒寇河朔

晋惠帝太安二年(303),安北将军、都督幽州诸军事王浚,因为天下动乱,打算结援夷狄,便把自己的一位女儿嫁给了鲜卑段务勿尘为妻,又上表请求把辽西郡封给务勿尘,授务勿尘为辽西公。

晋怀帝永嘉四年(310)冬季十月壬子(二十三日),西晋朝廷任命刘琨为平北大将军,王浚为司空,晋升鲜卑段务勿尘为大单于。

五年(311)秋季七月,王浚设坛祭天,立皇太子,向天下发布通告,声称接到了诏令按照皇帝授权举行封拜,全面设置了文武百官,任命四征和四镇官员,任命荀藩为太尉,琅邪王司马睿为大将军。王浚自己兼任尚书令,任命裴宪及其女婿枣嵩为尚书,任命田徽为兖州刺史,李恽为青州刺史。

刘琨长于招降,而短于驾驭,在一天之内,尽管前来归附他的人有数千,但是离去的人也相继不断。冬季十二月,刘琨派遣自己的儿子刘遵前去向代公拓跋猗卢请求发兵援助,又派遣族人高阳内史刘希在中山收编民众,幽州所管辖的代郡、上谷、广宁的民众大多都归附了刘希,人数达到了三万。王浚大怒,派遣燕相胡矩督率各路军队,与辽西公段疾陆眷共同进攻刘希,杀掉了刘希,押解驱赶着三郡的男女百姓回去了。疾陆眷是务勿尘的儿子。

六年冬十二月，广平游纶、张豺拥众数万，据苑乡，受王浚假署。石勒遣夔安、支雄等七将攻之，破其外垒。浚遣督护王昌帅诸军及辽西公段疾陆眷、疾陆眷弟匹䃅、文鸯、从弟末柸部众五万攻勒于襄国。

疾陆眷屯于渚阳，勒遣诸将出战，皆为疾陆眷所败。疾陆眷大造攻具，将攻城，勒众甚惧。勒召将佐谋之曰："今城堑未固，粮储不多，彼众我寡，外无救援，吾欲悉众与之决战，何如？"诸将皆曰："不如坚守以疲敌，待其退而击之。"张宾、孔苌曰："鲜卑之种，段氏最为勇悍，而末柸尤甚，其锐卒皆在末柸所。今闻疾陆眷刻日攻北城，其大众远来，战斗连日，谓我孤弱，不敢出战，意必懈惰，宜且勿出，示之以怯，凿北城为突门二十馀道，俟其来至，列守未定，出其不意，直冲末柸帐，彼必震骇，不暇为计，破之必矣。末柸败，则其馀不攻而溃矣。"勒从之，密为突门。既而疾陆眷攻北城，勒登城望之，见其将士或释仗而寝，乃命孔苌督锐卒自突门出击之，城上鼓噪以助其势。苌攻末柸帐，不能克而退。末柸逐之，入其垒门，为勒众所获。疾陆眷等军皆退走。苌乘胜追击，枕尸三十馀里，获铠马五千匹。疾陆眷收其馀众，还屯渚阳。

勒质末柸，遣使求和于疾陆眷，疾陆眷许之。文鸯谏曰："今以末柸一人之故而纵垂亡之虏，得无为王彭祖所怨，招后患乎！"疾陆眷不从，复以铠马金银赂勒，且以末柸

六年(312)冬季十二月,广平人游纶、张豺拥有几万人,占据苑乡,接受了王浚的临时任命。石勒派遣夔安、支雄等七员将领攻打他们,攻破了他们的外围营垒。王浚派遣都护王昌率领各军,以及辽西公段疾陆眷,疾陆眷的弟弟匹䃅、文鸯和堂弟末柸等人的部众五万人到襄国攻打石勒。

疾陆眷在渚阳驻扎,石勒派将领们去攻打,都被疾陆眷打败。疾陆眷大量制造攻城器具,准备攻城,石勒的部众感到非常害怕。石勒召集将佐商量对策,说:"现在城墙堑壕不坚固,粮食储备不多,敌众我寡,外面没有救援,因此我想出动全部兵力与他们决战,如何?"将领们都说:"不如坚守拖垮敌人,等他们退走时再打击他们。"张宾、孔苌说:"鲜卑部落当中,段氏最为骁勇剽悍,而末柸尤为突出,他们的精锐部队都在末柸那里。今天听说疾陆眷已限定了攻打北城的日期,他的人马远道而来,连日战斗,认为我们孤立无援、兵力薄弱,不敢出去交战,斗志一定松懈怠惰,我们应该暂时不出战,装出胆怯的样子给他们看,在北城墙凿出二十几条进攻用的通道,等待他来到,兵阵还没有排列好时,出其不意,直冲末柸的军营,他一定会感到格外惊恐,来不及找到对策,打败他们是必定无疑的。末柸失败了,其他军队就不攻自溃了。"石勒采纳了这个计策,秘密凿出进攻通道。不久,疾陆眷来攻打北城了,石勒登上城墙观望他们的情况,发现他们的将士有的甚至放下兵器躺着睡觉,就命令孔苌带领精锐兵士从进攻通道中杀了出去,城上擂鼓呐喊为他们助威。孔苌进攻末柸的军营,没能攻破,只好撤退。末柸追击孔苌,进入了石勒军队的营垒大门,被石勒的人马擒获了。疾陆眷等人的军队都退走了。孔苌乘胜追击,杀得尸横三十多里,缴获有铠甲的战马五千多匹。疾陆眷收拾剩馀人马,退到渚阳驻扎。

石勒把末柸当作人质,派使者去向疾陆眷要求放还末柸换取和解,疾陆眷同意了。文鸯劝谏说:"现在因为末柸一人而把即将灭亡的敌人放跑,该不会被王浚所怨恨,而招来后患吧?"疾陆眷不同意,又用铠甲马匹金银去贿赂石勒,并且用末柸的

三弟为质而请末柸。诸将皆劝勒杀末柸,勒曰:"辽西鲜卑健国也,与我素无仇雠,为王浚所使耳。今杀一人而结一国之怨,非计也。归之,必深德我,不复为浚用矣。"乃厚以金帛报之,遣石虎与疾陆眷盟于渚阳,结为兄弟。疾陆眷引归,王昌等不能独留,亦引兵还蓟。勒召末柸,与之燕饮,誓为父子,遣还辽西。末柸在涂,日南向而拜者三。由是段氏专心附勒,王浚之势遂衰。

游纶、张豺请降于勒。勒攻信都,杀冀州刺史王象。浚复以邵举行冀州刺史,保信都。

愍帝建兴元年夏四月,石勒使石虎攻邺。邺溃,刘演奔廪丘。刘琨复以刘演为兖州刺史,镇廪丘。

石勒攻李恽于上白,斩之。王浚复以薄盛为青州刺史。

王浚使枣嵩督诸军屯易水,召段疾陆眷,欲与之共击石勒。疾陆眷不至。浚怒,以重币赂拓跋猗卢,并檄慕容廆等共讨疾陆眷。猗卢遣右贤王六脩将兵会之,为疾陆眷所败。

五月,石勒使孔苌击定陵,杀田徽;薄盛帅所部降勒。山东郡县,相继为勒所取。汉主聪以勒为侍中、征东大将军。乌桓亦叛王浚,潜附于勒。

冬十一月,王浚以其父字"处道",自谓应"当涂高"之谶,谋称尊号。前勃海太守刘亮、北海太守王抟、司空掾高柔切谏,浚皆杀之。燕国霍原,志节清高,屡辞征辟,浚以尊号事问之,原不答。浚诬原与群盗通,杀而枭其首。于是

三弟作为人质而请求换回末杯。将领们都劝石勒杀了末杯，石勒说："辽西鲜卑是强有力的国家，与我们素来没有怨仇，只不过是受王浚的指使罢了。现在杀一个人而与一个国家结下怨仇，不是办法。放他回去，他们一定会深深地感激我，不会再为王浚效力了。"于是用丰厚的金帛回谢疾陆眷，派石虎与疾陆眷在渚阳结盟，结为兄弟。疾陆眷领兵回去了，王昌等人没有力量单独留下，也领兵回了蓟州。石勒召来末杯，与他宴饮，并宣誓结为父子，放他回辽西。末杯在路上，每天都朝南拜三次。从此，段氏一心一意依附石勒，王浚的势力于是衰落了。

游纶、张豺向石勒请求投降。石勒进攻信都，杀了冀州刺史王象。王浚又让邵举担任冀州刺史，守卫信都。

晋愍帝建兴元年（313）夏季四月，石勒派石虎进攻邺城。邺城陷落，刘演逃奔廪丘。刘琨又任命刘演为兖州刺史，镇守廪丘。

石勒在上白攻打李恽，斩杀了他。王浚又任命薄盛为青州刺史。

王浚派枣嵩督率各路军队在易水驻扎，召请段疾陆眷，打算与疾陆眷一起攻打石勒。疾陆眷没有来。王浚发怒，以大量的钱物贿赂拓跋猗卢，并下令调集了慕容廆等人共同讨伐疾陆眷。猗卢派遣右贤王六脩带领人马前来与王浚会合。但是，六脩却被疾陆眷打败了。

五月，石勒派孔苌攻打定陵，杀了田徽；薄盛带领所属军队向石勒投降了。太行山以东的各个郡县，相继被石勒攻占。汉国主刘聪任命石勒为侍中、征东大将军。乌桓人也背叛了王浚，暗中归附了石勒。

冬季十一月，王浚根据他父亲的字是"处道"，自认为应验了"当涂高"这句"当"与"处"意同、"道"与"涂"意同的谶语，便图谋称帝。前勃海太守刘亮、北海太守王抟、司空掾高柔恳切地劝谏王浚，王浚把他们都杀了。燕国人霍原，志节清高，多次辞掉了王浚的征辟，王浚向他询问称帝的事，霍原不回答。王浚就诬陷霍原与强盗们勾结，杀了霍原并砍下了他的头示众。于是

士民骇怨，而浚矜豪日甚，不亲政事，所任皆苛刻小人，枣
嵩、朱硕，贪横尤甚。北州谣曰："府中赫赫，朱丘伯；十
囊、五囊，入枣郎。"调发殷烦，下不堪命，多叛入鲜卑。从
事韩咸监护柳城，盛称慕容廆能接纳士民，欲以讽浚，浚
怒，杀之。

　　浚始者唯恃鲜卑、乌桓以为强，既而皆叛之。加以蝗
旱连年，兵势益弱。石勒欲袭之，未知虚实，将遣使觇之，
参佐请用羊祜、陆抗故事，致书于浚。勒以问张宾，宾曰：
"浚名为晋臣，实欲废晋自立，但患四海英雄莫之从耳，其
欲得将军，犹项羽之欲得韩信也。将军威振天下，今卑辞
厚礼，折节事之，犹惧不信，况为羊、陆之亢敌乎！夫谋人
而使人觉其情，难以得志矣。"勒曰："善。"十二月，勒遣舍
人王子春、董肇多赍珍宝，奉表于浚曰："勒本小胡，遭世
饥乱，流离屯厄，窜命冀州，窃相保聚以救性命。今晋祚沦
夷，中原无主，殿下州乡贵望，四海所宗，为帝王者，非公复
谁！勒所以捐躯起兵，诛讨暴乱者，正为殿下驱除尔。伏愿
殿下应天顺人，早登皇祚。勒奉戴殿下如天地父母，殿下察
勒微心，亦当视之如子也。"又遗枣嵩书，厚赂之。

　　浚以段疾陆眷新叛，士民多弃己去，闻勒欲附之，甚
喜，谓子春曰："石公一时英杰，据有赵、魏，乃欲称藩于孤，
其可信乎？"子春曰："石将军才力强盛，诚如圣旨。但以

士人和百姓都感到震惊和怨恨，而王浚却越来越骄纵狂妄，不管政事，他所任用的人都是苛刻的小人，枣嵩、朱硕尤为贪婪骄横。北州有民谣说："府中赫赫朱丘伯，十囊五囊入枣郎。"王浚调遣征发非常频繁，民众难以活命，大多叛逃到了鲜卑控制区。从事韩咸守护柳城，盛赞慕容廆能够接纳士人和百姓，想借此来讽喻王浚，王浚发怒，把他杀了。

王浚开始只是倚仗着鲜卑、乌桓而强大起来的，但不久鲜卑、乌桓都叛离了他。再加上连年遭遇蝗灾、旱灾，他的军事力量就更加衰弱了。石勒想袭击王浚，但不知他的虚实，准备派使者去侦察，谋士们请石勒效法羊祜、陆抗的前例给王浚去信。石勒把这个建议拿来问张宾，张宾说："王浚名义上是晋朝的大臣，实际上却想废掉晋朝皇帝自立为帝，只是怕四海的英雄无人跟随他罢了，他想得到将军您，就像项羽想得到韩信一样。将军威震天下，现在即便是用谦恭的言辞、丰厚的礼物、降低身份去对待他，还怕他不相信呢，更何况用羊祜、陆抗那种以平等之礼对待敌方的办法呢？算计他人却又让他人察觉出了真情，那就难以达到目的了。"石勒说："好。"十二月，石勒派遣舍人王子春、董肇带上很多珍宝，向王浚呈献表章说："我本来是小小的胡人，遇到饥荒变乱的时局，四处流浪，艰难困厄，流窜到冀州，偷偷拉起一伙人马以拯救自己的性命。现在晋朝的国运已经衰落，中原无主，殿下您是州乡的名门望族，受四海尊崇，能做帝王的，除了您还有谁？石勒所以冒死起兵，诛讨那些暴乱的人，正是为殿下驱除他们罢了。希望殿下您上应天命、下顺民心，尽早登上皇位。石勒我尊奉殿下您就像尊奉天地父母一样，殿下体察我石勒的心意，也应该把我看成儿子一样。"又给枣嵩去信，并用重礼贿赂他。

王浚因为段疾陆眷新叛，士人百姓大多舍弃自己而去，听到石勒想来归附自己的消息，十分高兴，他对王子春说："石公是当世英杰，占据有赵、魏，却想向我称藩，归附于我，这可信吗？"王子春说："石将军才力强盛，确实如圣旨说的一样。只是因为

殿下中州贵望,威行夷、夏,自古胡人为辅佐名臣则有矣,未有为帝王者也。石将军非恶帝王不为而让于殿下,顾以帝王自有历数,非智力之所取,虽强取之,必不为天人之所与故也。项羽虽强,终为汉有。石将军之比殿下,犹阴精之与太阳,是以远鉴前事,归身殿下,此乃石将军之明识所以远过于人也,殿下又何怪乎!"浚大悦,封子春、肇皆为列侯,遣使报聘,以厚币酬之。

游纶兄统,为浚司马,镇范阳,遣使私附于勒,勒斩其使以送浚。浚虽不罪统,益信勒为忠诚,无复疑矣。

二年春正月壬辰,王子春等及王浚使者至襄国,石勒匿其劲卒、精甲,羸师虚府以示之,北面拜使者而受书。浚遗勒麈尾,勒阳不敢执,悬之于壁,朝夕拜之,曰:"我不得见王公,见其所赐,如见公也。"复遣董肇奉表于浚,期以三月中旬亲诣幽州奉上尊号;亦修笺于枣嵩,求并州牧、广平公。

勒问浚之政事于王子春,子春曰:"幽州去岁大水,人不粒食,浚积粟百万,不能赈赡,刑政苛酷,赋役殷烦,忠贤内离,夷狄外叛。人皆知其将亡,而浚意气自若,曾无惧心,方更置立台阁,布列百官,自谓汉高、魏武不足比也。"勒抚几笑曰:"王彭祖真可擒也。"浚使者还蓟,具言石勒形势寡弱,款诚无二。浚大悦,益骄怠,不复设备。

殿下是中州的名门望族,在夷人、华人中都享有崇高威望,自古以来胡人成为辅佐名臣,那是有的,但没有成为帝王的。石将军不是厌恶帝王不愿做而让给殿下,只是见帝王自有天命气数,不是靠才智力量所能取得的,即使强行取得帝位,也一定不会被上天与人们所承认的缘故。项羽虽然强大,但天下终究为汉朝所有。石将军与殿下相比,就像月亮比太阳,所以,他借鉴于历史,便投身于殿下,这是石将军的明智所以远远超过他人的地方,殿下又何必感到奇怪呢?"王浚非常高兴,把王子春、董肇都封为列侯,派使者回访,用重金酬谢石勒。

游纶的哥哥游统担任着王浚的司马,镇守范阳,他派遣使者暗中向石勒投靠,石勒砍了他的使者的头送给了王浚。王浚虽然没有惩处游统,却更加相信石勒对自己是忠诚的,不再怀疑他了。

二年(314)春季正月壬辰(二十二日),王子春等人和王浚的使者到达了襄国,石勒把他的劲兵和精甲都藏了起来,把老弱残兵和空荡荡的仓库给使者看,石勒向北叩拜使者后接受了王浚的信。王浚送给石勒麈尾,石勒假装不敢拿在手上,而把它悬挂在墙壁上,早晚都向它叩拜,说:"我不能见到王公,见到他所赐的物品,就像见到他一样。"又派遣董肇向王浚呈递表章,约定三月中旬亲自到幽州拥戴王浚称帝;石勒也给枣嵩去信,请求担任并州牧、广平公。

石勒向王子春询问王浚的政治状况,王子春说:"幽州去年发大水,人们吃不到一粒粮,王浚囤积了谷子百万,却不赈济灾民。他的刑律政令苛刻残酷,赋税劳役征发频繁,忠诚贤明的人从他身边离开,夷狄在外面叛乱。人人都知道他将要灭亡,而王浚却若无其事,一点不感到害怕。他刚重新设置了官署,安排文武百官,自以为汉高祖、魏武帝都无法与自己相比。"石勒按着几案笑着说:"王浚真是可以手到擒来了。"王浚的使者返回蓟城,向王浚汇报,说石勒势力弱小,忠诚无二。王浚非常高兴,更加骄纵懈怠,不再防范石勒了。

二月，石勒纂严，将袭王浚，而犹豫未发。张宾曰："夫袭人者，当出其不意。今军严经日而不行，岂非畏刘琨及鲜卑、乌桓为吾后患乎？"勒曰："然。为之奈何？"宾曰："彼三方智勇无及将军者，将军虽远出，彼必不敢动，且彼未谓将军便能悬军千里取幽州也。轻军往返，不出二旬，藉使彼虽有心，比其谋议出师，吾已还矣。且刘琨、王浚，虽同名晋臣，实为仇敌。若修笺于琨，送质请和，琨必喜我之服而快浚之亡，终不救浚而袭我也。用兵贵神速，勿后时也。"勒曰："吾所未了，右侯已了之，吾复何疑！"遂以火宵行，至柏人，杀主簿游纶，以其兄统在范阳，恐泄军谋故也。遣使奉笺送质于刘琨，自陈罪恶，请讨浚以自效。琨大喜，移檄州郡，称："己与猗卢方议讨勒，勒走伏无地，求拔幽都以赎罪。今便当遣六脩南袭平阳，除僭伪之逆类，降知死之逋羯，顺天副民，冀奉皇家，斯乃曩年积诚灵祐之所致也！"

三月，勒军达易水，王浚督护孙纬驰遣白浚，将勒兵拒之，游统禁之。浚将佐皆曰："胡贪而无信，必有诡计，请击之。"浚怒曰："石公来，正欲奉戴我耳，敢言击者斩！"众不敢复言。浚设飨以待之。壬申，勒晨至蓟，叱门者开门；犹疑有伏兵，先驱牛羊数千头，声言上礼，实欲塞诸街巷。浚始惧，或坐或起。勒既入城，纵兵大掠，浚左右请御之，浚

二月,石勒做好了战斗准备,准备袭击王浚,但犹豫不决没有发兵。张宾说:"袭击敌人,应该出其不意。现在军队集结起来一整天还不出发,是不是害怕刘琨以及鲜卑、乌桓在我们后方捣乱呢?"石勒说:"是的。怎么办呢?"张宾说:"他们三方的才智和胆略都没有能比得上将军您的,将军即使远征,他们也一定不敢妄动,而且他们不会想到将军能够孤军深入千里而迅速夺取幽州。轻装的军队往返,超不过二十天,即使他们真的有这个想法,等他们商议妥当后出兵时,我们已回来了。再说刘琨和王浚虽然在名义上都是晋朝的臣子,但实际上却是仇敌。如果我们给刘琨去信,送去人质求和,刘琨就一定会为我们的顺服而感到高兴,对王浚的灭亡而拍手称快,最终也不会去救王浚而袭击我们。用兵贵在神速,不要拖延时间。"石勒说:"我所没有解决的问题,您已经解决了,我还有什么不放心的呢?"于是,石勒的军队打着火把夜行军,到达柏人县,杀了主簿游纶,这是因为他哥哥游统在范阳,害怕他泄露军机的缘故。石勒派遣使者给刘琨送去信和人质,石勒在信中检讨了自己的罪恶,请求讨伐王浚来报效刘琨。刘琨大喜,向州郡传布檄文,声称:"我与拓跋猗卢正商议讨伐石勒,石勒走投无路,请求攻克幽州来赎罪。现在立即派遣拓跋六脩向南袭击平阳,清除僭伪的叛逆,降服知死的逃羯,顺应天意符合民心,拥护皇室,这是多年积累的诚心和神灵庇佑的结果。"

三月,石勒的军队到达易水,王浚的督护孙纬急速派人告诉王浚,准备指挥军队阻击石勒,游统却禁止他用兵。王浚的将佐都说:"胡人贪婪而不讲信用,一定有诡计,请攻击石勒。"王浚发怒说:"石公来,正是想拥戴我,有敢说攻击的,斩!"大家都不敢再说话了。王浚安排了酒席准备接待石勒。壬申(初三),石勒早晨到了蓟城,喝令守城门的人开了门;石勒仍怀疑城中有埋伏的军队,就先驱赶几千头牛羊进城,声称是给王浚送礼,实际上想用牛羊堵塞各条街巷。王浚开始感到害怕了,坐立不安。石勒进城后,纵兵大肆抢掠,王浚身边的人请求抵抗石勒,王浚

犹不许。勒升其听事,浚乃走出堂皇,勒众执之。勒召浚妻,与之并坐,执浚立于前。浚骂曰:"胡奴调乃公,何凶逆如此!"勒曰:"公位冠元台,手握强兵,坐观本朝倾覆,曾不救援,乃欲自尊为天子,非凶逆乎!又委任奸贪,残虐百姓,贼害忠良,毒遍燕土,此谁之罪也!"使其将王洛生以五百骑先送浚于襄国。浚自投于水,束而出之,斩于襄国市。

勒杀浚麾下精兵万人。浚将佐争诣军门谢罪,馈赂交错;前尚书裴宪、从事中郎荀绰独不至,勒召而让之曰:"王浚暴虐,孤讨而诛之,诸人皆来庆谢,二君独与之同恶,将何以逃其戮乎!"对曰:"宪等世仕晋朝,荷其荣禄,浚虽凶粗,犹是晋之藩臣,故宪等从之,不敢有贰。明公苟不修德义,专事威刑,则宪等死自其分,又何逃乎?请就死。"不拜而出。勒召而谢之,待以客礼。绰,勖之孙也。勒数朱硕、枣嵩等以纳贿乱政,为幽州患,责游统以不忠所事,皆斩之。籍浚将佐、亲戚家赀皆至巨万,惟裴宪、荀绰止有书百馀帙,盐米各十馀斛而已。勒曰:"吾不喜得幽州,喜得二子。"以宪为从事中郎,绰为参军。分遣流民,各还乡里。勒停蓟二日,焚浚宫殿,以故尚书燕国刘翰行幽州刺史,戍蓟,置守宰而还。孙纬遮击之,勒仅而得免。

勒至襄国,遣使奉王浚首献捷于汉;汉以勒为大都督、督陕东诸军事、骠骑大将军、东单于,增封十二郡;勒固辞,受二郡而已。

仍然不允许。石勒登上厅堂,王浚于是走出殿堂,石勒的部众抓住了他。石勒召来王浚的妻子,与她并排坐着,把王浚押来,站在面前。王浚骂道:"胡虏耍弄老子,为什么这样凶恶叛逆!"石勒说:"您是首席大臣,掌握着强大的军队,却坐视自己的朝廷覆灭,竟不去救援,还想自立为天子,难道不是凶恶叛逆吗?还有,任用奸诈贪婪的小人,虐待百姓,残害忠良,危害整个燕土,这是谁的罪过呢?"石勒派他的将领王洛生用五百骑兵把王浚先押送到襄国。王浚投水自杀,兵士们把他捆绑住拉出,在襄国的街市上把他斩杀了。

　　石勒杀了王浚麾下的一万精兵。王浚的将佐争相到军门谢罪,到处馈赠贿赂;只有前尚书裴宪、从事中郎荀绰不来谢罪,石勒把他们召来斥责说:"王浚残暴凶虐,我来讨伐,诛杀了他,大家都来庆贺谢罪,你们二位偏偏要与他同流合污,准备怎么逃脱这个惩罚呢?"裴宪、荀绰回答说:"我们世代为晋朝做官,享受了晋朝的荣誉与俸禄,王浚虽然凶暴粗俗,但仍然是晋朝的藩镇大臣,所以我们跟随他,不敢有二心。您如果不讲道德礼义,专靠威势刑罚,那么我们死也是自己的本分,又何必要逃呢?请让我们去死。"说完,不拜而去。石勒把他们叫回来,向他们道歉,用待客之礼对待他们。荀绰是荀勖的孙子。石勒数落朱硕、枣嵩等人收受贿赂搞乱政事,是幽州的祸患,斥责游统任职不忠,把他们都杀了。石勒查抄没收王浚将佐和亲戚的家产,这些人都有巨额财物,唯独裴宪、荀绰仅有一百多套书,盐、米各有十几斛而已。石勒说:"我并不高兴取得了幽州,而高兴得到了你们二位。"石勒任命裴宪为从事中郎,荀绰为参军。分别遣返流民回到故乡。石勒在蓟城停留了两天,焚烧了王浚的宫殿,任命前尚书燕国人刘翰担任幽州刺史,戍守蓟城,安排了郡守县令后回师。孙纬半道截击石勒,石勒只身得以逃脱。

　　石勒回到襄国,派遣使者献上王浚首级向汉国报捷;汉国任命石勒为大都督、都督陕东诸军事、骠骑大将军、东单于,增封给他十二个郡;石勒坚决推辞,只接受了两个郡。

初，王浚以邵续为乐陵太守，屯厌次。浚败，续附于石勒，勒以续子义为督护。浚所署勃海太守东莱刘胤弃郡依续，谓续曰："凡立大功，必仗大义。君，晋之忠臣，奈何从贼以自污乎！"会段匹䃅以书邀续同归左丞相睿，续从之。其人皆曰："今弃勒归匹䃅，其如义何？"续泣曰："我岂得顾子而为叛臣哉！"杀异议者数人。勒闻之，杀义。续遣刘胤使江东，睿以胤为参军，以续为平原太守。石勒遣兵围续，匹䃅使其弟文鸯救之，勒引去。

四年夏四月，石勒使石虎攻刘演于廪丘，幽州刺史段匹䃅使其弟文鸯救之。虎拔廪丘，演奔文鸯军，虎获演弟启以归。

冬十一月，石勒围乐平太守韩据于坫城，据请救于刘琨。琨新得拓跋猗卢之众，欲因其锐气以讨勒。箕澹、卫雄谏曰："此虽晋民，久沦异域，未习明公之恩信，恐其难用。不若且内收鲜卑之馀谷，外抄胡贼之牛羊，闭关守险，务农息兵，待其服化感义，然后用之，则功无不济矣。"琨不从，悉发其众，命澹帅步骑二万为前驱，琨屯广牧，为之声援。

石勒闻澹至，将逆击之。或曰："澹士马精强，其锋不可当，不若且引兵避之，深沟高垒以挫其锐，必获万全。"勒曰："澹兵虽众，远来疲弊，号令不齐，何精强之有？今寇敌垂至，何可舍去？大军一动，岂易中还！若澹乘我之退而逼之，顾逃溃不暇，焉得深沟高垒乎！此自亡之道也。"

当初,王浚任命邵续为乐陵太守,屯驻在厌次。王浚失败后,邵续依附于石勒,石勒任命邵续的儿子邵乂为督护。王浚所任命的勃海太守东莱人刘胤弃官投奔邵续,对邵续说:"凡是要建立大功,一定要依仗大义。您是晋朝的忠臣,为什么要投靠贼寇玷污自己的名声呢?"这时,正好段匹磾来信邀请邵续一同归顺左丞相司马睿,邵续同意了。他手下的人都说:"现在离弃石勒而投靠段匹磾,那邵乂怎么办?"邵续哭着说:"我难道能为顾惜儿子而做叛臣吗?"杀了几个持反对意见的人。石勒听说后,杀了邵乂。邵续派遣刘胤作为使者去江东,司马睿让刘胤担任参军,任命邵续为平原太守。石勒派兵包围了邵续,段匹磾派他弟弟文鸯救援邵续,石勒带兵离去。

四年(316)夏季四月,石勒派石虎到廪丘攻打刘演,幽州刺史段匹磾派他的弟弟文鸯救援刘演。石虎攻克了廪丘,刘演逃奔到文鸯军中,石虎抓住了刘演的弟弟刘启,把他带了回去。

冬季十一月,石勒把乐平太守韩据围困在坫城,韩据向刘琨请求救援。刘琨刚刚得到拓跋猗卢的人马,想借着这支军队的锐气来讨伐石勒。箕澹、卫雄劝谏说:"这些人虽然是晋朝的百姓,但长时间沦落在异族地区,还未感受到您的恩德信义,恐怕难以使用。不如暂且在内收取鲜卑人的剩余谷物,在外抢夺胡人贼寇的牛羊,闭关守险,务农息兵,等待他们服从了教化和感受到大义后,再使用他们,这样,就可以获得成功了。"刘琨没有接受他们的意见,调遣了全部人马,命令箕澹率领二万步兵和骑兵作为前锋,刘琨驻扎在广牧,支援他们。

石勒听说箕澹到了,准备迎击。有人说:"箕澹的战士战马精悍强壮,势不可当,不如暂且领兵避开他们,挖深沟筑高墙进行防御,来挫伤他们的锐气,这样,一定能稳操胜券。"石勒说:"箕澹兵马虽多,但远道而来,十分疲惫,号令不统一,有什么精悍强壮?现在敌人来到面前,怎么能舍弃离开呢?大军一动,哪能随便在中途撤退?如果箕澹乘我撤退之机发动进攻,我们溃逃都来不及,哪能挖深沟筑高墙呢?这是自取灭亡的对策。"

立斩言者。以孔苌为前锋都督,令三军:"后出者斩!"勒据
险要,设疑兵于山上,前设二伏,出轻骑与澹战,阳为不胜
而走。澹纵兵追之,入伏中。勒前后夹击,大破之,获铠马
万计。澹、雄帅骑千馀奔代郡,韩据弃城走,并土震骇。十
二月,司空长史李弘以并州降石勒。刘琨进退失据,不知
所为,段匹磾遣信邀之,己未,琨帅众从飞狐奔蓟。匹磾见
琨,甚相亲重,与之结婚,约为兄弟。勒分徙阳曲、乐平民
于襄国,置守宰而还。

　　元帝建武元年春三月,刘琨、段匹磾相与歃血同盟,期
以翼戴晋室。辛丑,琨檄告华、夷,遣兼左长史、右司马温
峤,匹磾遣左长史荣邵,奉表及盟文诣建康劝进。

　　秋七月,段匹磾推刘琨为大都督,檄其兄辽西公疾陆
眷及叔父涉复辰、弟末柸等会于固安,共讨石勒。末柸说
疾陆眷、涉复辰曰:"以父兄而从子弟,耻也;且幸而有功,
匹磾独收之,吾属何有哉!"各引兵还。琨、匹磾不能独留,
亦还蓟。

　　大兴元年春正月,辽西公疾陆眷卒,其子幼,叔父涉复
辰自立。段匹磾自蓟往奔丧,段末柸宣言:"匹磾之来,欲为
篡也。"匹磾至右北平,涉复辰发兵拒之。末柸乘虚袭涉复
辰,杀之,并其子弟党与,自称单于。迎击匹磾,败之,匹磾
走还蓟。

　　段匹磾之奔疾陆眷丧也,刘琨使其世子群送之。匹磾
败,群为段末柸所得。末柸厚礼之,许以琨为幽州刺史,欲
与之袭匹磾,密遣使赍群书,请琨为内应,为匹磾逻骑所

当即杀了说话的人。石勒任命孔苌为前锋都督,命令三军:"滞留后出者斩!"石勒占据险要之地,在山上设置了疑兵,前面布置了两道埋伏,派出轻骑兵与箕澹交战,假装战败退逃。箕澹纵军追击,进入埋伏圈中。石勒前后夹击,大败箕澹,缴获铠甲、战马数以万计。箕澹、卫雄率领一千多骑兵逃奔代郡,韩据弃城逃跑,并州地区一片震惊和恐惧。十二月,司空长史李弘交出并州向石勒投降。刘琨失去立足之地,进退两难,不知所措,段匹磾来书信邀请他,刘琨便于己未(初五)率领部众从飞狐关奔往蓟城。段匹磾见了刘琨,非常亲近敬重,与他联姻,并结拜为兄弟。石勒分别迁徙阳曲、乐平的百姓到襄国,安排了郡守县令后,率军撤回。

晋元帝建武元年(317)春季三月,刘琨与段匹磾歃血为盟,约定拥戴晋室。辛丑(十九日),刘琨向华人和夷人发布了檄文,派遣兼左长史、右司马温峤,段匹磾派遣左长史荣邵,带上表章和盟文赴建康劝司马睿称帝。

秋季七月,段匹磾推举刘琨为大都督,用檄文召来兄长辽西公疾陆眷、叔父涉复辰、兄弟末柸等在固安会合,共同讨伐石勒。末柸游说疾陆眷、涉复辰,说:"以父辈、兄长的身份跟随子侄、兄弟,是耻辱;况且,如果侥幸立功,那匹磾就会独收其利,我们能得到什么呢?"于是,疾陆眷、涉复辰、末柸各自领兵撤了回去。刘琨、段匹磾无力单独留下来作战,也撤回了蓟城。

晋元帝大兴元年(318)春季正月,辽西公疾陆眷去世,他的儿子幼小,他的叔父涉复辰自立为王。段匹磾从蓟城去奔丧,段末柸宣扬说:"匹磾来,是想篡位。"匹磾到达右北平时,涉复辰发兵阻挡他。末柸乘虚袭击涉复辰,杀了他,兼并了他的子弟和党羽,自称单于。末柸迎击匹磾,打败了他,匹磾逃回蓟城。

段匹磾为疾陆眷奔丧时,刘琨让世子刘群陪伴他前往。段匹磾兵败,刘群被末柸俘获。末柸对他非常优待,并许诺让刘琨做幽州刺史,想和刘琨一起袭击段匹磾。末柸秘密派遣使者携带刘群的信,请刘琨做内应,末柸的信使被段匹磾的巡逻骑兵

得。时琨别屯征北小城，不知也，来见匹磾。匹磾以群书示琨曰："意亦不疑公，是以白公耳。"琨曰："与公同盟，庶雪国家之耻，若儿书密达，亦终不以一子之故负公而忘义也。"匹磾雅重琨，初无害琨意，将听还屯。其弟叔军谓匹磾曰："我，胡夷耳；所以能服晋人者，畏吾众也。今我骨肉乖离，是其良图之日；若有奉琨以起，吾族尽矣。"匹磾遂留琨。琨之庶长子遵惧诛，与琨左长史杨桥等闭门自守，匹磾攻拔之。代郡太守辟闾嵩、后将军韩据复潜谋袭匹磾，事泄，匹磾执嵩、据及其徒党，悉诛之。五月癸丑，匹磾称诏收琨，缢杀之，并杀其子侄四人。琨从事中郎卢谌、崔悦等帅琨馀众奔辽西，依段末柸，奉刘群为主，将佐多奔石勒。悦，林之曾孙也。朝廷以匹磾尚强，冀其能平河朔，乃不为琨举哀。温峤表"琨尽忠帝室，家破身亡，宜在褒恤"；卢谌、崔悦因末柸使者，亦上表为琨讼冤。后数岁，乃赠琨太尉、侍中，谥曰"愍"。于是夷、晋以琨死故，皆不附匹磾。

　　末柸遣其弟攻匹磾，匹磾帅其众数千将奔邵续，勒将石越邀之于盐山，大败之，匹磾复还保蓟。末柸自称幽州刺史。

　　二年夏四月，石勒遣石虎击鲜卑日六延于朔方，大破之，斩首二万馀级，俘虏三万馀人。孔苌攻幽州诸郡，悉取之。段匹磾士卒饥散，欲移保上谷，代王郁律勒兵将击之，匹磾弃妻子奔乐陵依邵续。

抓获了。当时刘琨另外驻扎在征北小城,并不知道这件事情,来见段匹磾。段匹磾把刘群的信给他看,说:"我也没有怀疑您,所以把情况告诉您。"刘琨说:"我和您共同结盟,但愿能洗雪国家的耻辱,假如我儿子的信秘密地送到了我的手中,那我最终也不会因为一个儿子的缘故背叛您而忘了大义。"段匹磾历来尊重刘琨,开始并没有加害刘琨的意思,准备听任他返回驻地。但他的弟弟叔军对他说:"我们不过是胡夷,之所以能够折服晋人,是因为他们怕我们人多。现在我们骨肉不和,正是晋人算计我们的良好时机;如果有人拥戴刘琨起兵,那我们全族就完了。"段匹磾于是留住了刘琨。刘琨的庶长子刘遵害怕被杀,便和刘琨的左长史杨桥等人闭门自守,段匹磾攻破了他们的军营。代郡太守辟闾嵩、后将军韩据又秘密谋划偷袭段匹磾,事情泄露,段匹磾抓获辟闾嵩、韩据及其党徒,全部予以诛杀。五月癸丑(初八),段匹磾声称有诏书,命令拘捕刘琨,把他勒死了,并杀掉他子侄四人。刘琨的从事中郎卢谌、崔悦等率领刘琨剩馀的兵马逃奔辽西,依附了段末柸,拥戴刘群为主君,将佐们大多投奔了石勒。崔悦是崔林的曾孙。朝廷见段匹磾势力还很强大,希望他能平定河朔,于是不为刘琨举行哀悼仪式。温峤上表,说"刘琨尽忠于帝室,家破身亡,应当褒扬优恤";卢谌、崔悦通过段末柸的使节,也上表为刘琨申冤。过了几年,东晋才追赠刘琨为太尉、侍中,谥号为"愍"。这时,夷人、晋人因为刘琨之死,都不依附段匹磾了。

末柸派遣他的弟弟进攻匹磾,匹磾率领他的部众几千人打算去投奔邵续,石勒的将领石越在盐山截击,大败匹磾,匹磾又回到蓟城固守。末柸自称幽州刺史。

二年(319)夏季四月,石勒派遣石虎出击,在朔方大破鲜卑日六延,斩首二万馀级,俘虏三万多人。孔苌进攻幽州各郡,夺取了幽州的所有郡。段匹磾的士卒饥饿离散,段匹磾打算转移到上谷固守,代王郁律调集军队,准备攻击他,匹磾扔下妻子儿女逃奔乐陵,依附邵续。

三年春正月，段末柸攻段匹磾，破之。匹磾谓邵续曰：
"吾本夷狄，以慕义破家。君不忘久要，请相与共击末柸。"
续许之，遂相与追击末柸，大破之。匹磾与弟文鸯攻蓟。
后赵王勒知续势孤，遣中山公虎将兵围厌次，孔苌攻续别
营十一，皆下之。二月，续自出击虎，虎伏骑断其后，遂执
续，使降其城。续呼兄子竺等谓曰："吾志欲报国，不幸至
此。汝等努力奉匹磾为主，勿有贰心。"匹磾自蓟还，未至
厌次，闻续已没，众惧而散，复为虎所遮，文鸯以亲兵数百
力战，始得入城，与续子缉、兄子存、竺等婴城固守。虎送
续于襄国，勒以为忠，释而礼之，以为从事中郎。因下令：
"自今克敌，获士人，毋得擅杀，必生致之。"

吏部郎刘胤闻续被攻，言于帝曰："北方藩镇尽矣，惟
馀邵续而已。如使复为石虎所灭，孤义士之心，阻归本之
路，愚谓宜发兵救之。"帝不能从。闻续已没，乃下诏以续
位任授其子缉。

六月，后赵孔苌攻段匹磾，恃胜而不设备，段文鸯袭
击，大破之。
四年春三月，后赵中山公虎攻幽州刺史段匹磾于厌次，
孔苌攻其统内诸城，悉拔之。段文鸯言于匹磾曰："我以勇
闻，故为民所倚望；今视民被掠而不救，是怯也。民失所
望，谁复为我致死！"遂帅壮士数十骑出战，杀后赵兵甚众。

三年(320)春季正月，段末柸进攻段匹磾，打败了段匹磾。匹磾对邵续说："我本来是夷狄，因为仰慕大义而毁灭了家庭。您如果不忘旧约，那就请和我一起抗击末柸。"邵续答应了，于是和匹磾共同追击末柸，大破末柸。匹磾和弟弟文鸯进攻蓟城。后赵王石勒得知邵续势力孤单，便派遣中山公石虎率领军队围攻厌次，派孔苌进攻邵续的十一座别营，都攻下了。二月，邵续亲自率军出城攻击石虎，石虎埋伏骑兵截断了邵续的退路，于是抓住了邵续，让他向城中军民劝降。邵续呼唤兄长的儿子邵竺等人，对他们说："我的志向是报效国家，不幸落到这个地步。你们要努力，尊奉匹磾为首领，不要有异心。"段匹磾从蓟城归来，还没到达厌次，听说邵续已经被俘，部众惊恐逃散，又遭到石虎的阻击，段文鸯凭借数百名亲兵的奋力死战，才得以进入厌次城中，和邵续的儿子邵缉、邵续哥哥的儿子邵存、邵竺等人据城固守。石虎把邵续押送到襄国，石勒认为邵续很有忠心，便释放了他，以礼相待，任命他为从事中郎。通过这件事，石勒下令说："从今以后，打了胜仗而俘虏的士人不许擅自杀害，一定要活着送来。"

　　吏部郎刘胤听到邵续受到攻击的消息后，便劝谏元帝说："北方的藩镇已经丢失完了，只剩下邵续一处了。如果让他再被石虎攻灭，会使忠贞义士心感孤独，并堵死了他们回归祖国的道路，我认为朝廷应当发兵救援他。"晋元帝没有听从他的劝谏。后来，他听说邵续已经被俘，便下诏把邵续的职位授予他的儿子邵缉。

　　六月，后赵的孔苌进攻段匹磾，见胜券在握便不做防备，段文鸯发动袭击，大破孔苌。

　　四年(321)春季三月，后赵中山公石虎在厌次攻打幽州刺史段匹磾，孔苌进攻幽州管辖的各城，把它们都攻占了。段文鸯对段匹磾说："我以勇敢闻名，所以受到民众的倚重；现在看到百姓被掠夺而不去救助，这是怯弱。民众失去期望，谁还会再为我们做牺牲呢？"于是率领壮士数十人出战，杀掉了许多后赵士兵。

马乏，伏不能起。虎呼之曰："兄与我俱夷狄，久欲与兄同为一家。今天不违愿，于此得相见，何为复战，请释仗。"文鸯骂曰："汝为寇贼，当死日久，吾兄不用吾策，故令汝得至此。我宁斗死，不为汝屈！"遂下马苦战，槊折，执刀战不已，自辰至申。后赵兵四面解马罗披自郛，前执文鸯；文鸯力竭被执，城内夺气。

匹碑欲单骑归朝，邵续之弟乐安内史洎勒兵不听。洎复欲执台使王英送于虎，匹碑正色责之曰："卿不能遵兄之志，逼吾不得归朝，亦已甚矣，复欲执天子使者。我虽夷狄，所未闻也！"洎与兄子缉、竺等舆榇出降。匹碑见虎曰："我受晋恩，志在灭汝，不幸至此，不能为汝敬也。"后赵王勒及虎素与匹碑结为兄弟，虎即起拜之。勒以匹碑为冠军将军，文鸯为左中郎将，散诸流民三万馀户，复其本业，置守宰以抚之。于是幽、冀、并三州皆入于后赵。匹碑不为勒礼，常著朝服，持晋节。久之，与文鸯、邵续皆为后赵所杀。

文鸯的坐骑疲乏过度，趴在地上无法站起。石虎呼叫文鸯，说："兄长和我同是夷狄之人，我早就想和兄长同做一家人了。如今上天不违背我的愿望，在这里得以和兄长相见，为什么还要打呢？请放下武器。"文鸯骂道："你是强盗反贼，早就该死，我哥哥不用我的计谋，所以让你活到了今天。我宁愿战死，决不向你屈服！"于是下马苦战，长矛折断后，又持刀苦斗不止，从上午一直打到下午。后赵士兵四面包围，解下马罗披，护住身体，向前去抓文鸯；文鸯力竭被俘，城内军民丧失了斗志。

段匹磾打算单骑逃归朝廷，邵续的弟弟、乐安内史邵洎控制住军队不让匹磾离开。邵洎又想抓住朝廷使者王英送给石虎，匹磾板起面孔斥责他说："你不能遵从你兄长遗志，逼住我，使我不能回归朝廷，这已经很过分了，还想抓天子的使者。虽然我是夷狄，但我也没有听说过这种事情！"邵洎和哥哥的儿子邵缉、邵竺等人载着棺材出城投降。匹磾见到石虎后，说："我受了晋朝恩泽，立志灭掉你们，不幸到了这个地步，我不能敬重你。"后赵王石勒以及石虎，旧时曾与段匹磾结为兄弟，石虎马上站起向段匹磾行拜礼。石勒任命匹磾为冠军将军，文鸯为左中郎将，分散流民三万多户，让他们重操旧业，设置郡县官吏来安抚他们。至此，幽、冀、并三州都被并入了后赵。匹磾不用石勒的礼节，经常穿着东晋的朝服，手持晋朝的符节。过了很久以后，匹磾和文鸯、邵续都被后赵杀了。

前赵平秦陇

晋怀帝永嘉元年春三月,以南阳王模为征西大将军,都督秦、雍、梁、益四州诸军事,镇长安。

五年。初,太傅越以南阳王模不能绥抚关中,表征为司空。将军淳于定说模使不就征,模从之;表遣世子保为平西中郎将,镇上邽,秦州刺史裴苞拒之。模使帐下都尉陈安攻苞,苞奔安定,太守贾疋纳之。

秋七月,南阳王模使牙门赵染戍蒲坂,染求冯翊太守不得而怒,帅众降汉,汉主聪以染为平西将军。八月,聪遣染与安西将军刘雅帅骑二万攻模于长安,河内王粲、始安王曜帅大众继之。染败模兵于潼关,长驱至下邽。凉州将北宫纯自长安帅其众降汉。汉兵围长安,模遣淳于定出战而败。模仓库虚竭,士卒离散,遂降于汉。赵染送模于河内王粲,九月,粲杀模。

愍帝建兴三年春二月丙子,以南阳王保为相国。

前赵平秦陇

晋怀帝永嘉元年(307)春季三月,西晋朝廷任命南阳王司马模为征西大将军,都督秦、雍、梁、益四州诸军事,镇守长安。

五年(311)。当初,太傅司马越见南阳王司马模不能镇抚关中地区,便上表请求征召司马模担任司空。将军淳于定劝说司马模不要接受征召,司马模听从了;上表请求派遣世子司马保担任平西中郎将,镇守上邽,秦州刺史裴苞抗拒司马保就任。司马模派帐下都尉陈安攻打裴苞,裴苞逃奔到安定郡,安定太守贾疋接纳了他。

秋季七月,南阳王司马模派遣牙门赵染戍守蒲坂,赵染要求担任冯翊太守一职但没有得到同意,大怒,率领人马向汉国投降,汉国国主刘聪任命赵染为平西将军。八月,刘聪派遣赵染与安西将军刘雅率领二万骑兵到长安进攻司马模,汉河内王刘粲、始安王刘曜率领大队人马随后跟进。赵染在潼关打败了司马模的军队,长驱直入,到达下邽。凉州武将北宫纯在长安带领自己的人马向汉国投降。汉兵包围了长安,司马模派淳于定出战,淳于定战败。司马模因仓库空虚,士卒逃散,就向汉国投降了。赵染把司马模送到了河内王刘粲那里,九月,刘粲把司马模杀了。

晋愍帝建兴三年(315)春季二月丙子(十二日),西晋朝廷任命南阳王司马保为相国。

南阳王模之败也，都尉陈安往归世子保于秦州，保命安将千馀人讨叛羌，宠待甚厚。保将张春疾之，谮安，云有异志，请除之。保不许，春辄伏刺客以刺安。安被创，驰还陇城，遣使诣保，贡献不绝。

元帝大兴元年春三月，焦嵩、陈安举兵逼上邽，相国保遣使告急于张寔，寔遣金城太守窦涛督步骑二万赴之。军至新阳，闻愍帝崩，保谋称尊号。破羌都尉张诜言于寔曰："南阳王，国之疏属，忘其大耻而亟欲自尊，必不能成功。晋王近亲，且有名德，当帅天下以奉之。"寔从之，遣牙门蔡忠奉表诣建康。比至，帝已即位。寔不用江东年号，犹称建兴。

二年夏四月，南阳王保自称晋王，改元建康，置百官。以张寔为征西大将军、开府仪同三司。陈安自称秦州刺史，降于汉，又降于成。上邽大饥，士众困迫，张春奉保之南安祁山。寔遣韩璞帅步骑五千救之，陈安退保绵诸，保归上邽。未几，保复为安所逼，寔遣其将宋毅救之，安乃退。

是岁，屠各路松多起兵于新平、扶风以附晋王保，保使其将杨曼、王连据陈仓，张颙、周庸据阴密，松多据草壁，秦、陇氐、羌多应之。赵主曜遣诸将攻之，不克；曜自将击之。

三年春正月，曜攻陈仓，王连战死，杨曼奔南氐。曜进拔草壁，路松多奔陇城，又拔阴密。晋王保惧，迁于桑城。曜还长安，以刘雅为大司徒。张春谋奉晋王保奔凉州，张寔遣其将阴监将兵迎之，声言翼卫，其实拒之。

南阳王司马模失败后，都尉陈安到秦州投奔了司马模的世子司马保，司马保命令陈安率领一千多人马讨伐叛乱的羌人，对陈安十分宠信。司马保的部将张春忌恨陈安，就诬陷陈安，说陈安有异心，请司马保除掉他。司马保没有同意，张春就埋伏了刺客刺杀陈安。陈安被刺伤，骑马跑回陇城，派使者去见司马保，并不断地给司马保进贡献礼。

晋元帝大兴元年(318)春季三月，焦嵩、陈安举兵进逼上邽，相国司马保派使者向张寔告急，张寔派金城太守窦涛督率二万步兵和骑兵赶赴上邽。行军到新阳时，听说了晋愍帝死去、司马保图谋称帝的消息。破羌都尉张诜对张寔说："南阳王是皇室远亲，他忘记了国家的巨大耻辱而急于称帝，必定不会成功。晋王是皇室近亲，而且有名有德，我们应当率天下人拥戴他。"张寔听从了张诜的话，派牙门蔡忠奉劝进表赶往建康。等蔡忠到了建康，晋王已经即位。张寔不用江东年号，仍用建兴。

二年(319)夏季四月，南阳王司马保自称晋王，改年号为建康，设置百官。任命张寔为征西大将军、开府仪同三司。陈安自称秦州刺史，投降了汉国，后来又投降成汉。上邽发生严重饥荒，士兵处境艰难，张春保护司马保去了南安的祁山。张寔派韩璞率领五千步兵和骑兵救援司马保，陈安退保绵诸，司马保回到了上邽。不久，司马保又受到陈安的进逼，张寔派部将宋毅救援，陈安才退走了。

这一年，屠各部的路松多在新平、扶风起兵，归附了晋王司马保，司马保派部将杨曼、王连占据陈仓，张颙、周庸占据阴密，路松多占据草壁，秦州、陇州的氐人和羌人大多响应他们。赵主刘曜派将领率兵进攻，不能取胜；刘曜亲自出马攻打司马保。

三年(320)春季正月，刘曜进攻陈仓，王连战死，杨曼逃奔南氐。刘曜进而攻取草壁，路松多逃往陇城，刘曜又攻取了阴密。晋王司马保感到害怕，转移到了桑城。刘曜回到长安，任命刘雅为大司徒。张春筹划保护晋王司马保逃奔凉州，张寔派遣部将阴监带兵前来迎接司马保，声称护卫，其实是阻拦。

　　闰三月,晋王保将张春、杨次与别将杨韬不协,劝保诛之,且请击陈安,保皆不从。夏五月,春、次幽保,杀之。保体肥大,重八百斤,喜睡,好读书,而暗弱无断,故及于难。保无子,张春立宗室子瞻为世子,称大将军。保众散,奔凉州者万馀人。陈安表于赵主曜,请讨瞻等。曜以安为大将军,击瞻,杀之。张春奔枹罕。安执杨次,于保枢前斩之,因以祭保。安以天子礼葬保于上邽,谥曰元王。

　　永昌元年春二月,秦州刺史陈安求朝于曜,曜辞以疾。安怒,以为曜已卒,大掠而归。曜疾甚,乘马舆而还。使其将呼延寔监辎重于后,安邀击,获之,谓寔曰:“刘曜已死,子尚谁佐! 吾当与子共定大业。”寔叱之曰:“汝受人宠禄而叛之,自视智能何如主上? 吾见汝不日枭首于上邽市,何谓大业! 宜速杀我!”安怒,杀之,以寔长史鲁凭为参军。安遣其弟集帅骑三万追曜,卫将军呼延瑜逆击,斩之。安乃还上邽,遣将袭沔城,拔之。陇上氐、羌皆附于安,有众十馀万,自称大都督、假黄钺、大将军、雍凉秦梁四州牧、凉王,以赵募为相国。鲁凭对安大哭曰:“吾不忍见陈安之死也!”安怒,命斩之。凭曰:“死自吾分,悬吾头于上邽市,观赵之斩陈安也!”遂杀之。曜闻之,恸哭曰:“贤人,民之望也。陈安于求贤之秋而多杀贤者,吾知其无能为也!”

　　休屠王石武以桑城降赵,赵以武为秦州刺史,封酒泉王。

闰三月,晋王司马保的部将张春、杨次和别将杨韬不和,他们便劝司马保杀掉杨韬,并且请求进攻陈安,司马保都没有同意。夏季五月,张春、杨次囚禁了司马保,把他杀了。司马保身高体胖,体重八百斤,嗜睡,喜欢读书,但糊涂懦弱,没有决断能力,所以被杀掉了。司马保没有儿子,张春立宗室子弟司马瞻为世子,称大将军。司马保的部众溃散,逃奔到凉州的有一万多人。陈安上表给前赵国主刘曜,请求讨伐司马瞻等人。刘曜任命陈安为大将军,进攻司马瞻,把他杀了。张春逃奔到枹罕。陈安抓住杨次,在司马保灵柩前将他斩了,来祭奠司马保。陈安用天子的规格把司马保埋葬在上邽,给他定谥号为元王。

晋元帝永昌元年(322)春季二月,秦州刺史陈安向刘曜请求朝见,刘曜称病推辞不见。陈安大怒,以为刘曜已死,便大肆劫掠后率军返回。刘曜病情严重,乘坐马车返回。派部将呼延寔在后面监护辎重,陈安在半路截击,抓获了呼延寔,对他说:"刘曜已经死了,你还辅佐谁呢?我将和你共创大业。"呼延寔叱骂说:"你享受别人的宠信和俸禄却又背叛他,你自己瞧瞧你的智能怎么比得了主上?我看你的脑袋过不了几天便会悬挂在上邽街市示众了,还谈什么大业!你应该快快杀了我!"陈安大怒,杀死了呼延寔,任命呼延寔的长史鲁凭担任参军。陈安派弟弟陈集率领三万骑兵追击刘曜,卫将军呼延瑜反击,杀了陈集。陈安于是回到上邽,派部将袭击攻克了汧城。陇上的氐族、羌族部落都归附了陈安,陈安拥有人马十多万,自称大都督、假黄钺、大将军、雍凉秦梁四州牧、凉王,任命赵慕为相国。鲁凭对着陈安大哭说:"我不忍心看着陈安死啊!"陈安大怒,命令将他斩了。鲁凭说:"死是我分内之事,把我的头悬挂在上邽街市,我要看赵国斩杀陈安!"于是,陈安把鲁凭杀了。刘曜听说此事,悲恸地大哭,说:"贤人是民众的希望。陈安在需要贤人的时候却多杀贤人,我知道他是不会有什么作为的!"

休屠王石武献出桑城投降了前赵,前赵任命石武为秦州刺史,封酒泉王。

　　明帝太宁元年夏六月,陈安围赵征西将军刘贡于南安,休屠王石武自桑城引兵趣上邽以救之,与贡合击安,大破之。安收馀骑八千,走保陇城。

　　秋七月,赵主曜自将围陇城,别遣兵围上邽。安频出战,辄败。右军将军刘幹攻平襄,克之,陇上诸县悉降。安留其将杨伯支、姜冲兒守陇城,自帅精骑突围,出奔陕中。曜遣将军平先等追之。安左挥七尺大刀,右运丈八蛇矛,近则刀矛俱发,辄殪五六人,远则左右驰射而走。先亦勇捷如飞,与安搏战,三交,遂夺其蛇矛。会日暮雨甚,安弃马与左右匿于山中。赵兵索之,不知所在。明日,安遣其将石容觇赵兵,赵辅威将军呼延青人获之,拷问安所在,容卒不肯言,青人杀之。雨霁,青人寻其迹。获安于涧曲,斩之。安善抚将士,与同甘苦,及死,陇上人思之,为作《壮士之歌》。杨伯支斩姜冲兒,以陇城降。别将宋亭斩赵募,以上邽降。曜徙秦州大姓杨、姜诸族二千馀户于长安。氐、羌皆送任请降,以赤亭羌酋姚弋仲为平西将军,封平襄公。

晋明帝太宁元年(323)夏季六月,陈安在南安包围了前赵的征西将军刘贡,休屠王石武从桑城率领军队赶赴上邽来救援刘贡,和刘贡合击陈安,把陈安打得大败。陈安收拢残馀骑兵八千人逃走,固守陇城。

　　秋季七月,前赵国主刘曜亲自担任主将围攻陇城,另外派遣军队围困上邽。陈安频频出战,屡遭败绩。前赵右军将军刘幹攻克了平襄,陇上各县都投降了。陈安留下部将杨伯支、姜冲儿守卫陇城,自己率领精锐骑兵突围,逃奔陕中。刘曜派将军平先等人追击。陈安左手挥舞七尺大刀,右手挥动丈八蛇矛,敌人一接近就刀矛同时劈刺,一下就杀死了五六人;敌人稍远,便一边打马而走一边左右发箭。平先也是勇捷如飞,和陈安搏战,三个回合,便夺下了陈安的蛇矛。这时,正好天色已近黄昏,大雨滂沱,陈安便弃马和左右侍从藏进山中。前赵士兵四处搜索,不知他们在哪里。第二天,陈安派部将石容去侦查赵兵动向,前赵辅威将军呼延青人把石容抓获了,拷问讯问陈安在哪里,石容始终不肯说,呼延青人便把他杀了。雨停以后,呼延青人寻找到了陈安等人的踪迹。在山涧的弯曲处抓住了陈安,当即把他斩了。陈安善于抚慰将士,和他们同甘共苦,他死以后,陇上人怀念他,为他写了《壮士之歌》。杨伯支杀了姜冲儿,献出陇城投降。陈安的别将宋亭杀死赵慕,献出上邽投降。刘曜迁徙秦州大姓杨、姜等族二千多家去长安。氐、羌酋长都送出人质求降,刘曜任命赤亭羌酋长姚弋仲为平西将军,封他为平襄公。

石勒灭前赵

晋元帝大兴元年夏六月,汉主聪寝疾,征大司马曜为丞相,石勒为大将军,皆录尚书事,受遗诏辅政。曜、勒固辞。乃以曜为丞相、领雍州牧,勒为大将军、领幽冀二州牧,勒辞不受。以上洛王景为太宰,济南王骥为大司马,昌国公颙为太师,朱纪为太傅,呼延晏为太保,并录尚书事;范隆守尚书令、仪同三司,靳準为大司空、领司隶校尉,皆迭决尚书奏事。癸亥,聪卒。甲子,太子粲即位。尊皇后靳氏为皇太后,樊氏号弘道皇后,武氏号弘德皇后,王氏号弘孝皇后;立其妻靳氏为皇后,子元公为太子。大赦,改元汉昌。葬聪于宣光陵,谥曰昭武皇帝,庙号烈宗。靳太后等皆年未盈二十,粲多行无礼,无复哀戚。

靳準阴有异志,私谓粲曰:"如闻诸公欲行伊、霍之事,先诛太保及臣,以大司马统万机,陛下宜早图之!"粲不从。準惧,复使二靳氏言之,粲乃从之。收其太宰景、大司马骥、骥母弟车骑大将军吴王逞、太师颙、大司徒齐王劢,

石勒灭前赵

晋元帝大兴元年(318)夏季六月,汉主刘聪病危,征召大司马刘曜担任丞相,石勒担任大将军,都录尚书事,接受遗诏辅佐国政。刘曜、石勒坚决推辞。于是任命刘曜为丞相、领雍州牧,石勒为大将军、领幽冀二州牧,石勒推辞不接受。刘聪又任命上洛王刘景为太宰,济南王刘骥为大司马,昌国公刘颢为太师,朱纪为太傅,呼延晏为太保,同领尚书事;范隆担任尚书令、仪同三司,靳準担任大司空、领司隶校尉,大家轮流处理尚书奏报的事务。癸亥(十九日),刘聪死去。甲子(二十日),太子刘粲即位。尊皇后靳氏为皇太后,给樊氏加上弘道皇后的称号,给武氏加上弘德皇后的称号,给王氏加上弘孝皇后的称号;立自己的妻子靳氏为皇后,儿子刘元公为太子。大赦天下,改年号为汉昌。把刘聪埋葬在宣光陵,定谥号为昭武皇帝,庙号为烈宗。靳太后等人的年龄都不满二十岁,刘粲干了许多非礼的事情,一点也不哀伤。

靳準暗中心怀异志,私下对刘粲说:"我听说诸位王公准备干出商代伊尹、汉代霍光那样代摄朝政的事情,要先杀掉太保呼延晏和为臣我,让大司马刘骥统理万机,陛下应当尽早收拾他们!"刘粲不同意。靳準心中害怕,又让皇太后靳氏和皇后靳氏二人劝说,刘粲于是同意了。他收捕了太宰刘景、大司马刘骥、刘骥的同母弟弟车骑大将军吴王刘逞、太师刘颢、大司徒齐王刘劢,

皆杀之。朱纪、范隆奔长安。八月,粲治兵于上林,谋讨石勒。以丞相曜为相国、都督中外诸军事,仍镇长安。靳准为大将军、录尚书事。粲常游宴后宫,军国之事,一决于准。准矫诏以从弟明为车骑将军,康为卫将军。

准将作乱,谋于王延。延弗从,驰,将告之,遇靳康,劫延以归。准遂勒兵升光极殿,使甲士执粲,数而杀之,谥曰隐帝。刘氏男女,无少长皆斩东市。发永光、宣光二陵,斩聪尸,焚其宗庙。准自号大将军、汉天王,称制,置百官。谓安定胡嵩曰:"自古无胡人为天子者,今以传国玺付汝,还如晋家。"嵩不敢受,准怒,杀之。遣使告司州刺史李矩曰:"刘渊,屠各小丑,因晋之乱,矫称天命,使二帝幽没。辄帅众扶侍梓宫,请以上闻。"矩驰表于帝,帝遣太常韩胤等奉迎梓宫。汉尚书北宫纯等招集晋人,堡于东宫,靳康攻灭之。准欲以王延为左光禄大夫,延骂曰:"屠各逆奴,何不速杀我,以吾左目置西阳门,观相国之入也;右目置建春门,观大将军之入也!"准杀之。

相国曜闻乱,自长安赴之。石勒帅精锐五万以讨准,据襄陵北原。准数挑战,勒坚壁以挫之。

冬十月,曜至赤壁。太保呼延晏等自平阳归之,与太傅朱纪等共上尊号。曜即皇帝位,大赦,惟靳准一门不在赦例。改元光初。以朱纪领司徒,呼延晏领司空,太尉范隆以下悉复本位。以石勒为大司马、大将军,加九锡,增封十郡,进爵为赵公。

把他们全部处死。朱纪和范隆逃奔长安。八月,刘粲在上林集结军队,谋划征讨石勒。他任命丞相刘曜为相国、都督中外诸军事,仍然镇守长安。任命靳准为大将军、录尚书事。刘粲经常在后宫游乐和举行宴会,军国大事全由靳准处理。靳准假称诏令,任命堂弟靳明为车骑将军,靳康为卫将军。

靳准打算作乱,去与王延商议。王延不肯依从,驰马飞奔而走,准备前去告发,路上遇见靳康,靳康把王延劫持回来。靳准于是领兵登上光极殿,让甲士抓住刘粲,数落他一顿后,把他杀了,把他的谥号定为隐帝。刘氏的男男女女,不分老幼都在东市被斩杀了。靳准下令掘开永光、宣光两座墓陵,用刀斩刘聪的尸体,焚毁了刘氏的宗庙。靳准自称大将军、汉天王,行使皇帝的权力,设置百官。靳准对安定人胡嵩说:"自古以来没有胡人当天子的,我现在把传国印玺交给你,你拿去还给晋家吧。"胡嵩不敢接受,靳准大怒,杀了胡嵩。靳准派使者告诉司州刺史李矩说:"刘渊是匈奴屠各部的小丑,乘晋内乱,假称天命,使二位皇帝被关押而死。我立即率众送回二帝的灵柩,请报知皇上。"李矩急忙派人飞马上表元帝,元帝派太常韩胤等人奉迎灵柩。汉国尚书北宫纯等人招集晋人,在东宫修建了堡垒,靳康把他们攻灭了。靳准想任命王延为左光禄大夫,王延骂道:"屠各部叛逆的奴才,为什么不赶快把我杀了,把我的左眼放在西阳门,看相国刘曜进来;把我的右眼放在建春门,看大将军石勒进来!"靳准把王延杀了。

相国刘曜听说靳准叛乱后,由长安赶来救难。石勒统率五万精兵以讨伐靳准,据守襄陵北原。靳准数次挑战,石勒坚壁不出,以消耗靳准的锐气。

冬季十月,刘曜到达赤壁。太保呼延晏等人从平阳前来归附,与太傅朱纪等共同为刘曜加上皇帝尊号。刘曜登上帝位,大赦天下,只有靳准一族不在赦免范围内。改年号为光初。任命朱纪领司徒,呼延晏领司空,太尉范隆以下的人都官复原职。任命石勒为大司马、大将军,加九锡,增封十郡,进爵为赵公。

　　勒进攻準于平阳，巴及羌、羯降者十馀万落，勒皆徙之于所部郡县。汉主曜使征北将军刘雅、镇北将军刘策屯汾阴，与勒共讨準。

　　十一月，靳準使侍中卜泰送乘舆、服御请和于石勒。勒囚泰，送于汉主曜。曜谓泰曰："先帝末年，实乱大伦。司空行伊、霍之权，使朕及此，其功大矣。若早迎大驾者，当悉以政事相委，况免死乎！卿为朕入城，具宣此意。"泰还平阳。準自以杀曜母兄，沉吟未从。十二月，左、右车骑将军乔泰、王腾、卫将军靳康等，相与杀準，推尚书令靳明为主，遣卜泰奉传国六玺降汉。石勒大怒，进军攻明，明出战，大败，乃婴城固守。

　　石虎帅幽、冀之兵会石勒攻平阳，靳明屡败，遣使求救于汉。汉主曜使刘雅、刘策迎之，明帅平阳士女万五千人奔汉。曜西屯粟邑，收靳氏男女，无少长皆斩之。曜迎其母胡氏之丧于平阳，葬于粟邑，号曰阳陵，谥曰宣明皇太后。石勒焚平阳宫室，使裴宪、石会修永光、宣光二陵，收汉主粲已下百馀口葬之，置戍而归。

　　二年春二月，石勒遣左长史王脩献捷于汉，汉主曜遣兼司徒郭汜授勒太宰、领大将军，进爵赵王，加殊礼，出警入跸，如曹公辅汉故事；拜王脩及其副刘茂皆为将军，封列侯。脩舍人曹平乐从脩至粟邑，因留仕汉，言于曜曰："大司马遣脩等来，外表至诚，内觇大驾强弱，俟其复命，将袭乘舆。"时汉兵实疲弊，曜信之。乃追汜还，斩脩于市。三

石勒在平阳进攻靳准,巴人、羌人和羯人来投降的有十多万落,石勒把他们全部迁徙到自己统辖的郡县内。汉主刘曜派征北将军刘雅、镇北将军刘策在汾阴驻扎,与石勒共同讨伐靳准。

十一月,靳准派侍中卜泰把国主的乘舆服御送给石勒,向他请和。石勒囚禁卜泰,把他押送到汉主刘曜那里。刘曜对卜泰说:"先帝末年,确实是乱了人伦。司空行使伊尹、霍光那样的权力,使朕登上帝位,功劳太大了。如果能早日迎奉大驾,我会把政事全部委托给他的,何况免除一死呢!你为朕进城去原原本本地传达我的意思。"卜泰回到了平阳。靳准自己觉得杀害了刘曜的母亲和兄长,罪过太大,所以犹豫半天后,没有答应刘曜的要求。十二月,左、右车骑将军乔泰、王腾和卫将军靳康等人,合谋杀了靳准,推举尚书令靳明为主君,派遣卜泰奉送传国的六方印玺投降汉国。石勒大怒,进军攻击靳明,靳明出兵迎战,大败,于是据城固守。

石虎率领幽州、冀州的军队与石勒会合,进攻平阳,靳明屡次战败,派遣使者向汉国求援。汉国国主刘曜派刘雅、刘策去迎接靳明,靳明率领平阳的成年男女一万五千人逃奔汉国。刘曜率领军队西进,驻扎到粟邑,拘捕靳氏家族的男男女女,不分老幼全都杀掉。刘曜从平阳迎回母亲胡氏的灵柩,安葬在粟邑,号称阳陵,上谥号为宣明皇太后。石勒焚毁平阳的宫室,让裴宪、石会修复永光、宣光两座陵墓,收殓汉主刘粲以下一百多人的尸体入土埋葬,设置好防守据点后,率军返回。

二年(319)春季二月,石勒派左长史王脩向汉主献捷,汉主刘曜派兼司徒郭汜授予石勒为太宰、领大将军,进爵为赵王,赐予特殊礼遇,出警入跸,如同曹操辅佐汉室的旧例;把王脩及其副使刘茂都拜为将军,封列侯。王脩的舍人曹平乐随王脩到了粟邑,乘机留了下来,在汉国做官,他对刘曜说:"大司马石勒派王脩等人前来,表面上是表达诚心,实际上是侦查您的强弱,等他回去报告后,石勒就要来袭击您了。"当时,汉军的确很疲弊,刘曜相信了他的话,便派人追回郭汜,在街市上斩了王脩。三

月,勒还至襄国。刘茂逃归,言脩死状。勒大怒曰:"孤事刘氏,于人臣之职有加矣。彼之基业,皆孤所为,今既得志,还欲相图。赵王、赵帝,孤自为之,何待于彼邪!"乃诛曹平乐三族。汉主曜还,都长安。

夏六月,汉主曜立宗庙、社稷、南北郊于长安,诏曰:"吾之先,兴于北方。光文立汉宗庙以从民望。今宜改国号,以单于为祖。亟议以闻!"群臣奏:"光文始封卢奴伯,陛下又王中山。中山,赵分也,请改国号为赵。"从之。以冒顿配天,光文配上帝。

冬,石勒左、右长史张敬、张宾,左、右司马张屈六、程遐等劝勒称尊号,勒不许。十一月,将佐等复请勒称大将军、大单于、领冀州牧、赵王,依汉昭烈在蜀、魏武在邺故事,以河内等二十四郡为赵国,太守皆为内史,准《禹贡》,复冀州之境,以大单于镇抚百蛮;罢并、朔、司三州,通置部司以监之;勒许之。戊寅,即赵王位,大赦;依春秋时列国称元年。

初,勒以世乱,律令烦多,命法曹令史贯志,采集其要,作《辛亥制》五千文,施行十馀年,乃用律令。以理曹参军上党续咸为律学祭酒,咸用法详平,国人称之。以中垒将军支雄、游击将军王阳领门臣祭酒,专主胡人辞讼,重禁胡人,不得陵侮衣冠华族,号胡为国人。遣使循行州郡,劝课农桑。朝会始用天子礼乐,衣冠、仪物,从容可观矣。加张宾大执法,专总朝政;以石虎为单于元辅、都督禁卫诸军事,寻加骠骑将军、侍中、开府,赐爵中山公;自馀群臣,授位进爵各有差。

月,石勒回到襄国。刘茂逃回,诉说了王脩的死状。石勒大怒,说:"我侍奉刘氏,已经超过了作为臣下该尽的本职。他的基业,都是我创下的,现在他得志了,却反过来想算计我。赵王、赵帝,我自己来做,为什么还要等他来封呢?"于是,诛杀了曹平乐的三族。汉主刘曜还都长安。

夏季六月,汉主刘曜在长安建立宗庙、社稷和南郊、北郊,下诏说:"我的祖先从北方开始兴盛。光文帝建立汉国宗庙来顺从民众愿望。现在应当改国号,以单于为祖先。尽快讨论上报给我!"群臣上奏说:"光文帝最早被封为卢奴伯,陛下又在中山称王。中山本是赵国的区划,请改国号为赵。"刘曜同意了。以冒顿配祀上天,光文帝配祀上帝。

冬季,石勒的左、右长史张敬、张宾,左、右司马张屈六、程遐等人劝石勒称皇帝尊号,石勒没有答应。十一月,将佐们又请求石勒称大将军、大单于、领冀州牧、赵王,依照蜀汉昭烈帝刘备在蜀、魏武帝曹操在邺的旧例,以河内等二十四郡为赵国,太守都为内史,根据《尚书·禹贡》,恢复冀州的区划,以大单于的身份镇抚众蛮族;撤销并、朔、司三州,通置部司监管;石勒答应了。戊寅这一天,石勒即赵王位,大赦天下;依照春秋时列国的制度称元年。

当初,石勒见社会动乱,律令繁多,便命令法曹令史贯志采集律令的要则,制订成五千字的《辛亥制》,施行了十多年后,才使用律令。石勒任命理曹参军上党人续咸为律学祭酒,续咸运用法律周详、公正,国人都称赞他。石勒任命中垒将军支雄、游击将军王阳兼领门臣祭酒,专管胡人的诉讼。严厉禁止胡人欺凌污辱汉族士人,把胡人称作国人。石勒派遣使者巡视各州郡,鼓励和督促人们从事农业和蚕桑生产。朝会时开始使用天子的礼乐,衣冠、仪物都大方可观。石勒加封张宾为大执法,专门总理朝政;任命石虎为单于元辅、都督禁卫诸军事,不久又加封他为骠骑将军、侍中、开府,赐爵为中山公;其馀群臣,授官进爵各有等次。

三年春二月,赵将尹安、宋始、宋恕、赵慎四军屯洛阳,叛,降后赵。后赵将石生引兵赴之,安等复叛,降司州刺史李矩。矩使颍川太守郭默将兵入洛。石生虏宋始一军,北渡河。于是河南之民皆相帅归矩,洛阳遂空。

明帝太宁二年春正月,后赵将兵都尉石瞻寇下邳、彭城,取东莞、东海,刘遐退保泗口。司州刺史石生击赵河南太守尹平于新安,斩之,掠五千馀户而归。自是二赵构隙,日相攻掠,河东、弘农之间,民不聊生矣。

石生寇许、颍,俘获万计。攻郭诵于阳翟,诵与战,大破之,生退守康城。后赵汲郡内史石聪闻生败,驰救之,进攻司州刺史李矩、颍川太守郭默,皆破之。

三年春三月,北羌王盆句除附于赵,后赵将石佗自雁门出上郡袭之,俘三千馀落,获牛、马、羊百馀万而归。赵主曜遣中山王岳追之。曜屯于富平,为岳声援。岳与石佗战于河滨,斩之,后赵兵死者六千馀人,岳悉收所虏而归。

夏五月,后赵将石生屯洛阳,寇掠河南,司州刺史李矩、颍川太守郭默军数败,又乏食,乃遣使附于赵。赵主曜使中山王岳将兵万五千人趣孟津,镇东将军呼延谟帅荆、司之众自崤、渑而东,欲会矩、默共攻石生。岳克孟津、石梁二戍,斩获五千馀级,进围石生于金墉。后赵中山公虎帅步骑四万,入自成皋关,与岳战于洛西。岳兵败,中流矢,退保石梁。虎作堑栅环之,遏绝内外。岳众饥甚,杀马食之。虎又击呼延谟,斩之。曜自将兵救岳,虎帅骑三万

三年(320)春季二月,前赵将军尹安、宋始、宋恕、赵慎的四军驻扎在洛阳,反叛,降了后赵。后赵将领石生领军去洛阳,尹安等又背叛后赵,向东晋的司州刺史李矩投降。李矩让颍川太守郭默率军进入洛阳。石生停虏了宋始一军,向北渡过黄河。从此,黄河以南的民众都相继归附李矩,洛阳城为之一空。

　　晋明帝太宁二年(324)春季正月,后赵将兵都尉石瞻进犯下邳、彭城,夺取了东莞、东海,东晋将领刘遐退保泗口。后赵司州刺史石生在新安攻击前赵河南太守尹平,把他杀了,掠走五千多户人家,率军返回。从此,前赵和后赵结下了怨仇,经常相互攻打和掠夺,河东、弘农之间,民不聊生。

　　石生进犯许、颍,停虏和缴获数以万计。石生在阳翟进攻郭诵,郭诵与他交战,把他打得大败,石生退守康城。后赵汲郡内史石聪听说石生失败,便迅速援救石生,进攻司州刺史李矩、颍川太守郭默,把他们都击败了。

　　三年(325)春季三月,北羌王盆句除归附前赵,后赵将领石佗从雁门经上郡袭击他,停虏了三千多落人众,缴获一百多万头牛、马、羊后返回。赵主刘曜派中山王刘岳追击石佗。刘曜驻扎在富平作为声援。刘岳与石佗在黄河岸边交战,石佗被杀,后赵兵士死了六千多,刘岳全数夺回被掳走的人员畜产后返回。

　　夏季五月,后赵将领石生屯驻在洛阳,进犯和劫掠黄河以南地区,东晋司州刺史李矩、颍川太守郭默的军队屡次战败,又缺乏军粮,于是派使者向前赵请求归附。前赵国主刘曜派中山王刘岳率领士兵一万五千人赶往孟津,派镇东将军呼延谟率领荆州、司州的人马从崤山、渑水向东进发,打算会合李矩、郭默共同进攻石生。刘岳攻克孟津戍、石梁戍,斩获首级五千多,进军把石生围困在金墉。后赵中山公石虎率领四万步兵和骑兵从成皋关入关,与刘岳在洛水以西交战。刘岳战败,被流箭射中,退保石梁。石虎修起沟堑和栅栏把石梁四面围住,隔绝了石梁的内外联系。刘岳的部队饿极了,杀掉战马充饥。石虎又进攻呼延谟,把他杀掉了。刘曜亲自领军救援刘岳,石虎率骑兵三万

逆战。赵前军将军刘黑击虎将石聪于八特阪,大破之。曜屯于金谷,夜,军中无故大惊,士卒奔溃,乃退屯渑池。夜,又惊溃,遂归长安。六月,虎拔石梁,禽岳及其将佐八十馀人,氐、羌三千馀人,皆送襄国,坑其士卒九千人。遂攻王腾于并州,执腾,杀之,坑其士卒七千馀人。曜还长安,素服郊次,哭,七日乃入城,因愤恚成疾。郭默复为石聪所败,弃妻子南奔建康。李矩将士阴谋叛降后赵,矩不能讨,亦帅众南归,众皆道亡,惟郭诵等百馀人随之,卒于鲁阳。矩长史崔宣帅其馀众二千降于后赵。于是司、豫、徐、兖之地,率皆入于后赵,以淮为境矣。

成帝咸和三年秋七月,后赵中山公虎帅众四万自轵关西入,击赵河东,应之者五十馀县,遂进攻蒲阪。赵主曜遣河间王述发氐、羌之众屯秦州以备张骏、杨难敌,自将中外精锐水陆诸军以救蒲阪,自卫关北济。虎惧,引退。曜追之,八月,及于高候,与虎战,大破之,斩石瞻,枕尸二百馀里,收其资仗亿计。虎奔朝歌。曜济自大阳,攻石生于金墉,决千金堨以灌之。分遣诸将攻汲郡、河内,后赵荥阳太守尹矩、野王太守张进等皆降之。襄国大震。

冬十一月,后赵王勒欲自将救洛阳,僚佐程遐等固谏曰:"刘曜悬军千里,势不支久。大王不宜亲动,动无万全。"勒大怒,按剑叱遐等出。乃赦徐光,召而谓之曰:"刘

迎击。前赵的前军将军刘黑在八特阪攻击石虎的部将石聪,大败石聪的军队。刘曜驻扎在金谷,夜间军中突然无缘无故发生了大的惊乱,士卒奔溃,于是退军驻扎在渑池。到了夜间,军中再次发生惊乱溃散,刘曜于是率军撤回了长安。六月,石虎攻克石梁,活捉刘岳及其将佐八十多人,以及氐族、羌族士兵三千多人,把他们都押送到了襄国,并活埋了刘岳的士兵九千人。石虎于是进攻驻守并州的王腾,擒获了王腾,把他杀了,活埋了他的士兵七千多人。刘曜回到长安,穿上素服在郊外哭悼了七天后才进城,由于愤懑,刘曜病倒了。郭默又被石聪打败,丢下妻子儿女向南逃回了建康。李矩的将士私下密谋背叛,投降后赵,李矩没有能力镇压,也率领人马南归,他的士兵在途中纷纷逃亡,只有郭诵等一百多人跟随着他,李矩死在了鲁阳。李矩的长史崔宣率领李矩的残余部众二千人投降了后赵。从此,司州、豫州、徐州、兖州地区全部归入了后赵的版图,淮水变成了后赵与东晋的分界。

晋成帝咸和三年(328)秋季七月,后赵中山公石虎率领四万人马从轵关西进,攻击前赵的河东地区,有五十多个县响应石虎,石虎于是进攻蒲阪。前赵国主刘曜派河间王刘述征发氐族、羌族的人马驻扎在秦州,以防备张骏和杨难敌,自己率领中外精锐的水陆各军去救援蒲阪,从卫关北渡黄河。石虎害怕了,领军退走。刘曜追击,八月,刘曜在高候追上石虎,与石虎交战,大败石虎,杀了石瞻,长达二百多里的路上堆满了尸体,刘曜缴获的军资和武器要用亿来计算。石虎逃奔朝歌。刘曜从大阳渡过黄河,到金墉进攻石生,决开千金堨,用水淹灌他们。又分别派遣诸将进攻汲郡、河内,后赵的荥阳太守尹矩、野王太守张进等人都投降了刘曜。襄国一片震惊。

冬季十一月,后赵王石勒想亲自率兵救洛阳,僚佐程遐等极力劝谏:"刘曜军队推进到千里之外作战,势必不能持久。大王不应亲自出动,一旦出动就难保万全。"石勒大怒,按着剑把程遐等骂了出去。石勒于是赦免了徐光,把他召来对他说:"刘

曜乘一战之胜,围守洛阳,庸人之情皆谓其锋不可当。曜带甲十万,攻一城而百日不克,师老卒怠,以我初锐击之,可一战而禽也。若洛阳不守,曜必送死冀州,自河已北,席卷而来,吾事去矣。程遐等不欲吾行,卿以为何如?"对曰:"刘曜乘高候之势,不能进临襄国,更守金墉,此其无能为可知也。以大王威略临之,彼必望旗奔败。平定天下,在今一举,不可失也。"勒笑曰:"光言是也。"乃使内外戒严,有谏者斩。命石堪、石聪及豫州刺史桃豹等各统见众会荥阳;中山公虎进据石门,勒自统步骑四万趣金墉,济自大碣。

勒谓徐光曰:"曜盛兵成皋关,上策也;沮洛水,其次也;坐守洛阳,此成擒耳。"十二月乙亥,后赵诸军集于成皋,步卒六万,骑二万七千。勒见赵无守兵,大喜,举手指天复加额曰:"天也!"卷甲衔枚,诡道兼行,出于巩、訾之间。

赵主曜专与嬖臣饮博,不抚士卒。左右或谏,曜怒,以为妖言,斩之。闻勒已济河,始议增荥阳戍,杜黄马关。俄而洛水候者与后赵前锋交战,擒羯送之。曜问:"大胡自来邪? 其众几何?"羯曰:"王自来,军势甚盛。"曜色变,使摄金墉之围,陈于洛西,众十馀万,南北十馀里。勒望见,益喜,谓左右曰:"可以贺我矣!"勒帅步骑四万入洛阳城。

曜凭借一仗的胜利,围困了洛阳,庸人的意思,都说他的锋芒不可抵挡。刘曜带领十万甲士,攻打一座城池,一百天都没能攻克,军队疲惫、士卒懈怠,用我方精锐的生力军攻击,一战便可擒获他。如果洛阳失守,那刘曜就必定会到冀州来找死,如果他从黄河北边席卷而来,那我们就完了。程遐等人不想让我去,你以为怎么样?"徐光回答说:"刘曜乘着在高候战胜石虎的势头,不能进逼襄国,反而据守金墉,由此可知他不会有什么作为。凭借大王您的威风和胆略进攻他,他必定是望旗败逃。平定天下,就在今天这一战,不能失去时机。"石勒笑着说:"你说得对。"于是让内外戒严,有敢于劝谏的斩首。命令石堪、石聪和豫州刺史桃豹等各自统领现有的人马在荥阳集结;命令中山公石虎进军占据石门,石勒自己统率四万步兵和骑兵赶赴金墉,从大堨渡过了黄河。

石勒对徐光说:"刘曜如果把重兵设置在成皋关,这是上策;如果在洛水阻击我们,这是中策;如果坐守洛阳,等于束手就擒。"十二月乙亥(初一),后赵的各支军队在成皋集结,有步兵六万人,骑兵二万七千人。石勒见前赵无兵把守,大喜,用手指天,又拍着额头说:"这是天意!"便命令士卒脱下铠甲只穿轻装,口中衔枚以防止喧哗,沿着隐秘的小道日夜兼行,由巩县和訾县之间穿出。

前赵国主刘曜只顾与宠爱的嬖臣饮酒博戏,不体恤士卒。身边人有的加以劝谏,刘曜便发怒,认为是妖言,将劝谏的人斩了。直到听说石勒已经渡河,才开始商议增设荥阳戍,关闭黄马关。不久,在洛水巡逻的士兵与后赵的前锋交战,抓住了羯族俘虏,把他押送到刘曜面前。刘曜问他:"石勒自己来了吗?有多少人马?"羯族俘虏回答说:"大王亲自前来,军势极为强大。"刘曜脸色变了,让军队解除了对金墉的围守,在洛水西面布阵,共有十多万人马,南北延绵十多里。石勒望见后,更加高兴,对左右的人说:"可以向我祝贺了!"石勒率领四万步兵和骑兵进入了洛阳城。

己卯，中山公虎引步卒三万自城北而西，攻赵中军，石堪、石聪等各以精骑八千自城西而北，击赵前锋，大战于西阳门。勒躬贯甲胄，出自阊阖门，夹击之。曜少而嗜酒，末年尤甚，将战，饮酒数斗。常乘赤马无故局顿，乃乘小马。比出，复饮酒斗馀。至西阳门，挥陈就平。石堪因而乘之，赵兵大溃。曜昏醉退走，马陷石渠，坠于冰上，被疮十馀，通中者三，为堪所执。勒遂大破赵兵，斩首五万馀级。下令曰："所欲擒者一人耳，今已获之。共敕将士抑锋止锐，纵其归命之路。"曜见勒曰："石王，颇忆重门之盟否？"勒使徐光谓之曰："今日之事，天使其然，复云何邪！"乙酉，勒班师。使征东将军石邃将兵卫送曜。邃，虎之子也。曜疮甚，载以马舆，使医李永与同载。己亥，至襄国，舍曜于永丰小城，给其妓妾，严兵围守。遣刘岳、刘震等从男女盛服以见之，曜曰："吾谓卿等久为灰土，石王仁厚，乃全宥至今邪！我杀石佗，愧之多矣。今日之祸，自其分耳。"留宴终日而去。勒使曜与其太子熙书，谕令速降。曜但敕熙"与诸大臣匡维社稷，勿以吾易意也"。勒见而恶之，久之，乃杀曜。

四年春正月，赵太子熙闻赵主曜被擒，大惧，与南阳王胤谋西保秦州。尚书胡勋曰："今虽丧君，境土尚完，将士不叛，且当并力拒之；力不能拒，走未晚也。"胤怒，以为沮众，斩之，遂帅百官奔上邽，诸征镇亦皆弃所守从之，关中

己卯(初五),中山公石虎带领步兵三万人从城北向西,进攻前赵中军,石堪、石聪等各带精锐骑兵八千人从城西向北,攻击前赵的前锋,在西阳门展开大战。石勒自己披挂甲胄,从阊阖门出城,夹击敌军。刘曜少年时便爱喝酒,年老后尤为嗜酒,临战前,刘曜饮酒数斗。刘曜平常乘坐的红马无缘无故摔倒,于是,他便改乘小马。等到出发时,他又饮酒一斗多。到了西阳门,他指挥军阵向平坦处移动。石堪乘机发起攻击,前赵士兵大溃。刘曜酒醉昏昏,往后退逃,战马陷进石渠,把刘曜摔在冰上,刘曜受伤十多处,有三处伤及内脏,被石堪抓获。石勒于是大败前赵军队,斩首五万多级。石勒下令说:"我想抓获的只有一个人,此人现已被擒。特命令将士停止攻击,给他们留下一条归顺投降的道路。"刘曜见到石勒,说:"石王,能清楚地回想起重门之盟吗?"石勒让徐光对刘曜说:"今天的事情是老天爷让它变成这样的,你还有什么好说的?"乙酉(十一日),石勒班师。派征东将军石邃带兵护送刘曜。石邃即石虎的儿子。刘曜伤势严重,石邃用马车载上他,让医师李永和他同车。己亥(二十五日),石勒回到襄国,让刘曜居住在永丰小城,供给他妓妾,派兵在房子四周严密看守。石勒派刘岳、刘震等刘曜家族的男男女女穿上盛服去见刘曜,刘曜说:"我以为你们早就化为灰土了,石王仁厚,竟然宽宥你们到了今天!我杀死石佗,感到太惭愧了。今日的灾祸,是对我的报应。"留他们宴饮了一整天后,才让他们离开。石勒让刘曜给太子刘熙写信,谕令他急速归降。但刘曜却只命令刘熙说"与各位大臣匡扶国家,不要因我改变主意"。石勒见信后,憎恶刘曜,过了很久,便把刘曜杀死了。

　　四年(329)春季正月,前赵太子刘熙听说国主刘曜被擒,十分恐惧,和南阳王刘胤商量,计划往西去据守秦州。尚书胡勋说:"如今虽然丧失了君王,但国土还是完整的,将士也没有叛离,还是应当集中力量抵御敌军;力不能拒时再逃也不晚。"刘胤生气,认为他是在扰乱人心,将他斩了,率领百官奔往上邽,各征、镇的官员也都放弃自己镇守的地方跟随刘胤逃奔,关中

大乱。将军蒋英、辛恕拥众数十万据长安,遣使降于后赵,后赵遣石生帅洛阳之众赴之。

秋八月,赵南阳王胤帅众数万自上邽趣长安,陇东、武都、安定、新平、北地、扶风、始平诸郡戎、夏皆起兵应之。胤军于仲桥,石生婴城自守,后赵中山公虎帅骑二万救之。九月,虎大破赵兵于义渠,胤奔还上邽。虎乘胜追击之,枕尸千里。上邽溃,虎执赵太子熙、南阳王胤及其将王公卿校以下三千馀人,皆杀之,徙其台省文武、关东流民、秦雍大族九千馀人于襄国;又坑五郡屠各五千馀人于洛阳。

五年春二月,后赵群臣请后赵王勒即皇帝位,勒乃称大赵天王,行皇帝事。立妃刘氏为王后,世子弘为太子。以其子宏为骠骑大将军、都督中外诸军事、大单于,封秦王;斌为左卫将军,封太原王;恢为辅国将军,封南阳王。以中山公虎为太尉、尚书令,进爵为王;虎子邃为冀州刺史,封齐王;宣为左将军;挺为侍中,封梁王。又封石生为河东王,石堪为彭城王。以左长史郭敖为尚书左仆射,右长史程遐为右仆射、领吏部尚书,左司马夔安、右司马郭殷、从事中郎李凤、前中郎令裴宪,皆为尚书,参军事徐光为中书令、领秘书监。自馀文武,封拜各有差。

赵群臣固请正尊号,秋九月,赵王勒即皇帝位。大赦,改元建平。文武封进各有差。立其妻刘氏为皇后,太子弘为皇太子。

七年春正月,赵主勒大飨群臣,谓徐光曰:"朕可方自古何等主?"对曰:"陛下神武谋略过于汉高,后世无可比者。"勒笑曰:"人岂不自知,卿言太过。朕若遇汉高祖,当北面事之,与韩、彭比肩;若遇光武,当并驱中原,未知鹿死谁手。大丈夫行事,宜礌礌落落,如日月皎然,终不效曹孟

大乱。将军蒋英、辛恕收罗了数十万人马,占据了长安,派使者向后赵请降,后赵派遣石生率领洛阳的人马赶赴长安。

秋季八月,前赵南阳王刘胤率数万人由上邽开赴长安,陇东、武都、安定、新平、北地、扶风、始平各郡的戎人及汉人都起兵响应。刘胤在仲桥驻军,石生据城自守,后赵中山公石虎率二万骑兵救援石生。九月,石虎在义渠大败前赵军,刘胤逃回上邽。石虎乘胜追击,杀得尸横千里。上邽被攻破,石虎擒获了前赵太子刘熙、南阳王刘胤及其将军、王公、卿相、校尉以下三千多人,都杀了,把朝廷的文武官员和关东流民及秦州、雍州的大家族九千多人迁徙到襄国;又在洛阳活埋了五郡的屠各人五千多。

五年(330)春季二月,后赵群臣请后赵王石勒即皇帝位,石勒便号称大赵天王,行使皇帝的权力。立妃子刘氏为王后,世子石弘为太子。以儿子石宏为骠骑大将军、都督中外军事、大单于,封秦王;任命石斌为左卫将军,封太原王;石恢为辅国将军,封南阳王。以中山公石虎为太尉、尚书令,进爵为王;石虎之子石邃为冀州刺史,封齐王;石宣为左将军;石挺为侍中,封梁王。又封石生为河东王,石堪为彭城王。以左长史郭敖为尚书左仆射,右长史程遐为右仆射、领吏部尚书,左司马夔安、右司马郭殷、从事中郎李凤、前中郎令裴宪,都为尚书,参军事徐光为中书令、领秘书监。其馀的文武官员,拜官封爵各有等次。

后赵群臣坚决请求石勒正尊号,秋季九月,赵王石勒即皇帝位。大赦天下,改年号为建平。文武官员进封各有等次。石勒立妻子刘氏为皇后,太子石弘为皇太子。

七年(332)春季正月,后赵国主石勒举办盛大宴会犒赏群臣,对徐光说:"朕可以和自古以来的哪一等君主相比?"徐光回答说:"陛下的神武谋略超过了汉高祖,后世没有可以相比的。"石勒笑着说:"人哪有不知道自己的,你的话太过分了。朕如果遇上汉高祖,将向他北面称臣,与韩信、彭越同列比肩;如果遇上汉光武帝,将与他共同逐鹿中原,但不知鹿死谁手。大丈夫做事,应当光明磊落,如同日月一样明亮皎洁,自始至终不仿效曹

德、司马仲达欺人孤儿、寡妇,狐媚以取天下也。"群臣皆顿首称万岁。勒虽不学,好使诸生读书而听之,时以其意论今古得失,闻者莫不悦服。尝使人读《汉书》,闻郦食其劝立六国后,惊曰:"此法当失,何以遂得天下?"及闻留侯谏,乃曰:"赖有此耳。"

操和司马懿,欺凌他人的孤儿寡妇,靠狡猾奸诈来夺取天下。"群臣都叩拜称呼万岁。石勒虽然没学问,却喜欢让儒生们读书给自己听,经常凭自己的意思议论古今得失,听了他议论的人没有不心悦诚服的。他曾经让人读《汉书》,听到郦食其劝汉高祖册立六国诸侯的后裔时,吃惊地说:"这种做法应当是失策,为何他最终得到了天下呢?"等听到留侯张良劝谏时,他才说:"幸亏有了这个。"

氐据仇池

晋惠帝元康六年。初,略阳清水氐杨驹始居仇池。仇池方百顷,其旁平地二十馀里,四面斗绝而高,为羊肠蟠道三十六回而上。至其孙千万附魏,封为百顷王。千万孙飞龙浸强盛,徙居略阳。飞龙以其甥令狐茂搜为子,茂搜避齐万年之乱,十二月,自略阳帅部落四千家还保仇池,自号辅国将军、右贤王。关中人士避乱者多依之,茂搜迎接抚纳,欲去者卫护资送之。

愍帝建兴元年。初,氐王杨茂搜之子难敌,遣养子贩易于梁州,私卖良人子一人,梁州刺史张光鞭杀之。难敌怨曰:"使君初来,大荒之后,兵民之命仰我氐活,氐有小罪,不能贳也?"及光与杨虎相攻,各求救于茂搜,茂搜遣难敌救光。难敌求货于光,光不与。杨虎厚赂难敌,且曰:"流民珍货,悉在光所,今伐我,不如伐光。"难敌大喜。光与虎战,使张孟苌居前,难敌继后。难敌与虎夹击孟苌,大

氐据仇池

晋惠帝元康六年(296)。当初,略阳清水氐族人杨驹最早在仇池居住。仇池的面积有一百顷,旁边有二十多里的平地,四面陡峭险峻,高耸矗立,人们修建了羊肠般的盘山小道,三十六盘,通到山顶。后来,杨驹的孙子杨千万归附了魏国,被封为百顷王。杨千万的孙子杨飞龙逐渐强盛起来,迁居到略阳。杨飞龙把他的外甥令狐茂搜过继为儿子,杨茂搜为躲避齐万年的扰乱,十二月,从略阳率领部落四千家回去保卫仇池,自封为辅国将军、右贤王。关中地区躲避战乱的人士,很多都依附了杨茂搜,杨茂搜迎接收留他们;想要离开的人,杨茂搜也派人护送,并送给他们财物。

晋愍帝建兴元年(313)。当初,氐王杨茂搜的儿子杨难敌派养子到梁州去做生意,他的养子偷偷贩卖了一个良家孩子,梁州刺史张光用鞭子把他的养子给打死了。杨难敌怨恨地说:"使君您刚刚来此地上任,经过大荒年以后,军队百姓的性命都需要仰仗我氐人才能生存,氐人犯了小罪,难道不能宽恕吗?"等到张光与杨虎相互攻打时,各自都向杨茂搜求救,杨茂搜派杨难敌去救张光。杨难敌向张光索取贿赂,张光不给他。杨虎贿赂杨难敌一大笔钱物,并且说:"流民的珍贵货物,都在张光那里,现在征伐我,不如征伐张光。"杨难敌非常高兴。张光与杨虎交战,派张孟苌当前锋,杨难敌做后卫。杨难敌与杨虎夹攻张孟苌,大

破之，孟苌及其弟援皆死。光婴城自守。九月，光愤激成疾，僚属劝光退据魏兴。光按剑曰："吾受国重任，不能讨贼，今得死如登仙，何谓退也！"声绝而卒。州人推其少子迈领州事，又与氏战没，众推始平太守胡子序领梁州。

　　冬十月，杨虎、杨难敌急攻梁州，胡子序弃城走，难敌自称刺史。

　　二年春正月，杨虎掠汉中吏民以奔成，梁州人张咸等起兵逐杨难敌。难敌去，咸以其地归成，于是汉嘉、涪陵、汉中之地皆为成有。

　　元帝建武元年，氏王杨茂搜卒，长子难敌立，与少子坚头分领部曲。难敌号左贤王，屯下辨；坚头号右贤王，屯河池。

　　永昌元年春二月，赵主曜自将击杨难敌，难敌逆战不胜，退保仇池。仇池诸氏、羌及故晋王保将杨韬、陇西太守梁勋皆降于曜。曜迁陇西万馀户于长安，进攻仇池。会军中大疫，曜亦得疾，将引兵还，恐难敌蹑其后，乃遣光国中郎将王犷说难敌，谕以祸福，难敌遣使称藩。曜以难敌为假黄钺、都督益宁南秦凉梁巴六州陇上西域诸军事、上大将军、益宁南秦三州牧、武都王。

　　明帝太宁元年，杨难敌闻陈安死，大惧，与弟坚头南奔汉中，赵镇西将军刘厚追击之，大获而还。赵主曜以大鸿胪田崧为镇南大将军、益州刺史，镇仇池。难敌送任请降于成，成安北将军李稚受难敌赂，不送难敌于成都。赵兵退，即遣还武都，难敌遂据险不服。稚自悔失计，亟请讨

败张孟苌,张孟苌与他的弟弟张援都战死了。张光只好据城防守。九月,张光因愤怒激动而得了病,僚属们劝张光退到魏兴据守。张光按着剑说:"我接受了国家的重任,不能讨伐贼寇,今天死了如同登仙一样,为什么要说撤退呢?"话音刚落就死去了。州里的人们推举他的小儿子张迈兼理州务,张迈又与氐人交战,战死,大家推举了始平太守胡子序兼梁州刺史的职务。

冬季十月,杨虎和杨难敌猛攻梁州,胡子序弃城逃跑,杨难敌自称刺史。

二年(314)春季正月,杨虎掠走汉中的官吏和百姓,投奔成汉,梁州人张咸等人起兵驱逐杨难敌。杨难敌离去后,张咸献出梁州,归附了成汉,于是,汉嘉、涪陵、汉中地区全部归成汉所有。

晋元帝建武元年(317),氐王杨茂搜死去,长子杨难敌继位,与杨茂搜的小儿子杨坚头分领杨茂搜的部众。杨难敌号称左贤王,驻扎在下辨;杨坚头号称右贤王,驻扎在河池。

永昌元年(322)春季二月,前赵国主刘曜亲自担任统帅,攻击杨难敌,杨难敌迎战,没能取胜,退保仇池。仇池氐族、羌族以及原来晋王司马保的部将杨韬、陇西太守梁勋都投降了刘曜。刘曜从陇西迁徙一万多户人家到长安,进攻仇池。这时,遇到军中疫病流行,刘曜也染上了疾病,刘曜准备领兵撤退,担心杨难敌在后面追袭,便派遣光国中郎将王犷游说杨难敌,向他说明利害,杨难敌于是派使者向刘曜称藩。刘曜任命杨难敌为假黄钺,都督益、宁、南秦、凉、梁、巴六州及陇上、西域诸军事,上大将军,益、宁、南秦三州牧,武都王。

晋明帝太宁元年(323),杨难敌听说陈安死了,十分害怕,和兄弟杨坚头向南逃奔汉中,前赵镇西将军刘厚追击他们,缴获极多,率军返回。前赵国主刘曜任大鸿胪田崧为镇南大将军、益州刺史,镇守仇池。杨难敌送去人质向成汉请降,成汉安北将军李稚接受了杨难敌的贿赂,没有把杨难敌送到成都。前赵退兵后,李稚便遣送杨难敌回到了武都,杨难敌于是占据险要,不再服从成汉了。李稚对自己的失策感到后悔,极力请求征讨

之。雄遣稚兄侍中、中领军玲与稚出白水，征东将军李寿及玲弟玗出阴平，以击难敌。群臣谏，不听。难敌遣兵拒之，寿、玗不得进，而玲、稚长驱至下辨。难敌遣兵断其归路，四面攻之。玲、稚深入无继，皆为难敌所杀，死者数千人。

三年春三月，杨难敌袭仇池，克之，执田崧，立之于前，左右令崧拜，崧瞋目叱之曰："氐狗！安有天子牧伯而向贼拜乎！"难敌字谓之曰："子岱，吾当与子共定大业，子忠于刘氏，岂不能忠于我乎！"崧厉色大言曰："贼氐，汝本奴才，何谓大业！我宁为赵鬼，不为汝臣！"顾排一人，夺其剑，前刺难敌，不中。难敌杀之。

成帝咸和二年夏五月，赵武卫将军刘朗帅骑三万袭杨难敌于仇池，弗克，掠三千馀户而归。

六年秋七月，成大将军寿攻阴平、武都，杨难敌降之。

九年春正月，仇池王杨难敌卒，子毅立，自称龙骧将军、左贤王、下辨公；以叔父坚头之子盘为冠军将军、右贤王、河池公，遣使来称藩。

咸康三年，仇池氐王杨毅族兄初袭杀毅，并有其众，自立为仇池公，称臣于赵。

穆帝永和三年冬十月，武都氐王杨初遣使来称藩，诏以初为使持节、征南将军、雍州刺史、仇池公。

十一年春正月，故仇池公杨毅弟宋奴使其姑子梁式王刺杀杨初，初子国诛式王及宋奴，自立为仇池公。桓温表国为镇北将军、秦州刺史。

杨难敌。李雄派李稚的哥哥侍中、中领军李玱和李稚一道由白水出兵,征东将军李寿及李玱的弟弟的李玕一道由阴平出兵,攻击杨难敌。成汉群臣进谏,李雄不听。杨难敌发兵拒敌,李寿、李玕无法前进,而李玱、李稚长驱直入,进抵下辨。杨难敌派兵截断了他们的退路,从四面向他们发起进攻。李玱、李稚因过于深入,后援断绝,都被杨难敌杀了,死了几千人。

三年(325)春季三月,杨难敌袭击并攻克了仇池,抓获田崧,带到自己面前,杨难敌左右的人命令田崧跪拜,田崧瞪着眼睛骂:"氐狗!哪有天子地方长官向贼寇跪拜的!"杨难敌称呼他的表字,对他说:"子岱,我将和你共同建立大业,你忠于刘氏,怎么不能忠于我呢?"田崧厉色大声说:"贼氐,你本为奴才,谈什么大业!我宁愿做赵国死鬼,也不做你的臣子!"转身推开一人,夺下他的剑,向前刺杀杨难敌,没有刺中,被杨难敌杀了。

晋成帝咸和二年(327)夏季五月,前赵武卫将军刘朗率领三万骑兵到仇池袭击杨难敌,没能获胜,掠走三千馀户人家,撤军回去了。

六年(331)秋季七月,成汉大将军李寿进攻阴平、武都,杨难敌向李寿投降。

九年(334)春季正月,仇池王杨难敌死去,儿子杨毅继位,自称龙骧将军、左贤王、下辨公;任命叔父杨坚头的儿子杨盘为冠军将军、右贤王、河池公,派遣使者向东晋称藩。

咸康三年(337),仇池氐王杨毅的族兄杨初发动袭击,杀了杨毅,并吞了他的部众,自立为仇池公,向后赵称臣。

晋穆帝永和三年(347)冬季十月,武都氐王杨初派遣使者向东晋称藩,晋穆帝下诏任命杨初为使持节、征南将军、雍州刺史、仇池公。

十一年(335)春季正月,已故仇池公杨毅的弟弟杨宋奴派他姑母的儿子梁式王刺杀了杨初,杨初的儿子杨国诛杀了梁式王以及杨宋奴,自立为仇池公。东晋的桓温上表请求任命杨国为镇北将军、秦州刺史。

十二年，仇池公杨国从父俊杀国自立，以俊为仇池公。国子安奔秦。

升平四年春正月，仇池公杨俊卒，子世立。

海西公太和三年，以仇池公杨世为秦州刺史，世弟统为武都太守。世亦称臣于秦，秦以世为南秦州刺史。

五年，仇池公杨世卒，子纂立，始与秦绝。叔父武都太守统与之争国，起兵相攻。

简文帝咸安元年春三月，秦西县侯雅、杨安、王统、徐成及羽林左监朱肜、扬武将军姚苌帅步骑七万伐仇池公杨纂。夏四月，秦兵至鹫峡，杨纂帅众五万拒之。梁州刺史弘农杨亮遣督护郭宝、卜靖帅千馀骑助纂，与秦兵战于峡中。纂兵大败，死者什三四，宝等亦没，纂收散兵遁还。西县侯雅进攻仇池，杨统帅武都之众降秦。纂惧，面缚出降，雅送纂于长安。以统为南秦州刺史，加杨安都督南秦州诸军事，镇仇池。

孝武帝宁康元年秋八月，梁州刺史杨亮遣其子广袭仇池，与秦梁州刺史杨安战，广兵败，沮水诸戍皆委城奔溃。亮惧，退守磬险。九月，安进攻汉川。

冬，秦王坚使益州刺史王统、秘书监朱肜帅卒二万出汉川，前禁将军毛当、鹰扬将军徐成帅卒三万出剑门，入寇梁、益。梁州刺史杨亮帅巴獠万馀拒之，战于青谷。亮兵败，奔固西城。肜遂拔汉中。徐成攻剑门，克之。杨安进攻梓潼，梓潼太守周虓固守涪城，遣步骑数千送母、妻自

十二年(356)，仇池公杨国的堂叔杨俊杀了杨国，自立为王，东晋任命杨俊为仇池公。杨国的儿子杨安逃奔前秦。

晋穆帝升平四年(360)春季正月，仇池公杨俊死去，儿子杨世继位。

晋海西公太和三年(368)，东晋任命仇池公杨世为秦州刺史，任命杨世的弟弟杨统为武都太守。杨世也向前秦称臣，前秦任命杨世为南秦州刺史。

五年(370)，仇池公杨世死去，儿子杨纂继位，杨纂开始与前秦断绝关系。杨纂的叔父武都太守杨统与杨纂争国，起兵相互攻打。

晋简文帝咸安元年(371)春季三月，前秦西县侯苻雅、杨安、王统、徐成以及羽林左监朱彤、扬武将军姚苌率领七万步兵和骑兵讨伐仇池公杨纂。夏季四月，前秦的军队抵达鹫峡，杨纂率领五万人马抵御他们。东晋梁州刺史弘农人杨亮派督护郭宝、卜靖率领一千多骑兵帮助杨纂，与前秦的军队在峡谷中交战。杨纂的军队大败，阵亡的有十分之三四，郭宝等人也战死了，杨纂收拢散兵逃了回去。西县侯苻雅进攻仇池，杨统率领武都的人马投降了前秦。杨纂害怕了，把两手反绑在身后出来投降，苻雅把他送到了长安。任命杨统为南秦州刺史，加封杨安为都督南秦州诸军事，镇守仇池。

晋孝武帝宁康元年(373)秋季八月，梁州刺史杨亮派遣他的儿子杨广袭击仇池，与前秦梁州刺史杨安交战，杨广兵败，沮水的各据点都弃城奔溃。杨亮感到害怕，退守磬险。九月，杨安进攻汉川。

冬季，前秦王苻坚派益州刺史王统、秘书监朱彤率领二万士卒从汉川出发，派前禁将军毛当、鹰扬将军徐成率领三万士卒从剑门出发，入侵梁州、益州。梁州刺史杨亮率领一万多巴獠人进行抵抗，在青谷交战。杨亮的军队被打败，逃奔到西城固守。朱彤于是攻下了汉中。徐成攻打剑门，攻克了剑门。杨安进攻梓潼，梓潼太守周虓固守涪城，派步、骑兵数千人护送母亲、妻子由

汉水趣江陵,朱彤邀而获之,虓遂降于安。十一月,安克梓潼。荆州刺史桓豁遣江夏相竺瑶救梁、益。瑶闻广汉太守赵长战死,引兵退。益州刺史周仲孙勒兵拒朱彤于绵竹,闻毛当将至成都,仲孙帅骑五千奔于南中。秦遂取梁、益二州,邛、筰、夜郎皆附于秦。秦王坚以杨安为益州牧,镇成都;毛当为梁州刺史,镇汉中;姚苌为宁州刺史,屯垫江;王统为南秦州刺史,镇仇池。

汉水去江陵,朱肜半路截击,抓获了她们,周虓于是投降了杨安。十一月,杨安攻克了梓潼。荆州刺史桓豁派江夏相竺瑶救援梁州、益州。竺瑶听说广汉太守赵长战死,就领兵退走了。益州刺史周仲孙调集人马在绵竹抵御朱肜,听说毛当将要到成都了,便率领五千骑兵逃奔到南中。前秦于是夺取了梁、益二州,邛、筰、夜郎全都归附了前秦。前秦王苻坚任命杨安为益州牧,镇守成都;任命毛当为梁州刺史,镇守汉中;任命姚苌为宁州刺史,驻扎在垫江;任命王统为南秦州刺史,镇守仇池。

卷第十四

祖逖北伐

晋愍帝建兴元年。初,范阳祖逖少有大志,与刘琨俱为司州主簿,同寝,中夜闻鸡鸣,蹴琨觉曰:"此非恶声也!"因起舞。及渡江,左丞相睿以为军谘祭酒。逖居京口,纠合骁健,言于睿曰:"晋室之乱,非上无道而下怨叛也,由宗室争权,自相鱼肉,遂使戎狄乘隙,毒流中土。今遗民既遭残贼,人思自奋,大王诚能命将出师,使如逖者统之以复中原,郡国豪杰,必有望风响应者矣!"睿素无北伐之志,以逖为奋威将军、豫州刺史,给千人廪,布三千匹,不给铠仗,使自召募。秋八月,逖将其部曲百馀家渡江,中流,击楫而誓曰:"祖逖不能清中原而复济者,有如大江!"遂屯淮阴,起冶铸兵,募得二千馀人而后进。

元帝建武元年。初,流民张平、樊雅各聚众数千人在谯,为坞主。王之为丞相也,遣行参军谯国桓宣往说平、雅,平、雅皆请降。及豫州刺史祖逖出屯芦洲,遣参军殷义

祖逖北伐

晋愍帝建兴元年(313)。当初,范阳人祖逖年轻时就胸怀大志,他和刘琨一起担任司州的主簿,和刘琨同睡在一张床上,半夜听到鸡叫,就把刘琨从梦中踢醒,说:"这不是让人讨厌的声音!"随后就起床舞剑。到渡江时,左丞相司马睿任命祖逖为军谘祭酒。祖逖居住在京口,组织一批骁勇健壮的人,对司马睿说:"晋朝的动乱,不是因为皇上无道导致臣民百姓怨恨叛乱,而是由于宗室争权夺位,自相残杀,这样就给了戎狄之人可乘之机,而使祸害遍及中原。现在晋朝的遗民已经饱受摧残、伤害,人人都想奋发图强,大王您如果能真的命令将领出师,派像我祖逖一样的人统领以收复中原,各地英雄豪杰一定有望风响应的人!"司马睿历来就没有北伐之志,就任命祖逖为奋威将军、豫州刺史,给他一千士兵的军粮,三千匹布,不发给铠甲武器,让他自行招募。秋季八月,祖逖率领他的私人武装一百多家北渡长江,船到江中的时候,祖逖敲击船桨发誓说:"祖逖如果不能扫清中原戎狄而再渡江回来,就像这大江水一样有去无还!"于是率领军队屯驻淮阴,建熔炉、铸兵器,招募到二千多士兵,然后继续北进。

晋元帝建武元年(317)。当初,流民张平、樊雅分别聚集数千人,在谯国筑坞堡,当上坞堡主。当司马睿担任丞相时,他派遣行参军谯国人桓宣去劝说张平、樊雅,张平、樊雅二人都请求归降。等到豫州刺史祖逖出兵屯驻芦洲时,又派遣参军殷义

诣平、雅。义意轻平,视其屋,曰:"可作马厩。"见大镬,曰:
"可铸铁器。"平曰:"此乃帝王镬,天下清平方用之,奈何毁
之!"义曰:"卿未能保其头,而爱镬邪!"平大怒,于坐斩义,
勒兵固守。逖攻之,岁馀不下,乃诱其部将谢浮,使杀之,
逖进据太丘。樊雅犹据谯城,与逖相拒。逖攻之不克,请
兵于南中郎将王含。桓宣时为含参军,含遣宣将兵五百助
逖。逖谓宣曰:"卿信义已著于彼,今复为我说雅。"宣乃单
马从两人诣雅曰:"祖豫州方欲平荡刘、石,倚卿为援。前
殷义轻薄,非豫州意也。"雅即诣逖降。逖既入谯城,石勒
遣石虎围谯,王含复遣桓宣救之,虎解去。逖表宣为谯国
内史。

六月己巳,晋王传檄天下,称:"石虎敢帅犬羊,渡河纵
毒,今遣琅邪王裒等九军,锐卒三万,水陆四道,径造贼场,
受祖逖节度。"寻复召裒还建康。

大兴二年。初,蓬陂坞主陈川自称陈留太守。祖逖之
攻樊雅也,川遣其将李头助之。头力战有功,逖厚遇之。
头每叹曰:"得此人为主,吾死无恨。"川闻而杀之。头党
冯宠帅其众降逖。川益怒,大掠豫州诸郡,逖遣兵击破之。
夏四月,川以浚仪叛,降石勒。

祖逖攻陈川于蓬关,石勒遣石虎将兵五万救之,战于
浚仪,逖兵败,退屯梁国。勒又遣桃豹将兵至蓬关,逖退屯

去拜会张平和樊雅。殷乂内心里瞧不起张平,见到张平的屋子就说:"可以用来做马厩。"看到大铁锅,又说:"可以用来熔铸铁器。"张平反驳说:"这是帝王的铁锅,只有天下清平时才可以使用,怎么可以毁坏它?"殷乂说:"你连自己的头颅都不能保全,还爱惜铁锅干什么?"张平听了这话大怒,就在座位上斩杀了殷乂,然后率军固守。祖逖进攻张平,一年多也未能攻克,于是就诱使张平的部将谢浮,让他杀掉了张平,祖逖进军占据太丘。樊雅仍然占据谯城,与祖逖对抗。祖逖发兵进攻他,没有攻克,就向南中郎将王含请求增发援兵。桓宣当时任王含的参军,王含就派他率五百个士兵去援助祖逖。祖逖对桓宣说:"你的信义已昭著于樊雅那边,现在你再去为我劝说樊雅吧。"桓宣于是独骑一人,只带两个随从去拜会樊雅,对他说:"祖逖正打算荡平刘聪、石勒,倚仗你为后援。上次殷乂轻视鄙薄张平,并不是祖逖的本意。"樊雅立即拜见祖逖请求归降。祖逖进入谯城,石勒就派石虎率军包围谯城,王含再次派桓宣去援救祖逖,石虎只好解谯城之围,撤兵而去。祖逖于是上表文请求,让桓宣担任了谯国内史。

六月己巳(十八日),晋王司马睿向全国发布檄文,称:"石虎胆敢率领狗羊一般的乌合之众,渡过黄河,四处行凶,现在派遣琅邪王司马裒等九军,精锐士卒三万,分水陆四路,直接进攻石贼的所在地,将士们全部归祖逖节制。"不久,晋朝廷又将司马裒召回建康。

晋元帝大兴二年(319)。当初,蓬陂的坞堡主陈川自称为陈留太守。祖逖攻打樊雅时,陈川派他的部将李头为祖逖助战。李头奋力作战,建有战功,祖逖对他很优厚。李头常常慨叹:"能得到祖逖为主人,我死也没有遗憾了。"陈川听到这话,就杀掉了李头。李头的朋党冯宠率领他的部众归降祖逖。陈川因此更加愤怒,大肆攻打、劫掠豫州各郡,祖逖派军队打败了他。夏季四月,陈川以自己控制着的浚仪地方反叛,向石勒归降。

祖逖在蓬关攻打陈川,石勒派石虎率兵五万去援救,战于浚仪,祖逖兵败,退守梁国。石勒又派桃豹率军至蓬关,祖逖退守

淮南。虎徙川部众五千户于襄国，留豹守川故城。

三年夏六月，祖逖将韩潜与后赵将桃豹分据陈川故城，豹居西台，潜居东台，豹由南门，潜由东门，出入相守四旬。逖以布囊盛土如米状，使千馀人运上台，又使数人担米，息于道。豹兵逐之，弃担而走。豹兵久饥，得米，以为逖士众丰饱，益惧。后赵将刘夜堂以驴千头运粮馈豹，逖使韩潜及别将冯铁邀击于汴水，尽获之。豹宵遁，屯东燕城，逖使潜进屯封丘以逼之。冯铁据二台，逖镇雍丘，数遣兵邀击后赵兵，后赵镇戍归逖者甚多，境土渐蹙。

先是，赵固、上官巳、李矩、郭默互相攻击，逖驰使和解之，示以祸福，遂皆受逖节度。秋七月，诏加逖镇西将军。逖在军，与将士同甘苦，约己务施，劝课农桑，抚纳新附，虽疏贱者皆结以恩礼。河上诸坞，先有任子在后赵者，皆听两属，时遣游军伪抄之，明其未附。坞主皆感恩，后赵有异谋，辄密以告，由是多所克获，自河以南，多叛后赵归于晋。

逖练兵积谷，为取河北之计。后赵王勒患之，乃下幽州为逖修祖、父墓，置守冢二家，因与逖书，求通使及互市。

淮南。石虎迁徙陈川的部众五千户到襄国,留下桃豹镇守陈川的故城。

三年(320)夏季六月,祖逖的部将韩潜与后赵将领桃豹分别占据陈川的故城,桃豹占据西台,韩潜占据东台,桃豹由南门出入,韩潜由东门出入,双方相持了四十天。祖逖用布袋装上泥土,像装满米粮那样,派一千多人把它们运上东台,又派几个人挑上米担,在大道上休息。桃豹的士兵来追逐他们,他们弃担就跑。桃豹的士兵已经饿了很久,得到米担,以为祖逖的人马有充裕的粮食,更加害怕。后赵将领刘夜堂用一千头驴子运粮食给桃豹,祖逖派韩潜及别将冯铁在汴水截击了他们,劫获了全部粮食。桃豹于是连夜逃遁,屯驻于东燕城,祖逖又派韩潜进驻封丘以威逼他。冯铁占据了陈川故城的东、西二台,祖逖镇守雍丘,多次派军队截击后赵军队,后赵许多镇戍地方的军队归降祖逖,国土从而日渐缩小。

这以前,赵固、上官巳、李矩、郭默互相攻击,祖逖派遣使者,向他们剖析祸福利害,使他们互相和解,于是他们都接受了祖逖的指挥。秋季七月,元帝下诏,加封祖逖为镇西将军。祖逖在军队中,与将士同甘共苦,严格约束自己,对部下则经常给予好处,同时鼓励发展农业生产,注意安抚、招纳新归附的士卒,即使是关系比较疏远、地位比较低下者,都用施恩和礼遇的办法来结交。对于黄河一带以前有子弟在后赵做人质的那些堡主,祖逖都听任他们同时归属后赵和自己两方,并时常派出游击部队在他们控制的地区假装抢劫,以此向后赵表明他们并未归附晋朝。坞堡主们都对祖逖感恩戴德,后赵一有特别行动计划,他们就向祖逖密告,因此,祖逖多有攻克和缴获,自黄河以南,大多数地区都背叛后赵而归附了晋朝。

祖逖一面训练士兵,一面积蓄粮食,为收复黄河以北地区做准备。后赵王石勒为此深感忧虑,于是向幽州地方官下达命令,让他们为祖逖修葺其祖父及父亲的坟墓,并且设置两户人家守坟。然后,石勒再给祖逖去信,请求双方互通使节和互通贸易。

逖不报书,而听其互市,收利十倍。逖牙门童建杀新蔡内史周密,降于后赵,勒斩之,送首于逖曰:"叛臣逃吏,吾之深仇,将军之恶,犹吾恶也。"逖深德之,自是后赵人叛归逖者,逖皆不纳,禁诸将不使侵暴后赵之民,边境之间,稍得休息。

四年秋七月甲戌,以尚书仆射戴渊为征西将军、都督司兖豫并雍冀六州诸军事、司州刺史,镇合肥。八月,豫州刺史祖逖,以戴渊吴士,虽有才望,无弘致远识;且已翦荆棘、收河南地,而渊雍容,一旦来统之,意甚怏怏;又闻王敦与刘、刁构隙,将有内难,知大功不遂,感激发病。九月壬寅,卒于雍丘。豫州士女若丧父母,谯、梁间皆为立祠。王敦久怀异志,闻逖卒,益无所惮。

冬十月壬午,以逖弟约为平西将军、豫州刺史,领逖之众。约无绥御之才,不为士卒所附。初,范阳李产避乱依逖,见约志趣异常,谓所亲曰:"吾以北方鼎沸,故远来就此,冀全宗族。今观约所为,有不可测之志。吾托名姻亲,当早自为计,无事复陷身于不义也,尔曹不可以目前之利而忘久长之策。"乃帅子弟十馀人间行归乡里。

永昌元年冬十月,祖逖既卒,后赵屡寇河南,拔襄城、城父,围谯。豫州刺史祖约不能御,退屯寿春。后赵遂取陈留,梁、郑之间复骚然矣。

祖逖没有给他回信,但听任双方贸易,从中获得了十倍的利益。祖逖的牙门童建杀死新蔡内史周密后,向后赵投降,石勒斩杀了童建,把他的首级送给祖逖,说:"背叛的臣下,逃跑的吏卒,是我所深恶痛绝的,将军你所憎恶的人,也就是我憎恶的人。"祖逖深为感激,从此,后赵人叛降归附祖逖的,祖逖都不接纳,并禁止各位将领侵犯、残害后赵民众,边境之间,从此稍稍安定。

四年(321)秋季七月甲戌(十七日),晋元帝任用尚书仆射戴渊为征西将军,都督司、兖、豫、并、雍、冀六州诸军事,司州刺史,镇守合肥。八月,豫州刺史祖逖认为戴渊是吴地人,虽然有才能和名望,却缺少抱负和见识;而且,自己披荆斩棘,已经收复了黄河以南的失地,戴渊却从从容容,一来就坐享其成统辖这些地方,心中十分快快不乐;祖逖又听说王敦与刘隗、刁协互相之间产生了矛盾,国家将有内乱,深知收复北方失地的大业将难以完成,感愤激动得生病了。九月壬寅,祖逖病逝于雍丘。豫州的百姓如同死了亲生父母一般痛苦,谯、梁等地都为祖逖建立了祠堂。王敦早就心怀异志,听到祖逖去世的消息,更加肆无忌惮。

冬季十月壬午这一天,晋元帝任命祖逖的弟弟祖约为平西将军、豫州刺史,统领祖逖旧部。祖约没有安抚、驾驭部众的才能,不被士卒所拥戴。当初,范阳人李产为躲避战乱而投奔祖逖,现在看到祖约志趣反常,就对自己亲近的人说:"我因为北方动乱才远道来到这里以求保全宗族。现在观察祖约的所作所为,见他有心怀叵测的迹象。我与祖家有姻亲之名,应当早日为自己安排脱身之计,不能再使自己身陷于不义之中,你们大家也不可只见眼前之利而不作长久的打算。"于是率领子弟十多人抄小路悄悄返回家乡。

晋元帝永昌元年(322)冬季十月,祖逖去世后,后赵于是屡屡侵犯黄河以南地区,攻占了襄城、城父,围攻谯城。豫州刺史祖约不能抵挡,退守寿春。后赵于是攻取了陈留,梁、郑之间再次动荡起来。

王敦之乱

晋元帝大兴二年。初,王敦患杜曾难制,谓梁州刺史周访曰:"若擒曾,当相论为荆州。"及曾死而敦不用。王廙在荆州,多杀陶侃将佐,以皇甫方回为侃所敬,责其不诣己,收斩之。士民怨怒,上下不安。帝闻之,征廙为散骑常侍,以周访代廙为荆州刺史。王敦忌访威名,意难之。从事中郎郭舒说敦曰:"鄙州虽荒弊,乃用武之国,不可以假人,宜自领之,访为梁州足矣。"敦从之。六月丙子,诏加访安南将军,馀如故。访大怒,敦手书譬解,并遗玉环、玉碗以申厚意。访抵之于地曰:"吾岂贾竖,可以宝悦邪!"访在襄阳,务农训兵,阴有图敦之志,守宰有缺辄补,然后言上。敦患之而不能制。

三年秋八月辛未,梁州刺史周访卒。访善于抚纳,士众皆为致死。知王敦有不臣之心,私常切齿,敦由是终访之世,未敢为逆。敦遣从事中郎郭舒监襄阳军。帝以湘州

王敦之乱

晋元帝大兴二年(319)。当初,王敦担心杜曾这人难以控制,就对梁州刺史周访说:"如果你能擒获杜曾,我就论功行赏让你当荆州刺史。"等到杜曾死后,王敦却不用周访为荆州刺史。王廙在荆州大杀陶侃的将领僚佐,并因为皇甫方回为陶侃所敬重,就责怪皇甫不来拜见自己而拘捕并杀害了他。民众为此感到怨恨、愤怒,上上下下对此都觉得不安。元帝听说这事,就征召王廙为散骑常侍,用周访代替王廙做荆州刺史。王敦畏惧周访的威望和名声,想要刁难他。从事中郎郭舒对王敦说:"荆州虽然荒凉凋敝,却是用武之地,不可让给别人,最好由自己来统领,周访担任梁州刺史就已经足够了。"王敦听从了他的话。六月丙子(初七),元帝下诏加封周访为安南将军,其馀职位不变。周访大怒,王敦亲自写信劝解,并赠送周访一些玉环、玉碗以表示他深厚的情意。周访把它们扔于地上,说:"我难道是商贩小子,可以用宝物来收买吗?"周访屯驻襄阳,发展农业生产,训练军队,暗中有算计王敦的意图,郡县长官有缺位的立即就补上,然后再向朝廷上奏。王敦对他感到忧虑,却又无法控制。

三年(320)秋季八月辛未,梁州刺史周访去世了。周访善于安抚部下,士兵部众都愿意为他卖命。周访知道王敦有背叛皇上之心,私下里对他切齿痛恨,因此王敦在周访去世之前,不敢有叛逆行为。王敦派从事中郎郭舒监军襄阳。元帝任命湘州

刺史甘卓为梁州刺史，督沔北诸军事，镇襄阳。舒既还，帝
征为右丞，敦留不遣。

冬十月，王敦杀武陵内史向硕。帝之始镇江东也，敦
与从弟导同心翼戴，帝亦推心任之，敦总征讨，导专机政，
群从子弟布列显要，时人为之语曰："王与马，共天下。"后
敦自恃有功，且宗族强盛，稍益骄恣，帝畏而恶之，乃引刘
隗、刁协等以为腹心，稍抑损王氏之权，导亦渐见疏外。中
书郎孔愉陈导忠贤，有佐命之勋，宜加委任；帝出愉为司
徒左长史。导能任真推分，澹如也，有识皆称其善处兴废。
而敦益怀不平，遂构嫌隙。

初，敦辟吴兴沈充为参军，充荐同郡钱凤于敦，敦以为
铠曹参军。二人皆巧诌凶狡，知敦有异志，阴赞成之，为之
画策。敦宠信之，势倾内外。敦上疏为导讼屈，辞语怨望。
导封以还敦，敦复遣奏之。左将军谯王承，忠厚有志行，帝
亲信之。夜，召承，以敦疏示之，曰："王敦以顷年之功，位
任足矣，而所求不已，言至于此，将若之何？"承曰："陛下不
早裁之，以至今日，敦必为患。"

刘隗为帝谋，出心腹以镇方面。会敦表以宣城内史沈
充代甘卓为湘州刺史，帝谓承曰："王敦奸逆已著，朕为惠
皇，其势不远。湘州据上流之势，控三州之会，欲以叔父居
之，何如？"承曰："臣奉承诏命，惟力是视，何敢有辞！然湘州

刺史甘卓为梁州刺史,督沔北诸军事,坐镇襄阳。郭舒回来以后,元帝征召他为右丞,王敦却留下他不予放行。

冬季十月,王敦杀掉武陵内史向硕。当初元帝刚镇守江东时,王敦与其堂弟王导共同辅佐拥戴元帝,元帝也推心置腹任用他们,王敦统管军事征讨,王导主管内政机要,他们的同族子弟也占据着显要的位置,当时的人因此说道:"王家与司马家,共同拥有天下。"后来,王敦自恃有功,加上王姓宗族强盛,渐渐越来越傲慢、放纵,元帝畏惧并且憎恶他,于是就引用刘隗、刁协等,以他们为心腹,逐渐压制、削减王氏的权力,王导也逐渐被疏远。中书郎孔愉上书陈述,说王导忠诚贤良,有辅佐王室的功勋,应当委以重任;元帝就贬黜孔愉为司徒左长史。王导能听其自然,安于本分,性情淡泊,所以,有见识的人都说他善于对待职位升降。而王敦却更加心怀不满,于是与晋元帝产生了矛盾。

当初,王敦征召吴兴人沈充为参军,沈充荐举同郡人钱凤给王敦,王敦让钱凤做铠曹参军。这两人都是奸巧阿谀凶狠狡诈之徒,知道王敦有反叛的意图,就在暗中促成,并为王敦出谋划策。王敦于是宠信他们,他们也因此而权倾内外。王敦上疏为王导鸣冤,言辞有埋怨、责怪之意。王导封好疏文退还王敦,王敦再次派人上奏。左将军、谯王司马承,忠厚有节操,元帝亲近并且信任他。夜晚,召司马承入宫,把王敦的疏文给他看,说:"王敦以近年的功劳,担任的职位已经到顶了,而他的要求还没有止境,话竟说到这种地步,对他怎么办好?"司马承说:"皇上不早日制裁他,以致发展到了今天这种地步,王敦一定会成为祸患。"

刘隗替元帝出谋划策,要元帝派出自己的心腹之人去镇守全国各要地。恰好此时,王敦呈上表文,请求用宣城内史沈充代替甘卓担任湘州刺史,元帝对司马承说:"王敦叛逆之心已经非常明显了,我成为惠皇帝第二的日子已经不会太远了。湘州占据着长江上游的有利地势,又控制着荆州、交州、广州三州的结合之处,我想让叔父您去镇守湘州,您觉得怎么样?"司马承说:"我奉诏承命,一定会尽力而为的,还有什么话可说!不过,湘州

经蜀寇之馀,民物凋弊,若得之部,比及三年,乃可即戎;苟未及此,虽复灰身,亦无益也。"十二月,诏曰:"晋室开基,方镇之任,亲贤并用,其以谯王承为湘州刺史。"长沙邓骞闻之,叹曰:"湘州之祸,其在斯乎!"承行至武昌,敦与之宴,谓承曰:"大王雅素佳士,恐非将帅才也。"承曰:"公未见知耳,铅刀岂无一割之用!"敦谓钱凤曰:"彼不知惧而学壮语,足知其不武,无能为也。"乃听之镇。时湘土荒残,公私困弊,承躬自俭约,倾心绥抚,甚有能名。

四年秋七月甲戌,以尚书仆射戴渊为征西将军、都督司兖豫并雍冀六州诸军事、司州刺史,镇合肥;丹杨尹刘隗为镇北将军、都督青徐幽平四州诸军事、青州刺史,镇淮阴;皆假节领兵,名为讨胡,实备王敦也。

隗虽在外,而朝廷机事,进退士大夫,帝皆与之密谋。敦遗隗书曰:"顷承圣上顾眄足下,今大贼未灭,中原鼎沸,欲与足下及周生之徒戮力王室,共静海内。若其泰也,则帝祚于是乎隆;若其否也,则天下永无望矣。"隗答曰:"'鱼相忘于江湖,人相忘于道术'。'竭股肱之力,效之以忠贞',吾之志也。"敦得书,甚怒。

壬午,以骠骑将军王导为侍中、司空、假节、录尚书、领中书监。帝以敦故,并疏忌导。御史中丞周嵩上疏,以为:"导忠素竭诚,辅成大业,不宜听孤臣之言,惑疑似之说,放逐旧德,以佞伍贤,亏既往之恩,招将来之患。"帝颇感寤,

经过蜀寇杜弢动乱之后，人口稀少，物产凋敝，如果让我来统辖它，三年之后，才可以参战；如果不到三年就要参战，即使叫我粉身碎骨，也不会有什么作用。"十二月，元帝下诏，说："晋朝建立以来，方镇的任用，都是亲戚和贤能之人并用，现在任命谯王司马承为湘州刺史。"长沙人邓骞听说后，慨然而叹，说："湘州的祸乱，将要出在这里啊！"司马承上任经过武昌，王敦为他举办酒宴，对司马承说："大王您是一个高尚、文雅的好文人，恐怕不是将帅之才。"司马承说："您还不了解吧，铅做的钝刀难道也不能用来割一下东西吗？"王敦对钱凤说："他不知道畏惧而学着说一些豪言壮语，足见他不懂军事，不会有什么作为。"于是听任他去镇守湘州。当时，湘州土地荒芜，经济残破，官府和私人都很困难，司马承亲自带头节俭，全心抚慰百姓，甚有能干的名声。

四年（321）秋季七月甲戌（十七日），任命尚书仆射戴渊为征西将军、都督司兖豫并雍冀六州诸军事、司州刺史，镇守合肥；丹杨尹刘隗为镇北将军、都督青徐幽平四州诸军事、青州刺史，镇守淮阴；都假节领兵，名为讨伐胡人，实际上是防备王敦。

刘隗虽然人在京城外，但朝廷的机要事务、士大夫的升迁和降任，元帝都与他暗中商量。王敦写信给刘隗，说："你近来得到皇上垂青，现在大敌未除，中原局势动荡，我希望与您和周颛等人合力效忠皇室，一起肃清海内的敌人。如果运气好的话，则国运从此兴隆；如果运气不好，则天下的恢复就永远无望了。"刘隗回信说："'鱼儿处于江湖就会彼此遗忘，人们追求道义也会彼此相忘'。'竭尽我作为辅臣的力量来效忠于皇上'，这就是我的志向。"王敦收到刘隗这一回信，大为恼怒。

壬午（二十五日），元帝任命骠骑将军王导为侍中、司空、假节、录尚书、领中书监。元帝因为王敦的缘故，连同王导也加以疏远。御史中丞周嵩上书，认为："王导向来忠心耿耿，竭诚尽力，辅佐成就了东晋的大业，皇上不应该听信某一个大臣的话，迷惑于似是而非的言辞，放逐从前的有德之臣，把奸佞之人列为贤明之臣，损害旧日的恩德，招致将来的祸患。"元帝颇有醒悟，

导由是得全。

永昌元年春正月，王敦以郭璞为记室参军。璞善卜筮，知敦必为乱，己预其祸，甚忧之。大将军掾颍川陈述卒，璞哭之极哀，曰："嗣祖，焉知非福也！"

敦既与朝廷乖离，乃羁录朝士有时望者置己幕府。以羊曼及陈国谢鲲为长史。曼，祜之兄孙也。曼、鲲终日酣醉，故敦不委以事。敦将作乱，谓鲲曰："刘隗奸邪，将危社稷，吾欲除君侧之恶，何如？"鲲曰："隗诚始祸，然城狐社鼠。"敦怒曰："君庸才，岂达大体！"出为豫章太守，又留不遣。

戊辰，敦举兵于武昌，上疏罪状刘隗，称："隗佞邪谗贼，威福自由，妄兴事役，劳扰士民，赋役烦重，怨声盈路。臣备位宰辅，不可坐视成败，辄进军致讨，隗首朝悬，诸军夕退。昔太甲颠覆厥度，幸纳伊尹之忠，殷道复昌。愿陛下深垂三思，则四海乂安，社稷永固矣。"沈充亦起兵于吴兴以应敦，敦以充为大都督、督护东吴诸军事。敦至芜湖，又上表罪状刁协。帝大怒，乙亥，诏曰："王敦凭恃宠灵，敢肆狂逆，方朕太甲，欲见幽囚。是可忍也，孰不可忍！今亲帅六军以诛大逆，有杀敦者，封五千户侯。"敦兄光禄勋含乘轻舟逃归于敦。

王导因此得以保全。

晋元帝永昌元年(322)春季正月,王敦任用命郭璞为记室参军。郭璞精通卜卦预测,知道王敦一定会作乱,自己将被卷入这场灾祸之中,为此而深感忧虑。王敦的僚属颍川人陈述去世了,郭璞非常悲哀地哭述,说:"嗣祖,你这一死又怎能知道不是福分呢?"

王敦已经与朝廷离心离德,就笼络选用了当朝有名望的一些士人作为自己的幕僚。他任命羊曼和陈国人谢鲲两人为长史。羊曼是羊祜哥哥的孙子。羊曼和谢鲲二人整日酣醉于酒中,所以王敦不委任他们办理具体的事务。王敦将要作乱,对谢鲲说:"刘隗此人奸巧邪恶,将要危害国家,我打算清除皇上身边的这个恶人,怎么样?"谢鲲说:"刘隗当然是祸害的源头,但他却有皇帝的庇护,好比藏于城中的狐狸,匿于社坛中的老鼠,不易逮住。"王敦大怒,说:"你就是个庸才,怎么识得大体!"于是,他让谢鲲离开自己的幕府,去担任豫章太守,但又留下他不予放行。

戊辰(十四日),王敦在武昌起兵,上疏列举刘隗的罪状,称:"刘隗奸佞邪恶,谗言残害忠良,作威作福,随意兴起劳役,使官员和百姓受到纷扰;赋役繁重,以致怨声载道。我位列皇上的辅佐大臣,不能对国家大事的成败袖手旁观,所以要进军讨伐刘隗,只要刘隗的首级早上悬挂于城门,我们的军队晚上就撤兵。从前殷王太甲破坏了国家的法度,幸好接纳了忠心的大臣伊尹的处置,使殷朝再次昌盛。希望皇上能三思而行,则四海之内能得到安宁,社稷江山长存。"沈充也在吴兴起兵响应王敦,王敦任命沈充为大都督、督护东吴诸军事。王敦的队伍到达芜湖,又上表历数刁协罪状。元帝大怒,乙亥(二十一日),下诏称:"王敦自恃国家对他的恩宠,胆敢肆无忌惮背叛国家,把我比作太甲,想要幽禁我。这都可以忍受,那还有什么不能忍受的呢?现在我要亲自率领六军去诛杀大逆不道之人,有能杀掉王敦者,封五千户侯。"王敦的兄长光禄勋王含乘小船逃到了王敦那里。

太子中庶子温峤谓仆射周颚曰:"大将军此举似有所在,当无滥邪?"颚曰:"不然。人主自非尧、舜,何能无失?人臣安可举兵以胁之!举动如此,岂得云非乱乎!处仲狼抗无上,其意宁有限邪!"

敦初起兵,遣使告梁州刺史甘卓,约与之俱下,卓许之。及敦升舟,而卓不赴,使参军孙双诣武昌谏止敦。敦惊曰:"甘侯前与吾语云何,而更有异,正当虑吾危朝廷耳!吾今但除奸凶,若事济,当以甘侯作公。"双还报,卓意狐疑。或说卓:"且伪许敦,待敦至都而讨之。"卓曰:"昔陈敏之乱,吾先从而后图之,论者谓吾惧逼而思变,心常愧之。今若复尔,何以自明!"

卓使人以敦旨告顺阳太守魏该,该曰:"我所以起兵拒胡贼者,正欲忠于王室耳。今王公举兵向天子,非吾所宜与也。"遂绝之。

敦遣参军桓罴说谯王承,请承为军司。承叹曰:"吾其死矣!地荒民寡,势孤援绝,将何以济!然得死忠义,夫复何求!"承檄长沙虞悝为长史,会悝遭母丧,承往吊之,曰:"吾欲讨王敦,而兵少粮乏;且新到,恩信未洽。卿兄弟,湘中之豪俊,王室方危,金革之事,古人所不辞,将何以教之?"悝曰:"大王不以悝兄弟猥劣,亲屈临之,敢不致死!然鄙州荒弊,难以进讨。宜且收众固守,传檄四方,敦势必

太子中庶子温峤对尚书仆射周颢说:"大将军王敦这一次起兵好像有些缘故,应当不算太过分吧?"周颢说:"不对。皇上本不是尧、舜,怎能没有任何过失呢?大臣怎么可以起兵来胁迫他呢?行为到了这种地步,怎么可以说不是犯上作乱?王敦凶狠暴戾,眼里没有皇上,他的欲望难道会有止境吗?"

王敦刚刚起兵的时候,派遣使者通告梁州刺史甘卓,相约与他一起顺流东下攻击晋都建康,甘卓答应了他。等到王敦升帆登船时,甘卓却没有赶来,而是派遣参军孙双到武昌去劝谏阻止王敦。王敦很吃惊地对孙双说:"甘卓先前对我说怎么怎么,现在却又变卦,是在担心我会危害朝廷吧?我现在只求除掉奸巧凶狠之人,如果事情成功了,将让甘卓从侯爵升到公爵。"孙双返回,向甘卓报告了王敦的意思,甘卓仍然犹豫不定。有人劝说甘卓:"姑且先假装答应王敦,等王敦到了建康再讨伐他。"甘卓说:"当年陈敏作乱,我先假装跟从他,然后再图谋对付他,议论的人说我惧怕威逼而思变乱,我内心常为此而感到惭愧。现在如果再这样,怎能表明自己是清白的呢?"

甘卓派人把王敦的意图通告了顺阳太守魏该,魏该说:"我所以起兵抵抗胡人,是为了效忠王室。现在王敦向天子开战,不是我所应该参与的。"于是与甘卓断绝了往来。

王敦派参军桓罴游说谯王司马承,请司马承做他的军司。司马承叹息道:"我将要死了!湘州土地荒芜,人民稀少,我力量太小,又没有援助,怎么渡过难关呢?不过,能死于忠义,又有何求?"司马承发布檄文,让长沙人虞悝任长史,恰好碰到虞悝母亲去世,司马承于是前去吊唁,对虞悝说:"我打算征讨王敦,然而却缺少粮食和士卒;而且刚到湘州不久,恩情和信义还未润泽人心。你们兄弟是湘州的豪杰,王室正处于危急之中,古人在服丧时投身战事也在所不辞,你将给我什么指点呢?"虞悝说:"大王您不认为我们兄弟狠琐卑劣,亲自降节到这里吊唁家母,我们哪敢不为您卖命!可是本州荒凉凋敝,难以进军讨伐。最好是暂且先把众将士集中起来固守,向四方发布檄文,王敦的力量必然

分，分而图之，庶几可捷也。"承乃因桓罴，以悝为长史，以其弟望为司马，督护诸军，与零陵太守尹奉、建昌太守长沙王循、衡阳太守淮陵刘翼、舂陵令长沙易雄，同举兵讨敦。雄移檄远近，列敦罪恶，于是一州之内皆应承。惟湘东太守郑澹不从，承使虞望讨斩之，以徇四境。澹，敦姊夫也。

承遣主簿邓骞至襄阳，说甘卓曰："刘大连虽骄蹇失众心，非有害于天下。大将军以其私憾，称兵向阙，此忠臣义士竭节之时也。公受任方伯，奉辞伐罪，乃桓、文之功也。"卓曰："桓、文则非吾所能，然志在徇国，当共详思之。"参军李梁说卓曰："昔隗嚣跋扈，窦融保河西以奉光武，卒受其福。今将军有重望于天下，但当案兵坐以待之，使大将军事捷，当委将军以方面，不捷，朝廷必以将军代之，何忧不富贵。而释此庙胜，决存亡于一战邪？"骞谓梁曰："光武当创业之初，故隗、窦可以文服从容顾望。今将军之于本朝，非窦融之比也；襄阳之于太府，非河西之固也。使大将军克刘隗，还武昌，增石城之戍，绝荆、湘之粟，将军欲安归乎！势在人手，而曰我处庙胜，未之闻也。且为人臣，国家有难，坐视不救，于义安乎！"卓尚疑之。骞曰："今既不为义举，又不承大将军檄，此必至之祸，愚智所见也。且议者之所难，以彼强而我弱也。今大将军兵不过万馀，其留

分散,等到他的力量分散了再去谋取他,或许可以成功。"司马承于是囚禁桓黑,用虞悝为长史,用他的弟弟虞望为司马,督护诸军,与零陵太守尹奉、建昌太守长沙人王循、衡阳太守淮陵人刘翼、舂陵令长沙人易雄共同起兵讨伐王敦。易雄向远近各地发布檄文,列举王敦的罪行,因此,一州之内都响应司马承。只有湘东太守郑澹没有响应,司马承派虞望征讨并斩杀了他以晓示四方。郑澹是王敦的姐夫。

司马承派主簿邓骞到襄阳游说甘卓,说:"刘大连虽因骄恣失去了人心,却没有对国家造成危害。大将军王敦出于私仇,向朝廷举兵,这正是忠臣义士尽臣节的时候。你受命做一方的长官,奉君命去讨伐罪孽之人,正可以建立齐桓公、晋文公那样的功绩。"甘卓说:"齐桓公、晋文公不是我所能比拟的,但是,我志在为国尽忠尽职,应当与你们一起周密地考虑这件事。"参军李梁对甘卓说:"从前隗嚣蛮横霸道,窦融守住黄河以西的土地以拥戴光武帝,最终享受到了福禄。现在将军您在国人面前有很高的威望,最好的办法是按兵不动,等待时机,假如大将军王敦成功了,一定会委任您统辖一方;假如他不能成功,朝廷一定会用您取代王敦,还担心不会荣华富贵吗?难道还要放弃这一靠智谋取胜的方法,去冒靠一次战争决定存亡的危险吗?"邓骞对李梁说:"光武帝刘秀刚刚创业,所以隗嚣、窦融可以用表面上服从的方法而从容地观望形势。现在将军对于本朝,不可以与窦融对于东汉相比;襄阳对于王敦的太府来说,也没有窦融占据的黄河以西地区稳固。假如大将军王敦战胜刘隗,还师武昌,增加石城守卫的兵力,切断荆州和湘州的粮食供应,将军将归向哪里?主动权掌握在人家手中,而说自己有不战而胜的妙计,这是我从未听说过的。况且作为臣下,国家有难,旁观而不救援,在道义上你心中安宁吗?"甘卓仍然犹豫不决。邓骞对他说:"现在您既不起义兵,又不秉承王敦的命令,祸害一定到来,不论智者愚者,都可以看到这一点。而且议论者提出非难的,是认为敌强我弱。实际上,王敦现在兵力不过一万多人,而且,其留

者不能五千，而将军见众既倍之矣。以将军之威名，帅此府之精锐，杖节鸣鼓，以顺讨逆，岂王含所能御哉！溯流之众，势不自救，将军之举武昌，若摧枯拉朽，尚何顾虑邪！武昌既定，据其军实，镇抚二州，以恩意招怀士卒，使还者如归，此吕蒙所以克关羽也。今释必胜之策，安坐以待危亡，不可以言智矣。"

敦恐卓于后为变，又遣参军丹杨乐道融往邀之，必欲与之俱东。道融虽事敦，而忿其悖逆，乃说卓曰："主上亲临万机，自用谯王为湘州，非专任刘隗也。而王氏擅权日久，卒见分政，便谓失职，背恩肆逆，举兵向阙。国家遇君至厚，今与之同，岂不违负大义，生为逆臣，死为愚鬼，永为宗党之耻，不亦惜乎！为君之计，莫若伪许应命，而驰袭武昌，大将军士众闻之，必不战自溃，大勋可就矣。"卓雅不欲从敦，闻道融之言，遂决曰："吾本意也。"乃与巴东监军柳纯、南平太守夏侯承、宜都太守谭该等露檄数敦逆状，帅所统致讨。遣参军司马赞、孙双奉表诣台，罗英至广州，约陶侃同进。戴渊在江西，先得卓书，表上之，台内皆称万岁。陶侃得卓信，即遣参军高宝帅兵北下。武昌城中传卓军至，人皆奔散。

敦遣从母弟南蛮校尉魏乂、将军李恒帅甲卒二万攻长沙。长沙城池不完，资储又阙，人情震恐。或说谯王承，南投陶侃或退据零、桂。承曰："吾之起兵，志欲死于忠义，

守的兵力不到五千，而将军您身边的兵力就数倍于他。凭着将军您的威望和名声，率领府中的精锐部队，举着符节，擂响军鼓，以顺臣讨伐叛逆，难道是王含所抵挡得住的吗？王敦的军队逆流而上，势不能救援，将军您攻克武昌，就如摧枯拉朽一般容易，还有什么可顾虑的呢？平定武昌之后，占有其军事物资，镇抚二州，用恩情来招纳、关怀士卒，使回来的人就像回到家一样，这就是吕蒙战胜关羽的原因所在。现在放弃这一必胜的策略，端坐着等待危亡的到来，不可以说是明智啊。"

王敦害怕甘卓在自己的后方发动事变，又派遣参军丹杨人乐道融去邀请他，一定要他与自己一起顺流东下进攻建康。乐道融虽然为王敦做事，却对其叛逆行为感到愤怒，于是劝说甘卓，说："皇上亲自日理万机，又任用谯王司马承为湘州刺史，并非专用刘隗。而王氏擅权时间很长了，一见其权力突然被分割，就说自己已失职位，背叛皇恩，肆行叛逆，向朝廷用兵。国家待您极为优厚，现在您如果与他一起作乱，岂不是有负大义，生为叛逆之臣，死为愚昧之鬼，永远为宗族、朋友所不耻，不是很可惜嘛！我替您打算，不如假装秉承王敦的命令，然后急速偷袭武昌，王敦的士众听到这一消息，一定不战而溃，伟大的功勋就此可以成就。"甘卓本来不想跟从王敦作乱，听了乐道融的话，于是下定决心，说："这正是我的本意。"就和巴东监军柳纯、南平太守夏侯承、宜都太守谭该等人一起发布檄文，历数王敦的叛逆罪状，率其统领的军队对他进行征讨。又派遣参军司马赞、孙双两人去朝廷奉上表文，派罗英到广州约请陶侃一起进军。戴渊在江西先得到了甘卓的书信，以表文的形式上甘卓书于朝廷，朝廷内都高呼万岁。陶侃得到甘卓的书信，就派遣参军高宝率兵向北进攻。武昌城里传说甘卓的部队就要到了，人们纷纷四出逃散。

王敦派表兄弟南蛮校尉魏乂、将军李恒率领重甲兵二万人前去进攻长沙。长沙的护城墙、护城河不完备，物资储备又缺乏，城内人心震惊、恐慌。有人劝说谯王司马承向南投奔陶侃，或者退守零陵、桂林。司马承说："我起兵时就打算为忠义而死，

岂可贪生苟免,为奔败之将乎!事之不济,令百姓知吾心耳。"乃婴城固守。未几,虞望战死,甘卓欲留邓骞为参军,骞不可,卓乃遣参军虞冲与骞偕至长沙,遗谯王承书,劝之固守,当以兵出沔口,断敦归路,则湘围自解。承复书称:"江左中兴,草创始尔,岂图恶逆萌自宠臣。吾以宗室受任,志在陨命。而至止尚浅,凡百茫然。足下能卷甲电赴,犹有所及;若其发疑,则求我于枯鱼之肆矣。"卓不能从。

帝征戴渊、刘隗入卫建康。隗至,百官迎于道,隗岸帻大言,意气自若。及入见,与刁协劝帝尽诛王氏,帝不许,隗始有惧色。

司空导帅其从弟中领军邃、左卫将军廙、侍中侃、彬及诸宗族二十馀人,每旦诣台待罪。周颙将入,导呼之曰:"伯仁,以百口累卿!"颙直入不顾。既见帝,言导忠诚,申救甚至,帝纳其言。颙喜饮酒,至醉而出,导犹在门,又呼之。颙不与言,顾左右曰:"今年杀诸贼奴,取金印如斗大,系肘后。"既出,又上表明导无罪,言甚切至。导不之知,甚恨之。帝命还导朝服,召见之。导稽首曰:"逆臣贼子,何代无之,不意今者近出臣族!"帝跣而执其手曰:"茂弘,方寄卿以百里之命,是何言邪!"

怎么可以贪生怕死,苟且活命,做败亡逃跑的将领呢？我即使不能成功,也要让百姓知道我的心思。"就据城固守。不久,虞望战死了,甘卓就想留下邓骞做参军,邓骞没有答应,甘卓于是派参军虞冲与邓骞一起到长沙,给谯王司马承送去一封信,劝司马承坚守长沙,他自己将出兵沔口,切断王敦的归路,湘州之围自然可解。司马承回信说:"晋朝在江东中兴,一切刚刚开始,怎能料到凶恶的叛逆竟产生于受皇上恩宠的大臣之中。我以宗室的身份受命担负重任,志在为国献身。但是到任时日还短,万事都还未理出头绪。如果您能轻装上阵,如同闪电一般迅速赶来救援,还可能来得及;如果您还犹豫不决,那就只好到卖干鱼的店铺里来找我了。"甘卓没能听从。

元帝征调戴渊、刘隗率军进入建康加强防卫。刘隗回到建康时,百官在道路上迎接他,刘隗把头巾掀起,露出前额,大声说笑,意气昂扬,神色自若。等到入宫觐见元帝时,与刁协一起劝说元帝杀尽王氏,元帝没有同意,刘隗这才开始显露出害怕的神色。

司空王导率领其堂弟中领军王邃、左卫将军王廙、侍中王侃、王彬以及族人二十多人,每天早晨到宫廷等待问罪。周颛将要入朝,王导大声喊他,说:"伯仁,我把王氏宗族的一百多口人托付给你!"周颛直接入朝而不回头。等到见到元帝,周颛就向元帝陈诉王导的忠诚不贰,极力为王导辩白,元帝采纳了周颛的建议。周颛因此大喜,喝了不少酒,直到喝醉了才出宫门,王导还在门前守候,又大声喊他。周颛又不跟他说话,反而对左右跟随的人说:"今年杀掉乱臣贼子,我就可以得到一个像斗一样大的金印挂在臂肘的后面。"出去以后,又上表陈说王导没有罪过,言辞非常恳切。王导不知道这些事情,心里对周颛很是怨恨。元帝下令归还王导的官服,并召见他。王导叩头说:"哪一个朝代没有乱臣贼子,没想到今天却出在我们王氏家族中!"元帝来不及穿鞋,赤脚握住他的手说:"茂弘,我正要把国家政务交给你,你这说的是什么话啊!"

三月，以导为前锋大都督，加戴渊骠骑将军。诏曰："导以大义灭亲，可以吾为安东时节假之。"以周顗为尚书左仆射，王邃为右仆射。帝遣王廙往谕止敦。敦不从而留之，廙更为敦用。征虏将军周札，素矜险好利，帝以为右将军、都督石头诸军事。敦将至，帝使刘隗军金城，札守石头，帝亲被甲徇师于郊外。以甘卓为镇南大将军、侍中、都督荆梁二州诸军事，陶侃领江州刺史，使各帅所统以蹑敦后。

敦至石头，欲攻刘隗。杜弘言于敦曰："刘隗死士众多，未易可克，不如攻石头，周札少恩，兵不为用，攻之必败，札败则隗自走矣。"敦从之，以弘为前锋，攻石头，札果开门纳弘。敦据石头，叹曰："吾不复得为盛德事矣！"谢鲲曰："何为其然也！但使自今已往，日忘日去耳。"

帝命刁协、刘隗、戴渊帅众攻石头，王导、周顗、郭逸、虞潭等三道出战，协等兵皆大败。太子绍闻之，欲自帅将士决战；升车将出，中庶子温峤执鞚谏曰："殿下国之储副，奈何以身轻天下！"抽剑斩鞅，乃止。

敦拥兵不朝，放士卒劫掠，宫省奔散，惟安东将军刘超案兵直卫，及侍中二人侍帝侧。帝脱戎衣，著朝服，顾而言曰："欲得我处，当早言！何至害民如此！"又遣使谓敦曰："公若不忘本朝，于此息兵，则天下尚可共安；如其不然，朕当归琅邪以避贤路。"

三月，元帝以王导为前锋大都督，加封戴渊为骠骑将军。元帝下诏说："王导大义灭亲，可以把我做安东将军时的符节交给他。"又用周颤为尚书左仆射，王邃为尚书右仆射。元帝派王廙去劝谕王敦，让他停止进攻。王敦不听，把王廙留了下来，王廙再次为王敦效力。征虏将军周札平素阴险而贪图私利，元帝任命他为右将军、都督石头诸军事。王敦的军队将要到的时候，元帝派刘隗驻军金城，周札驻守石头，元帝亲自披挂铠甲在郊外巡视军队。又任命甘卓为镇南大将军、侍中、都督荆梁二州诸军事，陶侃领江州刺史，让他们各自率领自己的军队抄王敦的后路。

　　王敦的军队到达石头，打算进攻刘隗。杜弘对王敦说："在刘隗队伍中，替他拼死效命的士卒很多，不是轻易可以攻克的，不如进攻石头，周札对士兵缺少恩惠，士兵不愿为他效力，进攻他，他一定败亡，周札一败，刘隗自然就会逃跑了。"王敦听从了他的计谋，让杜弘为前锋，攻打石头，周札果然打开城门接纳杜弘。王敦占据石头，叹息说："我不可能再做功德盛大的事情了！"谢鲲说："您怎么这样想呢？只要从今天开始，一天天淡忘，一天天过去，这种情绪就会消失。"

　　元帝命令刁协、刘隗、戴渊率军围攻石头，王导、周颤、郭逸、虞潭等人三路出击，刁协等人的军队都大败而还。太子司马绍听说此事，打算亲自率将士与王敦决战；登上马车就要出发时，中庶子温峤握着马勒头劝阻说："殿下您是国家的帝位继承人，怎么可以意气用事，逞一己之快而不顾天下！"抽出利剑，斩断马鞍带，太子于是停止行动，没有出战。

　　王敦拥重兵不朝见皇帝，纵放士兵去抢劫，宫廷、朝廷的人都大量逃散，只有安东将军刘超带兵当值守卫皇宫，以及侍中两人侍候在元帝身旁。元帝脱下军装，穿上朝服，看着旁边的人说："王敦想得到我这个地方，应该早日说出来！何必这样残害老百姓！"又派使者对王敦说："您若还没有忘记本朝廷，就此停止军事行动，那么，天下还可以由你我共同治理而获安定；如果不可能这样的话，我就只好回到琅邪郡去，为贤能的人让路。"

刁协、刘隗既败,俱入宫,见帝于太极东除。帝执协、隗手,流涕呜咽,劝令避祸。协曰:"臣当守死,不敢有贰。"帝曰:"今事逼矣,安可不行!"乃令给协、隗人马,使自为计。协老,不堪骑乘,素无恩纪,募从者,皆委之,行至江乘,为人所杀,送首于敦。隗奔后赵,官至太子太傅而卒。

帝令公卿百官诣石头见敦,敦谓戴渊曰:"前日之战,有馀力乎?"渊曰:"岂敢有馀,但力不足耳!"敦曰:"吾今此举,天下以为何如?"渊曰:"见形者谓之逆,体诚者谓之忠。"敦笑曰:"卿可谓能言。"又谓周顗曰:"伯仁,卿负我!"顗曰:"公戎车犯顺,下官亲帅六军,不能其事,使王旅奔败,以此负公!"

辛未,大赦;以敦为丞相、都督中外诸军、录尚书事、江州牧,封武昌郡公,并让不受。

初,西都覆没,四方皆劝进于帝。敦欲专国政,忌帝年长难制,欲更议所立,王导不从。及敦克建康,谓导曰:"不用吾言,几至覆族。"

敦以太子有勇略,为朝野所向,欲诬以不孝而废之,大会百官,问温峤曰:"皇太子以何德称?"声色俱厉。峤曰:"钩深致远,盖非浅局所量;以礼观之,可谓孝矣。"众皆以为信然,敦谋遂沮。

刁协、刘隗已经兵败，都进入宫廷，在太极殿东侧的台阶上谒见元帝。元帝握着刁协、刘隗的手，流着眼泪，哭声呜咽，劝说并命令他们去躲一躲以避灾祸。刁协说："我做大臣，应当守节而死，不敢有二心。"元帝说："现在事情已经很紧急了，怎么可以不走呢？"于是下令拨给刁协、刘隗人员和马匹，让他们各自为计。刁协年纪大了，不能骑马，平素对人又缺少恩惠，招募的随从人员都扔下了他不管。他走到江乘地方，就被人杀死，首级被送给王敦。刘隗逃跑投奔后赵，官做到太子太傅而死。

元帝下令公卿百官到石头去拜见王敦，王敦对戴渊说："前几天的战争，你还有剩馀的力量吗？"戴渊说："怎么敢有剩馀的力量，只是兵力不足罢了！"王敦问："我这次的举动，天下的人认为怎么样？"戴渊回答说："只看到表面现象的人，说你这是叛逆之举，体会到你的诚心的人，说你这是忠诚之举。"王敦笑着说："你可以说是很会说话的。"王敦又对周顗说："周伯仁，你有负于我！"周顗说："你以武力违犯顺从皇上的道德，我亲自率领六军进攻你，未能完成我应完成的事业，以致君王的军队奔逃败亡，这就是我有负于你的地方！"

辛未（十八日），元帝大赦天下；任命王敦为丞相、都督中外诸军、录尚书事、江州牧，封为武昌郡公，对这些任命，王敦都推辞不予接受。

当初，西都长安陷落时，各方人士都劝元帝即帝位。王敦想专擅国政，担心元帝年纪较大难以控制，打算建议另外立他人为帝，王导不答应。等到王敦这次起兵攻下了建康，就对王导说："不听我的话，差点使我们王氏宗族遭到灭族之祸。"

王敦因为皇太子司马绍有勇有谋，被朝野所推崇，便打算用不孝顺的罪名诬陷他而废除其太子之位，于是在大会百官时，问温峤："皇太子以什么道德著称？"问话时声色俱厉。温峤回答说："钩深致远，不是浅显的容器所能衡量的；以礼义来观察他，可以说是做到了孝了。"大家都以为确实是这样，王敦的阴谋于是被挫败了。

　　帝召周颙于广室,谓之曰:"近日大事,二宫无恙,诸人平安,大将军固副所望邪?"颙曰:"二宫自如明诏,臣等尚未可知。"护军长史郝嘏等劝颙避敦,颙曰:"吾备位大臣,朝廷丧败,宁可复草间求活,外投胡、越邪!"敦参军吕猗,尝为台郎,性奸谄,戴渊为尚书,恶之。猗说敦曰:"周颙、戴渊,皆有高名,足以惑众,近者之言,曾无怍色,公不除之,恐必有再举之忧。"敦素忌二人之才,心颇然之,从容问王导曰:"周、戴,南北之望,当登三司无疑也。"导不答。又曰:"若不三司,止应令仆邪?"又不答。敦曰:"若不尔,正当诛尔!"又不答。丙子,敦遣部将陈郡邓岳收颙及渊。先是,敦谓谢鲲曰:"吾当以周伯仁为尚书令,戴若思为仆射。"是日,又问鲲:"近来人情何如?"鲲曰:"明公之举,虽欲大存社稷,然悠悠之言实未达高义。若果能举用周、戴,则群情帖然矣!"敦怒曰:"君粗疏邪!二子不相当,吾已收之矣!"鲲愕然自失。参军王峤曰:"'济济多士,文王以宁。'奈何戮诸名士!"敦大怒,欲斩峤,众莫敢言。鲲曰:"明公举大事,不戮一人。峤以献替忤旨,便以衅鼓,不亦过乎!"敦乃释之,黜为领军长史。峤,浑之族孙也。颙被收,路经太庙,大言曰:"贼臣王敦,倾覆社稷,枉杀忠臣;神祇有灵,当速杀之!"收人以戟伤其口,血流至踵,容止自若,观者皆为流涕。并戴渊杀之于石头南门之外。

元帝召周颢到广室,对他说:"近几天的这场大事,两宫都没受伤害,大家都很平安,难道大将军王敦本来就符合众望吗?"周颢说:"两宫确实是像您所说的那样平安无事,但我们这些做臣子的将会怎样还是不得而知啊。"护军长史郝嘏等人劝周颢躲避王敦,周颢说:"我身为大臣,朝廷衰败,难道可以躲在草野之中以求活命,或者向外投靠胡、越之人吗?"王敦的参军吕猗曾做过尚书郎,性情奸巧诡谲,戴渊担任尚书,讨厌他。吕猗劝说王敦说:"周颢、戴渊两人都有很大的名气,足以蛊惑众人,近来所说的话,一点惭愧的意思也没有,您不除掉他们,恐怕会有再次起兵的忧虑。"王敦向来就忌妒周颢、戴渊二人的才能,对吕猗的话颇以为然,于是不动声色地问王导:"周颢、戴渊二人是南北两方面有名望的人,无疑是应该做三公的吧?"王导不作回答。王敦又说:"如果不做三公,就只应做尚书令、仆射吧?"王导又不回答。王敦于是说:"如果不这样,就该杀掉他们!"王导还是没有回答。丙子(二十三日),王敦派部将陈郡人邓岳收捕周颢和戴渊。这以前,王敦对谢鲲说:"我应当以周颢为尚书令,以戴渊为尚书仆射。"这天,又问谢鲲:"近来民心怎么样?"谢鲲回答说:"您的起兵之举,虽然是想保全国家社稷,然而民间的众多议论实在没有理解您的大义。如果真能起用周颢和戴渊,那么,民心就可以安定下来。"王敦发怒道:"你过于粗心了!这二人名实不相符,我已经拘捕了他们!"谢鲲惊愕得茫然不知所措。参军王峤说:"'人才济济,文王用之而安宁。'怎么可以杀掉诸位名士呢?"王敦大怒,想斩杀王峤,大家都不敢说什么。只有谢鲲说:"您起大事,不杀一人。王峤因为向您进言违背您的意思,就想用他的血涂染战鼓,不也太过分了吗?"王敦于是放了王峤,贬他为领军长史。王峤是王浑的族孙。周颢被收捕,经过太庙时,高声说:"奸贼之臣王敦,颠覆社稷江山,冤枉杀害忠臣;神祇有灵的话,应该赶快杀掉他!"拘捕他的人用戟刺伤了他的口,鲜血一直流到脚跟,周颢仍然神色、举止自若,看到的人都为此而痛哭流涕。他和戴渊一起被杀害在石头城南门外。

　　帝使侍中王彬劳敦。彬素与颙善，先往哭颙，然后见敦。敦怪其容惨，问之。彬曰："向哭伯仁，情不能已。"敦怒曰："伯仁自致刑戮，且凡人遇汝，汝何哀而哭之？"彬曰："伯仁长者，兄之亲友。在朝虽无謇愕，亦非阿党，而敕后加之极刑，所以伤惋也。"因勃然数敦曰："兄抗旌犯顺，杀戮忠良，图为不轨，祸及门户矣！"辞气慷慨，声泪俱下。敦大怒，厉声曰："尔狂悖乃至此，以吾为不能杀汝邪！"时王导在坐，为之惧，劝彬起谢。彬曰："脚痛不能拜；且此复何谢！"敦曰："脚痛孰若颈痛？"彬殊无惧容，竟不肯拜。王导后料检中书故事，乃见颙救己之表，执之流涕曰："吾虽不杀伯仁，伯仁由我而死，幽冥之中，负此良友！"沈充拔吴国，杀内史张茂。

　　初，王敦闻甘卓起兵，大惧。卓兄子卬为敦参军，敦使卬归说卓曰："君此自是臣节，不相责也。吾家计急，不得不尔。想便旋军襄阳，当更结好。"卓虽慕忠义，性多疑少决，军于猪口，欲待诸方同出军，稽留累旬不前。敦既得建康，乃遣台使以驺虞幡驻卓军。卓闻周颙、戴渊死，流涕谓卬曰："吾之所忧，正为今日。且使圣上元吉，太子无恙，吾临敦上流，亦未敢遽危社稷。适吾径据武昌，敦势逼，必劫天子以绝四海之望，不如还襄阳，更思后图。"即命旋军。

元帝派侍中王彬去犒劳王敦。王彬向来与周颉关系好，就先去哭吊周颉，然后再去见王敦。王敦见他的面色悲哀而感到奇怪，就询问他。王彬说："刚去哭吊伯仁，感情还不能自制。"王敦大怒道："伯仁自己招致杀戮，况且他平常像对待普通人一样对待你，你又为何哀痛而去哭吊他？"王彬说："伯仁是一位长者，也是兄长您的亲友。他在朝廷虽不算正直敢言，但也不结党营私，而您却在大赦天下之后将他杀害，这就是我为之伤痛和惋惜的地方。"于是勃然大怒，数落王敦："兄长您违抗君命，以下犯上，杀害忠良，图谋不轨，将灾祸引到我们王氏门中了！"言辞慷慨，神情激昂，声泪俱下。王敦大怒，厉声说："你狂妄、荒谬到了这种地步，你认为我不敢杀你吗？"当时王导也在座，为王彬担心，就劝他起来向王敦谢罪。王彬说："我脚痛不能行礼；再说，这又有什么好谢罪的！"王敦说："脚痛比起脖子痛来怎么样？"王彬一点也没有畏惧的神色，最终不肯拜谢而去。王导后来整理中书省的旧档案，才看到周颉为救自己所上的表文，拿着它痛哭流涕，说："我虽然没有杀掉周颉，周颉却因我而死，九泉之下，我也有负于这一好朋友！"沈充攻占了吴国，杀掉了内史张茂。

当初，王敦听说甘卓起兵于自己后方，大为恐惧。甘卓哥哥的儿子甘卬是王敦的参军，王敦派遣甘卬回去劝说甘卓："你这样做是尽臣子的节义，我不责怪你。我这次起兵也是因为王家的形势很急迫，不得不这样做。希望你能立即回师襄阳，我将会重新与你结好。"甘卓虽然景仰忠诚节义，性情却多疑而又优柔寡断，于是屯兵于猪口，想等到各方人马到后一起出军，耽搁了数十天没有前进。王敦已经占领建康，就派朝廷使者给甘卓军中送去驺虞幡，让甘卓军队停止前进。甘卓听到周颉、戴渊被王敦处死的消息后，痛哭流涕地对甘卬说："我所忧虑的，正是今天的这种形势。假如能让皇上无恙，太子平安，我又占据着王敦的上游地区，料他也不敢马上就危害国家。假如我直接占领武昌，王敦因为形势紧迫，一定会劫持皇上以断绝天下的希望，我还不如先还师襄阳，再打以后的主意。"于是马上下令回师襄阳。

都尉秦康与乐道融说卓曰:"今分兵断彭泽,使敦上下不得相赴,其众自然离散,可一战擒也。将军起义兵而中止,窃为将军不取。且将军之下,士卒各求其利,欲求西还,亦恐不可得也。"卓不从。道融昼夜泣谏,卓不听,道融忧愤而卒。卓性本宽和,忽更强塞,径还襄阳,意气骚扰,举动失常,识者知其将死矣。

王敦以西阳王羕为太宰,加王导尚书令,王廙为荆州刺史;改易百官及诸军镇,转徙黜免者以百数;或朝行暮改,惟意所欲。敦将还武昌,谢鲲言于敦曰:"公至都以来,称疾不朝,是以虽建勋而人心实有未达。今若朝天子,使君臣释然,则物情皆悦服矣。"敦曰:"君能保无变乎?"对曰:"鲲近日入觐,主上侧席,迟得见公,宫省穆然,必无虞也。公若入朝,鲲请侍从。"敦勃然曰:"正复杀君等数百人,亦复何损于时!"竟不朝而去。夏四月,敦还武昌。

初,宜都内史天门周级闻谯王承起兵,使其兄子该潜诣长沙,申款于承。魏乂等攻湘州急,承遣该及从事邵陵周崎间出求救,皆为逻者所得。乂使崎语城中,称大将军已克建康,甘卓还襄阳,外援理绝。崎伪许之,既至城下,大呼曰:"援兵寻至,努力坚守!"乂杀之。乂考该至死,竟不言其故,周级由是获免。

都尉秦康与乐道融二人劝说甘卓,说:"现在如果派一支队伍切断彭泽,使王敦的军队上下不能联络,他的部队自然要奔离逃散,一次战斗就可把他俘获。将军您起义兵却半途而废,我私下认为将军您不该这么做。再说,在将军您之下,士兵各自为自己的利益打算,就算是您打算向西回师襄阳,恐怕也是不可能成功的。"甘卓没有听从他们的计谋。乐道融昼夜哭着劝谏甘卓,甘卓也不听,乐道融于是忧愤而死。甘卓性情本来很宽厚随和,这一次却突然变得强硬而且毫不通融,直接回师襄阳,神色不宁、举止失常,有见识的人都知道这是他将要死去的迹象了。

王敦任命西阳王司马羕为太宰,加封王导为尚书令,王廙为荆州刺史;更换百官以及各个军镇的将帅,迁徙、降职、罢免的数以百计;有的早上任命晚上更改,一切由他随心所欲。王敦将要回师武昌时,谢鲲对王敦说:"您到都城以来,一直声称身体不适而不去朝见皇上,所以,您虽然建立了功勋,而人们心中却对您不能理解。现在如果您去朝见天子,使君臣之间消除误解,那么,人们就会心悦诚服。"王敦说:"你能保证不会发生变故吗?"谢鲲回答说:"我近日入内拜见皇上,皇上坐在侧席,希望能见到您,皇宫朝廷都是一派和睦的样子,肯定没有什么好担忧的啦。您如果入朝,我请求跟从侍卫您。"王敦勃然大怒道:"纵使杀掉数百个你这样的人,对时局又会有什么损害!"最终没有朝见皇帝就离建康而去。夏季四月,王敦回到武昌。

当初,宜都内史天门人周级听说谯王司马承起兵了,就派他兄长的儿子周该秘密地赶到长沙,对司马承表示自己的诚意。魏义等人急攻湘州的时候,司马承派周该及从事邵陵人周崎抄小路外出求救兵,他们都被魏义的巡逻兵抓获。魏义让周崎向城中喊话,要他说大将军王敦已经攻克建康,甘卓已经回师襄阳,外援已断绝。周崎假装答应了他,等到已到城墙下面,周崎大声高喊:"援兵马上就到,大家努力坚守啊!"魏义于是杀掉了他。魏义又拷问周该,周该至死也不肯说出个中缘故,周级因此得以免除灾祸。

　　乂等攻战日逼，敦又送所得台中人书疏，令乂射以示承。城中知朝廷不守，莫不怅惋。相持且百日，刘翼战死，士卒死伤相枕。癸巳，乂拔长沙，承等皆被执。乂将杀虞悝，子弟对之号泣，悝曰："人生会当有死，今阖门为忠义之鬼，亦复何恨！"

　　乂以槛车载承及易雄送武昌，佐吏皆奔散，惟主簿桓雄、西曹书佐韩阶、从事武延，毁服为僮从承，不离左右。乂见桓雄姿貌举止非凡人，惮而杀之。韩阶、武延执志愈固。荆州刺史王廙承敦旨，杀承于道中，阶、延送承丧至都，葬之而去。易雄至武昌，意气慷慨，曾无惧容。敦遣人以檄示雄而数之，雄曰："此实有之，惜雄位微力弱，不能救国难耳。今日之死，固所愿也。"敦惮其辞正，释之，遣就舍。众人皆贺之，雄笑曰："吾安得生！"既而敦遣人潜杀之。

　　魏乂求邓骞甚急，乡人皆为之惧，骞笑曰："此欲用我耳，彼新得州，多杀忠良，故求我以厌人望也。"乃往诣乂，乂喜曰："君，古之解扬也。"以为别驾。诏以陶侃领湘州刺史，王敦止侃复还广州，加散骑常侍。

　　甘卓家人皆劝卓备王敦，卓不从，悉散兵佃作，闻谏，辄怒。襄阳太守周虑密承敦意，诈言湖中多鱼，劝卓遣左

魏乂等人进攻得一天比一天紧迫,王敦又派人把他所获的朝廷大臣们的上书和表文送给魏乂,让魏乂用箭把它们射进城中,给司马承看。城中军民知道都城已经失守,没有人不感到惆怅和惋惜的。双方相持将近一百天,刘翼战死,士兵的尸体相互枕藉。癸巳(初十),魏乂攻占长沙,司马承等人都被俘虏。魏乂将要处死虞悝,虞悝家族子弟面对着他号啕大哭,虞悝说:"人生本来就有一死,现在满门子弟都做了忠义之鬼,又有什么可怅恨的!"

魏乂用槛车把司马承和易雄送去武昌,属下官员吏卒都奔逃而散,只有主簿桓雄、西曹书佐韩阶、从事武延三人毁弃官服,充当司马承的僮仆,不离他的左右。魏乂见桓雄相貌举止与普通人不一样,出于畏惧而杀害了他。韩阶、武延陪守的心志更加坚固。荆州刺史王廙遵照王敦的意思,在路途中杀害了司马承,韩阶、武延二人为司马承送丧一直送到晋朝都城建康,把他安葬好以后才离去。易雄到武昌后,意气慷慨,一点畏惧的样子都没有。王敦派人把当初易雄起兵时讨伐王敦的檄文拿给他看,并且责备他,易雄说:"这是事实,只可惜易雄我位卑力弱,不能解救国家的危难。今天这一死,本来就是我所愿意的。"王敦惧于其义正词严,放了他,让他回家。大家都来祝贺他,易雄笑着说:"我怎么可能生存下去呢?"不久,王敦派人秘密杀害了易雄。

魏乂十分急迫地寻找邓骞,乡里人都为他忧虑和害怕,邓骞却笑着说:"这是要任用我了,他刚得到新的州郡,忠良又大多数被他们杀害,所以找我去安定民心。"于是就去拜见魏乂,魏乂大喜,说:"你是古代的解扬。"于是用邓骞做别驾。元帝下诏用陶侃为湘州刺史,王敦阻止陶侃,让他仍然回广州,加授他为散骑常侍。

甘卓的家人都劝甘卓防备王敦,甘卓不听,把军队士兵全部解散,让他们从事耕作,听到劝谏就会大发雷霆。襄阳太守周虑暗中秉承王敦的旨意,欺骗甘卓说湖中鱼多,劝甘卓派身边的人

右悉出捕鱼。五月乙亥,虑引兵袭卓于寝室,杀之,传首于敦,并杀其诸子。敦以从事中郎周抚督沔北诸军事,代卓镇沔中。抚,访之子也。

敦既得志,暴慢滋甚,四方贡献多入其府,将相岳牧皆出其门。以沈充、钱凤为谋主,唯二人之言是从,所谮无不死者。以诸葛瑶、邓岳、周抚、李恒、谢雍为爪牙。充等并凶险骄恣,大起营府,侵人田宅,剽掠市道,识者咸知其将败焉。

秋七月,王敦自领宁、益二州都督。冬十月己丑,荆州刺史武陵康侯王廙卒。王敦以下邳内史王邃都督青、徐、幽、平四州诸军事,镇淮阴;卫将军王含都督沔南诸军事,领荆州刺史;武昌太守丹杨王谅为交州刺史。使谅收交州刺史脩湛、新昌太守梁硕杀之。谅诱湛,斩之。硕举兵围谅于龙编。

十一月,以临颍元公荀组为太尉;辛酉,薨。罢司徒,并丞相府。王敦以司徒官属为留府。

帝忧愤成疾,闰月己丑,崩。司空王导受遗诏辅政。帝恭俭有馀而明断不足,故大业未复而祸乱内兴。庚寅,太子即皇帝位,大赦。

明帝太宁元年,王敦谋篡位,讽朝廷征己,帝手诏征之。夏四月,加敦黄钺、班剑,奏事不名,入朝不趋,剑履上殿。敦移镇姑孰,屯于湖,以司空导为司徒,敦自领扬州牧。敦欲为逆,王彬谏之甚苦。敦变色,目左右,将收之。

全部出去捕鱼。五月乙亥(二十三日)，周虑领兵在卧室偷袭甘卓，将他杀掉，送其首级给王敦，还一并杀掉了甘卓的几个儿子。王敦任用从事中郎周抚督沔北诸军事，代替甘卓镇守沔中。周抚就是周访的儿子。

王敦既已得志，就更加暴虐和傲慢，全国各地给朝廷贡献的物品大多进了他的府第，朝廷文武大臣及地方长官大多出自他的门下。他任用沈充、钱凤作为主要谋士，只听从他们二人的主意，他们诬陷的人没有一个不被处死的。用诸葛瑶、邓岳、周抚、李恒、谢雍为爪牙。沈充等人都很凶恶阴险、傲慢放纵。他们大修府第，侵占他人的田宅，在街市要道上公开抢劫，有见识的人都知道他们将要败亡了。

秋季七月，王敦自领宁、益二州都督。冬季十月己丑(初九)，荆州刺史武陵康侯王廙死了。王敦用下邳内史王邃都督青、徐、幽、平四州诸军事，坐镇淮阴；又用卫将军王含都督沔南诸军事，领荆州刺史；又用武昌太守丹杨人王谅为交州刺史。派王谅去拘捕交州刺史脩湛和新昌太守梁硕，想杀害他们。王谅诱杀了脩湛。梁硕起兵把王谅包围在龙编。

十一月，任用临颍元公荀组为太尉；辛酉(十二日)，荀组死去。元帝宣布不设司徒这一官职，裁并丞相府。王敦用原来司徒的属官组成留府。

元帝忧愤成疾，于闰十一月己丑(初十)病逝。司空王导接受遗诏，辅佐朝政。元帝恭俭有馀而明断不足，所以光复大业未成而内部却起了祸乱。庚寅(十一日)，太子司马绍即皇帝位，大赦天下。

晋明帝太宁元年(323)，王敦图谋篡夺皇位，就暗示朝廷征召自己，明帝于是亲笔写诏书征召王敦。夏季四月，加赐给王敦黄钺和班剑，允许他奏事不必通名，入朝不必快步行走，可以佩着宝剑、穿着鞋子上殿。王敦移镇姑孰，驻屯在于湖，任命司空王导为司徒，王敦自领扬州牧。王敦打算干出叛逆之事，王彬苦苦劝阻。王敦脸色一变，以目光暗示旁边的人，将要拘捕他。

彬正色曰:"君昔岁杀兄,今又杀弟邪!"敦乃止,以彬为豫章太守。

帝畏王敦之逼,欲以郗鉴为外援,拜鉴兖州刺史,都督扬州江西诸军事,镇合肥。王敦忌之,表鉴为尚书令。八月,诏征鉴还,道经姑孰,敦与之论西朝人士,曰:"乐彦辅,短才耳,考其实,岂胜满武秋邪!"鉴曰:"彦辅道韵平淡,愍、怀之废,柔而能正。武秋失节之士,安得拟之!"敦曰:"当是时,危机交急。"鉴曰:"丈夫当死生以之。"敦恶其言,不复相见,久留不遣。敦党皆劝敦杀之,敦不从。鉴还台,遂与帝谋讨敦。

王敦从子允之,方总角,敦爱其聪警,常以自随。敦尝夜饮,允之辞醉先卧。敦与钱凤谋为逆,允之悉闻其言,即于卧处大吐,衣面并污。凤出,敦果照视,见允之卧于吐中,不复疑之。会其父舒拜廷尉,允之求归省父,悉以敦、凤之谋白舒。舒与王导俱启帝,阴为之备。敦欲强其宗族,陵弱帝室,冬十一月,徙王含为征东将军、都督扬州江西诸军事,王舒为荆州刺史、监荆州沔南诸军事,王彬为江州刺史。

是岁,会稽内史周札,一门五侯,宗族强盛,吴士莫与为比,王敦忌之。敦有疾,钱凤劝敦早除周氏,敦然之。周嵩以兄顗之死,心常愤愤。敦无子,养王含子应为嗣,嵩尝于众中言应不宜统兵,敦恶之。嵩与札兄子莛皆为敦从事

王彬正色道:"你过去杀兄长,现在又要杀弟弟吗?"王敦这才罢休,任用王彬为豫章太守。

明帝畏惧王敦的步步进逼,想凭借郗鉴作为外援,于是拜郗鉴为兖州刺史,都督扬州江西诸军事,坐镇合肥。王敦顾忌郗鉴,于是上表请求让郗鉴做尚书令。八月,明帝下诏征调郗鉴回建康,途经姑孰,王敦和他一起议论西晋的人士,王敦说:"乐彦辅缺少才干,考查他的实际能力,难道超得过满武秋吗?"郗鉴说:"乐彦辅性情平淡、讲究风度,但是愍帝和怀帝的过失之处,他都能用温和的办法加以纠正。满武秋是失节之人,怎么可以和乐彦辅相比!"王敦说:"那个时候,形势危急。"郗鉴说:"大丈夫应该置生死于度外,而不能失节。"王敦讨厌他的话,不再见他,却又久久留着他不予放行。王敦的党羽都劝王敦把他杀掉,王敦没有听从。郗鉴回到朝廷,就和元帝谋划讨伐王敦。

王敦的侄子王允之,还是个小孩,王敦喜欢他的聪颖和机敏,常常把他带在身边。王敦曾经晚上宴饮,王允之说喝醉了就告辞先去睡觉。王敦与钱凤谋划叛逆之事,王允之把他们说的话都听到了,就在睡觉的床上大吐,弄得衣服上、脸上全是污秽之物。钱凤出去以后,王敦果然提着灯前来照看,看到王允之在呕吐的污物中睡着了,就不再怀疑他。恰好王允之的父亲王舒被拜为廷尉,王允之就要求回家去看看父亲,回家以后,把王敦和钱凤的密谋全部告诉了王舒。王舒就和王导一起去报告了明帝,并暗中为此加以防备。王敦想使其宗族更加强盛,以陵弱皇室,冬季十一月,调任王含为征东将军、都督扬州江西诸军事,王舒为荆州刺史、监荆州沔南诸军事,王彬为江州刺史。

这一年,会稽内史周札家族中五人封侯,宗族很是强盛,吴地人没有谁可以和他们家相比,王敦于是忌恨他。王敦生了病,钱凤劝王敦及早除掉周氏势力,王敦赞同这样。周嵩因为兄长周颛的死,心里常常愤怒。王敦没有亲生儿子,于是养育王含的儿子王应作为后嗣,周嵩曾于众人面前说王应不宜统领军队,王敦于是憎恶他。周嵩和周札兄长的儿子周莚同时做王敦的从事

中郎。会道士李脱以妖术惑众,士民颇信事之。

二年春正月,王敦诬周嵩、周莚与李脱谋为不轨,收嵩、莚,于军中杀之。遣参军贺鸾就沈充于吴,尽杀周札诸兄子;进兵袭会稽,札拒战而死。

夏五月,王敦疾甚,矫诏拜王应为武卫将军以自副,以王含为骠骑大将军、开府仪同三司。钱凤谓敦曰:"脱有不讳,便当以后事付应邪?"敦曰:"非常之事,非常人所能为。且应年少,岂堪大事!我死之后,莫若释兵散众,归身朝廷,保全门户,上计也;退还武昌,收兵自守,贡献不废,中计也;及吾尚存,悉众而下,万一侥幸,下计也。"凤谓其党曰:"公之下计,乃上策也。"遂与沈充定谋,俟敦死,即作乱。又以宿卫尚多,奏令三番休二。

初,帝亲任中书令温峤,敦恶之,请峤为左司马。峤乃缪为勤敬,综其府事,时进密谋以附其欲。深结钱凤,为之声誉,每曰:"钱世仪精神满腹。"峤素有藻鉴之名,凤甚悦,深与峤结好。会丹杨尹缺,峤言于敦曰:"京尹咽喉之地,公宜自选其才,恐朝廷用人,或不尽理。"敦然之,问峤:"谁可者?"峤曰:"愚谓无如钱凤。"凤亦推峤,峤伪辞之。敦不听。六月,表峤为丹杨尹,且使觇伺朝廷。峤恐既去而钱凤于后间止之,因敦饯别,峤起行酒,至凤,凤未及饮,峤伪

中郎。恰好遇到道士李脱以妖术惑众,老百姓颇有相信并追随他的人。

二年(324)春季正月,王敦诬告周嵩、周莚和李脱一起谋划叛上作乱,拘捕了周嵩、周莚,在军中杀了他们。又派参军贺鸾去吴地找沈充,让他杀尽了周札所有兄长的儿子;然后进军袭击会稽,周札在抵抗中奋战而死。

夏季五月,王敦病重,假托诏令,拜王应为武卫将军,作为自己的副职;用王含为骠骑大将军、开府仪同三司。钱凤对王敦说:"假如您的病好不了,就把后事托付给王应吗?"王敦说:"非同寻常的事业,不是一般人可以做成的。况且王应还年轻,怎么能胜任这种大事!我死了以后,不如放下兵器,解散部众,回身侍奉朝廷,以保全门户,这是上策;还师退守武昌,收兵以自守,保持向朝廷上贡进献,这是中策;在我没死的时候,就以全部兵力顺流东下进攻建康,以寻求万一侥幸的成功,这是下策。"钱凤对他的党羽说:"王公所说的下策,其实就是上策。"于是和沈充定下计谋,等王敦一死,就马上发动叛乱。又因为京城建康宿卫的士卒尚多,就上奏让士卒按三班制,一班宿卫,两班休息。

当初,明帝亲近信任中书令温峤,王敦讨厌他,就请求让温峤做他的左司马。温峤就假装办事勤勉,待人恭敬,总管王敦府中之事,常常向王敦进献一些主意,来附和王敦的意志。并与钱凤深交,还为钱凤扬名,经常说:"钱世仪全身充满了活力。"温峤向来有善于知人的名声,钱凤非常高兴,与温峤深深结好。恰好碰到丹杨尹空缺,温峤于是对王敦说:"丹杨是扼守京城的咽喉要地,您应该亲自选拔人才去治理它,我担心朝廷选用的人,可能不能完全处理好政事。"王敦认为确实如此,就问温峤:"谁可以去做丹杨尹?"温峤答道:"我认为没有比钱凤更适宜的。"钱凤也推举温峤,温峤假装推辞。王敦不听。六月,王敦上表任命温峤为丹杨尹,并且让他窥伺朝廷动向。温峤担心他一离开钱凤就会在背后挑拨阻止他,于是就在王敦的饯行宴上起来敬酒,到钱凤面前,钱凤还没来得及喝酒,温峤就假装

醉，以手版击凤帻坠，作色曰："钱凤何人，温太真行酒而敢不饮！"敦以为醉，两释之。峤临去，与敦别，涕泗横流，出阁复入者再三。行后，凤谓敦曰："峤于朝廷甚密，而与庾亮深交，未可信也。"敦曰："太真昨醉，小加声色，何得便尔相逊！"峤至建康，尽以敦逆谋告帝，请先为之备，又与庾亮共画讨敦之谋。敦闻之，大怒曰："吾乃为小物所欺！"与司徒导书曰："太真别来几日，作如此事！当募人生致之，自拔其舌。"

帝将讨敦，以问光禄勋应詹，詹劝成之，帝意遂决。丁卯，加司徒导大都督、领扬州刺史，以温峤都督东安北部诸军事，与右将军卞敦守石头，应詹为护军将军、都督前锋及朱雀桥南诸军事，郗鉴行卫将军、都督从驾诸军事，庾亮领左卫将军，以吏部尚书卞壶行中军将军。郗鉴以为军号无益事实，固辞不受，请召临淮太守苏峻、兖州刺史刘遐同讨敦。诏征峻、遐及徐州刺史王邃、豫州刺史祖约、广陵太守陶瞻等入卫京师。帝屯于中堂。司徒导闻敦疾笃，帅子弟为敦发哀，众以为敦信死，咸有奋志。于是尚书腾诏下敦府，列敦罪恶曰："敦辄立兄息以自承代，未有宰相继体而不由王命者也。顽凶相奖，无所顾忌；志骋凶丑，以窥神器。天不长奸，敦以陨毙；凤承凶宄，弥复煽逆。今遣司徒导等虎旅三万，十道并进；平西将军邃等精锐三万，水陆齐势；朕亲统诸军，讨凤之罪。有能杀凤送首，封五千户侯。

已醉,用手板敲落钱凤的头巾,故意变脸色说:"钱凤你是什么人,温太真向你敬酒,你还胆敢不喝!"王敦以为他真喝醉了,就起来两下劝解。温峤临行前与王敦告别,眼泪簌簌地往下流,出门了又进去,如此连续三次。他离去后,钱凤对王敦说:"温峤和朝廷关系甚密,又与庾亮交情很深,不可以相信。"王敦说:"温太真昨天醉酒以后对你稍有失敬,怎么你就来说他的坏话!"温峤到了建康,把王敦的叛逆阴谋全部报告了明帝,请明帝先做防备,又与庾亮一起共同商量讨伐王敦的策略。王敦听说此事,大怒说:"我竟然被小人欺骗了!"于是给司徒王导去信说:"温峤离开我刚刚几天,就做出这种事情! 我应该募人活捉他,亲手拔掉他的舌头。"

明帝打算讨伐王敦,就此事询问光禄勋应詹,应詹劝明帝应该这样做,明帝于是打定了主意。丁卯(二十七日),加授司徒王导为大都督、领扬州刺史,用温峤都督东安北部诸军事,和右将军卞敦一起守卫石头,应詹为护军将军、都督前锋及朱雀桥南诸军事,郗鉴为行卫将军、都督从驾诸军事,庾亮兼左卫将军,又用吏部尚书卞壸为行中军将军。郗鉴认为军号对实际没有什么益处,坚决推辞不予接受,并请求召回临淮太守苏峻和兖州刺史刘遐共同讨伐王敦。明帝于是下召征调苏峻、刘遐以及徐州刺史王邃、豫州刺史祖约、广陵太守陶瞻等入京守卫。明帝自己屯驻于中堂。司徒王导听说王敦已病入膏肓,就率领本族子弟为王敦发丧,大家以为王敦确实死了,都有奋战之志。于是尚书传诏令到王敦府中,列数王敦的罪恶,说:"王敦自己擅自立兄长的儿子接替自己的位置,从来就没有宰相继位而不由君主任命的。王敦这些凶顽之徒,互相奖掖,毫无顾忌;志在纵放凶残和丑恶,以此来窥伺君王之权位。上天不助长奸人,王敦于是毙命;钱凤继承了凶恶和奸究,再次煽动叛上作乱。现在派司徒王导等率领猛虎般勇猛的军队三万人,分十路一起进攻;又派平西将军王邃等率领三万精兵,水陆并进;朕亲自统帅各路军队,以讨伐钱凤的罪行。有谁能杀死钱凤送来他的首级的,封五千户侯。

诸文武为敦所授用者,一无所问,无或猜嫌,以取诛灭。敦之将士,从敦弥年,违离家室,朕甚愍之。其单丁在军,皆遣归家,终身不调;其馀皆与假三年,休讫还台,当与宿卫同例三番。"

敦见诏甚怒,而病转笃,不能自将。将举兵伐京师,使记室郭璞筮之,璞曰:"无成。"敦素疑璞助温峤、庾亮,及闻卦凶,乃问璞曰:"卿更筮吾寿几何?"璞曰:"思向卦,明公起事,必祸不久;若住武昌,寿不可测。"敦大怒曰:"卿寿几何?"曰:"命尽今日日中。"敦乃收璞,斩之。

敦使钱凤及冠军将军邓岳、前将军周抚等帅众向京师。王含谓敦曰:"此乃家事,吾当自行。"于是以含为元帅。凤等问曰:"事克之日,天子云何?"敦曰:"尚未南郊,何得称天子!便尽卿兵势,保护东海王及裴妃而已。"乃上疏以诛奸臣温峤等为名。秋七月壬申朔,王含等水陆五万奄至江宁南岸,人情恟惧。温峤移屯水北,烧朱雀桁以挫其锋,含等不得渡。帝欲亲将兵击之,闻桁已绝,大怒。峤曰:"今宿卫寡弱,征兵未至,若贼豕突,危及社稷,宗庙且恐不保,何爱一桥乎!"

司徒导遗含书曰:"近承大将军困笃,或云已有不讳。寻知钱凤大严,欲肆奸逆。谓兄当抑制不逞,还藩武昌,今乃与犬羊俱下。兄之此举,谓可得如大将军昔年之事乎?

凡是由王敦任用的文武官员,一律不予追问,你们不要猜忌而与朝廷造成隔阂,由此自取灭亡。王敦的将帅士卒,跟从王敦已经很多年了,离开家室已久,朕很是怜悯他们。凡属于独子从军的,都放还归家,终身不再征调;其他的士卒都放假三年,休假结束后再回朝廷,和宿卫士兵一样,按三分之二的比例轮休。"

王敦见到诏书更加愤怒,病情也进一步加剧,无法自己统领军队。他打算起兵进攻京城建康,让记室郭璞占卜,郭璞说:"不会成功。"王敦向来就怀疑郭璞帮助温峤和庾亮,听到凶卦后,就问郭璞:"你再占卜一下我的寿命多长?"郭璞说:"分析刚才那卦,您倘若起兵,一定不久就有灾祸;如果屯住武昌,年寿就会长得不可测量。"王敦大怒说:"你再占卜一下你的寿命多长?"郭璞答道:"我的寿命结束在今天正午。"王敦于是逮捕郭璞,杀掉了他。

王敦派钱凤以及冠军将军邓岳、前将军周抚等人率军向京都建康进军。王含对王敦说:"这是我们王家的事情,我应该亲自参与行动。"王敦于是任命王含为元帅。钱凤等人问王敦:"事成之日,天子您要说些什么?"王敦回答道:"还没有在南郊祭天,哪里就谈得上称天子!竭尽你们的军事力量进攻,保护好东海王和裴妃就是了。"于是上疏明帝,以诛杀奸臣温峤等人为名义出兵。秋季七月壬申是初一,王含等人率水陆两路士兵五万人突然兵临江宁秦淮河南岸,人心惶惶。温峤移师屯驻河北岸,烧掉朱雀桁桥,用来挡住王含的进攻势头,王含等人无法渡河。明帝打算御驾亲征,听说桥已被烧断,勃然大怒。温峤说:"现在宿卫的士兵既少又弱,所征调之兵还未到,如果贼兵迅速猛攻,危害国家,宗庙恐怕都保不住,还爱惜一座桥干什么?"

司徒王导写信给王含,对他说:"近来听说大将军病情严重,有人还说他已经死去了。不久后又了解到钱凤紧急备战,打算肆行奸逆之事。我以为兄长您会抑制钱凤,不让他得逞,还师镇戍武昌,没料到您现在竟然和这班狗贼一起顺流向下。兄长您这么做,是认为自己可以像大将军往年一样举事成功吗?

昔年佞臣乱朝，人怀不宁，如导之徒，心思外济。今则不然。大将军来屯于湖，渐失人心，君子危怖，百姓劳弊。临终之日，委重安期，安期断乳几日？又于时望，便可袭宰相之迹邪？自开辟以来，颇有宰相以孺子为之者乎？诸有耳者，皆知将为禅代，非人臣之事也。先帝中兴，遗爱在民；圣主聪明，德洽朝野。兄乃欲妄萌逆节，凡在人臣，谁不愤叹！导门户小大受国厚恩，今日之事，明目张胆，为六军之首，宁为忠臣而死，不为无赖而生矣！"含不答。

或以为："王含、钱凤众力百倍，苑城小而不固，宜及军势未成，大驾自出拒战。"郗鉴曰："群逆纵逸，势不可当；可以谋屈，难以力竞。且含等号令不一，抄盗相寻，吏民惩往年暴掠，皆人自为守。乘逆顺之势，何忧不克！且贼无经略远图，惟恃豕突一战；旷日持久，必启义士之心，令智力得展。今以此弱力敌彼强寇，决胜负于一朝，定成败于呼吸，万一蹉跌，虽有申胥之徒，义存投袂，何补于既往哉！"帝乃止。

帝帅诸军出屯南皇堂。癸酉夜，募壮士，遣将军段秀、中军司马曹浑等帅甲卒千人渡水，掩其未备。平旦，战于越城，大破之，斩其前锋将何康。秀，匹磾之弟也。

往年因内部有奸佞之臣乱朝政,人人心怀不安,就像王导我这种人,都盼着外面能够成功。现在的情况就不是这样了。大将军进兵屯驻于湖,渐渐失去了人心,正直的人感到危险可怕,普通百姓则觉得劳累和困乏。大将军临终之日,把重任委托给安期,安期断乳才几天?又缺少名望,难道就可以承袭宰相的职位了?自从开天辟地以来,难道有用小孩子做宰相的?所有长有耳朵的人,都知道他打算逼皇帝让位而取而代之,这不是做臣子的人该做的事情。先帝中兴国家,对老百姓的恩爱至今还留在百姓心中;当今的君主十分聪明,恩德遍于朝廷内外。兄长您打算胡乱地行叛逆之事,凡是作为臣下的,谁不为此感到愤恨叹息?王导我一门老小深受国家的厚恩,今天的事情,我明明白白地告诉您,我要亲自统领六军来讨伐您,我宁可做忠臣而死,也不做无赖而偷生!"王含不做回复。

有人认为:"王含、钱凤兵力强出百倍,苑城太小又不坚固,应当在敌军强势未成之前,由皇上御驾亲征,出城抵挡。"郗鉴说:"叛逆之众恣纵放荡,势不可当;可以用计谋来使之屈服,而很难用实力来和他们拼搏。再说王含等人号令不统一,抢劫剽掠之事不断,官吏和百姓有鉴于往年王敦叛乱时所受的暴虐和掳掠,都各自为阵,奋起自守。利用这敌逆我顺之势,还担心不能取胜?而且叛乱之贼没有长久的谋略,只想凭借乱闯乱窜的一次大仗而获成功;长期相持下去,一定能够启发忠义之人的良心,使得智慧和力量得以施展。现在如果以我们微弱的力量去抵挡那些力量强大的叛贼,在一个早晨之中决定胜负,在一次呼吸那样短促的时间里决定成败,万一有些闪失,就是有申胥那样的人,能够仗义奋发来援,对既成事实又有何补救呢?"明帝于是停止亲征。

明帝率领各军屯驻于南皇堂。癸酉(初三)这天的晚上,招募健壮之士,派将军段秀、中军司马曹浑等人率领披甲之兵一千人渡河,乘其不备,发起攻击。清晨,两军战于越城,大败王敦的军队,斩杀了王含的前锋将领何康。段秀是鲜卑段匹磾的弟弟。

敦闻含败，大怒曰：“我兄，老婢耳，门户衰，世事去矣！”顾谓参军吕宝曰：“我当力行。”因作势而起，困乏，复卧。乃谓其舅少府羊鉴及王应曰：“我死，应便即位，先立朝廷百官，然后营葬事。”敦寻卒，应秘不发丧，裹尸以席，蜡涂其外，埋于厅事中，与诸葛瑶等日夜纵酒淫乐。帝使吴兴沈桢说沈充，许以为司空。充曰：“三司具瞻之重，岂吾所任！币厚言甘，古人所畏也。且丈夫共事，终始当同，岂可中道改易，人谁容我乎！”遂举兵趣建康。宗正卿虞潭以疾归会稽，闻之，起兵馀姚以讨充。帝以潭领会稽内史。前安东将军刘超、宣城内史锺雅皆起兵以讨充。义兴人周蹇杀王敦所署太守刘芳，平西将军祖约逐敦所署淮南太守任台。

沈充帅众万馀人与王含军合，司马顾飏说充曰：“今举大事，而天子已扼其咽喉，锋摧气沮，相持日久，必致祸败。今若决破栅塘，因湖水以灌京邑，乘水势，纵舟师以攻之，此上策也；藉初至之锐，并东、西军之力，十道俱进，众寡过倍，理必摧陷，中策也；转祸为福，召钱凤计事，因斩之以降，下策也。”充皆不能用，飏逃归于吴。

丁亥，刘遐、苏峻等帅精卒万人至，帝夜见，劳之，赐将士各有差。沈充、钱凤欲因北军初到疲困，击之，乙未夜，充、凤从竹格渚渡淮。护军将军应詹、建威将军赵胤等拒战，不利，充、凤至宣阳门，拔栅，将战，刘遐、苏峻自南塘横

王敦听到王含失败的消息,大怒说:"我的兄长只是个老奴婢,王氏门户衰落,大势已去了!"回头对参军吕宝说:"我应当尽力前去指挥。"于是尽力坐起来,却又感到困乏,又躺下。于是对舅舅少府羊鉴和王应说:"我死后,王应就即帝位,先册立朝廷百官,然后再为我办理丧事。"王敦不久就死了,王应秘不发丧,用席子裹着他的尸体,在外面涂上一层蜡,然后把他暂时埋在议事大厅中,与诸葛瑶等人日夜纵酒淫乐。明帝派吴兴人沈桢去游说沈充,许诺给他司空的官职。沈充说:"三司是众人所瞻望的重要官位,不是我可以做的!甜言蜜语,给以厚重的礼物,这是古人所畏惧的。再说大丈夫做事,应该同始同终,怎么可以中途改弦更张呢?如果这样的话,还有谁能接受我呢?"于是率军奔向建康。宗正卿虞潭因为生病回了家乡会稽,听到这个消息,就在馀姚起兵讨伐沈充。明帝便任命虞潭领会稽内史。前安东将军刘超、宣城内史钟雅都起兵讨伐沈充。义兴人周蹇杀掉王敦任命的义兴太守刘芳,平西将军祖约驱逐了王敦任命的淮南太守任台。

沈充率领部队一万多人与王含军队会合,司马顾飏劝沈充说:"现在你起兵举大事,但是,皇上却已经扼守咽喉要地,前锋队伍失利,士气低落,相持日久的话,一定会招致失败和祸害。如果现在打开河塘闸门,用湖水灌淹京城,顺着水势,派水师去进攻,这是上策;借着刚到这里的锐气和合并东西两军以后的力量,十路一起进发,以我们绝对优势的兵力,理应攻陷京城,这是中策;假装邀钱凤一起来议事,然后杀掉他再投降,这是转祸为福的下策。"这三个计策沈充都没有使用,顾飏于是逃回了吴地。

丁亥(十七日),刘遐、苏峻等人率领精锐士兵一万馀人到达建康,明帝深夜召见他们,对他们加以犒劳,对将士们分等级加以赏赐。沈充、钱凤打算乘北军刚到、疲劳困乏之机进行攻击,乙未(二十五日)晚上,沈充、钱凤率军在竹格渚渡过了秦淮河。护军将军应詹、建威将军赵胤等人率军抵抗,失利,沈充、钱凤到达宣阳门,拔掉栅栏,将要进攻之际,刘遐、苏峻从南塘拦腰

击,大破之,赴水死者三千人。遂又破沈充于青溪。寻阳太守周光闻敦举兵,帅千馀人来赴。既至,求见敦。王应辞以疾。光退曰:"今我远来而不得见,公其死乎!"遽见其兄抚曰:"王公已死,兄何为与钱凤作贼!"众皆愕然。

丙申,王含等烧营夜遁。丁酉,帝还宫,大赦,惟敦党不原。命庾亮督苏峻等追沈充于吴兴,温峤督刘遐等追王含、钱凤于江宁,分命诸将追其党与。刘遐军人颇纵虏掠,峤责之曰:"天道助顺,故王含剿绝,岂可因乱为乱也!"遐惶恐拜谢。

王含欲奔荆州,王应曰:"不如江州。"含曰:"大将军平素与江州云何,而欲归之?"应曰:"此乃所以宜归也。江州当人强盛时,能立同异,此非常人所及;今睹困厄,必有恻之心。荆州守文,岂能意外行事邪!"含不从,遂奔荆州。王舒遣军迎之,沉含父子于江。王彬闻应当来,密具舟以待之。不至,深以为恨。钱凤走至阖庐洲,周光斩之,诣阙自赎。沈充走失道,误入故将吴儒家。儒诱充内重壁中,因笑谓充曰:"三千户侯矣!"充曰:"尔以义存我,我家必厚报汝;若以利杀我,我死,汝族灭矣。"儒遂杀之,传首建康。敦党悉平。充子劲当坐诛,乡人钱举匿之,得免。其后劲竟灭吴氏。

截击，打得他们大败，投水而死的就有三千人。刘遐又再一次在青溪打败沈充。寻阳太守周光听说王敦起兵，就率领一千多人赶来参战。到了之后，请求见王敦。王应以王敦生病为借口拒绝了他。周光退出来以后说："现在我从远道赶来却不能见王公一面，王公已经死了吗？"立即去见他的兄长周抚说："王敦已死，兄长您为何还与钱凤一起做叛逆之贼？"大家听到这话，都感到愕然。

丙申（二十六日），王含等人烧掉营帐，深夜逃去。丁酉（二十七日），明帝回到皇宫，大赦天下，只有王敦的党羽不予赦免。又命令庾亮督导苏峻等人率军到吴兴去追击沈充，温峤督导刘遐等人率军到江宁去追击王含、钱凤，又分别命令诸位将领去追击他们的党羽。刘遐军队中的士兵不守军纪，大肆抢劫，温峤责备他们说："上天帮助正义者，所以王含等人被消灭了，怎么可以趁乱作乱呢？"刘遐感到惶恐不安，下拜谢罪。

王含打算逃奔荆州，王应说："不如逃奔江州。"王含说："大将军平素和江州刺史王彬关系怎么样？你还打算投奔他？"王应说："这就是我们应当投奔他的原因。江州王彬能在我们人强马壮、势力强大的时候提出不同见解，这就不是一般人所能做到的；现在看到我们的困境，一定会有怜悯恻隐之心。荆州王舒平时很守规矩，难道还能违背常规办事吗？"王含不听，于是投奔荆州。王舒派军队到长江迎接他们，把王含父子溺死在长江中。王彬听说王应要来投奔，悄悄地准备好船，等待他们的到来。王应没去，王彬深深感到遗憾。钱凤逃到阖庐洲，周光把他杀掉，到朝廷请求赎罪。沈充逃跑迷了路，误入旧日的部将吴儒家中。吴儒把沈充引诱到夹墙中，然后笑着对沈充说："我要封三千户侯了！"沈充说："你若以道义为重，救我一命，我家一定会好好报答你；你如果因为求利而杀我，我死了，你将被灭族。"吴儒于是把他杀了，把他的首级送到建康。王敦的党羽全部被平定。沈充之子沈劲本应连坐被杀，他的乡邻钱举把他藏起来，所以他免于一死。以后，沈劲最终灭了吴儒全家。

有司发王敦瘗，出尸，焚其衣冠，踞而斩之，与沈充首同悬于南桁。郗鉴言于帝曰："前朝诛杨骏等，皆先极官刑，后听私殡。臣以为王诛加于上，私义行于下，宜听敦家收葬，于义为弘。"帝许之。司徒导等皆以讨敦功受封赏。

周抚与邓岳俱亡，周光欲资给其兄而取岳。抚怒曰："我与伯山同亡，何不先斩我！"会岳至，抚出门遥谓之曰："何不速去！今骨肉尚欲相危，况他人乎！"岳回舟而走，与抚共入西阳蛮中。明年，诏原敦党，抚、岳出首，得免死禁锢。

故吴内史张茂妻陆氏，倾家产，帅茂部曲为先登以讨沈充，报其夫仇。充败，陆氏诣阙上书，为茂谢不克之责，诏赠茂太仆。

有司奏："王彬等敦之亲族，皆当除名。"诏曰："司徒导以大义灭亲，犹将百世宥之，况彬等皆公之近亲乎！"悉无所问。

有诏："王敦纲纪除名，参佐禁锢。"温峤上疏曰："王敦刚愎不仁，忍行杀戮，朝廷所不能制，骨肉所不能谏。处其朝者，恒惧危亡，故人士结舌，道路以目，诚贤人君子道穷数尽，遵养时晦之辰也，原其私心，岂遑晏处！如陆玩、刘胤、郭璞之徒常与臣言，备知之矣。必其赞导凶悖，自当正以典刑；如其枉陷奸党，谓宜施之宽贷。臣以玩等之诚，闻于圣听，当受同贼之责；苟默而不言，实负其心。惟陛下仁

有关部门挖开了王敦的坟墓,挖出他的尸体,烧掉他的衣服帽子,让他跪坐着,然后斩掉他的头,与沈充的首级一起悬挂在南桁上。都鉴对明帝说:"前朝处死杨骏等人,都是先用官刑斩决,然后让他们家人用私礼收葬。我以为朝廷用王法处斩了王敦,在下面对他家人也应该给一些私恩,听任王敦的家人为他收葬,这样的话,在道义上更为弘大。"明帝听从了他的话。司徒王导等人都因为讨伐王敦有功而得到了加封和赏赐。

周抚和邓岳都逃亡了,周光想资助他的哥哥周抚而把邓岳一人抓起来。周抚发怒说:"我和伯山一起逃亡,你为什么不先杀了我!"等到邓岳来到,周抚出门远远地对他说:"为何不赶快离去?现在骨肉兄弟还想互相残害,何况他人呢!"邓岳掉转船头就走,和周抚一起逃匿于西阳蛮之中。次年,明帝下诏赦免王敦的党徒,周抚、邓岳出来自首,被免除死刑,但受到管制。

原吴国内史张茂的妻子陆氏,倾其家财,率张茂的部曲作为先锋去讨伐沈充,为丈夫报仇。沈充败亡以后,陆氏到朝廷上书,为张茂剖辩未能取胜的罪责,明帝下诏追封张茂为太仆。

有关部门奏称:"王彬等王敦的亲戚、族人都应当免除官职。"明帝下诏说:"司徒王导大义灭亲,尚且将百世宽宥他与王敦的关系,何况王彬等人是王导的近亲!"全部不加追究。

明帝有诏书说:"王敦的综理府事的主簿除去名籍,那些参佐全部加以管制。"温峤上疏说:"王敦刚愎自用,不讲仁义,残忍地杀害忠良,朝廷不能控制,骨肉兄弟不能劝阻。处于他的幕府之中的人,整天担心危亡,所以人们闭口不言,路上见到也只以目光示意,实在是贤人君子处在无能为力、明哲保身的时刻,考究他们的内心,哪里是安然处之!像陆玩、刘胤、郭璞等人,因为常常和我谈话,所以我对他们的心境深为了解。对于那些确实是帮助诱使凶恶叛乱的人,自然应该以国家的刑典来处置;如果是不得已陷于奸党之中的人,我认为应该给予宽贷。我把陆玩等人的忠诚奏闻于皇上,应该承受与逆贼同流合污的责罚;但如果缄默而不说出来,又确实有负于他们的用心。请陛下以仁义

圣裁之!"郗鉴以为先王立君臣之教,贵于伏节死义。王敦佐吏,虽多逼迫,然进不能止其逆谋,退不能脱身远遁,准之前训,宜加义责。帝卒从峤议。

冬十月,以司徒导为太保、领司徒,加殊礼,西阳王羕领太尉,应詹为江州刺史,刘遐为徐州刺史,代王邃镇淮阴,苏峻为历阳内史,加庾亮护军将军,温峤前将军。导固辞不受。应詹至江州,吏民未安,詹抚而怀之,莫不悦服。

三年春二月,赠故谯王承、甘卓、戴渊、周𫖮、虞望、郭璞、王澄等官。周札故吏为札讼冤,尚书卞壸议以为:"札守石头,开门延寇,不当赠谥。"司徒导以为:"往年之事,敦奸逆未彰,自臣等有识以上,皆所未悟,与札无异。既悟其奸,札便以身许国,寻取枭夷。臣谓宜与周、戴同例。"郗鉴以为:"周、戴死节,周札延寇,事异赏均,何以劝沮! 如司徒议,谓往年有识以上皆与札无异,则谯王、周、戴皆应受责,何赠谥之有! 今三臣既褒,则札宜受贬明矣。"导曰:"札与谯王、周、戴,虽所见有异同,皆人臣之节也。"鉴曰:"敦之逆谋,履霜日久,缘札开门,令王师不振。若敦前者之举,义同桓、文,则先帝可为幽、厉邪!"然卒用导议,赠札卫尉。

之心来裁断!"郗鉴认为先王确立君臣之间的教义,着重在为气节、忠义而死。王敦的将佐官吏,虽然大多是受到逼迫才附于王敦的,但是他们进不能阻止他的叛逆阴谋,退不能脱身远走,以先王的古训作准则,应该加以正义的责罚。明帝最终听从了温峤的建议。

冬季十月,任命司徒王导为太保、领司徒,给予他特殊的礼遇;又任命西阳王司马羕领太尉,应詹为江州刺史,刘遐为徐州刺史,代替王邃镇守淮阴,苏峻为历阳内史,加授庾亮为护军将军,温峤为前将军。王导坚决推辞不接受。应詹到江州时,吏卒百姓都还没有安定下来,应詹安抚体恤他们,没有不心悦诚服的。

三年(325)春季二月,明帝追赠已经死去的谯王司马承、甘卓、戴渊、周𫖮、虞望、郭璞、王澄等人官职。周札过去的属吏为周札未获追赠而申辩冤屈,尚书下壹议论此事,认为:"周札守卫石头,开门放进贼寇,不应当追赠谥号。"司徒王导认为:"过去事情发生时,王敦奸逆的面目还未充分显露,我们这些有智识的人都和周札一样没有觉察。待到已经发觉王敦的奸逆,周札就以身报国,不久就被杀害。我认为应该和周𫖮、戴渊同例追赠谥号。"郗鉴认为:"周𫖮、戴渊为气节而死,周札则放进贼寇,事情完全不同而奖赏一样的话,还用什么来劝善抑恶!像司徒所说的那样,认为往年有智识的人都和周札一样的话,那么谯王、周𫖮、戴渊就应该受责备,还用追赠什么谥号呢?现在这三位大臣受到褒扬,那么周札就应该受贬抑,这事再明白不过了。"王导说:"周札和谯王、周𫖮、戴渊虽然表现出来的行为有所不同,但都尽了作为人臣的节操。"郗鉴说:"王敦的叛逆阴谋,经历了很长的时间,就是因为周札打开了城门,才导致君王的军队一蹶不振。如果王敦以前的举动,其意义等同齐桓公、晋文公的话,那么,先帝不就是周幽王、周厉王了?"然而,明帝最终听从了王导的建议,追封周札为卫尉。

苏峻之乱

晋成帝咸和元年。初,王导辅政,以宽和得众。及庾亮用事,任法裁物,颇失人心。豫州刺史祖约,自以名辈不后郗、卞,而不豫顾命,又望开府复不得,及诸表请多不见许,遂怀怨望。及遗诏褒进大臣,又不及约与陶侃,二人皆疑庾亮删之。历阳内史苏峻,有功于国,威望渐著,有锐卒万人,器械甚精,朝廷以江外寄之。而峻颇怀骄溢,有轻朝廷之志,招纳亡命,众力日多,皆仰食县官,运漕相属,稍不如意,辄肆忿言。亮既疑峻、约,又畏侃之得众,八月,以丹杨尹温峤为都督江州诸军事、江州刺史,镇武昌;尚书仆射王舒为会稽内史,以广声援;又修石头以备之。

丹杨尹阮孚以太后临朝,政出舅族,谓所亲曰:"今江东创业尚浅,主幼,时艰,庾亮年少,德信未孚,以吾观之,乱将作矣。"遂求出为广州刺史。孚,咸之子也。

苏峻之乱

晋成帝成和元年(326)。当初,王导辅佐朝政,用宽容平和赢得人心。等到庾亮主持政事,严格依据法度裁断事物,颇失人心。豫州刺史祖约,以为自己的名望和辈分都不在郗鉴和卞壸之后,却没能得到先皇帝的临终顾命,他希望开设幕府,朝廷又不批准,而且他诸多的上表请求,大多也未获朝廷批准,于是就心怀不满和怨恨。等到公布明帝的遗诏中所褒扬和提拔的大臣,又没提及他和陶侃,他们二人都怀疑是庾亮在遗诏中删去了他们的名字。历阳内史苏峻有功于国家,威望逐渐提高,手中还掌握着精锐士兵万馀人,装备也很精良,朝廷就把长江以北地区托付给他治理。而苏峻却颇有些骄傲自满,轻视朝廷,于是就招纳一些亡命之徒,兵力日益增加,而粮食却全都仰赖朝廷供给,以致运送军粮的船只前后相接,略有不满意的地方,就大肆谩骂。庾亮既疑心苏峻、祖约,又畏惧陶侃深得人心,八月,任命丹杨尹温峤为都督江州诸军事、江州刺史,镇守武昌;又任命尚书仆射王舒为会稽内史,以此来扩大声援;还修葺石头城以防备苏峻他们。

丹杨尹阮孚见太后临朝听政,朝政出自皇帝的舅党,就对亲近的人说:"现在在江东地区创业时间尚短,皇帝年幼,时事艰难,庾亮太年轻,道德和信义未孚众望,据我的观察,叛乱将会发生。"于是请求朝廷派他外出担任广州刺史。阮孚是阮咸的儿子。

冬十月，南顿王宗自以失职怨望，又素与苏峻善，庾亮欲诛之，宗亦欲废执政。御史中丞锺雅劾宗谋反，亮使右卫将军赵胤收之。宗以兵拒战，为胤所杀，贬其族为马氏，三子绰、超、演皆废为庶人。免太宰西阳王羕，降封弋阳县王，大宗正虞胤左迁桂阳太守。宗，宗室近属；羕，先帝保傅，亮一旦翦黜，由是愈失远近之心。宗党卞阐亡奔苏峻，亮符峻送阐，峻保匿不与。宗之死也，帝不之知，久之，帝问亮曰："常日白头公何在？"亮对以谋反伏诛。帝泣曰："舅言人作贼，便杀之；人言舅作贼，当如何？"亮惧，变色。

二年冬十月，庾亮以苏骏在历阳，终为祸乱，欲下诏征之，访于司徒导，导曰："峻猜险，必不奉诏，不若且苞容之。"亮言于朝曰："峻狼子野心，终必为乱。今日征之，纵不顺命，为祸犹浅，若复经年，不可复制，犹七国之于汉也。"朝臣无敢难者，独光禄大夫卞壶争之曰："峻拥强兵，逼近京邑，路不终朝，一旦有变，易为蹉跌，宜深思之！"亮不从。壶知必败，与温峤书曰："元规召峻意定，此国之大事。峻已出狂意，而召之，是更速其祸也，必纵毒蠚以向朝廷。朝廷威力虽盛，不知果可擒不，王公亦同此情。吾与

冬季十月，南顿王司马宗自己认为不该丢掉官职而对朝廷心怀怨恨，加上他向来和苏峻很友好，庾亮打算杀掉他，司马宗也打算废黜执掌朝政的庾亮。御史中丞钟雅上书弹劾司马宗，说他阴谋策划叛乱，庾亮就派右卫将军赵胤去拘捕他。司马宗率军抵抗，被赵胤杀掉了，庾亮于是贬其族人姓马，他的三个儿子司马绰、司马超、司马演都被废为庶人。又免去西阳王司马羕的太宰职位，降封他为弋阳县王，还把大宗正虞胤降职为桂阳太守。司马宗是皇帝宗室的近亲，司马羕是先帝时的太保、太傅，庾亮把他们一剪除，就更失去了远近各地的人心。司马宗的党羽卞阐逃奔苏峻，庾亮下符节让苏峻把卞阐送回朝廷，苏峻却把他藏匿起来不予交出。司马宗的死，成帝并不知道，很久以后，成帝问庾亮："往日的白头发老人现在在哪里？"庾亮答复说他已经因为谋反被处死了。成帝于是哭着说："舅舅你说人家谋逆就把人家杀了，要是人家说舅舅你谋逆又该怎么办呢？"庾亮大为恐惧，脸都变了色。

二年（327）冬季十月，庾亮觉得苏峻在历阳，终究是个祸害，所以就想下诏书把他征召回京，为此事庾亮专门去征询司徒王导的意见，王导说："苏峻这人既阴险，猜疑心又重，一定不会接受诏令回京的，不如暂且先容忍他。"庾亮就在朝廷上说："苏峻这人，有狼子野心，最终一定会叛乱的。今天征召他，就算他不听从命令而叛乱，造成的祸乱也还比较小；如果再过几年，就再也制服不了他了，那就好像汉朝时的七国之乱对于汉朝廷那样，祸害不小啊。"朝中大臣没有谁敢于反驳，只有光禄大夫卞壸与他争论说："苏峻手中握有重兵，而且地盘接近京都，一个早上就能走到京师，一旦事变发生，京师就很容易出现闪失，此事应该仔细考虑！"庾亮没有听他的话。卞壸知道事情一定会失败，就写信给温峤，说："元规要召还苏峻的主意已定，这是国家的大事情。苏峻已经显露出了狂妄之意，这个时候却去召还他，这是加快灾祸的到来，苏峻一定会下毒手进攻朝廷。朝廷的力量虽然强大，也不知是否真的可以把苏峻擒获，王导也是这个意思。我向

之争甚恳切,不能如之何。本出足下以为外援,而今更恨足下在外,不得相与共谏止之,或当相从耳。"峤亦累书止亮。举朝以为不可,亮皆不听。

峻闻之,遣司马何仍诣亮曰:"讨贼外任,远近惟命,至于内辅,实非所堪。"亮不许,召北中郎将郭默为后将军、领屯骑校尉,司徒右长史庾冰为吴国内史,皆将兵以备峻。冰,亮之弟也。于是下优诏,征峻为大司农,加散骑常侍,位特进,以弟逸代领部曲。峻上表曰:"昔明皇帝亲执臣手,使臣北讨胡寇。今中原未靖,臣何敢即安!乞补青州界一荒郡,以展鹰犬之用。"复不许。峻严装将赴召,犹豫未决。参军任让谓峻曰:"将军求处荒郡而不见许,事势如此,恐无生路,不如勒兵自守。"阜陵令匡术亦劝峻反,峻遂不应命。

温峤闻之,即欲帅众下卫建康,三吴亦欲起义兵,亮并不听,而报峤书曰:"吾忧西陲,过于历阳,足下无过雷池一步也。"朝廷遣使谕峻,峻曰:"台下云我欲反,岂得活邪!我宁山头望廷尉,不能廷尉望山头。往者国家危如累卵,非我不济;狡兔既死,猎犬宜烹。但当死报造谋者耳。"

峻知祖约怨朝廷,乃遣参军徐会推崇约,请共讨庾亮。约大喜,其从子智、衍并劝成之。谯国内史桓宣谓智曰:

庾亮力争,尽管非常恳切,却不能使庾亮改变主意。本来把你放在朝廷以外是作为外援的,现在却因为你在外面,不能和我一起劝止庾亮而深感遗憾,或许我也应该追从你一起外出了。"温峤也多次写信劝阻庾亮。整个朝廷上上下下都认为这事不能施行,庾亮都不听。

　　苏峻听说此事,就派司马何仍去拜见庾亮说:"派我征讨贼寇、在外任职,无论远近,我都一定唯命是从,至于说回京辅佐朝政,这实在不是我所能胜任的。"庾亮不允许,还召还北中郎将郭默,让他担任后将军、领屯骑校尉,又任命司徒右长史庾冰为吴国内史,让他们都领兵以防备苏峻。庾冰是庾亮的弟弟。于是成帝下达褒美嘉奖的诏书征召苏峻为大司农,加封散骑常侍,进升特进,让他的弟弟苏逸代替他统领他的部下。苏峻上表说:"从前明帝亲自握着我的手,派我去北方讨伐胡人。现在中原地区尚未安宁,我怎么敢就享安逸? 乞求朝廷补授我青州地区内的一个荒凉之郡,以便让我为朝廷发挥鹰犬的作用。"庾亮仍然不同意。苏峻整装打算前去应召,然而还是犹豫不决。参军任让对苏峻说:"将军您请求派往荒凉之地都未得到允许,形势发展到这个地步,恐怕是没有生路了,还不如集结兵力以自守。"阜阳令匡术也劝苏峻反叛,苏峻于是不服从征召的命令。

　　温峤听说此事后,就打算率军顺流东下去保卫建康,三吴地区也打算出动义兵,庾亮都不准许,还给温峤回信说:"我对西部边疆的担心比对历阳的担心更大,你不要越过雷池一步。"朝廷派使者去劝谕苏峻,苏峻说:"朝廷说我打算谋反,我还能活命吗? 我宁可在山头上观望廷尉狱,而不愿意在廷尉狱中观看山头。以前国家危在旦夕时,没有我是不行的;现在狡兔已死,猎狗也就该被煮来吃了。我只好用死来回报那些造谣说我要谋反的人了。"

　　苏峻知道祖约怨恨朝廷,就派参军徐会去向祖约表示推崇拥戴之意,请他一起出兵讨伐庾亮。祖约因此非常高兴,他的侄子祖智、祖衍一起劝说促成祖约起兵。谯国内史桓宣对祖智说:

"本以强胡未灭,将戮力讨之。使君若欲为雄霸,何不助国讨峻,则威名自举。今乃与峻俱反,此安得久乎!"智不从。宣诣约请见,约知其欲谏,拒而不内。宣遂绝约,不与之同。十一月,约遣兄子沛内史涣、女婿淮南太守许柳以兵会峻。逖妻,柳之姊也,固谏不从。诏复以卞壶为尚书令、领右卫将军,以会稽内史王舒行扬州刺史事,吴兴太守虞潭督三吴等诸郡军事。

尚书左丞孔坦、司徒司马丹杨陶回言于王导,请:"及峻未至,急断阜陵,守江西当利诸口,彼少我众,一战决矣。若峻未来,可往逼其城。今不先往,峻必先至,峻至则人心危骇,难与战矣。此时不可失也。"导然之,庾亮不从。十二月辛亥,苏峻使其将韩晃、张健等袭陷姑孰,取盐米,亮方悔之。

壬子,彭城王雄、章武王休叛奔峻。雄,释之子也。

庚申,京师戒严,假庾亮节,都督征讨诸军事;以左卫将军赵胤为历阳太守,使左将军司马流将兵据慈湖以拒峻;以前射声校尉刘超为左卫将军,侍中褚翜典征讨军事。亮使弟翼以白衣领数百人备石头。

宣城内史桓彝欲起兵以赴朝廷,其长史裨惠以郡兵寡弱,山民易扰,谓宜且案甲以待之。彝厉色曰:"'见无礼于其君者,若鹰鹯之逐鸟雀。'今社稷危逼,义无宴安。"辛未,彝进屯芜湖。韩晃击破之,因进攻宣城,彝退保广德,晃

"本来我认为强胡还未消灭,想和您合力讨伐他们。假如您打算做一方霸主,为什么不帮助国家讨伐苏峻呢?那样,威望和名声自然就树立起来了。现在却和苏峻一起叛乱,这难道可以维持长久吗?"祖智不听。桓宣拜谒祖约,请求一见,祖约知道他想来劝阻,拒不接纳。桓宣于是和祖约断绝关系,不再与他一起行动。十一月,祖约派兄长的儿子沛内史祖涣、女婿淮南太守许柳领兵与苏峻会合。祖逖的妻子是许柳的姐姐,坚持劝阻许柳,而许柳不听。成帝下诏任命卞壸为尚书令、领右卫将军,任命会稽内史王舒兼摄扬州刺史事,吴兴太守虞潭督三吴等诸郡军事。

尚书左丞孔坦、司徒司马丹杨人陶回对王导进言,请求:"在苏峻还没有来到的时候,赶快切断阜陵的道路,然后坚守长江以西的当利等关口,敌少我众,一战就可以决定胜负。如果苏峻不来进攻,我们可以去进逼他的城池。现在我们不先去,苏峻就一定会先到,苏峻到了就会弄得人心惶惶,那时就很难和他决战了。这一时机千万不能丧失。"王导也认为应该这样,但庾亮不听。十二月辛亥(初一),苏峻派他的部将韩晃、张健等发起突然袭击,攻占了姑孰,取走了食盐和粮米,庾亮这才感到后悔。

壬子(初二),彭城王司马雄、章武王司马休背叛朝廷投奔苏峻。司马雄是司马释的儿子。

庚申(初十),京城建康戒严,成帝授予庾亮假节,让他都督征讨诸军事;又用左卫将军赵胤为历阳太守,派左将军司马流率领军队占据慈湖以抵阻苏峻;又用前射声校尉刘超为左卫将军,侍中褚翜执掌征讨的军事。庾亮派他弟弟庾翼以平民百姓身份率领数百人在石头守备。

宣城内史桓彝想起兵前去解救朝廷的危难,他的长史裨惠认为本郡兵少而弱,再加上山民容易骚动,所以应该按兵不动,等待时机。桓彝满脸怒容说:"'看见对君主非礼的人,就应该像猎鹰驱逐小鸟一样去驱逐他。'现在国家形势危急,从道义上说,绝无安然处之的道理。"辛未(二十一日),桓彝率领军队进驻芜湖。韩晃将他打败,并趁势进攻宣城,桓彝退守广德,韩晃

大掠诸县而还。徐州刺史郗鉴欲帅所领赴难,诏以北寇,不许。

三年春正月,温峤入救建康,军于寻阳。韩晃袭司马流于慈湖,流素懦怯,将战,食炙不知口处,兵败而死。

丁未,苏峻帅祖涣、许柳等众二万人,济自横江,登牛渚,军于陵口。台兵御之,屡败。二月庚戌,峻至蒋陵覆舟山。陶回谓庾亮曰:"峻知石头有重戍,不敢直下,必向小丹杨南道步来,宜伏兵邀之,可一战擒也。"亮不从。峻果自小丹杨来,迷失道,夜行,无复部分。亮闻,乃悔之。朝士以京邑危逼,多遣家人入东避难,左卫将军刘超独迁妻孥入居宫内。

诏以卞壶都督大桁东诸军事,与侍中锺雅帅郭默、赵胤等军及峻战于西陵。壶等大败,死伤以千数。丙辰,峻攻青溪栅,卞壶帅诸军拒击,不能禁。峻因风纵火,烧台省及诸营寺署,一时荡尽。壶背痈新愈,创犹未合,力疾帅左右苦战而死;二子眕、盱随父后,亦赴敌而死。其母抚尸哭曰:"父为忠臣,子为孝子,夫何恨乎!"

丹杨尹羊曼勒兵守云龙门,与黄门侍郎周导、庐江太守陶瞻皆战死。庾亮帅众将陈于宣阳门内,未及成列,士众皆弃甲走,亮与弟怿、条、翼及郭默、赵胤俱奔寻阳。将行,顾谓锺雅曰:"后事深以相委。"雅曰:"栋折榱崩,谁之咎也!"亮曰:"今日之事,不容复言。"亮乘小船,乱兵相剥掠,亮左右射贼,误中柁工,应弦而倒。船上咸失色欲散,

在各县大肆抢劫后方才回去。徐州刺史郗鉴想率领他的军队进京解救国难,朝廷以防御北方的胡人为理由,没有答应。

三年(328)春季正月,温峤进军救援建康,驻军在寻阳。韩晃在慈湖偷袭司马流,司马流向来怯懦,将要交战时,吓得吃烤肉却找不到嘴在哪里,于是兵败而死。

丁未(二十八日),苏峻率祖涣、许柳等人一共二万人,在横江渡河,从牛渚登岸,在陵口驻兵。朝廷的军队进行阻击,屡屡战败。二月庚戌(初一),苏峻到达蒋陵覆舟山。陶回对庾亮说:"苏峻知道石头有重兵防守,不敢顺流直下,一定转向小丹杨,从南边徒步来攻,应该埋伏大军拦截他,可以一战而将他擒获。"庾亮不听从他的建议。苏峻果然从小丹杨来攻,夜晚行军,迷失了道路,军队的部署全乱套了。庾亮听说后才感到后悔。朝臣认为京都已经很危急了,于是大都让家人往东避难,只有左卫将军刘超反而把妻子子女迁入宫内居住。

成帝以卞壶都督大桁东诸军事,和侍中钟雅率领郭默、赵胤等军队跟苏峻在西陵作战。卞壶等大败,死伤者数以千计。丙辰(初七),苏峻进攻青溪栅,卞壶率各路军队抵抗,却无法阻挡苏峻的进攻。苏峻顺风放火,朝廷中枢机关以及各军营官署,一时之间烧得荡然无存。卞壶背上的痈疽刚好,伤口还没有愈合,努力支撑着病体率领身边的人奋战而死;他的两个儿子卞眕、卞盱也跟随父亲奔赴敌阵奋战而死。他们的母亲抚摸着他们的尸体,哭着说:"父亲是忠臣,儿子是孝子,我还有什么可遗憾的!"

丹杨尹羊曼率领军队固守云龙门,和黄门侍郎周导、庐江太守陶瞻都战死了。庾亮率领众将领陈兵于宜阳门内,还没有来得及排列成队伍,士兵就纷纷弃甲而逃了,庾亮和他的弟弟庾怿、庾条、庾翼以及郭默、赵胤一起逃奔到寻阳。将走时,庾亮回头对钟雅说:"后事就全部托付给你了。"钟雅说:"栋梁折断,屋椽倒塌,这是谁造成的过错?"庾亮说:"今天的事情,不能再说了。"庾亮乘上小船,乱兵竟相掠夺抢劫,庾亮的左右侍从向贼人射箭,误中舵工,舵工应声而倒。船上的人都大惊失色,想要逃散,

亮不动,徐曰:"此手何可使著贼!"众乃安。

峻兵入台城,司徒导谓侍中褚翜曰:"至尊当御正殿,君可启令速出。"翜即入上阁,躬自抱帝登太极前殿。导及光禄大夫陆晔、荀崧、尚书张闿共登御床,拥卫帝。以刘超为右卫将军,使与锺雅、褚翜侍立左右,太常孔愉朝服守宗庙。时百官奔散,殿省萧然。峻兵既入,叱褚翜令下。翜正立不动,呵之曰:"苏冠军来觐至尊,军人岂得侵逼!"由是峻兵不敢上殿,突入后宫,宫人及太后左右侍人皆见掠夺。峻兵驱役百官,光禄勋王彬等皆被捶挞,令负担登蒋山。裸剥士女,皆以坏席苦草自鄣,无草者坐地以土自覆;哀号之声,震动内外。

初,姑孰既陷,尚书左丞孔坦谓人曰:"观峻之势,必破台城,自非战士,不须戎服。"及台城陷,戎服者多死,白衣者无他。时官有布二十万匹,金银五千斤,钱亿万,绢数万匹,他物称是,峻尽费之,太官惟有烧馀米数石以供御膳。

或谓锺雅曰:"君性亮直,必不容于寇仇,盍早为之计!"雅曰:"国乱不能匡,君危不能济,各遁逃以求免,何以为臣!"

丁巳,峻称诏大赦,惟庾亮兄弟不在原例。以王导有德望,犹使以本官居己之右。祖约为侍中、太尉、尚书令,峻自为骠骑将军、录尚书事,许柳为丹杨尹,马雄为左卫将军,祖涣为骁骑将军。弋阳王羕诣峻,称述峻功,峻复以羕为西阳王、太宰、录尚书事。

庾亮安坐不动,慢慢地说:"这种箭法怎么可以射中贼人!"众人才安定下来。

苏峻率军进入台城,司徒王导对侍中褚翜说:"皇上应该正在正殿,你赶快叫他出来。"褚翜于是马上进入内室,亲自抱着成帝登上太极前殿。王导和光禄大夫陆晔、荀崧、尚书张闿一起坐上御床,拥卫着成帝。又让刘超担任右卫将军,让他和锺雅、褚翜站立在成帝的左右,还让太常孔愉穿着朝服守卫宗庙。当时百官逃散,皇宫和朝省里悄无声息。苏峻的士兵到了之后,就呵叱褚翜,让他退下。褚翜正立不动,呵斥他们:"苏峻前来朝觐皇上,军人怎么可以进殿侵逼!"因此苏峻的士兵不敢上殿,转而攻入后宫,宫人以及太后的左右侍从都被掳掠。苏峻的士兵驱使百官干活,光禄勋王彬等人都被他们用棍子捶打,用鞭子抽打,还命令他们挑东西登上蒋山。成年男女都被他们剥光了衣服,只好用破席子或者苫草来遮掩身体,没有找到草的人就只好坐在地上用土来遮盖身体;号哭之声震动了京城内外。

当初,姑孰陷落时,尚书左丞孔坦就对人家说:"我看苏峻的势头,一定会攻占台城的,不是战士的人,没有必要穿上军装。"等到台城陷落,穿军装的人大多死了,而不穿军装的人却没有什么事。当时,官府有布二十万匹,金银五千斤,钱一亿万,绢数万匹,其他的东西和这相当,苏峻把它们全部耗费一空,太官只好用剩下的几担米来做皇帝的御膳。

有人对锺雅说:"你为人坦荡、正直,一定不为叛贼所容忍,何不早打主意?"锺雅说:"国家丧乱不能有所匡助,皇上危急不能有所救援,各自遁逃以求免祸,这算什么臣子?"

丁巳(初八),苏峻以皇帝的名义下诏书,宣布大赦天下,只有庾亮兄弟不在赦免之例。苏峻见王导有恩德和威望,仍然让他担任原来的官职,使他的地位高于自己。祖约任侍中、太尉、尚书令,苏峻自己任骠骑将军、录尚书事,许柳任丹杨尹,马雄为左卫将军,祖涣为骁骑将军。弋阳王司马羕拜见苏峻,称赞苏峻的功德,苏峻便恢复司马羕的西阳王、太宰、录尚书事等职。

峻遣兵攻吴国内史庾冰,冰不能御,弃郡奔会稽,至浙江,峻购之甚急。吴铃下卒引冰入船,以蘧蒢覆之,吟啸鼓枻,溯流而去。每逢逻所,辄以杖叩船曰:"何处觅庾冰,庾冰正在此。"人以为醉,不疑之,冰仅免。峻以侍中蔡谟为吴国内史。

温峤闻建康不守,号恸。人有候之者,悲哭相对。

庾亮至寻阳宣太后诏,以峤为骠骑将军、开府仪同三司,又加徐州刺史郗鉴司空。峤曰:"今日当以灭贼为急,未有功而先拜官,将何以示天下!"遂不受。峤素重亮,亮虽奔败,峤愈推奉之,分兵给亮。

三月,苏峻南屯于湖。

夏四月,庾亮、温峤将起兵讨苏峻,而道路断绝,不知建康声闻。会南阳范汪至寻阳,言:"峻政令不壹,贪暴纵横,灭亡已兆,虽强易弱,朝廷有倒悬之急,宜时进讨。"峤深纳之。亮辟汪参护军事。

亮、峤互相推为盟主,峤从弟充曰:"陶征西位重兵强,宜共推之。"峤乃遣督护王愆期诣荆州,邀陶侃与之同赴国难。侃犹以不预顾命为恨,答曰:"吾疆场外将,不敢越局。"峤屡说,不能回。乃顺侃意,遣使谓之曰:"仁公且守,仆当先下。"使者去已二日,平南参军荥阳毛宝别使还,闻之,说峤曰:"凡举大事,当与天下共之。师克在和,不宜异

苏峻派兵进攻吴国内史庾冰，庾冰抵挡不住，放弃了郡城，逃奔到会稽，逃到浙江时，苏峻四处悬赏捉拿他，十分急迫。吴国的门卒把庾冰带到船上，用芦席把他盖住，打着口哨，高声吟唱，摇动船桨，逆流而上。每次碰到巡查哨所，就用桨敲着船说："到什么地方去找庾冰呢？庾冰就在这里。"人们以为他喝醉了，毫不怀疑他，庾冰才能够逃脱一死。苏峻任命侍中蔡谟为吴国内史。

　　温峤听到建康失守的消息，号啕大哭。去看望他的人也和他面对面悲痛、哭泣。

　　庾亮到寻阳，公布太后的诏令，任命温峤为骠骑将军、开府仪同三司，又加授徐州刺史郗鉴为司空。温峤说："现在应该以讨灭贼寇为急务，没有功绩而先加官封爵，将怎么昭示天下呢？"于是不接受加封。温峤平素看重庾亮，庾亮虽然失败逃亡，温峤却更加推重和敬奉他，于是分兵给庾亮指挥。

　　三月，苏峻南进，驻屯在于湖。

　　夏季四月，庾亮、温峤将要起兵讨伐苏峻，但是道路被苏峻切断，不知道建康的消息。恰好南阳人范汪到了寻阳，说："苏峻政令混乱，贪婪残暴，任意胡来，已经显示出灭亡的征兆，虽然暂时强大却很容易变弱，朝廷现在处于千钧一发之际，应该及时进兵讨伐苏峻。"温峤深深赞同他的意见。庾亮征召范汪为参护军事。

　　庾亮、温峤互推对方为盟主，温峤的堂弟温充说："征西将军陶侃官位高，兵力强大，应该一起推举他为盟主。"温峤就派督护王愆期到荆州邀请陶侃和他们一起解救国家的危难。陶侃仍为没有参预顾命、受遗诏辅政一事而感到怨恨，便答复说："我是驻守边境的外将，不敢超越自己的职责。"温峤一再劝说也不能使他回心转意。温峤于是就顺从陶侃的心意，派使者对他说："仁公您暂且守边，我先去建康。"使者出使已经两天，平南参军荥阳人毛宝出使别处回来，听说此事，就劝温峤说："凡是做大事，就应该与天下豪杰共同行动。战争的胜利在于团结，不应该分彼

同。假令可疑,犹当外示不觉,况自为携贰邪！宜急追信改书,言必应俱进;若不及前信,当更遣使。"峤意悟,即追使者改书,侃果许之,遣督护龚登帅兵诣峤。峤有众七千,于是列上尚书,陈祖约、苏峻罪状,移告征镇,洒泣登舟。

陶侃复追龚登还。峤遗侃书曰:"夫军有进而无退,可增而不可减。近已移檄远近,言于盟府,刻后月半大举,诸郡军并在路次,惟须仁公军至,便齐进耳。仁公今召军还,疑惑远近,成败之由,将在于此。仆才轻任重,实凭仁公笃爱,远禀成规;至于首启戎行,不敢有辞,仆与仁公,如首尾相卫,唇齿相依也。恐或者不达高旨,将谓仁公缓于讨贼,此声难追。仆与仁公并受方岳之任,安危休戚,理既同之。且自顷之顾,绸缪往来,情深义重,一旦有急,亦望仁公悉众见救,况社稷之难乎！今日之忧,岂惟仆一州,文武莫不翘企。假令此州不守,约、峻树置官长于此,荆楚西逼强胡,东接逆贼,因之以饥馑,将来之危,乃当甚于此州之今日也。仁公进当为大晋之忠臣,参桓、文之功;退当以慈父之情,雪爱子之痛。今约、峻凶逆无道,痛感天地,人心齐壹,咸皆切齿。今之进讨,若以石投卵耳;苟复召兵还,是为败于几成也。愿深察所陈！"王愆期谓侃曰:"苏峻,豺狼也,如得遂志,四海虽广,公宁有容足之地乎！"侃深感悟,即戎服登舟。瞻丧至不临,昼夜兼道而进。

分此。就是值得怀疑，外表上也应该表现得浑然不觉，怎么能自做使人离心的事呢？应该派人追回使者改写书信，说一定要陶侃一起行动；如果追不回前信使，就应该再派信使前去。"温峤幡然醒悟，立即追回使者改写书信，陶侃果然答应，派督护龚登率军拜见温峤。温峤有七千人马，于是联名上呈尚书，历数祖约和苏峻罪状，发布檄文通告四征、四镇，哭泣流泪登船进军。

　　陶侃又追召龚登回去。温峤致书陶侃说："军队可进而不可退，可增而不可减。现已向远近各地发布檄文，呈告过了您的盟府，约定下月月中大举进攻，各路军队正在途中，只等您的军队一到，大家就可以同时进发。您现在却要召回军队，使远近各路军队感到犹豫和困惑，成败的关键就要决定于此。我缺少才能却职任重大，其实只是凭借您的厚爱，遥奉您的规矩和命令才行；至于率领军队首先启程作为先锋，我绝不敢稍有推辞，我和您，是首尾相卫、唇齿相依的关系。我还担心有的人不能够理解您的高深意图，将要说您要延缓讨贼，这种坏名声是很难追回的。我和您一起受命担任地方长官，安危休戚，理应一起承受。再说近来我们交往频繁，已经是情深义重了，一旦我有紧急之事，也盼望您率领全部士众来救援，何况是国家有难呢！今天的忧患，难道又只是我这一州的忧患，朝中文武百官正在翘首企盼着我们啊。假设我这一州未能守住，祖约、苏峻在这里设官任职，荆楚西与强大的胡人相接，东边面临着叛逆之贼，再加上饥馑，将来的危险形势，就会比今天本州的形势更加危急。仁公您进一步就应该做大晋王朝的忠臣，建立起像齐桓公、晋文公那样的功业；退一步也应该用慈父的心情来为爱子的痛苦报仇雪恨。如今祖约、苏峻凶残无道，人们的悲痛感动了天地，人心一致，都对他们切齿痛恨。现在进军征讨，就像以石击卵一样容易；假如又召还军队，就是让我们功败垂成了。希望您仔细考虑我的陈述！"王愆期也对陶侃说："苏峻是豺狼，如果让他得逞了，四海之内虽然辽阔，难道还会有您的立身之地吗？"陶侃深深醒悟，立即穿上军装登上了战船。儿子陶瞻的丧礼也不出席，昼夜兼程向建康进发。

郗鉴在广陵，城孤粮少，逼近胡寇，人无固志。得诏书，即流涕誓众，入赴国难，将士争奋。遣将军夏侯长等间行谓温峤曰："或闻贼欲挟天子东入会稽，当先立营垒，屯据要害，既防其越逸，又断贼粮运，然后清野坚壁以待贼。贼攻城不拔，野无所掠，东道既断，粮运自绝，必自溃矣。"峤深以为然。

五月，陶侃帅众至寻阳。议者咸谓侃欲诛庾亮以谢天下，亮甚惧，用温峤计，诣侃拜谢。侃惊，止之曰："庾元规乃拜陶士行邪！"亮引咎自责，风止可观，侃不觉释然，曰："君侯修石头以拟老子，今日反见求邪！"即与之谈宴终日，遂与亮、峤同趣建康。戎卒四万，旌旗七百馀里，钲鼓之声震于远近。

苏峻闻西方兵起，用参军贾宁计，自姑孰还据石头，分兵以拒侃等。乙未，峻逼迁帝于石头，司徒导固争，不从。帝哀泣升车，宫中恸哭。时天大雨，道路泥泞，刘超、锺雅步侍左右，峻给马，不肯乘，而悲哀慷慨。峻闻而恶之，然未敢杀也。以其亲信许方等补司马督、殿中监，外托宿卫，内实防御超等。峻以仓屋为帝宫，日来帝前肆丑言。刘超、锺雅与右光禄大夫荀崧、金紫光禄大夫华恒、尚书荀邃、侍中丁潭侍从，不离帝侧。时饥馑米贵，峻问遗，超一无所受。缱绻朝夕，臣节愈恭。虽居幽厄之中，超犹启帝，授《孝经》《论语》。

郗鉴在广陵,城孤粮少,又十分接近胡人,人们都没有固守的志气。郗鉴得到诏书,就流着泪誓师,进京奔赴国难,将士都振作起来。郗鉴于是派将军夏侯长等人抄小道去对温峤说:"听说叛贼想挟持天子往东进入会稽,所以我们应该先建立营帐、堡垒,占据要害地方,既防止叛贼逃走,又切断他们的运粮之路,然后坚壁清野,等待叛贼的到来。叛贼攻城而不克,野外抢劫又一无所获,东面的道路被切断,粮运断绝,必定自行溃败。"温峤认为很对。

　　五月,陶侃率军到达寻阳。议论的人都说陶侃要杀掉庾亮向天下人谢罪,庾亮非常害怕,于是就用温峤的计谋,到陶侃那里去拜谢。陶侃吃惊地劝阻他,说:"庾元规居然会来拜我陶士行?"庾亮引咎自责,举止很有风度,陶侃对庾亮的怨恨不觉消除,说:"你修好石头城准备对付老子,可今日却反而来求我了!"于是就设宴与他谈笑宴饮了一整天,然后就和庾亮、温峤一起奔赴建康。士卒四万人,旌旗相连达七百多里,钲和鼓的声音震响在远近四方。

　　苏峻听说西方已经起兵,就用参军贾宁的计策,从姑孰还师占据石头,分兵抵抗陶侃等人。乙未(十八日),苏峻逼迫成帝迁居石头,司徒王导坚持与他争论,苏峻不听。成帝悲哀地哭着登上御车,宫中为之痛哭。当时天正好下大雨,道路泥泞,刘超、锺雅步行侍卫在成帝左右,苏峻给他们马,他们不肯骑,显得非常悲哀和慷慨。苏峻听说此事,非常憎恶他们,但还不敢杀害他们。苏峻又把他的亲信许方等人补授司马督、殿中监,对外托称防卫,实际上是在防备刘超等人。苏峻用仓库作为成帝的皇宫,每天到成帝面前大讲一些难听的话。刘超、锺雅和右光禄大夫荀崧、金紫光禄大夫华恒、尚书荀邃、侍中丁潭等人侍卫跟从成帝,不离开成帝身边半步。当时天下饥馑,粮米很贵,苏峻慰问赠送米粮给他们,刘超一点也不接受。他早晚不离成帝身边,行臣子的礼节更加恭谨。虽然是在困境之中,依然为成帝启蒙讲授《孝经》《论语》。

峻使左光禄大夫陆晔守留台，逼迫居民，尽聚之后苑，使匡术守苑城。

尚书左丞孔坦奔陶侃，侃以为长史。

初，苏峻遣尚书张闿权督东军，司徒导密令以太后诏谕三吴吏士，使起义兵救天子。会稽内史王舒以庾冰行奋武将军，使将兵一万，西渡浙江，于是吴兴太守虞潭、吴国内史蔡谟、前义兴太守顾众等皆举兵应之。潭母孙氏谓潭曰：“汝当舍生取义，勿以吾老为累！”尽遣其家僮从军，鬻其环佩以为军资。谟以庾冰当还旧任，即去郡以让冰。

苏峻闻东方兵起，遣其将管商、张健、弘徽等拒之。虞潭等与战，互有胜负，未能得前。

陶侃、温峤军于茄子浦。峤以南兵习水，苏峻兵便步，令：“将士有上岸者死！”会峻送米万斛馈祖约，约遣司马桓抚等迎之。毛宝帅千人为峤前锋，告其众曰：“兵法，‘军令有所不从’，岂可视贼可击，不上岸击之邪！”乃擅往袭抚，悉获其米，斩获万计，约由是饥乏。峤表宝为庐江太守。

陶侃表王舒监浙东军事，虞潭监浙西军事，郗鉴都督扬州八郡诸军事；令舒、潭皆受鉴节度。鉴帅众渡江，与侃等会于茄子浦，雍州刺史魏该亦以兵会之。

丙辰，侃等舟师直指石头，至于蔡洲；侃屯查浦，峤屯沙门浦。峻登烽火楼，望见士众之盛，有惧色，谓左右曰：“吾本知温峤能得众也。”

苏峻派左光禄大夫陆晔留守皇宫,逼迫居民,全部迁集到后苑中,又派匡术守卫苑城。

尚书左丞孔坦投奔陶侃,陶侃任命他为长史。

当初,苏峻派尚书张闿暂时统领东方的军队,司徒王导密令用太后的诏令劝谕三吴地区的吏卒,让他们起义兵救皇帝。会稽内史王舒就用庾冰任奋武将军,派他率兵一万向西渡过浙江,这时吴兴太守虞潭、吴国内史蔡谟、前义兴太守顾众等人都起兵响应。虞潭的母亲孙氏对虞潭说:"你应该舍生取义,不要因我年纪大了而受拖累!"把她家的家僮全部派出从军,又卖掉她的玉环玉佩等首饰作为军用资财。蔡谟认为庾冰应该重新担任旧职,便离开吴国让位给庾冰。

苏峻听说东方又起兵前来攻伐,就派他的部将管商、张健、弘徽等人率军阻挡。虞潭等人和他们作战,互有胜负,没有能够前进。

陶侃、温峤驻军于茄子浦。温峤认为南方的士兵熟悉水性,而苏峻的士兵长于陆战,所以下令:"所有将士,凡是上岸者一律处死!"恰好碰到苏峻送一万斛米给祖约,祖约派司马桓抚等人去迎接。毛宝率一千人作为温峤的先锋,告诉他的部众说:"兵法说'军令可以有不听从的时候',怎么能看到可以攻击叛贼的良机而不上岸攻击呢?"于是擅自率众上岸突袭桓抚,尽数缴获米粮,斩杀叛敌数以万计,祖约因此饥饿缺粮。温峤上表让毛宝担任了庐江太守。

陶侃上表文推荐王舒监浙东军事,以虞潭监浙西军事,又用郗鉴都督扬州八郡诸军事;命令王舒、虞潭都接受郗鉴的节制。郗鉴率士众渡过长江,与陶侃等在茄子浦会合,雍州刺史魏该也率兵与他们会合。

闰五月丙辰(初九),陶侃等人率水师直指石头,到达蔡洲;陶侃驻屯查浦,温峤驻屯沙门浦。苏峻登上烽火楼,看见陶侃、温峤士兵之多,面有惧色,对左右说:"我本来就知道温峤能得众人之心。"

庾亮遣督护王彰击峻党张曜,反为所败。亮送节传以谢侃,侃答曰:"古人三败,君侯始二。当今事急,不宜数尔。"亮司马陈郡殷融诣侃谢曰:"将军为此,非融等所裁。"王彰至曰:"彰自为之,将军不知也。"侃曰:"昔殷融为君子,王彰为小人;今王彰为君子,殷融为小人。"

宣城内史桓彝,闻京城不守,慷慨流涕,进屯泾县。时州郡多遣使降苏峻,裨惠复劝彝宜且与通使,以纾交至之祸。彝曰:"吾受国厚恩,义在致死,焉能忍耻与逆臣通问! 如其不济,此则命也。"彝遣将军俞纵守兰石,峻遣其将韩晃攻之。纵将败,左右劝纵退军。纵曰:"吾受桓侯厚恩,当以死报。吾之不可负桓侯,犹桓侯之不负国也。"遂力战而死。晃进军攻彝,六月,城陷,执彝,杀之。

诸军初至石头,即欲决战,陶侃曰:"贼众方盛,难与争锋,当以岁月,智计破之。"既而屡战无功,监军部将李根请筑白石垒,侃从之。夜筑垒,至晓而成。闻峻军严声,诸将咸惧其来攻。孔坦曰:"不然。若峻攻垒,必须东北风急,令我水军不得往救。今天清静,贼必不来。所以严者,必遣军出江乘,掠京口以东矣。"已而果然。侃使庾亮以二千人守白石,峻帅步骑万馀四面攻之,不克。王舒、虞潭等数与峻兵战,不利。孔坦曰:"本不须召郗公,遂使东门无限,今宜遣还,虽晚,犹胜不也。"侃乃令鉴与后将军郭默还据京

庾亮派督护王彰攻打苏峻党徒张曜，反而被张曜打败。庾亮于是把符节送给陶侃以谢罪，陶侃答复说："古人三败才谢罪，你现在才败两次。当今形势紧迫，不应老是这样。"庾亮的司马陈郡人殷融到陶侃处拜谢说："将军做这事，不是我们的主意。"王彰来了后说："这次行动，是王彰自己擅自做主，将军不知道。"陶侃说："从前殷融是君子，王彰是小人；现在王彰是君子了，殷融却变成了小人。"

宣城内史桓彝听说京城已经失守，慷慨流涕，进军屯驻在泾县。当时大多数州郡都派使者向苏峻投降，他的长史裨惠也劝桓彝与苏峻通使交好，以缓解马上就要来的灾祸。桓彝说："我身受国家的厚恩，按道义应该为国家而死，怎么能忍受耻辱和叛逆贼子互通使节呢？如果事情不能成功，这也就是命中注定的了。"桓彝派将军俞纵守卫兰石，苏峻派部将韩晃进攻他。俞纵将要失败时，左右劝俞纵撤军。俞纵说："我受了桓侯的厚恩，应该以死来报答。我不能对桓侯负义，就像桓侯不能对国家负义一样。"于是力战而死。韩晃进军攻击桓彝，六月，攻陷其城池，捉住桓彝并杀死了他。

各路人马刚到石头城，就想立即与苏峻决战，陶侃说："叛贼人多而且正当势盛之时，很难和他们争锋，应该等待一段时间，用计谋攻破他。"不久后，屡次出击都无功而返，监军部将李根请求筑白石垒，陶侃听从了。晚上开始筑台，到天亮就成了。听到苏峻军队集结的声音，诸将领都担心他们来进攻。孔坦说："不会这样。如果苏峻前来进攻我们的堡垒，一定要等到东北风劲吹，我们的水军不能前来救援的时候。今天清静，叛贼一定不会来攻。所以集结军队，一定是派军队从江乘出击，去抢劫京口以东地区。"后来果然是这样。陶侃派庾亮率二千人守卫白石垒，苏峻亲自率一万多步骑兵从四面进攻，未能攻克。王舒、虞潭等多次与苏峻的军队作战，均失利。孔坦说："本来就不必召来郗鉴，以致东门没了防守，现在应该派他回去，虽然晚了些，但比不去还是好些。"陶侃于是命令郗鉴与后将军郭默回师占据京

口,立大业、曲阿、庱亭三垒以分峻之兵势,使郭默守大业。

壬辰,魏该卒。

祖约遣祖涣、桓抚袭湓口;陶侃闻之,将自击之。毛宝曰:"义军恃公,公不可动,宝请讨之。"侃从之。涣、抚过皖,因攻谯国内史桓宣,宝往救之,为涣、抚所败。箭贯宝髀,彻鞍,宝使人蹋鞍拔箭,血流满靴。还击涣、抚,破走之,宣乃得出,归于温峤。宝进攻祖约军于东关,拔合肥戍。会峤召之,复归石头。

祖约诸将阴与后赵通谋,许为内应。后赵将石聪、石堪引兵济淮,攻寿春。秋七月,约众溃,奔历阳,聪等虏寿春二万馀户而归。

苏峻腹心路永、匡术、贾宁闻祖约败,恐事不济,劝峻尽诛司徒导等诸大臣,更树腹心。峻雅敬导,不许。永等更贰于峻,导使参军袁耽潜诱永使归顺,九月戊申,导携二子与永皆奔白石。耽,涣之曾孙也。

陶侃、温峤等与苏峻久相持不决,峻分遣诸将东西攻掠,所向多捷,人情恟惧。朝士之奔西军者皆曰:"峻狡黠有胆决,其徒骁勇,所向无敌。若天讨有罪,则峻终灭亡;止以人事言之,未易除也。"温峤怒曰:"诸君怯懦,乃更誉贼!"及累战不胜,峤亦惮之。

峤军食尽,贷于陶侃。侃怒曰:"使君前云不忧无良将及兵食,惟欲得老仆为主耳。今数战皆北,良将安在! 荆州接胡、蜀二虏,当备不虞;若复无食,仆便欲西归,更思良

口,建筑起大业、曲阿、废亭三个堡垒,用来分散苏峻的兵力,派郭默守卫大业。

壬辰(十五日),魏该去世。

祖约派祖涣、桓抚突袭湓口;陶侃得知后,打算自己率军去迎击他们。毛宝说:"义军要依靠您,您不能去,毛宝我请求率军去讨伐他们。"陶侃依从了。祖涣、桓抚通过皖县,顺势进攻谯国内史桓宣,毛宝前去救援,被祖涣、桓抚打败。箭矢穿透了毛宝的大腿骨,一直插到马鞍上,毛宝让人踩着马鞍拔出箭,鲜血流满了靴子。毛宝又回师攻打祖涣、桓抚,打败赶跑了他们,桓宣才得以突围出来,归属温峤。毛宝在东关进攻祖约的军队,攻占合肥戍。碰巧温峤召他,于是他又回到了石头城。

祖约的诸将领私下与后赵串通密谋,答应做他们的内应。后赵将领石聪、石堪率军渡过淮河进攻寿春。秋季七月,祖约兵败溃逃,祖约逃奔历阳,石聪等掳掠寿春两万多户人口北归。

苏峻的心腹路永、匡术、贾宁听闻祖约失败,担心事情不能成功,于是劝苏峻杀尽司徒王导等各大臣,重新培植一批心腹。苏峻平素敬重王导,不答应。路永等人就对苏峻怀有二心,王导于是派参军袁耽暗中劝诱路永,使他归顺,九月戊申(初三),王导携带二子和路永一起投奔白石。袁耽是袁涣的曾孙。

陶侃、温峤等人与苏峻相持良久,未决胜负,苏峻派诸将领分兵向东西各处攻掠,大多获胜,因此人心扰动,恐惧不安。投奔陶侃、温峤的朝臣都说:"苏峻为人狡黠,又有胆量,行事果敢,他的党徒和士众也很骁勇,所以所向无敌。如果上天会讨伐有罪之人,那么苏峻最终会灭亡;如果只从人力考虑,那就不容易剪除他了。"温峤发怒说:"各位自己怯懦,还敢誉美叛贼!"等到累战不胜,温峤也害怕苏峻了。

温峤的军粮吃光了,向陶侃借粮。陶侃发怒说:"你以前说不愁没有良将和军粮,只需要老仆我来做盟主就行了。现在你几次作战都失败了,良将在哪里?荆州连接胡人和蜀人两个敌人,应当防备不测之事;如果再无粮食,我就要西归荆州,再寻良

算,徐来殄贼,不为晚也。"峤曰:"凡师克在和,古之善教也。光武之济昆阳,曹公之拔官渡,以寡敌众,杖义故也。峻、约小竖,凶逆滔天,何忧不灭!峻骤胜而骄,自谓无前,今挑之战,可一鼓而擒也。奈何舍垂立之功,设进退之计乎!且天子幽逼,社稷危殆,乃四海臣子肝脑涂地之日。峤等与公并受国恩,事若克济,则臣主同祚;如其不捷,当灰身以谢先帝耳。今之事势,义无旋踵,譬如骑虎,安可中下哉!公若违众独返,人心必沮,沮众败事,义旗将回指于公矣。"毛宝言于峤曰:"下官能留陶公。"乃往说侃曰:"公本应镇芜湖,为南北势援,前既已下,势不可还。且军政有进无退,非直整齐三军,示众必死而已,亦谓退无所据,终至灭亡。往者杜弢非不强盛,公竟灭之,何至于峻,独不可破邪!贼亦畏死,非皆勇健,公可试与宝兵,使上岸断贼资粮,若宝不立效,然后公去,人心不恨矣。"侃然之,加宝督护而遣之。竟陵太守李阳说侃曰:"今大事若不济,公虽有粟,安得而食诸!"侃乃分米五万石以饷峤军。毛宝烧峻句容、湖孰积聚,峻军乏食,侃遂留不去。

张健、韩晃等急攻大业,垒中乏水,人饮粪汁。郭默惧,潜突围出外,留兵守之。郗鉴在京口,军士闻之皆失色。参军曹纳曰:"大业,京口之扞蔽也,一旦不守,则贼兵径至,不可当也。请还广陵,以俟后举。"鉴大会僚佐,责纳

策,慢慢来剿灭叛贼也不算晚。"温峤说:"凡是军队作战取胜都是因为队伍团结,这是古人的教导。光武帝昆阳大捷,曹操官渡破袁绍,都是以少胜多,依仗道义的缘故。苏峻、祖约这些小子,凶残叛逆,罪行滔天,还用担心不能够剿灭他们吗?苏峻突然取得胜利,一定变得骄傲,自以为所向无敌,现在向他挑战,一次进攻就可以擒住他。怎么可以舍弃马上就能到手的功劳,而作退却的打算呢?再说皇上被幽禁困逼,国家危在旦夕,这是四海之内的臣子为国家肝脑涂地的时候。温峤等人与您共受国恩,事情如果成功了,那我们臣下就和君主共同享福;如果不能胜利,就应该粉身碎骨向先帝谢罪。今天事情的形势,对于我们来说已经是义无反顾的了,就像骑虎,怎么可以在途中下来呢?您如果违背众人单独西返,人心一定沮丧,使大家沮丧,使事情失败,义旗就会指向您了。"毛宝对温峤说:"下官能留住陶公。"于是前去劝说陶侃:"您本该镇守芜湖,作为南北的声援,先前既已顺流东下,就没有撤回的道理。再说军事行动有进无退,不只是为了整肃三军,显示必死的决心罢了,也是因为退兵就没有地方可以据以固守,最终一定灭亡。从前杜弢不是不强盛,您最终消灭了他,您怎么会单单破不了一个苏峻呢?叛贼也怕死,并不是都勇猛骁健,您可以试着交给我一些军队,让我上岸去切断叛贼的资财和粮食供应,如果我不能立功,您再离去,人们也不会因此憾恨。"陶侃答应了他,加授毛宝督护之职,派他出战。竟陵太守李阳劝说陶侃:"大事如果不能成功,您虽然有粮食,又怎能享用它们呢?"陶侃于是分五万石米给温峤做军饷。毛宝烧掉了苏峻在句容、湖孰的积储,苏峻军队因此缺少食物,陶侃于是留了下来,不再撤回。

张健、韩晃等人猛烈进攻大业,堡垒中缺水,人们饮用粪水。郭默害怕起来,便悄悄突围出去,留下士兵防守大业。郗鉴在京口,士兵们听说此事都大惊失色。参军曹纳说:"大业是防卫京口的屏障,一旦失守,贼兵就可以径直扑来,不可抵挡。请回师广陵,再伺机起兵。"郗鉴召集所有僚佐官员集会,责备曹纳

曰:"吾受先帝顾托之重,正复捐躯九泉,不足报塞。今强寇在近,众心危逼,君腹心之佐,而生长异端,当何以帅先义众,镇壹三军邪!"将斩之,久乃得释。

陶侃将救大业,长史殷羡曰:"吾兵不习步战,救大业而不捷,则大事去矣。不如急攻石头,则大业自解。"侃从之。羡,融之兄也。庚午,侃督水军向石头。庾亮、温峤、赵胤帅步兵万人从白石南上,欲挑战。峻将八千人逆战,遣其子硕及其将匡孝分兵先薄赵胤军,败之。峻方劳其将士,乘醉望见胤走,曰:"孝能破贼,我更不如邪!"因舍其众,与数骑北下突陈,不得入,将回趋白木陂,马踬,侃部将彭世、李千等投之以矛,峻坠马,斩首,脔割之,焚其骨,三军皆称万岁。馀众大溃。峻司马任让等共立峻弟逸为主,闭城自守。温峤乃立行台,布告远近,凡故吏二千石以下,皆令赴台。于是至者云集。韩晃闻峻死,引兵趣石头。管商、弘徽攻庱亭垒,督护李闳、轻车长史滕含击破之。含,脩之孙也。商走诣庾亮降,馀众皆归张健。

四年春正月,光禄大夫陆晔及弟尚书左仆射玩说匡术,以苑城附于西军,百官皆赴之,推晔督宫城军事。陶侃命毛宝守南城,邓岳守西城。

右卫将军刘超、侍中锺雅与建康令管旆等谋奉帝出赴西军,事泄,苏逸使其将平原任让将兵入宫收超、雅。帝抱持悲泣曰:"还我侍中、右卫!"让夺而杀之。初,让少无行,

说："我受先帝托付的重任，即便捐躯九泉，也不足以报答先帝之恩。现在强贼就在附近，大家心怀恐惧，你作为我的心腹僚佐，却心生异端，叫我凭什么来统帅正义之师，震慑各方，统一三军？"于是打算处斩曹纳，过了好久才放了他。

陶侃将要去救援大业，长史殷羡说："我们的士兵不熟悉陆战，救援大业而不能取胜，那大势就去了。不如猛攻石头，那样大业之围自然可解。"陶侃听从了他的建议。殷羡是殷融的兄长。庚午（二十五日），陶侃统率水军奔赴石头。庾亮、温峤、赵胤率领步兵一万人从白石垒向南，打算向苏峻挑战。苏峻率八千人抵抗，派其儿子苏硕及将领匡孝分兵逼近赵胤的军队，打败了赵胤。苏峻正在犒劳他的将士，乘着酒醉看见赵胤逃跑，说："匡孝能打败敌人，我难道还不如他吗？"于是撇下他的部众，与几个骑兵一起向北攻击陶侃的阵列，无法攻入，打算回头奔向白木陂，他的坐骑被绊倒，陶侃的部将彭世、李千等人向他投掷长矛，苏峻从马上掉下来；苏峻被斩首，彭世等人零割了他，焚毁他的尸骨，三军将士都高呼万岁。苏峻馀下的士众大败。苏峻的司马任让等人共同拥立苏峻的弟弟苏逸为主，关闭城门固守。温峤于是设立行台，向远近各地发布布告，命令凡是原来二千石以下的官吏都到行台来。于是至者云集。韩晃听说苏峻已死，率军奔向石头。管商、弘徽攻打废亭垒，督护李闳、轻车长史滕含将他们打败。滕含是滕脩的孙子。管商逃到庾亮处拜见庾亮请求归降，其馀的部众都归附张健。

四年（329）春季正月，光禄大夫陆晔和他的弟弟尚书左仆射陆玩劝说匡术，让他献出苑城，归附温峤、陶侃等人，百官都赶来，推举陆晔统辖宫城的军务。陶侃命令毛宝守卫南城，邓岳守卫西城。

左卫将军刘超、侍中锺雅和建康令管旆等人密谋带成帝出城投奔西军，事情败露，苏逸派部将平原人任让率军进宫拘捕刘超和锺雅。成帝抱着他们不放，悲伤哭泣着说："还我侍中和右卫将军！"任让把他们抢过来杀了。当初，任让年轻时品行不好，

太常华恒为本州大中正，黜其品。及让为苏峻将，乘势多所诛杀，见恒辄恭敬，不敢纵暴。及锺、刘之死，苏逸欲并杀恒，让尽心救卫，恒乃得免。

冠军将军赵胤遣部将甘苗击祖约于历阳，戊辰，约夜帅左右数百人奔后赵，其将牵腾帅众出降。

苏逸、苏硕、韩晃并力攻台城，焚太极东堂及秘阁，毛宝登城，射杀数十人。晃谓宝曰："君名勇果，何不出斗？"宝曰："君名健将，何不入斗？"晃笑而退。

二月丙戌，诸军攻石头。建威长史滕含击苏逸，大破之。苏硕帅骁勇数百，渡淮而战，温峤击斩之。韩晃等惧，以其众就张健于曲阿，门隘不得出，更相蹈藉，死者万数。西军获苏逸，斩之。滕含部将曹据抱帝奔温峤船，群臣见帝，顿首号泣请罪。杀西阳王羕，并其二子播、充、孙崧及彭城王雄。陶侃与任让有旧，为请其死。帝曰："是杀吾侍中、右卫者，不可赦也。"乃杀之。司徒导入石头，令取故节，陶侃笑曰："苏武节似不如是。"导有惭色。丁亥，大赦。

张健疑弘徽等贰于己，皆杀之，帅舟师自延陵将入吴兴，乙未，扬烈将军王允之与战，大破之，获男女万馀口。健复与韩晃、马雄等轻军西趋故鄣，郗鉴遣参军李闳追之，及于平陵山，皆斩之。

太常华恒任本州的大中正,贬黜了他的品级。到了任让做苏峻手下的将领时,乘机杀了不少人,但是一见到华恒就恭恭敬敬,不敢有残暴行为。等到锺雅、刘超死后,苏逸想把华恒一起杀掉,任让却尽心尽意救助、保卫华恒,华恒才免于一死。

冠军将军赵胤派其部将甘苗在历阳攻击祖约,戊辰(二十五日),祖约连夜率领身边数百人投奔后赵,他的将领牵腾率军队投降。

苏逸、苏硕、韩晃率领的三支人马合力进攻台城,焚毁了太极东堂以及秘阁,毛宝登上城墙,射死对方数十人。韩晃对毛宝说:"你向来就有勇敢的名声,为什么不出来斗一斗?"毛宝回敬道:"你素有骁勇善战的名声,为什么不进城来斗一斗?"韩晃笑着撤退了。

二月丙戌(十三日),苏逸的各路人马一齐进攻石头城。建威长史滕含反击苏逸,打得他们大败。苏硕率领骁勇善战的数百士兵渡过淮河来攻,温峤反击,斩杀了苏硕。韩晃等人恐惧起来,率领其部众到曲阿去依靠张健,撤离时因城门太小,很多人出不去,于是互相踏践,死者以万计。陶侃等人的西军擒获苏逸,将他斩首。滕含的部将曹据抱着成帝跑到温峤的船上,群臣见到皇帝,都叩首拜见,哭号请罪。杀掉了西阳王司马羕以及他的两个儿子司马播和司马充、孙子司马崧,以及彭城王司马雄。陶侃和任让过去有交情,便为任让请求免于一死。成帝说:"就是他杀掉了我的侍中和右卫将军,不能赦免。"于是把他杀了。司徒王导等人回到石头城,让人取回过去的符节,陶侃笑着说:"苏武的符节好像不如这个。"王导因而面有愧色。丁亥(十四日),大赦天下。

张健疑心弘徽等人对自己怀有二心,把他们都杀掉了,然后率领水师打算从延陵进入吴兴,乙未(二十二日),扬烈将军王允之和张健大战,结果大败张健,俘获其男女一万多人。张健于是又与韩晃、马雄等人率轻装部队向西奔赴故鄣,郗鉴派参军李闳去追击他们,在平陵山追上他们后把他们全杀了。

是时宫阙灰烬，以建平园为宫。温峤欲迁都豫章，三吴之豪请都会稽，二论纷纭未决。司徒导曰："孙仲谋、刘玄德俱言'建康王者之宅'。古之帝王，不必以丰俭移都。苟务本节用，何忧凋弊！若农事不修，则乐土为墟矣。且北寇游魂，伺我之隙，一旦示弱，窜于蛮越，求之望实，惧非良计。今特宜镇之以静，群情自安。"由是不复徙都。以褚翜为丹杨尹。时兵火之后，民物凋残，翜收集散亡，京邑遂安。

三月壬子，论平苏峻功，以陶侃为侍中、太尉，封长沙郡公，加都督交、广、宁州诸军事；郗鉴为侍中、司空、南昌县公；温峤为骠骑将军、开府仪同三司，加散骑常侍、始安郡公；陆晔进爵江陵公；自馀赐爵侯、伯、子、男者甚众。卞壶及二子眕、盱、桓彝、刘超、锺雅、羊曼、陶瞻，皆加赠谥。路永、匡术、贾宁，皆苏峻之党也，峻未败，永等去峻归朝廷。王导欲赏以官爵，温峤曰："永等皆峻之腹心，首为乱阶，罪莫大焉。晚虽改悟，未足以赎前罪，得全首领，为幸多矣，岂可复褒宠之哉！"导乃止。

陶侃以江陵偏远，移镇巴陵。朝议欲留温峤辅政，峤以王导先帝所任，固辞还藩；又以京邑荒残，资用不给，乃留资蓄，具器用，而后旋于武昌。

帝之出石头也，庾亮见帝，稽颡哽咽，诏亮与大臣俱升御座。明日，亮复泥首谢罪，乞骸骨，欲阖门投窜山海。帝

这时宫阙已化为灰烬，就以建平园为宫室。温峤打算迁都豫章，三吴的豪杰又请求迁都会稽，两种议论纷纷纭纭，不能决断。司徒王导说："孙权、刘备都说'建康是王者之宅'。古代的帝王，也不一定因为物资的丰足或匮乏而迁都。如果发展农业生产，节约用度，还担心凋敝吗？如果不治理农事，那么乐土都要变成废墟。再说北部的胡寇就像游弋的鬼魂一样窥伺着我们的可乘之机，一旦我们表现出虚弱，逃奔到蛮越之地，无论从声名和实际考虑，恐怕迁都不是好办法。现在只需以安静之势镇守建康，人心自然就安定了。"因此不再迁都。任用褚翜为丹杨尹。其时正是兵革战火之后，人民稀少，物产凋敝，褚翜便收揽逃亡流散的人口，京都地区于是安定下来。

三月壬子(初十)，论叙平定苏峻之乱的功绩，任用陶侃为侍中、太尉，封为长沙郡公，加都督交、广、宁州诸军事；任用郗鉴为侍中、司空，封为南昌县公；任用温峤为骠骑将军、开府仪同三司，加散骑常侍，封为始安郡公；进陆晔爵位为江陵公；其馀赐侯爵、伯爵、子爵、男爵者很多。卞壸及其两个儿子卞眕、卞盱，还有桓彝、刘超、钟雅、羊曼、陶瞻等人都追赠谥号。路永、匡术、贾宁都是苏峻的党羽，苏峻还没有失败的时候，路永等人就背弃苏峻归附朝廷。王导想对他们赏官加爵，温峤说："路永等人都是苏峻的心腹，带头制造祸端，罪恶没比他们更大的了。后来虽有醒悟和悔改，但还不足以赎抵以前的罪过，能够保全头颅，已经是十分幸运的了，怎么还可以对他们加以褒奖和宠爱呢？"王导于是作罢。

陶侃因为江陵地处偏远，就移镇巴陵。朝臣商议打算留温峤辅佐朝政，温峤认为王导是先帝任用辅佐朝政的，便坚决推辞要回藩镇；又因为京都荒凉残破，财用困难，于是留下资财、器具，然后回到武昌。

成帝从石头城出来，庾亮拜见成帝，以额触地，泣不成声，成帝下诏让庾亮与诸大臣一起登上御座。第二天，庾亮再一次叩头至地谢罪，请求退休，想全家投身于山海之中去隐居。成帝

遣尚书、侍中手诏慰喻曰："此社稷之难，非舅之责也。"亮上疏自陈："祖约、苏峻纵肆凶逆，罪由臣发，寸斩屠戮，不足以谢七庙之灵，塞四海之责。朝廷复何理齿臣于人次，臣亦何颜自次于人理！愿陛下虽垂宽宥，全其首领；犹宜弃之，任其自存自没，则天下粗知劝戒之纲矣。"优诏不许。亮又欲遁逃山海，自暨阳东出，诏有司录夺舟船。亮乃求外镇自效，出为都督豫州扬州之江西宣城诸军事、豫州刺史，领宣城内史，镇芜湖。

陶侃、温峤之讨苏峻也，移檄征、镇，使各引兵入援。湘州刺史益阳侯卞敦拥兵不赴，又不给军粮，遣督护将数百人随大军而已，朝野莫不怪叹。及峻平，陶侃奏敦阻军，顾望不赴国难，请槛车收付廷尉。王导以丧乱之后，宜加宽宥，转敦安南将军、广州刺史。病不赴，征为光禄大夫、领少府。敦忧愧而卒，追赠本官，加散骑常侍，谥曰敬。

臣光曰：庾亮以外戚辅政，首发祸机，国破君危，窜身苟免；卞敦位列方镇，兵粮俱足，朝廷颠覆，坐观胜负；人臣之罪，孰大于此！既不能明正典刑，又以宠录报之，晋室无政，亦可知矣。任是责者，岂非王导乎！

让尚书、侍中拿着他亲手书写的诏书劝慰庾亮说："这是国家的灾难,不是舅舅您的责任。"庾亮又上疏说:"祖约、苏峻放纵凶残、肆行叛逆,这罪行是由我引发的,就是把我碎尸万段,也不足以向七个先帝的神灵谢罪,不足以平塞天下之人的责难。朝廷又有什么理由把我跟他人相提并论,我又有什么脸面自己跻身于人伦呢?希望陛下即便垂青宽宥我,保全我的性命,也还是应该把我抛弃,听任我自生自灭,那么,天下之人就能大致知道朝廷劝善惩恶的纲纪了。"成帝下达诏令抚慰,不批准庾亮的请求。庾亮又想遁逃到山海之中去隐居,从暨阳东门出城,成帝下诏让有关部门夺去他的舟船。庾亮于是又请求出外镇守为国效力,成帝便让他外出担任都督豫州、扬州的江西宣城诸军事,任豫州刺史,领宣城内史,镇守芜湖。

陶侃、温峤讨伐苏峻时,向四征、四镇发布檄文,让他们各自率兵入建康救援。湘州刺史益阳侯卞敦拥兵不动,又不供给军粮,只是派督护率领数百人跟随大军而已,朝野对此无不惊叹。等到苏峻之乱被平定后,陶侃奏参卞敦观望不前,阻碍军务,不肯解救国难,请求用槛车拘捕卞敦,然后交付廷尉处置。王导认为丧乱之后,应该施行宽宥之政,改任卞敦为安南将军、广州刺史。卞敦称病不去就任,于是征召他为光禄大夫、领少府。卞敦忧愧而死,死后追封原来的职位,加封散骑常侍,谥号为敬。

北宋史臣司马光评论说:庾亮以外戚的身份辅佐朝政,引发祸端,以致国家残破,君主危殆,而自己却逃奔于外,苟且偷生;卞敦位为方镇,士兵和军粮都很充足,朝廷被颠覆,他却坐观胜负;人臣的罪过,还有比这更大的吗?结果不能依法公开处置反而用宠爱和福禄来回报他们,晋朝没有国政,也就可以知道了。应该担负这一责任的,难道不是王导吗?

燕讨段辽 讨宇文附

晋明帝太宁三年冬十一月,慕容廆与段氏方睦,为段牙谋,使之徙都。牙从之,即去令支,国人不乐。段疾陆眷之孙辽欲夺其位,以徙都为牙罪,十二月,帅国人攻牙,杀之,自立。段氏自务勿尘以来,日益强盛,其地西接渔阳,东界辽水,所统胡、晋三万馀户,控弦四五万骑。

成帝咸和八年夏五月甲寅,辽东武宣公慕容廆卒。六月,世子皝以平北将军行平州刺史,督摄部内。

慕容皝初嗣位,用法严峻,国人多不自安,主簿皇甫真切谏,不听。皝庶兄建威将军翰、母弟征虏将军仁,有勇略,屡立战功,得士心;季弟昭,有才艺,皆有宠于廆。皝忌之,翰叹曰:“吾受事于先公,不敢不尽力,幸赖先公之灵,所向有功,此乃天赞吾国,非人力也。而人谓吾之所办,以为雄才难制,吾岂可坐而待祸邪!”乃与其子出奔段氏。段辽素闻其才,冀收其用,甚爱重之。

燕讨段辽 讨宇文附

　　晋明帝太宁三年（325）冬季十一月，慕容廆与段氏政权刚刚和好，就为段牙出谋划策，让他迁都。段牙听从了他的建议，把都城从令支城迁走了，国人对此不乐意。段疾陆眷的孙子段辽想篡夺段牙的王位，就把迁都当作段牙的罪状，十二月，段辽率领国人攻击段牙，把他杀掉，自立为王。段氏政权从务勿尘以来，日益强盛，此时，它的边界已经是西达渔阳，东到辽水了，所统辖的胡人、原西晋汉人有三万多户，并拥有四五万人的骑兵。

　　晋成帝咸和八年（333）夏季五月甲寅（初六），辽东武宣公慕容廆去世。六月，慕容廆的儿子慕容皝以平北将军的身份兼摄平州刺史，监督摄理鲜卑慕容部。

　　慕容皝刚刚即位的时候，用法严厉，国人都觉得提心吊胆，主簿皇甫真恳切劝谏，但慕容皝不听。慕容皝的庶母兄长建威将军慕容翰、同母弟弟征虏将军慕容仁，有勇有谋，屡立战功，深得士众之心；他的小弟弟慕容昭也很有才艺，他们都曾为慕容廆所宠爱。慕容皝因此妒忌他们，慕容翰叹息道："我为先公效力，不敢不尽力而为，有幸能凭借先公的威灵，所向有功，这是上天在帮助我们国家，不是我们人强力壮的结果。而有人说我做成了那么多大事，就认为我是杰出的人物，难于控制，我难道可以坐而待祸吗？"于是就和他的儿子一起投奔段氏。段辽平素就听说他很有才能，希望能获得他的效用，对他就非常看重。

冬十月,仁自平郭来奔丧,谓昭曰:"吾等素骄,多无礼于嗣君,嗣君刚严,无罪犹可畏,况有罪乎!"昭曰:"吾辈皆体正嫡,于国有分。兄素得士心,我在内未为所疑,伺其间隙,除之不难。兄趣举兵以来,我为内应,事成之日,与我辽东。男子举事,不克则死,不能效建威偷生异域也。"仁曰:"善。"遂还平郭。闰月,仁举兵而西。

或以仁、昭之谋告皝,皝未之信,遣使按验。仁兵已至黄水,知事露,杀使者,还据平郭。皝赐昭死。遣军祭酒封奕慰抚辽东。以高诩为广武将军,将兵五千与庶弟建武将军幼、稚、广威将军军、宁远将军汗、司马辽东佟寿共讨仁。与仁战于汶城北,皝兵大败,幼、稚军皆为仁所获。寿尝为仁司马,遂降于仁。前大农孙机等举辽东城以应仁。封奕不得入,与汗俱还。东夷校尉封抽、护军平原乙逸、辽东相太原韩矫皆弃城走,于是仁尽有辽东之地。段辽及鲜卑诸部皆与仁遥相应援。皝追思皇甫真之言,以真为平州别驾。

九年春二月,慕容仁以司马翟楷领东夷校尉,前平州别驾庞鉴领辽东相。

段辽遣兵袭徒河,不克,复遣其弟兰与慕容翰共攻柳城,柳城都尉石琮、城大慕舆埿并力拒守,兰等不克而退。辽怒,切责兰等,必令拔之。休息二旬,复益兵来攻。士皆

冬季十月，慕容仁从平郭前来为慕容廆奔丧，对慕容昭说："我们大家素来比较骄傲，对继位的新主经常不讲礼节，慕容皝为人刚毅严厉，就是没有罪过的人都觉得可怕，何况还有罪呢！"慕容昭说："我们都是嫡子，国家也有我们一份。兄长您向来深得士人之心，我在宫内还没有被他怀疑，寻找一个机会把他除掉也不难。兄长您快速率领军队赶来，我在宫内做内应，事成之日，您把辽东给我统治就行了。男子汉大丈夫做事，不能成功就一死了之，不能效法建威将军慕容翰到异国去苟且偷生。"慕容仁说："好。"于是就回平郭去了。闰十一月，慕容仁在平郭起兵，向西进发。

有人把慕容仁和慕容昭的密谋告诉了慕容皝，慕容皝还不相信，就派使者去调查。慕容仁率军已抵达黄水，见到慕容皝的使者，知道事情已经败露，就把使者杀掉，然后回师盘踞平郭。慕容皝令慕容昭自杀。又派军祭酒封奕去抚慰辽东。又派高诩为广武将军，率领五千人马，与庶母弟弟建武将军慕容幼、慕容稚、广威将军慕容军、宁远将军慕容汗、司马辽东人佟寿一起去讨伐慕容仁。和慕容仁的军队在汶城北面大战，慕容皝的军队大败，慕容幼、慕容稚两支军队都被慕容仁俘获。佟寿曾经做过慕容仁的司马，于是就投降了慕容仁。前任大农孙机等人占据了辽东城响应慕容仁。封奕无法进城，只好与慕容汗一起回师。东夷校尉封抽、护军平原人乙逸、辽东相太原人韩矫等人都弃城而逃，这样，慕容仁就完全占领了辽东。段辽和鲜卑各部都和慕容仁遥相呼应，互为支援。慕容皝追忆皇甫真的劝谏，就任用皇甫真为平州别驾。

九年(334)春季二月，慕容仁任命司马翟楷领东夷校尉，前平州别驾庞鉴领辽东相。

段辽派兵偷袭徒河，不克，又派其弟段兰与慕容翰一起进攻柳城，柳城都尉石琮、城主慕舆涅合力拒守城池，段兰等人没有攻克柳城，只好退兵。段辽大怒，痛骂段兰等人，下令必须攻克柳城不可。休息了二十多天后，段兰等又增加兵力进攻柳城。士兵都

重袍蒙楯,作飞梯,四面俱进,昼夜不息。琮、塈拒守弥固,杀伤千馀人,卒不能拔。慕容皝遣慕容汗及司马封奕等共救之。皝戒汗曰:"贼气锐,勿与争锋。"汗性骁果,以千馀骑为前锋,直进。封奕止之,汗不从。与兰遇于牛尾谷,汗兵大败,死者太半。奕整陈力战,故得不没。

兰欲乘胜穷追,慕容翰恐遂灭其国,止之曰:"夫为将当务慎重,审己量敌,非万全不可动。今虽挫其偏师,未能屈其大势。皝多权诈,好为潜伏,若悉国中之众自将以拒我,我县军深入,众寡不敌,此危道也。且受命之日,正求此捷;若违命贪进,万一取败,功名俱丧,何以返面!"兰曰:"此已成擒,无有馀理,卿正虑遂灭卿国耳!今千年在东,若进而得志,吾将迎之以为国嗣,终不负卿,使宗庙不祀也。"千年者,慕容仁小字也。翰曰:"吾投身相依,无复还理。国之存亡,于我何有!但欲为大国之计,且相为惜功名耳。"乃命所部欲独还,兰不得已而从之。

夏四月,慕容仁自称平州刺史、辽东公。

冬十一月,慕容皝讨辽东,甲申,至襄平。辽东人王岌密信请降。师进,入城,翟楷、庞鉴单骑走,居就、新昌等县

穿上厚厚的战袍,还用盾牌挡住身体,制造云梯搭上城墙,昼夜不停地从四面同时攻城。石琮、慕舆涅等人加强抵抗,防御更加牢固,杀死杀伤段兰士卒一千多人,段兰终于没能攻克柳城。慕容皝派慕容汗与司马封奕等人一起去援救石琮。临行时,慕容皝告诫慕容汗说:"寇贼士气正锐,不要和他们正面交锋。"慕容汗性情骁勇果敢,派一千多骑兵作为先锋径直前进。封奕加以劝阻,慕容汗不听。后来在牛尾谷与段兰的军队遭遇,打了起来,慕容汗的军队大败,死去大半。封奕整顿战阵,奋力而战,因此免于全军覆没。

段兰打算乘胜追击,慕容翰担心这会消灭了他的故国,就劝阻段兰说:"做将领的人行事应该非常慎重,仔细审察自己的力量,估计对方的情况,不是万无一失就不可轻举妄动。现在我们虽然已经挫败他们的偏师,却并没有使他们的主力屈服。慕容皝为人狡诈,善于权谋,喜欢设置埋伏,如果他们调动全国的军队,慕容皝亲自统领来阻挡我们,我们孤军深入,众寡悬殊,这就是很危险的举动了。再说接受命令的时候,所希求的也就是今天的胜利;如果违抗君命,贪利冒进,万一失败,功劳与名誉都丧失了,还有什么脸面回去呢?"段兰说:"我们已经形成了擒敌之势,就没有让他们保全下来的道理,你担心的是这样会灭掉你的故国吧?现在慕容千年在东方,如果我继续进军能够得胜的话,我就要把他迎来作为你们国家的继承人,最终不会辜负你,不会使你们的宗庙绝祀。"千年就是慕容仁的小名。慕容翰说:"我既然投身依靠,就没有再回去的道理。故国的存亡,跟我有什么关系!我只不过是为贵国打算,同时也是珍惜我俩的功名。"于是命令所统领的军队,打算单独回师,段兰迫不得已,也只好跟他一起回师。

夏季四月,慕容仁自称平州刺史、辽东公。

冬季十一月,慕容皝发兵讨伐辽东慕容仁,甲申(十五日),大军到达襄平。辽东人王岌送密信给慕容皝请求归降。慕容皝的军队进入城中,翟楷、庞鉴单人匹马逃跑了,居就、新昌等县

皆降。皝欲悉坑辽东民,高诩谏曰:"辽东之叛,实非本图,直畏仁凶威,不得不从。今元恶犹存,始克此城,遽加夷灭,则未下之城,无归善之路矣。"皝乃止。分徙辽东大姓于棘城。以杜群为辽东相,安辑遗民。

十二月,慕容仁遣兵袭新昌,督护新兴王寓击走之,遂徙新昌入襄平。

咸康二年春正月,慕容皝将讨慕容仁,司马高诩曰:"仁叛弃君亲,民神共怒,前此海未尝冻,自仁反以来,连年冻者三矣。且仁专备陆道,天其或者欲使吾乘海冰以袭之也。"皝从之。群僚皆言涉冰危事,不若从陆道。皝曰:"吾计已决,敢沮者斩!"壬午,皝帅其弟军师将军评等自昌黎东,践冰而进,凡三百馀里。至历林口,舍辎重,轻兵趣平郭。去城七里,候骑以告仁,仁狼狈出战。张英之俘二使也,仁恨不穷追;及皝至,仁以为皝复遣偏师轻出寇抄,不知皝自来,谓左右曰:"今兹当不使其匹马得返矣!"乙未,仁悉众陈于城之西北。慕容军帅所部降于皝,仁众沮动,皝从而纵击,大破之。仁走,其帐下皆叛,遂擒之。皝先为斩其帐下之叛者,然后赐仁死。丁衡、游毅、孙机等,皆仁所信用也,皝执而斩之;王冰自杀。慕容幼、慕容稚、佟寿、郭充、翟楷、庞鉴皆东走,幼中道而还。皝兵追及楷、鉴,斩

都向慕容皝投降了。慕容皝想把辽东人民全部活埋掉，高诩劝说道：“辽东的背叛，本来就不是老百姓的本意，只是因为畏惧慕容仁的凶恶和淫威，不得不屈从。现在首恶还在，刚刚攻下这一座城，如果马上把他们全部杀光，那么，还没有攻下的城池就没有归顺向善的道路了。”慕容皝这才罢休。然后把辽东大族分批迁移到棘城。任命杜群任辽东相，让他来安抚百姓。

十二月，慕容仁发兵袭击新昌，新昌督护新兴人王寓把他打跑，慕容皝把新昌吏民迁徙到襄平。

晋成帝咸康二年（336）春季正月，慕容皝打算讨伐慕容仁，司马高诩说：“慕容仁背叛君主，百姓和神灵对他都感到愤怒，他背叛以前，海水从未冻结过，自从慕容仁反叛以来，海水连续三年冻结。再说慕容仁专门防备陆路，上天恐怕是要让我们趁海上冻结突然攻击他吧。”慕容皝听从了他的建议。大臣们却都说从冰上走过是很危险的事情，不如从陆路进攻好。慕容皝说：“我的主意已定，敢阻止的一律处斩！”壬午（十九日），慕容皝率领他的弟弟、军师将军慕容评等人从昌黎以东的地方下海，踏着冰前进，一共走了三百多里。到历林口，丢掉辎重物资，轻装急奔平郭。在离城七里的时候，负责侦察的骑兵把敌人来攻的消息告诉慕容仁，慕容仁匆忙出战。当初张英俘虏了段氏和宇文氏的两个使者的时候，慕容仁后悔没有穷追猛打；这一次慕容皝前来，慕容仁还认为慕容皝又是派偏师轻装出来侵扰抢劫，不知道慕容皝亲自率军来了，就对左右将领说：“这一次一定要让他们一匹马也回不去！”乙未，慕容仁全军在城的西北部地区列阵。慕容军却率领他的队伍向慕容皝投降，使慕容仁士气低落，军心动摇；慕容皝趁机攻击，打得他们大败。慕容仁逃跑，他幕帐下的人都背叛了他，把他擒获。慕容皝先替他杀掉了他的幕帐下背叛的人，然后令慕容仁自杀。丁衡、游毅、孙机等人都是慕容仁信任重用的人，慕容皝于是把他们收捕斩杀；王冰自杀。慕容幼、慕容稚、佟寿、郭充、翟楷、庞鉴都往东逃跑，慕容幼跑到中途就回来了。慕容皝的军队追上了翟楷和庞鉴，把他们斩杀

之；寿、充奔高丽。自馀吏民为仁所诖误者，皝皆赦之。封高诩为汝阳侯。

夏六月，段辽遣中军将军李咏袭慕容皝。咏趣武兴，都尉张萌击擒之。辽别遣段兰将步骑数万屯柳城西回水，宇文逸豆归攻安晋以为兰声援。皝帅步骑五万向柳城，兰不战而遁。皝引兵北趣安晋，逸豆归弃辎重走；皝遣司马封奕帅轻骑追击，大破之。皝谓诸将曰："二虏耻无功，必将复至，宜于柳城左右设伏以待之。"乃遣封奕帅骑数千伏于马兜山。三月，段辽果将数千骑来寇抄。奕纵击，大破之，斩其将荣伯保。

三年春三月，慕容皝于乙连城东筑好城以逼乙连，留折冲将军兰勃守之。夏四月，段辽以车数千两输乙连粟，兰勃击而取之。六月，辽又遣其从弟扬威将军屈云将精骑夜袭皝子遵于兴国城，遵击破之。

初，北平阳裕事段疾陆眷及辽五世，皆见尊礼。辽数与皝相攻，裕谏曰："'亲仁善邻，国之宝也'。况慕容氏与我世婚，迭为甥舅，皝有才德，而我与之构怨，战无虚月，百姓凋弊，利不补害，臣恐社稷之忧将由此始。愿两追前失，通好如初，以安国息民。"辽不从，出裕为北平相。

段辽数侵赵边，冬十一月，燕王皝遣扬烈将军宋回称藩于赵，乞师以讨辽，自请尽帅国中之众以会之，并以其弟

了;佟寿、郭充二人投奔高丽。其他官吏和百姓为慕容仁所连累的,慕容皝都给予赦免。封高诩为汝阳侯。

夏季六月,段辽派中军将军李咏去偷袭慕容皝。李咏直扑武兴,都尉张萌把他击败,擒获了他。段辽又另外派段兰率数万步卒和骑兵屯驻在柳城西面的回水,还派宇文逸豆归攻打安晋声援段兰。慕容皝率领五万步兵和骑兵奔向柳城,段兰不战而逃。慕容皝又领兵向北急奔安晋,宇文逸豆归丢弃辎重物资逃跑;慕容皝派司马封奕率领轻骑兵前往追击,把宇文逸豆归打得大败。慕容皝对众将领说:"两个寇贼耻于没有捞到战功,一定会再来,应该在柳城周围设下埋伏,等待他们。"于是就派封奕率数千骑兵埋伏在马兜山。三月,段辽果然率数千骑兵前来侵扰抢劫。封奕纵兵出击,把他打得大败,杀掉了他的部将荣伯保。

三年(337)春季三月,慕容皝在乙连城的东面筑起好城,以此来威逼乙连城,并留下折冲将军兰勃留守该城。夏季四月,段辽派数千辆车子向乙连城运粮,兰勃攻击了他的运粮车队,把粮食全部截获。六月,段辽又派他的堂弟扬威将军段屈云率领精锐骑兵趁黑夜去兴国城偷袭慕容皝的儿子慕容遵,慕容遵打败了段屈云。

当初,北平人阳裕一家从段疾陆眷起就开始为段氏效力,到段辽共五代,他们都很受段氏尊重。段辽多次跟慕容皝交战,阳裕就进谏说:"'对近邻国家和睦亲善,是立国的法宝'。何况慕容氏世代与我们通婚,一代代互为外甥和舅舅呢,慕容皝有才有德,而我们却和他结下怨仇,每个月都发生战争,百姓由此困弊,所获之利不足以弥补损失,我担心我们国家的忧患就要从这里开始了。希望我们和慕容皝双方都能对以前的失误加以反省,同以前一样互相通好,以便使国家安定,使老百姓休养生息。"段辽不听,反而贬黜阳裕出京去担任北平相。

段辽多次侵犯赵国的边境地区,冬季十一月,燕王慕容皝派扬烈将军宋回向后赵称藩,请求后赵发兵征讨段辽,请求让自己率领国内所有军队和后赵军队会同作战,同时,又让他的弟弟

宁远将军汗为质。赵王虎大悦,厚加慰答,辞其质,遣还,密期以明年。

四年春正月,燕王皝遣都尉赵槃如赵,听师期。赵王虎将击段辽,募骁勇者三万人,悉拜龙腾中郎。会辽遣段屈云袭赵幽州,幽州刺史李孟退保易京。虎乃以桃豹为横海将军,王华为渡辽将军,帅舟师十万出漂渝津;支雄为龙骧大将军,姚弋仲为冠军将军,帅步骑七万为前锋,以伐辽。三月,赵槃还至棘城。燕王皝引兵攻掠令支以北诸城。段辽将追之,慕容翰曰:"今赵兵在南,当并力御之,而更与燕斗。燕王自将而来,其士卒精锐,若万一失利,将何以御南敌乎!"段兰怒曰:"吾前为卿所误,以成今日之患,吾不复堕卿计中矣!"乃悉将见众追之。皝设伏以待之,大破兰兵,斩首数千级,掠五千户及畜产万计以归。

赵王虎进屯金台。支雄长驱入蓟,段辽所署渔阳、上谷、代郡守相皆降,取四十馀城。北平相阳裕帅其民数千家登燕山以自固。诸将恐其为后患,欲攻之。虎曰:"裕儒生,矜惜名节,耻于迎降耳,无能为也。"遂过之,至徐无。段辽以弟兰既败,不敢复战,帅妻子、宗族、豪大千馀家,弃令支,奔密云山。将行,执慕容翰手泣曰:"不用卿言,自取败亡。我固甘心,令卿失所,深以为愧。"翰北奔宇文氏。

宁远将军慕容汗到赵国当人质。赵王石虎非常高兴，对慕容皝的使臣加以盛情款待，谢绝慕容汗为人质，将慕容汗送还，与燕王秘密约定明年进攻。

四年（338）春季正月，燕王慕容皝派遣都尉赵槃到后赵去探听他们出兵的日期。赵王石虎将要进攻段辽，招募到了三万骁勇之士，全部授予龙腾中郎的头衔。恰好此时段辽派遣段屈云袭击后赵的幽州，幽州刺史李孟抵挡不住而退守易京。石虎于是任命桃豹为横海将军，任命王华为渡辽将军，率领十万水师从漂渝津出发；又任命支雄为龙骧大将军，任命姚弋仲为冠军将军，率领七万步兵作为前锋，前去讨伐段辽。三月，赵槃回到了棘城。燕王慕容皝率领军队进攻令支以北各座城池。段辽打算去追击他们，慕容翰说："现在赵国军队在南方，我们应该全力阻挡他们，还怎么能去和燕国争斗。再说燕王亲自领兵而来，他的士卒一定非常精锐，如果去追击他们，万一失利，还靠什么抵挡南方的敌人！"段兰大怒说："我从前就是因为你而犯了错误，以致酿成了今天的祸患，我不再中你的计了！"于是率领手中所有的兵力去追击慕容皝。慕容皝设下埋伏等待段兰的到来，结果大败段兰的军队，斩首数千级，掳掠了五千户人口和数以万计的畜产回去了。

赵王石虎进驻金台。支雄长驱直入，进入蓟城，段辽所委任的渔阳、上谷、代郡的郡守和郡相都投降了后赵，后赵于是攻占了四十多座城池。北平相阳裕率领其民众数千家登上燕山固守。赵军诸将担心阳裕成为后患，打算去攻打他。石虎说："阳裕不过是一个文士儒生，非常珍惜名声和气节，耻于出来归降，他不会有什么作为的。"就舍开他越过燕山，到达徐无。段辽因为弟弟段兰已经失败，不敢再战，于是就率领妻子儿女、宗族、当地豪强一千多家放弃令支逃奔密云山。临行时他握着慕容翰的手哭着说："我不听你的话，自取败亡。我固然是咎由自取，可这样却让你失去存身之地，我深深感到惭愧。"慕容翰向北投奔了宇文氏。

辽左、右长史刘群、卢谌、崔悦等封府库请降。虎遣将军郭太、麻秋帅轻骑二万追辽,至密云山,获其母妻,斩首三千级。辽单骑走险,遣其子乞特真奉表及献名马于赵,虎受之。

虎入令支宫,论功封赏各有差。徙段国民二万馀户于司、雍、兖、豫四州;士大夫之有才行者皆擢叙之。阳裕诣军门降,虎让之曰:"卿昔为奴虏走,今为士人来,岂识知天命,将逃匿无地邪?"对曰:"臣昔事王公,不能匡济;逃于段氏,复不能全。今陛下天网高张,笼络四海,幽、冀豪杰莫不风从,如臣比肩,无所独愧。生死之命,惟陛下制之!"虎悦,即拜北平太守。

夏五月,赵王虎以燕王皝不会赵兵攻段辽而自专其利,欲伐之。太史令赵揽谏曰:"岁星守燕分,师必无功。"虎怒,鞭之。皝闻之,严兵设备;罢六卿、纳言、常伯、冗骑常侍官。赵戎卒数十万,燕人震恐。皝谓内史高诩曰:"将若之何?"对曰:"赵兵虽强,然不足忧,但坚守以拒之,无能为也。"

虎遣使四出,招诱民夷,燕成周内史崔焘、居就令游泓、武原令常霸、东夷校尉封抽、护军宋晃等皆应之,凡得三十六城。泓,邃之兄子也。冀阳流寓之士共杀太守宋烛以降于赵。烛,晃之从兄也。营丘内史鲜于屈亦遣使降赵,武宁令广平孙兴晓谕吏民共收屈,数其罪而杀之,闭城拒守。朝鲜令昌黎孙泳帅众拒赵。大姓王清等密谋应赵,

段辽的左、右长史刘群、卢谌、崔悦等封了段辽的府库向石虎请降。石虎派将军郭太、麻秋率二万轻骑追击段辽,追到密云山,抓获了他的母亲和妻子,斩首三千级。段辽单骑逃往险要之地,派儿子乞特真奉表文,向后赵进献名马,石虎接受了。

石虎进入令支宫,论功行赏,各有差等。迁徙段国二万多户人口到司、雍、兖、豫四州;士大夫中凡有才有德的,石虎都给予提拔任用。阳裕到石虎的军门投降,石虎责备他说:"你过去身为奴虏而逃走,今天身为士人来归顺,难道你是知道天命,明白再无逃匿之地了吗?"阳裕回答说:"我从前事奉王浚,不能对他有帮助;后来逃归段氏,又不能保全。现在陛下你天网高张,笼络四海之内的有识之士,幽州和冀州的豪杰无不望风而附,如我与他们并肩同列,我没有什么好独自惭愧的。是生是死,完全由陛下裁断!"石虎听了这话很高兴,马上就拜他为北平太守了。

夏季五月,赵王石虎因为燕王慕容皝不率军会合赵军一道进攻段辽,反而自己单独行动,获取了利益,就想去讨伐他。太史令赵揽进谏说:"木星正停留在燕国的方位上,大王出师一定不会成功。"石虎听了大怒,抽了他一顿鞭子。慕容皝听到这个消息,便集结军队,严加防备;又废除六卿、纳言、常伯、冗骑常侍官等官职。后赵有数十万军队,燕国人对此都感到震惊和恐慌。慕容皝对内史高诩说:"我们对此怎么办才好?"高诩答道:"赵国军队虽然很强盛,然而并不值得担忧,只要坚守城池加以抵抗,赵军就一定不会有什么作为的。"

石虎派使者出使四面八方,招降引诱各族人民,燕国成周内史崔焘、居就令游泓、武原令常霸、东夷校尉封抽、护军宋晃等人都顺从了石虎,石虎因此一共获得了三十六座城池。游泓是游邃兄长的儿子。冀阳的流寓人士一起杀掉了太守宋烛,向后赵投降。宋烛是宋晃的堂兄。营丘内史鲜于屈也派使者向后赵投降,武宁令广平人孙兴晓谕官吏和百姓一起拘捕了鲜于屈,历数其罪状后把他杀了,然后关闭城门抵抗、守卫城池。朝鲜令昌黎人孙泳率众抵抗赵军。当地豪族王清等人密谋响应赵军,

泳收斩之。同谋数百人惶怖请罪,泳皆释之,与同拒守。乐浪太守鞠彭以境内皆叛,选乡里壮士二百馀人共还棘城。

戊子,赵兵进逼棘城。燕王皝欲出亡,帐下将慕舆根谏曰:"赵强我弱,大王一举足则赵之气势遂成,使赵人收略国民,兵强谷足,不可复敌。窃意赵人正欲大王如此耳,奈何入其计中乎!今固守坚城,其势百倍,纵其急攻,犹足枝持,观形察变,间出求利。如事之不济,不失于走,奈何望风委去,为必亡之理乎!"皝乃止,然犹惧形于色。玄菟太守河间刘佩曰:"今强寇在外,众心恟惧,事之安危,系于一人。大王此际无所推委,当自强以厉将士,不宜示弱。事急矣,臣请出击之,纵无大捷,足以安众。"乃将敢死数百骑出冲赵兵,所向披靡,斩获而还,于是士气自倍。皝问计于封奕,对曰:"石虎凶虐已甚,民神共疾,祸败之至,其何日之有!今空国远来,攻守势异,戎马虽强,无能为患。顿兵积日,衅隙自生,但坚守以俟之耳。"皝意乃安。或说皝降,皝曰:"孤方取天下,何谓降也!"

赵兵四面蚁附缘城,慕舆根等昼夜力战,凡十馀日,赵兵不能克,壬辰,引退。皝遣其子恪帅二千骑追击之,赵兵

孙泳拘捕并处死了他们。与王清一起密谋的数百人惶恐不安，而向孙泳请罪，孙泳全部赦免了他们，与他们合力拒守。乐浪太守鞠彭因为境内的人都叛变了，就挑选了乡里两百多个健壮的人一起回到棘城。

戊子（初九），后赵军队进逼棘城。燕王慕容皝打算出城逃亡，帐下将慕舆根劝谏他说："赵国军队强大，我们势力弱小，大王您只要一抬脚逃走，那么，赵国就能形成必胜的气势，假如赵国人完全控制住了我国国民，那么，赵国军队就会更加强大，粮食就会更加充足，我们就无法再与他们对抗了。我认为赵国人正希望大王您这样做，怎么可以陷入他们的诡计呢？现在我们固守坚固的城池，就有百倍的优势，纵然敌军对我们加以猛攻，我们也还能够支撑，观察形势的变化，寻找机会出击以获取胜利。如果事情实在不行了，再逃走也还不迟，怎么可以望风弃城逃走，做必然败亡的事情呢？"慕容皝这才停止出逃，但是脸上还是充满了恐惧的神色。玄菟太守河间人刘佩说："现在强敌就在城外，大家都感到非常恐惧，国家的安危，就系在大王您一人的身上。大王此时无可推诿，应当自强以激励将士，不该显出怯弱。事情已经很紧急了，我请求出城迎击赵军，即使不能取得大胜，也足以安定众人之心。"于是率领数百骑敢死战士出城冲击赵军，所向披靡，斩杀俘虏不少敌兵后又返回城中，于是燕军士气倍增。慕容皝又向封奕请教计策，封奕答道："石虎过于凶残和暴虐，百姓和神灵共同愤恨他，祸败就要来了，他还能有多少日子？现在他倾尽全国兵力远道而来，攻守的形势不同，攻难守易，他的兵马虽然强大，但并不能对我们形成多大危害。他们在这里顿兵时间一长，内部矛盾自然就会产生，我们只需坚守等待这一时机就行了。"慕容皝于是镇定下来。有人劝说慕容皝投降，慕容皝说："我正打算夺取天下呢，还说什么投降！"

赵军在棘城四周像蚂蚁一样攀登攻城，慕舆根等人昼夜奋战，双方一共相持了十多天，赵军不能攻克，壬辰（十三日），引兵退走了。慕容皝派他的儿子慕容恪率领二千骑兵追击赵军，赵军

大败,斩获三万馀级。赵诸军皆弃甲逃溃,惟游击将军石闵一军独全。

赵之攻棘城也,燕右司马李洪之弟普以为棘城必败,劝洪出避祸。洪曰:"天道幽远,人事难知,且当委任,勿轻动取悔!"普固请不已。洪曰:"卿意见明审者,当自行之。吾受慕容氏大恩,义无去就,当效死于此耳。"与普流涕而诀。普遂降赵,从赵军南归,死于丧乱。洪由是以忠笃著名。

赵王虎遣渡辽将军曹伏将青州之众戍海岛,运谷三百万斛以给之,又以船三百艘运谷三十万斛诣高句丽,使典农中郎将王典帅众万馀屯田海滨,又令青州造船千艘,以谋击燕。

十二月,段辽自密云山遣使求迎于赵;既而中悔,复遣使求迎于燕。赵王虎遣征东将军麻秋帅众三万迎之,敕秋曰:"受降如受敌,不可轻也!"以尚书左丞阳裕,辽之故臣,使为秋司马。燕王皝自帅诸军迎辽,辽密与燕谋覆赵军。皝遣慕容恪伏精骑七千于密云山,大败麻秋于三藏口,死者什六七。秋步走得免,阳裕为燕所执。赵将军范阳鲜于亮失马,步缘山不能进,因止,端坐。燕兵环之,叱令起。亮曰:"身是贵人,义不为小人所屈。汝曹能杀亟杀,不能则去!"亮仪观丰伟,声气雄厉,燕兵惮之,不敢杀,以白皝。皝以马迎之,与语,大悦,用为左常侍,以崔毖之女妻之。皝尽得段辽之众。待辽以上宾之礼,以阳裕为郎中令。

大败,被斩杀俘虏三万多人。后赵各路军队都丢盔弃甲而逃,只有游击将军石闵一支军队保全了全部人马。

后赵攻打棘城的时候,前燕右司马李洪的弟弟李普认为棘城一定会失败,就劝李洪出城避祸。李洪说:"天道幽暗深远,人间的事情也难以预知,再说我受君主委以重任,不要轻举妄动自寻后悔!"李普固执地劝个没完没了。李洪说:"你认为你这是审明了时势,你就自己去吧。我深受慕容氏的大恩大德,按道义没有去或不去的选择,我应该在这里效命至死。"就和李普流着泪告别。李普于是投降了赵军,后来跟随赵军南撤时,死于丧乱之中。李洪因此以忠诚笃信而著名。

赵王石虎派渡辽将军曹伏率领青州的士卒戍守海岛,运谷三百万斛供给他,又用三百艘船运谷三十万斛到高句丽,派典农中郎将王典率一万多士兵在海滨地区屯田,还命令青州的地方官造一千艘战船,策划再次进攻燕国。

十二月,段辽从密云山派使者向后赵求降;不久又感到后悔,再派使者向前燕求降。赵王石虎派征东将军麻秋率三万士兵去迎接段辽,并敕令麻秋说:"接受投降就像迎击敌人,不可轻视!"因为尚书左丞阳裕是段辽的旧属臣下,所以派他做麻秋的司马。燕王慕容皝亲自率领各路人马去迎接段辽,段辽就与燕军密谋消灭后赵军队。慕容皝派慕容恪率领精锐骑兵七千人埋伏在密云山,麻秋的军队在三藏口被打得大败,死者占十分之六七。麻秋徒步逃跑得以幸免,阳裕被燕军俘获。后赵的将军范阳人鲜于亮丢失战马,徒步爬山又爬不上去,于是干脆停步端坐。前燕军队包围他后,大声呵斥他,让他站起来。鲜于亮就说:"我身为贵族,按道义不能向你们这些小人屈服。你们能杀我就赶快动手,不能杀我就走开!"鲜于亮身材高大,仪表堂堂,声音凌厉,前燕士兵感到害怕,不敢杀掉他,就把此事禀告慕容皝。慕容皝用马去迎接他,与他交谈后大为高兴,就任用他为左常侍,把崔毖的女儿嫁给他为妻。慕容皝得到了段辽的全部人马。用上宾的礼节对待段辽,又任用阳裕为郎中令。

五年夏四月，段辽谋反于燕，燕人杀辽及其党与数十人，送辽首于赵。

冬，燕王皝遣长史刘翔、参军鞠运来献捷论功。

燕王皝使其子恪、霸击宇文别部。霸年十三，勇冠三军。

六年，宇文逸豆归忌慕容翰才名，翰乃阳狂酗饮，或卧自便利，或被发歌呼，拜跪乞食。宇文举国贱之，不复省录，以故得行来自遂，山川形便，皆默记之。燕王皝以翰初非叛乱，以猜嫌出奔，虽在他国，常潜为燕计，乃遣商人王车通市于宇文部以窥翰。翰见车，无言，抚膺颔之而已。皝曰："翰欲来也。"复使车迎之。翰弯弓三石馀，矢尤长大，皝为之造可手弓矢，使车埋于道旁而密告之。二月，翰窃逸豆归名马，携其二子过取弓矢，逃归。逸豆归使骁骑百馀追之。翰曰："吾久客思归，既得上马，无复还理。吾向日阳愚以诳汝，吾之故艺犹在，无为相逼，自取死也！"追骑轻之，直突而前。翰曰："吾居汝国久恨恨，不欲杀汝。汝去我百步立汝刀，吾射之，一发中者汝可还，不中者可来前。"追骑解刀立之，一发，正中其环，追骑散走。皝闻翰至，大喜，恩遇甚厚。

五年(339)夏季四月,段辽在前燕谋反,前燕人于是杀掉了段辽及其党羽数十人,并把段辽的首级送给后赵。

冬天,燕王慕容皝派长史刘翔、参军鞠运到东晋朝廷来进献俘虏和战利品,并呈报战功。

燕王慕容皝派他的儿子慕容恪、慕容霸攻击宇文氏的别部。慕容霸刚刚十三岁,勇敢为全军之首。

六年(340),宇文逸豆归忌恨慕容翰的才能和名气,慕容翰就伪装癫狂,整日饮酒、酣醉,有时候躺在床上大小便,有时候又披头散发,大声唱歌呼喊,跪拜着向人家乞讨食物。宇文氏全国都看不起他,也就不再注意他了,因此,慕容翰得以自由行动,把宇文部高山河流、地理形势都默默地记在心中。燕王慕容皝认为慕容翰当初并没有发动叛乱,而只是因为猜忌和隔阂才出奔的,虽然身在他国,却常常暗地里为燕国打算,于是就派商人王车到宇文部去做生意,暗中观察慕容翰。慕容翰见到王车没有作声,只是摸摸心口点点头而已。慕容皝听了王车的报告,就说:"慕容翰想回来了。"便再一次派王车去迎接他。慕容翰拉弓的力量达三石多,他用的箭矢尤其长大,慕容皝为他造好一把很合手的弓箭和一些箭矢,让王车把它埋在路旁并悄悄地告诉了慕容翰。二月,慕容翰偷了宇文逸豆归的名马,带着自己的两个儿子在路旁取出了弓箭,逃跑归国。宇文逸豆归派一百多骁勇的士兵追赶。慕容翰对追兵说:"我在外客居时间长了,想回家去,既然已经上了马,就绝没有再回去的道理。我过去伪装愚钝是用来欺骗你们的,我以前的武艺还在,你们不要逼我,而自取灭亡!"追赶慕容翰的士兵轻视慕容翰,径直向前冲来。慕容翰说:"我在你们国家居住了很久,心中已有眷念之情,我不想杀死你们。你们在离我百步远的地方把马刀插在地上,让我来射,如果我一箭射中,你们就回去,如果我一箭射不中,你们就可以上前抓我。"来追赶的骑兵解下佩刀,把它插在地上,慕容翰射了一箭,正好射中刀环,追击的骑兵于是逃散。慕容皝听说慕容翰回来了,非常高兴,对他的恩情和待遇非常优厚。

八年冬十月,建威将军翰言于皝曰:"宇文强盛日久,屡为国患。今逸豆归篡窃得国,群情不附,加之性识庸暗,将帅非才,国无防卫,军无部伍。臣久在其国,悉其地形,虽远附强羯,声势不接,无益救援,今若击之,百举百克。然高句丽去国密迩,常有窥觎之志,彼知宇文既亡,祸将及己,必乘虚深入,掩吾不备。若少留兵则不足以守,多留兵则不足以行,此心腹之患也,宜先除之。观其势力,一举可克。宇文自守之虏,必不能远来争利。既取高句丽,还取宇文,如返手耳。二国既平,利尽东海,国富兵强,无返顾之忧,然后中原可图也。"皝曰:"善。"将兵击高句丽,毁其城而还。

康帝建元元年春二月,宇文逸豆归遣其相莫浅浑将兵击燕。诸将争欲击之,燕王皝不许。莫浅浑以为皝畏之,酣饮纵猎,不复设备,皝使慕容翰出击之,莫浅浑大败,仅以身免,尽俘其众。

二年春正月,燕王皝与左司马高诩谋伐宇文逸豆归,诩曰:"宇文强盛,今不取,必为国患,伐之必克,然不利于将。"出而告人曰:"吾往必不返,然忠臣不避也。"于是皝自

八年(342)冬季十月,建威将军慕容翰对慕容皝说:"宇文氏强盛的时间已经很久了,多次成为我们国家的祸患。现在宇文逸豆归篡权窃国,人心不向着他,加上此人性情昏昧,才识平庸,所任用的将帅亦没有多少才能,他们现在是有国家而无防卫,有军队而无严密的组织。我在他们国家居住的时间很长,非常熟悉他们的地形,虽然他们远远地归附强大的羯人,但是羯人的威名和势力都与他们没有连接起来,不可能起到救援的作用,现在我们如果去攻打宇文氏,一定是百战百胜。只是高句丽离我国很近,常常有窥伺我国的志向,他们知道宇文氏政权一旦灭亡,灾祸就会降临到自己头上,所以,他们一定会趁我们不防备的时候乘虚而入。如果留下少量兵力又不足以坚守,留下大量兵力又不足以对宇文氏用兵,高句丽实在是我们的心腹之患,我们应该先把它除掉。考察一下它的力量,我们一战便可攻克它。宇文氏政权是自我保守的胡虏,一定不会远道而来和我们争夺利益。攻取高句丽之后,再回过头来攻取宇文氏政权,那就易如反掌了。两个国家被我们平定之后,我们占尽了东海地区的利益,国家富足,军队强盛,又没有了后顾之忧,这以后,就可以谋取中原了。"慕容皝说:"好。"于是率军攻打高句丽,毁掉它的都城后回师。

晋康帝建元元年(343)春季二月,宇文逸豆归派他的丞相莫浅浑率军进攻前燕。前燕各位将领都争着要去迎击他,燕王慕容皝却一律不予答应。莫浅浑就以为慕容皝害怕自己,就整日里尽情饮酒打猎,不再设防,慕容皝让慕容翰率军出城去攻打他,结果,莫浅浑大败,仅仅自己逃脱了,他的士众全部被慕容翰俘获。

二年(344)春季正月,燕王慕容皝和左司马高诩一起谋划讨伐宇文逸豆归,高诩说:"宇文氏很是强盛,现在不去攻取它,它一定会成为我国的祸患,我们现在去讨伐一定能取得胜利,就是对我们的将领不利。"他走出帐幕就对人们说:"我这次出征一定回不来,不过,忠臣是不会回避危难的。"于是慕容皝亲自

将伐逸豆归。以慕容翰为前锋将军，刘佩副之；分命慕容军、慕容恪、慕容霸及折冲将军慕舆根将兵，三道并进。高诩将发，不见其妻，使人语以家事而行。

逸豆归遣南罗大涉夜干将精兵逆战，皝遣人驰谓慕容翰曰："涉夜干勇冠三军，宜小避之。"翰曰："逸豆归扫其国内精兵以属涉夜干，涉夜干素有勇名，一国所赖也，今我克之，其国不攻自溃矣。且吾孰知涉夜干之为人，虽有虚名，实易与耳，不宜避之以挫吾兵气。"遂进战。翰自出冲陈，涉夜干出应之，慕容霸从傍邀击，遂斩涉夜干。宇文士卒见涉夜干死，不战而溃。燕军乘胜逐之，遂克其都城。逸豆归走死漠北，宇文氏由是散亡。皝悉收其畜产、资货，徙其部众五千馀落于昌黎，辟地千馀里。更命涉夜干所居城曰威德城，使弟彪戍之而还。高诩、刘佩皆中流矢卒。

诩善天文，皝尝谓曰："卿有佳书而不见与，何以为忠尽！"诩曰："臣闻人君执要，人臣执职。执要者逸，执职者劳。是以后稷播种，尧不预焉。占候、天文，晨夜甚苦，非至尊之所宜亲，殿下将安用之！"皝默然。

初，逸豆归事赵甚谨，贡献属路。及燕人伐逸豆归，赵王虎使右将军白胜、并州刺史王霸自甘松出救之，比至，宇文氏已亡，因攻威德城，不克而还。慕容彪追击，破之。

率军去攻打宇文逸豆归。用慕容翰为前锋将军,刘佩作为他的副手;分别命令慕容军、慕容恪、慕容霸以及折冲将军慕舆根率军兵分三路,一起进发。高诩将要出发的时候,不去看他的妻子,只派人把家事告诉她,然后就出发了。

逸豆归派南罗城主涉夜干率精兵前来迎战,慕容皝派人飞马前去告诉慕容翰说:"涉夜干的勇猛在三军中数第一,你应该稍稍避开他。"慕容翰却说:"逸豆归集中全国的精锐士卒,交给涉夜干统领,涉夜干向来以勇猛著名,是宇文氏一国的依靠,现在我把他打败了,他们的国家就会不攻自溃了。再说我也非常熟悉涉夜干的为人,他虽然有些虚名,实际上却也容易对付,现在我们不宜躲避他而挫伤了我军的士气。"于是就继续前进与之交战。慕容翰亲自出击冲击敌阵,涉夜干出来应敌,慕容霸纵马从旁边拦截他,于是斩杀了涉夜干。逸豆归的士兵见到涉夜干死了,便不战而逃,溃不成军。前燕军队乘胜追击,于是攻占了宇文氏的都城。逸豆归逃到大漠以北,死在那里,宇文氏政权因此就逃散败亡了。慕容皝把他们的畜产、资财全部收归己有,又迁徙宇文氏的部众五千多帐落到昌黎,开辟了一千多里的国土。又把涉夜干原来居住的南罗城改名为威德城,派弟弟慕容彪戍守,然后率军回到棘城。高诩和刘佩都因中了流矢而阵亡。

高诩擅长观测天文,慕容皝曾对他说:"你有好书也不给我看,怎么可以说是尽了忠心呢?"高诩答道:"我听说人君执掌国家大事的要领,人臣掌管具体事务。执掌要领的人轻松,执掌具体事务的人辛劳。所以后稷播种百谷,尧不参与。占候、天文之事,需要在凌晨和黑夜工作,相当辛苦,不是至尊之人所应该亲自参与的,殿下你学来有什么用呢?"慕容皝于是默然无语。

当初,宇文逸豆归事奉后赵十分恭敬,向后赵进献的物品在大路上络绎不绝。到前燕人攻打宇文逸豆归的时候,赵王石虎就派右将军白胜、并州刺史王霸率军从甘松出发去援救宇文逸豆归,等他们赶到时,宇文氏政权已经败亡,于是他们就进攻威德城,没有攻下就回师了。慕容彪率军追击,打败了他们。

　　慕容翰之与宇文氏战也，为流矢所中，卧病积时不出。后渐差，于其家试骋马。或告翰称病而私习骑乘，疑欲为变。燕王皝虽藉翰勇略，然中心终忌之，乃赐翰死。翰曰："吾负罪出奔，既而复还，今日死已晚矣。然羯贼跨据中原，吾不自量，欲为国家荡壹区夏，此志不遂，没有遗恨，命矣夫！"饮药而卒。

慕容翰在同宇文氏作战时,中了流矢,抱病卧床,很久都没有出来。后来伤势逐渐好转,就在家里试着骑骑马。有人却向慕容皝告发说慕容翰称病却私下里练习骑马,恐怕是想发动变乱。燕王慕容皝虽然借重慕容翰的勇气和谋略,但是心中却一直猜忌他,于是就令慕容翰自杀。慕容翰说:"我当初负罪出奔,然后又重新回国,现在才死已经是很迟了。然而羯族贼寇还占据着中原地区,我不自量力,想为国家荡平羯人,统一华夏区域,这一大志还没实现,我死了也会遗憾,然而命就是这样啊!"于是喝毒药而死。

赵魏乱中原 冉闵灭石氏附

晋怀帝永嘉五年。初,石勒之为人所掠卖也,与其母王氏相失。刘琨得之,遣使并其从子虎送于勒。时虎年十七,残忍无度,为军中患。勒白母曰:"此儿凶暴无赖,使军人杀之,声名可惜,不若自除之。"母曰:"快牛为犊,多能破车,汝小忍之!"及长,便弓马,勇冠当时。勒以为征虏将军,每屠城邑,鲜有遗类。然御众严而不烦,莫敢犯者,指授攻讨,所向无前,勒遂宠任之。

成帝咸和五年春二月,后赵王勒以其子宏为大单于。中山王虎怒,私谓齐王邃曰:"主上自都襄国以来,端拱仰成,以吾身当矢石,二十馀年,南擒刘岳,北走索头,东平齐、鲁,西定秦、雍,克十有三州。成大赵之业者,我也,大单于当以授我,今乃以与黄吻婢儿,念之令人气塞,不能寝食!待主上晏驾之后,不足复留种也。"

赵魏乱中原 冉闵灭石氏附

晋怀帝永嘉五年(311)。当初,石勒被人家抢走卖掉,和他的母亲王氏散失了。后来刘琨找到了他的母亲,就派遣使者把她和他的侄子石虎一起送还给石勒。当时,石虎刚刚十七岁,为人极为凶恶残忍,成为军队中的祸害。石勒就对他的母亲说:"这孩子凶恶残暴,而且无赖,如果日后让军人把他杀掉了,就有损于我们的声誉和名望,还不如我们自己把他除掉。"石勒的母亲回答说:"长大后走得快的牛在还是牛犊时,大多数拉车都会弄坏车辆的,你还是稍微忍耐一下吧!"石虎长大以后,擅长射箭骑马,勇猛在当时数第一。石勒于是用他为征虏将军,他每攻克一座城邑就大肆屠杀,很少留下活命的人。但是治理部众却能严格而不繁琐,以致部众没有人胆敢违抗他的命令,指派他、授权他去进攻和征讨,他总是所向无敌,石勒因此宠爱信任他。

晋成帝咸和五年(330)春季二月,后赵国王石勒任命他的儿子石宏为大单于。中山王石虎愤怒,私下对齐王石邃说:"君主自从建都襄国以来,整日优闲自得,坐享其成,而把我这个人当作箭矢和石弹,二十多年,我在南方擒获了刘岳,在北边赶走了索头,在东方平定了齐、鲁,在西方平定了秦、雍,一共攻占了十三州。建立赵国大业的人是我,大单于应当授予我,现在却把它授给了乳臭未干的奴婢生的小孩子,想起来就让人气愤、胸闷,睡不着,吃不好! 等到主上驾崩之后,我一定会把他杀了。"

后赵皇太子弘好属文,亲敬儒素。勒谓徐光曰:"大雅
愔愔,殊不似将家子。"光曰:"汉祖以马上取天下,孝文以
玄默守之。圣人之后,必有胜残去杀者,天之道也。"勒甚
悦。光因说曰:"皇太子仁孝温恭,中山王雄暴多诈,陛下
一旦不讳,臣恐社稷非太子所有也。宜渐夺中山王权,使
太子早参朝政。"勒心然之,而未能从。

七年夏四月,赵右仆射程遐言于赵主勒曰:"中山王勇
悍权略,群臣莫及,观其志,自陛下之外,视之蔑如。加以
残贼安忍,久为将帅,威振内外,其诸子年长,皆典兵权,陛
下在,自当无他,恐非少主之臣也。宜早除之,以便大计。"
勒曰:"今天下未安,大雅冲幼,宜得强辅。中山王骨肉至
亲,有佐命之功,方当委以伊、霍之任,何至如卿所言?卿
正恐不得擅帝舅之权耳,吾亦当参卿顾命,勿过忧也。"遐
泣曰:"臣所虑者公家,陛下乃以私计拒之,忠言何自而入
乎?中山王虽为皇太后所养,非陛下天属,虽有微功,陛下
酬其父子恩荣亦足矣,而其志愿无极,岂将来有益者乎!
若不除之,臣见宗庙不血食矣。"勒不听。

遐退,告徐光,光曰:"中山王常切齿于吾二人,恐非但
危国,亦将为家祸也。"他日,光承间言于勒曰:"今国家无事,

后赵皇太子石弘喜欢读书写文章，为人亲切而有教养。石勒对徐光说："大雅和悦安舒，一点儿也不像将军家的后代。"徐光答道："汉高祖刘邦在战马上获取了天下，孝文帝刘恒则用清静无为的原则来治理好了国家。圣人之后，一定有战胜凶残、除掉好杀的人，这就是天道。"石勒听了这话，非常高兴。徐光因此顺势劝说石勒："皇太子为人仁义、孝顺、温和、恭敬，中山王石虎奸雄残暴、诡计多端，陛下您一旦不幸归天，我担心国家就不会为太子所有了。所以，应该逐渐削夺中山王的权势，让太子早日参与处理朝政。"石勒心里颇以为然，但在行动上却没有采纳徐光的建议。

七年（332）夏季四月，赵国的右仆射程遐对赵王石勒进言说："中山王的勇猛剽悍和权谋策略，群臣没有谁能赶得上，从他的志向来看，除了陛下您之外，他对谁都看不起。加上他残暴凶恶，又长期做军队的将帅，声威震于内外，他的几个儿子都已长大成人，而且都执掌兵权，陛下您在的时候，自然不会有什么事，但是他却恐怕不会是少主的臣下。应该早日把他除掉，以利国家大计。"石勒说："现在天下还未安定，大雅又还年幼，正需要有强有力的辅佐之臣。中山王是我的骨肉至亲，有辅佐国运的功劳，正应该委以他伊尹、霍光那样的重任，怎么会弄到像你所说的那种地步呢？你只不过是担心你自己作为皇帝的舅舅不能专擅大权罢了，我也会参用你来辅佐朝政的，你不要过分担忧。"程遐哭着说："我所担忧的是国家，陛下却从私人利益的角度，拒绝了我的建议，忠言从哪里才可以进入您的耳朵呢？中山王虽然是皇太后抚养长大的，但他却并非陛下您的亲骨肉，虽然他略微有些功劳，但陛下您给予他们父子的恩情和荣誉也够多的了，然而石虎的欲望没有止境，难道将来会有什么好处吗？如果不除掉他，我看我们的宗庙就会断了血食。"石勒不听。

程遐退下后把事情告诉徐光，徐光说："中山王对我们两人是常常切齿痛恨，恐怕他不仅要危害国家，也会要成为你我家庭的祸患。"有一天，徐光找到一个机会对石勒说："现在国家无事，

而陛下神色若有不怡,何也?"勒曰:"吴、蜀未平,吾恐后世不以吾为受命之王也。"光曰:"魏承汉运,刘备虽兴于蜀,汉岂得为不亡乎!孙权在吴,犹今之李氏也。陛下苞括二都,平荡八州,帝王之统不在陛下,复当在谁!且陛下不忧腹心之疾,而更忧四支乎!中山王藉陛下威略,所向辄克,而天下皆言其英武亚于陛下。且其资性不仁,见利忘义,父子并据权位,势倾王室;而耿耿常有不满之心;近于东宫侍宴,有轻皇太子之色。臣恐陛下万年之后,不可复制也。"勒默然,始命太子省可尚书奏事,且以中常侍严震参综可否,惟征伐、断斩大事乃呈之。于是严震之权过于主相,中山王虎之门可设雀罗矣。虎愈怏怏不悦。

八年夏六月,赵主勒寝疾,中山王虎入侍禁中,矫诏,群臣亲戚皆不得入,疾之增损,外无知者。又矫诏召秦王宏、彭城王堪还襄国。勒疾小瘳,见宏,惊曰:"吾使王处藩镇,正备今日,有召王者邪,将自来邪?有召者,当按诛之!"虎惧曰:"秦王思慕,暂还耳,今遣之。"仍留不遣。数日,复问之,虎曰:"受诏即遣,今已半道矣。"广阿有蝗,虎密使其子冀州刺史邃帅骑三千游于蝗所。

而陛下您却似乎有些不开心,这是为什么?"石勒答道:"吴、蜀还没有平定,我担心后世的人因此不承认我是承受天命的国王。"徐光说:"曹魏继承了汉朝的国运,刘备虽然也自称为'汉',在蜀地兴起,但汉朝难道因此就能说没有灭亡吗?孙权在吴国,就像今天的李雄。陛下您的国土囊括了长安、洛阳两个都城,荡平统一了八州之地,帝王的正统,不在陛下您身上,还能在谁身上?再说陛下您不担心心腹之病,而更担心四肢的疾患吗?中山王借重陛下的威略,出征所向披靡,但天下的人却说他的英雄和勇武仅次于陛下。而他生来就是不讲仁义、见利忘义的人,现在他们父子一起占据着重要的官位,权势压倒了王室;但他还是耿耿于怀,常常心怀不满;近日他在东宫侍宴,有瞧不起皇太子的神色。我担心陛下您逝世以后,就没有人再能控制他了。"石勒默不作声,于是开始让皇太子石弘处理尚书所上奏的事情,而且让中常侍严震参预决断,只有出兵征讨、处斩臣下之类的大事才需要呈报石勒做最后决定。因此严震的权力超过了宰相,中山王石虎的门庭冷清得可以摆设猎捕雀鸟的罗网。石虎就更加怏怏不乐。

八年(333)夏季六月,赵王石勒病卧在床,中山王石虎进入宫廷侍候石勒,趁机假称诏命不许群臣以及石勒的亲戚进入宫廷,石勒病情的好坏,外面谁也不知道。石虎又假称诏命召秦王石宏、彭城王石堪回到襄国。石勒的病略有好转,见到石宏,吃惊地说:"我派你在外面作为屏障,藩卫中央,就是为了防备今天这种情况,是有谁召唤你回来吗?还是你自己回来的?如有人召唤就应该逮住此人将他处斩!"石虎非常害怕,说:"秦王听说您有病,非常想念您,这不过是暂时回来看一看您,现在我就让他回去。"但却仍然把秦王留下来不让他回去。过了几天,石勒又向石虎问起这事,石虎说:"接受您上次的诏令以后,我就派他回去了,现在已经在半路上了。"广阿地方发生蝗灾,石虎就秘密地派他的儿子、冀州刺史石邃率领三千骑兵在蝗虫出没的地方游弋。

秋七月，勒疾笃，遗命曰："大雅兄弟，宜善相保，司马氏，汝曹之前车也。中山王宜深思周、霍，勿为将来口实。"戊辰，勒卒。中山王虎劫太子弘使临轩，收右光禄大夫程遐、中书令徐光，下廷尉，召邃使将兵入宿卫，文武皆奔散。弘大惧，自陈劣弱，让位于虎。虎曰："君终，太子立，礼之常也。"弘涕泣固让，虎怒曰："若不堪重任，天下自有大义，何足豫论！"弘乃即位。大赦。杀程遐、徐光。夜，以勒丧潜瘗山谷，莫知其处。己卯，备仪卫，虚葬于高平陵，谥曰明帝，庙号高祖。

赵将石聪及谯郡太守彭彪，各遣使来降。聪本晋人，冒姓石氏。朝廷遣督护乔球将兵救之，未至，聪等为虎所诛。

秋八月，赵主弘以中山王虎为丞相、魏王、大单于，加九锡，以魏郡等十三郡为国，总摄百揆。虎赦其境内，立妻郑氏为魏王后；子邃为魏太子，加使持节、侍中、都督中外诸军事、大将军、录尚书事；次子宣为使持节、车骑大将军、冀州刺史，封河间王，韬为前锋将军、司隶校尉，封乐安王；遵封齐王，鉴封代王，苞封乐平王；徙平原王斌为章武王。勒文武旧臣，皆补散任；虎之府寮亲党，悉署台省要职。以镇军将军夔安领左仆射，尚书郭殷为右仆射。更命太子宫曰崇训宫，太后刘氏以下皆徙居之。选勒宫人及车马、服玩之美者，皆入丞相府。

秋季七月，石勒病危，发布遗诏说："大雅兄弟们，应该好好互相爱护，司马氏的八王之乱就是你们的前车之鉴。中山王石虎应该好好想想周公和霍光，不要为后世的人留下可以攻击的口实。"戊辰(二十一日)，石勒病逝。中山王石虎于是劫持太子石弘，让他亲临殿前，拘捕了右光禄大夫程遐、中书令徐光，交给廷尉，又征召石邃，让他率军进入、宿卫京城，文武官员都纷纷逃散。石弘非常恐惧，自己陈述说自己既劣又弱，主动把国王之位让给石虎。石虎说："君主逝世了，太子继位而立，这是礼义的常规。"石弘痛哭流涕，坚持让位，石虎大怒，说："如果您不能担负君主的重任，天下的人自然可以按大义行事，这有什么好预先论定的呢！"石弘这才即位。大赦天下。石虎处死程遐、徐光二人。又趁黑夜把石勒的尸体悄悄地埋葬在山谷中，没有人知道石勒到底埋在哪里。己卯这天，备齐了仪仗队和卫队，虚葬石勒于高平陵，谥号明帝，庙号高祖。

后赵将领石聪和谯郡太守彭彪，分别派使者向东晋请求归降。石聪本来就是晋人，假冒了石姓。东晋朝廷派遣督护乔球率领军队去救援石聪，还未赶到，石聪等人就已经被石虎诛杀了。

秋季八月，后赵主石弘任用中山王石虎为丞相、魏王、大单于，加九锡，把魏郡等十三郡作为他的封国，还让他总摄政事。石虎大赦他封国境内的有罪之人，又立他的妻子郑氏为魏王后；立他的儿子石邃为魏太子，加授使持节、侍中、都督中外诸军事、大将军、录尚书；任命他的次子石宣为使持节、车骑大将军、冀州刺史，还加封河间王；石韬为前锋将军、司隶校尉，加封乐安王；石遵封为齐王，石鉴封为代王，石苞封为乐平王；又改任平原王石斌为章武王。石勒的文武旧臣都补授了散官；石虎的幕府僚佐、亲戚朋党都被安排到中央机构担任要职。以镇军将军夔安兼理左仆射，尚书郭殷为右仆射。又改太子宫的名字为崇训宫，太后刘氏及其以下都移居此处。还在石勒的宫女、车马、服装、赏玩珍宝中挑选漂亮精美的都搬进丞相府。

赵刘太后谓彭城王堪曰:"先帝甫晏驾,丞相遽相陵藉如此。帝祚之亡,殆不复久,王将若之何?"堪曰:"先帝旧臣,皆被疏斥,军旅不复由人,宫省之内,无可为者,臣请奔兖州,挟南阳王恢为盟主,据廪丘,宣太后诏于牧、守、征、镇,使各举兵以诛暴逆,庶几犹有济也。"刘氏曰:"事急矣!当速为之。"九月,堪微服、轻骑袭兖州,不克,南奔谯城。丞相虎遣其将郭太追之,获堪于城父,送襄国,炙而杀之。征南阳王恢还襄国。刘氏谋泄,虎废而杀之,尊弘母程氏为皇太后。堪本田氏子,数有功,赵主勒养以为子。刘氏有胆略,勒每与之参决军事,佐勒建功业,有吕后之风,而不妒忌更过之。

赵河东王生镇关中,石朗镇洛阳。冬十月,生、朗皆举兵以讨丞相虎。生自称秦州刺史,遣使来降。氐帅蒲洪自称雍州刺史,西附张骏。

虎留太子邃守襄国,将步骑七万攻朗于金墉,金墉溃,获朗,刖而斩之。进向长安,以梁王挺为前锋大都督。生遣将军郭权帅鲜卑涉璝众二万为前锋以拒之,生将大军继发,军于蒲阪。权与挺战于潼关,大破之,挺及丞相左长史刘隗皆死,虎还奔渑池,枕尸三百馀里。鲜卑潜与虎通谋,反击生。生不知挺已死,惧,单骑奔长安。权收馀众,退屯

后赵的刘太后对彭城王石堪说:"先帝刚刚驾崩,丞相就这样欺凌践踏我们。帝运断绝,已经不会太久了,你打算怎么办?"石堪说:"先帝时的故臣都被疏远和排斥,军队不再由我们这些人来指挥,在宫廷和朝廷之中,我们已经不可能有所作为了,因此,为臣我请求允许我投奔兖州,到那里去挟持南阳王石恢作为盟主,然后占据廪丘,向牧、守、征、镇宣布太后的诏令,让他们分别起兵来讨伐诛灭残暴叛逆的人,这样可能还有成功的希望。"刘氏说:"事情已经很紧急了! 你应该赶快去办这事。"九月,石堪穿上普通人的服装,率领轻装的骑兵偷袭兖州,没有攻下来,就向南逃跑奔向谯城。丞相石虎派他的部将郭太领兵去追击,在城父俘获了石堪,然后把他押送到襄国,用火将他烧死。又征召南阳王石恢回到襄国。刘氏的阴谋泄露后,石虎取消了她的太后称号,然后把她处死,改而尊奉石弘的母亲程氏为皇太后。石堪本来是姓田的人家的后代,因为多次建立了战功,石勒就把他收为自己的养子。皇太后刘氏有胆有识,石勒常常让她参谋、决断军事行动,辅佐石勒建功立业,有吕后的风范,而且,在不妒忌他人这一方面则超过了吕后。

　　后赵的河东王石生镇守关中,石朗镇守洛阳。冬季十月,石生、石朗都起兵讨伐丞相石虎。石生自称为秦州刺史,派遣使者前来东晋请求归降。氐人统帅蒲洪自称为雍州刺史,向西归附了张骏。

　　石虎让太子石邃留守襄国,自己亲自率领步兵和骑兵七万多人到金墉进攻石朗,金墉城被攻破,石虎俘虏了石朗,先砍掉了他的脚,然后才杀了他。石虎又率军向长安进军,用梁王石挺为前锋大都督。石生派将军郭权率领鲜卑人涉璝的两万部众作为前锋抵抗石虎,石生自己则亲率大军随后出发,驻屯在蒲阪。郭权和石挺在潼关激战,大败石挺,石挺以及丞相左长史刘隗都被杀死,石虎回头向渑池逃奔,死尸互相枕藉,达三百多里。鲜卑人在暗地里与石虎共同谋划,反戈进攻石生。石生不知道石挺已死,因此很害怕,于是单枪匹马逃奔长安。郭权收集残部退守

渭汭。生遂弃长安,匿于鸡头山。将军蒋英据长安拒守,虎进兵击英,斩之。生麾下斩生以降,权奔陇右。

虎还襄国,大赦。赵主弘命虎建魏台,一如魏武王辅汉故事。

十二月,郭权据上邽,遣使来降,京兆、新平、扶风、冯翊、北地皆应之。

九年春三月,赵丞相虎遣其将郭敖及章武王斌帅步骑四万西击郭权,军于华阴。夏四月,上邽豪族杀权以降。虎徙秦州三万馀户于青、并二州。长安人陈良夫奔黑羌,与北羌王薄句大等侵扰北地、冯翊。章武王斌、乐安王韬合击,破之,句大奔马兰山。郭敖乘胜逐北,为羌所败,死者什七八。斌等收军还三城。虎遣使诛郭敖。秦王宏有怨言,虎幽之。

冬十月,赵主弘自赍玺绶诣魏宫,请禅位于丞相虎。虎曰:"帝王大业,天下自当有议,何为自论此邪!"弘流涕还宫,谓太后程氏曰:"先帝种真无复遗矣!"于是尚书奏:"魏台请依唐、虞禅让故事。"虎曰:"弘愚暗,居丧无礼,不可以君万国,便当废之,何禅让也!"十一月,虎遣郭殷持节入宫,废弘为海阳王。弘安步就车,容色自若,谓群臣曰:"庸昧不堪篡承大统,夫复何言!"群臣莫不流涕,宫人恸哭。群臣诣魏台劝进,虎曰:"皇帝者盛德之号,非所敢当,且可称居摄赵天王。"幽弘及太后程氏、秦王宏、南阳王恢于崇训宫,寻皆杀之。

渭河拐弯处。石生于是放弃长安，藏匿于鸡头山。将军蒋英占据长安抵抗石虎，石虎派军队进攻蒋英，把他杀了。石生的部下斩杀石生向石虎投降，郭权逃奔陇右。

石虎回到襄国，大赦天下。赵主石弘让石虎建立魏台，就像魏武王曹操辅佐东汉那样。

十二月，郭权占据上邽，派使者到东晋请求归降，京兆、新平、扶风、冯翊、北地等地方都响应他。

九年（334）春季三月，后赵丞相石虎派他的部将郭敖和章武王石斌一起率领步兵、骑兵四万人向西进攻郭权，驻军在华阴。夏季四月，上邽的豪强大族杀死郭权向石虎投降。石虎于是迁徙秦州人民三万多户到青州和并州。长安人陈良夫投奔黑羌人，和北羌王薄句大等人一起侵扰北地、冯诩等地。章武王石斌、乐安王石韬合力进攻他们，打得他们大败，薄句大逃奔马兰山。郭敖乘胜追击，但被羌人打得大败，士卒死去十分之七八。石斌等人收兵，回到三城。石虎派人诛杀了郭敖。秦王石宏对此有怨言，石虎就把他软禁起来。

冬季十月，赵主石弘自己携带着印玺和绶带来到魏宫拜见石虎，请求把帝位禅让给丞相石虎。石虎说："帝王的大业，天下人自然会有公论，你何必自己提出来呢！"石弘流着眼泪回到王宫，对太后程氏说："先帝的族类真的要不复存在了！"于是尚书上奏魏王石虎："请依照唐尧、虞舜禅让的旧例接替帝位。"石虎说："石弘这个人愚昧昏庸，在服丧期间不讲丧礼，不能统治天下，就应该废黜他，还谈什么禅让！"十一月，石虎派遣郭殷手持符节进宫，把石弘废黜为海阳王。石弘稳步走近马车，神色自若，对群臣说："我平庸愚昧，不能担当起继承大统的重任，还有什么话好说呢！"群臣没有不流泪的，宫人则号啕大哭。群臣到魏王石虎那里，劝石虎进登帝位，石虎说："皇帝是高尚的称号，不是我敢承当的，我暂时可称作居摄赵天王。"石虎把石弘以及太后程氏、秦王石宏、南阳王石恢等人软禁在崇训宫，不久又把他们都杀掉了。

西羌大都督姚弋仲称疾不贺，虎累召之，乃至。正色谓虎曰："弋仲常谓大王命世英雄，奈何把臂受托而返夺之邪！"虎曰："吾岂乐此哉！顾海阳年少，恐不能了家事，故代之耳。"心虽不平，然察其诚实，亦不之罪。

虎以夔安为侍中、太尉、守尚书令，郭殷为司空，韩晞为尚书左仆射，魏郡申钟为侍中，郎闿为光禄大夫，王波为中书令。文武封拜各有差。虎行如信都，复还襄国。

咸康元年秋九月，赵王虎迁都于邺，大赦。奉天竺僧佛图澄。

二年冬十一月，赵王虎作太武殿于襄国，作东、西宫于邺，十二月，皆成。太武殿基高二丈八尺，纵六十五步，广七十五步，甃以文石。下穿伏室，置卫士五百人。以漆灌瓦，金珰，银楹，珠帘，玉壁，穷极工巧。殿上施白玉床、流苏帐，为金莲华以冠帐顶。又作九殿于显阳殿后，选士民之女以实之，服珠玉、被绮縠者万馀人。教宫人占星气、马步射。置女太史及杂伎工巧，皆与外同。以女骑千人为卤簿，皆著紫纶巾，熟锦裤，金银镂带，五文织成靴，执羽仪，鸣鼓吹，游宴以自随。于是赵大旱，金一斤直粟二斗，百姓嗷然，而虎用兵不息，百役并兴。使牙门将张弥徙洛阳钟虡、九龙、翁仲、铜驼、飞廉于邺，载以四轮缠辋车，辙广四尺，深二尺。一钟没于河，募浮没三百人入河，系以竹纟亘，

西羌大都督姚弋仲声称有病而没有来向石虎祝贺,石虎多次召见他,他才到来。他严肃地对石虎说:"弋仲我常说大王您是举世有名的大英雄,先帝刚握着您的手要您辅佐幼主,您怎么可以刚接受了托付就反过来夺去了君位呢?"石虎说:"难道是我高兴这样做吗?只不过是我看到海阳王还太年轻,担心他不能够治理好家事,我才取代他的。"石虎虽然心里对姚弋仲愤愤不平,但看到他确实是一片诚心,也就没有怪罪他。

　　石虎用夔安为侍中、太尉、守尚书令,又用郭殷为司空,韩晞为尚书左仆射,魏郡人申钟为侍中,郎闿为光禄大夫,王波为中书令。文武官员封官授爵各有差等。石虎出行到信都,然后又回到襄国。

　　晋成帝咸康元年(335)秋季九月,赵王石虎把都城迁到邺城,大赦天下。尊奉天竺僧人佛图澄。

　　二年(336)冬季十一月,赵王石虎在襄国建造太武殿,在邺城建造东、西两个宫殿,到十二月都建成了。太武殿墙基高二丈八尺,长六十五步,宽七十五步,用有纹理的石块砌成。殿下挖出一个地下室,安置五百个卫士。又用漆把瓦涂上色彩,金瓦珰、银柱子、珠帘、玉壁,极尽精工奇巧。殿上设置白玉床、流苏帐,帐顶上还用金莲花加以装点。又在显阳殿后面建造九殿,挑选天下士民的女儿充当宫女居住在里面,身佩珠玉、穿着绫罗绸缎的宫女达到一万多人。又教宫女学习占卜星气,学习骑马及步行中的射箭。还设置了女太史和杂术、技巧各类工匠,都和外边男子一样。石虎又挑选一千名骑马的宫女作为他外出的仪仗队,都头戴紫纶头巾,身穿熟锦裤,身披金银镂带,脚穿五彩马靴,手拿羽仪,鸣奏军乐,陪同石虎巡游和宴乐。此时后赵大旱,黄金一斤仅值粟两斗,百姓嗷嗷叫着等待食品,而石虎却不停地用兵,而且各种劳役并举。还派牙门将张弥把洛阳的钟虡、九龙、翁仲、铜驼、飞廉移送到邺城,用四轮缠辋车来运送,这种车车辙宽四尺,深二尺。途中,一口大钟掉进黄河沉入水底,于是就招募了善于游泳潜水的三百人到河里去,用竹绹捆好大钟,

用牛百头，鹿栌引之，乃出，造万斛之舟以济之。既至邺，虎大悦，为之赦二岁刑，赉百官谷帛，赐民爵一级。又用尚方令解飞之言，于邺南投石于河，以作飞桥，功费数千万亿，桥竟不成，役夫饥甚，乃止。使令长帅民入山泽采橡及鱼以佐食，复为权豪所夺，民无所得。

三年春正月庚辰，赵太保夔安等文武五百馀人入上尊号，庭燎油灌下盘，死者二十馀人。赵王虎恶之，腰斩成公段。辛巳，虎依殷、周之制，称大赵天王。即位于南郊，大赦。立其后郑氏为天王皇后，太子邃为天王皇太子，诸子为王者皆降为郡公，宗室为王者降为县侯。百官封署各有差。

赵太子邃素骁勇，赵王虎爱之，常谓群臣曰："司马氏父子兄弟自相残灭，故使朕得至此。如朕有杀阿铁理否？"既而邃骄淫残忍，好妆饰美姬，斩其首，洗血置盘上，与宾客传观之，又烹其肉共食之。河间公宣、乐安公韬皆有宠于虎，邃疾之如仇。虎荒耽酒色，喜怒无常。使邃省可尚书事，每有所关白，虎恚曰："此小事，何足白也！"时或不闻，又恚曰："何以不白！"诮责笞捶，月至再三。邃私谓中庶子李颜等曰："官家难称，吾欲行冒顿之事，卿从我乎？"

然后用一百头牛来拉,还用辘轳来牵引,才把大钟拉出水面,随后又建造了一艘可以装一万斛粮食的大船把它运过黄河。到了邺城后,石虎非常高兴,为了它们,赦免了二年的刑罚,赏赐百官粮食、布帛,又赐给老百姓每人爵位一级。又听信尚方令解飞的话,在邺城南边投石入漳河,用这种方法来建造一座飞桥,费了数千万亿工费,桥最终还是没有建成,服役的工匠饥饿得特别厉害,石虎才停止修这座桥。又派各地地方官率领老百姓上高山下河海去采集橡子、捕捞鱼虾来补充食物,但是采集捕捞到的食物又被有权势的地方豪强所掠夺,老百姓却一无所得。

三年(337)春季正月庚辰,后赵太保夔安等文武官员五百多人入朝向石虎献上皇帝尊号,朝廷上的大火炬中的燃油从上盘流到下盘,二十多人被烧死。赵王石虎对此非常厌恶,就把成公段处以腰斩的刑罚。辛巳这一天,石虎仿效殷朝、周朝的制度,自称为大赵天王。在南郊即位,大赦天下。立他的王后郑氏为天王皇后,太子石邃为天王皇太子,原来已有王号的其他几个儿子都降爵号为郡公,宗室中有王号的亲属降爵为县侯。文武百官封官署位各有差等。

后赵皇太子石邃向来骁勇,赵王石虎宠爱他,常常对群臣说:"司马氏父子兄弟自相残杀,所以才让我得到了这个地位。那么,我有杀死阿铁的道理吗?"不久,石邃变得骄恣、淫荡,而且残忍,他特别喜欢把长得好的姬妾打扮得漂漂亮亮,然后把她们的头砍下来,把血洗干净,放在盘子上,再与宾客们互相传观,最后又把她们的肉煮熟,与宾客一起食用。河间公石宣、乐安公石韬都受石虎宠爱,石邃于是对他们恨如仇人。石虎荒于政事,终日沉溺于酒色中,喜怒无常。他让石邃处理尚书所奏之事,每当石邃有什么向他禀告,石虎就生气地说:"这是小事,用得着向我禀告吗?"过一段时间听不到石邃的禀告,石虎又生气地说:"为什么不向我禀报?"对石邃的谴责谩骂鞭笞捶打,每个月都有两三次。石邃于是私下里对中庶子李颜等说:"天子的心事难于捉摸,我打算做冒顿射杀父亲那样的事情,你们会跟着我干吗?"

颜等伏不敢对。秋七月,邃称疾不视事,潜帅宫臣文武五百馀骑饮于李颜别舍,因谓颜等曰:"我欲至冀州,杀河间公,有不从者斩!"行数里,骑皆逃散。颜叩头固谏,邃亦昏醉而归。其母郑氏闻之,私遣中人诮让邃;邃怒,杀之。佛图澄谓虎曰:"陛下不宜数往东宫。"虎将视邃疾,思澄言而还;既而瞋目大言曰:"我为天下主,父子不相信乎!"乃命所亲信女尚书往察之。邃呼前与语,因抽剑击之。虎怒,收李颜等诘问,颜具言其状,杀颜等三十馀人。幽邃于东宫,既而赦之,引见太武东堂。邃朝而不谢,俄顷即出。虎使谓之曰:"太子应朝中宫,岂可遽去!"邃径出,不顾。虎大怒,废邃为庶人。其夜,杀邃及其妃张氏,并男女二十六人同埋于一棺;诛其宫臣支党二百馀人;废郑后为东海太妃。立其子宣为天王皇太子,宣母杜昭仪为天王皇后。

五年秋七月,赵王虎以太子宣为大单于,建天子旌旗。

六年春三月,赵王虎以秦公韬为太尉,与太子宣迭日省可尚书奏事,专决赏刑,不复启白。司徒申钟谏曰:"赏刑者,人君之大柄,不可以假人,所以防微杜渐,消逆乱于未然也。太子职在视膳,不当预政;庶人邃以预政致败,覆车未远也。且二政分权,鲜不阶祸。爱之不以道,适所以

李颜等人伏在地上不敢答话。秋季七月,石邃声称有病不去上朝办事,悄悄地率领宫中文武官员五百多人在李颜的别舍里饮酒,就对李颜等人说:"我打算到冀州去杀掉河间公石宣,有敢不跟从的一律处斩!"走了几里路,部下纷纷逃散。李颜叩头至地,极力劝阻,石邃也醉得晕头晕脑,于是无功而返。石邃的母亲郑氏听说了这件事,就私下里派宫女去责问石邃;石邃大怒,把来人杀掉。佛图澄对石虎说:"陛下不宜经常去东宫。"石虎打算去探望一下石邃的病情,想起佛图澄的话就回宫去了;过了一会又怒目圆睁,大声说:"我是一国之主,难道父子都不能互相信任吗?"于是就派他亲信的女尚书前去探望石邃。石邃喊她近前来说话,乘势抽剑刺去。石虎大怒,拘捕李颜等人审问,李颜把事情的经过全部供认出来,石虎于是处死了李颜等三十多人。把石邃软禁在东宫,不久又把他赦免了,并在太武殿的东堂召见石邃。石邃前来朝见却不谢罪,一会儿就出去了。石虎派人对他说:"太子应当去朝见皇后,怎么可以马上就出去呢?"石邃连头都没回就径直出去了。石虎大怒,就把石邃废黜为庶人。晚上,杀掉石邃及他的妃子张氏,以及其他的男男女女一共二十六个人,把他们一起埋在一个棺墓里;又杀掉他宫中的文臣武将及其党羽二百多人;废郑皇后为东海太妃。另立他的儿子石宣为天王皇太子,石宣的生母杜昭仪为天王皇后。

五年(339)秋季七月,赵王石虎任命太子石宣为大单于,树立天子的旗帜。

六年(340)春季三月,赵王石虎任命秦公石韬为太尉,让他和太子石宣轮流处理尚书所上奏的事务,奖赏和刑罚都由他们独自决定,不再需要向石虎禀报。司徒申钟进谏劝阻说:"奖赏和刑罚,是君主重要的权柄,不能假借给别人,这是为了防微杜渐,把叛逆祸乱扼杀在萌芽状态。太子的职责在于好好地侍奉父母,不应该参与政事;庶人石邃就是因为参预朝政而招致祸败,前车之覆还刚刚过去不远,后事可鉴呀!再说政事由两人分权而治,很少不发生祸患的。宠爱他们却不由正道,实际上就是

害之也。"虎不听。中谒者令申扁以慧悟辩给有宠于虎，宣亦昵之，使典机密。虎既不省事，而宣、韬皆好酣饮、畋猎，由是除拜、生杀皆决于扁，自九卿已下率皆望尘而拜。太子詹事孙珍病目，求方于侍中崔约，约戏之曰："溺中则愈。"珍曰："目何可溺？"约曰："卿目䁏䁏，正耐溺中。"珍恨之，以白宣。宣于兄弟中最胡状目深，闻之怒，诛约父子。于是公卿以下畏珍侧目。

　　八年冬十二月，赵王虎作台观四十馀所于邺，又营长安、洛阳二宫，作者四十馀万人。又欲自邺起阁道至襄国，敕河南四州治南伐之备，并、朔、秦、雍严西讨之资，青、冀、幽州为东征之计，皆三五发卒。诸州军造甲者五十馀万人，船夫十七万人，为水所没、虎狼所食者三分居一。加之公侯、牧宰竞营私利，百姓失业愁困。贝丘人李弘因众心之怨，自言姓名应谶，连结党与，署置百寮，事发，诛之，连坐者数千家。

　　虎畋猎无度，晨出夜归，又多微行，躬察作役。侍中京兆韦謏谏曰："陛下忽天下之重，轻行斤斧之间，猝有狂夫之变，虽有智勇，将安所施！又兴役无时，废民耘获，吁嗟盈路，殆非仁圣之所忍为也。"虎赐謏谷帛，而兴缮滋繁，

害了他们。"石虎不听他的话。中谒者令申扁因为聪颖敏锐能言善辩而受宠于石虎,石宣也对他很亲近,让他执掌机要。石虎已经不理朝政,而石宣和石韬又终日饮酒打猎,因此官吏的升迁降黜、生死予夺都由申扁决断,从九卿以下的百官一见到申扁乘坐的马车扬起的尘土就赶快下拜。太子詹事孙珍生了眼病,向侍中崔约讨教药方,崔约戏弄他说:"用尿灌入眼眶中就会痊愈。"孙珍说:"眼睛里怎么可以灌进尿去?"崔约说:"你的眼睛深陷进去,刚好适合用尿灌进去。"孙珍因此痛恨崔约,就把这事告诉了石宣。石宣的长相在兄弟中最有胡人的特征,眼睛深陷,听了孙珍的禀告,大为光火,就处死了崔约父子。因此公卿以下都害怕孙珍,人人侧目。

八年(342)冬季十二月,赵王石虎在邺城建造亭台楼阁四十多座,又役使四十多万人建造了长安和洛阳两处的宫殿。还打算从邺城开始修一条阁道直达襄国,敕令黄河以南的四个州做好向南讨伐的准备,并、朔、秦、雍四州准备好向西征伐的物资,青、冀、幽三州做好向东进攻的计划,各个州都是五个人当中挑选三个人去充当士卒。各州军制造盔甲的役夫一共有五十多万人,船夫十七万人,其中被水淹死、被虎狼吃掉的就达三分之一。加上公侯百官和州郡地方长官竞相谋取私利,百姓们丧失本业愁困万分。贝丘人李弘于是顺应民怨声称自己的姓名符合谶言,应当做皇帝,便开始到处串联、勾结党羽,设置百官僚属,事情泄露,李弘被处死,受到连累而被处以刑罚的有数千家。

石虎毫无节制地外出打猎,总是清晨出发,夜晚才归,又经常穿上普通人的服装悄悄外出,亲自去察看各项劳役。侍中京兆人韦谌劝阻说:"陛下您忽视天下的重位,在刀剑斧杖之间轻率地行走,要是突然遇到狂妄的人发动变乱,虽然您有勇有谋,又哪里施展得出来呢?而且您又不顾时节地兴起劳役,老百姓因此错过了耕种和收获的时间,吁嗟叹息的声音充满了道路,这恐怕不是仁慈圣明的君主所忍心做的事情吧。"石虎听了韦谌的进谏,赏赐给了他粮食和布帛,但是土木工程却更加频繁地兴起,

游察自若。

秦公韬有宠于虎，太子宣恶之。右仆射张离领五兵尚书，欲求媚于宣，说之曰："今诸侯吏兵过限，宜渐裁省，以壮本根。"宣使离为奏："秦、燕、义阳、乐平四公，听置吏一百九十七人，帐下兵二百人。自是以下，三分置一，馀兵五万，悉配东宫。"于是诸公咸怨，嫌衅益深矣。

青州上言："济南平陵城北石虎一夕移于城东南，有狼狐千馀迹随之，迹皆成蹊。"虎喜曰："石虎者，朕也；自西北徙而东南者，天意欲使朕平荡江南也。其敕诸州兵明年悉集，朕当亲董六师，以奉天命。"群臣皆贺，上《皇德颂》者一百七人。制："征士五人出车一乘，牛二头，米十五斛，绢十匹，调不办者斩。"民至鬻子以供军须，犹不能给，自经于道树者相望。

康帝建元二年。初，赵领军王朗言于赵王虎曰："盛冬雪寒，而皇太子使人伐宫材，引于漳水，役者数万，吁嗟满道，陛下宜因出游罢之。"虎从之。太子宣怒。会荧惑守房，宣使太史令赵揽言于虎曰："房为天王，今荧惑守之，其殃不细。宜以贵臣王姓者当之。"虎曰："谁可者？"揽曰："无贵于王领军。"虎意惜朗，使揽更言其次。揽无以对，因曰："其次唯中书监王波耳。"虎乃下诏，追罪波前议楷矢

他自己也还是泰然自若地到处巡游视察。

秦公石韬受宠于石虎，太子石宣因此而忌恨他。右仆射张离担任五兵尚书，想讨好石宣，就对石宣说："现在地方诸侯掌握的下属官员和士兵都超过了规定数量，应该逐渐裁减，以壮大国家的根本。"石宣就让张离上奏："秦、燕、义阳、乐平四位郡公，可听任他们设置属吏一百九十七人，帐幕下可置士兵二百人。从他们以下，按三分之一的比例配置属吏和士兵，这样配置以后，地方公侯手中多出来的五万士兵，全部配给东宫。"因此，各位郡公都颇为怨恨，与石宣的矛盾和隔阂也就更深了。

青州上报说："济南平陵城城北有一只石雕老虎，一天晚上从城北移动到了城东南，沿途有一千多只狼和狐狸跟着它一起移动的足迹，都踏成了一条小路。"石虎大喜，说："石雕老虎就是我；从西北而移到东南，那就是天意要让我去荡平江南。现在敕令各州士兵明年全部集结，我要亲自率领六军来尊奉天命。"群臣都表示祝贺，上《皇德颂》的大臣就有一百零七人。石虎下命令："被征发的士兵每五个人出车一辆，牛二头，米十五斛，绢十四，调赋不备的人一律处斩。"老百姓甚至卖孩子来供应军需，也还不能供给，于是，在大路旁边的树上自杀吊死的人一个接着一个。

晋康帝建元二年(344)。当初，后赵领军王朗对赵王石虎说："严冬季节，大雪封山，天气严寒，皇太子却役使数万人去砍伐修建宫殿的木材，并且通过漳水运送来京，以致怨声载道，陛下您最好乘出游时阻止他，让工程停下来。"石虎依从了他的建议。太子石宣非常气愤。恰好火星停留在房宿上，石宣就派太史令赵揽去向石虎说："房宿是指天王，现在火星在这里停留，灾祸一定不小。应该用姓王的贵臣来承担罪责、抵挡灾祸。"石虎问："谁可以来承担罪责？"赵揽说："没有比王领军更高贵的王姓大臣。"石虎心里爱惜王朗，就让赵揽再推选一个稍稍次要的王姓大臣。赵揽无法回答，于是说："其次就只有中书监王波了。"石虎于是下诏，追论王波从前议论送楛矢给北汉而自取其辱的

事,腰斩之,及其四子,投尸漳水。既而愍其无罪,追赠司空,封其孙为侯。

虎作桥于灵昌津,用功五百馀万不成,斩匠而罢。

穆帝永和元年春正月,赵王虎以乐平公苞代镇长安。发雍、洛、秦、并州十六万人治长安未央宫。

虎好猎,晚岁,体重不能跨马,乃造猎车千乘,刻期校猎。自灵昌津南至荥阳东极阳都为猎场,使御史监察其中禽兽,有犯者罪至大辟。民有美女、佳牛马,御史求之不得,皆诬以犯兽,论死者百馀人。发诸州二十六万人修洛阳宫。发百姓牛二万头配朔州牧官。增置女官二十四等,东宫十二等,公侯七十馀国皆九等,大发民女三万馀人,料为三等以配之。太子、诸公私令采发者又将万人。郡县务求美色,多强夺人妻,杀其夫及夫自杀者三千馀人。至邺,虎临轩简第,以使者为能,封侯者十二人。荆楚、扬、徐之民流叛略尽。守令坐不能绥怀,下狱诛者五十馀人。金紫光禄大夫逯明因侍切谏,虎大怒,使龙腾拉杀之。

二年夏五月,赵中黄门严生恶尚书朱轨,会久雨,生谮轨不修道路,又谤讪朝政,赵王虎囚之。蒲洪谏曰:“陛下既有襄国、邺宫,又修长安、洛阳宫殿,将以何用!作猎车

事情的罪责,把他处以腰斩,同时被杀的还有他的四个儿子,他们的尸首都被扔到了漳河里。不久,石虎又怜悯王波其实并无罪过,于是追封王波为司空,封王波的孙子为侯。

石虎在灵昌津建黄河渡桥,用了五百多万个劳力未修成,于是处死了工匠,然后停止修桥。

晋穆帝永和元年(345)春季正月,赵王石虎用乐平公石苞代镇长安。征发雍州、洛州、秦州、并州四州的十六万民夫修造长安的未央宫。

石虎喜欢打猎,晚年身体发胖,笨重得无法上马,于是就制造了一千辆猎车,定期进行打猎比赛。把从灵昌津起南到荥阳,东到阳都的范围划作猎场,派御史监察里面的禽兽,有伤害禽兽的人就论罪,直至大辟。附近百姓家中有美女、快马、壮牛,御史想要却没弄到手,就一律诬陷他们伤害了禽兽,因此而被处死的就有一百多人。石虎又征发各州二十六万人修建洛阳宫。征发老百姓的二万头牛配给朔州牧官。在宫中增设女官二十四等,东宫设十二等,公侯所辖的七十多国都设九等,大量征发民间美女,一共三万多人,分为三等,分配给上述各处。太子和各位王公私自下令挑选征发的美女又有将近一万人。郡县地方务求选出漂亮女子,于是大量强行抢夺他人的妻子,丈夫被杀或自杀的一共有三千多人。把她们送到邺城以后,石虎登上殿台亲自挑选分等级,认为选美的使者能干,因此使者被封侯的有十二个人。荆楚、杨、徐等州的老百姓几乎流失背叛干净。郡守县令因为不能安抚而被下狱处死的有五十多人。金紫光禄大夫逯明因为侍奉石虎而尽力进谏,石虎非常愤怒,就让龙腾卫士把他用杖击杀了。

二年(346)夏季五月,赵国中黄门严生讨厌尚书朱轨,碰巧下了很长时间的雨,严生就说朱轨的坏话,诬陷他不修治道路,还说他诽谤、诋毁朝政,后赵国王石虎就把朱轨囚禁起来。蒲洪进谏劝阻说:"陛下您已有襄国、邺城两个地方的宫殿,又增修了长安、洛阳的宫殿,您将拿它们来做什么用? 专门制造打猎用车

千乘,环数千里以养禽兽,夺人妻女十馀万口以实后宫,圣帝明王之所为,固若是乎!今又以道路不修,欲杀尚书。陛下德政不修,天降淫雨,七旬乃霁。霁方二日,虽有鬼兵百万,亦未能去道路之涂潦,而况人乎!政刑如此,其如四海何,其如后代何!愿止作徒,罢苑囿,出宫女,赦朱轨,以副众望。"虎虽不悦,亦不之罪,为之罢长安、洛阳作役,而竟诛朱轨。又立私论朝政之法,听吏告其君,奴告其主。公卿以下,朝觐以目相顾,不敢复相过从谈语。

三年,赵王虎据十州之地,聚敛金帛,及外国所献珍异,府库财物,不可胜纪,犹自以为不足,悉发前代陵墓,取其金宝。

沙门吴进言于虎曰:"胡运将衰,晋当复兴,宜苦役晋人以厌其气。"虎使尚书张群发近郡男女十六万人,车十万乘,运土筑华林苑及长墙于邺北,广袤数十里。申钟、石璞、赵揽等上疏陈天文错乱,百姓凋弊。虎大怒曰:"使苑墙朝成,吾夕没,无恨矣。"促张群使然烛夜作。暴风大雨,死者数万人。郡国前后送苍麟十六,白鹿七,虎命司虞张曷柱调之以驾芝盖,大朝会列于殿庭。

九月,命太子宣出祈福于山川,因行游猎。宣乘大辂,羽葆华盖,建天子旌旗,十有六军戎卒十八万出自金明门,虎从其后宫升陵霄观望之,笑曰:"我家父子如此,自非天

一千辆,又划出数千里的地方来养禽兽,还强夺老百姓的妻子女儿十多万人来充实后宫,圣明的帝王所做的事情,难道是这样的吗?现在又因为道路失修,就想杀掉尚书。陛下您不行德政,上天于是连绵不断地下雨,七十多天才转晴。才晴两天,就是有百万神兵,也无法清除道路上的泥泞和积水,何况人呢!政治和刑法像这个样子,怎样对天下人交代?又怎样向我们的后代交代?希望从此停止征发劳役,撤掉皇家园林,放出宫女,赦免朱轨,以副众望。"石虎虽然不高兴,但也没有处分蒲洪,并为此而停止了长安、洛阳的劳役,但最终却杀掉了朱轨。又设立关于私下议论朝政的法律,听凭官吏状告他的君长,奴仆状告他的主人。这样,自公卿以下,天下百官,朝觐时只是互相以目光示意,再也不敢相互往来谈话了。

三年(347),赵王石虎占据十个州的土地,聚敛金银绢帛以及外国所进献的奇珍异物,府库里面的财产和物资,多得无法用数字记录,石虎却还不满足,又把境内以前朝代的陵墓全部挖开,搜取墓中的金银和珠宝。

沙门吴进对石虎说:"胡人的运道将要衰落,晋室将会再次兴旺,您应该让晋人服苦役,以此来压下晋人的气势。"石虎于是派尚书张群征发附近各郡的十六万男女,十万辆车,运来泥土在邺城北部修筑华林苑和一道长长的围墙,长宽数十里。申钟、石璞、赵揽等人上疏文说天文星象错乱,百姓凋敝。石虎大怒,说:"假如华林苑和长墙早上修成,我晚上就死了,我也没有遗憾。"于是,催促张群点亮蜡烛,晚上劳作。遇上暴风雨,死去数万人。郡国地方前后进献十六个苍麟、七只白鹿,石虎就命令司虞张曷柱调教它们,让它们驾驶芝盖车,举行盛大朝会时摆放在殿堂庭院。

九月,命令太子石宣出外到山林川泽去求福,顺便巡游打猎。石宣乘坐大辂车,车上装饰有鸟羽华盖,树起天子的旗帜,十八万士卒分成十六路跟着他从金明门而出,石虎从后宫登上陵霄观看着,笑着说:"我们家父子都是这样有气魄,如果不是天

崩地陷，当复何愁！但抱子弄孙，日为乐耳。”

　　宣所舍，辄列人为长围，四面各百里，驱禽兽，至暮皆集其所，使文武跪立，重行围守，炬火如昼，命劲骑百馀驰射其中，宣与姬妾乘辇临观，兽尽而止。或兽有迸逸，当围守者，有爵则夺马，步驱一日，无爵则鞭之一百。士卒饥冻死者万有馀人，所过三州十五郡，资储皆无孑遗。

　　虎复命秦公韬继出，自并州至于秦、雍亦如之。宣怒其与己钧敌，愈嫉之。宦者赵生得幸于宣，无宠于韬，微劝宣除之，于是始有杀韬之谋矣。

　　四年，赵秦公韬有宠于赵王虎，欲立之，以太子宣长，犹豫未决。宣尝忤旨，虎怒曰：“悔不立韬也！”韬由是益骄，造堂于太尉府，号曰宣光殿，梁长九丈。宣见而大怒，斩匠，截梁而去。韬怒，增之至十丈。宣闻之，谓所幸杨柸、牟成、赵生曰：“凶竖傲愎敢尔！汝能杀之，吾入西宫，当尽以韬之国邑分封汝等。韬死，主上必临丧，吾因行大事，蔑不济矣。”柸等许诺。

　　秋八月，韬夜与僚属宴于东明观，因宿于佛精舍。宣使杨柸等缘猕猴梯而入，杀韬，置其刀箭而去。旦日，宣奏之，虎哀惊气绝，久之方苏。将出临其丧，司空李农谏曰：

崩地裂,还有什么好忧愁的呢? 我只需整天抱着儿子逗弄孙儿,快乐地休息了。"

石宣每到一地住宿,就让士卒列成人墙围成一个四面各百里的长圈子,驱赶圈内的禽兽,到了晚上,将禽兽聚集在他住所的周围,让文武百官跪立在地上,再把野兽围拢起来,火炬的光亮把夜晚照得如同白昼,又命令一百多快马劲骑在圈中奔驰射猎,石宣则和姬妾一起登上辇车观看,直到把圈中禽兽全部射死方才停止。有时,有野兽逃脱,那么,在野兽逃脱方向围守的人如果是有爵位的,就夺走他的马,让他步行一天,如果当值的人没有爵位,就将他打一百鞭。士卒中饿死冻死的达一万多人,石宣经过的三州十五郡,物资储备都被他全部花光。

石虎又命令秦公石韬在石宣之后外出,从并州到秦州、雍州,情况也和石宣一样。石宣恨他和自己势均力敌,更加嫉恨他。宦官赵生得到了石宣的宠幸,却没有受宠于石韬,于是暗中劝说石宣除掉石韬,于是,石宣就开始有了谋杀石韬的意图。

四年(348),后赵的秦公石韬很受赵王石虎宠爱,石虎想立他为太子,却又因为石宣是长子而犹豫不决。石宣曾有违背旨令的行为,石虎于是发怒说:"我真后悔当初没有立石韬为太子!"石韬因此更加骄恣,在太尉府内建造殿堂,取名叫作宣光殿,横梁长达九丈。石宣见了以后非常愤怒,斩杀了造梁的工匠,锯掉横梁就走了。石韬也大为恼怒,就把横梁加长到十丈。石宣听说此事,就对他所宠幸的杨柸、牟成、赵生说:"这凶恶的小子竟然敢这样傲慢任性! 你们能够杀掉他的话,我进入西宫,就把石韬的全部封地分封给你们。石韬死了,主上一定会亲临丧葬,我乘机做大事,没有不成功的。"杨柸等人答应了。

秋季八月,石韬和一些僚佐属员晚上在东明观喝酒,就睡在佛精舍。石宣派杨柸等人爬上猕猴梯,悄悄进入佛精舍,杀死了石韬,丢下刀箭就跑了。第二天,石宣把此事上奏石虎,石虎听说此事后非常吃惊、悲痛,人都气晕了过去,过了好久方才苏醒过来。石虎将要去参加石韬的丧事时,司空李农进谏劝阻说:

"害秦公者未知何人,贼在京师,銮舆不宜轻出。"虎乃止,严兵发哀于太武殿。宣往临韬丧,不哭,直言"呵呵",使举衾观尸,大笑而去。收大将军记室参军郑靖、尹武等,将委之以罪。

　　虎疑宣杀韬,欲召之,恐其不入,乃诈言其母杜后哀过危惙。宣不谓见疑,入朝中宫,因留之。建兴人史科知其谋,告之。虎使收杨杯、牟成,皆亡去。获赵生,诘之,具服。虎悲怒弥甚,囚宣于席库,以铁环穿其颔而锁之,取杀韬刀箭舐其血,哀号震动宫殿。佛图澄曰:"宣、韬皆陛下之子,今为韬杀宣,是重祸也。陛下若加慈恕,福祚犹长;若必诛之,宣当为彗星下扫邺宫。"虎不从。积柴于邺北,树标其上,标末置鹿卢,穿之以绳,倚梯柴积,送宣其下,使韬所幸宦者郝稚、刘霸拔其发,抽其舌,牵之登梯。郝稚以绳贯其颔,鹿卢绞上。刘霸断其手足,斫眼溃肠,如韬之伤。四面纵火,烟炎际天。虎从昭仪已下数千人登中台以观之。火灭,取灰分置诸门交道中。杀其妻子九人。宣小子才数岁,虎素爱之,抱之而泣,欲赦之,其大臣不听,就抱中取而杀之。儿挽虎衣大叫,至于绝带,虎因此发病。

"杀害秦公的人还不知道是谁,贼寇就在京师,您不能轻易出动。"石虎于是取消了亲临丧事的计划,在严加防守的情况下,在太武殿进行了哀悼。石宣去参加石韬的丧事,没有哭,直说"呵呵",让人掀起覆盖尸体的被子,看了看尸体,然后大笑而去。接着拘捕了大将军记室参军郑靖、尹武等人,想把罪责推到他们头上。

　　石虎怀疑是石宣杀了石韬,就想把他召入宫中,又怕他不来,于是就骗他,说他母亲杜后过于悲痛,气力已弱,很是危险。石宣于是不加怀疑,进入中宫朝见,石虎顺势就把他留了下来。建兴人史科知道他们的密谋,告诉了石虎。石虎立即派人去收捕杨杯和牟成,这二人都已逃跑。抓住了赵生,对他加以诘问,他供认不讳。石虎因此更加悲愤,就把石宣囚禁在贮藏坐具的仓库里,用铁环穿透他的下巴把他锁住。石虎又拿来杀害石韬的刀和箭,舐去上面的血迹,哀号的声音震动整个宫殿。佛图澄对石虎说:"石宣、石韬都是您的儿子,现在因为石韬而杀掉石宣,那是祸上加祸。陛下您如果加以慈悲宽恕,您的福运一定还很长;如果您一定要杀掉他,石宣死后就会变成彗星,下来横扫邺宫。"石虎不听。在邺城北面堆好柴堆,柴堆上面竖一根杆子,杆子末尾装上辘轳,用绳索把它穿好,又将一张梯子靠在柴堆上,把石宣送到梯子下边以后,就派石韬生前所宠幸的宦官郝稚、刘霸两个人拖着他的头发,拉着他的舌头,牵着他登梯而上。然后,郝稚用绳索穿过他的下颌,系在辘轳的绞索上,用辘轳把他绞到柴堆上面。刘霸斩断他的手脚,挖出他的眼睛,刺穿他的肠肚,就像石韬当时所受的伤那样。最后,在柴堆四面点上火,烟火烈焰冲天而上。石虎跟着昭仪以下的数千人一起登上中台观看。大火灭后,将石宣的灰烬分别放到各个城门的十字路口。又杀掉石宣的妻儿一共九个人。石宣的小儿子才几岁,石虎平素就喜欢他,抱在怀中,眼泪直往下流,就想把他赦免,但是大臣们却不听命,从石虎怀抱中把他抱过去,杀死了他。小孩子拖着石虎的衣服大声哭叫,以致把腰带都拉断了,石虎因此而生病。

又废其后杜氏为庶人。诛其四率已下三百人,宦者五十人,皆车裂节解,弃之漳水。洿其东宫以养猪牛。东宫卫士十馀万人皆谪戍凉州。先是,散骑常侍赵揽言于虎曰:"宫中将有变,宜备之。"及宣杀韬,虎疑其知而不告,亦诛之。

　　秋九月,赵王虎议立太子。太尉张举曰:"燕公斌有武略,彭城公遵有文德,惟陛下所择。"虎曰:"卿言正起吾意。"戎昭将军张豺曰:"燕公母贱,又尝有过;彭城公母前以太子事废,今立之,臣恐不能无微恨,陛下宜审思之!"初,虎之拔上邽也,张豺获前赵主曜幼女安定公主,有殊色,纳于虎,虎嬖之,生齐公世。豺以虎老病,欲立世为嗣,冀刘氏为太后,己得辅政,乃说虎曰:"陛下再立太子,其母皆出于倡贱,故祸乱相寻。今宜择母贵子孝者立之。"虎曰:"卿勿言,吾知太子处矣。"虎再与群臣议于东堂,虎曰:"吾欲以纯灰三斛自涤其肠,何为专生恶子,年逾二十辄欲杀父。今世方十岁,比其二十,吾已老矣。"乃与张举、李农定议,令公卿上书请立世为太子。大司农曹莫不肯署名,虎使张豺问其故,莫顿首曰:"天下重器,不宜立少,故不敢署。"虎曰:"莫,忠臣也,然未达朕意;张举、李农知朕意矣,可令谕之。"遂立世为太子,以刘昭仪为后。

又废黜他的王后杜氏为庶人。杀掉石宣的四率官属以下三百人以及宦官五十人，都处以车裂之刑，将他们肢解，然后把他们的尸骸投入漳河。还挖掉石宣居住的东宫将它改成养猪养牛的地方。原来戍守东宫的卫士十多万人，都被流放去戍守凉州。这以前，散骑常侍赵揽对石虎说："宫中将会有变乱，应该有所防备。"等到石宣杀死了石韬，石虎怀疑赵揽知道事情将发生而不禀告，就把他也杀掉了。

秋季九月，赵王石虎与群臣商议重新册立太子。太尉张举说："燕公石斌有武略，彭城公石遵有文德，他俩任凭陛下您来选择。"石虎说："你的话正合我的心意。"戎昭将军张豺说："燕公石斌的生母地位低下，又曾经有过过错；彭城公石遵的生母从前因为太子的事情已经被废为庶人，现在立他为太子的话，我担心他不可能对您没有丝毫忌恨，陛下您应该慎重考虑！"当初，石虎攻占上邽时，张豺擒获了前赵主刘曜的小女儿安定公主，这个安定公主长得特别漂亮，张豺就把她进献给石虎，石虎很是宠爱她，生下了齐公石世。张豺看见石虎年纪大了而且有病，就想把石世立为太子，希望因此刘氏被立为太后，自己也能得到辅佐朝政之权，于是就劝说石虎道："陛下您两次立太子，他们的母亲都出身低贱，所以祸乱接连而来。现在应该挑选母亲出身高贵、自己也孝顺的儿子立为太子。"石虎说："你不用再说了，我知道太子在什么地方了。"石虎在东堂再次与群臣商议册立太子的事情，石虎说："我想用三斛纯净的草灰来洗涤我的肚肠，为什么我专门生些凶狠的儿子，年过二十就想杀父。现在石世刚刚十岁，等他二十岁的时候，我已经老了。"于是就与张举、李农决定下来，让公卿百官上书请立石世为太子。大司农曹莫不肯在百官所上的文书上署名，石虎就派张豺去问个中原因，曹莫叩头说："太子是天下重器，不应该立少而不立长，所以我不敢署名。"石虎说："曹莫是忠臣，但却没有了解我的意思；张举、李农知道我的意思，可以让他们去向曹莫说明白。"于是就立石世为太子，立刘昭仪为王后。

五年春正月，赵王虎即皇帝位，大赦，改元太宁，诸子皆进爵为王。

冠军大将军姚弋仲至邺，求见虎。虎病，弋仲让虎曰："儿死愁邪？何为而病？儿幼时不择善人教之，使坐于为逆，既为逆而诛之，又何愁焉。且汝久病，所立儿幼，汝若不愈，天下必乱，当先忧此，勿忧贼也。"

夏四月乙卯，赵主虎病甚，以彭城王遵为大将军，镇关右，燕王斌为丞相、录尚书事，张豺为镇卫大将军、领军将军、吏部尚书，并受遗诏辅政。

刘后恶斌辅政，恐不利于太子，与张豺谋去之。斌时在襄国，遣使诈谓斌曰："主上疾已渐愈，王须猎者，可小停也。"斌素好猎、嗜酒，遂留猎，且纵酒。刘氏与豺因矫诏称斌无忠孝之心，免官归第，使豺弟雄帅龙腾五百人守之。

乙丑，遵自幽州至邺，敕朝堂受拜，配禁兵三万遣之，遵涕泣而去。是日，虎疾小瘳，问："遵至未？"左右对曰："去已久矣。"虎曰："恨不见之！"虎临西阁，龙腾中郎二百馀人列拜于前，虎问："何求？"皆曰："圣体不安，宜令燕王入宿卫，典兵马。"或言："乞为皇太子。"虎曰："燕王不在内邪？召以来！"左右言："王酒病，不能入。"虎曰："促持辇迎之，当付玺绶。"亦竟无行者。寻惛眩而入。张豺使张雄矫诏杀斌。

五年(349)春季正月,赵王石虎即皇帝位,大赦天下,改年号为太宁,他的儿子们都进爵位为王。

冠军大将军姚弋仲来到邺城,请求觐见石虎。石虎当时有病,姚弋仲责怪石虎说:"儿子死了愁苦吗?为何而生病?儿子年少时不选择好人来教导,结果使他犯叛逆之罪,既然是因为叛逆而将他处死,又还有什么好愁苦的呢?再说你老是生病,所册立的太子又过于年幼,如果你不能痊愈,那么天下一定大乱,应该首先为此而忧虑,不必忧虑乱贼。"

夏季四月乙卯(初九),后赵主石虎病情很严重,就任命彭城王石遵为大将军,镇守关右;任命燕王石斌为丞相、录尚书事;任命张豺为镇卫大将军、领军将军、吏部尚书,他们一起接受遗诏辅佐朝政。

刘皇后讨厌石斌辅政,担心他可能对太子石世不利,就与张豺密谋除掉他。石斌当时在襄国,就派使者去欺骗石斌说:"皇上近来病情已逐渐好转,很快就要恢复健康,你要去打猎的话,就可以在外稍微停留一段时间。"石斌平素喜欢打猎,嗜好饮酒,于是就又外出打猎逗留,并且纵酒。刘氏和张豺于是下伪诏说石斌没有忠孝之心,免去他的官职,让他回家,派张豺的弟弟张雄率领龙腾卫士五百人监守石斌。

乙丑(十九日),石遵从幽州到达邺城,刘后敕令他在朝堂受拜,再配给他三万禁军,把他派遣回去,石遵于是流着眼泪,哭着而去。这天,石虎的病情稍稍有些好转,就问:"石遵到了没有?"身边的人回答说:"离开已经很久了。"石虎说:"很遗憾没有见到他!"石虎登上西阁,龙腾中郎二百多人列队跪在他面前,石虎问:"你们有什么请求?"大家都回答说:"皇上您圣体不安,应该召燕王回京城宿卫,执掌军事。"有人还说:"请立他为皇太子。"石虎说:"燕王不在宫里面吗?把他召进来!"身边的人说:"燕王纵酒生病了,无法进宫来。"石虎就说:"赶快用辇车去迎接他,我要把印玺和绶带交付给他。"最终也没有人去。不久,石虎一阵晕眩,赶快回宫。张豺就派张雄用伪诏杀掉了石斌。

戊辰，刘氏复矫诏以豹为太保、都督中外诸军、录尚书事，如霍光故事。侍中徐统叹曰："乱将作矣，吾无为预之。"仰药而死。

己巳，虎卒，太子世即位，尊刘氏为皇太后。刘氏临朝称制，以张豹为丞相。豹辞不受，请以彭城王遵、义阳王鉴为左、右丞相，以慰其心，刘氏从之。

豹与太尉张举谋诛司空李农，举素与农善，密告之。农奔广宗，帅乞活数万家保上白，刘氏使张举统宿卫诸军围之。豹以张离为镇军大将军，监中外诸军事，以为己副。彭城王遵至河内，闻丧。姚弋仲、蒲洪、刘宁及征虏将军石闵、武卫将军王鸾等共说遵曰："殿下长且贤，先帝亦有意以殿下为嗣，正以末年惛惑，为张豹所误。今女主临朝，奸臣用事，上白相持未下，京师宿卫空虚，殿下若声张豹之罪，鼓行而讨之，其谁不开门倒戈而迎殿下者！"遵从之。

五月，遵自李城举兵，还趣邺，洛州刺史刘国帅洛阳之众往会之。檄至邺，张豹大惧，驰召上白之军。丙戌，遵军于荡阴，戎卒九万，石闵为前锋。豹将出拒之，耆旧、羯士皆曰："彭城王来奔丧，吾当出迎之，不能为张豹守城也！"逾城而出，豹斩之，不能止。张离亦帅龙腾二千，斩关迎遵。刘氏惧，召张豹入，对之悲哭曰："先帝梓宫未殡，而祸难至此！今嗣子冲幼，托之将军，将军将若之何？欲加遵

戊辰(二十二日),刘氏又一次下伪诏任命张豺为太保、都督中外诸军、录尚书事,就像霍光辅佐西汉朝廷的旧事一样。侍中徐统叹息说:"祸乱就要发生了,我却无法制止它。"于是仰头喝毒药而死。

己巳(二十三日),石虎病逝,太子石世即皇帝位,尊奉刘氏为皇太后。刘氏临朝行使皇帝权力,用张豺为丞相。张豺推辞不予接受,并请求用彭城王石遵、义阳王石鉴为左、右丞相,想以此来安抚他们的心,刘氏依从了张豺。

张豺与太尉张举密谋要杀司空李农,张举平素与李农关系好,就秘密告知了李农。李农于是逃奔到广宗,率领到有粮之地就食求生的流民数万家固守上白,刘氏派张举率领京师宿卫各军去围攻上白。张豺任用张离为镇军大将军,监中外诸军事,作为自己的副将。彭城王石遵离京刚到河内,便听到了石虎已死的消息。姚弋仲、蒲洪、刘宁以及征虏将军石闵、武卫将军王鸾等人一起劝说石遵:"殿下您既年长又有德有才,先帝也曾有意让您嗣位,只不过是因为晚年人有些糊涂,结果就被张豺所贻误。现在皇后临朝,奸臣用事,上白两军相持不下,京师的防卫空虚,殿下您如果以声讨张豺的罪为名,击鼓而行去征讨他,还有谁不会开门倒戈来迎接您呢?"石遵听从了他们的建议。

五月,石遵在李城起兵,掉过头来直奔邺城,洛州刺史刘国率领洛阳的部众赶来和他会合。石遵的檄文传到邺城,张豺见了非常恐惧,急忙派人迅速去召回在上白的军队。丙戌(十一日),石遵进军到荡阴,穿戎装的士卒有九万人,石闵充当先锋。张豺率军出城抵抗,军中年纪大的石虎旧属、羯族士兵都说:"彭城王前来京师奔丧,我们应该出城去迎接他,不应该为张豺守城!"于是纷纷翻越城墙出城,张豺斩杀他们,也制止不了这一势头。张离也率领二千龙腾卫士,劈开城门,迎接石遵。刘氏非常害怕,把张豺召进宫,看着他,悲痛地哭着说:"先帝的棺材还未入土,祸患灾难就到了这种地步!现在嗣位的太子还很年幼,我只能把此事托付给将军您,您对此会怎么办?我想授予石遵

重位,能弭之乎?"豹惶怖不知所出,但云"唯唯"。乃下诏,以遵为丞相,领大司马、大都督、督中外诸军、录尚书事,加黄钺、九锡。己丑,遵至安阳亭,张豹惧而出迎,遵命执之。庚寅,遵擐甲曜兵,入自凤阳门,升太武前殿,擗踊尽哀,退如东阁。斩张豹于平乐市,夷其三族。假刘氏令曰:"嗣子幼冲,先帝私恩所授,皇业至重,非所克堪,其以遵嗣位。"于是遵即位,大赦,罢上白之围。辛卯,封世为谯王,废刘氏为太妃,寻皆杀之。

李农来归罪,使复其位。尊母郑氏为皇太后,立妃张氏为皇后,故燕王斌子衍为皇太子。以义阳王鉴为侍中、太傅,沛王冲为太保,乐平王苞为大司马,汝阴王琨为大将军,武兴公闵为都督中外诸军事、辅国大将军。

甲午,邺中暴风拔树,震雷,雨雹大如盂升。太武、晖华殿灾,及诸门观阁荡然无馀,乘舆服御,烧者太半,金石皆尽,火月馀乃灭。

时沛王冲镇蓟,闻遵杀世自立,谓其僚佐曰:"世受先帝之命,遵辄废而杀之,罪莫大焉! 其敕内外戒严,孤将亲讨之。"于是留宁北将军沐坚戍幽州,帅众五万自蓟南下,传檄燕、赵,所在云集。比至常山,众十馀万。军于苑乡,遇遵赦书,冲曰:"皆吾弟也,死者不可复追,何为复相残

重要的职位,这样能平息这场灾难吗?"张豺非常害怕,不知怎么回答,只是一个劲地说:"是,是。"于是刘氏下诏,任用石遵为丞相,领大司马、大都督、督中外诸军、录尚书事,此外还加赐黄钺、九锡。己丑(十四日),石遵到达安阳亭,张豺心里害怕却又不得不出去迎接,石遵命人把他逮捕。庚寅(十五日),石遵身着戎装,炫耀兵威,从凤阳门进入邺城,登上太武前殿,捶胸顿足,宣泄他的悲痛,然后退下殿堂,进入东阁。石遵在平乐市处死了张豺,还诛灭了他的三族。又假托刘氏的命令,说:"嗣位的太子石世过于年幼,实际上是先帝以个人情义而授给他的,皇帝大业非常重要,不是他所能胜任的,现在以石遵继位。"这样石遵就即皇帝位,大赦天下,并解除了对上白李农的包围。辛卯(十六日),封石世为谯王,废黜刘氏为太妃,不久,又将他们都杀掉了。

李农前来归降请罪,石遵让他恢复司空的职位。尊奉自己的生母郑氏为皇太后,立自己的妃子张氏为皇后,又立已死去的燕王石斌的儿子石衍为皇太子。还任命义阳王石鉴为侍中、太傅,沛王石冲为太保,乐平王石苞为大司马,汝阳王石琨为大将军,武兴公石闵为都督中外诸军事、辅国大将军。

甲午(十九日),邺城中暴风拔起大树,电闪雷鸣,雨雹像盂钵和米升那样大。太武、晖华殿发生火灾,殃及许多亭台楼阁,一概烧得荡然无存,皇帝的车子、服饰等器物烧了大半,钟鼎碑刻损失殆尽,大火烧了一个多月才灭。

当时沛王石冲镇守蓟城,听说石遵杀掉石世自立为帝,就对他的僚臣佐属说:"石世是受先帝之命而立的,石遵却废黜并杀害了他,世上没有比这更大的罪行了!现在我命令内外戒严,我要亲自去讨伐石遵。"于是留下宁北将军沐坚戍守幽州,石冲自己率领五万士兵从蓟城南下,向燕、赵各地发布檄文,每到一地,人们就云集而至。等到到了常山,士众已经达到了十多万。石冲率领他们驻扎在苑乡,恰好接到石遵大赦天下的文书,石冲说:"都是我的弟弟,死去的已经无法再追回来,为何还要互相残

乎！吾将归矣。"其将陈暹曰："彭城篡弑自尊，为罪大矣！王虽北旆，臣将南辕，俟平京师，擒彭城，然后奉迎大驾。"冲乃复进。遵驰遣王擢以书喻冲，冲弗听。遵使武兴公闵及李农等帅精卒十万讨之，战于平棘，冲兵大败。获冲于元氏，赐死，坑其士卒三万馀人。

燕平狄将军慕容霸上书于燕王儁曰："石虎穷凶极暴，天之所弃，馀烬仅存，自相鱼肉。今中国倒悬，企望仁恤，若大军一振，势必投戈。"北平太守孙兴亦表言："石氏大乱，宜以时进取中原。"儁以新遭大丧，弗许。霸驰诣龙城，言于儁曰："难得而易失者，时也。万一石氏衰而复兴，或有英雄据其成资，岂惟失此大利，亦恐更为后患。"儁曰："邺中虽乱，邓恒据安乐，兵强粮足，今若伐赵，东道不可由也，当由卢龙，卢龙山径险狭，虏乘高断要，首尾为患，将若之何？"霸曰："恒虽欲为石氏拒守，其将士顾家，人怀归志，若大军临之，自然瓦解。臣请为殿下前驱，东出徒河，潜趣令支，出其不意，彼闻之，势必震骇，上不过闭门自守，下不免弃城逃溃，何暇御我哉！然则殿下可以安步而前，无复留难矣。"儁犹豫未决，以问五材将军封奕，对曰："用兵之道，敌强则用智，敌弱则用势。是故以大吞小，犹狼之

杀呢？我要回师了。"他的部将陈暹说："彭城王篡权弑君，自立为帝，罪孽很大！大王您就是举旗北返，我也要继续向南，等到荡平了京师，擒住了彭城王，再来迎奉您。"石冲这才又继续进军。石遵派王擢骑快马急速送书信去劝告石冲，石冲不听。石遵派武兴公石闵和李农等统率十万精兵去讨伐石冲，两军在平棘大战，石冲的军队大败。石遵的军队在元氏地方俘获了石冲，石遵下令让石冲自杀，活埋了石冲的士卒三万多人。

　　前燕的平狄将军慕容霸向燕王慕容儁上书说："石虎穷凶极恶，上天已经将他抛弃了，他剩下的仅有的几个儿子，又在自相残杀。现在中原地区形势危急，千钧一发，人们都在翘首企盼仁爱和体恤，如果我们的大军奋起，他们一定会放下武器。"北平太守孙兴亦上表文说："石氏政权内部大乱，我们应该趁机进军占领中原。"慕容儁以先王刚刚逝去为理由，没有答应。慕容霸于是迅速赶到龙城，对慕容儁说："难于得到而容易丢失的就是时机。万一石氏政权衰落以后又再复兴，或者另外有英雄豪杰占据了它已有的资财，那我们不仅是失去了现在的莫大好处，恐怕还会遭到后患。"慕容儁说："邺城虽然内部已乱，但是邓恒占据着安乐城，兵强马壮，粮食充足，我们现在如果进攻后赵，不能由东路出师，应该由卢龙进军，卢龙这个地方山道既窄又险，如果敌人从高处冲下来拦腰切断我们，又在首尾两端给我们打击，我们该怎么办？"慕容霸说："邓恒虽然想为石氏政权抵抗守关，但是他的属下将士想家，大家都希望早日回家，如果我们大军逼近他们，邓恒的军队自然就会望风瓦解。我请求为殿下您充当先锋，从徒河往东出发，悄悄地奔向令支，出其不意，攻其不备，他们听到后必定非常惊骇，最上等的表现也不过是关闭城门固守，最下等的会弃城而逃，还有什么时间来抵抗我们呢？这样，殿下您就可以缓慢地步行前往，不会再遇到什么困难了。"慕容儁还是犹豫不决，就拿这事去征询五材将军封奕的意见，封奕回答说："用兵的法则是敌人强大我们就用智慧去战胜它，敌人弱小我们就用威势去战胜它。所以说用大来吃小，就像是狼

食豚也;以治易乱,犹日之消雪也。大王自上世以来,积德累仁,兵强士练。石虎极其残暴,死未瞑目,子孙争国,上下乖乱。中国之民,坠于涂炭,延颈企踵以待振拔。大王若扬兵南迈,先取蓟城,次指邺都,宣耀威德,怀抚遗民,彼孰不扶老提幼以迎大王?凶党将望旗冰碎,安能为害乎!"从事中郎黄泓曰:"今太白经天,岁集毕北,天下易主,阴国受命,此必然之验也,宜速出师,以承天意。"折冲将军慕舆根曰:"中国之民困于石氏之乱,咸思易主以救汤火之急,此千载一时,不可失也。自武宣王以来,招贤养民,务农训兵,正俟今日。今时至不取,更复顾虑,岂天意未欲使海内平定邪,将大王不欲取天下也?"儁笑而从之。以慕容恪为辅国将军,慕容评为辅弼将军,左长史阳骛为辅义将军,谓之"三辅"。慕容霸为前锋都督、建锋将军,选精兵二十馀万,讲武戒严,为进取之计。

初,赵主遵之发李城也,谓武兴公闵曰:"努力!事成,以尔为太子。"既而立太子衍。闵恃功,欲专朝政,遵不听。闵素骁勇,屡立战功,夷、夏宿将皆惮之。既为都督,总内外兵权,乃抚循殿中将士,皆奏为殿中员外将军,爵关外侯。遵弗之疑,而更题名善恶以挫抑之,众咸怨怒。中书令孟準、左卫将军王鸾劝遵稍夺闵兵权,闵益恨望,準等咸劝诛之。

食猪那样容易;用天下太平来取代天下大乱,就像是阳光消融冰雪一样简单。大王您家从上一代以来,就积累了德义和仁爱,官兵强壮而干练。石虎却极尽残暴,至死也未能瞑目,他的子孙又争权夺国,上下背离,叛乱不断。中原的人民陷于水深火热之中,已经在伸长脖子踮起脚跟来盼望得到拯救。大王您如果率军向南进发,首先攻占蓟城,然后兵锋直指赵都邺城,炫耀武力,宣扬恩德,安抚遗民,他们难道还不会扶老携幼来迎接大王您吗?石遵的凶残党徒也将要望风瓦解,还怎么能危害我们?”从事中郎黄泓说:“现在太白星高悬中天,木星停留在毕宿的北面,这就是天下变换主人,北方的国家必然接受天命的征兆,应该赶快出师,以秉承天意。”折冲将军慕舆根说:“中原地区的人民,受困在石氏政权自相残杀的祸乱中,大家都希望天下变换主人来把他们从水深火热之中拯救出来,这真是千载难逢的良机,千万不可丢失。自从武宣王以来,我国就召集贤士,安抚民众,发展农业,训练士兵,等待的就是今天。现在机会来了,大王您却抓不住它,还在顾虑犹豫,难道这是天意不想使四海之内平定吗?还是大王您不想夺取天下呢?”慕容儁笑着听从了大家的建议。于是任用慕容恪为辅国将军,慕容评为辅弼将军,左长史阳骛为辅义将军,称为“三辅”。慕容霸任前锋都督、建锋将军,挑选二十多万精锐士卒,讲习武艺,进入临战状态,为进军攻取中原做准备。

当初,后赵主石遵从李城出发时,对武兴公石闵说:“努力吧!事情成功以后我一定立你为太子。”不久以后,却立了石衍为太子。石闵自恃有功,想专擅朝政大权,石遵又不听他的。石闵平素骁勇,立有许多战功,汉族和夷族的老将都害怕他。既然已经做了都督,掌管朝廷内外军事大权,石闵于是就安抚殿中的将士,帮他们上奏,要求全部授予殿中员外将军,并封关外侯的爵位。石遵对此虽然不加怀疑,但是却把他们的姓名记录下来,对他们品评善恶,加以贬抑,引起了大家的怨恨和愤怒。中书令孟准、左卫将军王鸾劝说石遵,让他略微削夺一些石闵的兵权,石闵于是更加怨恨不满,孟准等人都劝石遵杀掉石闵。

十一月，遵召义阳王鉴、乐平王苞、汝阴王琨、淮南王昭等入议于郑太后前，曰："闵不臣之迹渐著，今欲诛之，如何？"鉴等皆曰："宜然！"郑氏曰："李城还兵，无棘奴，岂有今日；小骄纵之，何可遽杀！"鉴出，遣宦者杨环驰以告闵。闵遂劫李农及右卫将军王基密谋废遵，使将军苏彦、周成帅甲士三千人执遵于南台。遵方与妇人弹棋，问成曰："反者谁也？"成曰："义阳王鉴当立。"遵曰："我尚如是，鉴能几时！"遂杀之于琨华殿，并杀郑太后、张后、太子衍、孟準、王鸾及上光禄张斐。

鉴即位，大赦，以武兴公闵为大将军，封武德王；司空李农为大司马，并录尚书事。郎闿为司空，秦州刺史刘群为尚书左仆射，侍中卢谌为中书监。

赵主鉴使乐平王苞、中书令李松、殿中将军张才夜攻石闵、李农于琨华殿，不克，禁中扰乱。鉴惧，伪若不知者，夜斩松、才于西中华门，并杀苞。

新兴王祗，虎之子也，时镇襄国，与姚弋仲、蒲洪等连兵，移檄中外，欲共诛闵、农。闵、农以汝阴王琨为大都督，与张举及侍中呼延盛帅步骑七万分讨祗等。

中领军石成、侍中石启、前河东太守石晖谋诛闵、农，闵、农皆杀之。龙骧将军孙伏都、刘铢等结羯士三千伏于胡天，亦欲诛闵、农。鉴在中台，伏都帅三十余人将升台挟鉴以攻之。鉴见伏都毁阁道，临问其故，伏都曰："李农等反，已在东掖门，臣欲帅卫士以讨之，谨先启知。"鉴曰："卿

十一月，石遵召义阳王石鉴、乐平王石苞、汝阴王石琨、淮南王石昭等人入宫，在郑太后面前商议，说："石闵不守臣节的迹象越来越明显，现在我打算杀掉他，怎么样？"石鉴等人都说："应该这样！"郑氏却说："我们从李城起兵回京师，如果没有石闵，难道能有今天？稍微有些骄恣和放纵，怎么可以立即杀死他！"石鉴出宫，马上派宦官杨环急速去通知石闵。石闵于是劫持李农和右卫将军王基秘密谋划废黜石遵，派将军苏彦、周成二人率领三千士兵在南台拘捕了石遵。当时，石遵正在与宫女玩弹棋，就问周成说："谋反的人是谁？"周成答道："义阳王石鉴当立为皇帝。"石遵说："我尚且是这个样子，石鉴又能做多久的皇帝？"于是就把石遵杀死在琨华殿，同时还杀掉了郑太后、张皇后、太子石衍、孟准、王鸾以及上光禄张斐。

石鉴即位，大赦天下，任用武兴公石闵为大将军，封他为武德王；又任用司空李农为大司马，同时执掌尚书台事务。郎闿为司空，秦州刺史刘群为尚书左仆射，侍中卢谌为中书监。

后赵主石鉴派乐平王石苞、中书令李松、殿中将军张才晚上去琨华殿进攻石闵和李农，没有得胜，宫中骚乱。石鉴很是恐惧，于是假装不知事情真相，晚上就在西中华门斩杀了李松和张才，同时还杀掉了石苞。

新兴王石祗是石虎的儿子，当时正在镇守襄国，就与姚弋仲、蒲洪等人连结起兵，向各地发布檄文，想共同诛杀石闵和李农。石闵、李农于是任命汝阴王石琨为大都督，和张举以及侍中呼延盛率领七万步兵、骑兵分几路去讨伐石祗等人。

中领军石成、侍中石启、前河东太守石晖密谋要诛杀石闵、李农，结果石闵、李农反而把他们都杀掉了。龙骧将军孙伏都、刘铢等人联络了三千名羯族士兵埋伏在胡天，也想要诛杀石闵和李农。石鉴在中台，孙伏都率领三十多人将要登上中台挟持石鉴去进攻石闵、李农。石鉴看见孙伏都毁掉了阁道，就过去问他原因，孙伏都回答说："李农等人发动叛乱，已经到了东掖门，我打算率领将士去讨伐他们，所以特地前来禀告。"石鉴说："你

是功臣，好为官陈力，朕从台上观，卿勿虑无报也。"于是伏都、铢帅众攻闵、农，不克，屯于凤阳门。闵、农帅众数千毁金明门而入。鉴惧闵之杀己，驰招闵、农，开门内之，谓曰："孙伏都反，卿宜速讨之。"闵、农攻斩伏都等，自凤阳至琨华，横尸相枕，流血成渠。宣令内外六夷，敢称兵仗者斩。胡人或斩关、或逾城而出者，不可胜数。

闵使尚书王简、少府王郁帅众数千守鉴于御龙观，悬食以给之。下令城中曰："近日孙、刘构逆，支党伏诛，良善一无预也。今日已后，与官同心者留，不同者各任所之。敕城门不复相禁。"于是赵人百里内悉入城，胡、羯去者填门。闵知胡之不为己用，班令内外："赵人斩一胡首送凤阳门者，文官进位三等，武官悉拜牙门。"一日之中，斩首数万。闵亲帅赵人以诛胡、羯，无贵贱、男女、少长皆斩之，死者二十余万，尸诸城外，悉为野犬豺狼所食。其屯戍四方者，闵皆以书命赵人为将帅者诛之，或高鼻多须，滥死者半。

六年春正月，赵大将军闵欲灭去石氏之迹，托以谶文有"继赵李"，更国号曰卫，易姓李氏，大赦，改元青龙。太宰赵庶、太尉张举、中军将军张春、光禄大夫石岳、抚军石宁、武卫将军张季及公侯、卿、校、龙腾等万余人，出奔襄国，汝阴王琨奔冀州。抚军将军张沈据滏口，张贺度据石渎，建义将军段勤据黎阳，宁南将军杨群据桑壁，刘国据阳城，段龛据陈留，姚弋仲据滠头，蒲洪据枋头，众各数万，

是功臣，好好为朝廷出力，我在台上看你们讨伐他，你不要担心没有奖赏。"于是，孙伏都、刘铢就率军进攻石闵和李农，没有战胜，屯驻在凤阳门。石闵、李农率几千人毁掉金明门而入。石鉴害怕石闵会杀掉自己，赶快开门招石闵、李农进宫，对他们说："孙伏都叛乱，你们应该迅速去讨伐他。"石闵、李农进攻、斩杀了孙伏都等，从凤阳门到琨华殿，尸体纵横交错，互相枕藉，血流成河。然后向内外六夷发布号令，有敢于举起兵器的一律处斩。于是，胡人有的劈开城门逃跑，有的翻越城墙而逃，数不胜数。

石闵派尚书王简、少府王郁率数千士众把石鉴看守在御龙观，用绳子把食物吊下去给他吃。又对邺城中的人发布命令说："近几天孙伏都和刘铢发动叛乱，他们的党羽都已被处死，其他善良的人一点也没有参预。从今天起，与官府同心同德的人请留下来，有不同见解的人去留自由。已下令把守城门的人不再禁止。"因此，方圆百里以内的汉族人都进入邺城，胡、羯人纷纷出城，挤得把大门都堵住了。石闵知道胡、羯人不可能为自己所用，于是对京师内外颁布命令："凡是汉族人斩一胡、羯人首级并且送到凤阳门的，文官进位三等，武官都授予牙门将。"这样一天下来，斩首数万。石闵亲自率领汉族人诛杀胡、羯人，不分贵贱、男女、老少，只要是胡、羯人就一律处斩，被杀的人一共有二十多万，尸体扔在城外，全部被野狗豺狼吃掉。胡、羯人在各地屯戍的，石闵就用文书命令当地的汉族人将帅把他们诛杀，有些人仅仅因为鼻子高胡子多也被误杀，被滥杀的占了半数。

永和六年（350）春季正月，后赵大将军石闵想消除石氏的痕迹，就伪托谶文有"继赵李"的说法，将国号改为卫，改姓李姓，然后大赦天下，改元青龙。太宰赵庶、太尉张举、中军将军张春、光禄大夫石岳、抚军石宁、武卫将军张季及公、侯、卿、校、龙腾卫士一共一万多人逃奔到了襄国，汝阳王石琨逃奔到了冀州。抚军将军张沈占据滏口，张贺度占据石渎，建义将军段勤占据黎阳，宁南将军杨群占据桑壁，刘国占据阳城，段龛占据陈留，姚弋仲占据滠头，蒲洪占据枋头，他们每个人手中都掌握着几万军队，

皆不附于闵。勤,末柸之子;菟,兰之子也。

王朗、麻秋自长安赴洛阳。秋承闵书,诛朗部胡千馀人。朗奔襄国。秋帅众归邺,蒲洪使其子龙骧将军雄迎击,获之,以为军师将军。

汝阴王琨及张举、王朗帅众七万伐邺,大将军闵帅骑千馀与战于城北。闵操两刃矛,驰骑击之,所向摧陷,斩首三千级,琨等大败而去。闵与李农帅骑三万讨张贺度于石渎。

闰月,卫主鉴密遣宦者赍书召张沈等,使乘虚袭邺。宦者以告闵、农,闵、农驰还,废鉴,杀之,并杀赵主虎二十八孙,尽灭石氏。姚弋仲子曜武将军益、武卫将军若帅禁兵数千斩关奔滠头。弋仲帅众讨闵军于混桥。

司徒申钟等上尊号于闵,闵以让李农,农固辞。闵曰:"吾属故晋人也,今晋室犹存,请与诸君分割州郡,各称牧、守、公、侯,奉表迎晋天子还都洛阳,何如?"尚书胡睦进曰:"陛下圣德应天,宜登大位,晋氏衰微,远窜江表,岂能总驭英雄,混壹四海乎!"闵曰:"胡尚书之言,可谓识机知命矣。"乃即皇帝位,大赦,改元永兴,国号大魏。

二月,燕王儁使慕容霸将兵二万自东道出徒河,慕舆于自西道出蠮螉塞,儁自中道出卢龙塞以伐赵。以慕容恪、鲜于亮为前驱,命慕舆埿槎山通道。留世子晔守龙城,以内史刘斌为大司农,与典书令皇甫真留统后事。

都不归附石闵。段勤是段末柸的儿子,段龛是段兰的儿子。

王朗和麻秋从长安奔赴洛阳。麻秋秉承石闵文书的指令,诛杀了王朗部众中的胡人一千多人。王朗逃奔襄国。麻秋率部众想归邺城,蒲洪派他的儿子龙骧将军蒲雄迎头痛击麻秋,俘获了他,就任用他为军师将军。

汝阴王石琨和张举、王朗率领七万军队进攻邺城,大将军石闵率领一千多名骑兵在邺城北部与他们大战一场。石闵手握着两边都是刃的矛,骑马驰骋,攻击敌人,所向披靡,斩下首级三千级,石琨等人大败而逃。石闵和李农又率三万骑兵在石渎讨伐张贺度。

闰二月,卫主石鉴秘密派遣宦官前去送书信给张沈等人,让他们乘着现在邺城空虚来袭击邺城。宦官把这事报告给了石闵、李农,石闵和李农急速回师邺城,废黜了石鉴,又把他杀掉,同时还杀掉了赵主石虎的二十八个孙子,把石氏家族消灭干净了。姚弋仲的儿子曜武将军姚益、武卫将军姚若急忙率领数千禁军劈开城门逃奔到滠头。姚弋仲于是率领军队在混桥讨伐石闵军队。

司徒申钟等人向石闵上皇帝尊号,石闵把它让给李农,李农坚决推辞,不予接受。石闵说:"我本来就是晋人,现在晋朝朝廷还在,请允许我和你们大家分割州郡,分别自称为牧、守、公、侯,上表文奉迎晋朝天子还都洛阳,怎么样?"尚书胡睦进言说:"陛下您的圣德应了天命,应该登上皇位,晋朝现在衰微,远逃江南,怎么能够驾驭各路英雄,统一四海之内呢?"石闵说:"胡尚书的话,可以说是识玄机知天命。"于是就即皇帝位,大赦天下,改年号为永兴,改国号为大魏。

二月,前燕王慕容儁派慕容霸率领二万军队为东路军,从徒河出发,慕舆于为西路军,从蠮螉塞出发,慕容儁自己为中路军,从卢龙塞出发,去攻打后赵。又派慕容恪、鲜于亮为先锋,命令慕舆埿开山修路。留下世子慕容晔镇守龙城,用内史刘斌为大司农,让他与典书令皇甫真留下来统管后方事务。

霸军至三陉，赵征东将军邓恒惶怖，焚仓库，弃安乐遁去，与幽州刺史王午共保蓟。徒河南部都尉孙泳急入安乐，扑灭馀火，籍其谷帛。霸收安乐、北平兵粮，与俊会临渠。

三月，燕兵至无终，王午留其将王佗以数千人守蓟，与邓恒走保鲁口。乙巳，俊拔蓟，执王佗，斩之。俊欲悉坑其士卒千馀人，慕容霸谏曰："赵为暴虐，王兴师伐之，将以拯民于涂炭而抚有中州也。今始得蓟而坑其士卒，恐不可以为王师之先声也。"乃释之。俊入都于蓟，中州士女降者相继。

燕兵至范阳，范阳太守李产欲为石氏拒燕，众莫为用，乃帅八城令长出降。俊复以产为太守。产子绩为幽州别驾，弃其家从王午在鲁口。邓恒谓午曰："绩乡里在北，父已降燕，今虽在此，恐终难相保，徒为人累，不如去之。"午曰："此何言也！夫以当今丧乱，而绩乃能立义捐家，情节之重，虽古烈士无以过，乃欲以猜嫌害之，燕、赵之士闻之，谓我直相聚为贼，了无意识。众情一散，不可复集，此为坐自屠溃也。"恒乃止。午犹虑诸将不与己同心，或致非意，乃遣绩归。绩始辞午往见燕王俊，俊让之曰："卿不识天命，弃父邀名，今日乃始来邪！"对曰："臣眷恋旧主，志存微节，官身所在，何事非君？殿下方以义取天下，臣未谓得见之晚也。"俊悦，善待之。

慕容霸进军到三陉,后赵征东将军邓恒惶恐害怕,焚毁仓库,丢弃安乐城逃走,和幽州刺史王午一起保卫蓟城。徒河南部都尉孙泳迅速进入安乐,扑灭馀火,登记仓库中的谷物和绢帛。慕容霸收取了安乐和北平的军队和粮食,与慕容儁在临渠会合。

三月,燕军到达无终,王午派他的部将王佗率几千人留守蓟城,和邓恒一起退保鲁口。乙巳(初五),慕容儁攻占蓟城,活捉王佗,将他处斩。慕容儁想把王佗的一千多士卒全部活埋,慕容霸进谏劝阻说:"赵国国主行为残暴,大王您举兵讨伐他们,就是要把百姓从水深火热中解救出来以安抚占有中原。现在刚刚得到一个蓟城就把士卒活埋,恐怕不能以此作为您的军队的先声吧。"慕容儁于是放了他们。随后定都蓟城,中原地区男女百姓前来归降的络绎不绝。

前燕军队到达范阳,范阳太守李产打算为石氏抵抗燕军,但是士众已经不听他的命令,于是,他率领八城的令长出城归降。慕容儁重新任用李产为范阳太守。李产的儿子李绩任幽州别驾,此时已抛弃家口跟随王午驻屯在鲁口。邓恒对王午说:"李绩的家乡在北方,他的父亲已经向燕军投降,现在他本人虽然在这里,但最终他难于和我们相互保全,这是我们的隐患,不如趁早把他除掉。"王午说:"你这是什么话? 在今天天下大乱的时候,李绩能够存节义弃家口,他的气节如此高尚,即使是古代的刚烈之士也不能超过,你却想凭一点猜忌和嫌疑就害死他,燕、赵的士人听到这事,一定会说我们只不过聚集在一起为贼寇,毫无见识。大家的情义一散,就无法重新集合起来,这是因为自相屠杀而崩溃呀。"邓恒于是不再想杀害李绩。王午还是担心将领们不和自己同心同德而杀害李绩,于是让李绩回家去。李绩与王午告别,随后就去拜见前燕王慕容儁,慕容儁责备他说:"你不知天命,抛弃父亲沽名钓誉,今天才归来吗?"李绩回答说:"我眷恋旧主,心中还存有小小的气节,自己的身子是官家的,什么事都得由君主决定。殿下您正在用道义来取得天下,我不认为我见到您已经太晚。"慕容儁听了这话很高兴,待他很好。

　　儁以弟宜为代郡城郎，孙泳为广宁太守，悉置幽州郡县守宰。甲子，儁使中部俟厘慕舆句督蓟中留事，自将击邓恒于鲁口。军至清梁，恒将鹿勃早将数千人夜袭燕营，半已得入，先犯前锋都督慕容霸，突入幕下，霸起奋击，手杀十馀人，早不能进，由是燕军得严。儁谓慕舆根曰："贼锋甚锐，宜且避之。"根正色曰："我众彼寡，力不相敌，故乘夜来战，冀万一获利。今求贼得贼，正当击之，复何所疑！王但安卧，臣等自为王破之！"儁不能自安，内史李洪从儁出营外，屯高冢上。根帅左右精勇数百人从中牙直前击早，李洪徐整骑队还助之，早乃退走。众军追击四十馀里，早仅以身免，所从士卒死亡略尽。儁引兵还蓟。

　　魏主闵复姓冉氏。初，闵父瞻，内黄人，本姓冉，赵主勒破陈午，获之，命虎养以为子。闵骁勇善战，多策略，虎爱之，比于诸孙。尊母王氏为皇太后，立妻董氏为皇后，子智为皇太子，胤、明、裕皆为王。以李农为太宰、领太尉、录尚书事，封齐王，其子皆封县公。遣使者持节敕诸军屯，皆不从。

　　赵新兴王祗即皇帝位于襄国，改元永宁。以汝阴王琨为相国，六夷据州郡拥兵者皆应之。祗以姚弋仲为右丞相、亲赵王，待以殊礼。
　　夏四月，赵主祗遣汝阴王琨将兵十万伐魏。

慕容儁让弟弟慕容宜任代郡城郎,孙泳任广宁太守,分别设置了幽州各郡县的守宰等长官。甲子(二十四日),慕容儁派中部俟厘慕舆句掌管蓟城的留守事务,自己率军在鲁口攻打邓恒。前燕军队到达清梁,邓恒的部将鹿勃早率数千人趁黑夜去偷袭前燕军营,一半人已经冲入营内,首先侵犯燕军前锋都督慕容霸,突袭进入他的帐幕,慕容霸起来奋力搏击,亲手杀死十多个人,鹿勃早无法入内,因此前燕军队得以端整。慕容儁对慕舆根说:"敌人的先锋非常精锐,最好先避开它。"慕舆根神色严肃地说:"我们势众,敌人人少,凭力量无法阻挡我们,所以趁夜晚来进攻,希望能侥幸得胜。我们正要找敌人,敌人就送上门来了,正应该攻击他们,还有什么好疑虑的!大王您只管安心睡觉,我们大家自己为大王打败敌人!"慕容儁还是不能安心,内史李洪跟随慕容儁走出营外,驻扎高土堆上。慕舆根率领身边精锐的卫兵数百人从中牙军帐直冲向前攻击鹿勃早,李洪回去慢慢整好骑兵队回过头来为慕舆根助战,鹿勃早于是率军退走。前燕军队各路人马向他们追击了四十多里,鹿勃早仅仅只身逃脱,所率领的士兵死亡殆尽。慕容儁于是率军回师蓟城。

魏主石闵恢复冉姓。当初,石闵的父亲冉瞻是内黄人,本姓冉,赵主石勒攻占陈午时,俘获了他,就让石虎把他收养为儿子。冉闵骁勇善战,善于谋略,石虎宠爱他,把他和众位孙儿一样看待。冉闵尊奉他的生母王氏为皇太后,立自己的妻子董氏为皇后,儿子冉智为皇太子,冉胤、冉明、冉裕都封为王。任命李农为太宰、领太尉、录尚书事,加封为齐王,李农的儿子都被封为县公。又派遣使者持符节去赦免各地驻军将领不听命的罪行,各地将领都不听命。

后赵新兴王石祇在襄国即皇帝位,改元永宁。任用汝阴王石琨为相国,占据各州郡的六夷将领都响应他。石祇任用姚弋仲为右丞相,加封亲赵王,以特别优厚的礼遇来对待他。

夏季四月,后赵主石祇派汝阴王石琨率领十万大军去讨伐冉魏。

魏主闵杀李农及其三子,并尚书令王谟、侍中王衍、中常侍严震、赵昇。闵遣使临江告晋曰:"逆胡乱中原,今已诛之,能共讨者,可遣军来也。"朝廷不应。

六月,赵汝阴王琨进据邯郸,镇南将军刘国自繁阳会之。魏卫将军王泰击琨,大破之,死者万馀人。刘国还繁阳。

冬十一月,魏主闵帅步骑十万攻襄国。署其太子太原王胤为大单于、骠骑大将军,以降胡一千配之为麾下。光禄大夫韦謏谏曰:"胡、羯皆我之仇敌,今来归附,苟全性命耳;万一为变,悔之何及。请诛屏降胡,去单于之号,以防微杜渐。"闵方欲抚纳群胡,大怒,诛謏及其子伯阳。

七年春二月,魏主闵攻围襄国百馀日。赵主祗危急,乃去皇帝之号,称赵王,遣太尉张举乞师于燕,许送传国玺;中军将军张春乞师于姚弋仲。弋仲遣其子襄帅骑二万八千救赵,诫之曰:"冉闵弃仁背义,屠灭石氏。我受人厚遇,当为复仇,老病不能自行,汝才十倍于闵,若不枭擒以来,不必复见我也!"弋仲亦遣使告于燕,燕王儁遣御难将军悦绾将兵三万往会之。

冉闵闻儁欲救赵,遣大司马从事中郎广宁常炜使于燕。儁使封裕诘之曰:"冉闵,石氏养息,负恩作逆,何敢辄称大号?"炜曰:"汤放桀,武王伐纣,以兴商、周之业;曹孟德养于宦官,莫知所出,卒立魏氏之基;苟非天命,安能成

魏主冉闵杀掉李农和他的三个儿子，同时还杀掉了尚书令王谟、侍中王衍、中常侍严震、赵昇。然后，冉闵派使者到长江边去向晋朝通告："叛逆的胡人扰乱中原地区，现在我已经把他们杀掉了，如果能够共同讨伐胡人，可以派军队来。"东晋朝廷没有反应。

六月，后赵汝阴王石琨进军占领邯郸，镇南将军刘国从繁阳过来和他会合。魏卫将军王泰攻击石琨，打得他大败，石琨的士众死去一万多人。刘国回师繁阳。

冬季十一月，魏主冉闵率领十万步兵、骑兵攻打襄国。委任他的儿子太原王冉胤为大单于、骠骑大将军，又把投降过来的一千胡人配给他作为他的麾下。光禄大夫韦謏进谏劝阻说："胡、羯之人都是我们的仇敌，现在前来归附，不过是为了保全性命、苟延残喘；万一发生变乱，哪来得及后悔呢？请杀尽归降的胡人，罢去单于的称号，以防微杜渐。"冉闵正想安抚招纳各支胡人，因而大怒，杀掉了韦謏和他的儿子韦伯阳。

七年(351)春季二月，魏主冉闵围攻襄国一百多天了。后赵主石祗万分危急，于是取消皇帝尊号改称赵王，又派太尉张举向前燕乞求援兵，答应送给前燕王传国印玺；还派中军将军张春向姚弋仲乞求援兵。姚弋仲派儿子姚襄率领二万八千骑兵去援救后赵，训诫他说："冉闵背弃仁义道德，把石氏屠杀一尽。我曾经受到石氏很优厚的待遇，应该为他们复仇，但我年老有病，不能亲自领兵行动，你的才能超过冉闵十倍，如果不能捉住冉闵，斩下他的首级，你就不要再来见我了！"姚弋仲也派使者去通告前燕，燕王慕容儁派御难将军悦绾率领三万士兵去与他会合。

冉闵听说慕容儁想要援救赵国，就派大司马从事中郎广宁人常炜出使前燕。慕容儁派封裕去诘问常炜："冉闵是石氏的养子，但是他却忘恩负义，掀起叛乱，怎么敢随便自称皇帝的尊号？"常炜答道："商汤放逐夏桀，周武王讨伐纣王，由此兴建起商朝、周朝的大业；曹操为宦官所收养，连自己的出身都不知道，最终却奠定了曹魏政权的基础；如果不是符合天意，怎么能成

功！推此而言，何必致问！"裕曰："人言冉闵初立，铸金为己像以卜成败，而像不成，信乎？"炜曰："不闻。"裕曰："南来者皆云如是，何故隐之？"炜曰："奸伪之人欲矫天命以惑人者，乃假符瑞、托蓍龟以自重。魏主握符玺，据中州，受命何疑？而更反真为伪，取决于金像乎！"裕曰："传国玺果安在？"炜曰："在邺。"裕曰："张举言在襄国。"炜曰："杀胡之日，在邺者殆无孑遗；时有迸漏者，皆潜伏沟渎中耳，彼安知玺之所在乎！彼求救者，为妄诞之辞，无所不可，况一玺乎！"

　　俊犹以张举之言为信，乃积柴其旁，使裕以其私诱之，曰："君更熟思，无为徒取灰灭！"炜正色曰："石氏贪暴，亲帅大兵攻燕国都，虽不克而返，然志在必取。故运资粮、聚器械于东北者，非以相资，乃欲相灭也。魏主诛翦石氏，虽不为燕，臣子之心，闻仇雠之灭，义当如何？而更为彼责我，不亦异乎！吾闻死者骨肉下于土，精魂升于天。蒙君之惠，速益薪纵火，使仆得上诉于帝足矣！"左右请杀之，俊曰："彼不惮杀身以徇其主，忠臣也。且冉闵有罪，使臣何预焉！"使出就馆。夜，使其乡人赵瞻往劳之，且曰："君何不以实言？王怒，欲处君于辽、碣之表，奈何？"炜曰："吾结发以来，尚不欺布衣，况人主乎！曲意苟合，性所不能；直情尽言，虽沉东海，不敢避也！"遂卧向壁，不复与瞻言。

功呢？根据这一点来推论,还有什么好责问的!"封裕又说:"有人说冉闵刚刚自立为帝的时候,就用金子为自己铸像,以此来占卜成败与否,但是金像却铸不成,这是真的吗?"常炜说:"没有听说过。"封裕又说:"从南方来的人都是这样说,你为什么要隐瞒呢?"常炜说:"奸伪的人,想假借天命来蛊惑人心,就会假借符瑞、伪托占卜来尊重自己。魏主手握符节印玺,占据中原地区,毫无疑问是接受了天命,难道还要反真为伪,用金像的铸成与否来决定吗?"封裕说:"传国印玺到底在哪里?"常炜说:"在邺城。"封裕又说:"张举说在襄国。"常炜说:"诛杀胡人的那天,在邺城的人几乎都死尽了;就是有些趁机逃脱的人,当时都潜伏在水沟之中,他们怎么知道印玺在哪里呢?现在那些乞求救兵的人就要编造些荒诞不经的话,什么话都敢说,何况一个印玺呢!"

慕容儁还是认为张举的话是真的,于是就在常炜身边堆上柴火,派封裕用关系他个人生死的话去劝诱他:"你还是再仔细想一想吧,不要白白地化为灰烬!"常炜正色说:"石氏贪婪残暴,亲自率领大军来进攻你们燕国国都,虽然未能取胜就回去了,但是他们却是志在必得。所以他们运输资财粮食、聚集兵器枪械到东北地方,不是用来资助你们,而是想用来消灭你们的。魏主诛灭剪除石氏,虽然不是为了燕国,但是作为臣下,听说仇敌的灭亡,按道义应该怎么做?你们却为他们来责备我,不是很奇怪吗?我听说人死了骨肉埋入黄土,灵魂却升到上天。承蒙您的恩惠,赶快加柴放火,使我能到上帝那里去上诉,我也就满足了!"身边的人请求杀掉常炜,慕容儁却说:"他不怕杀头,要为他的主人而死,是忠臣。再说冉闵有罪,使臣又有什么相干?"于是就放他出来,让他住进馆舍。晚上,派他的乡亲赵瞻去慰劳他,并说:"您为什么不说实话?大王发怒了,打算把您流放到辽东、碣石以外地方,怎么办呢?"常炜说:"我从成年以来,连普通百姓都不曾欺骗过,何况是人君?违背我的心意苟且迎合,这是我的性情所不能容忍的;直抒胸臆,说尽心里话,如果因此把我沉入东海,我也不会躲避!"于是就面对墙壁而卧,不再和赵瞻说话。

瞻具以白儁，儁乃囚炜于龙城。

三月，姚襄及赵汝阴王琨各引兵救襄国。冉闵遣车骑将军胡睦拒襄于长芦，将军孙威拒琨于黄丘，皆败还，士卒略尽。

闵欲自出击之，卫将军王泰谏曰：“今襄国未下，外救云集，若我出战，必覆背受敌，此危道也。不若固垒以挫其锐，徐观其衅而击之。且陛下亲临行陈，如失万全，则大事去矣。”闵将止，道士法饶进曰：“陛下围襄国经年，无尺寸之功，今贼至，又避不击，将何以使将士乎！且太白入昴，当杀胡王，百战百克，不可失也！”闵攘袂大言曰：“吾战决矣，敢沮众者斩！”乃悉众出，与襄、琨战。悦绾适以燕兵至，去魏兵数里，疏布骑卒，曳柴扬尘，魏人望之惽惧。襄、琨、绾三面击之，赵王祗自后冲之，魏兵大败，闵与十馀骑走还邺。降胡栗特康等执大单于胤及左仆射刘琦以降赵，赵王祗杀之。胡睦及司空石璞、尚书令徐机、中书监卢谌等并将士死者凡十馀万人。闵潜还，人无知者。邺中震恐，讹言闵已没。射声校尉张艾请闵亲郊以安众心，闵从之，讹言乃息。闵支解法饶父子，赠韦谀大司徒。姚襄还滠头，姚弋仲怒其不擒闵，杖之一百。

初，闵之为赵相也，悉散仓库以树私恩，与羌、胡相攻，无月不战。赵所徙青、雍、幽、荆四州之民及氐、羌、胡、蛮

赵瞻把常炜的话全部禀告慕容儁,慕容儁就把常炜囚禁在龙城。

三月,姚襄和后赵汝阴王石琨分别率军去救援襄国。冉闵派车骑将军胡睦在长芦阻挡姚襄,派将军孙威在黄丘阻挡石琨,都大败而还,士兵死亡殆尽。

冉闵想亲自率军去迎击姚襄、石琨,卫将军王泰进谏劝阻说:"现在襄国尚未攻下,敌人的外援蜂拥而来,如果我们主动出击,一定会陷入腹背受敌的局面,这是很危险的打法。不如砌好坚固的堡垒,用以挫败他们的锐气,然后慢慢地观看他们内部产生矛盾和隔阂,再对他们发起攻击。再说陛下您亲自上阵,如果有了万一,我们的大业就完了。"冉闵将要停止行动,道士法饶进言说:"陛下您围攻襄国一年了,却还是一无所获,现在寇贼来了又避而不击,您还能用什么来号令将士呢? 况且现在太白星进入昴宿,正是应该杀死胡王的征兆,这是百战百胜的机会,不可丢掉!"冉闵袖子一挽,大声说:"我出战的心意已决,有谁敢使大家的志气颓丧的,斩!"于是集中所有兵力与姚襄、石琨决战。刚好悦绾率领前燕军队赶来,在距冉魏军队几里远的地方,悦绾就让骑兵分散布置,拖着树枝,扬起尘土,冉魏军队见到尘土漫天飞扬,非常惊恐。姚襄、石琨、悦绾三面进击,后赵王石祇从后面冲锋而至,魏军大败,冉闵和十多个骑兵一起逃回邺城。归降的胡人栗特康等人拘捕大单于冉胤和左仆射刘琦向后赵投降,后赵王石祇把他们二人杀掉了。车骑将军胡睦以及司空石璞、尚书令徐机、中书监卢谌等并将士共十多万人战死。冉闵悄悄回到邺城,没有人知道他回来了。邺城中的人听说战争失败,非常害怕,又传出谣言说冉闵已死。射声校尉张艾于是请冉闵亲自举行郊祀以安定人心,冉闵接受了他的建议,谣言于是止息。冉闵又肢解了法饶父子,追封韦谟为大司徒。姚襄回到滠头,姚弋仲因为他没有擒获冉闵而气愤,杖打了他一百下。

当初,冉闵做后赵的丞相时,把仓库里的物资全部散发以树立个人的恩惠,和羌、胡互相攻击,没有哪个月没有战事。后赵迁徙的青州、雍州、幽州、荆州四州的老百姓和氐、羌、胡、蛮

数百万口,以赵法禁不行,各还本土,道路交错,互相杀掠,其能达者什有二三。中原大乱,因以饥疫,人相食,无复耕者。

赵王祗使其将刘显帅众七万攻邺,军于明光宫,去邺二十三里。魏主闵恐,召王泰,欲与之谋。泰恚前言之不从,辞以疮甚。闵亲临问之,泰固称疾笃。闵怒,还宫,谓左右曰:"巴奴,乃公岂假汝为命邪!要将先灭群胡,却斩王泰。"乃悉众出战,大破显军,追奔至阳平,斩首三万馀级。显惧,密使请降,求杀祗以自效,闵乃引归。会有告王泰欲叛入秦者,闵杀之,夷其三族。

夏四月,勃海人逢约因赵乱,拥众数千家,附于魏,魏以约为勃海太守。故太守刘准,隗之兄子也;土豪封放,奕之从弟也,别聚众自守。闵以准为幽州刺史,与约中分勃海。

燕王儁使封奕讨约,使昌黎太守高开讨准、放。开,瞻之子也。奕引兵直抵约垒,遣人谓约曰:"相与乡里,隔绝日久,会遇甚难。时事利害,人各有心,非所论也。愿单出一相见,以写伫结之情。"约素信重奕,即出,见奕于门外,各屏骑卒,单马交语。奕与论叙平生毕,因说之曰:"与君累世同乡,情相爱重,诚欲君享祚无穷。今既获展奉,不可

各族人民几百万人，都因为后赵法规禁令执行不下去，而分别回归自己的故乡，归乡的人在道路上互相交错、攻击、杀戮、抢掠，最后能回到家的不过十分之二三。中原地区混乱不堪，又发生了饥荒和病疫，因此人们互相攻杀当作食物，再也没有耕种的人了。

赵王石祇派他的将领刘显率领七万大军进攻邺城，驻屯在明光宫，离邺城二十三里。魏主冉闵害怕了，召见王泰，想和他一起谋划对付的办法。王泰怨恨冉闵上次没听他的话，就以伤势严重为由推脱不见冉闵。冉闵亲自到王泰那里问他对策，王泰固执地说病得很重，不予回答。冉闵大怒，回宫，对身边的人说："王泰这个巴蛮奴才，老子难道要靠你才能活命吗？我要先去消灭胡人军队，回过头来再杀王泰。"冉闵于是调集所有兵力出城作战，大败刘显的军队，一直追击到阳平，斩获首级三万多个。刘显非常恐惧，秘密地派人请求投降，并请求杀掉石祇以表效忠，冉闵这才率军回去。恰好碰到有人禀告说王泰想叛逃到秦国去，冉闵就杀了王泰，并杀光了他的三族。

夏季四月，勃海人逄约因为后赵内乱，带领士众数千家归附冉魏，冉魏就任命逄约为勃海太守。原勃海太守刘准是刘隗兄长的儿子；当地豪强封放是封奕的堂弟，他们也分别聚众自守。冉闵就任用刘准为幽州刺史，和逄约平分勃海。

前燕王慕容儁派遣封奕去讨伐逄约，派遣昌黎太守高开去讨伐刘准和封放。高开是高瞻的儿子。封奕率领军队直接抵达逄约的堡垒，派人对逄约说："我和你本来是乡亲，但是隔绝的时间却已经很久了，见见面都很困难。现在的形势和利害关系，大家心里都有数，我也不想多加议论。希望能单独出来见见面，抒发一下心中聚集着的思念之情。"逄约向来信任看重封奕，马上就从营垒中出来，在门外会见了封奕，两人都让随从的士卒离开，单独骑着马交谈。封奕谈完生平经历之后，就顺势劝说逄约："我和你世代同乡，情深义重，诚心诚意希望你能享受到无穷无尽的福禄。现在既然得到了看望侍奉你的机会，就不能

不尽所怀。冉闵乘石氏之乱,奄有成资,是宜天下服其强矣,而祸乱方始,固知天命不可力争也。燕王奕世载德,奉义讨乱,所征无敌。今已都蓟,南临赵、魏,远近之民,襁负归之。民厌荼毒,咸思有道。冉闵之亡,匪朝伊夕,成败之形,昭然易见。且燕王肇开王业,虚心贤隽,君能翻然改图,则功参绛、灌,庆流苗裔,孰与为亡国将,守孤城以待必至之祸哉!"约闻之,怅然不言。奕给使张安,有勇力,奕豫戒之,俟约气下,安突前持其马鞥,因挟之而驰。至营,奕与坐,谓曰:"君计不能自决,故相为决之,非欲取君以邀功,乃欲全君以安民也。"高开至渤海,準、放迎降。儁以放为勃海太守,準为右司马,约参军事。以约诱于人而遇获,更其名曰钓。

刘显弑赵王祗及其丞相乐安王炳、太宰赵庶等十馀人,传首于邺。骠骑将军石宁奔柏人。魏主闵焚祗首于通衢,拜显上大将军、大单于、冀州牧。

秋七月,刘显复引兵攻邺,魏主闵击败之。显还,称帝于襄国。

八月,燕王儁遣慕容恪攻中山,慕容评攻王午于鲁口,魏中山太守上谷侯龛闭城拒守。恪南徇常山,军于九门,魏赵郡太守辽西李邽举郡降,恪厚抚之,将邽还围中山,侯龛乃降。恪入中山,迁其将帅、士豪数十家诣蓟,馀皆安堵,军令严明,秋豪不犯。慕容评至南安,王午遣其将郑生拒战,评击斩之。

不把心里话全部说完。冉闵趁着石氏内乱，全部占有了它的现有资财，是应该让天下人都屈服于他的强力，然而祸乱刚刚开始，这就知道天命不是可以凭人力争夺的。燕王几代人都行德政，依照道义讨伐叛乱，所向无敌。现在已经迁都蓟城，南边逼近后赵和冉魏，远近各地的老百姓，都背着孩子前来归附。老百姓饱受荼毒，都思念有道德的人。冉闵的灭亡，近在朝夕，成败的形势显而易见。况且燕王刚刚开创帝王大业，虚心对待贤人俊才，你如果能幡然醒悟，改弦更张，那么，你的功绩就能和周勃、灌婴比拟，福运流传后代，何苦还要做亡国的将领，独守孤城来等待一定会到的祸害呢?"逢约听了怅然不语。封奕的侍从张安有胆量和力气，封奕事先就告诫过他该怎么办，等到逢约精神萎靡，张安马上就奔突而前，牵着逢约的马络头，挟持逢约飞奔而走。到了前燕军营，封奕让逢约坐下，对他说:"你自己犹豫不决，所以我为你决断，并不是我想捉住你去邀功请赏，而是想保全你以安定民众。"高开率军到达勃海，刘准、封放出城迎接高开而归降。慕容儁于是任命封放为勃海太守，刘准为左司马，逢约为参军事。因为逢约是被人劝诱而获得的，就把他的名字改为逢钓。

刘显杀掉后赵主石祇以及他的丞相乐安王石炳、太宰赵庶等十多个人，并把他们的首级送到邺城。骠骑将军石宁逃奔柏人。魏主冉闵在四通八达的大路口焚毁了石祇的首级，授予刘显为上大将军、大单于、冀州牧。

秋季七月，刘显再一次率军攻打邺城，冉闵将他打败。刘显回师，在襄国称帝。

八月，前燕王慕容儁派慕容恪进攻中山，慕容评在鲁口进攻王午，魏中山太守上谷人侯龛关闭城门坚守。慕容恪往南占领常山，驻屯在九门，魏赵郡太守辽西人李邽带领全郡投降，慕容恪用丰厚的待遇安抚他，然后率李邽等人重新围攻中山，侯龛于是归降。慕容恪进入中山城，迁徙城内的将帅、土豪数十家到蓟城，其他的人都安居各业，军令严明，秋毫无犯。慕容评到达南安，王午派他的部将郑生抵抗，慕容评打败并杀掉了他。

悦绾还自襄国,俊乃知张举之妄而杀之。常炜有四男二女在中山,俊释炜之囚,使诸子就见之,炜上疏谢恩,俊手令答曰:"卿本不为生计,孤以州里相存耳。今大乱之中,诸子尽至,岂非天所念邪! 天且念卿,况于孤乎!"赐妾一人,谷三百斛,使居凡城。以北平太守孙兴为中山太守。兴善于绥抚,中山遂安。

冬十一月,逄钓亡归勃海,招集旧众以叛燕。乐陵太守贾坚使人告谕乡人,示以成败,钓部众稍散,遂来奔。

八年春正月,刘显攻常山,魏主闵留大将军蒋幹使辅太子智守邺,自将八千骑救之。显大司马清河王宁以枣强降魏。闵击显,败之,追奔至襄国。显大将军曹伏驹开门纳闵,闵杀显及其公卿已下百馀人,焚襄国宫室,迁其民于邺。赵汝阴王琨以其妻妾来奔,斩于建康市,石氏遂绝。

魏主闵既克襄国,因游食常山、中山诸郡。赵立义将军段勤聚胡、羯万馀人保据绎幕,自称赵帝。夏四月甲子,燕王俊遣慕容恪等击魏,慕容霸等击勤。

魏主闵将与燕战,大将军董闰、车骑将军张温谏曰:"鲜卑乘胜锋锐,且彼众我寡,请且避之,俟其骄惰,然后益兵以击之。"闵怒曰:"吾欲以此众平幽州,斩慕容俊。今遇恪而避之,人谓我何!"司徒刘茂、特进郎闿相谓曰:"吾君此行,必不还矣,吾等何为坐待戮辱!"皆自杀。

悦绾从襄国回来，慕容儁才知道张举关于传国印玺在襄国的说法是一派胡言，因而杀掉了张举。常炜有四个儿子、两个女儿在中山，慕容儁把常炜从囚禁中释放出来，让他的儿女们去见他，常炜上疏文谢恩，慕容儁亲笔回复说："你本来就不为活命考虑，我也是因为与你同乡才让你活着。现在天下大乱，你的孩子们全部到了你这里，这难道不是上天对你的关怀吗？上天尚且关怀你，何况我呢！"于是赏赐给常炜妾一人，谷三百斛，让他居住在凡城。又调北平太守孙兴任中山太守。孙兴善于安抚百姓，中山于是安定下来。

冬季十一月，逢钓逃归勃海，招集旧部背叛前燕。乐陵太守贾坚派人去告诫劝谕乡亲，告诉他们成败的形势，逢钓的部众逐渐离散，于是逢钓率馀部投奔东晋。

八年（352）春季正月，刘显进攻常山，魏主冉闵让大将军蒋干留下辅助太子冉智守卫邺城，自己亲自率领八千骑兵去救援常山。刘显的大司马清河王石宁献出枣强，投降冉魏。冉闵攻打刘显，将他击败，追击到襄国。刘显的大将军曹伏驹打开城门迎接冉闵入城，冉闵于是杀掉刘显及其公卿以下的官员一百多人，焚毁襄国的宫殿，把襄国的居民迁到邺城。后赵的汝阴王石琨率领妻妾投奔东晋，被斩杀在建康街市，石氏家族于是灭绝。

冉闵攻占襄国后，就在常山、中山各郡周游、吃喝。后赵的立义将军段勤聚集胡、羯族一万多人占据绎幕，自称为赵帝。夏季四月甲子（初五），前燕王慕容儁派慕容恪等人攻打冉魏，派慕容霸等人攻打段勤。

魏主冉闵将要与燕军作战，大将军董闰、车骑将军张温进谏劝阻说："鲜卑人乘着胜利的势头，兵锋锐利，而且敌众我寡，请您暂且先避开敌人的锐气，等待他们骄傲和懒惰了，再增加兵力去攻打他们。"冉闵大怒说："我打算用这些兵力荡平幽州，斩杀慕容儁。现在遇到慕容恪就躲避，人们会怎么说我！"司徒刘茂、特进郎闿交谈说："我们的君主这一次出发，一定回不来了，我们为什么还要坐等被杀戮的耻辱呢？"于是两人都自杀了。

闵军于安喜，慕容恪引兵从之。闵趣常山，恪追之，丙子，及于魏昌之廉台。闵与燕兵十战，燕兵皆不胜。闵素有勇名，所将兵精锐，燕人惮之。慕容恪巡陈，谕将士曰："冉闵勇而无谋，一夫敌耳！其士卒饥疲，甲兵虽精，其实难用，不足破也！"闵以所将多步卒，而燕皆骑兵，引兵将趣林中。恪参军高开曰："吾骑兵利平地，若闵得入林，不可复制。宜亟遣轻骑邀之，既合而阳走，诱致平地，然后可击也。"恪从之。魏兵还就平地，恪分军为三部，谓诸将曰："闵性轻锐，又自以众少，必致死于我。我厚集中军之陈以待之，俟其合战，卿等从旁击之，无不克矣。"乃择鲜卑善射者五千人，以铁锁连其马，为方陈而前。闵所乘骏马曰朱龙，日行千里。闵左操双刃矛，右执钩戟，以击燕兵，斩首三百馀级。望见大幢，知其为中军，直冲之。燕两军从旁夹击，大破之。围闵数重，闵溃围东走二十馀里，朱龙忽毙，为燕兵所执。燕人杀魏仆射刘群，执董闰、张温及闵，皆送于蓟。闵子操奔鲁口。高开被创而卒。慕容恪进屯常山，儁命恪镇中山。

己卯，冉闵至蓟。儁大赦。立闵而责之曰："汝奴仆下才，何得妄称帝？"闵曰："天下大乱，尔曹夷狄禽兽之类犹称帝，况我中土英雄，何为不得称帝邪！"儁怒，鞭之三百，送于龙城。

冉闵驻军在安喜,慕容恪率军尾随着他。冉闵开赴常山,慕容恪率军追赶,丙子(十七日),在魏昌的廉台赶上了冉闵。冉闵和燕军战了十次,燕军都未得胜。冉闵平素有英勇的名声,率领的军队也很精锐,燕军很有些害怕。慕容恪于是巡视军阵,告诉将士说:"冉闵有勇无谋,一个人就能对付他! 他的士卒又饿又累,兵器装备虽然精良,其实没有什么用处,打败他们并不困难!"冉闵因为所统领的大部分是步兵,而燕军都是骑兵,就把军队带入树林中。慕容恪的参军高开说:"我们的骑兵在平地作战比较有利,如果冉闵能够成功地进入树林中,我们就再不能制服他了。应该立即派轻装骑兵去拦截他们,一旦交战就假装败走,把他们引诱到平地上来,然后就可以击败他们。"慕容恪听从了他的建议。冉魏军队果被引诱回到平地,慕容恪把军队分成三部分,对各位将领说:"冉闵性情毛躁勇猛,又自认为士兵比我们少,必定会拼死与我们相斗。我聚集大量人马加强中军的方阵等待冉闵,一旦两军交战,你们就率部众从旁边来攻击他,没有不能胜利的。"于是就挑选五千善于射箭的鲜卑士兵,用铁锁链把他们的马连结起来,作为方阵向前进发。冉闵所骑的骏马名叫朱龙,一日能行千里。冉闵左手拿着双刃的矛,右手握着钩戟,冲击燕军,斩燕军首级三百多个。他望见大旗,知道那是燕军的中军,于是径直冲击而前。两支燕军从两边夹击冉魏军队,打得他们大败。燕军把冉闵围了一层又一层,冉闵冲破重围向东奔跑了二十多里,朱龙马却突然死去,冉闵就被燕军活捉。燕军杀死了冉魏的仆射刘群,活捉董闰、张温和冉闵,把他们一起送到蓟城。冉闵的儿子冉操逃奔鲁口。高开受伤而死。慕容恪进驻常山,慕容儁命令慕容恪镇守中山。

　　己卯(二十日),冉闵被送到蓟城。慕容儁大赦天下。让冉闵站立着而责骂他:"你这个奴仆蠢才,怎么可以妄自称帝!"冉闵说:"现在天下大乱,你们这些禽兽之类的夷狄都还可以称帝,何况我是中原的英雄,怎么不可以称帝!"慕容儁发怒,把他鞭笞三百,然后送到龙城。

慕容霸军至绎幕,段勤与弟思聪举城降。甲申,儁遣慕容评及中尉侯龛帅精骑万人攻邺。癸巳,至邺,魏蒋幹及太子智闭城拒守,城外皆降于燕,刘宁及弟崇帅胡骑三千奔晋阳。

五月,邺中大饥,人相食,故赵时宫人被食略尽。蒋幹遣侍中缪嵩、詹事刘猗奉表请降,且求救于谢尚。庚寅,燕王儁遣广威将军慕容军、殿中将军慕舆根、右司马皇甫真等帅步骑二万助慕容评攻邺。

辛卯,燕人斩冉闵于龙城。会大旱、蝗,燕王儁谓闵为祟,遣使祀之,谥曰悼武天王。

初,谢尚使戴施据枋头,施闻蒋幹求救,乃自仓垣徙屯棘津,止幹使者求传国玺。刘猗使缪嵩还邺白幹,幹疑尚不能救,沉吟未决。

六月,施帅壮士百馀人入邺,助守三台,绐之曰:"今燕寇在外,道路不通,玺未敢送也。卿且出以付我,我当驰白天子。天子闻玺在吾所,信卿至诚,必多发兵粮以相救饷。"幹以为然,出玺付之。施宣言使督护何融迎粮,阴令怀玺送于枋头。甲子,蒋幹帅锐卒五千及晋兵出战,慕容评大破之,斩首四千级,幹脱走入城。

秋七月,王午闻魏败,时邓恒已死,午自称安国王。八月戊辰,燕王儁遣慕容恪、封奕、阳骛攻之,午闭城自守,送冉操诣燕军,燕人掠其禾稼而还。

慕容霸进军到绎幕,段勤和弟弟段思聪举城投降。甲申(二十五日),慕容儁派慕容评和中尉侯龛率领一万精锐骑兵进攻邺城。癸巳,到达邺城,冉魏蒋干和太子冉智关闭城门坚守,邺城外的士众都向燕军投降,刘宁和弟弟刘崇率领三千胡人骑兵逃奔晋阳。

五月,邺城中发生严重饥荒,人们互相残食,原后赵时候的宫人全被吃光。蒋干派侍中缪嵩、詹事刘猗献上表文向东晋请求归降,并向谢尚求救。庚寅(初二),前燕王慕容儁派广威将军慕容军、殿中将军慕舆根、右司马皇甫真等人率领步卒和骑兵两万多人去协助慕容评进攻邺城。

辛卯(初三),前燕人在龙城斩杀了冉闵。恰好碰上大旱和蝗灾,燕王慕容儁认为是冉闵的鬼魂在作怪,于是就派人去为他举行祭祀,赐给他谥号叫悼武天王。

当初,谢尚派戴施占据枋头,戴施听说蒋干前来求救,就从仓垣移驻棘津,拦住蒋干的使者,要求送来传国印玺。刘猗派缪嵩回到邺城去禀告蒋干,蒋干担心谢尚不能前来救援,沉吟良久,未能决断。

六月,戴施率领一百多壮士进入邺城,帮助蒋干守卫三台,骗蒋干说:"现在燕国寇贼在城外,道路断绝,印玺不能送出去。你不如先拿出来交付给我,我会马上派人飞马奔驰去禀告天子。天子听说印玺在我们这里,相信你确实有诚意,一定会多调发军队和粮食来救援。"蒋干认为他说得很对,就把印玺拿出来交给他。戴施公开说派督护何融去迎接粮食,暗中却命令他把印玺藏在怀中送到枋头去。甲子(初六),蒋干率领五千精锐士卒和东晋士兵一起出城作战,慕容评把他们打得大败,斩首级四千个,蒋干逃进城内。

秋季七月,王午听说冉魏失败,当时邓恒已经死了,王午就自称为安国王。八月戊辰(十一日),燕王慕容儁派慕容恪、封奕、阳骛去进攻他,王午关闭城门守城,把冉操送给燕军,燕军掠劫当地的庄稼后就回师了。

庚午,魏长水校尉马愿等开邺城纳燕兵,戴施、蒋幹悬缒而下,奔于仓垣。慕容评送魏后董氏、太子智、太尉申钟、司空条攸等及乘舆服御于蓟。尚书令王简、左仆射张乾、右仆射郎肃皆自杀。燕王儁诈云董氏得传国玺献之,赐号奉玺君,赐冉智爵海宾侯。以申钟为大将军右长史;命慕容评镇邺。

谢尚自枋头迎传国玺至建康,百僚毕贺。

冬十月,故赵将拥兵据州郡者,各遣使降燕。燕王儁以王擢为益州刺史,爨逸为秦州刺史,张平为并州刺史,李历为兖州刺史,高昌为安西将军,刘宁为车骑将军。

慕容恪屯安平,积粮,治攻具,将讨王午。丙戌,中山苏林起兵于无极,自称天子。恪自鲁口还讨林。闰月戊子,燕王儁遣广威将军慕舆根助恪攻林,斩之。王午为其将秦兴所杀。吕护杀兴,复自称安国王。

燕群僚共上尊号于燕王儁,儁许之。十一月丁卯,始置百官,以国相封奕为太尉,左长史阳骛为尚书令,右司马皇甫真为尚书左仆射,典书令张悕为右仆射,其馀文武,拜授有差。戊辰,儁即皇帝位,大赦,自谓获传国玺,改元元玺。追尊武宣王为高祖武宣皇帝,文明王为太祖文明皇帝。时晋使适至燕,儁谓曰:“汝还白汝天子,我承人乏,为中国所推,已为帝矣!”改司州为中州,建留台于龙都。以玄菟太守乙逸为尚书,专委留务。

庚午(十三日),冉魏的长水校尉马愿等人打开邺城城门迎接燕军入城,戴施、蒋干系上绳子从城墙上吊下去,逃奔到仓垣。慕容评把冉魏皇后董氏、太子冉智、太尉申钟、司空条攸等人以及皇宫的车辆、服装送到蓟城。尚书令王简、左仆射张乾、右仆射郎肃等人都自杀身亡。燕王慕容儁谎称董氏得到了传国印玺并已进献给自己,就赐给董氏奉玺君的封号,又赐给冉智海宾侯的爵位。还任用申钟为大将军右长史,命令慕容评镇守邺城。

谢尚从枋头送传国印玺到建康,朝廷百官一起庆贺。

冬季十月,原后赵拥兵占据州郡的将领分别派使者向前燕投降。燕王慕容儁任用王擢为益州刺史,夔逸为秦州刺史,张平为并州刺史,李历为兖州刺史,高昌为安西将军,刘宁为车骑将军。

慕容恪驻屯在安平,蓄积粮食,准备进攻的武器和器具,将要讨伐王午。丙戌这天,中山人苏林在无极起兵,自称天子。慕容恪从鲁口回师讨伐苏林。闰十月戊子(初三),燕王慕容儁派广威将军慕舆根协助慕容恪进攻苏林,斩杀了他。王午被他的部将秦兴杀死。吕护杀死秦兴,又自称为安国王。

前燕百官共同向燕王慕容儁上皇帝尊号,慕容儁接受了。十一月丁卯(十二日),首次设置百官,任命国相封奕为太尉,左长史阳骛为尚书令,右司马皇甫真为尚书左仆射,典书令张悕为右仆射,其馀文武官员则按不同等级授予了官职。戊辰(十三日),慕容儁即皇帝位,大赦天下,自称得到了传国印玺,改年号为元玺。追封尊奉祖父武宣王慕容廆为高祖武宣皇帝,追尊父亲文明王慕容皝为太祖文明皇帝。此时,东晋使者恰巧到达燕国,慕容儁对他说:"你回去禀告你们天子,就说我趁着天下没有人才的时候,被中原人士推举已经做了皇帝!"把司州改名为中州,在龙都设置了留台。任命玄菟太守乙逸为尚书,专管留台事务。

卷第十五

江左经略中原

　　晋成帝咸康五年春三月，征西将军庾亮欲开复中原，表桓宣为都督沔北前锋诸军事、司州刺史，镇襄阳；又表其弟临川太守怿为监梁、雍二州诸军事、梁州刺史，镇魏兴；西阳太守翼为南蛮校尉，领南郡太守，镇江陵，皆假节。又请解豫州，以授征虏将军毛宝。诏以宝监扬州及江西诸军事、豫州刺史，与西阳太守樊峻帅精兵万人戍邾城。以建威将军陶称为南中郎将、江夏相，入沔中。称将二百人下见亮，亮素恶称轻狡，数称前后罪恶，收而斩之。后以魏兴险远，命庾怿徙屯半洲；更以武昌太守陈嚣为梁州刺史，趣汉中。遣参军李松攻汉巴郡、江阳。夏四月，执汉荆州刺史李闳、巴郡太守黄植送建康。汉主寿以李奕为镇东将军，代闳守巴郡。

　　庾亮上疏言："蜀甚弱而胡尚强，欲帅大众十万移镇石城，遣诸军罗布江、沔为伐赵之规。"帝下其议。丞相导请许之。太尉鉴议，以为"资用未备，不可大举"。太常蔡谟议，

江左经略中原

　　晋成帝咸康五年(339)春季三月,征西将军庾亮想收复中原故土,上表举荐桓宣任都督沔北前锋诸军事、司州刺史,镇守襄阳;又上表举荐自己的弟弟、临川太守庾怿任监梁、雍二州诸军事、梁州刺史,镇守魏兴;西阳太守庾翼任南蛮校尉,兼任南郡太守,镇守江陵;都授予符节。还请求免去自己所兼任的豫州刺史职务来转授给征虏将军毛宝。朝廷下诏任命毛宝为监扬州及江西诸军事、豫州刺史,与西阳太守樊峻率领精兵万人戍守邾城。任命建威将军陶称为南中郎将、江夏相,进入沔水地区。陶称率领二百人以下属姿态拜见庾亮,庾亮一向厌恶陶称轻薄狡猾,于是历数陶称前后犯过的各种罪恶,逮捕并斩杀了他。后来由于魏兴地势险恶、距离遥远,朝廷又命令庾怿迁移到半洲驻扎;重新任命武昌太守陈嚣为梁州刺史,奔赴汉中。派遣参军李松进攻成汉的巴郡、江阳。夏季四月,捉住成汉的荆州刺史李闳、巴郡太守黄植,押送到建康。成汉国主李寿任命李奕为镇东将军,代替李闳驻守巴郡。

　　庾亮上奏章说:"蜀地成汉国力很弱,北方的胡虏却仍然强大,我想统率十万大军迁移到石城镇守,分别派遣各路军队沿长江、沔水布阵,作为讨伐后赵的规划。"成帝把他的奏章下发朝廷议论。丞相王导请求同意这种规划。太尉郗鉴发表议论,认为"军需费用尚未齐备,不能大规模地行动"。太常蔡谟发表议论,

以为："时有否泰，道有屈伸，苟不计强弱而轻动，则亡不终日，何功之有！为今之计，莫若养威以俟时。时之可否系胡之强弱，胡之强弱系石虎之能否。自石勒举事，虎常为爪牙，百战百胜，遂定中原，所据之地，同于魏世。勒死之后，虎挟嗣君，诛将相。内难既平，翦削外寇，一举而拔金墉，再战而禽石生，诛石聪如拾遗，取郭权如振槁，四境之内，不失尺土。以是观之，虎为能乎，将不能也？论者以胡前攻襄阳不能拔，谓之无能为。夫百战百胜之强而以不拔一城为劣，譬诸射者百发百中而一失，可以谓之拙乎？且石遇，偏师也，桓平北，边将也，所争者疆场之士，利则进，否则退，非所急也。今征西以重镇名贤，自将大军欲席卷河南，虎必自帅一国之众来决胜负，岂得以襄阳为比哉！今征西欲与之战，何如石生？若欲城守，何如金墉？欲阻沔水，何如大江？欲拒石虎，何如苏峻？凡此数者，宜详校之。石生猛将，关中精兵，征西之战殆不能胜也！金墉险固，刘曜十万众不能拔，征西之守，殆不能胜也。又当是时，洛阳、关中皆举兵击虎，今此三镇反为其用。方之于前，倍半之势也。石生不能敌其半，而征西欲当其倍，愚所疑也。苏峻之强不及石虎，沔水之险不及大江，大江不能御苏峻而欲以沔水御石虎，又所疑也。昔祖士稚在谯，

认为："时运有好坏顺逆，对策有屈曲伸张，如果不考虑力量强弱对比而轻举妄动，那么不需一天时间就会灭亡，哪里还会有功业！当今之计，没有什么能比得上积蓄力量而等待时机了。时机的可否在于胡虏的强弱是否可击，胡虏的强弱决定于石虎的才能优劣。自石勒起兵以来，石虎一直充当干将，百战百胜，于是平定了中原，占据的土地，相当于曹魏时代。石勒死后，石虎挟制继位的君王，诛杀将相。内患既已平定，又剪除和削弱外敌，一举就攻取了金墉城，再战又活捉了石生，杀死石聪如同在路上捡东西，战胜郭权如同摇落枯叶，国境四周以内，没有损失一尺土地。由此看来，石虎是有才能呢，还是没有才能呢？议事的人有的根据胡虏从前攻打襄阳不能取胜，就认为石虎没有才能作为。大抵百战百胜的强将，却因为不曾攻下一座城就被认为是无能，就像百发百中的射手却有一发失误，可以说射手拙劣吗？况且石遇率领的只是后赵的非主力部队，平北将军桓宣仅为我朝的戍边将领，双方争夺的是国界的扩张，有利就推进，不利就撤退，并不属于紧急要务。如今征西将军庾亮以重镇统帅和知名贤能的地位身份，亲自统领十万大军，试图一举席卷黄河以南，石虎也必定亲自率领后赵的全部军队前来一决胜负，哪儿能用襄阳之战作为比拟呢！如今征西将军要与石虎交战，比起石生又会怎么样？想据城防守，比起金墉城又会怎么样？准备把沔水作为险阻，比起长江又会怎么样？打算抵御石虎，比起苏峻又会怎么样？凡此种种，应当详细校核。石生是猛将，拥有关中的精锐部队，征西将军与他作战，恐怕不能取胜！金墉城险要坚固，刘曜的十万大军都不能攻下，征西将军去防守，恐怕不能胜利在握。再说在那时，洛阳、关中都起兵攻打石虎，如今这三处重镇，反过来为石虎所用。和从前相比，就构成加倍与减半的形势了。石生不能抵抗石虎的一半势力，而征西将军却要抵抗石虎的加倍势力，这是我这愚人的疑惑所在。苏峻的强盛比不上石虎，沔水的险阻比不上长江，长江不能阻挡苏峻，但征西将军却想靠沔水阻挡石虎，这又是我的疑惑所在。当初祖逖驻守谯县，

佃于城北界，胡来攻，豫置军屯以御其外。谷将熟，胡果至，丁夫战于外，老弱获于内，多持炬火，急则烧谷而走。如此数年，竟不得其利。当是时，胡唯据河北，方之于今，四分之一耳。士稚不能捍其一而征西欲以御其四，又所疑也。然此但论征西既至之后耳，尚未论道路之虑也。自沔以西，水急岸高，鱼贯溯流，首尾百里。若胡无宋襄之义，及我未阵而击之，将若之何？今王土与胡，水陆异势，便习不同。胡若送死，则敌之有馀；若弃江远进，以我所短击彼所长，惧非庙胜之算也。"朝议多与谟同。乃诏亮不听移镇。

秋八月，南昌文成公郗鉴疾笃，以府事付长史刘遐，上疏乞骸骨，且曰："臣所统错杂，率多北人，或逼迁徙，或是新附，百姓怀土，皆有归本之心。臣宣国恩，示以好恶，处与田宅，渐得少安。闻臣疾笃，众情骇动，若当北渡，必启寇心。太常臣谟，平简贞正，素望所归，谓可以为都督、徐州刺史。"诏以蔡谟为太尉军司，加侍中。辛酉，鉴薨，即以谟为征北将军、都督徐、兖、青三州诸军事、领徐州刺史、假节。

时左卫将军陈光请伐赵，诏遣光攻寿阳，谟上疏曰："寿阳城小而固。自寿阳至琅邪，城壁相望，一城见攻，众城必救。又，王师在路五十馀日，前驱未至，声息久闻，贼

在谯城北边耕田种地，提防胡虏来攻打，预先布置军队屯驻在外围防御。庄稼即将成熟时，胡虏果然来到，于是强壮的民夫在外围作战，老弱的在内线抢收，携带很多火炬，战况紧急就烧掉来不及收割的庄稼退走。这样坚持了几年，最终没有得到什么战守的益处。在那时，胡虏只占据了黄河以北地区，和现在相比，只是四分之一而已。祖逖不能抵御地域居一的胡虏，而征西将军却想抵挡地域为四的胡虏，这也是我的疑惑所在。然而以上所说，只是讨论了征西将军到达中原以后的情况罢了，还没有讨论行军途中值得担忧的问题。从沔水向西进发，水流急河岸高，战船接连不断溯流而上，首尾长达百里。如果胡虏没有宋襄公式的仁义道德，趁我军没有布置好阵势就攻打我军，后果将会怎么样呢？如今朝廷与胡虏，国土的水陆地势不一样，所熟悉的作战技能也不同。胡虏如果前来进攻送死，那么打成平手绰绰有余；如果放弃长江天险深入北方，用我们的短处去攻打他人的长处，恐怕不是朝廷稳操胜券的谋略。"朝中的议论大多与蔡谟相同，于是朝廷诏令庾亮，不同意他转移镇所。

秋季八月，南昌文成公郗鉴病重，把官署中的事务交给长史刘遐，上奏章请求退休，而且说："我统领的部众来源混杂，大致北方人居多，其中有的是被迫迁移来的，有的是刚刚归附不久，百姓怀恋故土，都有回到原籍的心愿。我宣播朝廷的恩德，明确晓示好恶之别，分拨田地住宅，才渐渐换得稍许的安定。听说我病重，众人的情绪惊慌骚动，如果时逢渡江北上，一定会引发叛乱之心。太常蔡谟，平简贞正，向来为众望所归，都认为他可以担任都督、徐州刺史。"朝廷下诏任命蔡谟为太尉军司，加侍中。辛酉这天，郗鉴去世，朝廷就随即任命蔡谟为征北将军、都督徐、兖、青三州诸军事，兼领徐州刺史，授予符节。

当时左卫将军陈光请求讨伐后赵，有诏令派陈光攻打寿阳，蔡谟上书说："寿阳城小但坚固。从寿阳到琅邪，城邑壁垒相望，一座城受到进攻，其他城必然来营救。还有，朝廷的军队在途中需要五十多天，先驱部队还没到战场，风声却早传开，敌人

之邮驿，一日千里，河北之骑，足以来赴。夫以白起、韩信、项籍之勇，犹发梁焚舟，背水而阵。今欲停船水渚，引兵造城，前对坚敌，顾临归路，此兵法之所诫。若进攻未拔，胡骑猝至，惧桓子不知所为而舟中之指可掬也。今光所将皆殿中精兵，宜令所向有征无战。而顿之坚城之下，以国之爪士击寇之下邑，得之则利薄而不足损敌，失之则害重而足以益寇，惧非策之长者也。"乃止。

初，陶侃在武昌，议者以江北有邾城，宜分兵戍之。侃每不答，而言者不已。侃乃渡水猎，引将佐语之曰："我所以设险而御寇者，正以长江耳。邾城隔在江北，内无所倚，外接群夷，夷中利深。晋人贪利，夷不堪命，必引虏入寇，此乃致祸之由，非御寇也。且吴时戍此城用三万兵，今纵有兵守子，亦无益于江南。若羯虏有可乘之会，此又非所资也。"及庾亮镇武昌，卒使毛宝、樊峻戍邾城。赵王虎恶之，以夔安为大都督，帅石鉴、石闵、李农、张貉、李菟等五将军、兵五万人寇荆、扬北鄙，二万骑攻邾城。毛宝求救于庾亮，亮以城固，不时遣兵。

九月，石闵败晋兵于沔阴，杀将军蔡怀；夔安、李农陷沔南；朱保败晋兵于白石，杀郑豹等五将军；张貉陷邾城，死者六千人，毛宝，樊峻突围出走，赴江溺死。夔安进据胡亭，寇江夏；义阳将军黄冲、义阳太守郑进皆降于赵。安进围石城，

邮驿传递文件的速度,一日千里,黄河以北的骑兵,完全能够赶来。凭着白起、韩信、项籍那样的勇将,还要拆断桥梁、焚烧战船,背水列阵,从而拼死决战。现在我军却打算把船停在水边,带领军队赶往敌人城下,前进面对强敌,回头可见退路,这是兵法所戒备的地方。如果进攻寿阳还没攻下,胡虏的骑兵突然来到,恐怕连中行桓子都不知道该怎么办,而士兵争船撤退,被砍掉的手指可以成堆捧起的情况就出现了。如今陈光统领的都是朝廷的精锐部队,应当让他们所向披靡,只有出征,没有苦战。现在却要停留在坚固的城池之下,用国家的勇士攻打敌寇的下等城邑,获胜得利微小而不能重创敌人,倘若失败则危害严重而足以让敌寇更猖獗,这恐怕不是上策吧!"于是讨伐后赵的事情中止。

当初,陶侃在武昌,有议事的人认为,长江北岸有邾城,应当分出兵力去戍守。陶侃总是不做答复,而言说此事的人却没止息。陶侃于是渡过江去打猎,招集将领辅佐对他们说:"我之所以能够设置险阻并且抵挡住敌寇,正是凭借长江而已。邾城隔在长江以北,内线没有能够依靠的天险,外面与各夷族接壤,夷人获取利益很多。如果晋人再贪图利益,夷人就不能忍受,必然会勾引胡虏前来进犯。镇守邾城是导致灾祸的根由,而不是抵御敌寇的良策。况且,东吴时用三万军队戍守邾城,现在即使有军队来戍守,对长江以南也无益处。如果羯虏获得可乘之机,我们据有邾城也没有太大的帮助。"等到庾亮镇守武昌时,最终还是让毛宝、樊峻戍守邾城。后赵国主石虎憎恶此举,任命夔安为大都督,统领石鉴、石闵、李农、张貉、李菟等五位将军以及五万军队,进犯荆州、扬州北部边境,另派二万骑兵攻打邾城。毛宝向庾亮求救,庾亮认为邾城城池坚固,没有及时派军队援助。

九月,石闵在沔水以南打败了东晋军队,杀死将军蔡怀;夔安、李农攻陷了沔水南岸;朱保在白石打败了东晋军队,杀死郑豹等五位将军;张貉攻下邾城,杀死六千人,毛宝、樊峻突破包围逃出城外,跳入江中淹死。夔安进军,占据胡亭,入犯江夏;义阳将军黄冲、义阳太守郑进都向后赵投降。夔安进军,包围石城,

竞陵太守李阳拒战,破之,斩首五千馀级,安乃退。遂掠汉东,拥七千馀户迁于幽、冀。

是时庾亮犹上疏欲迁镇石城,闻邾城陷,乃止。上表陈谢,自贬三等,行安西将军。有诏复位,以辅国将军庾怿为豫州刺史,监宣城、庐江、历阳、安丰四郡诸军事、假节,镇芜湖。

六年春正月庚子朔,都亭文康侯庾亮薨。以护军将军、录尚书何充为中书令。庚戌,以南郡太守庾翼为都督江荆司雍梁益六州诸军事、安西将军、荆州刺史、假节,代亮镇武昌。时人疑翼年少,不能继其兄。翼悉心为治,戎政严明,数年之间,公私充实,人皆称其才。

八年春三月,庾翼在武昌,数有妖怪,欲移镇乐乡。征虏长史王述与庾冰笺曰:"乐乡去武昌千有馀里,数万之众,一旦移徙,兴立城壁,公私劳扰。又江州当溯流数千里供给军府,力役增倍。且武昌实江东镇戍之中,非但扞御上流而已,缓急赴告,骏奔不难。若移乐乡,远在西陲,一朝江渚有虞,不相接救。方岳重将,固当居要害之地,为内外形势,使窥阄之心不知所向。昔秦忌亡胡之谶,卒为刘、项之资;周恶㮚弧之谣,而成褒姒之乱。是以达人君子,直道而行,禳避之道,皆所不取,正当择人事之胜理,思社稷之长计耳。"朝议亦以为然,翼乃止。

竟陵太守李阳抵抗迎战，大败夔安，斩杀敌人五千多，夔安才退兵。后赵军队于是劫掠汉水以东地区，挟持七千多户百姓迁往幽州、冀州。

这时庾亮还在上奏章，想把镇所迁移到石城，听到邾城已被后赵攻陷，才作罢。上表向成帝陈情谢罪，自请贬职三等，暂时代理安西将军。朝廷下诏让庾亮复位，任辅国将军庾怿为豫州刺史，监宣城、庐江、历阳、安丰四郡诸军事，授予符节，镇守芜湖。

六年(340)春季正月庚子初一，都亭文康侯庾亮在这天去世。朝廷任命护军将军、录尚书事何充为中书令。庚戌(十一日)，朝廷任命南郡太守庾翼为都督江、荆、司、雍、梁、益六州诸军事，安西将军，荆州刺史，授予符节，代替庾亮镇守武昌。当时人们怀疑庾翼年轻，没有能力继承他哥哥的业绩。庾翼尽心进行治理，军政严明，几年之间，官府费用充足，人民生活富实，人人都称赞他的才能。

八年(342)春季三月，庾翼镇守在武昌，屡屡出现妖异怪事，打算把镇所迁到乐乡。征虏长史王述写信给庾冰说："乐乡距离武昌有一千多里，数万军队，一旦转移起来，兴建城池壁垒，公劳官府，私扰百姓。再说，江州要溯流而上数千里供给军府费用，所需的力役成倍增加。况且武昌确实是江南防卫的中心，不仅需要防御捍卫上游地区，而且一旦发生紧急情况需要奔赴报告，骏马奔驰也不难及时赶到。如果镇所迁移到乐乡，远在江东西部边陲，一旦长江沿岸发生忧患，不能及时加以接应救援。驻守一方的重要将领，本来应当身居在要害的地方，造成对内对外的军事阵势，让有伺隙而动之心的敌人不知该从哪里下手。从前秦始皇忌怕'灭亡秦国是胡'的谶语，最终为刘邦、项羽创造了条件；周宣王厌恶'柞弓、箭袋，实亡周国'的童谣，从而酿成褒姒使西周灭亡的祸乱。因此，通达知命的君子，正道而行，祭祀、躲避妖异的做法，都不采用。恰恰应当选择人事方面的好道理，思考国家安危的长远之计了。"朝廷议论也认为这样才正确，庾翼于是打消了自己的念头。

秋七月己未，以何充为骠骑将军，都督徐州扬州之晋陵诸军事、领徐州刺史，镇京口，避诸庾也。

康帝建元元年。庾翼为人慷慨，喜功名，不尚浮华。琅邪内史桓温，彝之子也，尚南康公主，豪爽有风概，翼与之友善，相期以宁济海内。翼尝荐温于成帝曰："桓温有英雄之才，愿陛下勿以常人遇之，常婿畜之，宜委以方、邵之任，必有弘济艰难之勋。"时杜乂、殷浩并才名冠世，翼独弗之重也，曰："此辈宜束之高阁，俟天下太平，然后徐议其任耳。"浩累辞征辟，屏居墓所，几将十年，时人拟之管、葛。江夏相谢尚、长山令王濛常伺其出处，以卜江左兴亡。尝相与省之，知浩有确然之志，既返，相谓曰："深源不起，当如苍生何！"尚，鲲之子也。翼请浩为司马，诏除侍中、安西军司，浩不应。翼遗浩书曰："王夷甫立名非真，虽云谈道，实长华竞。明德君子，遇会处际，宁可然乎！"浩犹不起。

殷羡为长沙相，在郡贪残，庾冰与翼书属之。翼报曰："殷君骄豪，亦似由有佳儿，弟故小令物情容之。大较江东之政，以姁煦豪强，常为民蠹。时有行法，辄施之寒劣。如往年偷石头仓米一百万斛，皆是豪将辈，而直杀仓督监以塞责。山遐为余姚长，为官出豪强所藏二千户，而众共驱之，令遐不得安席。虽皆前宰之惛谬，江东事去，实此之由。

秋季七月己未(初四),朝廷任命何充为骠骑将军,都督徐州及扬州的晋陵诸军事,兼领徐州刺史,镇守京口,这是为了避开庾氏家族。

晋康帝建元元年(343)。庾翼为人慷慨激昂,喜好建功扬名,不崇尚浮华。琅邪内史桓温是桓彝的儿子,娶南康公主为妻,为人豪爽,有风度气概。庾翼与桓温结为好友,两人相约要平定、拯救天下。庾翼曾经向晋成帝推荐桓温说:"桓温具有英雄的才干,希望陛下不要按照常人的礼节对待他,把他作为一般的女婿看待。而应当委派给他周宣王时方叔、邵虎那样的重任,桓温定能建立大济天下、解除世事艰难的功勋。"当时杜乂、殷浩都以才干、名望被评为天下一流,唯独庾翼不推崇他们,表态说:"这一类人应当束之高阁,等天下太平,然后慢慢商议他们的职务。"殷浩多次拒绝朝廷征召,隐居墓地将近十年,当时的人把他比作管仲、诸葛亮。江夏相谢尚、长山县令王濛常常侦察殷浩的出入进退,据此来预测江南的兴亡。两人曾经同时去探望殷浩,了解了殷浩有隐遁的志向,返回之后互相说道:"殷浩不出来做官,该把百姓怎么办!"谢尚是谢鲲的儿子。庾翼请殷浩出任司马,朝廷下诏任命为侍中、安西军司,殷浩都没答应。庾翼给殷浩写信说:"王衍成名并不真实,虽然说是谈论老子、庄子,其实是助长浮华奔竞。德性完美的君子,遇到机会、根据时机处事,难道能像他们那样吗?"殷浩仍然不出仕。

殷羡担任长沙相,在郡中贪婪残暴,庾冰给庾翼写信托付他关照殷羡。庾翼回信说:"殷羡骄淫放任,也似乎是因为有好儿子殷浩,所以我从物理人情出发,对他稍加宽容。大致江南的朝政,由于庇护抚慰豪强,豪强常常成为危害百姓的蠹虫。需要执行法令时,就对寒门弱姓实施。比如往年偷窃石头城仓库一百万斛米的,都是豪强将帅之流,却只杀了仓库的督监来搪塞责任。山遐担任馀姚县的长官,为官府清出豪强隐藏不报的二千户百姓,却被众豪强一起驱逐,使得山遐不能安宁。这些虽然都是前任宰相糊涂荒谬所致,但江东日渐衰微,确实是因为如此。

兄弟不幸，横陷此中，自不能拔足于风尘之外，当共明目而治之。荆州所统二十馀郡，唯长沙最恶，恶而不黜，与杀督监者复何异邪！"遐，简之子也。

翼以灭胡取蜀为己任，遣使东约燕王皝，西约张骏，刻期大举。朝议多以为难，唯庾冰意与之同，而桓温、谯王无忌皆赞成之。无忌，承之子也。

秋七月，赵汝南太守戴开帅数千人诣翼降。丁巳，下诏议经略中原。翼欲悉所部之众北伐，表桓宣为都督司雍梁三州荆州之四郡诸军事、梁州刺史，前趣丹水；桓温为前锋小督、假节，帅众入临淮；并发所统六州奴及车牛驴马，百姓嗟怨。

八月，庾翼欲移镇襄阳，恐朝廷不许，乃奏云移镇安陆。帝及朝士皆遣使譬止翼，翼遂违诏北行，至夏口，复上表请镇襄阳。翼时有众四万，诏加翼都督征讨诸军事。先是车骑将军、扬州刺史庾冰屡求出外。辛巳，以冰都督荆江宁益梁交广七州豫州之四郡诸军事、领江州刺史、假节，镇武昌，以为翼继援。征徐州刺史何充为都督扬豫徐州之琅邪诸军事，领扬州刺史，录尚书事，辅政。以琅邪内史桓温为都督青徐兖三州诸军事、徐州刺史。征江州刺史褚裒为卫将军，领中书令。

二年夏四月，征西将军庾翼使梁州刺史桓宣击赵将李罴于丹水，为罴所败，翼贬宣为建威将军。宣惭愤成疾，秋八月庚辰，卒。翼以长子方之为义城太守，代领宣众；又以司马应诞为襄阳太守，参军司马勋为梁州刺史，戍西城。

你我兄弟不幸,不由自主地陷入其中,既然不能脱身于世俗之外,应当一齐擦亮眼睛来治理这一类事。荆州统辖的二十多个郡,只有长沙郡的官吏最坏,坏却不贬黜,这与只杀粮仓督监的事又有什么不同呢!"山遐是山简的儿子。

庾翼把消灭胡虏、夺取蜀地作为己任,派使者往东和前燕王慕容皝订约,往西和前凉王张骏订约,计划定期大规模的行动。朝廷议论大多认为这样做很困难,只有庾冰的意见和庾翼一致,而桓温、谯王司马无忌也都表示赞成。司马无忌是司马丞的儿子。

秋季七月,后赵汝南太守戴开率领数千人到庾翼那里投降。丁巳(初八),朝廷下诏群臣议论经略中原事宜。庾翼打算率领自己统属的全部军队北伐,上表举荐桓宣为都督司、雍、梁三州及荆州的四郡诸军事,梁州刺史,前赴丹水;举荐桓温为前锋小督,授予符节,率领军队进入临淮;同时征发自己统领的六州内的奴仆以及车牛驴马,百姓叹息怨恨。

八月,庾翼想把镇所移到襄阳,担心朝廷不同意,于是上奏章说要迁移到安陆。康帝和朝廷大臣都派使者晓谕制止庾翼,庾翼最终还是违抗诏令往北行进。到夏口后,庾翼又上奏章表请求到襄阳镇守。庾翼当时拥有四万军队,朝廷下诏加授庾翼为都督征讨诸军事。在这之前,车骑将军、扬州刺史庾冰多次请求出京城外任职。辛巳(初二),朝廷任命庾冰为都督荆、江、宁、益、梁、交、广七州及豫州的四郡诸军事,兼领江州刺史,授予符节,镇守武昌,作为庾翼的后援。征召徐州刺史何充为都督扬州、豫州及徐州的琅邪诸军事,兼领扬州刺史,录尚书事,辅佐朝政。任命琅邪内史桓温为都督青、徐、兖三州诸军事,徐州刺史。征召江州刺史褚裒为将军,兼领中书令。

二年(344)夏季四月,征西将军庾翼派梁州刺史桓宣到丹水攻打后赵将领李黑,被李黑打败,庾翼贬黜桓宣为建威将军。桓宣为此羞愧郁闷成疾,秋季八月庚辰(初七)死去。庾翼任命长子庾方之为义城太守,代替桓宣统领军队;又让司马应诞任襄阳太守,参军司马勋为梁州刺史,戍守西城。

中书令褚裒固辞枢要。闰月丁巳，以裒为左将军、都督兖州徐州之琅邪诸军事、兖州刺史，镇金城。

秋九月，帝崩，穆帝即位。以裒为侍中、卫将军、录尚书事，持节、督、刺史如故。裒以近戚，惧获讥嫌，上疏固请居藩，改授都督徐兖青三州扬州之二郡诸军事、卫将军、徐兖二州刺史，镇京口。

冬十月，江州刺史庾冰有疾。太后征冰辅政，冰辞。十一月庚辰，卒。庾翼以家国情事，留子方之为建武将军，戍襄阳。方之年少，以参军毛穆之为建武司马以辅之。穆之，宝之子也。翼还镇夏口。诏翼复督江州，又领豫州刺史。翼辞豫州，复欲移镇乐乡，诏不许。翼仍缮修军器，大佃积谷，以图后举。

穆帝永和元年春正月，诏征卫将军褚裒，欲以为扬州刺史、录尚书事。吏部尚书刘遐、长史王胡之说裒曰："会稽王令德雅望，国之周公也，足下宜以大政授之。"裒乃固辞，归藩。壬戌，以会稽王昱为抚军大将军、录尚书六条事。

都亭肃侯庾翼疽发于背，表子爰之行辅国将军、荆州刺史，委以后任；司马义阳朱焘为南蛮校尉，以千人守巴陵。秋七月庚午，卒。

庾翼既卒，朝议皆以诸庾世在西藩，人情所安，宜依翼所请，以庾爰之代其任。何充曰："荆楚，国之西门，户口百万，北带强胡，西邻劲蜀，地势险阻，周旋万里，得人则

中书令褚裒坚决辞谢到朝廷机要部门任职。闰八月丁巳（十四日），朝廷改任褚裒为左将军、都督兖州及徐州琅邪诸军事、兖州刺史，镇守金城。

秋季九月，康帝驾崩，穆帝即位。朝廷任命褚裒为侍中、卫将军、录尚书事，持节、都督、刺史等职仍同原来一样。褚裒因自己是近亲国戚，惧怕由此遭到非议、疑忌，上奏章坚决请求出任藩镇。朝廷改命他为都督徐、兖、青三州及扬州的二郡诸军事、卫将军、徐州及兖州刺史，镇守京口。

冬季十月，江州刺史庾冰生病。太后征召庾冰入朝辅佐国政，庾冰辞谢不就。十一月庚辰（初九），庾冰去世。庾翼因为家人亲情与国事需要，留下儿子庾方之任建武将军，戍守襄阳。庾方之年纪轻，让参军毛穆之任建武司马，来辅佐庾方之。毛穆之是毛宝的儿子。庾翼返回夏口镇守。朝廷下诏让庾翼回到江州督率，并兼领豫州刺史。庾翼辞让豫州刺史职务，又想把镇所迁到乐乡，朝廷下诏不允许。庾翼仍然修缮兵器，大规模屯田，积蓄粮食，期望日后能采取行动。

穆帝永和元年（345）春季正月，朝廷下诏征召卫将军褚裒，想任命褚裒为扬州刺史、录尚书事。吏部尚书刘遐、长史王胡之劝说褚裒道："会稽王司马昱道德美善，声望素归，是当代的周公，足下您应当把朝政大权交给他。"褚裒于是坚决不接受任命，回到藩镇。壬戌那天，朝廷任命会稽王司马昱为抚军大将军、录尚书六条事。

都亭肃侯庾翼背部生了毒疮，他上表推荐儿子庾爰之代理辅国将军、荆州刺史等职，把后任交付给他；推荐司马、义阳人朱焘为南蛮校尉，率领一千人镇守巴陵。秋季七月庚午（初三），庾翼去世。

庾翼死后，朝廷议论都认为，庾氏家族世代驻守西部藩镇，人心所向，应依照庾翼的请求，让庾爰之接替职务。何充说："荆楚是国家西部的门户，有民众百万，北边连接强盛的胡虏，西边邻近劲敌成汉，地势险阻，要应付万里军机。得到合适的人选则

中原可定，失人则社稷可忧，陆抗所谓'存则吴存，亡则吴亡'者也，岂可以白面少年当之哉！桓温英略过人，有文武器干，西夏之任，无出温者。"议者又曰："庾爱之肯避温乎？如令阻兵，耻惧不浅。"充曰："温足以制之，诸君勿忧。"

丹杨尹刘惔每奇温才，然知其有不臣之志，谓会稽王昱曰："温不可使居形胜之地，其位号常宜抑之。"劝昱自镇上流，以己为军司，昱不听。又请自行，亦不听。

八月庚辰，以徐州刺史桓温为安西将军、持节、都督荆司雍益梁宁六州诸军事、领护南蛮校尉、荆州刺史，爱之果不敢争。又以刘惔监沔中诸军事，领义成太守，代庾方之。徙方之、爱之于豫章。

桓温尝乘雪欲猎，先过刘惔，惔见其装束甚严，谓之曰："老贼欲持此何为？"温笑曰："我不为此，卿安得坐谈乎！"

二年春二月，褚裒荐前光禄大夫顾和、前司徒左长史殷浩。三月丙子，以和为尚书令，浩为建武将军、扬州刺史。和有母丧，固辞不起，谓所亲曰："古人有释衰绖从王事者，以其才足干时故也。如和者，正足以亏孝道，伤风俗耳。"识者美之。浩亦固辞，会稽王昱与浩书曰："属当厄运，危弊理极，足下沈识淹长，足以经济。若复深存挹退，苟遂本怀，吾恐天下之事于此去矣。足下去就，即时之

可以平定中原，所任之人不合适的话则可能危及国家的安全，这就是陆抗所说的'存则吴存，亡则吴亡'的要职，怎么能让见识浅薄的年轻人来担任呢！桓温英智谋略过人，具备文武才干，适合担负驻守华夏西部重任的人选，没有比桓温更合适的人了。"议政的人又说："庾爱之肯避让桓温吗？如果他率军阻挠，国家所受的耻辱、惊慌不会很小。"何充说："桓温完全能够制服他，各位不必担忧。"

丹杨尹刘惔常常为桓温具有的才干感到惊奇，但了解桓温有不甘为人臣的志向，就对会稽王司马昱说："不能派桓温镇守地形优越便利的地方，他的职位、封号应当时常加以抑制。"劝司马昱自己镇守长江上游，任命他本人为军司，司马昱不听。刘惔又请求让他本人前往，也没有获准。

八月庚辰这天，朝廷任命徐州刺史桓温为安西将军，持节，都督荆、司、雍、益、梁、宁六州诸军事，领护南蛮校尉、荆州刺史，庾爱之果然不敢与桓温争位。又任命刘惔监沔中诸军事，兼领义成太守，取代庾方之。迁庾方之、庾爱之到豫章。

桓温曾经乘着下雪想去打猎，打猎前先探访刘惔，刘惔看见桓温戎装器械非常齐整，对桓温说："老贼拿着这些东西想干什么？"桓温笑着回答："我要是不带着这些东西，你哪里能坐着清谈呢？"

二年（346）春季二月，褚裒向朝廷推荐前任光禄大夫顾和、前任司徒左长史殷浩。三月丙子（十二日），朝廷任命顾和为尚书令，殷浩为建武将军、扬州刺史。顾和正在为亡母服丧，坚决辞谢不出仕，对亲近的人说："古人有脱下丧服服从公事的情况，是因为他的才干能扭转时势的缘故。像我这样的人如果那么做，恰恰只能亏损孝道，伤风败俗了。"有识之士赞美顾和的行为。殷浩也坚决辞谢，会稽王司马昱写信给殷浩说："国家正当困厄，危险弊端急需治理，您见识广博深远，完全能够经国济民。如果再总是想到谦让隐退，随随便便满足个人心愿，我担心天下的事势就此无法挽回了。足下您的进退与去就，就是时世的

废兴，则家国不异，足下宜深思之！"浩乃就职。

四年秋八月，会稽王昱以扬州刺史殷浩有盛名，朝野推服，乃引为心膂，与参综朝权，欲以抗温，由是与温浸相疑贰。浩以征北长史荀羡、前江州刺史王羲之夙有令名，擢羡为吴国内史，羲之为护军将军，以为羽翼。羡，蕤之弟；羲之，导之从子也。羲之以为内外协和，然后国家可安，劝浩乃羡不宜与温构隙，浩不从。

五年夏六月，桓温闻赵乱，出屯安陆，遣诸将经营北方。赵扬州刺史王浃举寿春降。西中郎将陈逵进据寿春。征北大将军褚裒上表请伐赵，即日戒严，直指泗口。朝议以裒事任贵重，不宜深入宜先遣偏师。裒奏言："前已遣前锋督护王颐之等径造彭城，后遣督护麇嶷进据下邳，今宜速发，以成声势。"

秋七月，加裒征讨大都督，督徐、兖、青、扬、豫五州诸军事。裒帅众三万，径赴彭城，北方士民降附者日以千计。朝野皆以为中原指期可复，光禄大夫蔡谟独谓所亲曰："胡灭诚为大庆，然恐更贻朝廷之忧。"其人曰："何谓也？"谟曰："夫能顺天乘时济群生于艰难者，非上圣与英雄不能为也，自馀则莫若度德量力。观今日之事，殆非时贤所及，必将经营分表，疲民以逞，既而材略疏短，不能副心，财殚力竭，智勇俱困，安得不忧及朝廷乎！"

废败与兴盛，家庭与国家的命运紧密相连。足下您应当深思。"殷浩于是就职。

四年（348）秋季八月，会稽王司马昱因为扬州刺史殷浩有盛名，被朝廷民间推崇敬佩，于是引用为心腹骨干，让他参与总揽朝中大权，想以此和桓温抗衡，从此，殷浩与桓温逐渐互相怀疑、离心。殷浩因为征北长史荀羡、前任江州刺史王羲之平素享有美名，便提拔荀羡为吴国内史，王羲之为护军将军，作为自己的羽翼。荀羡是荀菘的弟弟，王羲之是王导的侄子。王羲之认为，只有朝廷内外同心和睦，然后国家才能平安，劝说殷浩和荀羡不应与桓温结下隔阂，殷浩没有听从。

五年（349）夏季六月，桓温闻知后赵发生动乱，出兵屯守安陆，派众将领经营北方。后赵扬州刺史王浃献上整个寿春城投降，西中郎将陈逮就进入占据了寿春。征北大将军褚裒上表请求讨伐后赵，当天实行戒严，直接奔赴泗口。朝廷议论认为，褚裒职事责任非常重要，不应亲自带领主力深入敌区，应当先派非主力部队北上。褚裒上奏章说："在前已经派前锋督护王颐之等将士直接到彭城去，后来又派督护糜嶷进军攻占下邳，现在应当迅速发兵，以造成北伐的强大声势。"

秋季七月，朝廷加授褚裒为征讨大都督，督徐、兖、青、扬、豫五州诸军事。褚裒统率三万军队，直接奔赴彭城，北方地区前来投降归附的士人百姓日以千计。朝廷民间都认为北方中原为期不远就能收复，只有光禄大夫蔡谟对亲近的人说："胡虏消灭确实属于大庆，然而恐怕会给朝廷留下另外的忧患。"那个人说："此话什么意思？"蔡谟说："能够顺应天意、利用时机，把众百姓从艰苦危难中拯救出来的功业，不是最有道德才能的人与盖世英雄，是不能成就的，其馀的人则最好衡量自己的德行和能力而谨慎行事。观察今日讨伐后赵的事体，大概不是当今的贤才所能办到的。如果一定要经营自己能力以外的事，便只是疲困百姓以逞能。随后才能粗疏、谋略短浅，无法称心如意，只会是财物耗尽、国力枯竭，智谋勇气都陷入困顿，怎么能不祸及朝廷呢！"

鲁郡民五百馀家相与起兵附晋,求援于褚裒,裒遣部将王龛、李迈将锐卒三千迎之。赵南讨大都督李农帅骑二万与龛等战于代陂,龛等大败,皆没于赵。八月,裒退屯广陵。陈逵闻之,焚寿春积聚,毁城遁还。裒上疏乞自贬,诏不许,命裒还镇京口,解征讨都督。时河北大乱,遗民二十馀万口渡河欲来归附,会裒已还,威势不接,皆不能自拔,死亡略尽。

冬十一月,都乡元穆侯褚裒还至京口,闻哭声甚多,以问左右,对曰:"皆代陂死者之家也。"裒惭愤发疾,十二月己酉,卒。以吴国内史荀羡为使持节、监徐兖二州扬州之晋陵诸军事、徐州刺史,时年二十八,中兴方伯未有如羡之少者。

六年春正月,朝廷闻中原大乱,复谋进取。己丑,以扬州刺史殷浩为中军将军、假节、都督扬、豫、徐、兖、青五州诸军事;以蒲洪为氐王、使持节、征北大将军、都督河北诸军事、冀州刺史、广川郡公;蒲健为假节、右将军、监河北征讨前锋诸军事、襄国公。

七年。初,桓温闻石氏乱,上疏请出师经略中原,事久不报。温知朝廷杖殷浩以抗己,甚忿之,然素知浩之为人,亦不之惮也。以国无他衅,遂得相持弥年,虽有君臣之迹,羁縻而已,八州士众资调殆不为国家用。屡求北伐,诏书不听。十二月辛未,温拜表辄行,帅众四五万顺流而下,军于武昌。朝廷大惧。殷浩欲去位以避温,又欲以驺虞幡驻温军。

鲁郡五百多家百姓相聚起兵归附东晋,他们向褚裒求援,褚裒派部将王龛、李迈率领三千精锐部队去营救。后赵南讨大都督李农率领二万骑兵在代陂与王龛等将士交战,王龛等大败,全部人马被后赵消灭。八月,褚裒退回广陵驻守。陈逵听到这一消息,烧毁寿春城里的积蓄储备,毁坏城池后逃回。褚裒上奏章请求贬黜自己,朝廷下令不允许,命褚裒返回京口镇守,解除征讨都督职务。此时黄河以北大乱,二十多万晋朝遗民渡过黄河想来归附东晋,但正值褚裒已经撤退,东晋的兵威势力连接不上,遗民都无力自我解救,几乎全部死亡。

冬季十一月,都乡元穆侯褚裒返回到京口,听到很多痛哭声,就此问左右亲近之人,回答说:"这全是代陂战死者的家属。"褚裒羞愧忧闷得生了病。十二月己酉(初七),褚裒去世。朝廷任命吴国内史荀羡为使持节,监徐州、兖州及扬州的晋陵诸军事,徐州刺史。荀羡此时二十八岁,晋朝中兴以来独当一面的地方长官,没有像荀羡这样年轻的。

六年(350)春季正月,朝廷闻知中原大乱,再次谋划进军收复中原。己丑(十八日),朝廷任命扬州刺史殷浩为中军将军,假节,都督扬、豫、徐、兖、青五州诸军事;任命蒲洪为氐王,使持节,征北大将军,都督河北诸军事,冀州刺史,广川郡公;蒲健为假节,右将军,监河北征讨前锋诸军事,襄国公。

七年(351)。当初,桓温听到后赵石氏大乱,上奏章请求出兵经营料理中原,事情过了很久而没有得到答复。桓温知道朝廷倚仗殷浩来对抗自己,非常愤怒,但平素了解殷浩的为人,也不怕他。由于国家没发生其他灾祸,朝廷与桓温于是能够相互持平地处了一年多,虽然君王与臣子的名分还在,不过随意维系而已,桓温属下八州百姓的财物赋税,国家几乎不能征用。桓温多次要求北伐,朝廷的诏书都不答应。十二月辛未(十一日),桓温呈上奏章后就行动起来,统领着四五万军队顺长江而下,到武昌驻扎下来。朝廷闻讯大惊。殷浩想辞掉职位以避让桓温,又想凭借标有驺虞图、用以解兵的旗帜,让桓温的军队停止前进。

吏部尚书王彪之言于会稽王昱曰："此属皆自为计，非能保社稷，为殿下计也。若殷浩去职，人情离骇，天子独坐，当此之际，必有任其责者，非殿下而谁乎！"又谓浩曰："彼若抗表问罪，卿为之首。事任如此，猜衅已成，欲作匹夫，岂有全地邪！且当静以待之，令相王与手书，示以款诚，为陈成败，彼必旋师。若不从，则遣中诏。又不从，乃当以正义相裁。奈何无故匆匆，先自猖獗乎！"浩曰："决大事正自难，顷日来欲使人闷。闻卿此谋，意始得了。"彪之，彬之子也。

抚军司马高崧言于昱曰："王宜致书，谕以祸福，自当返斾。如其不尔，便六军整驾，逆顺于兹判矣！"乃于坐为昱草书曰："寇难宜平，时会宜接。此实为国远图，经略大算，能弘斯会，非足下而谁！但以比兴师动众，要当以资实为本，运转之艰，古人所难，不可易之于始而不熟虑。顷所以深用为疑，惟在此耳。然异常之举，众之所骇，游声噂嗒，想足下亦少闻之。苟患失之，无所不至，或能望风振扰，一时崩散。如此则望实并丧，社稷之事去矣。皆由吾暗弱，德信不著，不能镇静群庶，保固维城，所以内愧于心，外惭良友。吾与足下，虽职有内外，安社稷，保国家，其致一也。天下安危，系之明德，当先思宁国而后图其外，使王

吏部尚书王彪之对会稽王司马昱说道："他们这帮人都是为自己打算，而不是保全国家，为殿下您来着想。如果殷浩辞职，人心分离惊恐，天子独自坐守，在这种关键时刻，必须有承担重任的人，这人不是殿下您还有谁呢！"王彪之又对殷浩说道："桓温如果上表直言、兴师问罪，您是首当其冲。您所担负的责任如此，和桓温的猜忌隔阂早已形成，即使想做一般百姓，哪里还有保全自身的地方呢！应当姑且冷静地对待桓温，让丞相、会稽王司马昱写亲笔信，向他表示诚心，陈述成败的趋势，他必然会撤回军队。如果不听，则送皇帝的诏令。再不听，就应当用正义礼法去制裁。为什么无缘无故匆匆忙忙，先行自我颠覆呢！"殷浩说："面临大事我正难以抉择，近日一直让我烦闷。听到您这个谋划，我才确定主意。"王彪之是王彬的儿子。

抚军司马高崧对司马昱说道："大王您应该写信给桓温，把祸福利害说明白，他自然会扛起军旗返回。如果不是这样，朝廷就要出动六军征战，逆反与忠顺由此就判明了。"于是高崧在座位上为司马昱起草书信说："敌寇发难，应当平定；时机到来，应当承接。北伐确实在为国家从长考虑，是经营国家的远大谋略。能够弘扬光大这一机会的，除了足下您还能有谁！只是由于接连不断地兴师动众，要以充实的积蓄作为基础。运筹调度的艰辛，古人深感困难，不能一开始认为容易而不仔细考虑。近来朝廷一直认为北伐值得怀疑的原因，就是在于此啊。然而您顺流而下的非同寻常的举动，让众人感到震惊，流言蜚语，议论纷杂，想来足下也略有所闻了。如果担心得到的再失去，也许就会无所不至，也许您的士兵会观察势头，出现动摇纷乱，一下子崩溃逃散。如果这样，那么您的愿望与实绩都会丧失，国家的事业必然无可挽救了。这完全怪我昏庸懦弱，道德信誉不显著，不能让百姓安定沉着，凭险固守、连城保卫好国家，所以对内愧于良心，对外愧对好友。我与足下虽然职守有朝内朝外的区别，但安定国家、保卫王室，这个目标是一致的。天下的安危，掌握在贤明仁德的手中。应当先想让国家安宁然后再考虑向外扩展，使王室的

基克隆，大义弘著，所望于足下。区区诚怀，岂可复顾嫌而不尽哉！"温即上疏惶恐致谢，回军还镇。

八年春正月，尚书左丞孔严言于殷浩曰："比来众情，良可寒心，不知使君当何以镇之。愚谓宜明受任之方，韩、彭专征伐，萧、曹守管籥，内外之任，各有攸司。深思廉、蔺屈身之义，平、勃交欢之谋，令穆然无间，然后可以保大定功也。观顷日降附之徒，皆人面兽心，贪而无亲，恐难以义感也。"浩不从。严，愉之从子也。

浩上疏请北出许、洛，诏许之，以安西将军谢尚、北中郎将荀羡为督统，进屯寿春。谢尚不能抚尉张遇，遇怒，据许昌叛，使其将上官恩据洛阳，乐弘攻督护戴施于仓垣，浩军不能进。三月，命荀羡镇淮阴，寻加监青州诸军事，又领兖州刺史，镇下邳。

姚弋仲卒，子襄帅众归晋。襄单骑渡淮，见谢尚于寿春。尚闻其名，命去仗卫，幅巾待之，欢若平生。襄博学，善谈论，江东人士皆重之。

夏四月，秦以张遇为征东大将军、豫州牧。六月，谢尚、姚襄共攻张遇于许昌。秦主健遣丞相东海王雄、卫大将军平昌王菁略地关东，帅步骑二万救之。丁亥，战于颍水之诚桥，尚等大败，死者万五千人。尚奔还淮南，襄弃辎重，送尚于芍陂，尚悉以后事付襄。殷浩闻尚败，退屯寿春。秋七月，秦丞相雄徙张遇及陈、颍、许、洛之民五万馀户于关中，

基业能够兴隆,正道弘扬彰著。我对足下的期望,就在这里。仅表一点点诚意,我又怎能再顾虑疑忌而不直言呢!"桓温见信后立即上奏章,诚惶诚恐表示谢罪,撤军返回原来的镇所。

八年(352)春季正月,尚书左丞孔严对殷浩说:"近来人们的情绪,确实使人寒心,不知使君您打算用什么办法使人心安定下来。我认为应当明确接受任命的方式,像韩信、彭越那样专门从事征伐,萧何、曹参留守理财,在内在外的职任,各有管辖的范围。深思廉颇、蔺相如委屈自己、保卫国家的道义,陈平、周勃互相交好、制约吕氏的谋略。使大家和睦无间,然后可以成就保天下、定天下的大功了。观察近日来投降、归附的那些人,都是人面兽心,贪婪而六亲不认,恐怕很难用道义感化他们。"殷浩不听。孔严是孔愉的侄子。

殷浩上奏章请求往北出兵许昌、洛阳,朝廷下诏同意,任命安西将军谢尚、北中郎将荀羡为督统,进驻寿春。谢尚不能抚慰好张遇,张遇发怒,占据许昌反叛东晋,并派他的部将上官恩占据洛阳,派乐弘在仓垣攻打督护戴施,殷浩的军队不能前进。三月,朝廷命令荀羡镇守淮阴,不久加授为监青州诸军事,又兼任兖州刺史,镇守下邳。

姚弋仲去世,儿子姚襄率领部众归附东晋。姚襄一人骑马渡过淮河,到寿春拜见谢尚。谢尚闻知姚襄名声,下令撤掉仪仗卫兵,脱冠以绢束发接待姚襄,欢洽得像平生老友。姚襄学识渊博,善于谈论,江东的士人都尊重他。

夏季四月,前秦任命张遇为征东大将军、豫州牧。六月,谢尚、姚襄在许昌共同攻打张遇。前秦国主苻健派丞相、东海王苻雄,卫大将军、平昌王苻菁到关东巡视边境,率领二万步兵、骑兵赶去援救许昌。丁亥(二十九日),两军在颍水的诚桥交战,谢尚等大败,东晋军队死亡一万五千人。谢尚奔逃回淮南,姚襄抛弃了军用物资,把谢尚送到芍陂,谢尚把日后的全部事务托付给姚襄。殷浩听到谢尚失败,退回寿春驻守。秋季七月,前秦丞相苻雄迁移张遇以及陈郡、颍川、许昌、洛阳的五万多户百姓到关中,

以右卫将军杨群为豫州刺史,镇许昌。谢尚降号建威将军。

殷浩之北伐也,中军将军王羲之以书止之,不听。既而无功,复谋再举。八月,羲之遗浩书曰:"今以区区江左,天下寒心,固已久矣,力争武功,非所当作。自顷处内外之任者,未有深谋远虑,而疲竭根本,各从所志,竟无一功可论,遂令天下将有土崩之势,任其事者,岂得辞四海之责哉!今军破于外,资竭于内,保淮之志,非所复及,莫若还保长江,督将各复旧镇,自长江以外,羁縻而已。引咎责躬,更为善治,省其赋役,与民更始,庶可以救倒悬之急也!使君起于布衣,任天下之重,当董统之任,而败丧至此,恐阖朝群贤未有与人分其谤者。若犹以前事为未工,故复求之于分外,宇宙虽广,自容何所!此愚智所不解也。"又与会稽王昱笺曰:"为人臣者,谁不愿尊其主,比隆前世,况遇难得之运哉!顾力有所不及,岂可不权轻重而处之也!今虽有可喜之会,内求诸己,而所忧乃重于所喜。功未可期,遗黎歼尽,劳役无时,征求日重,以区区吴、越经纬天下十分之九,不亡何待!而不度德量力,不弊不已,此封内所痛心叹悼而莫敢吐诚也。'往者不可谏,来者犹可追。'愿殿下更垂三思,先为不可胜之基,须根立势举,谋之未晚。

任命右卫将军杨群为豫州刺史,镇守许昌。谢尚的官号降为建威将军。

殷浩北伐时,中军将军王羲之写信劝他停止北伐,殷浩不听。事后北伐没有成功,殷浩又谋划再一次行动。八月,王羲之送书信给殷浩说:"如今朝廷仅占据区区江左之地,天下人为此寒心,本来已经很久了,力争征战立功,不是现在应当做的事。近来,在朝廷内外担负重任的人,没有谁为国家深谋远虑,却使国家的根基疲软耗损,各人按照自己的意愿行事,最终没有一次功绩值得论说,必然会使天下出现土崩瓦解的形势,担任国事要职的人怎能推卸丧失天下的责任呢!如今,对外军队大败,对内资财耗尽,保有淮河流域的志向,不再是力所能及了。不如撤兵确保长江,督将各回镇守的旧地,位于长江以外的地区,维持笼络就行了。承认过失,责备自己,另外寻求好的治国办法,减省国家的赋税徭役,为百姓除旧布新,也许能够解救国家极为困厄的危态!使君您从普通百姓得到起用,担负治理天下的重任,位处督察统领的要职,却使国家败坏衰落到如此地步,恐怕满朝的众贤人没有一个会为别人分担指责。如果还认为原先的北伐是计划不精密,所以又提出本职分外的奢求,那么宇宙天地虽然广大,自己的容身之处在哪里呢!这是我愚钝的思想不能理解的。"王羲之又给会稽王司马昱写信说:"作为人臣,谁不愿意尊奉他的君主,希望事业比前代更兴隆,况且还遇到难得的时运呢?只是在力所不能及的条件下,难道能不权衡轻重就做出安排吗!如今虽然时值可喜的机会,但是对内查看自身情况,而令人担忧的事比可喜的机会却多得多。成功不能指望,遗民全部丧亡,劳役没有时限,征敛日益严重,凭借区区的吴越之地,去筹划征服天下十分之九的疆域,除了灭亡还能期待什么!不去衡量自己的德行和力量,不到彻底失败就不罢休,这是国内痛心、叹息、悲哀而不敢直说的情状。'过去了的无法劝阻挽回,未来的还能抓住机会。'希望殿下您重新再三考虑,先奠定起不可战胜的根基,等到根基确立、势力兴盛,谋划北伐也为时不晚。

若不行,恐麋鹿之游,将不止林薮而已!愿殿下暂废虚远之怀,以救倒悬之急,可谓以亡为存,转祸为福也。"不从。

九月,浩屯泗口,遣河南太守戴施据石门,荥阳太守刘遯戍仓垣。浩以军兴,罢遣太学生徒,学校由此遂废。

冬十月,谢尚遣冠军将军王侠攻许昌,克之。秦豫州刺史杨群退屯弘农。征尚为给事中,戍石头。

九年秋七月,张遇叛秦,伏诛。九月,姚襄屯历阳,以燕、秦方强,未有北伐之志,乃夹淮广兴屯田,训厉将士。殷浩在寿春,恶其强盛,囚襄诸弟,屡遣刺客刺之,刺客皆以情告襄。安北将军魏统卒,弟憬代领部曲。浩潜遣憬帅众五千袭之,襄斩憬,并其众。浩愈恶之,使龙骧将军刘启守谯,迁襄于梁国蠡台,表授梁国内史。

魏憬子弟数往来寿春,襄益疑惧,遣参军权翼使于浩。浩曰:"身与姚平北共为王臣,休戚同之。平北每举动自专,甚失辅车之理,岂所望也!"翼曰:"平北英姿绝世,拥兵数万而远归晋室者,以朝廷有道,宰辅明哲故也。今将军轻信谗慝之言,与平北有隙,愚谓猜嫌之端,在此不在彼也。"浩曰:"平北姿性豪迈,生杀自由,又纵小人掠夺吾马,王臣之体,固若是乎?"翼曰:"平北归命圣朝,岂肯妄杀无辜!奸宄之人,亦王法所不容也,杀之何害!"浩曰:

如果不这样,恐怕麋鹿的游踪,将不会只在山间水泽,而是在晋朝的废墟上了!希望殿下暂时废除虚空遥远的想法,以便解救国家极其困厄的危态,这才可以称得上把危亡化作生存,把灾祸转为福运。"司马昱不听。

九月,殷浩驻守泗口,派河南太守戴施占据石门,荥阳太守刘遯戍守仓垣。殷浩因为军事行动兴起,停止办太学,把太学中的生员遣散,学校从此就关闭了。

冬季十月,谢尚派冠军将军王侠进攻许昌,攻破了该城。前秦豫州刺史杨群退回弘农驻守。朝廷征召谢尚为给事中,戍守石头。

九年(353)秋季七月,张遇反叛前秦,受死刑处置。九月,姚襄驻扎在历阳,由于前燕、前秦的势力正强大,没做北伐的打算,就沿淮河两岸大兴屯田,训练部队,激励将士。殷浩在寿春,讨厌姚襄强盛,就把他的弟弟们囚禁起来,多次派刺客刺杀他,刺客把实情全部告诉姚襄。安北将军魏统去世,他的弟弟魏憬代他统领部下。殷浩秘密地派魏憬率领五千士兵去袭击姚襄,姚襄斩杀了魏憬,吞并了他的部众。殷浩更加厌恶姚襄,让龙骧将军刘启去守卫谯城,把姚襄调到梁国的蠡台,上表请求授命姚襄为梁国内史。

魏憬的子弟频繁往来于寿春,姚襄更加怀疑、担心,派参军权翼出使至殷浩驻地。殷浩说:"我和姚襄同是晋朝皇帝的臣下,关系密切,利害相同。然而姚襄经常独断专行,完全不顾及辅车相依的道理,哪里像我希望的那样!"权翼说:"姚襄英姿举世无双,拥有数万军队却归附远方的晋王朝,是因为朝廷具有道义,辅政的大臣贤明智慧的缘故。如今将军轻信邪恶之人的谗言,与姚襄产生隔阂,我认为相互猜忌的开始,在于你这方而不在于他那方。"殷浩说:"姚襄风姿豪放,生性不羁,随意杀人,还纵容小人掠夺我的马匹,晋朝臣子的规矩,原来是这样的吗!"权翼说:"姚襄归顺从命于晋王朝,哪里肯滥杀无辜呢!奸邪作乱之徒,就是晋朝的法律也不能容忍,杀了他们又有什么危害!"殷浩说:

"然则掠马何也?"翼曰:"将军谓平北雄武难制,终将讨之,故取马欲以自卫耳。"浩笑曰:"何至是也!"

初,浩阴遣人诱秦梁安、雷弱兒,使杀秦主健,许以关右之任。弱兒等伪许之,且请兵应接。浩闻张遇作乱,健兄子辅国将军黄眉自洛阳西奔,以为安等事已成。冬十月,浩自寿春帅众七万北伐,欲进据洛阳,修复园陵。吏部尚书王彪之上会稽王昱笺,以为:"弱兒等容有诈伪,浩未应轻进。"不从。浩以姚襄为前驱。襄引兵北行,度浩将至,诈令部众夜遁,阴伏甲以邀之。浩闻而追襄至山桑,襄纵兵击之,浩大败,弃辎重,走保谯城。襄俘斩万馀,悉收其资仗,使兄益守山桑,襄复如淮南。会稽王昱谓王彪之曰:"君言无不中,张、陈无以过也。"

冬十一月,殷浩使部将刘启、王彬之攻姚益于山桑,姚襄自淮南击之,启、彬之皆败死。襄进据芍陂。十二月,姚襄济淮,屯盱眙,招掠流民,众至七万,分置守宰,劝课农桑。遣使诣建康罪状殷浩,并自陈谢。诏以谢尚都督江西淮南诸军事、豫州刺史,镇历阳。

十年,故魏降将周成反,自宛袭洛阳。

殷浩连年北伐,师徒屡败,粮械都尽。征西将军桓温因朝野之怨,上疏数浩之罪,请废之。朝廷不得已,免浩为庶人,徙东阳之信安。自此,内外大权一归于温矣。

"既然这样,那么为什么要掠夺马匹呢?"权翼说:"将军认为姚襄雄健勇猛,难以控制,最终将会讨伐他,所以想夺取您的马匹来自卫罢了。"殷浩笑着说:"哪里到了这种地步!"

当初,殷浩暗地里派人引诱前秦的梁安、雷弱儿,让他们杀死前秦国主苻健,许诺授予关右地区的最高官职。雷弱儿等人假装答应,而且请求派兵接应。殷浩闻知前秦张遇作乱,苻健的侄儿辅国将军苻黄眉从洛阳往西逃奔,以为梁安等人答应的事已经成功。冬季十月,殷浩统率七万大军从寿春北伐,想要进攻、占据洛阳,修复晋帝园陵。吏部尚书王彪之呈送给会稽王司马昱书信,认为:"雷弱儿等人也许有诈伪,殷浩不应该轻率进兵。"司马昱不听。殷浩任命姚襄为先锋。姚襄领兵向北前进,估计殷浩将要来到时,假装让部众趁夜逃亡,实际上暗中设下了埋伏,要中途拦截攻打殷浩。殷浩听到士兵逃亡,就追赶姚襄,抵达山桑时,姚襄发兵攻击,殷浩大败,丢弃全部军用物资,逃回谯城驻守。姚襄俘虏、斩杀了一万多人,收缴了他们的全部资财武器,派自己的哥哥姚益守卫山桑,姚襄又开往淮南。会稽王司马昱对王彪之说:"你的预言没有说不中的,就算是张良、陈平也超不过你。"

冬季十一月,殷浩派部将刘启、王彬之进军山桑攻打姚益,姚襄从淮南率军反击,刘启、王彬之都战败身亡。姚襄进军、占据芍陂。十二月,姚襄渡过淮河,驻扎在盱眙,招募、掳掠流民,人数多达七万,分别设置地方官吏,鼓励、督促百姓从事农业生产。派使者到建康控告殷浩的罪状,并且陈述自己的过失。朝廷下诏任命谢尚为都督江西、淮南诸军事、豫州刺史,镇守历阳。

十年(354),原来投降的魏将周成反叛东晋,从宛县出发袭击洛阳。

殷浩连年北伐,士兵屡战屡败,粮食、器械全部耗尽。征西将军桓温趁着朝廷民间对殷浩的怨愤,上奏章数落殷浩的罪过,请求废黜殷浩。朝廷不得已,罢免殷浩的官职,贬为普通百姓,迁移到东阳的信安。从此,朝廷内外的大权全部归桓温握有了。

春二月乙丑,桓温统步骑四万发江陵,水军自襄阳入均口,至南乡,步兵自淅川趣武关。命司马勋出子午道以伐秦。

姚襄遣使降燕。三月,桓温别将攻上洛,获秦荆州刺史郭敬;进击青泥,破之。司马勋掠秦西鄙,凉秦州刺史王擢攻陈仓以应温。秦主健遣太子苌、丞相雄、淮南王生、平昌王菁、北平王硕帅众五万军于峣柳以拒温。夏四月己亥,温与秦兵战于蓝田。秦淮南王生单骑突陈,出入以十数,杀伤晋将士甚众。温督众力战,秦兵大败。将军桓冲又败秦丞相雄于白鹿原。冲,温之弟也。温转战而前,壬寅,进至灞上。秦太子苌等退屯城南,秦主健与老弱六千固守长安小城,悉发精兵三万,遣大司马雷弱儿等与苌合兵以拒温。三辅郡县皆来降,温抚谕居民,使安堵复业。民争持牛酒迎劳,男女夹路观之,耆老有垂泣者,曰:"不图今日复睹官军!"

夏五月,北海王猛,少好学,倜傥有大志,不屑细务,人皆轻之。猛悠然自得,隐居华阴。闻桓温入关,披褐诣之,扪虱而谈当世之务,旁若无人。温异之,问曰:"吾奉天子之命,将锐兵十万为百姓除残贼,而三秦豪杰未有至者,何也?"猛曰:"公不远数千里,深入敌境,今长安咫尺而不度灞水,百姓未知公心,所以不至。"温嘿然无以应,徐曰:"江东无卿比也!"乃署猛军谋祭酒。

温与秦丞相雄等战于白鹿原,温兵不利,死者万馀人。初,温指秦麦以为粮,既而秦人悉芟麦,清野以待之,

春季二月乙丑这天,桓温统率四万步兵、骑兵从江陵出发,水军从襄阳进入均口,抵达南乡,步兵从浙川奔赴武关。命令司马勋从子午道出兵去讨伐前秦。

　　姚襄派使者到前燕投降。三月,桓温的别将攻打上洛,俘获前秦荆州刺史郭敬,又进军并攻破青泥。司马勋攻掠前秦西部边境,前凉秦州刺史王擢进攻陈仓以响应桓温。前秦国主苻健派太子苻苌、丞相苻雄、淮南王苻生、平昌王苻菁、北平王苻硕率五万军队,驻扎峣柳,以阻止桓温。夏季四月己亥(二十二日),桓温与前秦军队在蓝田交战。前秦淮南王苻生单枪匹马冲入东晋阵地,往返数十次,杀伤很多东晋将士。桓温督促部众奋力战斗,前秦军队大败。将军桓冲又在白鹿原打败前秦丞相苻雄。桓冲是桓温的弟弟。桓温转战前进,壬寅(二十五日),军队抵达灞上。前秦太子苻苌等退到城南驻守,前秦国主苻健与六千老弱士兵固守长安小城,把三万精锐部队全部调集起来,派大司马雷弱儿等人与苻苌会合兵力,以便抵御桓温。三辅地区的郡县全部都来投降东晋,桓温安抚告谕居民,让他们安居,恢复本业。百姓争相带着酒肉前来迎接、慰劳桓温的军队,男女老少夹道围观,有的老人流着泪说:"没想到今日又见到朝廷的军队!"

　　夏季五月,北海人王猛,从小好学,才能卓越,胸有大志,不重视细小事务,人们都轻视他。王猛悠然自得,隐居在华阴。听说桓温已经入关,王猛披着粗布衣到了桓温那里,边捉虱子边谈当代的事务,旁若无人。桓温感到王猛与众不同,问他说:"我尊奉天子的命令,统帅十万精锐部队,为百姓消灭凶恶的敌人,但三秦的豪杰却没有人前来迎接,这是什么原因?"王猛说:"您不以数千里为远,深入敌境,如今长安近在咫尺您却不渡灞水继续进军,百姓不知道您的意图,所以不来。"桓温沉默而无言应答,慢慢地说道:"江东没有人能与你相比。"于是安排王猛暂任军谋祭酒。

　　桓温与前秦丞相苻雄等在白鹿原交战,桓温军队失利,死亡一万多人。当初,桓温指望靠前秦的麦子作为军粮,过后,前秦人收割了全部麦子,转移物资让桓温无所掠取,以此作为防备,

温军乏食。六月丁丑,徙关中三千馀户而归。以王猛为高官督护,欲与俱还,猛辞不就。呼延毒帅众一万从温还。秦太子苌等随温击之,比至潼关,温军屡败,失亡以万数。温之屯灞上也,顺阳太守薛珍劝温径进逼长安,温弗从。珍以偏师独济,颇有所获。及温退,乃还,显言于众,自矜其勇而咎温之持重,温杀之。

秋九月,桓温还自伐秦,帝遣侍中、黄门劳温于襄阳。

十一年夏四月,姚襄所部多劝襄北还,襄从之。五月,襄攻冠军将军高季于外黄,会季卒,襄进据许昌。

冬十月,以豫州刺史谢尚督并、冀、幽三州,镇寿春。
十二年春二月,桓温请移都洛阳,修复园陵,章十馀上,不许。拜温征讨大都督,督司、冀二州诸军事,以讨姚襄。

夏五月,姚襄自许昌攻周成于洛阳。
秋七月,姚襄攻洛阳,逾月不克。长史王亮谏曰:“明公英名盖世,兵强民附。今顿兵坚城之下,力屈威挫,或为他寇所乘,此危亡之道也!”襄不从。

桓温自江陵北伐,遣督护高武据鲁阳,辅国将军戴施屯河上,自帅大兵继进。与寮属登平乘楼望中原,叹曰:“遂使神州陆沉,百年丘墟,王夷甫诸人不得不任其责!”记室陈郡袁宏曰:“运有兴废,岂必诸人之过!”温作色曰:“昔刘景升有千斤大牛,啖刍豆十倍于常牛,负重致远,曾不若一羸牸,魏武入荆州,杀以享军。”

桓温的军队粮食匮乏。六月丁丑(初一),桓温迁移三千馀户百姓返回东晋,任命王猛为高官督护,想让他和自己一道返回,王猛推辞没有接受。呼延毒率领一万军队跟随桓温返回。前秦太子苻苌等人紧跟着桓温追击,等到了到了潼关,桓温的军队已多次战败,损失、死亡的士兵以万来计算。桓温驻扎在灞上时,顺阳太守薛珍劝桓温直接进攻、威胁长安,桓温没有听从。薛珍率领非主力军队单独渡过灞水,颇有所获。等桓温撤退,薛珍才返回来,对众人扬言,夸耀自己的勇敢,责备桓温的慎重,桓温杀了薛珍。

秋季九月,桓温从讨伐前秦的前线返回,穆帝派侍中、黄门侍郎到襄阳慰劳桓温。

十一年(355)夏季四月,姚襄的部下大多劝姚襄北返,姚襄同意了。五月,姚襄进军外黄,攻打冠军将军高季,恰好这时高季去世,姚襄进攻、占据了许昌。

冬季十月,朝廷任命豫州刺史谢尚督并、冀、幽三州,镇守寿春。

十二年(356)春季二月,桓温请求朝廷把国都迁到洛阳,修复先帝的陵墓,一连上了十馀次奏章,朝廷都不同意。拜授桓温为征讨大都督,督司州、冀州诸军事,来讨伐姚襄。

夏季五月,姚襄从许昌进军洛阳,攻打周成。

秋季七月,姚襄攻打洛阳,一个多月也没下。长史王亮直言相劝说:"明公您英名盖世,兵力强盛,人民归附。如今率军队停顿在坚固的洛阳城下,力量受到损害,威势受到挫折,也许会被其他敌人偷袭,这是导致危亡的战术!"姚襄不听从劝告。

桓温从江陵出兵北伐,派督护高武占据鲁阳,辅国将军戴施驻扎在黄河边,自己统率大军随后前进。桓温与同僚部属登上平乘楼,遥望中原,叹息道:"竟然使神州大地沉沦,百年基业成为废墟,王衍这些人不能不承担责任!"记室、陈郡人袁宏说:"时运有兴有废,难道一定是这几个人的罪过吗!"桓温脸色一变,说:"从前刘表有头千斤重的巨牛,比一般的牛多吃十倍的草料豆饼,然而负荷重物走远路,连一头瘦弱的母牛都不如,魏武帝曹操进入荆州,杀了巨牛宴享军队。"

八月己亥,温至伊水,姚襄撤围拒之,匿精锐于水北林中,遣使谓温曰:"承亲帅王师以来,襄今奉身归命,愿敕三军小却,当拜伏路左。"温曰:"我自开复中原,展敬山陵,无预君事。欲来者便前,相见在近,无烦使人。"襄拒水而战,温结陈而前,亲被甲督战,襄众大败,死者数千人。襄帅麾下数千骑奔于洛阳北山,其夜,民弃妻子随襄者五千馀人。襄勇而爱人,虽战屡败,民知襄所在,辄扶老携幼,奔驰而赴之。温军中传言襄病创已死,许、洛士女为温所得者,无不北望而泣。襄西走,温追之不及。弘农杨亮自襄所来奔,温问襄之为人,亮曰:"襄神明器宇,孙策之俦,而雄武过之。"

周成帅众出降,温屯故太极殿前,既而徙屯金墉城。己丑,谒诸陵,有毁坏者修复之,各置陵令。表镇西将军谢尚都督司州诸军事,镇洛阳。以尚未至,留颍川太守毛穆之、督护陈午、河南太守戴施以二千人戍洛阳,卫山陵,徙降民三千馀家于江、汉之间,执周成以归。

姚襄奔平阳,秦并州刺史尹赤复以众降襄,襄遂据襄陵。秦大将军张平击之,襄为平所败,乃与平约为兄弟,各罢兵。

冬十一月,诏遣兼司空、散骑常侍车灌等持节如洛阳,修五陵。十二月庚戌,帝及群臣皆服缌,临于太极殿三日。

司州都督谢尚以疾不行,以丹杨尹王胡之代之,未行而卒。胡之,廙之子也。

八月己亥（初六），桓温抵达伊水，姚襄撤回围攻洛阳的军队抵抗桓温，把精锐的部队隐藏在伊水北岸的丛林中，派使者对桓温说："承蒙您亲自统率朝廷的军队前来，现在姚襄我愿奉上自身，把性命交给朝廷，希望您下令三军稍微后退，我要恭敬地在路旁跪拜。"桓温说："我自己收复中原，省视、敬拜先帝的陵墓，与晋室君主的事体不相干。想来交锋就率军前来，互相能就近相见，何必烦劳使者。"姚襄凭借伊水和桓温作战，桓温结成阵势向前推进，亲自披甲督战，姚襄的军队大败，死亡几千人。姚襄率领部下几千骑兵逃到洛阳北山，当天夜里，抛弃妻子儿女跟随姚襄而去的百姓有五千多人。姚襄勇猛而又爱护百姓，虽然多次战败，百姓一知道姚襄在什么地方，就扶老携幼，急急忙忙地去投奔他。桓温的军队中传说姚襄受伤后已死去，许昌、洛阳被桓温抓获的男女民众，无不面向北方哭泣。姚襄往西逃，桓温追击而没有追上。弘农人杨亮从姚襄那里投奔过来，桓温问他姚襄的为人，杨亮说："姚襄的精神、度量如同孙策，但雄才武略超过孙策。"

　　周成率领军队出城投降，桓温驻扎在原来的皇宫太极殿前，不久转移到金墉城驻守。己丑这天，桓温谒拜各处皇陵，有被毁坏的就进行修复，分别设置了看守陵园的陵令。上表举荐镇西将军谢尚都督司州诸军事，镇守洛阳。由于谢尚还没到，留下颍川太守毛穆之、督护陈午、河南太守戴施率领二千士兵戍守洛阳，保卫先帝陵墓。把三千余家投降东晋的百姓迁到长江、汉水之间，押解着周成返回。

　　姚襄逃到平阳，前秦并州刺史尹赤又率领军队投降姚襄，姚襄于是占据襄陵。前秦大将军张平进攻姚襄，姚襄被张平打败，于是与张平结为兄弟，双方撤兵休战。

　　冬季十一月，朝廷下诏，派兼司空、散骑常侍车灌等人带着符节到洛阳，修整先帝的五座陵墓。十二月庚戌（十九日），穆帝以及众大臣都穿细麻布的孝服，到太极殿悼念先帝三天。

　　司州都督谢尚因病不能就任履职，任命丹杨尹王胡之代替他，王胡之没出发就去世了。王胡之是王廙的儿子。

桓温伐燕

晋穆帝升平二年。赵之亡也，其将高昌遣使降燕，已而降晋，又降秦，各受爵位，欲中立以自固。燕主儁使司空阳骛讨昌于东燕。

三年，高昌不能拒燕，秋七月，自白马奔荥阳。

五年春二月，高昌卒，燕河内太守吕护并其众，遣使来降，拜护冀州刺史。护欲引晋兵以袭邺。三月，燕太宰恪将兵五万，冠军将军皇甫真将兵万人，共讨之。燕兵至野王，护婴城自守。护军将军傅颜请急攻之，以省大费。恪曰："老贼经变多矣，观其守备，未易猝攻。顷攻黎阳，多杀精锐，卒不能拔，自取困辱。护内无蓄积，外无救援，我深沟高垒，坐而守之，休兵养士，离间其党，于我不劳而贼势日蹙，不过十旬，取之必矣，何为多杀士卒以求旦夕之功乎！"乃筑长围守之。

夏四月，桓温以其弟黄门郎豁督沔中七郡诸军事，兼新野、义城二郡太守，将兵取许昌，破燕将慕容尘。

桓温伐燕

　　晋穆帝升平二年(358)。后赵灭亡的时候,后赵将领也派使者投降前燕,不久高昌投降东晋,又投降前秦,分别接受各国的爵位,想保持中立以稳固自己。前燕国主慕容儁派司空阳鹜到东燕郡讨伐高昌。

　　三年(359),高昌不能抵抗前燕,秋季七月,从白马津逃奔到荥阳。

　　五年(361)春季二月,高昌去世,前燕河内太守吕护吞并了他的人马,派使者到东晋投降,朝廷拜授吕护任冀州刺史。吕护想带领东晋军队去袭击邺城。三月,前燕太宰慕容恪统率五万军队,冠军将军皇甫真带领一万军队,一齐讨伐吕护。前燕军队抵达野王县,吕护据城自保。护军将军傅颜请求迅速攻城,以便减少过量的损耗。慕容恪说:"吕护老贼经历的事变多了,察看他的防备,不容易一下子攻下来。前不久攻打黎阳,精锐部队受到很大伤亡,最终没有攻下,自取危困耻辱。吕护城内没有积蓄,城外没有救援,我军深挖壕沟、高筑壁垒,安坐围困他,休整军队保养士兵,离间吕护的党羽,这样我军不费力而敌人的形势日益紧迫,不会超过一百天,必定攻取吕护,为什么要伤亡大量士兵去求眼前的功劳呢!"于是修筑长围围困对方。

　　夏季四月,桓温任他的弟弟、黄门郎桓豁为督沔中七郡诸军事,兼新野郡、义城郡太守,率军攻取许昌,打败前燕将领慕容尘。

燕人围野王数月，吕护遣其将张兴出战，傅颜击斩之，城中日蹙。皇甫真戒部将曰："护势穷奔突，必择虚隙而投之。吾所部士卒多羸，器甲不精，宜深为之备。"乃多课橹楯，亲察行夜者。秋七月，护食尽，果夜悉精锐趋真所部，突围，不得出。太宰恪引兵击之，护众死伤殆尽，弃妻子奔荥阳。恪存抚降民，给其廪食，徙士人、将帅于邺，自馀各随所乐。以护参军广平梁琛为中书著作郎。

冬十月，吕护复叛，奔燕，燕人赦之，以为广州刺史。

哀帝隆和元年春正月，燕豫州刺史孙兴请攻洛阳，曰："晋将陈祐弊卒千馀，介守孤城，不足取也！"燕人从其言，遣宁南将军吕护屯河阴。

二月辛未，以吴国内史庾希为北中郎将、徐兖二州刺史，镇下邳；龙骧将军袁真为西中郎将、监护豫司并冀四州诸军事、豫州刺史，镇汝南，并假节。希，冰之子也。

燕吕护攻洛阳。三月乙酉，河南太守戴施奔宛，陈祐告急。五月丁巳，桓温遣庾希及竟陵太守邓遐帅舟师三千人助祐守洛阳。遐，岳之子也。

温上疏请迁都洛阳，自永嘉之乱播流江表者，请一切北徙，以实河南。朝廷畏温，不敢为异，而北土萧条，人情疑惧，虽并知不可，莫敢先谏。散骑常侍领著作郎孙绰上疏曰："昔中宗龙飞，非惟信顺协于天人，实赖万里长江

前燕军队围困野王县几个月，吕护派部将张兴出城作战，傅颜迎击并杀死张兴，城中形势日益紧急。皇甫真告诫部将说："吕护走投无路往外逃跑，一定会选择防守空虚不严密的地方突围。我们所领辖的士兵大多疲弱，武器又不精良，应该认真地防备吕护在这里突围。"于是他经常检查武器，亲自察看巡夜的人。秋季七月，吕护粮食耗尽，果然趁夜晚带领全部精锐士兵冲向皇甫真统领的军队，突围但没能冲出去。太宰慕容恪率军攻击，吕护的部众几乎全部伤亡，吕护丢下妻儿逃到荥阳。慕容恪安抚投降的百姓，供给他们粮食，把官吏将帅迁到邺城，其馀的人随他们去愿意去的地方。任命吕护的参军、广平人梁琛为中书著作郎。

　　冬季十月，吕护又反叛东晋，投奔前燕，前燕人赦免他的罪过，任命他为广州刺史。

　　晋哀帝隆和元年(362)春季正月，前燕豫州刺史孙兴请求进攻洛阳，他说："晋朝将领陈祐率领一千多疲困的士兵，独守孤城，攻取洛阳轻而易举。"前燕人接受他的意见，派宁南将军吕护在河阴驻扎。

　　二月辛未(初十)，东晋任命吴国内史庾希为北中郎将，徐州、兖州刺史，镇守下邳；任命龙骧将军袁真为西中郎将，监护豫、司、并、冀四州诸军事，豫州刺史，镇守汝南，都授予符节。庾希是庾冰的儿子。

　　前燕吕护攻打洛阳。三月乙酉这天，东晋河南太守戴施逃到宛城，陈祐告急。五月丁巳(二十七日)，桓温派遣庾希以及竟陵太守邓遐率领三千水军协助陈祐守洛阳。邓遐是邓岳的儿子。

　　桓温上奏章请求迁都洛阳，把从永嘉之乱以来迁徙流落到江南地区的人，一律迁移到江北，以便充实黄河以南地区。朝廷畏惧桓温，不敢有异议。然而北方国土萧条荒凉，人心恐惧不安，虽然都明白桓温的请求不可行，但没有一个人敢首先直谏。散骑常侍兼著作郎孙绰呈上奏章说："从前晋元帝即位重建政权，不仅信义和大顺之道符合天意人心，实际上是依赖万里长江

画而守之耳。今自丧乱已来,六十馀年,河、洛丘墟,函夏
萧条。士民播流江表,已经数世,存者老子长孙,亡者丘陇
成行,虽北风之思感其素心,目前之哀实为交切。若迁都
旋轸之日,中兴五陵,即复缅成遐域。泰山之安,既难以理
保,忞忞之思,岂不缠于圣心哉! 温今此举,诚欲大览始
终,为国远图,而百姓震骇,同怀危惧,岂不以反旧之乐赊,
而趋死之忧促哉! 何者? 植根江外,数十年矣,一朝顿欲
拔之,驱蹴于空荒之地,提挈万里,逾险浮深,离坟墓,弃生
业,田宅不可复售,舟车无从而得,舍安乐之国,适习乱之
乡,将顿仆道涂,飘溺江川,仅有达者。此仁者所宜哀矜,
国家所宜深虑也! 臣之愚计,以为且宜遣将帅有威名、资
实者,先镇洛阳,扫平梁、许,清一河南。运漕之路既通,开
垦之积已丰,豺狼远窜,中夏小康,然后可徐议迁徙耳。奈
何舍百胜之长理,举天下而一掷哉!"绰,楚之孙也。少慕
高尚,尝著《遂初赋》以见志。温见绰表,不悦,曰:"致意兴
公,何不寻君《遂初赋》,而知人家国事邪!"

时朝廷忧惧,将遣侍中止温。扬州刺史王述曰:"温欲
以虚声威朝廷耳,非事实也。但从之,自无所至。"乃诏温曰:
"在昔丧乱,忽涉五纪,戎狄肆暴,继袭凶迹,眷言西顾,慨叹
盈怀。知欲躬帅三军,荡涤氛秽,廓清中畿,光复旧京。非

防持罢了。从永嘉之乱以来到现在,已有六十多年了,黄河、洛水沿岸成了废墟,中原一片萧条。士族百姓迁徙流落到江南地区,已经有好几代了,活着的人儿子已老、孙子已大,死去的人坟墓已经成行,虽然面对北风勾动的思绪会撩起他们平素的返归心愿,但现实的哀痛确实更深切。如果哪天迁都返回故地,重建政权以来五位皇帝的陵墓,就又留在遥远的南方,使人重新缅怀。迁都后是否有泰山那样的安稳,既然难以从情理上确定,浓厚的思念之情,怎能不在圣主心中萦绕! 桓温如今的举动,确实想从大处看全盘,为国家做长远考虑,但百姓震惊,全都心怀恐惧不安,难道不是因为返回旧地的快乐迟缓,而奔向死亡的祸患紧迫吗! 为什么这样说呢? 植根于长江以南几十年了,想一个早晨就把他们驱赶到空无人烟的荒凉之地,扶老携幼远行万里,爬险山涉深水,远离祖坟,放弃产业,土地房屋无法变卖,舟船车辆无处可得,舍掉安乐的国土,到动乱已久的乡邦,必定跌倒在路途,葬身于江河,很少能有到达的人。这些都是施行仁义的人应当哀怜,国家应当深刻考虑的! 我的想法是,应暂且派遣有威望名声、实力雄厚的将领,先去镇守洛阳,扫清平定梁国、许昌,完全统一黄河以南地区。运粮的水路开通了,开垦土地的收获丰富了,豺狼敌寇远远逃窜,中原小有安乐,然后可以慢慢商议迁都移民了。为什么要抛弃必胜的长远道理,拿天下来孤注一掷呢!"孙绰是孙楚的孙子,年少时就仰慕高尚之行,曾经撰写《遂初赋》来表达志向。桓温看见孙绰的奏章,很不高兴地说:"把我的意见告诉孙绰,他为什么不去究寻《遂初赋》了,却探讨别人要料理的国事呢!"

当时朝廷担忧害怕,准备派遣侍中劝阻桓温。扬州刺史王述说:"桓温是想用虚张声势来威胁朝廷,并非真的要迁都。只要顺从他,自然不会像他所说的那样干。"朝廷于是给桓温下诏说:"昔日丧乱至今,转眼已经过了五十多年,戎狄肆行残暴,后继者承袭恶迹,回头西看旧都,心中充满感慨叹息。知道将军要亲自统率三军,扫除凶气邪恶,肃清中原,光复旧都。如果不是

夫外身徇国,孰能若此!诸所处分,委之高算。但河、洛丘墟,所营者广,经始之勤,致劳怀也。"事果不行。温又议移洛阳钟虡,述曰:"永嘉不竞,暂都江左,方当荡平区宇,旋轸旧京。若其不尔,宜改迁园陵,不应先事钟虡!"温乃止。朝廷以交、广辽远,改授温都督并、司、冀三州,温表辞不受。

秋七月,吕护退守小平津,中流矢而卒。燕将段崇收军北渡,屯于野王。邓遐进屯新城。八月,西中郎将袁真进屯汝南,运米五万斛以馈洛阳。冬十二月,庾希自下邳退屯山阳,袁真自汝南退屯寿阳。

兴宁元年夏四月,燕宁东将军慕容忠攻荥阳太守刘远,远奔鲁阳。五月,以西中郎将袁真都督司、冀、并三州诸军事,北中郎将庾希都督青州诸军事。癸卯,燕人拔密城,刘远奔江陵。冬十月,燕镇南将军慕容尘攻陈留太守袁披于长平。汝南太守朱斌乘虚袭许昌,克之。

二年春二月,燕太傅评、龙骧将军李洪略地河南。夏四月甲辰,燕李洪攻许昌、汝南,败晋兵于悬瓠,颍川太守李福战死,汝南太守朱斌奔寿春,陈郡太守朱辅退保彭城。大司马温遣西中郎将袁真等御之,温帅舟师屯合肥。燕人遂拔许昌、汝南、陈郡,徙万馀户于幽、冀二州,遣镇南将军慕容尘屯许昌。秋八月,燕太宰恪将取洛阳,先遣人招纳士民,远近诸坞皆归之。乃使司马悦希军于盟津,豫州刺史孙兴军于成皋。

初,沈充之子劲,以其父死于逆乱,志欲立功以雪旧耻。年三十馀,以刑家不得仕。吴兴太守王胡之为司州刺

有为国捐躯的志向，谁能如此！各种事务的处理，都依赖将军深谋远虑。只是黄河、洛水沿岸一片废墟，需要料理的事很多，经营起始要务非常辛劳，特致以问候之意。"迁都之事果然没有实行。桓温又提议迁移洛阳的编钟，王述说："永嘉时国势不强，暂时在江东建都，方今应当平定疆土，返回旧都。如果不能这样，应该改迁先帝的陵墓，不应该先迁移编钟。"桓温于是作罢。朝廷因为交州、广州遥远，改授桓温都督并州、司州、冀州职务，桓温上奏章辞让，不接受任命。

　　秋季七月，吕护退到小平津防守，被流箭射死。前燕将领段崇收编军队向北渡过黄河，在野王县驻扎。邓遐进军新城驻扎。八月，西中郎将袁真进军汝南屯守，运五万斛米送到洛阳。冬季十二月，庚希从下邳退到山阳屯守，袁真从汝南退到寿阳屯守。

　　兴宁元年(363)夏季四月，前燕宁东将军慕容忠进攻荥阳太守刘远，刘远逃到鲁阳。五月，任命西中郎将袁真为都督司州、冀州、并州诸军事，北中郎将庚希为都督青州诸军事。癸卯(十九日)，前燕军队攻下密城，刘远逃到江陵。冬季十月，前燕镇南将军慕容尘在长平攻打陈留太守袁披。汝南太守朱斌乘虚袭击许昌，攻取了该城。

　　二年(364)春季二月，前燕太傅慕容评、龙骧将军李洪巡视黄河南岸。夏季四月甲辰(二十五日)，前燕李洪攻打许昌、汝南，在悬瓠击败东晋的军队，颍川太守李福战死，汝南太守朱斌逃到寿春，陈郡太守朱辅退回彭城自保。大司马桓温派遣西中郎将袁真等抵御李洪，桓温统率水军屯守合肥。前燕人终于攻下许昌、汝南、陈郡，强行迁移一万多户百姓到幽州、冀州，派镇南将军慕容尘驻军许昌。秋季八月，前燕太宰慕容恪准备攻取洛阳，先派人招引接纳士人百姓，远近各小城都去归附他。慕容恪于是让司马悦希在盟津驻军，豫州刺史孙兴在成皋驻军。

　　当初，沈充的儿子沈劲，因为自己的父亲以叛逆作乱罪被杀，立志建立功勋来洗刷旧日的耻辱。沈劲已经三十多岁了，因为出身于受过刑罚的家庭不能做官。吴兴太守王胡之任司州刺

史，上疏称劲才行，请解禁锢，参其府事，朝廷许之。会胡之以病，不行。及燕人逼洛阳，冠军将军陈祐守之，众不过二千。劲自表求配祐效力，诏以劲补冠军长史，令自募壮士，得千馀人以行。劲屡以少击燕众，摧破之。而洛阳粮尽援绝，祐自度不能守，乃以救许昌为名，九月，留劲以五百人守洛阳，祐帅众而东。劲喜曰："吾志欲致命，今得之矣。"祐闻许昌已没，遂奔新城。燕悦希引兵略河南诸城，尽取之。

三年春正月，大司马温移镇姑孰。二月乙未，以其弟右将军豁监荆州、扬州之义城、雍州之京兆诸军事，领荆州刺史，加江州刺史桓冲监江州及荆、豫八郡诸军事，并假节。

司徒昱闻陈祐弃洛阳，会大司马温于洌洲，共议征讨。丙申，帝崩于西堂，事遂寝。

燕太宰恪、吴王垂共攻洛阳。恪谓诸将曰："卿等常患吾不攻，今洛阳城高而兵弱，易克也，勿更畏懦而怠惰！"遂攻之。三月，克之，执扬武将军沈劲。劲神气自若，恪将宥之。中军将军慕舆虔曰："劲虽奇士，观其志度，终不为人用，今赦之，必为后患。"遂杀之。恪略地至崤、渑，关中大震，秦王坚自将屯陕城以备之。燕人以左中郎将慕容筑为洛州刺史，镇金墉；吴王垂为都督荆扬洛徐兖豫雍益凉秦十州诸军事、征南大将军、荆州牧，配兵一万，镇鲁阳。

史,上奏章称赞沈劲的才能品行,请求解除禁止沈劲做官的限令,让他参与自己官署中的政事,朝廷准许了王胡之的请求。适逢王胡之生病,沈劲的事没能施行。等到前燕人逼近洛阳时,冠军将军陈祐守卫洛阳,军队不到二千人。沈劲自己上奏章请求配合陈祐为国效力,朝廷下诏任命沈劲为冠军长史,让他自己招募勇士,招募到一千多人后就进发了。沈劲多次用少量的兵力攻打前燕军队,并把他们打败。然而洛阳粮食耗尽外援断绝,陈祐自己估计无法坚守,于是用救援许昌作为借口,九月,留下沈劲率领五百士兵坚守洛阳,陈祐带领军队东行。沈劲高兴地说:"我立志用生命报国,今日我的愿望能实现了。"陈祐听到许昌已被攻陷,于是逃奔到新城。前燕悦希带兵略取河南各城,全部攻取下来了。

三年(365)春季正月,大司马桓温把镇所迁到姑孰。二月乙未(二十一日),朝廷任命桓温的弟弟、右将军桓豁为监荆州、扬州的义城、雍州的京兆诸军事,兼任荆州刺史,加授江州刺史桓冲为监江州及荆州、豫州八郡诸军事,都授予符节。

司徒司马昱听说陈祐弃守洛阳,与大司马桓温在洌洲会见,共同商议征讨大事。丙申(二十二日),东晋哀帝在太极殿西堂驾崩,征讨之事于是搁置起来。

前燕太宰慕容恪、吴王慕容垂一起攻打洛阳。慕容恪对众部将说:"你们经常埋怨我不进攻。如今洛阳城墙高而兵力弱,容易攻取,决不再允许胆小怯懦和怠懈疲惰!"于是攻打洛阳。三月,攻下洛阳,抓获扬武将军沈劲。沈劲神态自若,慕容恪准备宽恕他。中军将军慕舆虔说:"沈劲虽然是不易得到的人才,但观察他的心意气度,最终不会为我所用。如今赦免了他,肯定会成为后患。"于是杀死沈劲。慕容恪夺取的土地一直抵达崤谷、渑池,关中非常惊恐,前秦国主符坚亲自领兵屯驻陕城,来防备慕容恪。前燕人任命中郎将慕容筑为洛州刺史,镇守金墉。任命吴王慕容垂为都督荆、扬、洛、徐、兖、豫、雍、益、凉、秦十州诸军事,征南大将军,荆州牧,配备一万军队,镇守鲁阳。

海西公太和元年冬十月，燕抚军将军下邳王厉寇兖州，拔鲁、高平数郡，置守宰而还。十二月，南阳督护赵亿据宛城降燕，太守桓澹走保新野。燕人遣南中郎将赵盘自鲁阳戍宛。

二年夏四月，燕慕容尘寇竟陵，太守罗崇击破之。

荆州刺史桓豁、竟陵太守罗崇攻宛，拔之。赵亿走，赵盘退归鲁阳。豁追击盘于雉城，擒之，留兵戍宛而还。秋九月，以会稽内史郗愔为都督徐兖青幽扬州之晋陵诸军事、徐兖二州刺史，镇京口。

四年春三月，大司马温请与徐、兖二州刺史郗愔、江州刺史桓冲、豫州刺史袁真等伐燕。初，愔在北府，温常云：“京口酒可饮，兵可用。”深不欲愔居之，而愔暗于事机，乃遗温笺，欲共奖王室，请督所部出河上。愔子超为温参军，取视，寸寸毁裂，乃更作愔笺，自陈非将帅才，不堪军旅，老病，乞闲地自养，劝温并领己所统。温得笺大喜，即转愔冠军将军、会稽内史。温自领徐、兖二州刺史。夏四月庚戌，温帅步骑五万发姑孰。

大司马温自兖州伐燕。郗超曰：“道远，汴水又浅，恐漕运难通。”温不从。六月辛丑，温至金乡。天旱，水道绝，温使冠军将军毛虎生凿钜野三百里，引汶水会于清水。虎生，宝之子也。温引舟师自清水入河，舳舻数百里。郗超曰：“清水入河，难以通运。若寇不战，运道又绝，因敌为资，复无所得，此危道也。不若尽举见众直趋邺城，彼畏公威名，必

东晋海西公太和元年(366)冬季十月,前燕抚军将军、下邳王慕容厉进犯兖州,攻下鲁、高平等数郡,设置官吏后返回。十二月,南阳督护赵亿占据宛城投降前燕,太守桓澹逃到新野自守。前燕人派南中郎将赵盘从鲁阳至宛城戍守。

二年(367)夏季四月,前燕慕容尘进犯竟陵,太守罗崇迎战,打败慕容尘。

荆州刺史桓豁、竟陵太守罗崇进攻宛城,攻取宛城。赵亿逃走,赵盘退回鲁阳。桓豁追击到雉城,活捉赵盘,留下军队戍守宛城,然后返回。秋季九月,任命会稽内史郗愔为都督徐州、兖州、青州、幽州、扬州的晋陵诸军事,徐兖二州刺史,镇守京口。

四年(369)春季三月,大司马桓温请求与徐兖二州刺史郗愔、江州刺史桓冲、豫州刺史袁真等人一齐讨伐前燕。当初,郗愔在北府时,桓温常说:"京口酒好喝,军队好用。"很不愿意让郗愔镇守京口,而郗愔不明白事情的奥秘,还写信给桓温,希望和桓温一道辅助王室,请求统领自己的部队出守黄河边。郗愔的儿子郗超是桓温的参军,取信看后把信撕得粉碎,并重新为郗愔写了一封信,信中陈述自己没有将帅才,不能胜任军事,年老多病,请求调到闲散的地方去休养,劝说桓温把自己统率的部队合并起来统领。桓温收到信非常高兴,立即调任郗愔为冠军将军、会稽内史,桓温自己兼任徐兖二州刺史。夏季四月庚戌(初一),桓温统率五万步兵骑兵,从姑孰出发。

大司马桓温从兖州出发前去讨伐前燕。郗超说:"路途遥远,汴水又太浅,如果从水道运粮,恐怕很难畅通无阻。"桓温没有听从。六月辛丑这天,桓温抵达金乡。天旱无雨,水路断绝,桓温派遣冠军将军毛虎生在钜野开挖了三百里水道,引汶水汇入清水。毛虎生是毛宝的儿子。桓温率领水军沿清水进入黄河,战船连接绵延几百里。郗超说:"沿清水进入黄河,难以畅通运输。如果敌人不来应战,运输通道又断掉,依靠敌人的储备作为军用物资,不再有其他来源,这是危险的做法。不如动用现有的全部军队,直接开赴邺城,燕人害怕您的威赫声势,一定会

望风逃溃，北归辽、碣。若能出战，则事可立决。若欲城邺而守之，则当此盛夏，难为功力，百姓布野，尽为官有，易水以南必交臂请命矣。但恐明公以此计轻锐，胜负难必，欲务持重，则莫若顿兵河、济，控引漕运，俟资储充备，至来夏乃进兵，虽如赊迟，然期于成功而已。舍此二策而连军北上，进不速决，退必愆乏。贼因此势以日月相引，渐及秋冬，水更涩滞。且北土早寒，三军裘褐者少，恐于时所忧，非独无食而已。"温又不从。

温遣建威将军檀玄攻湖陆，拔之，获燕宁东将军慕容忠。燕主暐以下邳王厉为征讨大都督，帅步骑二万逆战于黄墟，厉兵大败，单马奔还。高平太守徐翻举郡来降。前锋邓遐、朱序败燕将傅颜于林渚。暐复遣乐安王臧统诸军拒温，臧不能抗，乃遣散骑常侍李凤求救于秦。

秋七月，温屯武阳，燕故兖州刺史孙元帅其族党起兵应温。温至枋头，暐及太傅评大惧，谋奔和龙。吴王垂曰："臣请击之。若其不捷，走未晚也。"暐乃以垂代乐安王臧为使持节、南讨大都督，帅征南将军范阳王德等众五万以拒温。垂表司徒左长史申胤、黄门侍郎封孚、尚书郎悉罗腾皆从军。胤，钟之子；孚，放之子也。

暐又遣散骑侍郎乐嵩请救于秦，许赂以虎牢以西之地。秦王坚引群臣议于东堂，皆曰："昔桓温伐我，至灞上，燕不

闻风溃逃，往北回到辽、碣。如果燕人能够出兵迎战，那么战局可以很快决定。如果燕人想在邺城修筑城墙固守，那么时值盛夏，很难取得功效。百姓遍布田野，全部会被官府控制，易水以南的人必定前来恭敬从命。只是担心您认为这计划轻率、操之过急，胜败难定，想务求慎重，那么什么也比不上沿黄河、济水驻扎军队，控制水路运粮，等物资储存完全充足了，到明年夏天才进兵；虽然这样延缓了日期，但是目的在于必胜而已。不用这两种计策而不断率军北上，进，不能迅速决胜；退，必然发生粮食匮乏的差错。敌人趁这种形势和我军拖延时间，渐渐就到了秋季冬季，水路更加难以畅通。况且北方冬天来得早，三军将士有皮衣的很少，恐怕到那时需要忧虑的，不仅仅是缺乏粮食而已。"桓温又不听从。

　　桓温派建威将军檀玄攻打湖陆，攻下了湖陆，捕获了前燕宁东将军慕容忠。前燕国主慕容暐任命下邳王慕容厉为征讨大都督，率领二万步兵、骑兵在黄墟迎战，慕容厉的军队被打得大败，慕容厉只身匹马逃了回去。高平太守徐翻献上全郡投降东晋。前锋邓遐、朱序在林渚打败前燕将领傅颜。慕容暐又派乐安王慕容臧统领各路军队抵抗桓温，慕容臧抵抗不住，于是派散骑常侍李凤去前秦求救。

　　秋季七月，桓温驻扎在武阳，前燕原兖州刺史孙元带领自己的同族亲属起兵响应桓温。桓温抵达枋头，慕容暐与太傅慕容评十分恐惧，计划逃奔到和龙。吴王慕容垂说："请让我去攻打桓温。如果不能获胜，到时逃奔也不晚。"慕容暐于是任命慕容垂代替乐安王慕容臧为使持节、南讨大都督，统率征南将军、范阳王慕容德等五万军队去抵御桓温。慕容垂上表章，请司徒左长史申胤、黄门侍郎封孚、尚书郎悉罗腾全部随军。申胤是申钟的儿子，封孚是封放的儿子。

　　慕容暐又派散骑侍郎乐嵩向前秦请求救援，许诺用虎牢以西的土地作为回报礼物。前秦王苻坚召集众大臣在东堂商议此事，众大臣都说："从前桓温讨伐我国，军队抵达灞上，前燕没有

救我,今温伐燕,我何救焉!且燕不称藩于我,我何为救之!"王猛密言于坚曰:"燕虽强大,慕容评非温敌也。若温举山东,进屯洛邑,收幽、冀之兵,引并、豫之粟,观兵崤、渑,则陛下大事去矣。今不如与燕合兵以退温,温退,燕亦病矣,然后我承其弊而取之,不亦善乎!"坚从之。八月,遣将军苟池、洛州刺史邓羌帅步骑二万以救燕,出自洛阳,军至颍川。又遣散骑侍郎姜抚报使于燕。以王猛为尚书令。

太子太傅封孚问于申胤曰:"温众强士整,乘流直进。今大军徒逡巡高岸,兵不接刃,未见克殄之理,事将何如?"胤曰:"以温今日声势,似能有为,然在吾观之,必无成功。何则?晋室衰弱,温专制其国,晋之朝臣未必皆与之同心。故温之得志,众所不愿也,必将乖阻以败其事。又,温骄而恃众,怯于应变。大众深入,值可乘之会,反更逍遥中流,不出赴利,欲望持久,坐取全胜;若粮廪愆悬,情见势屈,必不战自败,此自然之数也。"

温以燕降人段思为乡导,悉罗腾与温战,生擒思。温使故赵将李述徇赵、魏,腾又与虎贲中郎将染干津共击斩之。温军夺气。初,温使豫州刺史袁真攻谯、梁,开石门以通水运,真克谯、梁而不能开石门,水运路塞。

九月,燕范阳王德帅骑一万、兰台治书侍御史刘当帅骑五千屯石门,豫州刺史李邦帅州兵五千断温粮道。当,佩之子也。

救援我们,如今桓温讨伐前燕,我们为什么要救援呢! 况且前燕不向我们称藩臣,我们凭什么救援它!"王猛悄悄地向符坚进言道:"前燕虽然强大,但慕容评不是桓温的对手。如果桓温占领了崤山以东地区,进军到洛邑驻扎,收招幽州、冀州的军队,调用并州、豫州的粮食,在崤谷、渑池检阅军队显示兵威,那么陛下您统一天下的事业就全完了。如今不如与前燕军队联合起来去打退桓温,桓温退兵,前燕也元气大伤了,然后我们乘前燕衰弱去攻取前燕,不也很好吗!"符坚听从了王猛的意见。八月,前秦派将军苟池、洛州刺史邓羌率领步兵骑兵二万去救援前燕,从洛阳出发,到颍川后驻扎下来。又派散骑侍郎姜抚出使前燕报告。任命王猛为尚书令。

太子太傅封孚问申胤说:"桓温军队强大整齐,顺流一直向前进。如今大批军队只在高高的岸边转来绕去,军队不交锋,看不出胜败的道理,事情将会怎么样呢?"申胤说:"根据桓温现在的声势,似乎能够有作为,但是在我看来,肯定不会成功。为什么这样呢? 晋王室衰弱,桓温专制晋朝,晋朝的满朝大臣,未必都和桓温一条心。所以桓温志在必得,正好是众人不愿意看到的,他们定会违逆进行阻挠,从而破坏桓温的事业,还有,桓温倚仗军队骄傲自大,不善于应变,率领大军深入,正值可乘之机,反而在中流逍遥自得,不主动出击争取胜利,只想指望持久相持,坐等获取全部胜利。如果粮食供给失误、断绝,桓温必然不战自败,这是自然而然的道理。"

桓温让由前燕投降的段思做向导,悉罗腾和桓温交战,活捉段思。桓温派前赵旧将李述带兵巡行赵地、魏地,悉罗腾又与虎贲中郎将染干津一齐攻打、斩杀李述。桓温的军队丧失了士气。当初,桓温让豫州刺史袁真攻打谯郡、梁国,开凿石门以使水道畅通,袁真攻下谯郡、梁国却没能开通石门,水路运输阻塞。

九月,前燕范阳王慕容德率领骑兵一万人,兰台治书侍御史刘当率领骑兵五千人驻扎在石门,豫州刺史李邦率领本州士兵五千人切断了桓温运送粮草的道路。刘当是刘佩的儿子。

德使将军慕容宙帅骑一千为前锋,与晋兵遇,宙曰:"晋人轻剽,怯于陷敌,勇于乘退,宜设饵以钓之。"乃使二百骑挑战,分馀骑为三伏。挑战者兵未交而走,晋兵追之,宙帅伏以击之,晋兵死者甚众。

温战数不利,粮储复竭,又闻秦兵将至。丙申,焚舟,弃辎重、铠仗,自陆道奔还。以毛虎生督东燕等四郡诸军事,领东燕太守。

温自东燕出仓垣,凿井而饮,行七百馀里。燕之诸将争欲追之,吴王垂曰:"不可。温初退惶恐,必严设警备,简精锐为后拒,击之未必得志,不如缓之。彼幸吾未至,必昼夜疾趋,俟其士众力尽气衰,然后击之,无不克矣。"乃帅八千骑徐行蹑其后。温果兼道而进。数日,垂告诸将曰:"温可击矣。"乃急追之,及温于襄邑。范阳王德先帅劲骑四千伏于襄邑东涧中,与垂夹击温,大破之,斩首三万级。秦苟池邀击温于谯,又破之,死者复以万计。孙元遂据武阳以拒燕,燕左卫将军孟高讨擒之。

冬十月己巳,大司马温收散卒,屯于山阳。温深耻丧败,乃归罪于袁真,奏免真为庶人,又免冠军将军邓遐官。真以温诬己,不服,表温罪状,朝廷不报。真遂据寿春叛降燕,且请救,亦遣使如秦。温以毛虎生领淮南太守,守历阳。

慕容德派将军慕容宙率领一千骑兵作为前锋,与东晋军队相遇,慕容宙说:"晋人轻浮急躁,害怕进攻杀敌,却勇于乘敌退兵追击,应当设置诱饵让他们上钩。"于是派出二百骑兵挑战,把其馀的骑兵分三处埋伏。挑战的骑兵还没交战就开始逃跑,东晋军队紧追着攻打他们,慕容宙率领埋伏的骑兵前去迎击东晋军队,东晋士兵被打死的特别多。

桓温作战连连不利,粮食储备又空竭了,还听说前秦军队即将到达。丙申(十九日),就烧掉战船,丢弃军用物资、铠甲武器,从陆路往回逃奔。任命毛虎生为督东燕等四郡诸军事,兼任东燕太守。

桓温从东燕经仓垣逃出来,一路上挖井饮水,走了七百多里。前燕的众位将领都争着要去追击桓温,吴王慕容垂说:"不可以。桓温刚刚退兵,惊恐不安,必定严密设置警戒来防备追击,挑选精锐士兵作为后卫部队,攻击他未必能得逞,不如暂缓攻击。桓温庆幸我军没有追击,必然会昼夜急行,等到桓温的士兵体力耗尽、士气衰落时,然后我军攻击他们,就攻无不克了。"慕容垂于是率领八千骑兵跟在东晋军队后面慢慢前进。桓温果然加倍赶路前进。过了几天后,慕容垂告诉众位将领说:"现在可以攻打桓温了。"于是前燕军队加紧追赶,在襄邑追上了桓温。范阳王慕容德首先率领四千精锐骑兵埋伏在襄邑东面的山沟里,与慕容垂夹攻桓温,把桓温打得大败,斩首三万多人。前秦苟池在谯郡拦击桓温,又把桓温打败,战死的将士又以万来计算。孙元于是据守武阳来抵抗前燕,前燕左卫将军孟高讨伐、活捉了孙元。

冬季十月己巳(二十二日),大司马桓温收拢溃散的士兵驻扎在山阳。桓温对这次失败深感耻辱,于是把失败归罪于袁真,上奏章把袁真黜免为平民,又罢免冠军将军邓遐的官职。袁真认为桓温诬陷自己,心里不服,上奏章列举桓温罪状,朝廷没有答复。袁真就占据寿春叛乱,投降前燕,而且请求前燕救援,还派使者到前秦。桓温任命毛虎生兼领淮南太守,镇守历阳。

燕主暐遣大鸿胪温统拜袁真使持节、都督淮南诸军事、征南大将军、扬州刺史,封宣城公。统未逾淮而卒。

冬十一月辛丑,丞相昱与大司马温会涂中,以谋后举。以温世子熙为豫州刺史、假节。十二月,大司马温发徐、兖州民筑广陵城,徙镇之。时征役既频,加之疫疠,死者什四五,百姓嗟怨。秘书监太原孙盛作《晋春秋》,直书时事。大司马温见之,怒,谓盛子曰:"枋头诚为失利,何至乃如尊君所言!若此史遂行,自是关君门户事!"其子遽拜谢请改之。时盛年老家居,性方严,有轨度,子孙虽班白,待之愈峻。至是诸子乃共号泣稽颡,请为百口切计。盛大怒,不许,诸子遂私改之。盛先已写别本,传之外国。及孝武帝购求异书,得之于辽东人,与见本不同,遂两存之。

五年春二月癸酉,袁真卒。陈郡太守朱辅立真子瑾为建威将军、豫州刺史,以保寿春,遣其子乾之及司马爨亮如邺请命。燕人以瑾为扬州刺史,辅为荆州刺史。

夏四月,燕、秦皆遣兵助袁瑾,大司马温遣督护竺瑶等御之。燕兵先至,瑶等与战于武丘,破之。南顿太守桓石虔克南城。石虔,温之弟子也。

秋八月,大司马温自广陵帅众二万讨袁瑾,以襄城太守刘波为淮南内史,将五千人镇石头。波,隗之孙也。

前燕国主慕容暐派大鸿胪温统去寿春拜授袁真为使持节、都督淮南诸军事、征南大将军、扬州刺史，加封宜城公爵号。温统没越过淮河就去世了。

冬季十一月辛丑（二十五日），丞相司马昱与大司马桓温在涂中会面，目的是商定以后的行动。任命桓温的长子桓熙为豫州刺史，授予符节。十二月，大司马桓温征发徐州、兖州的百姓来修筑广陵城，自己迁到广陵城镇守。那时征调劳役已经很频繁了，又加上瘟疫流行，十分之四五的人死掉了，百姓怨声载道。秘书监太原人孙盛写了《晋春秋》，真实地记录下当时的情况。大司马桓温看到这本书，很愤怒，对孙盛的儿子说："枋头作战确实是失利了，但何至于像你父亲所写的那样！如果这部史书最终流行起来，自然是关系到你家门户存亡的事！"孙盛的儿子急忙叩拜谢罪，请求改写。此时孙盛年老居家，他性情正直严厉，办事有规矩尺度，子孙们虽然也已经头发半白了，但孙盛对他们更加严厉。到这时，儿子们便一起痛哭叩首，请求孙盛为家族中百多口人切实考虑。孙盛非常生气，坚决不答应，儿子们于是私下改写史书。孙盛事先已抄写好另外一部，将其传送到其他国家。到东晋孝武帝求购世人罕见的书籍时，从辽东人那里得到《晋春秋》，书的内容与通行的版本不同，于是就把两种版本都收存起来。

五年（370）春季二月癸酉（二十八日），袁真去世。陈郡太守朱辅立袁真的儿子袁瑾为建威将军、豫州刺史，以便保住寿春。派自己的儿子朱乾之和司马籧亮到邺城请求旨令。前燕人任命袁瑾为扬州刺史，任命朱辅为荆州刺史。

夏季四月，前燕、前秦都派军队援助袁瑾，大司马桓温派督护竺瑶等抵御他们。前燕的军队先到，竺瑶在武丘与他们交战，打败了他们。南顿太守桓石虔攻下寿春南城。桓石虔是桓温弟弟的儿子。

秋季八月，大司马桓温从广陵率二万军队讨伐袁瑾，任襄城太守刘波为淮南内史，率五千人镇守石头。刘波是刘隗的孙子。

癸丑，温败瑾于寿春，遂围之。燕左卫将军孟高将骑兵救瑾，至淮北，未渡，会秦伐燕，燕召高还。

简文帝咸安元年春正月，袁瑾、朱辅求救于秦。秦王坚以瑾为扬州刺史，辅为交州刺史，遣武卫将军武都王鉴、前将军张蚝帅步骑二万救之。大司马温遣淮南太守桓伊、南顿太守桓石虔等击鉴、蚝于石桥，大破之，秦兵退屯慎城。伊，宣之子也。丁亥，温拔寿春，擒瑾及辅，并其宗族送建康斩之。

癸丑(十一日),桓温在寿春打败了袁瑾,于是包围了寿春。前燕左卫将军孟高带领骑兵救援袁瑾,到达淮河北岸,还没渡淮河,时逢前秦讨伐前燕,前燕召孟高返回。

晋简文帝咸安元年(371)春季正月,袁瑾、朱辅向前秦请求救援。前秦王苻坚任命袁瑾为扬州刺史,任命朱辅为交州刺史,派武卫将军、武都人王鉴,前将军张蚝率领二万步兵、骑兵救援寿春。大司马桓温派淮南太守桓伊、南顿太守桓石虔等在石桥迎击王鉴、张蚝,把他们打得大败,前秦军队退到慎城驻扎。桓伊是桓宣的儿子。丁亥(十七日),桓温攻下寿春,活捉袁瑾与朱辅,连同他们的全宗族人一齐押送到建康斩杀。

桓温灭蜀

　　晋明帝太宁二年。成主雄,后任氏无子,有妾子十馀人,雄立其兄荡之子班为太子,使任后母之。群臣请立诸子,雄曰:"吾兄,先帝之嫡统,有奇材大功,事垂克而早世,朕常悼之。且班仁孝好学,必能负荷先烈。"太傅骧、司徒王达谏曰:"先王立嗣必子者,所以明定分而防篡夺也。宋宣公、吴馀祭足以观矣。"雄不听。骧退而流涕曰:"乱自此始矣。"班为人谦恭下士,动遵礼法,雄每有大议,辄令豫之。

　　成帝咸和九年夏六月,成主雄生疡于头。身素多金创,及病,旧痕皆脓溃,诸子皆恶而远之,独太子班昼夜侍侧,不脱衣冠,亲为吮脓。雄召大将军建宁王寿受遗诏辅政。丁卯,雄卒,太子班即位。以建宁王寿录尚书事,政事皆委于寿及司徒何点、尚书王瓌,班居中行丧礼,一无所预。

桓温灭蜀

晋明帝太宁二年（324）。大成国主李雄的皇后任氏没有生儿子，但妃妾生有十几个儿子，李雄册立他的哥哥李荡的儿子李班为太子，让任皇后像母亲一样养护他。众大臣请求李雄在众儿子中选立太子，李雄说：“我哥哥是先帝的嫡长子继承人，有奇才大功，帝业临近成功却过早去世，我时常悼念他。况且李班仁爱、孝顺、好学，一定能担负起先人的事业。”太傅李骧、司徒王达规劝李雄说：“先王必定立儿子为立继承人的原因，是为了明确身份地位，从而防范篡位夺权。春秋时宋宣公、吴国馀祭不选定儿子继位的事例，足以值得借鉴。”李雄不听劝告。李骧退下后流着眼泪说：“祸乱要从这里开始了。”李班为人谦虚恭谨，礼贤下士，举动遵守礼仪法度。李雄每当议论重大事情时，总让李班参与。

晋成帝咸和九年（334）夏季六月，大成国主李雄头部生疮。李雄平素身上受过多次刀伤、箭伤，到头疮严重时，身上的旧伤痕全部化脓溃烂，李雄的众儿子都厌恶而离得远远的，唯独太子李班昼夜在近旁侍候，衣帽不脱地尽心守护，亲自为李雄吸脓。李雄召回大将军、建宁王李寿接受遗诏辅佐朝政。丁卯（二十五日），李雄去世，太子李班即皇帝位。任命建宁王李寿为录尚书事，朝廷政事完全委托给李寿以及司徒何点、尚书令王瓌，自己在宫中遵照丧礼行事，一切朝政都不干预。

秋九月,成主雄之子车骑将军越屯江阳,奔丧至成都。以太子班非雄所生,意不服,与其弟安东将军期谋作乱。班弟玝劝班遣越还江阳,以期为梁州刺史,镇葭萌。班以未葬,不忍遣,推心待之,无所疑间,遣玝出屯于涪。冬十月癸亥朔,越因班夜哭,弑之于殡宫,并杀班兄领军将军都,矫太后任氏令,罪状班而废之。

初,期母冉氏贱,任氏母养之。期多才艺,有令名。及班死,众欲立越,越奉期而立之。甲子,期即皇帝位。谥班曰戾太子。以越为相国,封建宁王;加大将军寿大都督,徙封汉王,皆录尚书事。以兄霸为中领军、镇南大将军;弟保为镇西大将军、汶山太守;从兄始为征东大将军,代越镇江阳。丙寅,葬雄于安都陵,谥曰武皇帝,庙号太宗。

始欲与寿共攻期,寿不敢发。始怒,反谮寿于期,请杀之。期欲藉寿以讨李玝,故不许,遣寿将兵向涪。寿先遣使告玝以去就利害,开其去路,玝遂来奔。诏以玝为巴郡太守。期以寿为梁州刺史,屯涪。

咸康元年秋九月,成太子班之舅罗演,与汉王相天水上官澹,谋杀成主期,立班子。事觉,期杀演、澹及班母罗氏。期自以得志,轻诸旧臣,信任尚书令景骞、尚书姚华、田褒、中常侍许涪等,刑赏大政,皆决于数人,希复关公卿。褒无他才,尝劝成主雄立期为太子,故有宠。由是纪纲隳紊,雄业始衰。

秋季九月，大成国主李雄的儿子、车骑将军李越驻守江阳，从驻地赶回成都奔丧。李越认为李班不是李雄的亲儿子，心中不服，和自己的弟弟、安东将军李期谋划作乱。李班的弟弟李玕劝李班命令李越返回江阳，任命李期为梁州刺史，镇守葭萌。李班因为李雄还没埋葬，不忍心派遣离开，推心置腹对待他们，没有任何怀疑疏远，而派遣李玕离开成都，镇守涪城。冬季十月癸亥是初一，李越乘李班在这天夜里哭悼李雄的机会，在停放李雄灵柩的宫中杀死李班，同时杀了李班的哥哥、领军将军李都，假传皇太后任氏的命令，列举李班罪状并废黜李班。

当初，李期的母亲冉氏出身低贱，任氏像生母那样抚养李期。李期多才多艺，有好名声。到李班死时，众人都想拥立李越，李越却尊奉李期，立他为皇帝。甲子（二十四日），李期就皇帝位，给李班定谥号为戾太子。李期任命李越为相国，拜封建宁王；加授大将军李寿为大都督，改封为汉王，二人都录尚书事。任命自己的哥哥李霸为中领军、镇南大将军；弟弟李保为镇西大将军、汶山太守；堂兄李始为征东大将军，代替李越镇守江阳。丙寅（二十六日），李雄被埋葬在安都陵，谥号定为武皇帝，庙号为太宗。

李始想和李寿联合攻打李期，李寿不敢行动。李始发怒，反而在李期面前诬陷李寿，请求杀掉他。李期想通过李寿去讨伐李玕，所以不同意，派李寿率兵进攻涪城。李寿事先派使者把何去何从的利害告诉李玕，为李玕让出去路，李玕于是投奔东晋。朝廷下令任李玕为巴郡太守。李期任命李寿为梁州刺史，驻守涪城。

咸康元年（335）秋季九月，大成国太子李班的舅舅罗演与汉王相、天水人上官澹谋划杀死大成国主李期，拥立李班的儿子为国主。事情败露后，李期斩杀了罗演、上官澹以及李班的母亲罗氏。李期自以为志得意满，轻视各位旧臣，信任尚书令景骞、尚书姚华、田褒、中常侍许涪等人，凡是刑罚赏赐等重大政事，都由这几个人决定，很少再通知百官公卿。田褒没有其他才能，因为曾经劝说大成国主李雄立李期为太子，所以得到宠幸。从此大成国纲纪法度坏乱，李雄所创的帝业开始衰落。

　　四年，成主期骄虐日甚，多所诛杀，而籍没其资财、妇女，由是大臣多不自安。汉王寿素贵重，有威名，期及建宁王越等皆忌之。寿惧不免，每当入朝，常诈为边书，辞以警急。初，巴西处士龚壮，父、叔皆为李特所杀，壮欲报仇，积年不除丧。寿数以礼辟之，壮不应，而往见寿。寿密问壮以自安之策，壮曰：“巴、蜀之民本皆晋臣，节下若能发兵西取成都，称藩于晋，谁不争为节下奋臂前驱者！如此则福流子孙，名垂不朽，岂徒脱今日之祸而已！”寿然之，阴与长史略阳罗恒、巴西解思明谋攻成都。期颇闻之，数遣许涪至寿所，伺其动静，又鸩杀寿养弟安北将军攸。

　　夏四月，寿乃诈为妹夫任调书，云期当取寿。其众信之，遂帅步骑万馀人自涪袭成都，许赏以城中财物，以其将李奕为前锋。期不意其至，初不设备。寿世子势为翊军校尉，开门纳之，遂克成都，屯兵宫门。期遣侍中劳寿。寿奏建宁王越、景骞、田褒、姚华、许涪及征西将军李遐、将军李西等怀奸乱政，皆收杀之。纵兵大掠，数日乃定。寿矫以太后任氏令废期为邛都县公，幽之别宫。追谥戾太子曰哀皇帝。

　　罗恒、解思明、李奕等劝寿称镇西将军、益州牧、成都王，称藩于晋，送邛都公于建康。任调及司马蔡兴、侍中李艳等劝寿自称帝。寿命筮之，占者曰：“可数年天子。”调喜曰：“一日

四年(338),大成国主李期一天比一天骄纵残暴,经常杀人,从而没收死者的资财、妇女,因此朝中大臣大多惶恐不安。汉王李寿向来职高位重,享有威名,李期和建宁王李越等人都忌怕李寿。李寿担心难免遭难,每逢应当入宫朝见皇帝时,常常伪造边防文书,用边防告急做借口推辞入朝。当初,巴西不愿做官的士人龚壮,他的父亲、叔父都被李特杀死,龚壮想报仇,多年一直不脱丧服。李寿多次按礼节征召他出来做官,龚壮不应召,但前去面见李寿。李寿悄悄询问龚壮自我保全的计策,龚壮说:"巴、蜀的百姓本来都是晋朝的臣民,将军您如果能发兵西进,攻取成都,向晋朝称臣,那有谁会不争着为您振臂向前冲杀呢!这样办,造福流传子孙后代,美名永垂不朽,哪里仅仅是逃脱今日的危身之祸呢!"李寿认为他说得对,秘密地与长史、略阳人罗恒和巴西人解思明谋划攻取成都。李期对此颇有所闻,多次派许涪到李寿驻地,伺探李寿的行动,又毒死了李寿的养弟、安北将军李攸。

　　夏季四月,李寿伪造妹夫任调来信,说李期要攻取李寿。李寿的部众信以为真,李寿于是率领一万多步兵、骑兵,从涪城出发袭击成都,许诺用城中的财物作为奖赏,任用自己的部将李奕为前锋。李期没有料到李寿打来,当初没设防备。李寿的长子李势任翊军校尉,他打开城门接纳李寿进城,于是李寿攻破成都,在皇宫宫门驻扎军队。李期派侍中慰劳李寿。李寿上奏章数落建宁王李越、景骞、田褒、姚华、许涪以及征西将军李遐、将军李西等人心怀奸邪,扰乱朝政,把他们全部收捕,处以死刑。放纵士兵大肆抢掠,数日后才平定下来。李寿假传皇太后任氏的旨令,废除李期的皇位,贬为邛都县公,囚禁在另外的宫中。追加庶太子李班的谥号为哀皇帝。

　　罗恒、解思明、李奕等人都劝说李寿自号镇西将军、益州牧、成都王,向东晋称臣,把邛都公李期送往建康。任调和司马蔡兴、侍中李艳等人劝李寿自己称帝。李寿命人占筮这件事情,占卜的人说:"能当几年天子。"任调高兴地说:"哪怕当一天皇帝

尚足,况数年乎!"思明曰:"数年天子,孰与百世诸侯?"寿曰:"朝闻道,夕死可矣。"遂即皇帝位。改国号曰汉,大赦,改元汉兴。以安车束帛征龚壮为太师,壮誓不仕,寿所赠遗,一无所受。

寿改立宗庙,追尊父骧曰献皇帝,母昝氏曰皇太后,立妃阎氏为皇后,世子势为皇太子。更以旧庙为大成庙,凡诸制度,多所改易。以董皎为相国,罗恒为尚书令,解思明为广汉太守,任调为镇北将军、梁州刺史,李奕为西夷校尉,从子权为宁州刺史。公、卿、州、郡,悉用其僚佐代之。成氏旧臣、近亲及六郡士人,皆见疏斥。邛都县公期叹曰:"天下主乃为小县公,不如死!"五月,缢而卒。寿谥曰幽公,葬以王礼。

夏六月,汉李奕从兄广汉太守乾告大臣谋废立。秋七月,汉主寿使其子广与大臣盟于前殿。徙乾为汉嘉太守,以李闳为荆州刺史,镇巴郡。

八月,蜀中久雨,百姓饥疫,寿命群臣极言得失。龚壮上封事称:"陛下起兵之初,上指星辰,昭告天地,歃血盟众,举国称藩,天应人悦,大功克集。而论者未谕,权宜称制。今淫雨百日,饥疫并臻,天其或者将以监示陛下故也。愚谓宜遵前盟,推奉建康,彼必不爱高爵重位以报大功。虽降阶一等,而子孙无穷,永保福祚,不亦休哉!论者或言二州附晋则荣,六郡人事之不便。昔公孙述在蜀,羁客用事,刘备在蜀,楚士多贵。及吴、邓西伐,举国屠灭,宁分

也满足了,更何况能当几年呢!"解思明说:"当几年天子,与世世代代做诸侯,究竟什么更好呢?"李寿说:"早上闻知道义,晚上死都可以。"于是李寿就皇帝位,把国号改称汉,大赦罪人,改年号为汉兴。李寿用安车、束帛的礼节征召龚壮任太师,龚壮誓不做官,对李寿赠送的礼物,一概不接受。

李寿改建宗庙,追加自己的父亲李骧为献皇帝,母亲昝氏为皇太后,立妃子阎氏为皇后,世子李势为皇太子。把原来祭祀李特、李雄的宗庙改为大成庙,凡是前朝的各种制度,大多有所改变。李寿任命董皎为相国,罗恒为尚书令,解思明为广汉太守,任调为镇北将军、梁州刺史,李奕为西夷校尉,侄子李权为宁州刺史。朝廷公卿、州郡长官,全部用自己的僚属替代。大成国原来的旧臣、近亲以及与李特一齐入蜀的六郡士人都被疏远排斥。邛都县公李期感叹道:"我这一国之主,却成了小县公,不如一死!"五月,李期上吊而死。李寿给他定谥号为幽公,按诸侯王的礼节埋葬。

夏季六月,成汉李奕的堂兄、广汉太守李乾告发大臣阴谋废立皇帝。秋季七月,成汉国主李寿让儿子李广与大臣在正殿前盟誓。调李乾任汉嘉太守,任命李闳为荆州刺史,镇守巴郡。

八月,蜀地大雨连绵,百姓倍受饥荒瘟疫,李寿令众大臣直言朝政得失。龚壮呈上密封的奏章说:"陛下当初起兵攻取成都时,上指星辰,明确告示天地,聚众歃血盟誓,全国向晋朝称藩臣。上天应合,下民喜悦,大功告成。但议论的人不明此理,却用权宜之计称帝。如今大雨百日不停,饥荒瘟疫同时降临,或许是上天以此告鉴、明示陛下的缘故。我认为应当遵守先前的盟誓,推崇、尊奉建康,晋朝必不吝惜高官厚爵、重要职位,以此报答归顺的大功。虽然地位降低一等,却使子孙后代无穷尽,永保福运,不也很好吗!议论的人或许说,益州、梁州归附晋朝则受荣宠,关西六郡的人,事奉晋朝则不会得利。从前公孙述统治蜀地,寄居做客的得到重用,刘备在蜀地统治,楚籍的士大夫很尊贵。到了曹魏的吴汉、邓艾西伐蜀汉时,全国都被屠灭,难道还有

客主！论者不达安固之基，苟惜名位，以为刘氏守令方仕
州郡，曾不知彼乃国亡主易，岂同今日义举，主荣臣显哉！
论者又谓臣当为法正。臣蒙陛下大恩，恣臣所安，至于荣
禄，无问汉、晋，臣皆不处，复何为效法正乎！”寿省书内惭，
秘而不宣。九月，汉仆射任颜谋反，诛。颜，任太后之弟
也。汉主寿因尽诛成主雄诸子。

五年秋九月，汉主寿疾病，罗恒、解思明复议奉晋，寿
不从。李演复上书言之，寿怒，杀演。寿常慕汉武、魏明之
为人，耻闻父兄时事，上书者不得言先世政教，自以为胜之
也。舍人杜袭作诗十篇，托言应璩以讽谏。寿报曰：“省诗
知意。若今人所作，乃贤哲之话言；若古人所作，则死鬼之
常辞耳。”

七年冬十二月，汉主寿以其太子势领大将军、录尚书
事。初，成主雄以俭约宽惠得蜀人心。及李闳、王嘏还自
邺，盛称邺中繁庶，宫殿壮丽，且言赵王虎以刑杀御下，故
能控制境内。寿慕之，徙旁郡民三丁以上者以实成都，大修
宫室，治器玩。人有小过，辄杀以立威。左仆射蔡兴、右仆
射李嶷皆坐直谏死。民疲于赋役，吁嗟满道，思乱者众矣。

康帝建元元年秋八月，汉主寿卒，谥曰昭文，庙号中
宗。太子势即位，大赦。
二年夏四月，汉太史令韩皓上言：“荧惑守心，乃宗庙不
修之谴。”汉主势命群臣议之。相国董皎、侍中王嘏以为：“景、

客人、主人之分！议论的人不懂平安稳固的根本，苟且吝惜名利地位，认为蜀汉刘氏的郡守、县令正在晋朝出任地方官，却不知道他们是国破家亡、易主而事，哪里能与今日尊奉正统的大义行动同日而语，这将是君王荣耀、群臣显贵啊！议论的人还认为我应该效仿当年法正开城门迎接刘备当皇帝的行动。我蒙受陛下大恩，随我安居；至于荣誉、俸禄，不论成国、晋朝，我都不接受，又为什么要效仿法正呢！"李寿看了奏章后内心惭愧，保密而不宣布。九月，成汉仆射任颜谋反被杀。任颜是任太后的弟弟。成汉国主李寿因此把成国主李雄所有的儿子全部杀死。

五年（339）秋季九月，成汉国主李寿病重，罗恒、解思明又建议尊奉东晋，李寿不听从。李演又上奏书说这件事，李寿发怒，杀了李演。李寿经常敬慕汉武帝、魏明帝的作为，羞于听父兄当时的事迹，上书言事的人不能提前朝的政治教化，自认为超过了他们。舍人杜袭作了十首诗，假托魏人应璩所作，以暗示劝告李寿。李寿回答说："读诗知诗意，如果是今人写作，就是贤人明哲之言；如果是古人写作，那就是死鬼的老生常谈了。"

七年（341）冬季十二月，成汉国主李寿任命太子李势兼任大将军、录尚书事。当初，成国主李雄因节约宽厚仁爱，在蜀地赢得民心。等到李闳、王嘏从邺城归来，他们极力称赞邺中繁荣富庶，宫殿壮丽，而且说后赵王石虎靠刑罚杀戮来统治部下，所以能够控制全部国境。李寿羡慕这一切，迁邻近州郡百姓家中三个以上的壮年男丁来充实成都，大力修建宫殿，制造娱乐的器物。人犯小过失，就杀掉，以此来树立威权。左仆射蔡兴、右仆射李嶷都因为直言规劝而判处死罪。百姓因赋税劳役过重而疲惫不堪，怨声载道，想趁机作乱的人很多。

晋康帝建元元年（343）秋季八月，成汉国主李寿逝世，定谥号为昭文，庙号为中宗。太子李势即皇帝位，大赦罪人。

二年（344）夏季四月，成汉太史令韩皓上书说："出现火星不离心宿的天象，这是对不修缮宗庙的谴责。"成汉国主李势命令众位大臣商议此事。相国董皎、侍中王嘏都认为："景皇帝李特、

武创业,献、文承基,至亲不远,无宜疏绝。"势乃更命祀成始祖、太宗,皆谓之汉。

穆帝永和元年秋八月,汉主势之弟大将军广,以势无子,求为太弟,势不许。马当、解思明谏曰:"陛下兄弟不多,若复有所废,将益孤危。"固请许之。势疑其与广有谋,收当、思明斩之,夷其三族。遣太保李奕袭广于涪城,贬广为临邛侯,广自杀。思明被收,叹曰:"国之不亡,以我数人在也,今其殆矣!"言笑自若而死。思明有智略,敢谏诤,马当素得人心,及其死,士民无不哀之。

二年冬,汉太保李奕自晋寿举兵反,蜀人多从之,众至数万。汉主势登城拒战,奕单骑突门,门者射而杀之,其众皆溃。势大赦境内,改年嘉宁。势骄淫,不恤国事,多居禁中,罕接公卿,疏忌旧臣,信任左右,谗谄并进,刑罚苛滥,由是中外离心。蜀土先无獠,至是始从山出,自巴西至犍为、梓潼,布满山谷十馀万落,不可禁制,大为民患,加以饥馑,四境之内,遂至萧条。

安西将军桓温将伐汉,将佐皆以为不可。江夏相袁乔劝之曰:"夫经略大事,固非常情所及,智者了于胸中,不必待众言皆合也。今为天下之患者,胡、蜀二寇而已,蜀虽险固,比胡为弱,将欲除之,宜先其易者。李势无道,臣民不附,且恃其险远,不修战备。宜以精卒万人轻赍疾趋,比其

武帝李雄创业，献帝李骧、昭文帝李寿继承基业。互为至亲，血缘不远，不应该疏远、中断宗庙祭祀。"李势于是重新命令祭祀大成始祖李特、太宗李雄，都叫汉祖、汉太宗。

穆帝永和元年（345）秋季八月，成汉国主李势的弟弟、大将军李广因为李势没有儿子，请求立自己为具有皇位继承权的太弟，李势不答应。马当、解思明劝说道："陛下的弟兄不多，如果还出现废免，将会更加孤单危险。"并坚持请求李势同意立李广。李势怀疑他们与李广有预谋，收捕马当、解思明斩杀，并诛灭了两家的父母、妻子、兄弟三支亲族。派太保李奕到涪城袭击李广，把李广贬为临邛侯，李广自杀。解思明被收捕时叹息道："国家不灭亡，是因为有我们这几个人。如今国家危险了！"谈笑自如地赴死。解思明有智慧谋略，敢于直言规劝，马当素来得人心，他们死时，士人百姓没有不悲哀的。

二年（346）冬季，成汉太保李奕从晋寿县兴兵反叛，蜀地响应的人很多，部众多到好几万。成汉国主李势登上城墙指挥抵抗，李奕单枪匹马冲破城门，被守门的士兵射死，李奕的人马全部溃散。李势大赦境内的罪人，把年号改为嘉宁。李势骄奢淫逸，不体恤国家大事，经常留在内宫中，很少上朝接见百官公卿，疏远顾忌旧臣，信任左右侍从，于是谗言媚语一起得逞，刑罚苛刻、漫无节制，因此朝廷内外离心离德。蜀地从前没有獠人，到这时他们开始从山中出来，从巴西一直到犍为、梓潼，遍布山谷，有十馀万处聚居地，无法禁止控制，给百姓造成严重的灾患，再加上饥荒，成汉境内，终于处在一片萧条之中。

安西将军桓温准备讨伐成汉，部将辅佐都认为不行。江夏相袁乔劝桓温说："筹划大事，本来就不是按常理所能预测的，智者胸有成竹，没有必要等众人意见都一致。如今成为天下祸患的，就是北边的胡虏、蜀地的成汉而已。成汉虽然地势险要城池坚固，但力量比胡虏弱，要想清除祸患，应当先清除容易的。成汉李势无道，官吏百姓离心，况且李势依赖地势险要偏远，不进行作战准备。应当用一万精锐部队轻装前进，直赴成汉，等李势

觉之,我已出其险要,可一战擒也。蜀地富饶,户口繁庶,诸葛武侯用之抗衡中夏,若得而有之,国家之大利也。论者恐大军既西,胡必窥觎,此似是而非。胡闻我万里远征,以为内有重备,必不敢动;纵有侵轶,缘江诸军足以拒守,必无忧也。"温从之。乔,瓖之子也。十一月辛未,温帅益州刺史周抚、南郡太守谯王无忌伐汉,拜表即行。委安西长史范汪以留事,加抚都督梁州之四郡诸军事,使袁乔帅二千人为前锋。

三年春二月,桓温军至青衣。汉主势大发兵,遣叔父右卫将军福、从兄镇南将军权、前将军昝坚等将之,自山阳趣合水。诸将欲设伏于江南以待晋兵,昝坚不从,引兵自江北鸳鸯埼渡向犍为。

三月,温至彭模。议者欲分为两军,异道俱进,以分汉兵之势。袁乔曰:"今悬军深入万里之外,胜则大功可立,不胜则噍类无遗,当合势齐力,以取一战之捷。若分两军,则众心不一,万一偏败,大事去矣。不如全军而进,弃去釜甑,赍三日粮,以示无还心,胜可必也。"温从之。留参军孙盛、周楚将羸兵守辎重,温自将步卒直指成都。楚,抚之子也。

李福进攻彭模,孙盛等奋击,走之。温进,遇李权,三战三捷,汉兵散走归成都,镇东将军李位都迎诣温降。昝坚至犍为,乃知与温异道,还,自沙头津济,比至,温已军于成都之十里陌,坚众自溃。

发觉，我军已经越过那些天险要道，可以一次交战，活捉李势。蜀地物产丰富，人口众多，诸葛武侯凭借蜀地和中原抗衡，如果攻取并拥有蜀地，是国家的最大利益所在。议论的人唯恐我朝大军西进以后，胡虏必定乘机而入，这种看法似是而非。胡虏听说我朝大军万里远征，认为国内有严密防备，必然不敢轻举妄动。纵然出现侵略袭击，沿江驻守的各路军队也完全能够抵抗防守，一定没有后患。”桓温听从了袁乔的劝告。袁乔是袁瓌的儿子。十一月辛未（初五），桓温统率益州刺史周抚、南郡太守、谯王司马无忌讨伐成汉，呈上表章就立即出征。委托安西长史范汪负责留守事务，授他为都督梁州四郡诸军事，派袁乔率领二千人充当前锋。

三年（347）春季二月，桓温的军队抵达青衣县。成汉国主李势大量征调军队，派他的叔父右卫将军李福、堂兄镇南将军李权、前将军昝坚等人统率，从山阳开赴合水。众将领准备在长江以南设埋伏来防备东晋军队，昝坚拒不采纳，率领军队从长江以北的鸳鸯埼渡江，奔向犍为。

三月，桓温抵达彭模。有人建议要兵分两路，分道同时进攻，以便分散成汉的兵势。袁乔说：“我军现在孤军深入万里之外，打胜仗就能建立大功，不胜则一个活着的人也不会遗留。要聚集威势齐心协力，来争取一战成功。如果兵分两路，就不是万众一心，万一一方失败，灭亡成汉的大事就完了。不如全军一齐进攻，丢弃锅甑，带三天的粮食，以显示毫不后退的决心，胜利必定能够实现。”桓温听从了他的意见。留下参军孙盛、周楚带领老弱士兵守护军用物资，桓温亲自统率步兵直接开赴成都。周楚是周抚的儿子。

李福进攻彭模，孙盛等将士奋力反击，打退了李福。桓温进军，和李权相遇，三次交锋，三次获胜，成汉军队散乱逃回成都，镇东将军李位都迎接桓温前去投降。昝坚到达犍为，才知道和桓温不同道，返回，从沙头津渡长江，等抵达战场，桓温已经驻扎在成都的十里陌，昝坚的军队不战自散。

势悉众出战于笮桥，温前锋不利，参军龚护战死，矢及温马首。众惧，欲退，而鼓吏误鸣进鼓，袁乔拔剑督士卒力战，遂大破之。温乘胜长驱至成都，纵火烧其城门。汉人惶惧，无复斗志。势夜开东门走，至葭萌，使散骑常侍王幼送降文于温，自称"略阳李势叩头死罪"，寻舆榇面缚诣军门。温解缚焚榇，送势及宗室十馀人于建康。引汉司空谯献之等以为参佐，举贤旌善，蜀人悦之。

汉故尚书仆射王誓、镇东将军邓定、平南将军王润、将军隗文等皆举兵反，众各万馀。桓温自击定，使袁乔击文，皆破之。温命益州刺史周抚镇彭模，斩王誓、王润。温留成都三十日，振旅还江陵。李势至建康，封归义侯。

夏四月丁巳，邓定、隗文等入据成都。隗文、邓定等立故国师范长生之子贲为帝而奉之，以妖异惑众，蜀人多归之。

五年夏四月，益州刺史周抚、龙骧将军朱焘击范贲，斩之，益州平。

李势调集全部军队在笮桥迎战,桓温的前锋部队作战不利,参军龚护战死,流箭射中桓温的马头。士兵害怕,想要撤退,而击鼓官误击进军鼓,袁乔拔出剑督促士兵全力作战,终于大败李势的军队。桓温乘胜长驱直赴成都,放火焚烧成都城门。成汉人惊慌恐惧,再也没有斗志。李势趁夜打开城东门逃跑,到葭萌,派散骑常侍王幼送投降文书给桓温,自称:"略阳人李势因犯死罪叩头。"不久,李势载着棺材、双手反绑,来到桓温军营门口,桓温解开绑绳,烧毁棺材,把李势及王室亲属十多人送往建康。引用成汉司空谯献之等人作为僚属,举用贤人表彰善行,蜀人对此感到十分高兴。

成汉原任尚书仆射王誓、镇东将军邓定、平南将军王润、将军隗文等都举兵反抗,各自拥有一万多军队。桓温亲自攻打邓定,派袁乔攻打隗文,把他们都打败了。桓温命令益州刺史周抚镇守彭模,杀死王誓、王润。桓温在成都停留三十天后,整顿军队返回江陵。李势到了建康,被封为归义侯。

夏季四月丁巳(二十九日),邓定、隗文等人进占成都。隗文、邓定等人立原成汉国师范长生的儿子范贲当皇帝,并尊奉他,用妖言异事迷惑百姓,很多蜀人归附他们。

五年(349)夏季四月,益州刺史周抚、龙骧将军朱焘攻打范贲,将他斩杀,益州完全平定了。

桓温废立

晋穆帝永和二年冬十一月,安西将军桓温伐汉。朝廷以蜀道险远,温众少而深入,皆以为忧,惟刘惔以为必克。或问其故,惔曰:"以博知之。温善博者也,不必得则不为。但恐克蜀之后,温终专制朝廷耳。"

三年,汉主势降于温。事见《桓温灭蜀》。

四年秋八月,朝廷论平蜀之功,欲以豫章郡封桓温。尚书左丞荀蕤曰:"温若复平河、洛,将何以赏之?"乃加温征西大将军、开府仪同三司,封临贺郡公,加谯王无忌前将军,袁乔龙骧将军,封湘西伯。蕤,崧之子也。温既灭蜀,威名大振,朝廷惮之。

升平四年冬十一月,封桓温为南郡公,温弟冲为丰城县公,子济为临贺县公。

哀帝兴宁元年夏五月,加征西大将军桓温侍中、大司马、都督中外诸军、录尚书事,假黄钺。温以抚军司马王坦之为长史。坦之,述之子也。又以征西掾郗超为参军,王珣为主簿,每事必与二人谋之。府中为之语曰:"髯参军,

桓温废立

晋穆帝永和二年(346)冬季十一月,安西将军桓温率领军队讨伐成汉。朝廷鉴于到蜀地成汉的道路艰险而又遥远,桓温的军队人数少而要深入敌后,都为此举的胜败担忧,只有刘惔一人认为桓温一定成功。有人问他原因,刘惔说:"通过下棋可以得知。桓温是善于下棋的高手,没有把握吃掉对方则不会轻易行动。只是担心攻克蜀地以后,桓温最终会专断,控制朝廷罢了。"

三年(347),成汉国主李势向桓温投降。事见《桓温灭蜀》。

四年(348)秋季八月,朝廷讨论平定蜀地成汉的功劳,想把豫章郡分封给桓温。尚书左丞荀蕤说:"桓温如果又平定了黄河、洛水地区,朝廷准备用什么赏赐他?"于是加授桓温为征西大将军、开府仪同三司,封赐临贺郡公爵位;授命谯王司马无忌为前将军,袁乔为龙骧将军,封赐湘西伯爵位。荀蕤是荀崧的儿子。桓温消灭了蜀地的成汉以后,威势日盛,名声大振,朝廷也惧怕他。

升平四年(360)冬季十一月,朝廷赐封桓温为南郡公,封桓温的弟弟桓冲为丰城县公,儿子桓济为临贺县公。

晋哀帝兴宁元年(363)夏季五月,朝廷加授征西大将军桓温为侍中、大司马、都督中外诸军、录尚书事,授予他持黄钺的礼遇。桓温任命抚军司马王坦之为长史。王坦之是王述的儿子。又任命征西掾郗超为参军,王珣为主簿,桓温每件事都要与这两个人一起谋划。桓温的官府中为他们编了歌谣说:"长胡子参军,

短主簿，能令公喜，能令公怒。"温气概高迈，罕有所推，与超言，常自谓不能测，倾身待之。超亦深自结纳。珣，导之孙也，与谢玄皆为温掾，温俱重之。曰："谢掾年四十必拥旄杖节，王掾当作黑头公，皆未易才也。"玄，奕之子也。

二年夏五月戊辰，加大司马温扬州牧、录尚书事。壬申，使侍中召温入参朝政，温辞不至。

秋七月丁卯，诏复征大司马温入朝。八月，温至赭圻，诏尚书车灌止之。温遂城赭圻居之固，让内录，遥领扬州牧。

三年，大司马温移镇姑孰。二月丙申，帝崩于西堂。帝无嗣，皇太后诏以琅邪王奕承大统。百官奉迎于琅邪第，是日即皇帝位，大赦。

海西公太和三年冬十二月，加大司马温殊礼，位在诸侯王上。

简文帝咸安元年，大司马温恃其材略位望，阴蓄不臣之志，尝抚枕叹曰："男子不能流芳百世，亦当遗臭万年！"术士杜炅能知人贵贱，温问炅以己禄位所至。炅曰："明公勋格宇宙，位极人臣。"温不悦。温欲先立功河朔以收时望，还受九锡。及枋头之败，威名顿挫。既克寿春，谓参军郗超曰："足以雪枋头之耻乎？"超曰："未也。"久之，

矮个子主簿,能让桓公高兴,能让桓公发怒。"桓温的气派风度高超不凡,很少有受他推崇的人。但他与郗超谈论,常常认为自己对郗超莫测高深,因而尽心善待郗超,郗超也竭心尽力地和桓温结交。王珣是王导的孙子,他和谢玄都是桓温的属官,桓温对两人都很看重。桓温说:"谢玄四十岁时一定是拥着大旗、手持符节的大将军,王珣会成为年轻有为、身居高位的黑头公,都是不可多得的人才。"谢玄是谢奕的儿子。

二年(364)夏季五月戊辰(二十日),朝廷加授大司马桓温为扬州牧、录尚书事。壬申(二十四日)这天,朝廷让侍中召桓温回京城参与朝政,桓温推辞不去。

秋季七月丁卯(二十日),朝廷下达诏令,再次征召大司马桓温入朝。八月,桓温行至赭圻,朝廷又诏令尚书车灌阻止他。桓温于是修筑赭圻城墙,居住在那里,坚决辞让录尚书事一职,在名义上接受担任扬州牧。

三年(365),大司马桓温迁移到姑孰镇守。二月丙申(二十二日)这天,晋哀帝在太极殿西堂驾崩。哀帝没有子嗣,皇太后诏令,让琅邪王司马奕继承帝位。朝廷百官奉命到琅邪王的府第迎接他,就在当天,司马奕即皇帝位,大赦天下。

晋海西公太和三年(368)冬季十二月,朝廷授予大司马桓温特殊的礼遇,地位在诸侯王之上。

晋简文帝咸安元年(371),大司马桓温倚仗自己的才智谋略与地位名望,心中暗自蓄积起不甘心做人臣的志向,曾经抚按着车后的横木感叹道:"男子汉不能流芳百世,也应当遗臭万年!"方术之士杜炅能够预测人的贵贱,桓温询问他,自己的福禄地位能升到什么程度。杜炅说:"您的功勋感通宇宙天地,您的地位高到人臣顶点。"桓温听了不高兴。桓温想先在黄河以北建立战功,从而赢得当时人对自己的仰望,然后再回朝廷接受赐予九锡的至高礼遇。等到在枋头被打败时,桓温的威信名声受到挫折。攻取了寿春以后,桓温对参军郗超说:"这次胜利能够洗刷掉枋头失败的耻辱吗?"郗超回答说:"不能。"过了一段时间,

超就温宿,中夜,谓温曰:"明公都无所虑乎?"温曰:"卿欲有言邪?"超曰:"明公当天下重任,今以六十之年,败于大举,不建不世之勋,不足以镇惬民望。"温曰:"然则奈何?"超曰:"明公不为伊、霍之举者,无以立大威权,镇压四海。"温素有心,深以为然,遂与之定议。以帝素谨无过,而床笫易诬,乃言"帝早有痿疾,嬖人相龙、计好、朱灵宝等参侍内寝,二美人田氏、孟氏生三男,将建储立王,倾移皇基。"密播此言于民间,时人莫能审其虚实。

十一月癸卯,温自广陵将还姑孰,屯于白石。丁未,诣建康,讽褚太后,请废帝立丞相会稽王昱,并作令草呈之。太后方在佛屋烧香,内侍启云:"外有急奏。"太后出,倚户视奏数行,乃曰:"我本自疑此!"至半,便止,索笔益之曰:"未亡人不幸罹此百忧,感念存没,心焉如割!"

己酉,温集百官于朝堂。废立既旷代所无,莫有识其故典者。百官震栗,温亦色动,不知所为。尚书仆射王彪之知事不可止,乃谓温曰:"公阿衡皇家,当倚傍先代。"乃命取《霍光传》,礼度仪制,定于须臾。彪之朝服当阶,神彩毅然,曾无惧容,文武仪准,莫不取定,朝廷以此服之。于是宣太后令,废帝为东海王,以丞相、录尚书事、会稽王昱

郗超到桓温那里留宿,等到半夜,对桓温说:"明公您完全无所顾虑了吗?"桓温说:"你有话想对我说?"郗超说:"明公您担负着天下的重任,如今仗着六十岁的年龄,却在讨伐燕国的重大行动中失败,不重建举世无双的功勋,是不能镇服、满足民望的。"桓温问:"既然这样,那么该怎么办呢?"郗超说:"明公您如果不做出像伊尹放逐太甲、霍光废黜昌邑王那样的事,就不能建立起最大的威权,镇压住天下。"桓温平素便有此心,认为郗超说得非常对,就和他定下谋议。由于皇帝向来谨慎小心,没有大的过失,而用床上事最容易诬陷,于是编造说:"皇帝早就患有阳痿,宠臣相龙、计好、朱灵宝等人参与服侍内宫起居,他们与田氏、孟氏二位美人生了三个儿子,准备立这三个儿子作为太子与诸侯王,倾覆国家,转移皇统。"然后将这话秘密地传播到民间,当时的人谁也无法辨别此话是真是假。

十一月癸卯(初九),桓温准备从广陵返回姑孰,驻扎在白石。丁未(十三日),桓温来到建康,含蓄地劝说褚太后,请褚太后废黜皇帝司马奕,改立丞相、会稽王司马昱为帝,并拟好诏令的草稿进呈给褚太后。太后正在佛屋烧香,宫中侍从报告说:"外面送来紧急奏章。"太后走出佛屋,靠着门看了几行奏章,于是说道:"我自己本来就疑心是这种事!"看了一半,便停下来要笔,在奏章上加了几句话:"我这未亡人不幸遭受这种种忧患,想到生者与死者,心如刀绞!"

己酉(十五日),桓温召集文武百官来到朝堂。废立皇帝的事已经很长时间没有经历过,没有人知道过去废立的规则。满朝文武大臣震惊、恐惧,桓温也神色紧张,不知道该怎么办。尚书仆射王彪之清楚废立的事无法阻止,就对桓温说:"您辅佐朝廷,废立皇帝应当效法前代的规矩。"于是命令取来《汉书·霍光传》参照,废立皇帝的礼节仪式很快就确定了。王彪之身穿朝服面对朝堂,神色坚定,连一点恐惧的样子也没有,文官武将的礼仪规则,没有不依法决断的,文武百官因此服从他。于是宣布太后的诏令,废黜皇帝为东海王,让丞相、录尚书事、会稽王司马昱

统承皇极。百官入太极前殿,温使督护竺瑶、散骑侍郎刘亨收帝玺绶。帝著白帢单衣,步下西堂,乘犊车出神虎门,群臣拜辞,莫不歔欷。侍御史、殿中监将兵百人卫送东海第。温帅百官具乘舆法驾,迎会稽王于会稽邸。王于朝堂变服,著平巾帻、单衣,东向流涕,拜受玺绶。是日,即皇帝位,改元。温出次中堂,分兵屯卫。温有足疾,诏乘舆入殿。温撰辞,欲陈述废立本意,帝引见,便泣下数十行,温兢惧,竟不能一言而出。

太宰武陵王晞好习武事,为温所忌,欲废之,以事示王彪之。彪之曰:"武陵亲尊,未有显罪,不可以猜嫌之间便相废徙。公建立圣明,当崇奖王室,与伊、周同美。此大事,宜更深详!"温曰:"此已成事,卿勿复言!"乙卯,温表:"晞聚纳轻剽,息综矜忍。袁真叛逆,事相连染。顷日猜惧,将成乱阶。请免晞官,以王归藩。"从之,并免其世子综、梁王璡等官。温使魏郡太守毛安之帅所领宿卫殿中。安之,虎生之弟也。庚戌,尊褚太后曰崇德太后。

初,殷浩卒,大司马温使人赍书吊之。浩子涓不答,亦不诣温,而与武陵王晞游。广州刺史庾蕴,希之弟也,素与温有隙。温恶殷、庾宗强,欲去之。辛亥,使其弟秘逼新蔡王晃诣

继承皇位。百官们进入太极前殿,桓温派督护竺瑶、散骑侍郎刘亨收回皇帝的印玺绶带。东海王司马奕头戴白色便帽,身穿日常盛服,步行走下西堂,乘坐牛车出了神虎门,众大臣叩拜辞别,没有谁不泪流满面。侍御史、殿中监带领一百名卫兵护送司马奕到东海王府第。桓温统领百官准备好皇帝的器物车乘,到会稽王宫邸恭迎司马昱。会稽王司马昱在朝堂更换衣帽,头戴平顶冠巾,身穿日常盛服,面朝东方流下了眼泪,恭敬地接受了印玺绶带。这天,司马昱就皇帝位,改了年号。桓温出宫,临时住在中堂,分兵守卫宫廷。桓温的脚有毛病,朝廷诏令允许他乘车入殿。桓温想好话头,打算陈述自己废立皇帝的本意,简文帝召见桓温时,一见桓温就流下数十行眼泪,桓温小心谨慎、恐惧不安,竟连一句话也没说就离开了宫殿。

　　太宰、武陵王司马晞喜爱习武练兵之事,被桓温忌恨,桓温想废黜司马晞,并把自己的想法告诉王彪之。王彪之说:"武陵王是皇亲至尊,没有明显的罪过,不能因为猜疑、隔阂就随便废置、调动。您改立了贤明的皇帝,应当尊崇辅佐王室,与伊尹、周公享有同样的美名。这是大事,应该更深入、详细地考虑!"桓温说:"这件事已经定局,你不要再说什么了。"乙卯(二十一日),桓温上表陈奏:"司马晞聚集网罗轻浮之徒,儿子司马综傲慢残忍。袁真叛逆朝廷,事情与他有牵连。近来司马晞猜疑恐惧,这将会成为祸乱的来由。请免去司马晞的官职,让他以亲王的身份返回封地。"简文帝同意了,并罢免了司马晞长子司马综、梁王司马璲等人的官职。桓温让魏郡太守毛安之率领他自己的部队在宫中值宿守卫。毛安之是毛虎生的弟弟。庚戌(十六日)那天,朝廷尊奉褚太后为崇德太后。

　　当初,殷浩去世的时候,大司马桓温派人送去了书信吊唁。但是殷浩的儿子殷涓既不回信致谢,也不到桓温处还礼,却与武陵王司马晞一起游玩。广州刺史庾蕴是庾希的弟弟,一向与桓温有隔阂。桓温厌恨殷氏、庾氏宗族强大,想除掉他们。辛亥(十七日)那天,桓温让自己的弟弟桓秘威逼新蔡王司马晃到

西堂叩头自列,称与晞及子综、著作郎殷涓、太宰长史庾倩、掾曹秀、舍人刘彊、散骑常侍庾柔等谋反。帝对之流涕,温皆收付廷尉。倩、柔,皆蕴之弟也。癸丑,温杀东海王三子及其母。甲寅,御史中丞谯王恬承温旨,请依律诛武陵王晞。诏曰:"悲惋惶怛,非所忍闻,况言之哉!其更详议!"恬,承之孙也。乙卯,温重表固请诛晞,词甚酷切。帝乃赐温手诏曰:"若晋祚灵长,公便宜奉行前诏;如其大运去矣,请避贤路。"温览之,流汗变色,乃奏废晞及三子,家属皆徙新安郡。丙辰,免新蔡王晃为庶人,徙衡阳,殷涓、庾倩、曹秀、刘彊、庾柔皆族诛,庾蕴饮鸩死。蕴兄东阳太守友子妇,桓豁之女也,故温特赦之。庾希闻难,与弟会稽王参军邈及子攸之逃于海陵陂泽中。温既诛殷、庾,威势翕赫,侍中谢安见温遥拜。温惊曰:"安石,卿何事乃尔?"安曰:"未有君拜于前,臣揖于后。"

戊午,大赦,增文武位二等。己未,温如白石,上书求归姑孰。庚申,诏进温丞相,大司马如故,留京师辅政。温固辞,乃请还镇。辛酉,温自白石还姑孰。

秦王坚闻温废立,谓群臣曰:"温前败灞上,后败枋头,不能思愆自贬以谢百姓,方更废君以自说。六十之叟,举动

西堂去叩头自首,陈述自己与司马晞、他的儿子司马综、著作郎殷涓、太宰长史庾倩、掾史曹秀、舍人刘彊、散骑常侍庾柔等人一起谋划反叛。简文帝对着司马晃流泪,桓温就把这些人全部收捕,送交廷尉。庾倩、庾柔都是庾蕴的弟弟。癸丑(十九日)这天,桓温杀了东海王的三个儿子以及他们的母亲。甲寅(二十日),御史中丞、谯王司马恬秉承桓温的旨意,请求朝廷按照法律诛杀武陵王司马晞。简文帝下诏说:"悲痛惋惜,惶恐不安,听都不忍听,更何况说呢!要再详慎地商议!"司马恬是司马承的孙子。乙卯(二十一日)这天,桓温重新上表,坚决请求杀掉司马晞,奏章言词极为凌厉深切。简文帝于是亲自写诏令赐给桓温,诏令说:"如果晋室国运广远绵长,您就不必上奏,看情况执行前一个诏令;如果晋室的大运离去了,请让我为贤者让路。"桓温阅览诏令,汗流满面,惊慌失色,于是就奏请废黜司马晞与他的三个儿子,把其他的家属都迁徙到新安郡。丙辰(二十二日),罢免新蔡王司马晃为平民,迁徙到衡阳。殷涓、庾倩、曹秀、刘彊、庾柔等人全部被满门诛杀,庾蕴服毒而死。庾蕴的哥哥、东阳太守庾友的儿媳,是桓豁的女儿,所以桓温特意赦免了庾友。庾希听到这桩灾难,与弟弟、会稽王参军庾邈以及自己的儿子庾攸之逃到海陵的陂泽中。桓温诛杀了殷涓、庾倩等人之后,威势大盛,侍中谢安看见桓温,还很远就恭敬地行礼。桓温吃惊地说:"谢安,你为什么要这样做呢?"谢安说:"不能君主叩拜在前,臣下拱手在后。"

戊午(二十四日)这天,大赦天下,文武官员增加二等品位。己未(二十五日),桓温到白石,上书请求返回姑孰。庚申(二十六日),朝廷晋升桓温为丞相,大司马职务照旧保留,留在京师辅佐朝政。桓温坚决推辞,仍然请求返回镇所。辛酉(二十七日)那天,桓温从白石返回姑孰。

前秦王苻坚听到桓温废立皇帝,对众大臣说:"桓温,先在灞上失败,后又在枋头失败,不能思过自责,自请贬官,向百姓谢罪,反而另行黜废君主来自我开脱。六十岁的老头子,如此办事

如此,将何以自容于四海乎!谚曰'怒其室而作色于父',其桓温之谓矣。"

十二月,大司马温奏:"废放之人,屏之以远,不可以临黎元。东海王宜依昌邑故事,筑第吴郡。"太后诏曰:"使为庶人,情有不忍,可特封王。"温又奏:"可封海西县侯。"庚寅,封海西县公。

温威振内外,帝虽处尊位,拱默而已,常惧废黜。先是,荧惑守太微端门,逾月而海西废。辛卯,荧惑逆行入太微,帝甚恶之。中书侍郎郗超在直,帝谓超曰:"命之修短,本所不计,故当无复近日事邪?"超曰:"大司马臣温,方内固社稷,外恢经略,非常之事,臣以百口保之。"及超请急省其父,帝曰:"致意尊公,家国之事,遂至于此,由吾不能以道匡卫,愧叹之深,言何能谕!"因咏庾阐诗云:"志士痛朝危,忠臣哀主辱。"遂泣下沾襟。帝美风仪,善容止,留心典籍,凝尘满席,湛如也。虽神识恬畅,然无济世大略,谢安以为惠帝之流,但清谈差胜耳。

郗超以温故,朝中皆畏事之。谢安尝与左卫将军王坦之共诣超,日旰未得前,坦之欲去,安曰:"独不能为性命忍须臾邪!"

二年春三月戊午,遣侍中王坦之征大司马温入辅,温复辞。

行动,将来凭什么自容于天下呢! 谚语说:'因自己的妻子生气却对父亲变脸色',大概说的就是桓温吧。"

十二月,大司马桓温上奏说:"废黜放逐之人,要摒弃到偏远的地方,不能让他接近黎民百姓。对东海王应仿照废黜昌邑王的旧事,让他到吴郡建房居住。"太后下诏令说:"倘若贬东海王为平民,于心不忍,可以只封王。"桓温又上奏说:"可以封为海西县侯。"庚寅(二十六日)那天,封司马奕为海西县公。

桓温的威势震撼朝廷内外,简文帝虽然处于至尊的地位,却不过是拱手、默无所言而已,还常常担心被废黜。此次废立之前,火星逗留在太微垣的端门,这一天象发生之后一个月,司马奕就被废黜。辛卯(二十七日)那天,火星逆行进入太微垣,简文帝十分厌恶这种天象。中书侍郎郗超在殿堂中值班,简文帝对郗超说:"命的长短,本来就不在考虑之内,因此应当不会再发生前不久那样的废立事吧?"郗超说:"大司马臣桓温,正致力于对内稳定国家,对外开拓治理疆土,非同寻常的废立之事,我以百口之家担保不会发生。"等到郗超请假探望他的父亲时,简文帝说:"告诉令尊郗公,王室朝廷的情况,最终到了这种地步,是因为我不能用道义来匡正护卫,惭愧叹息之深,语言哪里能够表达!"吟咏庾阐的诗说:"有识之士痛心朝廷危难,忠良之臣哀伤君主受辱。"于是泪流满面,沾湿了衣襟。简文帝风度仪表堂堂,言谈举止得体,用心阅读书籍,整个座席聚满尘土,也怡然自得。他虽然神情恬静、学识通达,但没有拯救世事的雄才大略,谢安认为简文帝是晋惠帝一流的皇帝,只不过清谈略胜惠帝一筹而已。

郗超因为和桓温结交的缘故,朝中大臣都敬畏地事奉他。谢安曾经和左卫将军王坦之一同到郗超那里去,天很晚了还得不到接见,王坦之想离去,谢安说:"你难道不能为了性命安全再忍耐片刻吗!"

二年(372)春季三月戊午(二十五日),朝廷派侍中王坦之征召大司马桓温入朝辅佐朝政,桓温再次推辞不至。

夏四月，徙海西公于吴县西柴里，敕吴国内史刁彝防卫，又遣御史顾允监察之。彝，协之子也。

六月，庾希、庾邈与故青州刺史武沈之子遵聚众夜入京口城，晋陵太守卞眈逾城奔曲阿。希诈称受海西公密旨诛大司马温。建康震扰，内外戒严，卞眈发诸县兵二千人击希，希败，闭城自守。温遣东海内史周少孙讨之。秋七月壬辰，拔其城，擒希、邈及其亲党，皆斩之。眈，壸之子也。

甲寅，帝不豫，急召大司马温入辅，一日一夜发四诏，温辞不至。初，帝为会稽王，娶王述从妹为妃，生世子道生及弟俞生。道生疏躁无行，母子皆以幽废死。馀三子，郁、朱生、天流，皆早夭。诸姬绝孕将十年，王使善相者视之，皆曰："非其人。"又使视诸婢媵，有李陵容者，在织坊中，黑而长，宫人谓之"昆仑"，相者惊曰："此其人也！"王召之侍寝，生子昌明及道子。己未，立昌明为皇太子，生十年矣。以道子为琅邪王，领会稽国，以奉帝母郑太妃之祀。遗诏："大司马温依周公居摄故事。"又曰："少子可辅者辅之，如不可，君自取之。"侍中王坦之自持诏入，于帝前毁之。帝曰："天下，傥来之运，卿何所嫌！"坦之曰："天下，宣、元之天下，陛下何得专之！"帝乃使坦之改诏曰："家国事一禀大司马，如诸葛武侯、王丞相故事。"是日，帝崩。

夏季四月,海西公被迁徙到吴县西柴里,敕令吴国内史习辟负责防卫,又派御史顾允去监督检查。习辟是习协的儿子。

六月,庾希、庾邈与原青州刺史武沈的儿子武遵聚集部众,趁夜攻入京口城,守城的晋陵太守卞眈翻越城墙逃奔到曲阿。庾希诈称自己接到海西公的秘密旨令,要诛杀大司马桓温。建康城里震惊混乱,内外实行戒严。卞眈征调各县军队二千人攻打庾希,庾希被打败,关闭城门自守。桓温派东海内史周少孙讨伐庾希。秋季七月壬辰(初一),周少孙攻下京口城,活捉庾希、庾邈及他们的亲属、党羽,全部斩杀。卞眈是卞壶的儿子。

甲寅(二十三日),简文帝身体不舒服,紧急征召大司马桓温入朝辅政,一昼夜连发四道诏令,桓温都推辞不至。当初,简文帝任会稽王时,娶王述的堂妹为王妃,王妃生下长子司马道生及他的弟弟司马俞生。司马道生粗鲁、急躁,没有操行,母子都因此被囚禁废黜而死。其余的三个儿子:司马郁、司马朱生、司马天流都是早年夭折。众妃姬不怀孕生子将近十年了,司马昱让善于看相的人来为众妃姬看相,看相人都说:"不是生儿子的人。"司马昱又让看相人为众女仆女侍看相。有一个叫李陵容的女仆,在纺织作坊里操作,长得又黑又高,王宫中的人叫她"昆仑",看相人看到李陵容时惊叫道:"这就是会生儿子的人!"司马昱于是召李陵容来侍候起居,李陵容生下儿子司马昌明及司马道子。己未(二十八日),朝廷立司马昌明为皇太子,此时,司马昌明有十岁了。任命司马道子为琅邪王,兼领会稽国,以便尊奉简文帝母亲郑太后的祭祀。简文帝下遗诏:"大司马桓温依照周公代理天子、处理朝政的旧例行事。"又说:"年少的儿子可以辅佐就辅佐,如果无法辅佐,您就自己取代他做皇帝。"侍中王坦之拿着遗诏进到宫中,在简文帝面前把遗诏毁掉了。简文帝说:"天下,是无意中得来的运数,你有什么不满意的!"王坦之说:"天下,是晋宣帝、晋元帝的天下,陛下怎么能专断独行呢!"简文帝于是让王坦之改遗诏说:"家事国事全部要禀告大司马桓温,如同武侯诸葛亮、丞相王导辅政的旧事一样。"这天,简文帝驾崩。

　　群臣疑惑,未敢立嗣,或曰:"当须大司马处分。"尚书仆射王彪之正色曰:"天子崩,太子代立,大司马何容得异! 若先面谘,必反为所责。"朝议乃定。太子即皇帝位,大赦。崇德太后令,以帝冲幼,加在谅暗,令温依周公居摄故事。事已施行,王彪之曰:"此异常大事,大司马必当固让,使万机停滞,稽废山陵,未敢奉命,谨具封还。"事遂不行。

　　温望简文临终禅位于己,不尔便当居摄。既不副所望,甚愤怨,与弟冲书曰:"遗诏使吾依武侯、王公故事耳。"温疑王坦之、谢安所为,心衔之。诏谢安征温入辅,温又辞。冬十月,彭城妖人卢悚自称大道祭酒,事之者八百馀家。十一月,遣弟子许龙如吴,晨,到海西公门,称太后密诏,奉迎兴复。公初欲从之,纳保母谏而止。龙曰:"大事垂捷,焉用儿女子言乎!"公曰:"我得罪于此,幸蒙宽宥,岂敢妄动! 且太后有诏,便应官属来,何独使汝也? 汝必为乱!"因叱左右缚之,龙惧而走。甲午,悚帅众三百人,晨攻广莫门,诈称海西公还,由云龙门突入殿庭,略取武库甲仗,门下吏士骇愕不知所为。游击将军毛安之闻难,帅众直入云龙门,手自奋击。左卫将军殷康,中领军桓秘入止车门,与安之并力讨诛之,并党与死者数百人。海西公深虑

朝中众臣疑惧恐惑，不敢立太子继位，有人提议"应当等大司马桓温来处理"。尚书仆射王彪之表情庄重严肃地说："天子驾崩，太子继承皇位，大司马怎么能容许有其他异议！如果不让太子即位而等着当面询问大司马后才行事，一定反而被大司马责备。"朝廷的议论于是确定下来，太子即皇帝位，大赦天下。崇德太后下令，因为皇帝年幼，再加上处在居丧期间，让桓温依照周公旧制，代理皇帝处理政事。事情已经准备施行，王彪之说："这是异同寻常的大事，大司马一定会坚决谦让，使得各种政务停顿，拖延荒废先帝的葬礼，我不敢遵令执行，恭敬地将诏书密封归还。"此事于是没有实施。

　　桓温指望简文帝临终前把皇位禅让给自己，即使不能这样也该让自己暂居皇位处理朝政。事后没能符合自己的愿望，非常愤怒怨恨，给弟弟桓冲写信说："遗诏只是让我依据武侯诸葛亮、丞相王导的旧制行事罢了。"桓温怀疑这是王坦之、谢安指使的，于是对他们怀恨在心。朝廷诏令谢安征召桓温入朝辅政，桓温又推辞不就。冬季十月，彭城妖术之徒卢悚自称大道祭酒，事奉他的人有八百多家。十一月，卢悚派弟子许龙到吴郡去。许龙凌晨来到海西公的家门口，宣称太后秘密下令，要奉迎海西公复位振兴王室。海西公开始准备听从他的话，后来采纳家中保姆的劝告，就打消了原来的想法。许龙说："大事即将成功，怎能信用孩儿女人的话呢！"海西公说："我获罪来到这里，有幸蒙受宽大赦免，怎还敢轻举妄动！而且太后如有诏令，就应该让官僚属吏前来，为什么只派你来呢？你一定是要反叛作乱！"于是喝令左右的人捆绑许龙，许龙害怕，转身逃走。甲午（初五）那天，卢悚率领部众三百人，在清晨攻打建康城的广莫门，诈称海西公重返朝廷，从云龙门攻入皇宫殿庭，夺取武器库中的兵器铠甲，守云龙门的官吏士兵被惊吓得不知道应该做什么。游击将军毛安之听说宫中遭难，率军队径直冲入云龙门，自己亲手奋力搏击。左卫将军殷康、中领军桓秘从止车门进入宫廷，与毛安之一起讨伐、斩杀了卢悚，并杀死他的党羽几百人。海西公十分担心

横祸,专饮酒,恣声色,有子不育,时人怜之。朝廷以其安于屈辱,故不复为虞。

孝武帝宁康元年春二月,大司马温来朝。辛巳,诏吏部尚书谢安、侍中王坦之迎于新亭。是时,都下人情恟恟,或云欲诛王、谢,因移晋室。坦之甚惧,安神色不变,曰:"晋祚存亡,决于此行。"温既至,百官拜于道侧。温大陈兵卫,延见朝士,有位望者皆战慄失色。坦之流汗沾衣,倒执手板。安从容就席,坐定,谓温曰:"安闻诸侯有道,守在四邻,明公何须壁后置人邪!"温笑曰:"正自不能不尔。"遂命左右撤之,与安笑语移日。郗超常为温谋主,安与坦之见温,温使超卧帐中听其言。风动帐开,安笑曰:"郗生可谓入幕之宾矣。"时天子幼弱,外有强臣,安与坦之尽忠辅卫,卒安晋室。

三月,温有疾,停建康十四日,甲午,还姑孰。

秋七月己亥,南郡宣武公桓温薨。

初,桓温疾笃,讽朝廷求九锡,屡使人趣之。谢安、王坦之故缓其事,使袁宏具草。宏以示王彪之,彪之叹其文辞之美,因曰:"卿固大才,安可以此示人!"谢安见其草,辄改之,由是历旬不就。宏密谋于彪之,彪之曰:"闻彼病日增,亦当不复支久,自可更小迟回。"宏从之。

温弟江州刺史冲,问温以谢安、王坦之所任,温曰:"渠等不为汝所处分。"其意以为,己存,彼必不敢立异,死则非冲

横祸降临,一味饮酒,放纵于音乐女色,生有儿子也不敢养育,当时的人很同情他。朝廷认为海西公安于委屈、受辱,所以不再防备他了。

晋孝武帝宁康元年(373)春季二月,大司马桓温回京城朝见孝武帝。辛巳(二十四日),朝廷诏令吏部尚书谢安、侍中王坦之到新亭迎接桓温。这时,都城中人心惶惶,有人说桓温要杀掉王坦之、谢安,乘势取代东晋王朝。王坦之很恐惧,谢安神色不变地说:"晋朝国统的存亡,就取决于此行。"桓温来到新亭,朝中百官在道旁叩拜。桓温布列重兵、陈设仪仗,召见朝中人士,有地位有名望的人全都恐惧发抖,失掉常态。王坦之汗流得湿透了衣服,手板也拿倒了。谢安从容就座,坐定之后对桓温说:"我听说诸侯有道德才干,在四方守卫,明公您何必在墙壁后面还布置卫兵呢!"桓温笑着说:"正是因为不得不这样做。"于是就命令左右的人撤掉卫兵,与谢安笑着交谈了很久。郗超常常充当桓温的首席谋士,谢安与王坦之拜见桓温时,桓温让郗超藏在帐中听他们谈话。风把帐子吹开,谢安笑着说:"郗超可真称得上入幕之客了。"这时天子年少力量弱,外有强权之臣,谢安与王坦之竭尽忠诚辅佐护卫,终于稳定了东晋王室。

三月,桓温生病,在建康停留了十四天,甲午(初七)那天返回姑孰。

秋季七月己亥(十四日),南郡宣武公桓温去世。

当初,桓温病重时,暗示朝廷,要求赐予九锡的礼遇,并多次派人去催促实施。谢安、王坦之故意拖延这件事,让袁宏起草诏令。袁宏写好拿给王彪之看,王彪之赞叹袁宏文辞的优美,接着说:"你本来是杰出的人才,怎能写这样的文章给人看呢!"谢安看了袁宏起草的诏令,总是修改,因此过了十天还没写好。袁宏秘密地与王彪之商议,王彪之说:"听说桓温的病情日益加重,应当不会再支撑多久了,自然能够再稍微迟复一阵。"袁宏听从了。

桓温的弟弟、江州刺史桓冲向桓温询问谢安、王坦之应该担任什么职务,桓温说:"他们不用你处置安排。"桓温意思是认为,自己活着,他们一定不敢公开抗衡,若自己死了则他们不是桓冲

所制,若害之,无益于冲,更失时望故也。

温以世子熙才弱,使冲领其众。于是桓秘与熙弟济谋共杀冲,冲密知之,不敢入。俄顷,温薨,冲先遣力士拘录熙、济而后临丧。秘遂被废弃,熙、济俱徙长沙。诏葬温依汉霍光及安平献王故事。冲称温遗命,以少子玄为嗣,时方五岁,袭封南郡公。

庚戌,加右将军荆州刺史桓豁征西将军、督荆扬雍交广五州诸军事。以江州刺史桓冲为中军将军、都督扬豫江三州诸军事、扬豫二州刺史,镇姑孰。竟陵太守桓石秀为宁远将军、江州刺史,镇寻阳。石秀,豁之子也。冲既代温居任,尽忠王室。或劝冲诛除时望,专执时权,冲不从。始,温在镇,死罪皆专决不请。冲以为生杀之重,当归朝廷,凡大辟皆先上,须报,然后行之。

谢安以天子幼冲,新丧元辅,欲请崇德太后临朝。王彪之曰:"前世人主幼在襁褓,母子一体,故可临朝。太后亦不能决事,要须顾问大臣。今上年出十岁,垂及冠婚,反令从嫂临朝,示人君幼弱,岂所以光扬圣德乎!诸公必欲行此,岂仆所制,所惜者大体耳。"安不欲委任桓冲,故使太后临朝,己得以专献替裁决,遂不从彪之之言。八月壬子,太后复临朝摄政。

太元二年冬十二月,临海太守郗超卒。初,超党于桓氏,以父愔忠于王室,不令知之。及病甚,出一箱书授门生

能控制的。如果害死他们，对桓冲没有益处，反而更要大失时人所望，所以才这样说。

桓温因为长子桓熙才干不足，让桓冲统领自己的部众。于是桓秘与桓熙的弟弟桓济一起谋划杀死桓冲。桓冲暗地里知道了此事，不敢入府。不久，桓温去世，桓冲先派身强力壮的士兵拘捕桓熙、桓济，然后才去治丧。桓秘于是被废黜，桓熙、桓济都被迁徙到长沙。朝廷下诏令，依照西汉霍光及安平献王司马孚的先例埋葬桓温。桓冲称说桓温留下遗嘱，让小儿子桓玄作为爵位继承人，桓玄此时才五岁，便继承了南郡公的爵位。

庚戌（二十五日），朝廷加授右将军、荆州刺史桓豁为征西将军，督荆、扬、雍、交、广五州诸军事。任命江州刺史桓冲为中军将军，都督扬、豫、江三州诸军事，扬州、豫州刺史，镇守姑孰。任命竟陵太守桓石秀为宁远将军、江州刺史，镇守寻阳。桓石秀是桓豁的儿子。桓冲代替桓温居位任职之后，尽心效忠东晋王室。有人劝桓冲杀死、清除当时有声望的人，自己专政，执掌大权，桓冲不听。当初桓温在外镇守，处死罪都是自己擅自决定，不请示朝廷，桓冲认为生杀的大权，应当归朝廷掌握，凡是判处死刑都先上奏，等朝廷答复后才执行。

谢安鉴于天子年幼，首席辅臣又刚去世，想请崇德太后临朝主政。王彪之说："前代人主年龄小到还在襁褓之中，母子难以分开，所以太后可以临朝。即便这样，太后也不能决定大事，要询问大臣意见。当今皇上年龄超过十岁，已临近加冠成婚的年龄，反而让皇帝的堂嫂崇德太后临朝，这正表露出天子年幼力弱，难道是光大发扬圣德的行为吗！诸位一定要照此办理，哪里是我能制止的，我痛惜的是国家的体统罢了。"谢安不想委托给桓冲重任，所以让太后临朝，自己能够专擅进谏、决断的权力，于是不听王彪之的意见。八月壬子这天，崇德太后又临朝主持国政。

太元二年（377）冬季十二月，临海太守郗超去世。早先，郗超与桓温结成了同党，因为父亲郗愔忠于东晋王室，所以不让父亲知道实情。等到郗超病重时，他取出一箱信件交给他的门生

曰:"公年尊,我死之后,若以哀恸害寝食者,可呈此箱。不尔,即焚之。"既而愔果哀恸成疾,门生呈箱,皆与桓温往反密计。愔大怒曰:"小子死已晚矣!"遂不复哭。

十一年冬十月甲申,海西公奕薨于吴。

说:"我父亲年纪大了,我死之后,如果父亲因为悲痛、惋惜到影响吃饭睡觉的地步,可以送去这只箱子;如果不是这种情况,就把箱子烧了。"郗超死后,郗愔果然悲痛、惋惜,以致生了病,郗超的门生给郗愔送上箱子,里面全是郗超与桓温密谋的往返信件。郗愔非常愤怒地说:"这小子还死得晚了!"于是再也不为郗超悲伤、流泪了。

　　十一年(386)冬季十月甲申(十六日),海西公司马奕在吴郡去世。

苻氏据长安 符坚篡立

晋怀帝永嘉四年，略阳临渭氐酋蒲洪，骁勇多权略，群氐畏服之。汉主聪遣使拜洪平远将军，洪不受，自称护氐校尉、秦州刺史、略阳公。

元帝大兴二年，蒲洪降赵，赵主曜以洪为率义侯。

成帝咸和四年秋八月，后赵中山公虎攻集木且羌于河西，克之。氐王蒲洪、羌酋姚弋仲俱降于虎，虎表洪监六夷军事。

八年冬十月，氐帅蒲洪自称雍州刺史，西附张骏。丞相虎分命诸将屯汧、陇，遣将军麻秋讨蒲洪。洪帅户二万降于虎，虎迎拜洪光烈将军、护氐校尉。洪至长安，说虎徙关中豪桀及氐、羌以实东方，曰："诸氐皆洪家部曲，洪帅以从，谁敢违者？"虎从之，徙秦、雍及氐、羌十馀万户于关东。以洪为龙骧将军、流民都督，使居枋头。

咸康四年。赵王虎之攻燕，蒲洪以功拜使持节、都督六夷诸军事、冠军大将军，封西平郡公。石闵言于虎曰："蒲洪雄俊，

苻氏据长安 苻坚篡立

晋怀帝永嘉四年(310)，略阳郡临渭县的氐人酋长蒲洪，矫健勇猛善谋略，氐人都敬畏、信服他。汉国主刘聪派使者拜蒲洪为平远将军，蒲洪拒不接受，自称护氐校尉、秦州刺史、略阳公。

晋元帝大兴二年(319)，蒲洪投降前赵，前赵国主刘曜任命蒲洪为率义侯。

晋成帝咸和四年(329)秋季八月，后赵中山公石虎在河西攻打羌人集木且部，攻破对方。氐族王蒲洪、羌族首领姚弋仲一齐投降石虎，石虎上表举荐蒲洪为监六夷军事。

八年(333)冬季十月，氐族统帅蒲洪自称雍州刺史，往西依附前凉王张骏。后赵丞相石虎分别命令众将领在汧水、陇地驻守，派将军麻秋讨伐蒲洪。蒲洪带领二万户氐人向石虎投降，石虎迎受并封拜蒲洪为光烈将军、护氐校尉。蒲洪来到长安，劝说石虎迁移关中地区的豪杰以及氐人、羌人去充实东方，并表态说："众氐族部落都是我家的部曲，我率领他们服从命令迁移，谁会敢违抗？"石虎听从了蒲洪的建议，迁徙秦州、雍州的士人百姓，以及氐人、羌人共十多万户到关东地区，任命蒲洪为龙骧将军、流民都督，让他居住在枋头。

咸康四年(338)。后赵王石虎进攻前燕的时候，蒲洪凭借立下的功劳被拜授为使持节、都督六夷诸军事、冠军大将军，被封为西平郡公。石闵对石虎说："蒲洪雄壮勇武，才智过人，

得将士死力,诸子皆有非常之才,且握强兵五万,屯据近畿。宜密除之,以安社稷。"虎曰:"吾方倚其父子以取吴、蜀,奈何杀之?"待之愈厚。

　　穆帝永和五年,高力督定阳梁犊作乱,赵王虎以车骑将军蒲洪讨灭,进封蒲洪为侍中、车骑大将军、开府仪同三司、都督雍秦州诸军事、雍州刺史,进封略阳郡公。

　　夏四月,赵王虎病卒,太子世即位,以彭城王遵为丞相,遵杀世自立。
　　武兴公闵言于遵曰:"蒲洪,人杰也,今以洪镇关中,臣恐秦、雍之地非复国家之有。此虽先帝临终之命,然陛下践祚,自宜改图。"遵从之,罢洪都督,馀如前制。洪怒,归枋头。

　　冬十一月,秦、雍流民相帅西归,路由枋头,共推蒲洪为主,众至十馀万。洪子健在邺,斩关出奔枋头。侍中王鉴惧洪之逼,欲以计遣之,乃以洪为都督关中诸军事、征西大将军、雍州牧、领秦州刺史。洪会官属,议应受与不。主簿程朴请且与赵连和,如列国分境而治。洪怒曰:"吾不堪为天子邪,而云列国乎!"引朴斩之。

　　六年春正月,姚弋仲、蒲洪各有据关右之志。弋仲遣其子襄帅众五万击洪;洪迎击,破之,斩获三万馀级。洪自称大都督、大将军、大单于、三秦王,改姓苻氏。以南安雷弱兒为辅国将军;安定梁楞为前将军,领左长史;冯翊鱼遵

能得到将士的拼死效力，众儿子又都具有非凡的才能，而且还掌握着五万强壮的军队，驻守在都城附近。应当秘密地将他除掉，以保证国家安全。"石虎说："我正要倚靠他们父子去攻取吴地的晋朝、蜀地的成汉，为什么要杀死他们？"反而对他们更加看重、信任。

晋穆帝永和五年（349），后赵高力督、定阳人梁犊作乱反叛，后赵王石虎任用车骑将军蒲洪讨伐并消灭了梁犊，晋升蒲洪为侍中、车骑大将军、开府仪同三司、都督雍州及秦州诸军事、雍州刺史，爵位进封为略阳郡公。

夏季四月，后赵王石虎因病去世，太子石世即位。石世任命彭城王石遵为丞相，石遵杀死石世，自立为后赵王。

后赵武兴公石闵对石遵说："蒲洪是人中的豪杰。如今任用蒲洪镇守关中地区，我担心秦州、雍州之地今后不再归国家所有。让蒲洪镇守关中虽然是先帝临终前的命令，然而陛下登上王位，自然应当有所改变和谋划。"石遵听从了他的建议，免去蒲洪的都督职务，其他的职务仍和从前任命的一样。蒲洪发怒，回到枋头。

冬季十一月，秦州、雍州的流民互相聚集起来返回西部，途中经过枋头时，共同推举蒲洪为首领，部众多达十余万。蒲洪的儿子蒲健在邺城，也劈开城门，出逃到枋头。后赵侍中王鉴惧怕蒲洪的威逼，想用计谋把蒲洪调离开，于是任命蒲洪为都督关中诸军事、征西大将军、雍州牧，兼任秦州刺史。蒲洪聚集手下的官吏僚属，商议应不应该接受任命。主簿程朴请求暂时与后赵联合，和睦共处，像诸侯国那样分地而治。蒲洪生气地说："我就不能做天子吗？你却讲什么像诸侯国呢？"把程朴拉出去杀了。

六年（350）春季正月，姚弋仲、蒲洪各自都怀有占据关右地区的想法。姚弋仲派他的儿子姚襄率五万军队攻打蒲洪，蒲洪迎头反击，把姚襄打得大败，杀死、俘虏三万多人。蒲洪自称大都督、大将军、大单于、三秦王，把姓氏改为苻氏。任命南安人雷弱儿为辅国将军；安定人梁楞为前将军，兼任左长史；冯翊人鱼遵

为后将军，领右长史；京兆段陵为左将军，领左司马；王堕为右将军，领右司马；天水赵俱、陇西牛夷、北地辛牢皆为从事中郎，氐酋毛贵为单于辅相。

三月，麻秋说苻洪曰："冉闵、石祗方相持，中原之乱未可平也。不如先取关中，基业已固，然后东争天下，谁能敌之？"洪深然之。既而秋因宴鸩洪，欲并其众，世子健收秋斩之。洪谓健曰："吾所以未入关者，以为中州可定。今不幸为竖子所困，中州非汝兄弟所能办，我死，汝急入关！"言终而卒。健代统其众，乃去大都督、大将军、三秦王之号，称晋官爵，遣其叔父安来告丧，且请朝命。

秋八月，京兆杜洪据长安，自称晋征北将军、雍州刺史，以冯翊张琚为司马，关西夷、夏皆应之。苻健欲取之，恐洪知之，乃受赵官爵。以赵俱为河内太守，戍温；牛夷为绥集将军，戍怀。治宫室于枋头，课民种麦，示无西意。有知而不种者，健杀之以徇。既而自称晋征西大将军、都督关中诸军事、雍州刺史。以武威贾玄硕为左长史，略阳梁安为右长史，段纯为左司马，辛牢为右司马，京兆王鱼、安定程肱、胡文等为军谘祭酒。悉众而西，以鱼遵为前锋，行至盟津，为浮梁以济。遣弟辅国将军雄帅众五千自潼关入，兄子扬武将军菁帅众七千自轵关入。临别，执菁手曰："若事不捷，汝死河北，我死河南，不复相见。"既济，焚桥，自帅大众随雄而进。

为后将军,兼任右长史;京兆人段陵为左将军,兼任左司马;王堕为右将军,兼任右司马;天水人赵俱、陇西人牛夷、北地人辛牢都为从事中郎,氐人酋长毛贵为单于辅相。

三月,麻秋劝说苻洪道:"冉闵、石祗正互相对立、力量不分上下,中原的动乱不会平静下来。您不如先夺取关中地区,事业的根基牢固了,然后再向东争夺天下,那时谁能与您匹敌?"苻洪认为麻秋说得很对。不久,麻秋趁举行宴会的机会用毒酒杀苻洪,想吞并苻洪的军队,苻洪的长子苻健收捕、斩杀了麻秋。苻洪对苻健说:"我没有进入关中的原因,是认为我能够把中州地区平定下来。现在我不幸被麻秋这小子困住,平定中州不是你们兄弟能够办到的。我死后,你要迅速夺取关中。"苻洪说完话就死了。苻健代替苻洪统领他的部众,撤掉大都督、大将军、三秦王的称号,改用东晋的官职爵位称谓,派自己的叔父苻安前往东晋报告苻洪死讯,而且请求朝廷的委任令。

秋季八月,京兆人杜洪占据了长安,自称为晋室征北将军、雍州刺史,任命冯翊人张琚为司马,关西地区的夷人、汉人都响应他。苻健准备夺取长安,又怕杜洪知道后防备,就接受后赵的官职爵位任命。让赵俱担任河内太守,驻守在温县;牛夷担任绥集将军,驻守在怀县。在枋头修建宫室,督促百姓种麦子,想以此显示出没有西进的意图。有人知道真相而不愿种麦子,苻健把他们斩杀示众。不久,苻健自称为晋室的征西大将军、都督关中诸军事、雍州刺史。任命武威人贾玄硕为左长史,略阳人梁安为右长史,段纯为左司马,辛牢为右司马,京兆人王鱼、安定人程肱、胡文等均为军谘祭酒。带领全部人马向西进发,任命鱼遵为前锋,行进到盟津后,架设浮桥渡过黄河。苻健派自己的弟弟、辅国将军苻雄率领五千士兵从潼关开进关中;派侄儿、扬武将军苻菁率领七千士兵从轵关开进关中。临别的时候,苻健拉着苻菁的手说:"如果事情不能成功,你死在黄河北岸,我死在黄河南岸,我们不再相见。"苻健渡过黄河后,烧毁了浮桥,亲自统率大军跟随在苻雄后面前进。

杜洪闻之，与健书，侮嫚之。以张琚弟先为征虏将军，帅众万三千逆战于潼关之北。先兵大败，走还长安。洪悉召关中之众以拒健，洪弟郁劝洪迎健，洪不从，郁帅所部降于健。

健遣苻雄徇渭北。氐酋毛受屯高陵，徐磋屯好畤，羌酋白犊屯黄白，众各数万，皆斩洪使，遣子降于健。苻菁、鱼遵所过城邑，无不降附。洪惧，固守长安。

九月，苻菁与张先战于渭北，擒之，三辅郡县堡壁皆降。冬十月，苻健长驱至长安，杜洪、张琚奔司竹。

十一月甲午，苻健入长安，以民心思晋，乃遣参军杜山伯诣建康献捷，并修好于桓温。于是秦、雍夷夏皆附之，赵凉州刺史石宁独据上邽不下。十二月，苻雄击斩之。

七年春正月，苻健左长史贾玄硕等请依刘备称汉中王故事，表健为都督关中诸军事、大将军、大单于、秦王。健怒曰："吾岂堪为秦王邪！且晋使未返，我之官爵，非汝曹所知也。"既而密使梁安讽玄硕等上尊号，健辞让再三，然后许之。丙辰，健即天王、大单于位，国号大秦，大赦，改元皇始。追尊父洪为武惠皇帝，庙号太祖；立妻强氏为天王后，子苌为太子；靓为平原公，生为淮南公，觌为长乐公，方为高阳公，硕为北平公，腾为淮阳公，柳为晋公，桐为汝南

杜洪闻知符健向西进兵的消息,写给符健一封信,对他进行侮辱谩骂。杜洪任命张琚的弟弟张先为征虏将军,率领一万三千军队在潼关以北迎战符健。张先的军队被符健打得大败,逃回到长安。杜洪征调关中的全部军队去抵抗符健,他的弟弟杜郁劝杜洪迎接符健进长安,杜洪不答应,杜郁率领自己的部众向符健投降。

符健派符雄带兵巡行渭水以北地区。氐人首领毛受在高陵驻守,徐磋在好畤驻守,羌人首领白犊在黄白驻守,各自拥有几万部众。此时,他们都斩杀了杜洪的使者,派自己的儿子到符健那里投降。符菁、鱼遵进军途中经过的城镇,没有一处不投降、归附符健的。杜洪十分害怕,坚决死守长安。

九月,符菁与张先在渭水北岸交战,活捉了张先,三辅地区的郡、县、土堡、坞壁全部投降。冬季十月,符健长驱直入抵达长安,杜洪、张琚逃奔到司竹。

十一月甲午这天,符健进入长安,由于百姓人心思念晋朝,于是派参军杜山伯到建康向东晋进奉俘虏和战利品,并去与桓温建立友好关系。于是秦州、雍州的夷人、汉人都来归附符健,只有后赵凉州刺史石宁占据上邽没有被攻下来。十二月,符雄攻打上邽,杀了石宁。

七年(351)春季正月,符健的左长史贾玄硕等人,请求依据刘备自称汉中王的先例,向东晋朝廷上表,请授命符健为都督关中诸军事、大将军、大单于、秦王。符健生气地说:"我哪里能够胜任秦王呢!况且派去晋王朝的使者还没有返回,我的官职爵号,不是你们能够知道的。"事后符健悄悄地让梁安暗示贾玄硕等人向他进献皇帝尊号,符健表面上再三推辞和谦让,然后才同意接受了。丙辰(二十日),符健登上天王、大单于的王位,定国号为大秦,大赦罪人,把年号改称元始。追尊他的父亲符洪为武惠皇帝,庙号为太祖;立妻子强氏为天王后,长子符苌为太子;封众子符靓为平原公,符生为淮南公,符觌为长乐公,符方为高阳公,符硕为北平公,符腾为淮阳公,符柳为晋公,符桐为汝南

公,庾为魏公,武为燕公,幼为赵公。以苻雄为都督中外诸军事、丞相、领车骑大将军、雍州牧、东海公;苻菁为卫大将军、平昌公,宿卫二宫;雷弱儿为太尉,毛贵为司空,略阳姜伯周为尚书令,梁楞为左仆射,王堕为右仆射,鱼遵为太子太师,强平为太傅,段纯为太保,吕婆楼为散骑常侍。伯周,健之舅;平,王后之弟;婆楼,本略阳氏酋也。

三月,秦王健分遣使者问民疾苦,搜罗俊异,宽重敛之税,弛离宫之禁,罢无用之器,去侈靡之服。凡赵之苛政不便于民者,皆除之。

杜洪、张琚遣使召梁州刺史司马勋。夏四月,勋帅步骑三万赴之,秦王健御之于五丈原。勋屡战皆败,退归南郑。健以中书令贾玄硕始者不上尊号,衔之,使人告玄硕与司马勋通,并其诸子皆杀之。

八年春正月,秦丞相雄等请秦王健正尊号,依汉、晋之旧,不必效石氏之初。健从之,即皇帝位,大赦。诸公皆进爵为王。且言单于所以统一百蛮,非天子所宜领,以授太子苌。

司马勋既还汉中,杜洪、张琚屯宜秋。洪自以右族轻琚,琚遂杀洪,自立为秦王,改元建昌。夏五月,秦主健攻张琚于宜秋,斩之。

十年夏六月丙申,秦东海敬武王雄卒,秦主健哭之呕血,曰:“天不欲吾平四海邪?何夺吾元才之速也!”赠

公,符厦为魏公,符武为燕公,符幼为赵公。任命符雄为都督中外诸军事、丞相,兼任车骑大将军、雍州牧,封爵为东海公;任命符菁为卫大将军,封爵为平昌公,负责警卫符健的王宫和符苌的太子宫;任命雷弱兒为太尉,毛贵为司空,略阳人姜伯周为尚书令,梁楞为左仆射,王堕为右仆射,鱼遵为太子太师,强平为太傅,段纯为太保,吕婆楼为散骑常侍。姜伯周是符健的舅舅,强平是天王后的弟弟,吕婆楼原是略阳氐族的酋长。

三月,前秦王符健分别派遣使者到民间访问百姓的疾苦,搜寻网罗才能出众的人,放宽加重征收的赋税,松动后赵有关离宫的禁令,罢斥没有实际用途的器具,去除奢侈华丽的服饰。凡是后赵所制定、对百姓不利的繁琐残酷的政令,全部废除。

杜洪、张琚派使者召请梁州刺史司马勋前来。夏季四月,司马勋统率三万步兵、骑兵奔赴长安,前秦王符健在五丈原进行抵抗。司马勋屡战屡败,率军撤退到南郑。符健因为中书令贾玄硕当初没有主动向自己进献皇帝尊号,一直怀恨在心,此时就叫人告发贾玄硕与司马勋交往勾结,借此把他和他的几个儿子一齐杀掉了。

八年(352)春季正月,前秦丞相符雄等人请求前秦王符健正式使用皇帝的尊号,依照汉朝、晋朝的旧制,不必效仿当初后赵石氏先称天王后即皇位的做法。符健采纳了他们的建议,即皇帝位,大赦罪人。各位公全部晋升爵位为王。符雄等人还说,单于是用来治理、统一百蛮的称号,不是天子应当兼有的,于是符健把单于称号授给太子符苌享用。

司马勋回到汉中以后,杜洪、张琚驻扎在宜秋。杜洪认为自己是名门望族,看不起张琚,张琚于是杀掉杜洪,自立为秦王,把年号改作建昌。夏季五月,前秦国主符健进军宜秋攻打张琚,杀死了张琚。

十年(354)夏季六月丙申(二十日),前秦东海敬武王符雄去世。前秦国主符健悲痛符雄之死,哭得吐了血,哀悼说:"上天不愿意让我去平定四海吗?为什么这么快夺走了我的符雄!"追赠

魏王。雄以佐命元勋,位兼将相,权侔人主,而谦恭泛爱,遵奉法度,故健重之,常曰:"元才,吾之周公也。"子坚袭爵。坚性至孝,幼有志度,博学多能,交结英豪,吕婆楼、强汪及略阳梁平老皆与之善。

十一年。秦淮南王苻生,幼无一目,性粗暴。其祖父洪尝戏之曰:"吾闻瞎儿一泪,信乎?"生怒,引佩刀自刺出血,曰:"此亦一泪也。"洪大惊,鞭之。生曰:"性耐刀矟,不堪鞭棰!"洪谓其父健曰:"此儿狂悖,宜早除之,不然,必破人家。"健将杀之,健弟雄止之曰:"儿长自应改,何可遽尔!"及长,力举千钧,手格猛兽,走及奔马,击刺骑射,冠绝一时。献哀太子卒,强后欲立少子晋王柳,秦主健以谶文有"三羊五眼",乃立生为太子。以司空、平昌王菁为太尉,尚书令王堕为司空,司隶校尉梁楞为尚书令。

夏六月丙子,秦主健寝疾。庚辰,平昌公菁勒兵入东宫,将杀太子生而自立。时生侍疾西宫,菁以为健已卒,攻东掖门。健闻变,登端门,陈兵自卫。众见健,惶惧,皆舍仗逃散。健执菁,数而杀之,馀无所问。

壬午,以大司马、武都王安都督中外诸军事。甲申,健引太师鱼遵、丞相雷弱儿、太傅毛贵、司空王堕、尚书令梁楞、左仆射梁安、

符雄为魏王。符雄凭借帝王辅佐、开国元勋的身份，职兼大将与宰相，权势等同君主，但为人谦虚恭敬博爱，遵守法律、执行制度，所以符健非常尊重他，常常说："符雄是我的周公。"符雄的儿子符坚继承了符雄的爵位。符坚性情极为孝顺，从小就有远大志向和非凡的气度，博学多才，广泛结交英雄豪杰，吕婆楼、强汪以及略阳人梁平老都和他友善。

十一年(355)。前秦淮南王符生，从小瞎了一只眼睛，性情粗暴。他的祖父符洪曾经与他开玩笑，说道："我听说瞎儿只有一只眼睛流泪，真的吗？"符生听了非常生气，拔出腰间佩带的刀刺向自己的瞎眼，眼里顿时出血，符生说："这也是一只眼睛的泪。"符洪非常惊骇，用鞭子抽他。符生说："我生性耐得住刀砍矛刺，但不能忍受鞭抽棍打。"符洪对他的父亲符健说："你这个儿子狂妄背理，应当趁早除掉他，不然，一定会让他害得家破人亡。"符健准备将符生杀死，符健的弟弟符雄制止他说："孩子长大以后性情自然会改变，怎么能如此迫不及待呢！"等到符生长大成人时，能够力举千钧，空手和猛兽格斗，跑起来可以追上奔驰的骏马，击剑、刺杀、骑马、射箭各种武艺，全都远远超过同时代的人。献哀太子符苌死后，强皇后想立小儿子、晋王符柳为太子。前秦国主符健因为预测凶吉得失的文字中有"三羊五眼"之语，于是就立符生为太子。任命司空、平昌王符菁为太尉，尚书令王堕为司空，司隶校尉梁楞为尚书令。

夏季六月丙子(初六)，前秦国主符健因病卧床。庚辰(十日)，平昌王符菁率军队进入东宫，准备杀掉太子符生，然后自立为君主。此时符生在西宫侍候符健，符菁以为符健已死，便攻打东掖门。符健闻知发生事变，登上端门，部署兵力自卫。符菁的部众看见符健还活着，十分惊慌恐惧，全都丢掉武器四处逃散。符健抓住符菁，数落他的罪恶并将他杀了，其馀人都不追究。

壬午(十二日)这天，前秦任命大司马、武都王符安为都督中外诸军事。甲申(十四日)这天，前秦国主符健召集了太师鱼遵、丞相雷弱兒、太傅毛贵、司空王堕、尚书令梁楞、左仆射梁安、

右仆射段纯、吏部尚书辛牢等受遗诏辅政。健谓太子生曰:"六夷酋帅及大臣执权者,若不从汝命,宜渐除之。"

> 臣光曰:顾命大臣,所以辅导嗣子,为之羽翼也。为之羽翼而教使翦之,能无毙乎! 知其不忠,则勿任而已矣;任以大柄,又从而猜之,鲜有不召乱者也。

乙酉,健卒,谥曰景明皇帝,庙号高祖。丙戌,太子生即位,大赦,改元寿光。群臣奏曰:"未逾年而改元,非礼也。"生怒,穷推议主,得右仆射段纯,杀之。

秋七月,秦主生尊母强氏曰皇太后,立妃梁氏为皇后。梁氏,安之女也。以其嬖臣太子门大夫南安赵韶为右仆射,太子舍人赵诲为中护军,著作郎董荣为尚书。

八月,秦主生封卫大将军黄眉为广平王,前将军飞为新兴王,皆素所善也。征大司马武都王安领太尉。以晋王柳为征东大将军、并州牧,镇蒲阪;魏王廋为镇东大将军、豫州牧,镇陕城。中书监胡文、中书令王鱼言于生曰:"比有星孛于大角,荧惑入东井。大角,帝坐;东井,秦分。于占,不出三年,国有大丧,大臣戮死,愿陛下修德以禳之!"生曰:"皇后与朕对临天下,可以应大丧矣;毛太傅、梁车骑、梁仆射受遗辅政,可以应大臣矣。"九月,生杀梁后及毛贵、梁楞、梁安。贵,后之舅也。右仆射赵韶、中护军赵诲,皆洛州刺史俱之从弟也,有宠于生,乃以俱为尚书令。俱固辞以疾,

右仆射段纯、吏部尚书辛牢等前来接受遗诏辅佐朝政。符健对太子符生说："六夷的酋长将领以及执掌朝政的众大臣,如果不服从你的命令,应当逐渐将他们除掉。"

北宋史臣司马光评论说:天子临终前将朝政托付给大臣,为的是辅佐、教导新继位的君主,作为新君主的羽翼。既然是作为新君主的羽翼,却又告诉新君主,让他翦杀这些大臣,这样能不自取灭亡吗!如果知道他不忠诚,那么不必委以重任就行了;既然把权柄交给他们,却又对他们加以猜忌,这种做法很少有不招致祸乱的。

乙酉(十五日)这天,符健去世,谥号定为景明皇帝,庙号为高祖。丙戌(十六日),太子符生即前秦皇位,大赦罪人,改年号为寿光。群臣上奏说:"即位不跨年份就改年号,不符合礼制。"符生发怒,追究提出这一动议的主谋,查出是右仆射段纯,就把他杀了。

秋季七月,前秦国主符生尊奉母亲强氏为皇太后,立妃子梁氏为皇后。梁氏是梁安的女儿。任命自己的宠臣、太子门大夫、南安人赵韶为右仆射,太子舍人赵诲为中护军,著作郎董荣为尚书。

八月,前秦国主符生封授卫大将军符黄眉为广平王,前将军符飞为新兴王,这两人都是向来与符生亲近的人。征召大司马、武都王符安兼任太尉。任命晋王符柳为征东大将军、并州牧,镇守蒲阪;魏王符廋为镇东大将军、豫州牧,镇守陕城。中书监胡文、中书令王鱼对符生说:"近来出现彗星擦过大角星座,火星进入井宿的天象。大角,是天王帝廷的星座;井宿,是秦国地域的分野。就此星象占卜来说,不出三年,国家会出现帝王丧命、大臣被杀死的情况。希望陛下修行仁德,来消除灾祸!"符生说:"皇后与朕一同治理天下,可以应验大丧了;太傅毛贵、车骑将军梁楞、仆射梁安接受遗诏辅佐朝政,可以应验大臣被杀了。"九月,符生杀死梁皇后以及毛贵、梁楞、梁安等人。毛贵是皇后的舅舅。右仆射赵韶、中护军赵诲都是洛州刺史赵俱的堂弟,被符生所宠幸,符生于是任命赵俱为尚书令。赵俱以病为由坚决辞谢,

谓韶、诲曰："汝等不复顾祖宗,欲为灭门之事！毛、梁何罪,而诛之？吾何功,而代之？汝等可自为,吾其死矣！"遂以忧卒。

冬十一月,秦以辛牢守尚书令,赵韶为左仆射,尚书董荣为右仆射,中护军赵诲为司隶校尉。

十二月,秦丞相雷弱兒性刚直,以赵韶、董荣乱政,每公言于朝,见之常切齿。韶、荣谮之于秦主生,生杀弱兒及其九子、二十七孙。于是诸羌皆有离心。

生虽在谅阴,游饮自若,弯弓露刃,以见朝臣,锤钳锯凿,可以害人之具,备置左右。即位未几,后妃、公卿已下至于仆隶,凡杀五百馀人。截胫、拉胁、锯项、剖胎者,比比有之。

十二年,秦司空王堕性刚峻,右仆射董荣、侍中强国皆以佞幸进,堕疾之如仇,每朝,见荣未尝与之言。或谓堕曰："董君贵幸无比,公宜小降意接之。"堕曰："董龙是何鸡狗,而令国士与之言乎！"会有天变,荣与强国言于秦主生曰："今天谴甚重,宜以贵臣应之。"生曰："贵臣唯有大司马及司空耳。"荣、国曰："大司马国之懿亲,不可杀也。"乃杀王堕。将刑,荣谓之曰："今日复敢比董龙于鸡狗乎？"堕瞋目叱之。洛州刺史杜郁,堕之甥也,左仆射赵韶恶之,谮于生,以为贰于晋而杀之。春正月壬戌,生宴群臣于太极殿,以尚书令辛牢为酒监,

并对赵韶、赵诲说:"你们不再顾及祖宗,只想做招致灭门之祸的事。毛贵、梁楞、梁安有什么罪过,却把他们杀了!我有什么功劳,却去取代他们!你们可以自行其是,我是快死的人了!"赵俱于是因为忧郁而死。

冬季十一月,前秦任命辛牢试职尚书令,任命赵韶为左仆射,尚书董荣为右仆射,中护军赵诲为司隶校尉。

十二月,前秦丞相雷弱儿生性刚烈耿直,认为赵韶、董荣扰乱国政,常常在朝廷上公开议论,一看见这两人总是咬牙切齿。赵韶、董荣就到前秦国主苻生面前说雷弱儿的坏话,苻生把雷弱儿以及他的九个儿子、二十七个孙子全都杀了。从此,羌人各部都对前秦产生了离心。

苻生虽然还在为苻健服丧,却同平常一样游乐饮酒,公然挎着弓箭、佩着腰刀,上朝接见大臣,锤、钳、锯、凿等用来残害人的刑具,全套放置在周围。苻生即前秦皇位没多久,从后妃、公卿以下一直到奴仆、差役,一共杀掉五百多人。被截断小腿、折断胸肋、锯断脖子、剖腹取胎儿的人,比比皆是。

十二年(356),前秦司空王堕性格刚强严厉,右仆射董荣、侍中强国都是靠巧言谄媚受宠和得到提拔重用,王堕憎恨他们如同仇敌一样,每次在朝廷上遇见董荣,却从来不曾与他讲话。有人对王堕说:"董荣尊贵宠幸得无与伦比,您应当稍微抑制一点自己的志意,去和他接触。"王堕说:"董荣是哪里来的鸡狗,却要让朝中才能出众的人去和他说话!"恰巧此时天象出现变故,董荣与强国对前秦国主苻生说:"如今上天的谴责非常严重,应当找出显贵的大臣去应合天象。"苻生说:"显贵之臣只有大司马和司空了。"董荣、强国说:"大司马苻安是国家的皇室宗亲,不能杀他。"于是就把王堕杀了。即将行刑时,董荣对王堕说:"今天还敢把我董荣比作鸡狗一样吗?"王堕怒目而视,痛斥董荣。洛州刺史杜郁是王堕的外甥,左仆射赵韶讨厌他,就在苻生面前进谗言,说他对前秦有二心,心向晋朝,因而把他杀了。春季正月壬戌这天,苻生在太极殿宴享群臣,委派尚书令辛牢当酒监,

酒酣，生怒曰："何不强人酒而犹有坐者！"引弓射牢，杀之。群臣惧，莫敢不醉，偃仆失冠，生乃悦。三月，秦主生发三辅民治渭桥，金紫光禄大夫程肱谏，以为妨农，生杀之。

夏四月，长安大风，发屋拔木。秦宫中惊扰，或称贼至，宫门昼闭，五日乃止。秦主生推告贼者，刳出其心。左光禄大夫强平谏曰："天降灾异，陛下当爱民事神，缓刑崇德以应之，乃可弭也。"生怒，凿其顶而杀之。卫将军广平王黄眉、前将军新兴王飞、建节将军邓羌，以平，太后之弟，叩头固谏。生弗听，出黄眉为左冯翊、飞为右扶风、羌行咸阳太守，犹惜其骁勇，故皆弗杀。五月，太后强氏以忧恨卒，谥曰明德。

六月，秦主生下诏曰："朕受皇天之命，君临万邦，嗣统已来，有何不善，而谤讟之音，扇满天下！杀不过千，而谓之残虐！行者比肩，未足为希。方当峻刑极罚，复如朕何！"

自去春以来，潼关之西，至于长安，虎狼为暴，昼则继道，夜则发屋，不食六畜，专务食人，凡杀七百馀人。民废耕桑，相聚邑居，而为害不息。秋七月，秦群臣奏请禳灾，生曰："野兽饥则食人，饱当自止，何禳之有！且天岂不爱民哉，正以犯罪者多，故助朕杀之耳！"

酒正喝到畅快时,符生怒气冲冲地说:"你为什么不强勉别人喝酒,而且竟然还有坐着的人!"拉开弓箭向辛牢射去,射死了辛牢。众大臣恐惧万分,没有一个人敢不喝醉,醉得前仰后仆、帽子跌落,符生这才高兴起来。三月,前秦国主符生征发三辅地区的百姓修建渭桥,金紫光禄大夫程肱直言劝谏,认为这样会妨碍农耕,符生就把他杀了。

夏季四月,长安刮起一场大风,吹倒房屋、拔起树根。前秦王宫中一片惊慌混乱,有人说是寇贼来了,皇宫门连白天也紧紧关闭,五天后才重新安定下来。前秦国主符生追查报告寇贼来了的人,要挖出他的心。左光禄大夫强平直言相谏说:"上天降下灾祸、怪异,陛下应当怜惜百姓、敬奉神灵,放宽刑罚、崇尚德性,以此应合上天,灾祸、怪异才能消除。"符生发怒,凿开他的头顶把他杀了。卫将军、广平王符黄眉,前将军、新兴王符飞,建节将军邓羌,因为强平是强太后的弟弟,都向符生叩头求情,竭力规劝。符生不听,把符黄眉贬出朝廷任左冯翊,贬符飞任右扶风,贬邓羌为代理咸阳太守,只是还舍不得这三人的矫健勇猛,所以才都没有杀。五月,太后强氏因为忧郁怨恨而死,定谥号为明德。

六月,前秦国主符生下诏说:"朕秉承上天之命,统治整个天下,自从继承皇位以来,有哪里不好,但诽谤、怨恨的言论,竟然四处煽起、遍布天下!杀人还没超过一千,就说是残酷暴虐!路上行人擦肩接踵,不能说是稀少。正该施行严厉的法令、最重的刑罚,谁又能把朕怎么样?"

自从去年春天以来,从潼关以西一直到长安一带,老虎豺狼为害百姓,白天则不断地在道路上出没,夜晚则窜进房屋,不食牲畜,专门吃人,一共咬死了七百多人。百姓因此荒废农业生产,聚集到一处居住,但仍然不停地遭到伤害。秋季七月,前秦众大臣一齐上奏章请求举行祭祷以消除虎狼造成的灾害,符生说:"野兽饥饿了就要吃人,吃饱了自然就会停止,有什么必要去祭祷消灾呢!况且上天难道不怜惜百姓吗? 正是因为犯罪的人太多,所以老天帮助朕杀死他们啊!"

冬十月,秦主生夜食枣多,旦而有疾,召太医令程延,使诊之。延曰:"陛下无它疾,食枣多耳。"生怒曰:"汝非圣人,安知吾食枣!"遂斩之。

升平元年春二月,太白入东井。秦有司奏:"太白罚星,东井秦分,必有暴兵起京师。"秦主生曰:"太白入井,自为渴耳,何所怪乎?"

夏五月,秦主生梦大鱼食蒲,又长安谣曰:"东海大鱼化为龙,男皆为王女为公。"生乃诛太师、录尚书事、广宁公鱼遵并其七子、十孙。金紫光禄大夫牛夷惧祸,求为荆州。生不许,以为中军将军,引见,调之曰:"牛性迟重,善持辕轭,虽无骥足,动负百石。"夷曰:"虽服大车,未经峻壁;愿试重载,乃知勋绩。"生笑曰:"何其快也!公嫌所载轻乎?朕将以鱼公爵位处公。"夷惧,归而自杀。

生饮酒无昼夜,或连月不出。奏事不省,往往寝落,或醉中决事。左右因以为奸,赏罚无准。或至申酉乃出视朝,乘醉多所杀戮。自以眇目,讳言"残、缺、偏、只、少、无、不具"之类,误犯而死者,不可胜数。好生剥牛羊驴马,燖鸡豚鹅鸭,纵之殿前,数十为群。或剥人面皮,使之歌舞,临观以为乐。尝问左右曰:"自吾临天下,汝外间何所闻?"或对曰:"圣明宰世,赏罚明当,天下唯歌太平。"怒曰:"汝媚我也!"

冬季十月，前秦国主苻生夜晚吃了过多的枣子，第二天早晨就有些不舒服，于是召太医令程延前来诊断。程延说："陛下没有其他病，只是枣子吃得太多了。"苻生十分生气地说："你不是圣人，怎么会知道我吃了枣子！"于是就把程延杀了。

升平元年(357)春季二月，金星进入井宿。前秦分管天象的官署上奏说："金星是主掌惩罚的行星，井宿是秦地的分野，这一天象表示一定会有突然的兵祸在京师发生。"前秦国主苻生说："金星进入井宿，自然是因为渴了，有什么值得大惊小怪的呢？"

夏季五月，前秦国主苻生梦见大鱼吃蒲草，另外长安城里流传歌谣道："东海的大鱼变成龙，男人都为王，女人都为公。"苻生于是杀掉太师、录尚书事、广宁公鱼遵，以及他的七个儿子、十个孙子。金紫光禄大夫牛夷害怕祸及自己，请求出朝廷到荆州任职。苻生不允许，任命牛夷为中军将军，召见时取笑他说："老牛生性迟缓稳重，善于驾辕拉车负重，虽然不长骏马之足，走起路来百石可负。"牛夷说："虽然驾着大车，没有走过陡崖，愿意试着载重，才知功勋业绩。"苻生笑着说："回答得多么痛快啊！你嫌现在的负载轻了吧？朕准备用鱼遵的爵位安置你。"牛夷非常恐惧，回去后就自杀了。

苻生不分昼夜地饮酒作乐，有时连续一个月不出宫上朝处理政事。大臣奏事也不审理，奏章常常留止宫中不下发，有时竟在醉酒时决定事情。周围的亲随乘机做坏事，奖赏处罚毫无标准。有时到下午的申时酉时才出宫临朝视政，经常乘着醉意杀人。苻生由于自己少一只眼睛，忌讳说"残、缺、偏、只、少、无、不具"一类的词语，因误说触犯此忌讳而死的人不可胜数。他喜欢活剥牛、羊、驴、马的皮，用热水退活鸡、活猪、活鹅、活鸭的毛，把这些牲畜、家禽放在朝廷大殿前，几十只为一群。有时把人的脸皮剥掉，然后再让他们唱歌跳舞，自己出来观赏，并以此为乐。苻生曾经问周围的人说："自从我统治天下以来，你们在外面听到过些什么议论？"有人回答说："圣明的君王主宰天下，赏罚分明，天下人只在歌颂太平盛世。"苻生发怒说："你这是在谄媚我！"

引而斩之。他日又问，或对曰："陛下刑罚微过。"又怒曰："汝谤我也！"亦斩之。勋旧亲戚，诛之殆尽，群臣得保一日，如度十年。

东海王坚，素有时誉，与故姚襄参军薛赞、权翼善。赞、翼密说坚曰："主上猜忍暴虐，中外离心，方今宜主秦祀者，非殿下而谁！愿早为计，勿使他姓得之。"坚以问尚书吕婆楼，婆楼曰："仆，刀环上人耳，不足以办大事。仆里舍有王猛者，其人谋略不世出，殿下宜请而咨之。"坚因婆楼以招猛，一见如旧友。语及时事，坚大悦，自谓如刘玄德之遇诸葛孔明也。

六月，太史令康权言于秦主生曰："昨夜三月并出，孛星入太微，连东井。自去月上旬沈阴不雨以至于今，将有下人谋上之祸。"生怒，以为妖言，扑杀之。特进、领御史中丞梁平老等谓坚曰："主上失德，上下嗷嗷，人怀异志，燕、晋二方，伺隙而动，恐祸发之日，家国俱亡。此殿下之事也，宜早图之！"坚心然之，畏生趫勇，未敢发。

生夜对侍婢言曰："阿法兄弟亦不可信，明当除之。"婢以告坚及坚兄清河王法。法与梁平老及特进光禄大夫强汪帅壮士数百潜入云龙门，坚与吕婆楼帅麾下三百人鼓噪继进，宿卫将士皆舍仗归坚。生犹醉寐，坚兵至，生惊问左右曰："此辈何人？"左右曰："贼也！"生曰："何不拜之！"

拉下去就杀掉。又一天,符生又问同样的话,有人回答道:"陛下使用刑罚稍微过重了一点。"符生又生气地说:"你这是诽谤我!"也把答话者杀了。有功的旧臣和亲戚,几乎全杀光了,众大臣能够保全性命一天,如同度过十年。

前秦东海王符坚,向来享有时望声誉,与姚襄原来的参军薛赞、权翼友善。薛赞、权翼秘密地劝说符坚道:"主上为人猜忌残忍,行为暴虐,朝廷内外离心离德。当今适宜主持秦国宗庙祭祀的人,除了殿下您还能有谁!希望您趁早进行谋划,不要让国家政权落入其他姓氏的人手中。"符坚去问尚书吕婆楼该怎么办,吕婆楼说:"我,只是像挂在刀环上的人,没有能力承担这样重大的事。我私人的宅第里有个王猛,此人的谋略世上少见,殿下应当去把他请来咨询。"符坚于是通过吕婆楼去招致王猛,两人一见面就像老朋友一样。王猛谈论到时事,符坚万分喜悦,自己认为是如同刘备遇到了诸葛亮。

六月,太史令康权对前秦国主符生说:"昨天夜里同时出现三个月亮,彗星进入太微垣,又连接井宿。自从五月上旬以来,天气阴云沉积却不下雨,一直到今天还是这样。这种天象表明,将要发生臣下图谋主上的灾祸。"符生发怒,认为这是迷惑人的邪说,立即把太史令打死。特进兼御史中丞梁平老等人对符坚说:"主上丧失道德,全国上下怨声载道,人人怀着不同的想法,燕国、晋朝两边,都可能寻找机会行动,恐怕灾难发生的时候,家族、国家都会一起灭亡。这是殿下的大事,应当及早考虑。"符坚心里认为他们说得很对,但畏惧符生强壮勇猛,不敢轻举妄动。

符生夜里对侍候自己的女仆说:"符法、符坚兄弟也不可信,明日要把他们除掉。"女仆把这些话告诉符坚和他的哥哥、清河王符法。符法与梁平老以及特进、光禄大夫强汪率领几百名勇士偷偷地进入云龙门,符坚与吕婆楼带领三百名部下紧随符法去鼓呐喊前进,在宫中值宿守卫的将士都放下武器归顺符坚。符生还醉卧在床上,符坚的士兵进去,符生吃惊地问周围的人:"他们是些什么人?"周围的人回答说:"是寇贼。"符生说:"你们为什么不叩拜!"

坚兵皆笑。生又大言："何不速拜，不拜者斩之！"坚兵引生置别室，废为越王，寻杀之，谥曰厉王。

　　坚以位让法，法曰："汝嫡嗣，且贤，宜立。"坚曰："兄年长，宜立。"坚母苟氏泣谓群臣曰："社稷事重，小儿自知不能，他日有悔，失在诸君。"群臣皆顿首请立坚。坚乃去皇帝之号，称大秦天王，即位于太极殿。诛生幸臣中书监董荣、左仆射赵韶等二十馀人。大赦，改元永兴。追尊父雄为文桓皇帝，母苟氏为皇太后，妃苟氏为皇后，世子宏为皇太子。以清河王法为都督中外诸军事、丞相、录尚书事、东海公，诸王皆降爵为公。以从祖右光禄大夫、永安公侯为太尉，晋公柳为车骑大将军、尚书令。封弟融为阳平公，双为河南公，子丕为长乐公，晖为平原公，熙为广平公，叡为钜鹿公。以汉阳李威为左仆射，梁平老为右仆射，强汪为领军将军，吕婆楼为司隶校尉，王猛为中书侍郎。

　　融好文学，明辩过人，耳闻则诵，过目不忘，力敌百夫，善骑射击刺，少有令誉。坚爱重之，常与共议国事。融经综内外，刑政修明，荐才扬滞，补益弘多。丕亦有文武才干，治民断狱，皆亚于融。

　　威，苟太后之姑子也，素与魏王雄友善，生屡欲杀坚，赖威营救得免。威得幸于苟太后，坚事之如父。威知王猛之贤，常劝坚以国事任之。坚谓猛曰："李公知君，犹鲍叔牙之知管仲也。"猛以兄事之。

符坚的士兵全都大笑起来。符生又大声地说:"为什么还不快快叩拜? 不叩拜的人要把他杀掉!"符坚的士兵把符生拉起来带到其他的房室。符生被废黜为越王,不久就被杀了,谥号确定为厉王。

符坚将王位让给符法,符法说:"你是嫡传继位人,而且贤明,应当立你为王。"符坚说:"哥哥年长,应当立你为王。"符坚的母亲苟氏流着泪对众大臣说:"治理国家的事情责任重大,我的儿子自知不能胜任,以后发生什么灾祸,过失在于各位。"群臣都叩拜,请求立符坚。符坚于是去掉皇帝的称号,改称大秦天王,在太极殿登上王位。符坚诛杀了符生的宠臣、中书监董荣以及左仆射赵韶等二十馀人。大赦罪人,把年号改为永兴。追尊父亲符雄为文桓皇帝,尊母亲苟氏为皇太后,立妃子苟氏为皇后,立世子符宏为太子。授任清河王符法为都督中外诸军事、丞相、录尚书事、东海公,其他各位从前封授的王都把爵位降为公。任命堂祖、右光禄大夫、永安公符侯为太尉,晋公符柳为车骑大将军、尚书令。封授弟弟符融为阳平公,符双为河南公。封授儿子符丕为长乐公,符晖为平原公,符熙为广平公,符叡为钜鹿公。任命汉阳人李威为左仆射,梁平老为右仆射,强汪为领军将军,吕婆楼为司隶校尉,王猛为中书侍郎。

符融爱好文献经典,聪明、分辨能力过人,耳朵听到就能诵读,过目不忘,勇力能够与百人匹敌,善于骑马、射箭、击剑、刺杀,年纪轻轻就有美誉。符坚喜爱并看重他,常常与他共同议论国家大事。符融筹划治理朝廷内外,整顿刑罚,修明政治,举荐贤才,提拔怀才不遇的人,对符坚的帮助很大。符丕也有才干,文武双全,治理百姓、审理判决案件,都只比符融略差一些。

李威是苟太后的姑母的儿子,向来与魏王符雄友好,符生多次想杀死符坚,全靠李威设法相救才得以幸免。李威得到苟太后的宠爱,符坚像事奉父亲那样对待他。李威了解王猛的贤明,经常劝符坚把国家大事委任给他。符坚对王猛说:"李公了解你,犹如鲍叔牙了解管仲一样。"王猛像对待哥哥一样对待李威。

　　秋八月，秦王坚以权翼为给事黄门侍郎，薛赞为中书侍郎，与王猛并掌机密。九月，追复太师鱼遵等官，以礼改葬，子孙存者皆随才擢叙。

　　冬十一月，秦太后苟氏游宣明台，见东海公法之第门车马辐凑，恐终不利于秦王坚，乃与李威谋，赐法死。坚与法诀于东堂，恸哭欧血，谥曰献哀公，封其子阳为东海公，敷为清河公。

　　十二月，秦王坚行至尚书，以文案不治，免左丞程卓官，以王猛代之。坚举异才，修废职，课农桑，恤困穷，礼百神，立学校，旌节义，继绝世，秦民大悦。

秋季八月，前秦王符坚任命权翼为给事黄门侍郎，任命薛赞为中书侍郎，让他们与王猛一起掌管国家机要事务。九月，追认、恢复太师鱼遵等人的官位，按照礼仪制度重新埋葬，对他们在世的子孙后代根据各自的才能，分等级提拔使用。

冬季十一月，前秦太后苟氏到宣明台游览，看见东海公符法的宅第门前，车辆马匹聚集。苟太后担心这种局面最终会对前秦王符坚不利，于是就与李威谋划，赐符法身死。符坚与符法在东堂诀别，失声痛哭，哭得吐血。符法死后谥号为献哀公，他的儿子符阳被封为东海公，符敷封为清河公。

十二月，前秦王符坚到尚书省巡视，认为公文案卷处理不善，免去尚书左丞程卓的官职，用王猛取代他。符坚任用杰出的贤才，整顿荒废衰落的职事，鼓励农业生产，抚恤困乏贫穷之人，按礼仪敬奉百神，建立学校，表彰节操义行，承续已经断绝的后代，前秦百姓十分高兴。

苻秦灭凉

晋穆帝永和九年冬十月,西平敬烈公张重华有疾,子曜灵才十岁,立为世子,赦其境内。重华庶兄长宁侯祚,有勇力、吏干,而倾巧善事内外,与重华嬖臣赵长、尉缉等结异姓兄弟。都尉常据请出之,重华曰:"吾方以祚为周公,使辅幼子,君是何言也!"

谢艾以枹罕之功,有宠于重华,左右疾之,潜艾,出为酒泉太守。艾上疏言:"权倖用事,公室将危,乞听臣入侍。"且言:"长宁侯祚及赵长等将为乱,宜尽逐之。"十一月己未,重华疾甚,手令征艾为卫将军,监中外诸军事,辅政。祚、长等匿而不宣。丁卯,重华卒,世子曜灵立,称大司马、凉州刺史、西平公。赵长等矫重华遗令,以长宁侯祚为都督中外诸军事、抚军大将军,辅政。

冬十二月,凉右长史赵长等建议,以为:"时难未夷,宜立长君,曜灵冲幼,请立长宁侯祚。"张祚先得倖于重华之母

苻秦灭凉

晋穆帝永和九年（353）冬季十月，前凉西平敬烈公张重华患病，他的儿子张曜灵才十岁，就被立为世子，赦免前凉境内罪人。张重华同父异母的哥哥、长宁侯张祚，具有勇力和处理政事的才干，然而为人狡诈、见风使舵，善于和王宫内外的重臣周旋、交往，与张重华的宠臣赵长、尉缉等人结拜为异姓兄弟。都尉常据请求将张祚调离王宫，张重华说："我正打算任命张祚担负周公那样的重任，让他辅佐我那年幼的儿子，你这说的是什么话！"

谢艾因为保卫枹罕打败后赵的功勋，很受张重华宠爱，引起周围亲信的妒忌，于是这些人诬陷谢艾，使他被调离王宫，出任酒泉太守。谢艾上奏章说："权贵、佞幸当权执政，政权必然会有危险，请求允许我回王宫侍奉。"并且说："长宁侯张祚以及赵长等人必将制造祸乱，应当把他们全部赶出王宫。"十一月己未（初十），张重华病重，于是他亲手写命令征召谢艾回宫任卫将军、监中外诸军事，辅佐朝政。张祚、赵长等人将这一手令隐藏起来而不宣达。丁卯（十八日），张重华去世，世子张曜灵继位，称官号为大司马、凉州刺史、西平公。赵长等人伪造张重华的遗令，任命长宁侯张祚为都督中外诸军事、抚军大将军，辅佐朝政。

冬季十二月，前凉右长史赵长等人提出建议，认为："当前的灾难并未平息，应当立年长的显贵做君王。张曜灵年龄尚幼小，请求改立长宁侯张祚。"张祚在先前就赢得了张重华的母亲

马氏,马氏许之,乃废张曜灵为凉宁侯,立祚为大都督、大将军、凉州牧、凉公。祚既得志,恣为淫虐,杀重华妃裴氏及谢艾。

十年春正月,张祚自称凉王,改建兴四十二年为和平元年;立妻辛氏为王后,子太和为太子;封弟天锡为长宁侯,子庭坚为建康侯,曜灵弟玄靓为凉武侯;置百官,效祀天地,用天子礼乐。尚书马岌切谏,坐免官。郎中丁琪复谏曰:"我自武公以来,世守臣节,抱忠履谦五十馀年。故能以一州之众,抗举世之虏,师徒岁起,民不告疲。殿下勋德未高于先公,而亟谋革命,臣未见其可也。彼士民所以用命,四远所以归向者,以吾能奉晋室故也。今而自尊,则中外离心,安能以一隅之地拒天下之强敌乎!"祚大怒,斩之于阙下。

十一年秋七月,凉王祚淫虐无道,上下怨愤。祚恶河州刺史张瓘之强,遣张掖太守索孚代瓘守枹罕,使瓘讨叛胡,又遣其将易揣、张玲帅步骑万三千以袭瓘。张掖人王鸾知术数,言于祚曰:"此军出,必不还,凉国将危。"并陈祚三不道。祚大怒,以鸾为讹言,斩以徇。鸾临刑曰:"我死,军败于外,王死于内,必矣!"祚族灭之。瓘闻之,斩孚,起兵

马氏的宠爱，马氏因此同意赵长等人的请求，于是废黜张曜灵为凉宁侯，立张祚为大都督、大将军、凉州牧、凉公。张祚如愿以偿地掌权之后，肆无忌惮地施展淫威，暴虐残酷，杀死了张重华的妃子裴氏以及谢艾。

　　十年(354)春季正月，张祚自称凉王，把一直使用的晋朝年号建兴四十二年改为和平元年；立他的妻子辛氏为王后，儿子张太和为太子；分封他的弟弟张天锡为长宁侯，儿子张庭坚为建康侯，分封张曜灵的弟弟张玄靓为凉武侯；设置百官，到郊外祭祀天地，使用天子等级的礼乐制度。尚书马岌直言尽力规劝，被判罪免官。郎中丁琪又劝谏道："我们从武公张轨被晋朝任命为凉州刺史以来，世代遵守做臣子的节义，胸怀忠诚，履职谦恭，已经有五十多年了。所以才能仅仅依靠一个州的兵力，去抗衡全天下的胡虏；军队年年征战，百姓却未曾诉说疲惫不堪。殿下您的功勋、德行都没有超过祖先，然而却急于谋求变更名分地位，我没见过像这样行事而能成功的。那些凉州的士兵、百姓之所以能够服从命令，四周边远地方的民众之所以能够归顺、诚心向往，正是因为我们能够尊奉晋室的缘故。如今却要自加尊号，那么只会导致凉州内外离心离德，怎么可能再凭借区区边陲之地，去抗拒天下强大的敌人呢！"张祚勃然大怒，把丁琪杀死在宫门之下。

　　十一年(355)秋季七月，前凉王张祚淫乱、残暴、毫无德政，前凉境内上下贵贱都对他怨恨愤怒。张祚讨厌河州刺史张瓘势力强大，就派张掖太守索孚代替张瓘镇守枹罕，让张瓘去讨伐反叛的胡人；然后再派自己的部将易揣、张玲率领一万三千名步兵、骑兵去袭击张瓘。张掖人王鸾懂得阴阳占卜之术，他对张祚说："这支军队出征，必然不会获胜而返，凉国将要危亡了。"并且还列举出张祚在三个方面不符合道义的言行。张祚非常恼怒，认为王鸾宣扬邪恶的言论，将王鸾斩首示众。王鸾受刑前说："我死之后，军队失败于外，君王灭亡于内，这是必然的！"张祚又诛灭了王鸾的全宗族。张瓘闻知事情真相后，杀死索孚，起兵

击祚,传檄州郡,废祚,以侯还第,复立凉宁侯曜灵。易揣、张玲军始济河,瓘击破之。揣等单骑奔还,瓘军蹑之,姑臧振恐。骁骑将军敦煌宋混兄脩,与祚有隙,惧祸。八月,混与弟澄西走,合众万馀人以应瓘,还向姑臧。祚遣杨秋胡将曜灵于东苑,拉其腰而杀之,埋于沙坑,谥曰哀公。

九月,凉宋混军于武始大泽,为曜灵发哀。闰月,混军至姑臧,凉王祚收张瓘弟琚及子嵩,将杀之。琚、嵩闻之,募市人数百,扬言:“张祚无道,我兄大军已至城东,敢举手者诛三族!”遂开西门纳混兵。领军将军赵长等惧罪,入阁呼张重华母马氏出殿,立凉武侯玄靓为主。易揣等引兵入殿,收长等,杀之。祚按剑殿上,大呼,叱左右力战。祚素失众心,莫肯为之斗者,遂为兵人所杀。混等枭其首,宣示内外,暴尸道左,城内咸称万岁。以庶人礼葬之,并杀其二子。混、琚上玄靓为大将军、凉州牧、西平公,赦境内,复称建兴四十三年。时玄靓始七岁。

张瓘至姑臧,推玄靓为凉王,自为使持节、都督中外诸军事、尚书令、凉州牧、张掖郡公,以宋混为尚书仆射。陇西人李俨据郡,不受瓘命,用江东年号,众多归之。瓘遣其将牛霸

攻打张祚,将声讨张祚罪行的文书传送到各州郡,宣布废黜张祚的王位,让他以侯爵的身份返回自己的府第,重新立凉宁侯张曜灵为王。易揣、张玲的军队刚刚渡过黄河,就被张瓘打得大败。易揣等人单枪匹马地往回逃,张瓘率领军队紧随在后追击,姑臧城里一片震惊恐慌。骁骑将军、敦煌人宋混的哥哥宋脩和张祚有隔阂,宋混害怕张祚杀害自己。八月,宋混与弟弟宋澄逃往西部,聚集了一万多军队来响应张瓘,并率兵往回直指姑臧城。张祚派杨秋胡把张曜灵带到东苑,将他的腰硬行拉断处死了他,尸体埋在沙坑中,谥号定为哀公。

九月,前凉宋混的军队驻扎在武始的大泽,为张曜灵发丧,举行哀悼仪式。闰月,宋混的军队抵达了姑臧城,前凉王张祚下令拘捕张瓘的弟弟张琚以及张瓘的儿子张嵩,准备杀掉他们。张琚、张嵩听到这一消息后,在城里募集了几百人,宣称:"张祚暴虐无道,我哥哥率领的大部队已经抵达姑臧城东了,敢动手碰我们的人要被诛灭三族。"于是打开了西城门让宋混的军队进城。领军将军赵长等人惧怕被问罪处死,进入张重华母亲马氏的宫中逼她出来升殿,立凉武侯张玄靓为前凉君主。易揣等人带领军队冲进宫殿,收捕了赵长等人,并将他们杀掉。张祚手握宝剑亲临殿上,大声呼叫,叱令周围的人为他奋力作战。张祚平时已经失掉了人心,因而没有一个人肯为他出力战斗,于是最后被士兵杀死。宋混等人砍下张祚的人头,在宫殿内外宣布、示众,尸体露天放在路东,城里人都因张祚死了而高呼万岁。前凉按照平民的礼节埋葬了张祚,并杀掉了他的两个儿子。宋混、张琚上奏东晋朝廷立张玄靓为大将军、凉州牧、西平公,在凉州境内实行大赦,又将纪年恢复为建兴四十三年。这时张玄靓刚刚七岁。

张瓘抵达姑臧城,推举张玄靓为前凉王,封自己为使持节、都督中外诸军事、尚书令、凉州牧、张掖郡公,任命宋混为尚书仆射。陇西人李俨据守自己所在的郡城,不肯接受张瓘的命令,改用东晋的年号,很多民众都归附于他。张瓘派自己的部将牛霸

讨之，未至，西平人卫綝亦据郡叛，霸兵溃，奔还。瓘遣弟
琚击綝，败之。酒泉太守马基起兵以应綝，瓘遣司马张姚、
王国击斩之。

十二年春正月，秦征东大将军晋王柳遣参军阎负、梁
殊使于凉，以书说凉王玄靓。负、殊至姑臧，张瓘见之曰：
"我，晋臣也，臣无境外之交，二君何以来辱？"负、殊曰：
"晋王与君邻藩，虽山河阻绝，风通道会，故来修好，君何怪
焉！"瓘曰："吾尽忠事晋，于今六世矣。若与苻征东通使，
是上违先君之志，下隳士民之节，其可乎！"负、殊曰："晋室
衰微，坠失天命，固已久矣，是以凉之先王北面二赵，唯知
机也。今大秦威德方盛，凉王若欲自帝河右，则非秦之敌；
欲以小事大，则曷若舍晋事秦，长保福禄乎！"瓘曰："中州
好食言，向者石氏使车适返，而戎骑已至，吾不敢信也。"
负、殊曰："自古帝王居中州者，政化各殊，赵为奸诈，秦敦
信义，岂得一概待之乎！张先、杨初皆阻兵不服，先帝讨而
擒之，赦其罪戾，宠以爵秩，固非石氏之比也。"瓘曰："必如
君言，秦之威德无敌，何不先取江南，则天下尽为秦有，征
东何辱命焉！"负、殊曰："江南文身之俗，道污先叛，化隆后
服。主上以为江南必须兵服，河右可以义怀，故遣行人先

讨伐李俨，还没抵达，西平人卫缲也据守所在郡反叛，牛霸的军队溃败，逃回姑臧。张罐派弟弟张琚打卫缲，将他击败。酒泉太守马基起兵响应卫缲，张瓘派司马张姚、王国前去攻打，杀死马基。

十二年（356）春季正月，前秦征东大将军、晋王苻柳派参军阎负、梁殊出使前凉，带去书信游说前凉王张玄靓。阎负、梁殊到达姑臧城，张瓘接见他们时说："我们是晋王朝的臣属，臣属不能与晋朝境外的异国结交。二位为什么要前来辱没我们呢？"阎负、梁殊说："晋王与您是邻国，虽然高山大河阻碍隔绝，但风俗相通、道路连接，所以前来建立友好关系，您何必怪罪呢！"张瓘说："我们竭尽忠诚事奉晋王朝，到现在已经有六代人了。如果与征东将军苻柳互通使节，恐怕对上违背已故先君的志向，对下毁坏士人百姓的气节，怎么能这样呢！"阎负、梁殊说："晋朝衰落、弱小，丧失天命无法统治天下，本来已经很久了，因此凉国先王张茂、张骏，分别向两个赵王俯首称臣，这只是因为深明事机。如今我们大秦威势、德义正当强盛之时，凉王如果打算在黄河以西地区自称帝王，那么则不是大秦的对手；如果考虑自己弱小需要事奉大国，那么哪里比得上放弃晋朝而事奉大秦，长久保有福禄呢！"张瓘说："中原的这些国家爱自食其言、不讲信义，过去赵国石氏使者的车马刚刚返回，而进攻的骑兵已经抵达。我不敢相信你们。"阎负、梁殊说："自古以来统治中原的帝王们，政治教化各不相同，赵国奉行奸邪、欺诈，秦国则重视诚信、道义，怎么能够一概而论呢！当初张先、杨初都拥兵抵抗、拒不降服，秦国先帝用兵讨伐并活捉了他们，不仅赦免他们的罪过，还授给他们官爵、俸禄而让他们荣耀，秦国本来就和石氏不是一类的。"张瓘说："如果真的如同二位所说的那样，秦国的威势德义所向无敌。为什么秦国不先去夺取江南，这样整个天下都归秦国所有了，征东将军又何必让自己受委屈、派使者来传达命令呢！"阎负、梁殊说："长江以南是断发文身习俗盛行的地方，大道污浊就先叛逆，教化隆盛就后归服。秦国主上认为长江以南地区必须用武力征服，黄河以西则可以用德义安抚，所以首先派使者前来

申大好。若君不达天命，则江南得延数年之命，而河右恐非君之土也。"瓘曰："我跨据三州，带甲十万，西苞葱岭，东距大河，伐人有馀，况于自守，何畏于秦！"负、殊曰："贵州山河之固，孰若崤、函？民物之饶，孰若秦、雍？杜洪、张琚，因赵氏成资，兵强财富，有囊括关中、席卷四海之志，先帝戎旗西指，冰消云散，旬月之间，不觉易主。主上若以贵州不服，赫然奋怒，控弦百万，鼓行而西，未知贵州将何以待之？"瓘笑曰："兹事当决之于王，非身所了。"负、殊曰："凉王虽英睿夙成，然年在幼冲，君居伊、霍之任，国家安危，系君一举耳。"瓘惧，乃以玄靓之命遣使称藩于秦，秦因玄靓所称官爵而授之。

升平三年。凉州牧张瓘，猜忌苛虐，专以爱憎为赏罚。郎中殷郇谏之，瓘曰："虎生三日，自能食肉，不须人教也。"由是人情不附。辅国将军宋混，性忠鲠，瓘惮之，欲杀混及弟澄，因废凉王玄靓而代之。征兵数万，集姑臧。混知之，夏六月，与澄帅壮士杨和等四十馀骑奄入南城，宣告诸营曰："张瓘谋逆，被太后令诛之。"俄而众至二千，瓘帅众出战，混击破之。瓘麾下玄胪刺混，不能穿甲，混擒之，瓘众悉降。瓘与弟琚皆自杀，混夷其家族。玄靓以混为使持节、都督中外诸军事、骠骑大将军、酒泉郡侯，代瓘辅政。

申明大义。假如您不能洞察上天旨意,那么江南晋朝可能有残延几年的命运,而河西凉国恐怕不会是您的领土了。"张瓘说:"我们据有跨越三州的领土,装备精良的十万强兵,西有葱岭环绕,东有黄河防御。这样的条件讨伐别人绰绰有余,更何况在自我守卫方面为什么惧怕秦国呢!"阎负、梁殊说:"阁下领土内,山河险阻的坚固程度,哪一处比得上崤山与函谷关?民众、物产的繁荣富饶状况,哪一样比得上秦州、雍州?杜洪、张琚依靠赵国现成的基业,军队强盛、财物丰富,胸怀囊括关中、席卷天下的志向。然而秦国先帝军旗指向西部,杜洪、张琚的一切便犹如冰雪消融、白云吹散,仅仅在一个月之内,长安就不知不觉地更换了君主。秦国主上如果认为您的凉州不顺服,赫然发怒,调动百万人马,击鼓向西进军,不知您凉州准备凭什么来防御呢?"张瓘笑着说:"这件事应当由凉王来决定,不是我自己就能做主的。"阎负、梁殊说:"凉王虽然从小就英明睿智,然而年龄还很幼小。您身负伊尹、霍光那样的重任,国家的安危,完全取决于您的这次行动了。"张瓘听后很害怕,于是就以张玄靓的名义,派使者向前秦称臣,前秦根据张玄靓所称的官职爵位对他进行封授。

升平三年(359)。凉州牧张瓘,猜疑、忌妒、苛刻、残暴,一味按照自己的爱憎进行赏罚。郎中殷郇曾规劝他,张瓘说:"老虎出生后三天就会自己吃肉,这些事不需要别人教导。"从此,人心都不归附他。辅国将军宋混生性忠诚鲠直,张瓘畏惧他,想把他和他的弟弟宋澄一齐杀掉,乘机废黜前凉王张玄靓,然后自己取而代之。于是征兵数万人,聚集在姑臧城。宋混得知这一情况,就在夏季六月,与宋澄一起率领杨和等四十多位勇士,突然骑马冲入姑臧南城,向各个军营宣告说:"张瓘阴谋叛逆,我们奉太后的旨令讨伐他。"一会儿就聚集起二千士兵,张瓘率领军队出来迎战,被宋混打得大败。张瓘的部下玄胪刺杀宋混,没能刺穿铠甲,反被宋混活捉了,张瓘的军队全部投降。张瓘与弟弟张琚都自杀,宋混诛灭了他们的宗族。张玄靓任命宋混为使持节、都督中外诸军事、骠骑大将军、酒泉郡侯,取代张瓘辅佐政事。

混乃请玄靓去凉王之号,复称凉州牧。混谓玄胪曰:"卿刺我,幸而不伤,今我辅政,卿其惧乎?"胪曰:"胪受瓘恩,唯恨刺节下不深耳,窃无所惧!"混义之,任为心膂。

五年夏四月,凉骠骑大将军宋混疾甚,张玄靓及其祖母马氏往省之,曰:"将军万一不幸,寡妇孤儿将何所托!欲以林宗继将军,可乎?"混曰:"臣子林宗幼弱,不堪大任。殿下傥未弃臣门,臣弟澄政事愈于臣,但恐其儒缓,机事不称耳。殿下策励而使之,可也。"混戒澄及诸子曰:"吾家受国大恩,当以死报,无恃势位以骄人。"又见朝臣,皆戒之以忠贞。及卒,行路为之挥涕。玄靓以澄为领军将军,辅政。

秋九月,凉右司马张邕恶宋澄专政,起兵攻澄,杀之,并灭其族。张玄靓以邕为中护军,叔父天锡为中领军,同辅政。

凉张邕骄矜淫纵,树党专权,多所刑杀,国人患之。张天锡所亲敦煌刘肃谓天锡曰:"国家事欲未静!"天锡曰:"何谓也?"肃曰:"今护军出入,有似长宁。"天锡惊曰:"我固疑之,未敢出口。计将安出?"肃曰:"正当速除之耳!"天锡曰:"安得其人?"肃曰:"肃即其人也!"肃时年未二十。天锡曰:"汝年少,更求其助。"肃曰:"赵白驹与肃二人足矣。"十一月,天锡与邕俱入朝,肃与白驹从天锡值邕于门下,肃斫之不中,白驹继之,又不克,二人与天锡俱入宫中。邕得逸走,

宋混于是请求张玄靓去掉凉王的称号，恢复凉州牧的称谓。宋混对玄胪说："你刺杀我，我幸而没被刺伤。如今我辅佐政事，你大概害怕了吧？"玄胪说："我蒙受张瓘的恩惠，只恨刺您刺得不深，我自己无所畏惧！"宋混认为他有义气，把他当作心腹。

五年(361)夏季四月，前凉骠骑大将军宋混病得很厉害，张玄靓和他的祖母马氏前去探望，并且说："将军万一不幸去世，我们孤儿寡母将来依靠谁呢！想任命宋林宗继任将军，行吗？"宋混说："我儿子宋林宗年轻力弱，不能胜任这样重大的职任。殿下倘若不嫌弃我们一家，那么我的弟弟宋澄处置政事的能力超过我，只是担心他柔顺迟钝，随机应变方面不够格。在殿下的鞭策鼓励下使用，应是可以的。"宋混告诫宋澄以及儿子们说："我家蒙受国家的大恩，应当以死报效国家，万万不能倚仗权势地位而蛮横对待他人。"宋混又会见朝中大臣，告诫他们要忠贞不二。到宋混去世时，路上的行人都为他流泪。张玄靓任命宋澄为领军将军，辅佐政事。

秋季九月，前凉右司马张邕憎恨宋澄专制朝政，起兵攻打宋澄，杀死宋澄并灭绝了他的宗族。张玄靓任命张邕为中护军，任命自己的叔父张天锡为中领军，两人共同辅佐政事。

前凉张邕骄傲自大、淫乱放纵，网罗党羽、专擅朝权，滥施刑罚杀戮，国人把他看作灾殃。张天锡的亲信、敦煌人刘肃对张天锡说："国家大事想来并没有平息！"张天锡说："这话是什么意思？"刘肃说："如今中护军张邕的行为举止，就像当年长宁侯张祚。"张天锡吃惊地说："我本来就怀疑是这样，但不敢随便说。打算用什么对策来解决呢？"刘肃说："眼下应该迅速地除掉张邕！"张天锡说："哪里能找到除掉他的人呢？"刘肃说："我就是这个人！"刘肃当时还不到二十岁。张天锡说："你年纪太轻，还得另外找助手才行。"刘肃说："赵白驹和我两个人就足够了。"十一月，张天锡和张邕一起去上朝，刘肃与赵白驹跟随着张天锡，在王宫门口遇到张邕，刘肃砍击张邕而没砍中，赵白驹接着又砍，仍没砍中，二人和张天锡一起进入宫中。张邕得以逃脱之后，

帅甲士三百馀人攻宫门。天锡登屋大呼曰："张邕凶逆无道，既灭宋氏，又欲倾覆我家。汝将士世为凉臣，何忍以兵相向邪！今所取者，止张邕耳，他无所问！"于是邕兵悉散走，邕自刎死，尽灭其族党。玄靓以天锡为使持节、冠军大将军、都督中外诸军事，辅政。十二月，始改建兴四十九年，奉升平年号。诏以玄靓为大都督、督陇右诸军事、凉州刺史、护羌校尉、西平公。

哀帝兴宁元年秋八月，张玄靓祖母马氏卒，尊庶母郭氏为太妃。郭氏以张天锡专政，与大臣张钦等谋诛之，事泄，钦等皆死。玄靓惧，以位让天锡，天锡不受。右将军刘肃等劝天锡自立。闰月，天锡使肃等夜帅兵入宫，弑玄靓，宣言暴卒，谥曰冲公。天锡自称使持节、大都督、大将军、凉州牧、西平公，时年十八。尊母刘美人曰太妃。遣司马纶骞奉章诣建康请命，并送御史俞归东还。

二年夏六月，秦王坚遣大鸿胪拜张天锡为大将军、凉州牧、西平公。

海西公太和元年冬十月，张天锡遣使至秦境上，告绝于秦。

简文帝咸安元年夏四月，秦王坚命王猛为书谕天锡曰："昔贵先公称藩刘、石者，惟审于强弱也。今论凉土之力则损于往时，语大秦之德则非二赵之匹，而将军翻然自绝，无乃非宗庙之福也软？以秦之威，旁振无外，可以回弱水

率领三百多名披甲士兵攻打宫门。张天锡登上屋顶大声呼喊道:"张邕凶暴叛逆、毫无道义,诛灭了宋澄之后,又想来颠覆我家。你们这些将士世世代代都是凉朝的臣属,怎么忍心用武器来对着朝廷呢!今天我要攻取的只是张邕一人而已,其他人一概不会追究。"于是张邕的士兵完全奔散逃走,张邕割颈而死,他的家族、党羽全部被诛灭。张玄靓任命张天锡为使持节、冠军大将军、都督中外诸军事,辅佐国家政事。十二月,前凉才改掉了建兴四十九年的纪年,尊奉东晋,开始使用升平年号纪年。东晋下诏任命张玄靓为大都督、督陇右诸军事、凉州刺史、护羌校尉、西平公。

晋哀帝兴宁元年(363)秋季八月,张玄靓的祖母马氏去世,张玄靓尊奉父亲的姬妾郭氏为太妃。郭氏认为张天锡专擅政权,和大臣张钦等人密谋杀掉张天锡。事情泄露,张钦等人全部被处死。张玄靓很害怕,要把前凉的王位让给张天锡,张天锡不接受。右将军刘肃等人劝张天锡自立为王。闰八月,张天锡派刘肃等人带领士兵进入王宫,杀死张玄靓,然后宣布说张玄靓突然病亡,定谥号为冲公。张天锡自称使持节、大都督、大将军、凉州牧、西平公,此时年龄十八岁。张天锡尊奉母亲刘美人为太妃,派司马纶骞到建康上奏章请求东晋任命,并护送御史俞归东返建康。

二年(364)夏季六月,前秦王苻坚派大鸿胪拜授张天锡为大将军、凉州牧、西平公。

晋海西公太和元年(366)冬季十月,张天锡派遣使者前往前秦边境上,宣告与前秦断绝关系。

晋简文帝咸安元年(371)夏季四月,前秦王苻坚命令王猛写信晓谕张天锡说:"从前您的祖先曾向赵国刘曜、石勒称臣,其原因在于清楚自己与赵国谁强谁弱。如今论说凉国的力量,则比从前减弱;要说大秦的德义,则不是刘、石二赵所能匹敌的,但将军您却反而要与秦国绝交,这岂不是在破坏祖宗的福气吗?凭借秦国现有的威力,振摄遍天下而无一例外,可以让弱水掉头

使东流,返江、河使西注。关东既平,将移兵河右,恐非六郡士民所能抗也。刘表谓汉南可保,将军谓西河可全,吉凶在身,元龟不远,宜深算妙虑,以求多福,无使六世之业一旦而坠地也。"天锡大惧,遣使谢罪称藩。坚拜天锡使持节、都督河右诸军事、骠骑大将军、开府仪同三司、凉州刺史、西平公。

冬十二月,秦以河州刺史李辩领兴晋太守,还镇枹罕,徙凉州治金城。张天锡闻秦有兼并之志,大惧,立坛于姑臧南,刑三牲,帅其官属,遥与晋三公盟。遣从事中郎韩博奉表送盟文,并献书于大司马温,期以明年夏同大举,会于上邽。

孝武帝太元元年。初,张天锡之杀张邕也,刘肃及安定梁景皆有功,二人由是有宠,赐姓张氏,以为己子,使预政事。天锡荒于酒色,不亲庶务,黜世子大怀而立嬖妾焦氏之子大豫,以焦氏为左夫人,人情愤怨。从弟从事中郎宪舆榇切谏,不听。

夏五月,秦王坚下诏曰:"张天锡虽称藩受位,然臣道未纯,可遣使持节武卫将军武都苟苌、左将军毛盛、中书令梁熙、步兵校尉姚苌等将兵临西河;尚书郎阎负、梁殊奉诏征天锡入朝,若有违王命,即进师扑讨。"是时,秦步骑十三万,军司段铿谓周虓曰:"以此众战,谁能敌之!"虓曰:"戎狄以来,未之有也。"坚又命秦州刺史苟池、河州刺史李辩、凉州刺史王统帅三州之众为苟苌后继。

往东流,让长江、黄河返转向西灌。关东地区已经平定,即将调动军队向河西地区进军,这恐怕不是凉国六郡的士人、百姓所能抵抗的。刘表认为位于汉水以南可以自保,将军认为在黄河西岸可以全身,吉凶祸福取决于你自己,可做借鉴的往事距今不远,应当深思熟虑,去寻求长远的福运,不要让承袭了六代的事业毁于一旦。"张天锡阅信后非常恐惧,派使者到前秦去谢罪称臣。苻坚拜授张天锡为使持节、都督河右诸军事、骠骑大将军、开府仪同三司、凉州刺史、西平公。

冬季十二月,前秦任命河州刺史李辩兼任兴晋太守,返回枹罕镇守,将凉州的治所迁到金城。张天锡闻知前秦怀有兼并前凉的志向,十分害怕,于是在姑臧城南设立祭坛,杀猪、牛、羊三牲祭祀,率领前凉的官员臣属,在远方与东晋的三公隔地盟誓。派从事中郎韩博到东晋奉献表章、送交盟文,同时还写信送给大司马桓温,约定明年夏天一同大举进军,在上郭会师。

晋孝武帝太元元年(376)。当初,张天锡杀张邕的时候,刘肃和安定人梁景都立下功劳,二人因此得到宠爱,被赐姓张氏。张天锡把他们当作自己的儿子,让他们参与政事。张天锡沉湎于酒色,不亲自处理日常政务,废黜世子张大怀而改立宠妾焦氏生的儿子张大豫为世子,并把焦氏立为左夫人,前凉人心愤怒、怨恨。张天锡的堂弟、从事中郎张宪用车拉着棺材,以死直言相劝,张天锡不予理会。

夏季五月,前秦王苻坚下达诏令说:"张天锡虽然向秦国称臣、接受秦国的爵位,但为臣之道不纯正,可以派使持节、武卫将军、武都人苟苌及左将军毛盛,中书令梁熙,步兵校尉姚苌等人率领军队到黄河以西驻扎;尚书郎阎负、梁殊尊奉诏令,征召张天锡入朝,如果他想违背我的命令,立即进军攻击讨伐。"这时,前秦有步兵、骑兵十三万,军司段铿对周虓说:"动用如此之多的军队出战,有谁能够抵挡住!"周虓说:"自从戎狄入主中原以来,确实从来没有过。"苻坚又命令秦州刺史苟池、河州刺史李辩、凉州刺史王统,率领三州的军队作为苟苌的后续部队。

　　秋七月，阎负、梁殊至姑臧。张天锡会官属谋之，曰："今入朝，必不返；如其不从，秦兵必至。将若之何？"禁中录事席仂曰："以爱子为质，赂以重宝，以退其师，然后徐为之计，此屈伸之术也。"众皆怒，曰："吾世事晋朝，忠节著于海内。今一旦委身贼庭，辱及祖宗，丑莫大焉！且河西天险，百年无虞，若悉境内精兵，右招西域，北引匈奴以拒之，何遽知其不捷也！"天锡攘袂大言曰："孤计决矣，言降者斩！"使谓阎负、梁殊曰："君欲生归乎，死归乎？"殊等辞气不屈，天锡怒，缚之军门，命军士交射之，曰："射而不中，不与我同心者也。"其母严氏泣曰："秦主以一州之地，横制天下，东平鲜卑，南取巴、蜀，兵不留行所向无敌。汝若降之，犹可延数年之命。今以蕞尔一隅，抗衡大国，又杀其使者，亡无日矣！"天锡使龙骧将军马建帅众二万拒秦。

　　秦人闻天锡杀阎负、梁殊，八月，梁熙、姚苌、王统、李辩济自清石津，攻凉骁烈将军梁济于河会城，降之。甲申，苟苌济自石城津，与梁熙等会攻缠缩城，拔之。马建惧，自杨非退屯清塞。天锡又遣征东将军掌据帅众三万军于洪池，天锡自将馀众五万，军于金昌城。安西将军敦煌宋皓言于天锡曰："臣昼察人事，夜观天文，秦兵不可敌也，不如降之。"天锡怒，贬皓为宣威护军。广武太守辛章曰："马建出于行陈，必不为国家用。"苟苌使姚苌帅甲士三千为前驱。

秋季七月，阎负、梁殊抵达姑臧城。张天锡召集前凉的官员臣属谋划，张天锡说："我如果前往秦国入朝，一定无法返回；如果不服从征召，秦国的大军必然前来讨伐。我们怎么办呢？"禁中录事席仍说："送您的爱子作为人质，并赠送贵重的宝物，先用此办法让秦国退兵，然后再慢慢地商议对策，这是根据形势进退的方法。"众人一听都愤怒地说："我们世世代代事奉晋朝，忠诚节义天下闻名。如今一旦委身于秦贼门下，耻辱殃及祖宗，再没有比这更大的丑事了。况且有河西天险可依凭，百年也没有祸患，如果调集境内全部精锐部队，再向西招延西域、往北招引匈奴前来一起抗拒秦国，怎么就知道我们会不胜呢！"张天锡捋袖伸臂，大声说道："我的主意打定了，有说投降的人处斩。"于是派使者对阎负、梁殊说："你们二位希望活着回去，还是死后回去？"梁殊等人回答的话语、气概毫不屈服，张天锡发怒，把他们捆绑到军营门口，命令士兵同时拉弓射杀，并且说："射不中就是与我不同心。"张天锡的母亲严氏哭着说道："秦国国主仅凭一州的土地，纵横驰骋，制服天下，东边平定了鲜卑，南边夺取了巴蜀，军队从没受到阻挡，用兵一直所向无敌。你如果投降秦国，还能延续几年的命运。如今凭借一隅之地，去和大国抗衡，又杀掉他们的使者，这离灭亡的日子不远了。"张天锡派龙骧将军马建率领二万军队抵抗前秦。

前秦人听到张天锡射杀阎负、梁殊的消息，八月，梁熙、姚苌、王统、李辩从清石津渡过黄河，在河会城攻打前凉骁烈将军梁济，梁济投降前秦。甲申（十七日），苟苌从石城津渡过黄河，与梁熙等人合兵攻打缠缩城，夺取了该城。前凉马建很害怕，从杨非亭退到清塞驻守。张天锡又派征东将军掌据率领三万军队驻扎在洪池，自己亲自统领其馀的五万军队驻扎在金昌城。安西将军、敦煌人宋皓对张天锡说："我白天审察人事，夜晚观察天文，断定秦国的军队难以抵挡，不如投降他们。"张天锡很生气，把宋皓贬为宣威护军。广武太守辛章说："马建来自行伍，必定不会为国家尽力。"苟苌派姚苌率领三千精锐部队作为前锋。

庚寅,马建帅万人迎降,馀兵皆散走。辛卯,苟苌及掌据战于洪池,据兵败,马为乱兵所杀。其属董儒授之以马,据曰:"吾三督诸军,再秉节钺,八将禁旅,十总外兵,宠任极矣。今卒困于此,此吾之死地也,尚安之乎!"乃就帐免胄,西向稽首,伏剑而死。秦兵杀军司席仂。癸巳,秦兵入清塞,天锡遣司兵赵充哲帅众拒之。秦兵与充哲战于赤岸,大破之,俘斩三万八千级,充哲死。天锡出城自战,城内又叛。天锡与数千骑奔还姑臧。甲午,秦兵至姑臧,天锡素车白马,面缚舆榇,降于军门。苟苌释缚焚榇,送于长安。凉州郡县悉降于秦。

九月,秦王坚以梁熙为凉州刺史,镇姑臧。徙豪右七千馀户于关中,馀皆按堵如故。封天锡为归义侯,拜北部尚书。初,秦兵之出也,先为天锡筑第于长安,至则居之。以天锡晋兴太守陇西彭和正为黄门侍郎,治中从事武兴苏膺、敦煌太守张烈为尚书郎,西平太守金城赵凝为金城太守,高昌杨幹为高昌太守。馀皆随才擢叙。

庚寅(二十三日),马建带领属下的一万部众主动投降前秦,其馀的士兵都纷纷逃亡。辛卯(二十四日),苟苌与掌据在洪池交战,掌据的军队战败,自己的战马被乱兵杀死。部属董儒把他的马让给掌据,掌据说:"我三次统领各路军队,两次秉持符节、黄钺,八次辖领宫廷禁卫,十次在外带兵作战,得到的宠爱、信任达到了顶峰。如今最终陷入这样的困境,这就是我的葬身之地,还去哪里呢!"于是就在军中的帐篷里脱下盔甲,朝着西边叩拜之后,伏剑自杀。前秦士兵杀死军司席仂。癸巳(二十六日),前秦大军攻入清塞,张天锡又派司兵赵充哲率领部队进行抵抗。前秦军队与赵充哲在赤岸交战,大破前凉军队,俘虏、斩杀了三万八千人,赵充哲战死。张天锡出城亲自迎战,城内又发生了叛乱,张天锡与几千骑兵逃奔回姑臧。甲午(二十七日),前秦军队抵达姑臧,张天锡乘坐白马白车,双手反绑在身后,拉着棺材,到前秦军营门前投降。苟苌为他解掉绑绳,烧毁了棺材,把他送往长安。凉州境内的郡县全部投降前秦。

九月,前秦王符坚任命梁熙为凉州刺史,镇守姑臧。把七千多家豪强世族迁到关中地区,其馀的都让他们安居如故。封授张天锡为归义侯,任北部尚书。当初,前秦军队出征时,就事先为张天锡在长安修筑了宅第,只等他一到就住进去。任命张天锡的晋兴太守、陇西人彭和正为黄门侍郎,治中从事、武兴人苏膺、敦煌太守张烈为尚书郎,西平太守、金城人赵凝为金城太守,高昌人杨幹为高昌太守。其馀的官员都根据才能提拔任用。

苻秦灭燕

晋穆帝永和九年春二月庚子,燕王儁立其妃可足浑氏为皇后,世子晔为皇太子,皆自龙城迁于蓟宫。

十年夏四月戊申,燕主儁命冀州刺史吴王霸徙治信都。初,燕王皝奇霸之才,故名之曰霸,将以为世子,群臣谏而止,然宠遇犹逾于世子。由是儁恶之,以其尝坠马折齿,更名曰𫠖。寻以其应谶文,更名曰垂,迁侍中,录留台事,徙镇龙城。垂大得东北之和,儁愈恶之,复召还。

十二年秋七月丙子,燕献太子晔卒。

升平元年春二月癸丑,燕主儁立其子中山王𬀩为太子。

二年。燕吴王垂娶段末杯女,生子令、宝。段氏才高性烈,自以贵姓,不尊事可足浑后,可足浑氏衔之。燕主儁素不快于垂,

苻秦灭燕

晋穆帝永和九年（353）春季二月庚子（十七日），前燕国主慕容儁立他的妃子可足浑氏为皇后，立世子慕容晔为皇太子，让他们都从龙城迁到蓟城皇宫。

十年（354）夏季四月戊申这天，前燕国主慕容儁命令冀州刺史、吴王慕容霸把冀州治所迁往信都。当初，前燕国主慕容皝对慕容霸的才能感到惊奇，所以给他取名为"霸"，准备立他为世子，后因众大臣纷纷劝阻才改变主意，但是对他的宠爱仍然超过世子。因此慕容儁很忌恨他，由于慕容霸曾经从马上摔下来而把牙齿摔断，慕容儁便把他的名字改为"䤶"。不久又因为"䤶"与谶文相应合，才改名为"垂"。慕容垂升任侍中，总领留都的全部朝政，并迁到龙城镇守。慕容垂得到东北民众的大力拥戴，慕容儁更加忌恨他，又把他召回都城。

十二年（356）秋季七月丙子（十二日），前燕献太子慕容晔去世。

升平元年（357）春季二月癸丑（二十三日），前燕国主慕容儁立他的儿子、中山王慕容暐为太子

二年（358）。前燕吴王慕容垂娶了段末杯的女儿为妻，之后段氏生下儿子慕容令和慕容宝。段氏才华高、性情刚烈，自认为门第姓氏高贵，没有恭恭敬敬地去事奉可足浑皇后，可足浑氏也对此怀恨在心。前燕国主慕容儁向来不喜欢慕容垂，

中常侍涅皓因希旨告段氏及吴国典书令辽东高弼为巫蛊，欲以连污垂。儁收段氏及弼下大长秋、廷尉考验，段氏及弼志气确然，终无挠辞。掠治日急，垂愍之，私使人谓段氏曰："人生会当一死，何堪楚毒如此！不若引服。"段氏叹曰："吾岂爱死者耶！若自诬以恶逆，上辱祖宗，下累于王，固不为也！"辩答益明，故垂得免祸，而段氏竟死于狱中。出垂为平州刺史，镇辽东。垂以段氏女弟为继室，可足浑氏黜之，以其妹长安君妻垂。垂不悦，由是益恶之。

三年春二月，燕主儁宴群臣于蒲池，语及周太子晋，潸然流涕曰："才子难得。自景先之亡，吾鬓发中白。卿等谓景先何如？"司徒左长史李绩对曰："献怀太子之在东宫，臣为中庶子，太子志业，敢不知之！太子大德有八，至孝一也，聪敏二也，沈毅三也，疾谀喜直四也，好学五也，多艺六也，谦恭七也，好施八也。"儁曰："卿誉之虽过，然此儿在，吾死无忧矣。景茂何如？"时太子暐侍侧，绩曰："皇太子天资岐嶷，虽八德已闻，而二阙未补，好游畋而乐丝竹，此其所以为损也。"儁顾谓暐曰："伯阳之言，药石之惠也，汝宜诫之！"暐甚不平。

儁梦赵主虎啮其臂，乃发虎墓，求尸不获，购以百金。邺女子李菟知而告之，得尸于东明观下，僵而不腐。儁蹋

中常侍涅皓乘机迎合他的心意,控告段氏与吴国典书令、辽东人高弼用邪术嫁祸于人,想以此连带沾污慕容垂。慕容儁拘捕段氏与高弼,交给大长秋和廷尉勘查审问,段氏和高弼志向坚定,始终没有屈服枉供之词。于是严刑拷打一日比一日加剧,慕容垂怜悯他们的遭遇,暗地里派人对段氏说:"人总会面临一死,何必忍受如此的痛苦! 不如认罪。"段氏叹息道:"我难道是甘愿去死吗! 如果用邪恶叛逆来诬枉自己,对上辱没祖宗,对下连累吴王,所以坚决不这样做!"段氏对审问的辩解、回答越来越明确,慕容垂因此能够逃脱祸害,但段氏最终死在狱中。慕容儁把慕容垂调出京城任平州刺史,镇守辽东。慕容垂续娶段氏的妹妹为妻,可足浑氏下令废黜她,而把自己的妹妹长安君嫁给慕容垂为妻。慕容垂很不高兴,可足浑氏从此更加厌恶慕容垂。

　　三年(359)春季二月,前燕国主慕容儁在蒲池宴享众大臣,席间谈论到周朝太子姬晋,慕容儁潸然泪下地说道:"有才华的儿子很不容易得到。自从慕容晔死去以来,我的头发白了一半。你们认为慕容晔怎么样?"司徒左长史李绩回答说:"献怀太子慕容晔在东宫时,我担任中庶子,太子的志向业绩,怎敢不知道呢! 太子杰出的品德有八方面:第一,非常孝顺;第二,聪明敏捷;第三,深沉刚毅;第四,憎恨奉承,喜爱直言;第五,好学上进;第六,多才多艺;第七,谦虚恭敬;第八,慷慨仁慈。"慕容儁说:"爱卿的赞誉虽然过头了一点,但如果这孩子还健在,我便死而无忧了。慕容暐怎么样?"当时太子慕容暐正在旁边陪侍,李绩说:"皇太子天资聪慧,虽然八和美德也为世所知,但还有两方面的缺陷尚未补救,就是酷爱游玩打猎和沉湎于丝竹音乐,这是皇太子名声受到损害的原因。"慕容儁回头看着慕容暐说:"李绩的话,是规劝改过变善的良药,你应当引以为戒。"慕容暐却忿忿不平。

　　慕容儁梦见后赵王石虎咬他的手臂,于是挖掘石虎的坟墓,寻求他的尸体,没有找到,就用百两重金悬赏寻尸。邺城女子李菟知道尸体在什么地方,就向慕容儁报告。结果在东明观下边发现了尸体,尸体僵硬却没有腐烂。慕容儁踩着石虎的尸体

而骂之曰:"死胡,何敢怖生天子!"数其残暴之罪而鞭之,投于漳水,尸倚桥柱不流。及秦灭燕,王猛为之诛李菟,收而葬之。冬十二月辛酉,燕主㑺寝疾,谓大司马太原王恪曰:"吾病必不济。今二方未平,景茂冲幼,国家多难,吾欲效宋宣公,以社稷属汝,何如?"恪曰:"太子虽幼,胜残致治之主也。臣实何人,敢干正统!"㑺怒曰:"兄弟之间,岂虚饰邪!"恪曰:"陛下若以臣能荷天下之任者,岂不能辅少主乎!"㑺喜曰:"汝能为周公,吾复何忧! 李绩清方忠亮,汝善遇之。"召吴王垂还邺。

四年春正月癸巳,燕主㑺疾笃,召大司马恪等受遗诏辅政。甲午,卒。戊子,太子暐即位,年十一。大赦,改元建熙。

二月,燕人尊可足浑后为皇太后。以太原王恪为太宰,专录朝政。上庸王评为太傅,阳骛为太保,慕舆根为太师,参辅朝政。根性木强,自恃先朝勋旧,心不服恪,举动倨傲。时太后可足浑氏颇预外事,根欲为乱,乃言于恪曰:"今主上幼冲,母后干政,殿下宜防意外之变,思有以自全。且定天下者,殿下之功也。兄亡弟及,古今成法,俟毕山陵,宜废主上为王,殿下自践尊位,以为大燕无穷之福。"恪曰:"公醉邪? 何言之悖也! 吾与公受先帝遗诏,云何而遽

骂道:"你这死匈奴,怎么敢吓唬活着的天子!"接着一一列举石虎残暴的罪行,并用鞭子抽尸,然后把尸体投进漳水,尸体靠停在桥柱上而没有漂走。等到前秦灭掉前燕后,王猛为此事杀死李菟,把石虎的遗骸收拾起来安葬了。冬季十二月辛酉(十七日),前燕国主慕容儁生病,卧床不起,他对大司马、太原王慕容恪说:"我的病肯定难以痊愈了。如今,西方的秦国、南方的晋朝尚未平定,慕容暐年龄幼小,国家多灾多难,我准备仿效战国时的宋宣公,把国家交付给你,你认为怎么样?"慕容恪说:"太子虽然年幼,正是遏制凶残、实现太平盛世的君主。我是什么人,竟敢冒犯正统!"慕容儁生气地说:"你我兄弟之间,怎么能虚伪掩饰呢!"慕容恪说:"陛下假如认为我是能够承担天下重任的人,那怎么不认为我是能够辅佐少主的人呢!"慕容儁十分高兴地说:"你能做到像周公一样,我何必再担忧!李绩廉洁正直、忠诚坦白,你要好好对待他。"慕容儁召吴王慕容垂返回邺城。

四年(360)春季正月癸巳(二十日),前燕国主慕容儁病重,召大司马慕容恪等人接受遗诏辅佐朝政。甲午(二十一日)这天,慕容儁去世。到戊子那天,太子慕容暐即前燕皇帝位,此时年龄十一岁。实行大赦,改年号为建熙。

二月,前燕人尊奉可足浑皇后为皇太后。任命太原王慕容恪为太宰,全权总揽朝政。任命上庸王慕容评为太傅,阳骛为太保,慕舆根为太师,参与辅佐朝政。慕舆根性格质朴而倔强,仗恃着自己是前几朝的有功旧臣,心中不服慕容恪,举止行为傲慢自大。此时,皇太后可足浑氏常常干预朝政,慕舆根想要作乱,于是对慕容恪说:"如今主上年龄幼小,他的母亲皇太后又干预朝政,殿下应当提防发生意外的变故,考虑能够自我保全的办法。况且,平定天下是殿下的功劳。哥哥去世后,弟弟继位,这是古今通行的现成法规,等到先帝的陵墓竣工之后,应选择适宜的机会废黜慕容暐为王,殿下自己登上至尊的帝位,这是大燕国的无穷福运。"慕容恪说:"你是喝醉了吧?要不怎么能说出如此荒谬的话!我和你一齐接受先帝的遗诏辅佐朝政,为什么突然

有此议?"根愧谢而退。恪以告吴王垂,垂劝恪诛之。恪曰:"今新遭大丧,二邻观衅,而宰辅自相诛夷,恐乖远近之望,且可忍之。"秘书监皇甫真言于恪曰:"根本庸竖,过蒙先帝厚恩,引参顾命。而小人无识,自国哀已来,骄很日甚,将成祸乱。明公今日居周公之地,当为社稷深谋,早为之所。"恪不听。根又言于可足浑氏及燕主暐曰:"太宰、太傅将谋不轨,臣请帅禁兵以诛之。"可足浑氏将从之,暐曰:"二公,国之亲贤,先帝选之,托以孤嫠,必不肯尔。安知非太师欲为乱也!"乃止。根又思恋东土,言于可足浑氏及暐曰:"今天下萧条,外寇非一,国大忧深,不如还东。"恪闻之,乃与太傅评谋,密奏根罪状,使右卫将军傅颜就内省诛根,并其妻子、党与。大赦。

哀帝兴宁二年,燕侍中慕舆龙诣龙城,徙宗庙及所留百官皆诣邺。

海西公太和二年夏四月,燕太原桓王恪言于燕主暐曰:"吴王垂,将相之才十倍于臣,先帝以长幼之次,臣得先之。臣死之后,愿陛下举国以听吴王。"五月壬辰,恪疾病,暐亲视之,问以后事。恪曰:"臣闻报恩莫大于荐贤,贤者虽在板筑,犹可为相,况至亲乎!吴王文武兼资,管、萧之亚,陛下若任以大政,国家可安;不然,秦、晋必有窥觎之计。"言终而卒。

提出这样的动议?"慕舆根羞愧地谢罪退下。慕容恪把事情经过告诉吴王慕容垂,慕容垂劝慕容恪杀掉慕舆根。慕容恪说:"燕国如今刚刚遭受先帝去世的大难,秦、晋二邻国伺隙而欲有所图,如果我们宰辅大臣自相残杀,恐怕违背远近民众的愿望,可以暂且容忍他。"秘书监皇甫真对慕容恪说:"慕舆根原本是浅陋、卑贱的人,过去蒙受先帝过分的恩宠,担任接受遗命参与辅政的大臣。但小人缺乏见识,自从先帝驾崩以来,慕舆根骄横日益严重,最终会酿成祸乱。明公您今日处在周公的地位,应该为国家深谋远虑,趁早将他处置。"慕容恪不肯听从。慕舆根反过来又对可足浑氏和前燕国主慕容暐说道:"太宰慕容恪、太傅慕容评准备图谋不轨,请允许我率领禁卫军去讨伐他们。"可足浑氏打算同意他的请求,慕容暐说:"太宰、太傅二公是燕国的贤才、王室的至亲,先帝选择他们,把我孤儿寡妇相托付,他们一定不会做那样的事。又怎么知道不是太师要阴谋作乱呢!"事情才被制止。慕舆根又思恋东土龙城,便向可足浑氏和慕容暐说:"如今天下衰败零落,外部敌人不止一个,国土庞大,忧患深重,不如返回东部龙城。"慕容恪闻知此事,就和太傅慕容评谋划,秘密上奏慕舆根的罪状,让右卫将军傅颜在宫内杀掉慕舆根,以及他的妻子、儿子和党羽。实行大赦。

晋哀帝兴宁二年(364),前燕侍中慕舆龙到龙城去,把前燕王室祭祖先的宗庙、留守旧都的文武百官全部迁移到邺城。

晋海西公太和二年(367)夏季四月,前燕太原桓王慕容恪对前燕国主慕容暐说:"吴王慕容垂的武将文相之才,胜过我十倍,先帝按照长幼的顺序,让我得以在他之上。我死之后,希望陛下让全国都听从吴王调拨。"五月壬辰这天,慕容恪病情加重,慕容暐亲自去看望他,向他询问后事。慕容恪说:"我听说,报恩没有比举荐贤能更重的了,贤能的人即使是筑墙的奴隶,还能担任宰相,何况是至亲呢!吴王慕容垂文武兼备,才能仅次于管仲、萧何,陛下如果能将朝中大权委任给他,国家可以安定;不然,秦国、晋朝一定会产生伺隙而动的计谋。"慕容恪说完就去世了。

　　秦王坚闻恪卒，阴有图燕之计，欲觇其可否，命匈奴曹
毂发使如燕朝贡，以西戎主簿冯翊郭辩为之副。燕司空皇
甫真兄腆及从子奋、覆皆仕秦，腆为散骑常侍。辩至燕，历
造公卿，谓真曰："仆本秦人，家为秦所诛，故寄命曹王，贵
兄常侍及奋、覆兄弟并相知有素。"真怒曰："臣无境外之
交，此言何以及我！君似奸人，得无因缘假托乎！"白晗，请
穷治之，太傅评不许。辩还，为坚言："燕朝政无纲纪，实可
图也。鉴机识变，唯皇甫真耳。"坚曰："以六州之众，岂不
得使有智士一人哉！"曹毂寻卒，秦分其部落为二，使其二
子分统之，号东、西曹。

　　三年。初，燕太宰恪有疾，以燕主晗幼弱，政不在己，太
傅评多猜忌，恐大司马之任不当其人，谓晗兄乐安王臧曰："今
南有遗晋，西有强秦，二国常蓄进取之志，顾我未有隙耳。夫
国之兴衰，系于辅相。大司马总统六军，不可任非其人，我死
之后，以亲疏言之，当在汝及冲。汝曹虽才识明敏，然年少，
未堪多难。吴王天资英杰，智略超世，汝曹若能推大司马以
授之，必能混一四海，况外寇，不足惮也。慎无冒利而忘害，
不以国家为意也。"又以语太傅评。及恪卒，评不能用其言。

前秦王符坚听说慕容恪去世,暗中制定图谋前燕的计划,想侦测能否付诸实施,就命令已降附前秦的匈奴右贤王曹毂,派使者去前燕朝贡,让西戎主簿、冯翊人郭辩作为副使。前燕司空皇甫真的哥哥皇甫腆以及侄儿皇甫奋、皇甫覆都在前秦做官,皇甫腆担任散骑常侍。郭辩到了前燕,一一地拜访公卿百官,对皇甫真说:"我本来是秦国人,家人全被秦国杀害,所以寄居在右贤王曹毂那里谋生存。您的哥哥、散骑常侍皇甫腆以及皇甫奋、皇甫覆两兄弟,多年来都是我的挚友。"皇甫真怒气冲冲地说:"臣子不能在国境之外有任何交往,你的话凭什么要涉及我?你看上去像奸邪之徒,莫非是假冒使者,前来窥探机缘吗!"皇甫真把情票告慕容暐,请求追究、惩治郭辩,太傅慕容评不同意。郭辩返回前秦后对符坚说:"燕国政治混乱,没有纲纪法规,确实可以图谋。有见识、能随机应变的,只有皇甫真一人罢了。"符坚说:"按燕国六州的土地、民众论说,岂能连一个智士贤人都不让人家拥有呢!"曹毂不久就去世了,前秦把他的部落一分为二,让他的两个儿子分别统领,叫作东曹、西曹。

三年(368)。当初,前燕太宰慕容恪患病,由于前燕国主慕容暐年龄幼小,还不能自己主持政事,太傅慕容评为人十分猜忌,慕容恪担心大司马的职务落在不适当的人手中,就对慕容暐的哥哥、乐安王慕容臧说:"如今燕国南面有残存的晋朝,西面有强盛的秦国,晋、秦这两个国家一直怀有进取中原的志向,只是我国还没有出现让他们可乘的机会罢了。国家的兴衰,关键在于辅相。大司马总领主力六军,决不能委任给不适当的人。我死之后,按亲疏关系而言,这个职务的人选应当是你和慕容冲。你们尽管才智见识聪明敏捷,然而年纪轻,还不能承受住众多的危难。吴王慕容垂天资英武杰出,智慧谋略超出当世,你们如果能推举他出任大司马,必定能够统一天下,何况国外敌人的入侵,更不值得害怕了。千万不要为了权力而忘记害处,不把国家的安危放在心上。"他又把这些话对太傅慕容评说了一遍。但是等到慕容恪去世后,慕容评不能按照慕容恪所说的去做。

三月，以车骑将军中山王冲为大司马。冲，晧之弟也。以荆州刺史吴王垂为侍中、车骑大将军、仪同三司。

秦镇东将军洛州刺史魏公廋据陕城举兵反，以陕城降燕，请兵应接。秦人大惧，盛兵守华阴。燕魏尹范阳王德上疏，以为："先帝应天受命，志平六合。陛下篡统，当继而成之。今苻氏骨肉乖离，国分为五，投诚请援，前后相寻，是天以秦赐燕也。天与不取，反受其殃，吴、越之事，足以观矣。宜命皇甫真引并、冀之众径趋蒲阪，吴王垂引许、洛之兵驰解廋围，太傅总京师虎旅为二军后继，传檄三辅，示以祸福，明立购赏，彼必望风响应，浑一之期，于此乎在矣！"时燕人多请救陕，因图关中者。太傅评曰："秦，大国也，今虽有难，未易可图。朝廷虽明，未如先帝；吾等智略，又非太宰之比。但能闭关保境足矣，平秦非吾事也。"

魏公廋遗吴王垂及皇甫真笺曰："苻坚、王猛，皆人杰也，谋为燕患久矣。今不乘机取之，恐异日燕之君臣将有甬东之悔矣！"垂谓真曰："方今为人患者必在于秦，主上富于春秋，观太傅识度，岂能敌苻坚、王猛乎？"真曰："然。吾虽知之，如言不用何？"

三月，前燕任命车骑将军、中山王慕容冲为大司马。慕容冲是慕容暐的弟弟。任命荆州刺史、吴王慕容垂为侍中、车骑大将军、仪同三司。

前秦镇东将军、洛州刺史、魏公苻廋占据陕城举兵反叛前秦，献出陕城投降前燕，请求前燕派军队前去接应。前秦人非常害怕，集结强大的兵力驻守在华阴。前燕魏郡太守、范阳王慕容德上奏章，认为："先帝顺应上天，接受天命，立志平定天下。陛下继承帝统，应当继续不断地成就大业。如今秦国苻氏家族，骨肉之间背叛分离，国家一分为五，诚心归附、请求燕国援助的，前后连续不断，这是上天要把秦国赐给燕国。上天赐予而不接受，反过来就要深受其害，春秋时吴国不灭越国、最后反被越国灭亡的史事，就足以为鉴了。应当命令皇甫真率领并州、冀州的军队直接奔赴蒲阪，吴王慕容垂率领许昌、洛阳的军队迅速前去解除苻廋受到的包围，太傅慕容评总领京师的精锐部队，作为皇甫真、慕容垂二军的后续力量。在三辅地区传布檄文，晓示祸福利害，明确设置悬赏奖励，秦国人一定会闻风而动、群起响应，统一天下的时机，就在这时了。"当时，前燕很多人都请求出兵援救陕城，顺势图谋关中地区。太傅慕容评说："秦国，是一个大国，如今虽然遇到灾难，但不是轻易能够图谋的。主上虽然很贤明，却还比不上先帝；我们这些人的智慧谋略，也无法和太宰慕容恪相比。只要能够闭关保住国境就足够了，削平秦国不是我们的事情。"

前秦魏公苻廋送给前燕吴王慕容垂和皇甫真书信说："苻坚、王猛都是人中英杰，他们谋划祸害燕国已经很久了。如今燕国不能够乘此机会攻取秦国，恐怕他日燕国的君臣，将会又有吴国灭亡、吴王夫差放逐甬东时的悔叹了！"慕容垂对皇甫真说："当今能成为我们祸患的，必定是秦国。主上年纪太轻，观察太傅慕容评的见识与气度，怎么能与苻坚、王猛相匹敌呢？"皇甫真说："讲得对。我虽然清楚这一点，可是说了不被采用，又有什么法子呢？"

　　四年，晋大司马温伐燕，下邳王厉与温战，败于黄墟。燕又使乐安王臧拒温，臧不能抗。温至枋头，晔与太傅评谋奔龙城。吴王垂自请击之，又使乐嵩请救于秦，许赂以虎牢以西之地。秦遣苟池、邓羌帅步骑救燕，范阳王德、李邦断温粮道。温数战不利，粮储复竭，闻秦兵将至，弃辎重、铠仗奔还。吴王垂追及温于襄邑，大破之。事见《桓温伐燕》。

　　燕、秦既结好，使者数往来。燕散骑侍郎太原郝晷、给事黄门侍郎梁琛相继如秦。晷与王猛有旧，猛接以平生，问晷东方之事。晷见燕政不修而秦大治，知燕将亡，阴欲自托于猛，颇泄其实。冬十月，琛至长安，秦王坚方败于万年，欲引见琛，琛曰："秦使至燕，燕之君臣朝服备礼，洒扫宫庭，然后敢见。今秦主欲野见之，使臣不敢闻命！"尚书郎辛劲谓琛曰："宾客入境，惟主人所以处之，君焉得专制其礼！且天子称乘舆，所至曰行在所，何常居之有！又，《春秋》亦有遇礼，何为不可乎！"琛曰："晋室不纲，灵祚归德，二方承运，俱受明命。而桓温猖狂，窥我王略，燕危秦孤，势不独立，是以秦主同恤时患，要结好援。东朝君臣，引领西望，愧其不竞，以为邻忧，西使之辱，敬待有加。今强寇

四年(369)，东晋大司马桓温讨伐前燕，前燕下邳王慕容厉与桓温交战，在黄墟被桓温打败。前燕又派乐安王慕容臧抵抗桓温，慕容臧抵挡不住。桓温抵达枋头，慕容㬂与太傅慕容评计划逃奔龙城。吴王慕容垂自己主动请求攻击桓温，前燕又派乐嵩去前秦请求救援，许诺奉送虎牢以西的土地作为回报。前秦派苟池、邓羌统率步兵、骑兵援救前燕，前燕范阳王慕容德、李邽切断桓温运粮的道路。桓温屡战不利，粮食储备又已耗尽，听到前秦军队即将前来参战时，就抛弃军用物资、盔甲兵器往回逃奔。前燕吴王慕容垂追击桓温，追到襄邑，大败桓温军队。事见《桓温伐燕》。

前燕、前秦缔结好关系以后，两国的使者经常往来。前燕散骑侍郎、太原人郝晷、给事黄门侍郎梁琛先后来到了前秦。郝晷与王猛有旧交情，王猛按老友的方式接待郝晷，询问郝晷东边前燕的事情。郝晷看到前燕政治混乱，前秦却治理得非常好，知道前燕即将灭亡，心中暗想依附于王猛，就泄露了很多前燕的真实情况。冬季十月，梁琛来到长安，前秦王符坚正在万年打猎，想就地接见梁琛，梁琛说："秦国的使者到燕国，燕国的君臣都身着朝服，按照全套礼仪，将宫廷打扫得干干净净，然后才敢接见。今天秦国主上却想在野外接见我，我作为燕国的使臣，不敢听命！"前秦尚书郎辛劲对梁琛说："宾客来到其他国家，只能客随主便，你怎么能专横地对秦国的礼仪提出要求！况且，天子被称作'乘舆'，天子所到的地方叫'行在所'，哪里会固定住在一个处所！还有，《春秋》中也记载有君王之间，事先不约定而突然相遇会见的礼仪，怎么就不能在野外接见呢！"梁琛说："晋王室纲纪混乱，神灵的赐福归于有德的国家，秦、燕二国继承天运，同时接受神明的赐命。桓温狂妄而放肆，窥视我国君王的领土，燕国一旦危险，秦国必然孤立，势必难以独立生存，因此秦国主上和燕国一样为当时灾难而感到忧虑，结成友好、互相支援的关系。东边燕国的君臣，翘首向西远望，惭愧自己不强盛，给邻国带来忧患，西边秦国使者屈尊前来，燕国倍加尊敬地接待。如今强敌

既退，交聘方始，谓宜崇礼笃义以固二国之欢，若忽慢使臣，是卑燕也，岂修好之义乎！夫天子以四海为家，故行曰乘舆，止曰行在。今海县分裂，天光分曜，安得以乘舆、行在为言哉！礼，不期而见曰遇。盖因事权行，其礼简略，岂平居容与之所为哉！客使单行，诚势屈于主人，然苟不以礼，亦不敢从也。"坚乃为之设行宫，百僚陪位，然后延客，如燕朝之仪。事毕，坚与之私宴，问："东朝名臣为谁？"琛曰："太傅上庸王评，明德茂亲，光辅王室；车骑大将军吴王垂，雄略冠世，折冲御侮；其馀或以文进，或以武用，官皆称职，野无遗贤。"

琛从兄奕为秦尚书郎，坚使典客，馆琛于奕舍。琛曰："昔诸葛瑾为吴聘蜀，与诸葛亮惟公朝相见，退无私面，余窃慕之。今使之即安私室，所不敢也。"乃不果馆。奕数来就邸舍，与琛卧起，间问琛东国事。琛曰："今二方分据，兄弟并蒙荣宠，论其本心，各有所在。琛欲言东国之美，恐非西国之所欲闻；欲言其恶，又非使臣之所得论也。兄何用问为？"

坚使太子延琛相见。秦人欲使琛拜太子，先讽之曰："邻国之君，犹其君也；邻国之储君，亦何以异乎！"琛曰："天子之子视元士，欲其由贱以登贵也，尚不敢臣其父之臣，况他国之臣乎！苟无纯敬，则礼有往来，情岂忘恭，

已经退走，我们双方使节刚刚开始交往，我认为应当崇尚礼节、奉守道义，从而加强两国的友好关系。如果轻视、怠慢使臣，就是看不起燕国，哪里属于结交友好的道义呢！天子以四海为家，所以天子出行叫'乘舆'，停留叫'行在'。如今天下四分五裂，阳光分别照耀各地，怎么能用'乘舆''行在'作为托辞呢！礼制规定，事先没有约定而偶然相见叫'遇'。因为这是根据情形权宜行事，所以礼节简略，哪里是平常无事、从容不迫时所允许的做法呢！我作为来宾，只身一人出使秦国，确实势必屈服于主人，然而如果不按礼仪行事，我也不敢服从。"苻坚于是为梁琛布设行宫，让文武百官陪席，然后迎接客人，如同前燕待秦国使臣的仪式。接见结束之后，苻坚与梁琛私下宴饮，苻坚问："东边燕国的名臣是谁？"梁琛说："太傅、上庸王慕容评，德性完美，是主上有才能的亲属，光大辅佐王室；车骑大将军、吴王慕容垂，雄武过人，谋略盖世，击退敌人，抵御外侮；其馀大臣有的以文才提拔，有的凭武略重用，官吏都很称职，民间没有被遗漏的贤才。"

梁琛的堂兄梁奕在前秦任尚书郎，苻坚让梁奕负责接待事务，把梁琛安顿在梁奕的房舍中住，梁琛说："从前诸葛瑾为东吴出访蜀汉，他和诸葛亮只在办公事的朝堂上相见，退下朝堂从不私自见面，我私下一直敬慕他们。如今我出使秦国就被安置到私人家中住，这是我不敢接受的。"于是就没有去梁奕家住。梁奕多次来到专门接待宾客的邸舍，和梁琛一同起居，找机会询问梁琛有关前燕的情况。梁琛说："如今秦、燕两国各据一方，我们兄弟分别在二国同时受到荣宠，说到我们内心的想法，则各有所向。我想说燕国的好话，恐怕不是秦国所愿意听的；如果要说燕国的坏话，则又不是使臣所能议论的。兄长为什么要问这些事呢？"

苻坚让太子请梁琛相见。前秦人想让梁琛对太子行拜谒礼，事先暗示梁琛说："邻国的君主，如同本国的君主；邻国的太子，又有什么不同呢！"梁琛说："天子的儿子看待士人，是要他从贫贱进升到高贵。他尚且不敢将父亲的臣属作为臣属，更何况别国的臣属呢！如果没有纯正的敬意，那么礼尚往来，尽管人们怎会忘记恭敬，

但恐降屈为烦耳。"乃不果拜。

王猛劝坚留琛,坚不许。

吴王垂自襄邑还邺,威名益振,太傅评愈忌之。垂奏:"所募将士忘身立效,将军孙盖等摧锋陷陈,应蒙殊赏。"评皆抑而不行。垂数以为言,与评廷争,怨隙愈深。太后可足浑氏素恶垂,毁其战功,与评密谋诛之。太宰恪之子楷及垂舅兰建知之,以告垂曰:"先发制人,但除评及乐安王臧,馀无能为矣。"垂曰:"骨肉相残而首乱于国,吾有死而已,不忍为也。"顷之,二人又以告,曰:"内意已决,不可不早发。"垂曰:"必不可弥缝,吾宁避之于外,馀非所议。"

垂内以为忧,而未敢告诸子。世子令请曰:"尊比者如有忧色,岂非以主上幼冲,太傅疾贤,功高望重,愈见猜邪?"垂曰:"然。吾竭力致命以破强寇,本欲保全家国,岂知功成之后,返令身无所容。汝既知吾心,何以为吾谋?"令曰:"主上暗弱,委任太傅,一旦祸发,疾于骇机。今欲保族全身,不失大义,莫若逃之龙城,逊辞谢罪,以待主上之察,若周公之居东,庶几可以感寤而得还,此幸之大者也。如其不然,则内抚燕、代,外怀群夷,守肥如之险以自保,亦其次也。"垂曰:"善。"

只是担心降格屈拜增添麻烦。"于是不行拜谒礼。

王猛劝苻坚扣留下梁琛,苻坚不答应。

前燕吴王慕容垂从襄邑回到邺城,威望名声越发震动全境,太傅慕容评也更加忌恨他。慕容垂上奏章说:"所招募的将士舍生忘死地建立战功、报效国家,将军孙盖等人冲锋陷阵,应该受到特别的嘉奖。"慕容评压着不进行奖励。慕容垂多次为此事陈说,甚至在朝廷与慕容评争论,两人的怨恨隔阂越来越深。太后可足浑氏一向厌恶慕容垂,便诋毁他的战功,与慕容评秘密策划杀掉他。太宰慕容恪的儿子慕容楷,以及慕容垂的舅舅兰建知道这一阴谋,便告知慕容垂说:"先发制人,只要除掉慕容评和乐安王慕容臧,其馀的人就没有能力反抗了。"慕容垂说:"骨肉至亲互相残杀,而且首先在国内制造动乱,我只有一死而已,不忍心干这种事。"不久,慕容楷、兰建二人又告诉慕容垂说:"太后下定决心要杀你,你不能不提前动手。"慕容垂说:"如果一定不能弥补缝合、挽回局面,我宁愿逃到外面躲避他们,其馀的办法都不用商议。"

慕容垂心里一直为这件事忧虑,但不敢告诉儿子们。世子慕容令请见说:"您近来好像面有忧色,难道不是因为主上年龄幼小,太傅妒忌贤能,您功高望重,越来越受到猜忌吗?"慕容垂说:"是这样。我竭尽全力、拼死命地去打败强敌,本来是想守卫国家、保全宗族,哪里知道大功告成之后,反而导致自己无容身之处。你既然了解我的心思,将如何为我谋划?"慕容令说:"主上昏庸懦弱,把国家重任交给太傅,一旦要祸害您,就比弩机突然触发还快。如今想要保全宗族和自己,又不丧失大义,没有什么办法比得上逃往龙城,然后用谦恭的言辞谢罪,并等待主上的明察,像当年周公离开京城住在东方一样,希望主上能够有所感触而觉悟,从而得以返回,这是最大的幸运了。如果事情不是这样发展,那您就对内安抚燕郡、代郡,对外怀柔各部夷人,坚守肥如县一带的险阻,以便保全自己,这是次一等的退路。"慕容垂说:"好。"

十一月辛亥朔,垂请畋于大陆,因微服出邺,将趋龙城。至邯郸,少子麟素不为垂所爱,逃还告状,垂左右多亡叛。太傅评白燕主晔,遣西平公强帅精骑追之,及于范阳。世子令断后,强不敢逼。会日暮,令谓垂曰:"本欲保东都以自全,今事已泄,谋不及设。秦主方招延英杰,不如往归之。"垂曰:"今日之计,舍此安之!"乃散骑灭迹,傍南山复还邺,隐于赵之显原陵。俄有猎者数百骑四面而来,抗之则不能敌,逃之则无路,不知所为。会猎者鹰皆飞飏,众骑散去,垂乃杀白马以祭天,且盟从者。

世子令言于垂曰:"太傅忌贤疾能,构事以来,人尤忿恨。今邺城之中,莫知尊处,如婴儿之思母,夷、夏同之,若顺众心,袭其无备,取之如指掌耳。事定之后,革弊简能,大匡朝政,以辅主上,安国存家,功之大者也。今日之便,诚不可失,愿给骑数人,足以办之。"垂曰:"如汝之谋,事成诚为大福,不成悔之何及!不如西奔,可以万全。"子马奴潜谋逃归,杀之而行。至河阳,为津吏所禁,斩之而济。遂自洛阳与段夫人、世子令、令弟宝、农、隆、兄子楷、舅兰建、郎中令高弼俱奔秦,留妃可足浑氏于邺。乙泉戍主吴归追

十一月辛亥这天是初一，慕容垂请求前往大陆去打猎，便穿上普通的衣服出了邺城，准备直奔龙城。到达邯郸后，慕容垂的小儿子慕容麟由于平素不得慕容垂的喜爱，逃回邺城报告情况，慕容垂身边的人也逃亡背叛了很多。太傅慕容评将此事禀报前燕国主慕容暐，随即派西平公慕容强率领精锐的骑兵去追慕容垂，追到范阳赶上了。慕容垂的长子慕容令在后面阻挡，慕容强不敢逼近。时逢太阳落山，慕容令对慕容垂说："本来打算守住东都龙城以便保全自己，如今事情已经泄露，计谋来不及实施。秦国国主正在招收延揽英雄豪杰，不如前去归附秦国。"慕容垂说："现在的计策，除了去秦国还能去哪里呢！"于是遣散骑兵、消除踪迹，沿着南山又返回邺城，隐藏在后赵石虎的显原陵。不一会就有几百名猎人骑着马从四面围过来，要抵抗却无法对抗，逃跑却没有路可逃，不知道该怎么办。恰好这时猎人的猎鹰全都飞走，这些猎人随着猎鹰散开离去，慕容垂于是杀了一匹白马祭祀上天，并且和跟随自己的人对天盟誓。

　　世子慕容令对慕容垂说："太傅慕容评嫉贤妒能，自从计划杀掉您以来，人们尤为愤怒怨恨。如今邺城里的民众，没有人知道您的去处，他们思念您如同婴儿思念母亲一样。夷族、汉族心愿一致，如果能够顺应民心，趁慕容评毫无防备时对他进行袭击，取得成功易如指点手掌。事情稳定之后，革除弊端，挑选贤能，大力整顿朝政，从而辅助主上，安定国家，保存宗族，这是最大的功德。现在这样有利的时机，确实不能丧失掉，希望调给我几名骑兵，就能够办成此事。"慕容垂说："按照你的计划，事情成功的确是最大的福分，但是如果一旦不成功，就后悔莫及了！不如向西逃亡，可以万无一失。"慕容垂儿子的马夫偷偷地谋划逃回去，慕容垂杀死他们就出发了。抵达河阳，渡河时遭到管理渡口官吏的阻拦，慕容垂杀掉官吏后渡过黄河。于是慕容垂与段夫人、世子慕容令、慕容令的弟弟慕容宝、慕容农、慕容隆、慕容垂的侄子慕容楷、慕容垂的舅舅兰建、郎中令高弼等人全部从洛阳逃奔前秦，只有王妃可足浑氏被留在邺城。乙泉戌的首领吴归追

及于阌乡,世子令击之而退。

初,秦王坚阴有图燕之志,惮吴王垂,不敢发。及闻垂至,大喜,郊迎,执手与语,乃以垂为冠军将军,封宾徒侯,楷为积弩将军。事见《慕容叛秦复燕》。

秦留梁琛月馀,乃遣归。琛兼程而进,比至邺,吴王垂已奔秦。琛言于太傅评曰:"秦人日阅军旅,多聚粮于陕东,以琛观之,为和必不能久。今吴王又往归之,秦必有窥燕之谋,宜早为之备。"评曰:"秦岂肯受叛臣而败和好哉!"琛曰:"今二国分据中原,常有相吞之志。桓温之入寇,彼以计相救,非爱燕也,若燕有衅,彼岂忘其本志哉!"评曰:"秦主何如人?"琛曰:"明而善断。"问王猛,曰:"名不虚得。"评皆不以为然。琛又以告燕主晔,晔亦不然之。以告皇甫真,真深忧之,上疏言:"苻坚虽聘问相寻,然实有窥上国之心,非能慕乐德义,不忘久要也。前出兵洛川,及使者继至,国之险易虚实,彼皆得之矣。今吴王垂又往从之,为其谋主,伍员之祸,不可不备。洛阳、太原、壶关,皆宜选将益兵,以防未然。"晔召太傅评谋之,评曰:"秦国小力弱,恃我为援,且苻坚庶几善道,终不肯纳叛臣之言,绝二国之好,不宜轻自惊扰以启寇心。"卒不为备。

到阌乡,长子慕容令将他击退。

当初,前秦王苻坚暗地里怀有图谋前燕的志向,只是惧怕吴王慕容垂的威名,不敢发兵。等听说慕容垂来到前秦,万分高兴,亲自到郊外迎接,拉着慕容垂的手与他交谈,于是任命慕容垂为冠军将军,封授为宾徒侯,任命慕容楷为积弩将军。事见《慕容叛秦复燕》。

前秦留梁琛住了一个多月,才送他返回前燕。梁琛兼程赶路,等回到邺城,吴王慕容垂已经逃奔前秦。梁琛对太傅慕容评说:"秦国每天检阅军队,在陕城以东大量地集聚粮食,根据我的观察,两国之间的和平相处一定不能持久。如今吴王慕容垂又前去依附秦国,秦国肯定怀有窥伺燕国的阴谋,应该提前进行防备。"慕容评说:"秦国怎么肯为接受燕国的叛臣而败坏两国的和好呢!"梁琛说:"现在秦、燕二国分别据有中原,双方都有吞并对方的志向。晋朝桓温入侵我国时,秦国按照自己的打算援救燕国,并不是喜爱燕国。如果燕国出现内讧,秦国怎么会忘掉他原来的志向呢!"慕容评说:"秦国国主是一个什么样的人?"梁琛说:"英明而且善于决断。"慕容评又问王猛的情况,梁琛说:"名不虚传。"慕容评对梁琛说的这一切都不以为然。梁琛又把这些情况禀告前燕国主慕容暐,慕容暐也不以为然。梁琛去告诉皇甫真,皇甫真对此深感忧虑,上奏章说:"苻坚虽然连续不断地派使节前来问候,但实际上怀有窥探我国的野心,绝对不是仰慕仁德、喜爱道义、不忘永久结盟。秦国以前曾出兵到洛水流域,到后来使者不断地前来,燕国的地势险易、情况虚实,他们全都了解到了。如今吴王慕容垂又去依附秦国,充当秦国主要谋士,春秋时楚国伍员带领吴国军队攻进楚国那样的祸患,不能不防。洛阳、太原、壶关等地,都应当选派将领、增强兵力,以防患于未然。"慕容暐召太傅慕容评来谋划对策,慕容评说:"秦人国家小、兵力弱,依靠我国作为后援。而且苻坚差不多能够珍惜道义,最终不会听从叛臣慕容垂的话,断绝两国的友好联系。不应当轻易地自我惊扰,从而引发秦国进犯之心。"燕国最终也没做防备。

秦遣黄门郎石越聘于燕，太傅评示之以奢，欲以夸燕之富盛。高泰及太傅参军河间刘靖言于评曰："越言诞而视远，非求好也，乃观衅也。宜耀兵以示之，用折其谋。今乃示之以奢，益为其所轻矣。"评不从。泰遂谢病归。

是时太后可足浑氏侵桡国政，太傅评贪昧无厌，货赂上流，官非才举，群下怨愤。尚书左丞申绍上疏，以为："守宰者，致治之本。今之守宰，率非其人，或武人出于行伍，或贵戚生长绮纨，既非乡曲之选，又不更朝廷之职。加之黜陟无法，贪惰者无刑罚之惧，清修者无旌赏之劝。是以百姓困弊，寇盗充斥，纲颓纪紊，莫相纠摄。又官吏猥多，逾于前世，公私纷然，不胜烦扰。大燕户口，数兼二寇，弓马之劲，四方莫及，而比者战则屡北，皆由守宰赋调不平，侵渔无已，行留俱窘，莫肯致命故也。后宫之女四千馀人，僮侍厮役尚在其外，一日之费，厥直万金，士民承风，竞为奢靡。彼秦、吴僭僻，犹能条治所部，有兼并之心，而我上下因循，日失其序。我之不修，彼之愿也。谓宜精择守宰，并官省职，存恤兵家，使公私两遂，节抑浮靡，爱惜用度，赏必当功，罚必当罪。如此则温、猛可枭，二方可取，岂特保境安民而已哉！又，索头什翼犍疲病昏悖，虽乏贡御，

前秦派黄门郎石越访问前燕，太傅慕容评向他显示自己的奢华，想以此夸耀前燕的富裕兴旺。高泰和太傅参军、河间人刘靖对慕容评说："石越口出妄言而且四面张望，不是为了寻求友好，只是前来观察聚会、有所图谋。应当炫耀兵力给他看，以此挫败秦人的计谋。如今却要向他显示奢华，这样会让秦人更加轻视燕国了。"慕容评不听，高泰于是称病辞官回家。

　　这时太后可足浑氏插手，败坏国家的政事，太傅慕容评贪得无厌，靠财物贿赂就能爬上高位，做官不根据才能举用，百姓怨恨愤怒。尚书左丞申绍上奏章，认为："地方官吏，是实现太平盛世的根本。如今燕国的地方官吏，大都不是称职的人选。有的是军人出身的武夫，有的是生长于显贵豪门的皇亲国戚，既没有通过乡里的选举，又没有经过朝廷的考核。再加上降职晋升全无章法，贪婪懒惰的没有刑罚处分的畏惧，清廉正直的得不到表彰奖赏的鼓励。因此，百姓贫困疲惫，盗贼充斥，政纲衰败，法纪混乱，相互之间不能监督。还有，官吏冗多，超过前代，公事私事冗杂繁乱，让人根本承受不了。大燕国的户口数量，相当于晋朝、秦国的总和，弓矢战马的强盛，天下没有谁能赶得上。但近来的战斗却是多次失败，原因全在于地方官吏征调赋税不公平，侵吞百姓的财物没有止境，百姓出征、留守全都处境困迫，没有一个人肯拼命作战的缘故。朝廷后宫中有四千多宫女，僮仆、侍者、杂役、听差还在计算之外，后宫中一天的费用，价值高达万金，士人百姓受这种风气的影响，互相争比奢靡。秦国是僭伪政权，晋朝地处偏僻，他们尚且还能够井井有条地治理国家，怀着兼并天下的雄心，而我国却上行下效，一天天失掉正常的秩序。我国不整顿治理，正是对方国家的愿望。我认为应当精慎选择地方官吏，合并冗官、减省冗职，抚恤救济士兵的家属，使公事私事两相便利；抑制浮华浪费，吝惜费用支出，奖赏必须与功劳相当，惩罚一定与罪过相适。如果这样，那么桓温、王猛可以斩杀，晋朝、秦国可以夺取，岂止是保卫国境、安定百姓而已呢！再有，代国索头鲜卑拓跋什翼犍老朽昏乱，虽然很少前来进贡，

无能为患,而劳兵远戍,有损无益。不若移于并土,控制西河,南坚壶关,北重晋阳,西寇来则拒守,过则断后,犹愈于戍孤城守无用之地也。"疏奏,不省。

初,燕人许割虎牢以西赂秦。晋兵既退,燕人悔之,谓秦人曰:"行人失辞。有国有家者,分灾救患,理之常也。"秦王坚大怒,遣辅国将军王猛、建威将军梁成、洛州刺史邓羌帅步骑三万伐燕。十二月,进攻洛阳。

五年春正月,秦王猛遗燕荆州刺史武威王筑书曰:"国家今已塞成皋之险,杜盟津之路,大驾虎旅百万,自轵关取邺都。金墉穷戍,外无救援,城下之师,将军所监,岂三百弊卒所能支也!"筑惧,以洛阳降,猛陈师受之。燕卫大将军乐安王臧城新乐,破秦兵于石门,执秦将杨猛。

王猛之发长安也,请慕容令参其军事,以为乡导。将行,造慕容垂饮酒,从容谓垂曰:"今当远别,卿何以赠我?使我睹物思人。"垂脱佩刀赠之。猛至洛阳,赂垂所亲金熙,使诈为垂使者,谓令曰:"吾父子来此,以逃死也。今王猛疾人如仇,谗毁日深;秦王虽外相厚善,其心难知。丈夫逃死而卒不免,将为天下笑。吾闻东朝比来始更悔悟,主、后相尤。吾今还东,故遣告汝;吾已行矣,便可速发。"令疑之,踌躇终日,又不可审覆。乃将旧骑,诈为出猎,

却没有能力挑起祸患，但如果劳烦士兵去远征戍卫，只会有害无益。不如把军队调到并州，控制西河地区，南面使壶关坚不可摧，北面使晋阳地位加重，如果西部的敌人来犯就抵抗防守，退兵则截断后路，这仍远远超过把军队用来防卫孤城、守护无用的地方。"奏章呈报后，没有得到理睬。

当初，前燕人许诺，划割虎牢以西的辖区送给前秦。东晋的军队撤退之后，前燕人后悔了，就对前秦人说："那是使者言不达意。有国有家的人，互相分担灾难、救助祸患，是理所当然的。"前秦王苻坚大怒，派辅国将军王猛、建威将军梁成、洛州刺史邓羌率领三万步兵、骑兵讨伐前燕。十二月，前秦军队进攻洛阳。

五年(370)春季正月，前秦王猛写信送给前燕荆州刺史、武威王慕容筑说："秦国如今已经堵塞住成皋的险要之处，切断了盟津的通道，秦王亲自统率百万精锐部队，从轵关直接攻取邺城。金墉城的戍守穷窘困顿，外面毫无救援，城下包围着重兵，将军您可明察，这哪里是你手下那三百名疲惫的士兵能够支撑对付的！"慕容筑十分害怕，献出洛阳投降前秦，王猛列阵接受慕容筑投降。前燕卫大将军、乐安王慕容臧修筑新乐城，在石门打败前秦军队，活捉前秦将领杨猛。

王猛从长安出发时，邀请慕容令参与讨伐前燕的军事行动，让他担任向导。临行前，王猛到慕容垂那里饮酒，从容不迫地对慕容垂说："今天就要远别，您能否赠给我点什么东西？让我睹物思人。"慕容垂解下佩刀赠给王猛。王猛到洛阳后，重金收买慕容垂的亲信金熙，让他伪装成慕容垂的使者，然后对慕容令传达说："我们父子来到这里，是为了避免一死。如今王猛憎恨我们如同仇敌，谗言诋毁日益加深；秦王虽然外表上对我们非常友善，但内心很难了解。大丈夫逃避死难最终却不能避免，会被天下人耻笑。我听说燕国朝廷近来开始改变、悔悟，主上和太后互相指责过错。我现在要返回燕国，所以派使者来告诉你，我已经出发了，你可以迅速出发。"慕容令对此感到怀疑，整整一天犹豫不决，又无法审核验证。于是率领旧部，谎称外出骑马打猎，

遂奔乐安王臧于石门。猛表令叛状,垂惧而出走,及蓝田,为追骑所获。秦王坚引见东堂,劳之曰:"卿家国失和,委身投朕。贤子心不忘本,犹怀首丘,亦各其志,不足深咎。然燕之将亡,非令所能存,惜其徒入虎口耳。且父子兄弟,罪不相及,卿何为过惧而狼狈如是乎!"待之如旧。燕人以令叛而复还,其父为秦所厚,疑令为反间,徙之沙城,在龙都东北六百里。

臣光曰:昔周得微子而革商命,秦得由余而霸西戎,吴得伍员而克强楚,汉得陈平而诛项籍,魏得许攸而破袁绍。彼敌国之材臣,来为己用,进取之良资也。王猛知慕容垂之心久而难信,独不念燕尚未灭,垂以材高功盛,无罪见疑,穷困归秦,未有异心,遽以猜忌杀之,是助燕为无道而塞来者之门也,如何其可哉!故秦王坚礼之以收燕望,亲之以尽燕情,宠之以倾燕众,信之以结燕心,未为过矣。猛何汲汲于杀垂,至乃为市井鬻卖之行,有如嫉其宠而谮之者,岂雅德君子所宜为哉!

乐安王臧进屯荥阳,王猛遣建威将军梁成、洛州刺史邓羌击走之。留羌镇金墉,以辅国司马桓寅为弘农太守,代羌戍陕城而还。

就逃到石门乐安王慕容臧那里。王猛上表陈述了慕容令叛变的情况，慕容垂因害怕而出逃，逃到蓝田，被追赶的骑兵抓获。前秦王苻坚在东堂召见慕容垂，安慰他说："爱卿你家门与朝廷失和，从而以身事人，前来投靠朕。贤德的儿子心中忘不掉根本，犹如狐死首丘、怀念故土，这也是人各有志，不值得深加责怪。只是燕国即将灭亡，不是慕容令能保全的，可惜他白白跳入虎口了。况且父子兄弟，犯罪互不牵连，您为什么过分惧怕而狼狈到如此地步呢！"苻坚对待慕容垂和原来一样。前燕人认为慕容令叛逃到前秦后又返回燕国，他的父亲仍被前秦厚待，便怀疑慕容令是施行反间计，把他迁徙到沙城，沙城位于龙城东北六百里的地方。

北宋史臣司马光评论说：从前周朝得到了微子就革了商朝的天命，秦国得到了由余而称霸于西戎，吴国得到了伍员才攻克强大的楚国，汉王得到了陈平便除掉项羽，曹魏得到了许攸然后大败袁绍。那些敌对国家的人才前来为自己效力，正是进攻取胜的良好资本。王猛知道慕容垂的心思时间一久就难以相信，唯独不考虑前燕还没有消灭，慕容垂因为才华盖世、功勋卓著，没有罪过却被怀疑，穷途末路才来归附前秦。他并没有异端之心，突然就因为猜忌而杀害他，这是帮助前燕施行不义而堵住前来投奔者的门路，这怎么可以呢！所以前秦王苻坚礼遇慕容垂，以便收取前燕的民望；亲近慕容垂，以便断绝他对前燕的感情；宠信慕容垂，以便征服前燕的百姓；信任慕容垂，以便结纳前燕的人心；所做的都不算过分。王猛为什么迫不及待要杀慕容垂，以至于竟然做出市井买卖人的欺骗行为，就好像忌妒别人得宠而用谗言陷害的人，这难道是具有高尚道德的君子应该干的事情吗！

前燕乐安王慕容臧进军到荥阳驻扎，王猛派建威将军梁成、洛州刺史邓羌打跑了他。留下邓羌镇守金墉，任命辅国司马桓寅为弘农太守，代替邓羌戍守陕城，然后王猛返回。

秦王坚以王猛为司徒,录尚书事,封平阳郡侯。猛固辞曰:"今燕、吴未平,戎车方驾,而始得一城,即受三事之赏,若克殄二寇,将何以加之!"坚曰:"苟不暂抑朕心,何以显卿谦光之美!已诏有司权听所守,封爵酬庸,其勉从朕命。"

秦王坚复遣王猛督镇南将军杨安等十将步骑六万以伐燕。夏六月乙卯,秦王坚送王猛于灞上,曰:"今委卿以关东之任,当先破壶关,平上党,长驱取邺,所谓'疾雷不及掩耳'。吾当亲督万众,继卿星发,舟车粮运,水陆俱进,卿勿以为后虑也。"猛曰:"臣仗威灵,奉成算,荡平残胡,如风扫叶。愿不烦銮舆亲犯尘雾,但愿速敕所司部置鲜卑之所。"坚大悦。

秋七月,秦王猛攻壶关,杨安攻晋阳。八月,燕主晽命太傅上庸王评将中外精兵三十万以拒秦。晽以秦寇为忧,召散骑侍郎李凤、黄门侍郎梁琛、中书侍郎乐嵩问曰:"秦兵众寡何如?今大军既出,秦能战乎?"凤曰:"秦国小兵弱,非王师之敌;景略常才,又非太傅之比,不足忧也。"琛、嵩曰:"胜败在谋,不在众寡。秦远来为寇,安肯不战!且吾当用谋以求胜,岂可冀其不战而已乎!"晽不悦。王猛克壶关,执上党太守南安王越,所过郡县,皆望风降附。燕人大震。

前秦王符坚任命王猛为司徒、录尚书事,封授平阳郡侯。王猛坚决推辞不受,说:"如今燕国、晋朝尚未平定,战车刚刚启动,只不过才得到一座城池,就要授以三项奖赏,那么如果攻克、消灭了燕、晋二个敌国,将用什么来进行赏赐呢?"符坚说:"我如果不暂时克制自己的心意,凭什么来显示您谦虚礼让的美好风度!我已诏令有关部门权且听从你所现任的职务,至于封授爵位,是酬劳你的战功,请勉为其难服从我的命令。"

　　前秦王符坚又派王猛统率镇南将军杨安等十名将领、六万步兵和骑兵去讨伐前燕。夏季六月乙卯(十二日)这天,前秦王符坚在灞上为王猛送行,符坚说:"如今将征服关东地区的重任托付给您,您要首先攻破壶关,接着平定上党,然后长驱直入夺取邺城,这正是常言所说的'迅雷不及掩耳'。我会亲自统率大军,紧跟着您很快出发,用车船运送粮食,水路陆路同时并进,您不要把粮草作为后顾之忧。"王猛说:"我仰仗您的声威,遵守已定的计划,扫荡平定残存的胡虏,如同秋风扫落叶一样。希望不必烦劳陛下亲自冒着风尘雨雾出征,只愿望陛下迅速命令有关的部门,部署好安置鲜卑人的地方。"符坚听后十分高兴。

　　秋季七月,前秦王猛进攻壶关,杨安进攻晋阳。八月,前燕国主慕容暐命令太傅、上庸王慕容评统率宫廷内外的三十万精锐部队去抵御前秦。慕容暐对前秦的入侵深感忧虑,召见散骑侍郎李凤、黄门侍郎梁琛、中书侍郎乐嵩前来询问道:"秦国军队到底有多少? 现在燕国的大军已经出发,秦国有力量和燕国交战吗?"李凤说:"秦国国家小,兵力弱,不是我们帝王军队的对手;王猛才能一般,又不能和太傅慕容评相比,不必担忧。"梁琛、乐嵩说:"战争的胜败在于谋略,不在于军队的多少。秦国远道而来进行侵略,怎么肯不交战呢! 况且我们应当运用谋略去寻求胜利,哪里能够希望秦国不交战就算了呢!"慕容暐听了很不高兴。王猛攻克壶关,抓获了上党太守、南安王慕容越,前秦军队所经过的郡县,全都观望势头而投降归附前秦。前燕人十分震惊。

　　秦杨安攻晋阳，晋阳兵多粮足，久之未下。王猛留屯骑校尉苟长成壶关，引兵助安攻晋阳，为地道，使虎牙将军张蚝帅壮士数百潜入城中，大呼斩关，纳秦兵。辛巳，猛、安入晋阳，执燕并州刺史东海王庄。太傅评畏猛不敢进，屯于潞川。冬十月辛亥，猛留将军武都毛当戍晋阳，进兵潞川，与慕容评相持。壬戌，猛遣将军徐成觇燕军形要，期以日中。及昏而返，猛怒，将斩之。邓羌请之曰："今贼众我寡，诘朝将战。成，大将也，宜且宥之。"猛曰："若不杀成，军法不立。"羌固请曰："成，羌之郡将也，虽违期应斩，羌愿与成效战以赎之。"猛弗听。羌怒，还营，严鼓勒兵，将攻猛。猛问其故，羌曰："受诏讨远贼，今有近贼，自相杀，欲先除之！"猛谓羌义而有勇，使语之曰："将军止，吾今赦之。"成既免，羌诣猛谢。猛执其手曰："吾试将军耳。将军于郡将尚尔，况国家乎？吾不复忧贼矣。"

　　太傅评以猛悬军深入，欲以持久制之。评为人贪鄙，鄣固山泉，鬻樵及水，积钱帛如丘陵。士卒怨愤，莫有斗志。猛闻之，笑曰："慕容评真奴才，虽亿兆之众不足畏，况数十万乎！吾今兹破之必矣。"乃遣游击将军郭庆帅骑五千，夜从间道出评营后，烧评辎重，火见邺中。燕主晡惧，遣侍中兰伊让评曰："王，高祖之子也，当以宗庙社稷

前秦将领杨安攻打晋阳,晋阳兵多粮足,前秦进攻了很久也攻不下来。王猛留下屯骑校尉苟长戍守壶关,自己率领军队援助杨安攻打晋阳。前秦人挖通地道,派虎牙将军张蚝带领几百名勇士从地道里秘密进入城中,大声呼喊劈开城门,接纳前秦军队。辛巳(十日),王猛、杨安进入晋阳,抓获前燕并州刺史、东海王慕容庄。太傅慕容评畏惧王猛,不敢进军,驻扎在潞川。冬季十月辛亥(初十),王猛留下将军、武都人毛当戍守晋阳,自己率领军队进攻潞川,与慕容评相对峙。壬戌(二十一日),王猛派将军徐成去侦察前燕军队的阵势、要塞,约定中午返回。徐成到黄昏时才返回,王猛大怒,要斩杀徐成。邓羌向王猛请求道:"如今敌众我寡,明天一早就要战斗。徐成是大将,应当暂且饶恕他。"王猛说:"如果不杀徐成,军法不能确立。"邓羌仍坚决请求说:"徐成是我洛州的郡太守,虽然军法规定违背日期应该斩首,但是我愿意和徐成一起效力作战来赎回他的罪过。"王猛不允许。邓羌大怒,返回军营,紧急擂动战鼓,调集军队,准备攻打王猛。王猛询问这样做的原因,邓羌说:"我奉命讨伐远方的敌人,现在有近处的敌人要自相残杀,我想先把他除掉!"王猛认为邓羌讲义气又勇敢,派人告诉邓羌说:"将军停止用兵,我现在就赦免徐成。"徐成获得赦免以后,邓羌到王猛那里谢罪。王猛拉着邓羌的手说:"我是考验一下将军罢了。将军对一名郡太守尚且如此,更何况对国家呢? 我不再忧虑敌人了。"

前燕太傅慕容评认为王猛孤军深入,想靠持久对峙的办法制服王猛。慕容评为人贪婪卑鄙,将山林、泉水封锁起来,转而卖柴卖水,积攒的钱财布帛堆积如山。士兵们怨恨愤怒,没有谁心怀斗志。王猛闻知后笑着说:"慕容评真是个奴才,他就是有亿万军队也不值得害怕,更何况只有几十万呢! 我今天在这里彻底打败他是必定无疑了。"于是派游击将军郭庆率领五千骑兵,夜里从小路绕到慕容评军营的后面,放火焚烧慕容评的军用物资,火光在邺城中都能看见。前燕国主慕容暐恐惧,派侍中兰伊去责备慕容评道:"你是高祖慕容廆的儿子,应该为宗庙国家的

为忧，奈何不抚战士而榷卖樵水，专以货殖为心乎！府库之积，朕与王共之，何忧于贫！若贼兵遂进，家国丧亡，王持钱帛欲安所置之！”乃命悉以其钱帛散之军士，且趋使战。评大惧，遣使请战于猛。

甲子，猛陈于渭源而誓之曰："王景略受国厚恩，任兼内外，今与诸君深入贼地，当竭力致死，有进无退，共立大功，以报国家，受爵明君之朝，称觞父母之室，不亦美乎！"众皆踊跃，破釜弃粮，大呼竞进。猛望燕兵之众，谓邓羌曰："今日之事，非将军不能破劲敌，成败之机，在兹一举，将军勉之！"羌曰："若能以司隶见与者，公勿以为忧。"猛曰："此非吾所及也，必以安定太守、万户侯相处。"羌不悦而退。俄而兵交，猛召羌，羌寝弗应。猛驰就许之，羌乃大饮帐中，与张蚝、徐成等跨马运矛，驰赴燕陈，出入数四，旁若无人，所杀伤数百。及日中，燕兵大败，俘斩五万馀人，乘胜追击，所杀及降者又十万馀人。评单骑走还邺。

崔鸿曰：邓羌请郡将以桡法，徇私也；勒兵欲攻王猛，无上也；临战豫求司隶，邀君也，有此三者，罪孰大焉！猛能容其所短，收其所长，若驯猛虎，驭悍马，以成大功。诗云"采葑采菲，无以下体"，猛之谓矣。

安危担忧,为什么不安抚将士反而专门售卖柴水,专心致志地去赚钱呢! 国库里的积蓄,我与你共同享有,哪里用得着担忧贫穷! 如果敌军最终攻进来,家破国亡,你拥有的钱财布帛,打算放置在什么地方!"于是命令把慕容评的钱财布帛全部散发给军中的士兵,而且督促慕容评出战。慕容评十分害怕,派遣使者去向王猛约战。

甲子(二十三日),王猛在渭源摆开战阵,与将士誓师说:"我王猛蒙受国家的厚恩,身兼朝廷内外的重任。现在与各位一同深入敌境,应当竭尽全力、拼死作战,只能前进,绝不后退,共建大功,以此报效国家,在朝廷被贤明的君主授以爵位,在家中与父母相聚举杯祝福,不也十分美乐吗!"士兵们都激动振奋,砸破锅碗,抛弃食粮,高声呼喊着争相前进。王猛看到前燕的军队众多,对邓羌说:"今天的战斗,除了将军以外没有谁能打败强敌,成败的关键,在此一举,将军努力啊!"邓羌说:"如果能把司隶校尉一职拟议授给我,您就不必为战斗担忧了。"王猛说:"这不是我力所能及的,我一定安排你担任安定太守、万户侯。"邓羌不高兴地退下了。不一会儿,双方军队交战,王猛召唤邓羌,邓羌躺卧着不允诺。王猛驱马到邓羌身边答应他的要求,邓羌于是在军帐中开怀畅饮,和张蚝、徐成等人跨上战马、挥舞长矛,快速冲向前燕军队的阵地,四次出入前燕阵地,旁若无人,杀死杀伤数百名前燕士兵。战斗到中午时分,前燕军队大败,被俘、被杀的有五万多人。前秦军队乘胜追击,杀死的以及前来投降的前燕士兵又有十万多人。慕容评只身一人骑马逃回邺城。

北魏崔鸿评论说:邓羌为本郡太守求情而使军法受到破坏,是顺从私情;率领军队想要攻打王猛,是目无上司;临战前先要求委任为司隶校尉,是要挟君主。邓羌有这三种行为,还有什么罪能比他更大呢! 王猛能够容忍邓羌的短处,发挥他的长处,如同驯服猛虎、驾驭烈马,从而成就大功。《诗经》上说:"采蔓青、采息菜,不管根茎坏不坏。"说的就是王猛了。

秦兵长驱而东，丁卯，围邺。猛上疏称："臣以甲子之日，大歼丑类。顺陛下仁爱之志，使六州士庶，不觉易主，自非守迷违命，一无所害。"秦王坚报之曰："将军役不逾时，而元恶克举，勋高前古。朕今亲帅六军，星言电赴。将军其休养将士，以待朕至，然后取之。"

猛之未至也，邺旁剽劫公行，及猛至，远近帖然，号令严明，军无私犯，法简政宽，燕民各安其业，更相谓曰："不图今日复见太原王！"猛闻之，叹曰："慕容玄恭信奇士也，可谓古之遗爱矣！"设太牢以祭之。

十一月，秦王坚留李威辅太子守长安，阳平公融镇洛阳，自帅精锐十万赴邺，七日而至安阳，宴祖父时故老。猛潜如安阳谒坚，坚曰："昔周亚夫不迎汉文帝，今将军临敌而弃军，何也？"猛曰："亚夫前却人主以求名，臣窃少之。且臣奉陛下威灵，击垂亡之虏，譬如釜中之鱼，何足虑也！监国冲幼，銮驾远临，脱有不虞，悔之何及！陛下忘臣灞上之言邪！"

初，燕宜都王桓帅众万馀屯沙亭，为太傅评后继，闻评败，引兵屯内黄。坚使邓羌攻信都。丁丑，桓帅鲜卑五千奔龙城。戊寅，燕散骑侍郎馀蔚帅扶馀、高句丽及上党质子五百馀人，夜，开邺北门纳秦兵。燕主暐与上庸王评、乐安王臧、定襄王渊、左卫将军孟高、殿中将军艾朗等

前秦军队往东长驱直入，丁卯（二十六日）这天，包围了邺城。王猛上奏章说："我在甲子（二十三日）那一天，彻底歼灭敌人的军事力量。顺应陛下施行仁爱的志向，让燕国六州的士人百姓，不知不觉地更换了君主，只要不是执迷不悟和违抗命令，任何一个人都没有受到伤害。"前秦王苻坚回复王猛说："将军出征不到三个月，就将首恶元凶慕容评拔除，功勋超过古人。朕现在亲自统率六军，星夜启程，火速奔赴邺城。将军可以休整将士，等待朕的到来，然后攻取邺城。"

王猛还没抵达邺城的时候，邺城周围公开抢劫盛行，等王猛包围了邺城，远近顿时安定，王猛号令严明，军队秋毫无犯，法律简明，政策宽大，前燕百姓各自安居乐业，互相议论说："想不到今天又见到了太原王慕容恪！"王猛听了这话，感叹地说："慕容恪确实是才能出众的人，可以称得上是具有古人高尚德行、被人敬爱的人了。"于是用猪、牛、羊各一头来祭奠慕容恪。

十一月，前秦王苻坚留下李威辅佐太子守卫长安，让阳平公苻融镇守洛阳，自己亲自率领十万精锐部队奔赴邺城。七天后抵达安阳，宴请祖父、父亲的老友故旧。王猛悄悄地前往安阳拜见苻坚，苻坚说："从前周亚夫不迎接汉文帝，现在将军面临敌人却丢下大军前来，这是为什么呢？"王猛说："周亚夫不迎接人主是为了求取名声，我私下看不起这种行为。况且我尊奉陛下的声威，攻击即将灭亡的敌人，就像煮锅中的鱼，有什么值得担忧的！太子年龄幼小，留长安主持朝政，陛下远道出征，如果突然发生出乎意料的事，后悔莫及！陛下忘记我在灞上所说的话了吗！"

当初，前燕宜都王慕容桓率领一万多军队驻守沙亭，充任太傅慕容评的后续部队，听到慕容评失败的消息后，慕容桓带兵屯守内黄。前秦苻坚派邓羌进攻信都。丁丑（初六），慕容桓率五千鲜卑士兵逃奔龙城。戊寅（初七），前燕散骑侍郎馀蔚带领扶馀王国、高句丽王国以及上党郡的五百多名人质，趁夜打开邺城北门，接纳前秦军队进城。前燕国主慕容暐和上庸王慕容评、乐安王慕容臧、定襄王慕容渊、左卫将军孟高、殿中将军艾朗等人

奔龙城。辛巳，秦王坚入邺宫。

燕主暐之出邺也，卫士犹千馀骑，既出城，皆散，惟十馀骑从行。秦王坚使游击将军郭庆追之。时道路艰难，孟高扶侍暐，经护二王，极其勤瘁，又所在遇盗，转斗而前。数日，行至福禄，依冢解息，盗二十馀人猝至，皆挟弓矢，高持刀与战，杀伤数人。高力极，自度必死，乃直前抱一贼，顿击于地，大呼曰："男儿穷矣！"馀贼从旁射高，杀之。艾朗见高独战，亦还趋贼，并死。暐失马步走，郭庆追及于高阳，部将巨武将缚之，暐曰："汝何小人，敢缚天子！"武曰："我受诏追贼，何谓天子！"执以诣秦王坚。坚诘其不降而走之状，对曰："狐死首丘，欲归死于先人坟墓耳。"坚哀而释之，令还宫，帅文武出降。暐称孟高、艾朗之忠于坚，坚命厚加敛葬，拜其子为郎中。

郭庆进至龙城，太傅评奔高句丽，高句丽执评，送于秦。宜都王桓杀镇东将军勃海王亮，并其众，奔辽东。辽东太守韩稠，先已降秦，桓至，不得入，攻之，不克。郭庆遣将军朱嶷击之，桓弃众单走，嶷获而杀之。

诸州牧守及六夷渠帅尽降于秦，凡得郡百五十七，户二百四十六万，口九百九十九万。以燕宫人、珍宝分赐将士。下诏大赦曰："朕以寡薄，猥承休命，不能怀远以德，

逃奔龙城。辛巳（初十）这天，前秦王苻坚进入邺城的皇宫。

前燕国主慕容暐逃出邺城的时候，还有一千多骑兵侍卫，等逃出城以后，卫兵都离散了，只有十馀名骑兵随行。前秦王苻坚派游击将军郭庆去追捕他们。当时道路艰险难行，孟高搀扶侍卫慕容暐，安排保护乐安王慕容臧和定襄王慕容渊，极其尽力。再加上处处遇上盗贼，只能边打边走。走了数日，来到福禄，靠着坟墓散开休息，二十多名强盗突然来到，全都手持弓箭，孟高挥刀与强盗搏斗，杀伤了几人。孟高精疲力尽，料想难免一死，于是冲上前去抱住一个强盗，把他打倒在地，大声呼喊道："男儿完了！"其他强盗从旁边向孟高射箭，射死了孟高。艾朗看见孟高单独和强盗搏斗，也返回来冲向强盗，和孟高一起被射死。慕容暐没有马骑，徒步逃亡，郭庆在高阳追上了他。郭庆的部将巨武准备捆绑他，慕容暐说："你是哪里的小人，胆敢捆绑天子！"巨武说："我接受诏令追捕盗贼，有什么天子！"捉拿起慕容暐押送到前秦王苻坚那里。苻坚追问他不投降却逃跑的情形，慕容暐回答说："狐狸死时头还要朝向它出生的山丘，我想回到先人的坟墓去死罢了。"苻坚怜悯他，并将他释放，让他回到邺城王宫，率领前燕的文武百官出来投降。慕容暐向苻坚述说了孟高、艾朗的忠诚，苻坚命令对他们加以厚葬，任命他们的儿子为郎中。

郭庆继续前进，抵达龙城，太傅慕容评逃到高句丽王国，高句丽人捉住慕容评送到前秦。前燕宜都王慕容桓杀掉镇东将军、勃海王慕容亮，吞并了他的军队，逃奔辽东。辽东太守韩稠早已投降前秦，慕容桓到达辽东时不能进城，攻打韩稠也不能取胜。郭庆派将军朱嶷进攻慕容桓，慕容桓丢下军队只身逃跑，朱嶷擒获并杀了他。

前燕各州的州牧、太守以及六夷的首领全部向前秦投降，前秦共计得到一百五十七郡、二百四十六万户、九百九十九万人口。苻坚把前燕的宫女、珍宝分别赐给将士，下诏大赦天下，说："朕凭着微不足道的才干，辱承上天美命，不能用仁德安抚远方，

柔服四维,至使戎车屡驾,有害斯民。虽百姓之过,然亦朕之罪也。其大赦天下,与之更始。”

初,梁琛之使秦也,以侍辇苟纯为副。琛每应对,不先告纯。纯恨之,归言于燕主暐曰:“琛在长安,与王猛甚亲善,疑有异谋。”琛又数称秦王坚及王猛之美,且言“秦将兴师,宜为之备”。已而秦果伐燕,皆如琛言,暐乃疑琛知其情。及慕容评败,遂收琛系狱。秦王坚入邺而释之,除中书著作郎,引见,谓之曰:“卿昔言上庸王、吴王皆将相奇材,何为不能谋画,自使亡国?”对曰:“天命废兴,岂二人所能移也!”坚曰:“卿不能见几而作,虚称燕美,忠不自防,反为身祸,可谓智乎?”对曰:“臣闻‘几者动之微,吉之先见者也’。如臣愚暗,实所不及。然为臣莫如忠,为子莫如孝,自非有一至之心者,莫能保忠孝之始终。是以古之烈士,临危不改,见死不避,以徇君亲。彼知几者,心达安危,身择去就,不顾家国。臣就使知之,尚不忍为,况非所及邪!”坚闻悦缙之忠,恨不及见,拜其子为郎中。

坚以王猛为使持节、都督关东六州诸军事、车骑大将军、开府仪同三司、冀州牧,镇邺,进爵清河郡侯,悉以慕容评第中之物赐之。赐杨安爵博平县侯;以邓羌为使持节、征虏将军、安定太守,赐爵真定郡侯;郭庆为持节、都督幽

使天下归顺服从,以至于让战车多次出动,有害于百姓。虽然是百姓的罪过,但也是朕的罪过,如今大赦天下,和他们一起从头开始。"

当初,梁琛到前秦出使时,前燕任命侍辇苟纯为副使。梁琛每次对答,从不事先告诉苟纯。苟纯对梁琛很怨恨,回到前燕后向国主慕容暐说:"梁琛在长安时与王猛非常亲密友好,我怀疑他有反叛的阴谋。"梁琛又多次赞扬前秦王苻坚和王猛的美德,而且说:"秦国将要起兵,应当对此加强防备。"不久前秦果然讨伐前燕,一切都和梁琛说过的一样,慕容暐于是怀疑梁琛知道前秦的实情。等到慕容评被打败时,慕容暐就收捕梁琛,把梁琛囚禁在监狱里。前秦王苻坚进入邺城才把梁琛放出监狱,任命为中书著作郎,并召见梁琛,对他说:"爱卿你从前说上庸王慕容评、吴王慕容垂都是不可多得的将相奇才,他们为什么不能出谋划策,却使国家灭亡?"梁琛回答道:"上天授命谁废谁兴,哪里是他们两人能够改变的!"苻坚说:"你不能事前洞察燕国危亡的征兆而做出反应,虚构谎言赞美燕国,忠诚而不能自我防备,反而为自己招来灾祸,这可以称得上明智吗?"梁琛回答道:"我听说'征兆是变动的细微部分,是吉凶的最先表现'。像我这样愚昧的人,要洞察实是力所不能及。然而作为人臣,没有什么比得上忠诚;作为儿子,没有什么比得上孝顺。如果不是心中具有一个目标的人,没有谁能自始至终地保持忠诚孝顺。所以古代的烈士,面临危险不改节操,遇见死亡不去逃避,以至于为君主、父母殉身。那些懂得洞察征兆的人,心里一明了安危,自己马上选择去留,完全不顾宗族国家。我即使知道征兆,也不忍心这样做,更何况是力所不能及呢!"苻坚听说了悦绾的忠诚,非常遗憾没赶上见到他,拜授他的儿子为郎中。

苻坚任王猛为使持节、都督关东六州诸军事、车骑大将军、开府仪同三司、冀州牧,镇守邺城,晋爵为清河郡侯,把慕容评府中的财物全赐给王猛。赐杨安博平县侯爵位;任邓羌为持节、征虏将军、安定太守,赐真定郡侯爵位;郭庆为持节、都督幽

州诸军事、幽州刺史,镇蓟,赐爵襄城侯。其馀将士封赏各有差。坚以京兆韦钟为魏郡太守,彭豹为阳平太守。其馀州县牧、守、令、长,皆因旧而授之。以燕常山太守申绍为散骑侍郎,使与散骑侍郎京兆韦儒俱为绣衣使者,循行关东州郡,观省风俗,劝课农桑,振恤穷困,收葬死亡,旌显节行,燕政有不便于民者,皆变除之。

十二月,秦王坚迁慕容暐及燕后妃、王公、百官并鲜卑四万馀户于长安。

王猛表留梁琛为主簿,领记室督。他日,猛与僚属宴,语及燕朝使者,猛曰:"人心不同。昔梁君至长安,专美本朝;乐君但言桓温军盛;郝君微说国弊。"参军冯诞曰:"今三子皆为国臣,敢问取臣之道何先?"猛曰:"郝君知几为先。"诞曰:"然则明公赏丁公而诛季布也。"猛大笑。

秦王坚自邺如枋头,宴父老,改枋头曰永昌,复之终世。甲寅,至长安,封慕容暐为新兴侯,以燕故臣慕容评为给事中,皇甫真为奉车都尉,李洪为驸马都尉,皆奉朝请;李邽为尚书,封衡为尚书郎,慕容德为张掖太守,燕国平叡为宣威将军,悉罗腾为三署郎。其馀封授各有差。衡,裕之子也。

简文帝咸安二年春二月,冠军将军慕容垂言于秦王坚曰:"臣叔父评,燕之恶来辈也,不宜复污圣朝,愿陛下为燕戮之。"坚乃出评为范阳太守,燕之诸王悉补边郡。

州诸军事、幽州刺史,镇守蓟城,赐封襄城侯爵位。其馀将士的任命、赏赐各有等差。符坚任命京兆人韦钟为魏郡太守,彭豹为阳平太守。其馀州县的州牧、太守、县令、县长,全部根据原来的人选加以任命。又任命前燕的常山太守申绍为散骑侍郎,让他和散骑侍郎、京兆人韦儒一起充任绣衣使者,巡视关东地区的州郡,观看考察风俗民情,勉励督促农耕蚕桑,救济抚恤贫困,收敛埋葬死者,表彰节操德行,前燕政令中不利于百姓的条款,全部加以修改、废除。

十二月,前秦王符坚把慕容暐以及前燕的王后妃子、王公贵族、文武百官和四万馀户鲜卑人一起迁到长安。

王猛上表请求留下梁琛担任主簿,兼任记室督。有一天,王猛和僚属宴饮,说到前燕朝的使臣,王猛说:“人心不同。从前梁琛到长安后,专门美言自己的朝廷,乐嵩只说桓温的军队强盛,郝晷暗地里评论本国的弊端。”参军冯诞说:“如今他们三人全都是秦国的大臣,冒昧地问一下:您的用臣之道是把他们中的哪一个放在首位?”王猛说:“郝晷能洞察细微的征兆,应该放在首位。”冯诞说:“如果这样,那么您和汉高祖刘邦的用臣之道相反,是奖赏不忠于职守的丁固,而杀掉忠于职守的季布了。”王猛大笑。

前秦王符坚从邺城前往枋头,宴请父老,把枋头改名为永昌,在自己的有生之年免除该地的赋税劳役。甲寅(十四日),符坚回到长安,封授慕容暐为新兴侯,任命前燕旧臣慕容评为给事中,皇甫真为奉车都尉,李洪为驸马都尉,都可以朝见天子;任命李邽为尚书,封衡为尚书郎,慕容德为张掖太守,燕国人平叡为宣威将军,悉罗腾为三署郎。其馀的人都得到不同等级的赐封、任命。封衡是封裕的儿子。

晋简文帝咸安二年(372)春季二月,冠军将军慕容垂对前秦王符坚说:“我的叔父慕容评,是燕国的像商朝奸臣恶来一类的人,不应该让他再玷污圣明的王朝,希望陛下替燕国杀掉他。”符坚于是把慕容评调离长安,出任范阳太守,前燕的众王都被委派到边郡任职。

　　臣光曰：古之人，灭人之国而人悦，何哉？为人除害故也。彼慕容评者，蔽君专政，忌贤疾功，愚暗贪虐，以丧其国，国亡不死，逃遁见擒。秦王坚不以为诛首，又从而宠秩之，是爱一人而不爱一国之人也，其失人心多矣。是以施恩于人而人莫之恩，尽诚于人而人莫之诚，卒于功名不遂，容身无所，由不得其道故也。

北宋史臣司马光评论说：古时候的人，消灭了别人的国家但别国人民反而高兴，为什么呢？这是替别国人民除掉了祸害的缘故。那个慕容评，蒙蔽君主，专擅朝政，忌妒贤能，憎恨功臣，愚昧无知，贪婪残暴，从而使国家遭到灭亡。国家灭亡后还不以死谢罪，逃亡之后又被擒获。前秦王苻坚不但没将他作为该杀的首犯，反而又宠爱他，授给他官职，这是爱一个人而不爱一国的人，必然失去人心。所以，对人施行恩惠而人不能以恩相报，对人竭尽忠诚而人不能以诚相报，最终导致功业名望不成功，连容身的地方都没有，这是由于不得要领的缘故。

卷第十六

慕容叛秦复燕 肥水之役 姚苌灭秦 慕容灭西燕

　　晋海西公太和四年,燕车骑大将军吴王垂奔秦。初,秦王坚闻太宰恪卒,阴有图燕之志,惮垂威名,不敢发。及闻垂至,大喜,郊迎,执手曰:"天生贤杰,必相与共成大功,此自然之数也。要当与卿共定天下,告成岱宗,然后还卿本邦,世封幽州,使卿去国不失为子之孝,归朕不失事君之忠,不亦美乎!"垂谢曰:"羁旅之臣,免罪为幸,本邦之荣,非所敢望。"坚复爱世子令及慕容楷之才,皆厚礼之,赏赐巨万,每进见,属目观之。关中士民素闻垂父子名,皆向慕之。王猛言于坚曰:"慕容垂父子譬如龙虎,非可驯之物,若借以风云,将不可复制,不如早除之。"坚曰:"吾方收揽英雄以清四海,奈何杀之?且其始来,吾已推诚纳之矣,匹夫犹不弃言,况万乘乎!"乃以垂为冠军将军,封宾徒侯,楷为积弩将军。

　　五年,秦王猛之克壶关也,黄门侍郎封孚问司徒长史申胤曰:"事将何如?"胤叹曰:"邺必亡矣,吾属今兹将为秦虏。

慕容叛秦复燕　　肥水之役　姚苌灭秦　慕容灭西燕

　　东晋海西公太和四年(369)，前燕车骑大将军、吴王慕容垂投奔前秦。最初，前秦王苻坚听到前燕太宰慕容恪的死讯后，暗中有侵略前燕的打算，慑于慕容垂的威名，不敢发动战争。等到听说慕容垂前来投奔，万分高兴，亲自到城郊迎接，握住慕容垂的手说："天生的贤人俊杰，必定一起共成大业，这是自然规律。我将与爱卿你共定天下，到泰山封禅，向上天敬告成功，然后让爱卿你衣锦还乡，世代封于幽州，使爱卿你虽离故国而不失为孝子，虽投归我也不失为忠臣，不也很好吗！"慕容垂拜谢说："流亡在外的人，免罪已是万幸，被封本邦的荣耀，不是我敢奢望的。"苻坚又喜爱世子慕容令以及慕容楷的才气，都厚礼相待，赏赐达万万之多，每次他们进见，他都凝神注视。关中的士人及百姓，向来耳闻慕容垂父子的大名，都很仰慕他们。王猛对苻坚说："慕容垂父子犹如龙虎，不是可以驯化的动物，如果借给他们风云之势，将不可再制服，不如尽早除掉他们。"苻坚说："我正在延揽英雄，廓清四海，怎么能杀他们呢？况且他们刚来时，我已真诚接纳了他们。匹夫尚且不背弃诺言，何况君主呢！"于是用慕容垂为冠军将军，封宾徒侯，用慕容楷为积弩将军。

　　五年(370)，前秦王猛率军攻克壶关时，前燕黄门侍郎封孚询问司徒长史申胤说："局势发展将会怎么样呢？"申胤叹息着说道："邺城必定要败亡了，我们这些人现在都将被秦兵俘虏。

然越得岁而吴伐之，卒受其祸。今福德在燕，秦虽得志，而燕之复建，不过一纪耳。"

初，秦王坚入邺宫，慕容垂见燕公卿、大夫及故时僚吏，有愠色。高弼密言于垂曰："大王凭祖宗积累之资，负英杰高世之略，遭值迍厄，栖集外邦。今虽家国倾覆，安知其不为兴运之始邪？愚谓国之旧人，宜恢江海之量，有以慰结其心，以立覆篑之基，成九仞之功，奈何以一怒捐之？愚窃为大王不取也。"垂悦，从之。

燕故太史黄泓叹曰："燕必中兴，其在吴王乎！恨吾老，不及见耳！"汲郡赵秋曰："天道在燕而秦灭之，不及十五年，秦必复为燕有。"

慕容桓之子凤，年十一，阴有复仇之志，鲜卑、丁零有气干者皆倾身与之交结。权翼见而谓之曰："儿方以才望自显，勿效尔父不识天命！"凤厉色曰："先王欲建忠而不遂，此乃人臣之节。君侯之言，岂奖劝将来之义乎！"翼改容谢之，言于秦王坚曰："慕容凤慷慨有才器，但狼子野心，恐终不为人用耳。"

简文帝咸安元年春正月，秦王坚徙关东豪杰及杂夷十五万户于关中，处乌桓于冯翊、北地，丁零翟斌于新安、渑池。

孝武帝宁康元年，有彗星出于尾、箕，长十馀丈，经太微，扫东井，自四月始见，及秋冬不灭。秦太史令张孟言于秦王坚曰："尾、箕燕分，东井秦分也。今彗起尾、箕而扫东井，十

但太岁在越国时，吴国讨伐它，最终受其灾祸。现在福星在燕国，秦国虽然得志，但燕国的重建，不过十二年罢了。"

最初，前秦王苻坚进入邺城宫殿，慕容垂见到前燕的公卿、大夫以及过去的属僚官吏，面有怒色。高弼向慕容垂秘密进言说："大王凭借祖宗积累的资本，胸怀英杰高世的韬略，遭逢厄运艰难，暂时栖身外国。现在虽然家国倾覆，但怎能知道这不是复兴机运的开始呢？鄙人以为，对待故国的旧人，应该有江海般宽广的度量，有用来慰抚结纳他们心志的办法，以便在倾覆的故土上建立一竹筐土的根基，最终达到建成九仞高山的目的，怎么能因为一时发怒而捐弃故人？我私下对大王所采取的这种态度，不敢苟同。"慕容垂很高兴，听从了高弼的建议。

前燕以前的太史黄泓叹道："燕国必将中兴，中兴者可能在于吴王吧！只恨我老了，来不及见到罢了！"汲郡人赵秋说："天道在燕而秦国灭亡它，不用十五年，秦国必将再被燕国占有。"

慕容桓的儿子慕容凤十一岁，暗藏复仇之志，鲜卑族、丁零族中有才气有能力的人都和他们谦恭真诚地交结。权翼见到慕容凤后，对他说："你正以自己的才气名望崭露头角，不要效法你那不识天命的父亲！"慕容凤板起面孔道："我父亲想建忠节而没有成功，这是人臣应有的节操。君侯您的话，难道是奖励劝勉后辈的道理吗？"权翼改变态度，表示道歉。但他向前秦王苻坚进言道："慕容凤气度慷慨，有才干器识，只是狼子野心，恐怕终将不为我们效力。"

晋简文帝咸安元年（371）春季正月，前秦王苻坚迁徙关东豪杰及各民族十五万户到关中，将乌桓安置在冯翊、北地，将丁零翟斌安置在新安、渑池。

晋孝武帝宁康元年（373），有一颗彗星在尾宿、箕宿旁出现，光芒长达十余丈，经过太微，扫过东井，从四月份的时候开始出现，到秋冬仍不消亡。前秦太史令张猛向前秦王苻坚进言说："尾九星，箕四星，是代表燕国地区的上天星群，东井八星，是代表秦国地区的上天星群。现在彗星起于尾、箕，而横扫东井，十

年之后，燕当灭秦，二十年之后，代当灭燕。慕容晔父子兄弟，我之仇敌，而布列朝廷，贵盛莫二，臣窃忧之，宜剪其魁杰者以消天变。"坚不听。

阳平公融上疏曰："东胡跨据六州，南面称帝，陛下劳师累年，然后得之，本非慕义而来。今陛下亲而幸之，使其父兄子弟森然满朝，执权履职，势倾勋旧。臣愚以为狼虎之心，终不可养，星变如此，愿少留意！"坚报曰："朕方混六合为一家，视夷狄为赤子，汝宜息虑，勿怀耿介。夫惟修德可以禳灾，苟能内求诸己，何惧外患乎？"

二年冬十二月，有人入秦明光殿大呼曰："甲申、乙酉，鱼羊食人，悲哉无复遗！"秦王坚命执之，不获。秘书监朱肜、秘书侍郎略阳赵整固请诛诸鲜卑，坚不听。整，宦官也，博闻强记，能属文，好直言，上书及面谏前后五十馀事。慕容垂夫人得幸于坚，坚与之同辇游于后庭，整歌曰："不见雀来入燕室，但见浮云蔽白日。"坚改容谢之，命夫人下辇。

三年夏六月，秦清河武侯王猛寝疾，秦王坚亲为之祈南、北郊及宗庙、社稷，分遣侍臣遍祷河、岳诸神。猛疾少瘳，为之赦殊死以下。猛上疏曰："不图陛下以臣之命而亏天地之德，开辟已来，未之有也。臣闻报德莫如尽言，

年之后,燕国应当会灭掉秦国,二十年之后,代国应当会灭掉燕国。慕容晔父子兄弟,是我们的仇敌,而布列朝廷,贵盛程度没有其他人可与之相比,我私下为此感到忧虑,应该剪除他们的魁首、英杰,以消除天变所预示的灾难后果。"符坚没有听从张猛的建议。

阳平公符融上疏说:"鲜卑族曾经占据六州之地,面向南方,自称皇帝。陛下劳师动众,经过几年时间,才把他们平定,将他们俘获,他们本来就不是仰慕仁义而来到我朝。现在陛下亲信宠爱他们,使他们父兄子弟一个接一个布满朝廷,手握重权,身居高职,威势超过勋臣旧属。小臣我识见浅愚,自以为狼虎之心,终究不能驯化,让人饲养。上天星变,如此清楚,希望大王稍加留意!"符坚给符融答复说:"我正在将全国混为一家,把夷狄看作赤子,你应该打消顾虑,对鲜卑人不再心怀芥蒂。只有修明恩德,才能靠它化解灾难,如果能够在内心对自己严格要求,使政通人和,何必害怕外来的灾患呢!"

宁康二年(374)冬季十二月,有人进入前秦的明光殿,大呼说:"甲申年(384)、乙酉年(385),鱼羊吃人,可悲啊,不再有遗留!"前秦王符坚下令抓住此人,但没抓到。秘书监朱肜、秘书侍郎略阳人赵整,坚决请求诛杀各位鲜卑官员,符坚不听。赵整是一位宦官,学识渊博,记忆力强,能写文章,喜欢直言,上书符坚以及当面向他直谏,前后有五十多件事。慕容垂的夫人受到符坚的宠爱,符坚和她在后宫同坐辇车游乐,赵整歌唱道:"不见麻雀飞过进入燕子窝,只见浮云飘荡遮蔽太阳光。"符坚脸色变严肃,向赵整道歉,命令慕容垂的夫人下车。

宁康三年(375)夏季六月,前秦清河武侯王猛患病卧床,前秦王符坚亲自为他在南郊、北郊以及宗庙、社稷等处祈福,又派遣侍臣分头到黄河、四岳,向各神进行祈祷。王猛的病稍有好转,符坚为此大赦,死罪以下的犯人得到释放。王猛上疏说:"没想到陛下因为救我的命而损害了天地之德,这是开天辟地以来从没有过的事。臣下我听说报答恩德的最好办法就是言无不尽,

谨以垂没之命,窃献遗款。伏惟陛下,威烈振乎八荒,声教光乎六合,九州百郡,十居其七,平燕定蜀,有如拾芥。夫善作者不必善成,善始者不必善终,是以古先哲王,知功业之不易,战战兢兢,如临深谷。伏惟陛下,追踪前圣,天下幸甚。"坚览之悲恸。秋七月,坚亲至猛第视疾,访以后事。猛曰:"晋虽僻处江南,然正朔相承,上下安和,臣没之后,愿勿以晋为图。鲜卑、西羌,我之仇敌,终为人患,宜渐除之,以便社稷。"言终而卒。坚比敛,三临哭,谓太子宏曰:"天不欲使吾平壹六合耶,何夺吾景略之速也?"葬之如汉霍光故事。

太元元年,阳平国常侍慕容绍私谓其兄楷曰:"秦恃其强大,务胜不休,北戍云中,南守蜀、汉,转运万里,道殣相望,兵疲于外,民困于内,危亡近矣。冠军叔仁智度英拔,必能恢复燕祚,吾属但当爱身以待时耳。"

二年春,高句丽、新罗、西南夷皆遣使入贡于秦。赵故将作功曹熊邈屡为秦王坚言石氏宫室器玩之盛,坚以邈为将作长史,领尚方丞,大修舟舰、兵器,饰以金银,颇极精巧。慕容农私言于慕容垂曰:"自王猛之死,秦之法制,日以颓靡,今又重之以奢侈,殃将至矣,图谶之言,行当有验。大王宜结纳英杰以承天意,时不可失也!"垂笑曰:"天下事非尔所及。"

荆州刺史桓豁表兖州刺史朱序为梁州刺史,镇襄阳。

愿在这生命的残馀时刻,将我的忠诚敬献陛下。伏地沉思,陛下威望事业震动全国,声名教化遍及海内,有九个州一百个郡的中国,您十居其七,平定前燕,夺取巴蜀,如同拾起一根小草般容易。但善于创业的人不一定善于守成,善于开始的人不一定善于结束,因此古代的圣明君王,知道所建功业来之不易,战战兢兢,如临深谷。伏地请求,只要陛下追随前朝圣王的足迹,天下百姓将十分幸福。"符坚看完奏疏,悲恸不已。秋季七月,符坚亲自到王猛家探视病情,同时向王猛请教后事。王猛说:"东晋虽然处于偏僻的江南,但他们承继了中国的正统朔运,上下相安,和睦共处,我死之后,希望陛下不要把东晋作为图谋对象。鲜卑人、西羌人,都是我们的仇敌,最终将成为忧患焦点,应该逐渐除掉他们,以对国家有利。"言毕去世。符坚从王猛去世到入殓安葬,多次前往哀悼,他对太子符宏说:"上天不想让我平定统一全国吗?为什么这么快就夺走了我的王猛啊!"按照汉朝安葬霍光的先例,安葬了王猛。

晋孝武帝太元元年(376),阳平国的常侍慕容绍偷偷地对其兄慕容楷说:"前秦国依恃它的强大,发动战争,致力胜捷,永无止境,北方驻守云中,南方护守蜀、汉,转运粮草,行程万里,道路上饿死的人前后相望,军队在外疲惫不堪,百姓在内穷困潦倒,危亡已经迫近秦国了。冠军将军叔父慕容垂,智度不凡,英明俊拔,一定能恢复燕国,我们应当爱惜自己,等待时机。"

二年(377)春季,高句丽、新罗、西南夷都派遣使者,向秦进贡。曾为后赵将作功曹的熊邈,屡次给前秦王符坚讲石氏宫室器玩的盛况,符坚用熊邈为将作长史,兼领尚方丞,大规模建造船舰、兵器,用金银装饰,极尽精巧。慕容农偷偷地对慕容垂说:"从王猛死后,前秦的法制一天天衰败不振,现在又奢侈靡费,灾难将到了,图谶所载的话,将要应验了。大王应该结交招纳英雄豪杰,顺承上天的意旨,机不可失。"慕容垂笑道:"天下事不是你所能想到的。"

荆州刺史桓豁上表推荐兗州刺史朱序做梁州刺史,镇守襄阳。

　　秋七月丁未,以尚书仆射谢安为司徒,安让不拜。复加侍中、都督扬豫徐兖青五州诸军事。丙辰,征西大将军、荆州刺史桓豁卒。冬十月辛丑,以桓冲都督江荆梁益宁交广七州诸军事,领荆州刺史。以冲子嗣为江州刺史。又以五兵尚书王蕴都督江南诸军事、假节、领徐州刺史。征西司马领南郡相谢玄为兖州刺史,领广陵相,监江北诸军事。

　　桓冲以秦人强盛,欲移阻江南,奏自江陵徙镇上明,使冠军将军刘波守江陵,谘议参军杨亮守江夏。

　　王蕴固让徐州,谢安曰:"卿居后父之重,不应妄自菲薄,以亏时遇。"蕴乃受命。初,中书郎郗超自以其父愔位遇应在谢安之右,而安入掌机权,愔优游散地,常愤邑形于辞色,由是与谢氏有隙。是时朝廷方以秦寇为忧,诏求文武良将可以镇御北方者,谢安以兄子玄应诏。超闻之,叹曰:"安之明,乃能违众举亲;玄之才,足以不负所举。"众咸以为不然。超曰:"吾尝与玄共在桓公府,见其使才,虽履屐间未尝不得其任,是以知之。"玄募骁勇之士,得彭城刘牢之等数人。以牢之为参军,常领精锐为前锋,战无不捷。时号"北府兵",敌人畏之。

　　三年春二月,秦王坚遣征南大将军都督征讨诸军事守尚书令长乐公丕、武卫将军苟苌、尚书慕容暐帅步骑七万寇襄阳,以荆州刺史杨安帅樊、邓之众为前锋,征虏将军始平石越帅精骑一万出鲁阳关,京兆尹慕容垂、扬武将军姚苌帅众五万出南乡,领军将军苟池、右将军毛当、强弩将军王显帅众

秋季七月丁未这天,东晋用尚书仆射谢安为司徒,谢安辞让不就职,又加官侍中,都督扬、豫、徐、兖、青五州诸军事。丙辰这天,征西大将军、荆州刺史桓豁去世。冬季十月辛丑(十一日),东晋用桓冲为都督江、荆、梁、益、宁、交、广七州诸军事,兼任荆州刺史,用桓冲的儿子桓嗣为江州刺史。又用五兵尚书王蕴为都督江南诸军事、假节,兼任徐州刺史。用征西司马兼南郡国相谢玄为兖州刺史,兼广陵国相,监江北诸军事。

桓冲因为前秦国强盛,想移兵江南,沿江设防,奏请荆州刺史镇所从江陵迁到上明,派冠军将军刘波守卫江陵,谘议参军杨亮守卫江夏。

王蕴坚决辞让徐州刺史,谢安说:"您身居皇后之父的重要地位,不应该妄自菲薄,因此损害目前局势对您的要求。"王蕴由此才接受任命。最初,中书郎郗超自以为他父亲郗愔地位待遇应在谢安之上,而谢安进入门下省,执掌机密朝权,郗愔身处闲散之地,无所事事,愤怒之情常常溢于言表,因此与谢氏家族产生裂痕。这时朝廷正对前秦的入侵深感忧虑,下诏征求能够镇守北方的文武良将,谢安让侄子谢玄应诏。郗超听说此事,叹息道:"谢安的英明,竟然能违背众人的舆论,推举嫡系亲属;谢玄的才能,足可以不辜负荐举他的人。"众人都不以为然。郗超说:"我曾与谢玄同在桓温府中做事,看他使用人才,即使才能只是皮履木屐之间的区别,也都得到了适当的安排,因此知道他。"谢玄上任后,招募骁勇善战的将士,得到彭城人刘牢之等数人。用刘牢之为参军,让他经常率领精锐军队为前锋,战无不胜。当时号称"北府兵",敌人害怕这支军队。

三年(378)春季三月,前秦王苻坚派遣征南大将军、都督征伐诸军事、守尚书令、长乐公苻丕,武卫将军苟苌,尚书慕容暐等人,统率步骑兵七万人入侵襄阳。用荆州刺史杨安统率樊、邓两地的军队作为前锋,征虏将军始平人石越统率精锐骑兵一万人,从鲁阳关出击,京兆尹慕容垂、扬武将军姚苌统率五万军队从南乡出击,领军将军苟池、右将军毛当、强弩将军王显率军

四万出武当,会攻襄阳。夏四月,秦兵至沔北,梁州刺史朱序以秦无舟楫,不以为虞。既而石越帅骑五千浮渡汉水,序惶骇,固守中城。越克其外郭,获船百馀艘以济馀军。长乐公丕督诸将攻中城。序母韩氏闻秦兵将至,自登城履行,至西北隅,以为不固,帅百馀婢及城中女丁筑邪城于其内。及秦兵至,西北隅果溃,众移守新城,襄阳人谓之夫人城。

桓冲在上明拥众七万,惮秦兵之强,不敢进。丕欲急攻襄阳,苟苌曰:"吾众十倍于敌,糒粮山积,但稍迁汉、沔之民于许、洛,塞其运道,绝其援兵,譬如网中之禽,何患不获,而多杀将士,急求成功哉!"丕从之。慕容垂拔南阳,执太守郑裔,与丕会襄阳。

秋七月,秦兖州刺史彭超请攻沛郡太守戴遂于彭城,且曰:"愿更遣重将攻淮南诸城,为征南棋劫之势,东西并进,丹阳不足平也!"秦王坚从之,使都督东讨诸军事。后将军俱难、右禁将军毛盛、洛州刺史邵保帅步骑七万寇淮阳、盱眙。超,越之弟;保,羌之从弟也。八月,彭超攻彭城。诏右将军毛虎生帅众五万镇姑孰以御秦兵。秦梁州刺史韦钟围魏兴太守吉挹于西城。

冬十二月,秦御史中丞李柔劾奏:"长乐公丕等拥众十万,攻围小城,日费万金,久而无效,请征下廷尉。"秦王坚曰:"丕等广费无成,实宜贬戮,但师已淹时,不可虚返,其特原之,令以成功赎罪。"使黄门侍郎韦华持节切让丕等,

四万从武当出击,各路大军,会攻襄阳。同年夏季四月,前秦军队抵达沔水以北,梁州刺史朱序以为前秦没有船舰,因此未做防备。不久,石越率领五千骑兵浮渡汉水,朱序才大惊失色,连忙固守襄阳中城。石越率军攻克襄阳外城,获得一百多艘船运渡其余的军队。长乐公苻丕督率诸将进攻襄阳中城。朱序的母亲韩氏听说前秦军将到,自己登上城墙,步行察看,到了城墙的西北角,认为那里不坚固,率领一百多侍婢以及城中的女丁,在城墙内构筑了一座邪城。等到前秦军兵临城下时,西北角果然崩溃,守军移往新城守卫,襄阳人称新城为夫人城。

桓冲在上明,拥有七万军队,因为害怕前秦军强大,不敢进兵。苻丕想急攻襄阳,苟苌说:"我军比敌人多十倍,军粮堆积如山,只需逐渐迁移汉水、沔水流域的百姓到许昌、洛阳,堵住东晋的运粮之路,断绝东晋的援兵,襄阳就会像网中的禽兽,还担心俘获不着吗?何必多杀将士,急于求成呢!"苻丕听从了苟苌的话。慕容垂攻下南阳,俘获东晋南阳太守郑裔,与苻丕会师襄阳。

秋季七月,前秦兖州刺史彭超请求进攻在彭城的东晋沛郡太守戴逯,而且说:"希望再派强将进攻淮南各城,作为征服大将军的配合,形成围棋中攻右取左的态势,东西并进,丹阳就很容易平定了!"前秦王苻坚听从了彭超的建议,让他任都督东讨诸军事,负责具体事宜。后将军俱难、右禁将军毛盛、洛阳刺史邵保率领步骑兵七万侵略淮阳、盱眙。彭超,是彭越的弟弟;邵保,是邵羌的堂弟。八月,彭超进攻彭城。东晋孝武帝下诏,让右将军毛虎生率军五万镇守姑孰,用来防御前秦军。前秦梁州刺史韦钟在西城围攻东晋魏兴太守吉挹。

冬季十二月,前秦御史中丞李柔上奏章弹劾苻丕,他说:"长乐公苻丕等拥有十万军队,来围攻一座小城,每天耗费万金,长期没有成效,请征召回朝,交付廷尉治罪。"前秦王苻坚说:"苻丕等花费巨大而没有成功,确实应该贬逐杀戮,只是军队已经拖延时日,不能无功而返,特别开恩原谅他们,责令他们立下战功赎罪。"他派黄门侍郎韦华拿着符节到军中狠狠责备苻丕等人,

赐丕剑曰："来春不捷,汝可自裁,勿复持面见吾也。"

四年春正月,秦长乐公丕等得诏惶恐,乃命诸军并力攻襄阳。秦王坚欲自将攻襄阳,诏阳平公融以关东六州之兵会寿春,梁熙以河西之兵为后继。阳平公融谏曰："陛下欲取江南,固当博谋熟虑,不可仓猝。若止取襄阳,又岂足亲劳大驾乎!未有动天下之众而为一城者,所谓'以随侯之珠弹千仞之雀'也!"梁熙谏曰："晋主之暴,未如孙皓,江山险固,易守难攻。陛下必欲廓清江表,亦不过分命将帅,引关东之兵,南临淮、泗,下梁、益之卒,东出巴、峡,又何必亲屈銮辂,远幸沮泽乎!昔汉光武诛公孙述,晋武帝擒孙皓,未闻二帝自统六师,亲执枹鼓,蒙矢石也。"坚乃止。

诏冠军将军南郡相刘波帅众八千救襄阳,波畏秦,不敢进。朱序屡出战,破秦兵,引退稍远,序不设备。二月,襄阳督护李伯护密遣其子送款于秦,请为内应。长乐公丕命诸军进攻之。戊午,克襄阳,执朱序,送长安。秦王坚以序能守节,拜度支尚书;以李伯护为不忠,斩之。

秦将军慕容越拔顺阳,执太守谯国丁穆。坚欲官之,穆固辞不受。坚以中垒将军梁成为荆州刺史,配兵一万,镇襄阳,选其才望,礼而用之。

桓冲以襄阳陷没,上疏送章节,请解职,不许。诏免刘波官,俄复以为冠军将军。

又赐给符丕宝剑一把，说："到明年春天，还不胜利，你可以自杀，不要再回来见我。"

四年（379）春季正月，前秦长乐公符丕等得到诏书后，惊恐不安，便命令诸军合力进攻襄阳。前秦王符坚想亲自率军进攻襄阳，下诏让阳平公符融率领关东六州的军队聚集寿春，梁熙率领河西兵作为后继部队。阳平公符融进谏说："陛下想要平定江南，本来应当深思熟虑，不能仓猝行事。如果只为夺取襄阳，又哪里值得亲劳大驾！没有为了夺取一座城市而调动天下军队的，这就是所谓'用随侯的珠子，去弹击千仞高的麻雀'！"梁熙进谏说："东晋君主的暴行，不如吴国孙皓，江山险固，易守难攻。陛下一定想开拓边疆、肃清江表，也不过分别命令将帅，率关东之军向南进逼淮河、泗水，让梁州、益州的军队顺江而下，东出巴山、巫峡，又何必亲自屈驾从戎，远到如沼泽般的江南呢！从前东汉光武帝诛灭公孙述，西晋武帝擒获孙皓，没听说二帝自己统率六军，亲执枪槊击鼓，冒犯矢石之事。"符坚才打消了亲征的念头。

东晋孝武帝诏令冠军将军、南郡相刘波率军八千救援襄阳，刘波畏惧前秦兵，不敢前进。朱序屡次出战，击败前秦兵，前秦兵逐渐远退，朱序不设防备。二月，襄阳督护李伯护秘密派遣其子向前秦军投诚，并请求做内应。长乐公符丕命令各路军马进攻襄阳。戊午这天，前秦军攻克襄阳，俘虏朱序，送往长安。前秦王符坚认为朱序能守节操，任命他为度支尚书；认为李伯护是不忠之臣，将他杀掉了。

前秦将军慕容越攻下顺阳，俘虏东晋顺阳太守、谯国人丁穆。符坚想给他官做，丁穆坚辞不受。符坚用中垒将军梁成为荆州刺史，配给一万军队镇守襄阳，同时选拔襄阳城内有才气有名望的人，对他们以礼相待，加以任用。

桓冲因为襄阳陷落，上疏朝廷，送上印章、符节，请求解除职务，朝廷不许。东晋下诏免去刘波的官，但很快又用他为冠军将军。

兖州刺史谢玄帅众万馀救彭城，军于泗口，欲遣间使报戴逯而不可得。部曲将田泓请没水潜行趣彭城，玄遣之。泓为秦人所获，厚赂之，使云南军已败。泓伪许之，既而告城中曰："南军垂至，我单行来报，为贼所得，勉之！"秦人杀之。彭超置辎重于留城，谢玄扬声遣后军将军东海何谦向留城。超闻之，释彭城围，引兵还保辎重。戴逯帅彭城之众，随谦奔玄，超遂据彭城，留兖州治中徐褒守之，南攻盱眙。俱难克淮阴，留邵保戍之。

夏四月，秦毛当、王显帅众二万自襄阳东会俱难、彭超攻淮南。五月乙丑，难、超拔盱眙，执高密内史毛璪之。秦兵六万围幽州刺史田洛于三阿，去广陵百里。朝廷大震，临江列戍，遣征虏将军谢石帅舟师屯涂中。石，安之弟也。

右卫将军毛安之等帅众四万屯堂邑。秦毛当、毛盛帅骑二万袭堂邑，安之等惊溃。兖州刺史谢玄自广陵救三阿。丙子，难、超战败，退保盱眙。六月戊子，玄与田洛帅众五万进攻盱眙，难、超又败，退屯淮阴。玄遣何谦等帅舟师乘潮而上，夜，焚淮桥。邵保战死，难、超退屯淮北。玄与何谦、戴逯、田洛共追之，战于君川，复大破之，难、超北走，仅以身免。谢玄还广陵，诏进号冠军将军，加领徐州刺史。秦王坚闻之，大怒。秋七月，槛车征超下廷尉，超自杀。难削爵为民。以毛当为徐州刺史，镇彭城；毛盛为兖州刺史，镇胡陆；王显为扬州刺史，戍下邳。

兖州刺史谢玄率领一万多军队救援彭城,在泗口驻军,因前秦军封锁严密,想派遣间谍给戴逯报信而不能如愿。部曲将田泓请求入水潜行前往彭城,桓玄派遣他去试一下。田泓被前秦军俘虏,前秦用重金贿赂他,让他对城内说东晋援军已经失败。田泓假装答应他们,过后告诉城中说:"南方援军马上就到,我一人前来报信,被贼军俘获,你们勉力守城!"前秦军杀掉了田泓。彭超将辎重安置在留城,谢玄扬言派后军将军、东海人何谦向留城进军。彭超听到这一消息,解除了对彭城的包围,退兵回去保护辎重。戴逯率领彭城的军队跟随何谦投奔谢玄,于是彭超占据了彭城。彭超留下兖州治中徐褒守卫彭城,自己率军向南进攻盱眙。俱难攻克淮阴,留下邵保守城。

夏季四月,前秦毛当、王显率军二万从襄阳出发,向东与俱难、彭超会师,进攻淮河以南地区。五月乙丑(十四日),俱难、彭超攻下盱眙,俘虏东晋高密内史毛璪之。前秦军六万人在三阿围攻东晋幽州刺史田洛,离广陵只有百里之遥。东晋朝廷大受震惊,沿江排列戍兵,派征虏将军谢石率水军屯驻涂中。谢石,是谢安的弟弟。

右卫将军毛安之等率军四万屯驻堂邑。前秦毛当、毛盛率领骑兵二万袭击堂邑,毛安之等人受惊崩溃。兖州刺史谢玄从广陵出兵救援三阿。丙子(二十五日),俱难、彭超战败,退军守卫盱眙。六月戊子(初七),谢玄与田洛率军五万进攻盱眙,俱难、彭超再次失败,退军屯驻淮阴。谢玄派何谦等率水军趁着涨潮逆淮水而上,借着夜色焚烧淮河大桥。邵保出战败死,俱难、彭超退军驻扎淮河以北。谢玄与何谦、戴逯、田洛共同追击,与前秦军战于君川,再次大败前秦军,俱难、彭超向北逃跑,仅仅保住性命。谢玄回到广陵,东晋下诏谢玄进号冠军将军,再兼任徐州刺史。前秦王符坚听到败讯,怒气冲天。秋季七月,派槛车召回彭超,交付廷尉问罪,彭超自杀。俱难被削去官爵,成为平民。用毛当为徐州刺史,镇守彭城;毛盛为兖州刺史,镇守胡陆;王显为扬州刺史,戍守下邳。

谢安为宰相，秦人屡入寇，边兵失利，众心危惧，安每镇之以和静。其为政，务举大纲，不为小察。时人比安于王导，而谓其文雅过之。

五年夏五月，朝廷以秦兵之退为谢安、桓冲之功，拜安卫将军，与冲皆开府仪同三司。

六月，秦王坚召阳平公融为侍中、中书监、车骑大将军、司隶校尉、录尚书事。以征南大将军、守尚书令、长乐公丕为都督关东诸军事、征东大将军、冀州牧。坚以诸氏种类繁滋，秋七月，分三原、九嵕、武都、汧、雍氏十五万户，使诸宗亲各领之，散居方镇，如古诸侯。长乐公丕领氏三千户，以仇池氏酋射声校尉杨膺为征东左司马，九嵕氏酋长水校尉齐午为右司马，各领一千五百户，为长乐世卿。长乐国郎中令略阳垣敞为录事参军，侍讲扶风韦幹为参军事，申绍为别驾。膺，丕之妃兄也；午，膺之妻父也。八月，分幽州置平州，以石越为平州刺史，镇龙城；中书令梁谠为幽州刺史，镇蓟城；抚军将军毛兴为都督河秦二州诸军事、河州刺史，镇枹罕；长水校尉王腾为并州刺史，镇晋阳。河、并二州各配氏户三千。兴、腾并苻氏婚姻，氏之崇望也。平原公晖为都督豫洛荆南兖东豫扬六州诸军事、镇东大将军、豫州牧，镇洛阳；移洛州刺史治丰阳。以钜鹿公叡为雍州刺史，镇蒲阪。各配氏户三千二百。

坚送丕至灞上，诸氏别其父兄，皆恸哭，哀感路人。赵整因侍宴，援琴而歌曰："阿得脂，阿得脂，博劳舅父是仇绥，尾长翼短不能飞。远徙种人留鲜卑，一旦缓急当语谁！"坚笑而不纳。冬十二月，秦以左将军都贵为荆州刺史，镇彭城。置东豫州，以毛当为刺史，镇许昌。

谢安做宰相，前秦军屡次入侵，边境军队失利，众人便提心吊胆，谢安常常用平和、安定的态度让大家镇静下来。他施政，致力于提举大纲，不在小事细节上下功夫。当时人将谢安比作王导，而称他的文雅又超过王导。

　　五年(380)夏季五月，东晋朝廷认为前秦军的败退是谢安、桓冲的功劳，任命谢安为卫将军，与桓冲都为开府仪同三司。

　　六月，前秦王苻坚召回阳平公苻融，任命他为侍中、中书监、车骑大将军、司隶校尉、录尚书事。用征南大将军、守尚书令、长乐公苻丕为都督关东诸军事、征东大将军、冀州牧。苻坚因为各地氐族种类繁衍，日益增多，秋季七月，将三原、九嵕、武都、汧、雍等地的氐族人十五万户加以分配，让各位宗亲分别统领他们，分散居住在各个方镇，如同古代的诸侯。长乐公苻丕统领氐人三千户，用仇池的氐族酋长、射声校尉杨膺为征东大将军府左司马，用曾居九嵕的氐族酋长、长水校尉齐午为右司马，各率领一千五百户，作为长乐国世卿。长乐国郎中令、略阳人垣敞为录事参军，侍讲扶风人韦幹为参军事，申绍为别驾。杨膺，是苻丕的妃子的哥哥；齐午，是杨膺的岳父。八月，分割幽州，设置平州，用石越为平州刺史，镇守龙城。用中书令梁谠为幽州刺史，镇守蓟城。用抚军将军毛兴为都督河、秦二州诸军事，河州刺史，镇守枹罕；用长水校尉王腾为并州刺史，镇守晋阳。河、并二州，各配氐族民户三千。毛兴、王腾都是苻氏皇族的姻亲，氐族中的高门望族。用平原公苻晖为都督豫、洛、荆、南兖、东豫、扬六州诸军事，镇东大将军，豫州牧，镇守洛阳；将洛州刺史治所移到丰阳；用钜鹿公苻叡为雍州刺史，镇守蒲阪。各配氐族民户三千二百。

　　苻坚送苻丕到灞上，各支氐族要告别父兄，都恸哭不止，哀婉凄恻，感动路人。赵整趁侍奉宴席的机会，弹着琴歌唱道："阿得脂，阿得脂，博劳鸟的舅父是仇绥，尾长翅短不能飞。将种人远徙留下鲜卑，一旦缓急应当告诉谁！"苻坚笑笑而已，不予采纳。冬季十二月，前秦用左将军都贵为荆州刺史，镇守彭城。设置东豫州，用毛当为刺史，镇守许昌。

　　六年春正月丁酉,以尚书谢石为仆射。冬十一月,秦荆州刺史都贵遣其司马阎振、中兵参军吴仲帅众二万寇竟陵。桓冲遣南平太守桓石虔、卫军参军桓石民等帅水陆二万拒之。石民,石虔之弟也。十二月甲辰,石虔袭击振、仲,大破之,振、仲退保管城。石虔进攻之,癸亥,拔管城,获振、仲,斩首七千级,俘虏万人。诏封桓冲子谦为宜阳侯,以桓石虔领河东太守。

　　七年夏四月,秦王坚以阳平公融为司徒,融固辞不受。坚方谋伐晋,乃以融为征南大将军、开府仪同三司。

　　秋八月,秦王坚以谏议大夫裴元略为巴西、梓潼二郡太守,使密具舟师。

　　九月,桓冲使扬威将军朱绰击秦荆州刺史都贵于襄阳,焚践沔北屯田,掠六百馀户而还。

　　冬十月,秦王坚会群臣于太极殿,议曰:"自吾承业,垂三十载,四方略定,唯东南一隅,未沾王化。今略计吾士卒,可得九十七万,吾欲自将以讨之,何如?"秘书监朱肜曰:"陛下恭行天罚,必有征无战,晋主不衔璧军门,则走死江海,陛下返中国士民,使复其桑梓,然后回舆东巡,告成岱宗,此千载一时也。"坚喜曰:"是吾志也。"尚书左仆射权翼曰:"昔纣为无道,三仁在朝,武王犹为之旋师。今晋虽微弱,未有大恶。谢安,桓冲皆江表伟人,君臣辑睦,内外同心,以臣观之,未可图也!"坚嘿然良久,曰:"诸君各言其志。"太子左卫率石越曰:"今岁镇守斗,福德在吴,伐之,必有天殃。且彼据长江之险,民为之用,殆未

六年(381)春季正月丁酉(二十六日)这天,东晋用尚书谢石为仆射。冬季十一月,前秦荆州刺史都贵派遣他的司马阎振、中兵参军吴仲率军二万侵犯竟陵。桓冲派遣南平太守桓石虔、卫军参军桓石民等,率水陆军两万人进行抵御。桓石民,是桓石虔的弟弟。十二月甲辰(初八),桓石虔袭击阎振、吴仲,大败前秦军,阎振、吴仲退守管城。桓石虔进攻管城,癸亥(二十七日)这天,攻下管城,活捉阎振、吴仲,杀敌七千,俘虏万人。东晋孝武帝下诏,封桓冲之子桓谦为宜阳侯,用桓石虔兼任河东太守。

七年(382)夏季四月,前秦王苻坚用阳平公苻融为司徒,苻融坚辞不受。苻坚正在谋划进攻东晋,便用苻融为征南大将军、开府仪同三司。

秋季八月,前秦王苻坚用谏议大夫裴元略为巴西、梓潼二郡太守,让他秘密准备水军。

九月,桓冲派扬威将军朱绰攻击在襄阳的前秦荆州刺史都贵,焚烧践踏了前秦在沔水以北的屯田,掠得六百馀户而归。

冬季十月,前秦王苻坚在太极殿大会群臣,提议说:"从我继承王业,至今已将近三十年,四方大致已被平定,只有东南一角恩德不及。现在大概统计一下我的士兵,能得到九十七万,我将亲自率领他们,讨伐东晋,怎么样?"秘书监朱肜说:"陛下恭敬地执行上天对东晋的惩罚,一定会不交战就取胜,东晋国君主不在军门衔璧投降,就会逃死江海之中,陛下遣返中原的读书人和平民百姓,使他们重归故乡,然后回头舆驾东巡,到泰山祭天地,告成功,这是千年不遇的一次机会。"苻坚高兴地说:"这正是我的志向。"尚书左仆射权翼说:"过去纣王暴虐无道,微子、箕子、比干三位仁人在朝中,周武王尚且为他们回师。现在东晋虽国势微弱,但没有大的罪恶。谢安、桓冲都是长江一带的卓越人才,君臣和睦,内外同心。按小臣看来,东晋是不可以图谋的!"苻坚沉默了很长时间,然后说:"各位都谈谈自己的看法。"太子左卫率石越说:"现在木星、土星守在斗宿间,福德在吴,讨伐东晋必有天灾。而且东晋据有长江之险,百姓乐意为他们所用,恐怕不

可伐也!"坚曰:"昔武王伐纣,逆岁违卜。天道幽远,未易可知。夫差、孙皓皆保据江、湖,不免于亡。今以吾之众,投鞭于江,足断其流,又何险之足恃乎!"对曰:"三国之君皆淫虐无道,故敌国取之,易于拾遗。今晋虽无德,未有大罪,愿陛下且案兵积谷,以待其衅。"于是群臣各言利害,久之不决。坚曰:"此所谓筑室道旁,无时可成。吾当内断于心耳。"

群臣皆出,独留阳平公融,谓之曰:"自古定大事者,不过一二臣而已。今众言纷纷,徒乱人意,吾当与汝决之。"对曰:"今伐晋有三难:天道不顺,一也;晋国无衅,二也;我数战兵疲,民有畏敌之心,三也。群臣言晋不可伐者,皆忠臣也,愿陛下听之。"坚作色曰:"汝亦如此,吾复何望!吾强兵百万,资仗如山。吾虽未为令主,亦非暗劣。乘累捷之势,击垂亡之国,何患不克,岂可复留此残寇,使长为国家之忧哉!"融泣曰:"晋未可灭,昭然甚明。今劳师大举,恐无万全之功。且臣之所忧,不止于此。陛下宠育鲜卑、羌、羯,布满畿甸,此属皆我之深仇。太子独与弱卒数万留守京师,臣惧有不虞之变生于腹心肘腋,不可悔也。臣之顽愚,诚不足采;王景略一时英杰,陛下常比之诸葛武侯,独不记其临没之言乎!"坚不听。于是朝臣进谏者众,坚曰:"以吾击晋,校其强弱之势,犹疾风之扫秋叶,而朝廷内外皆言不可,诚吾所不解也!"太子宏曰:"今岁在吴分,又晋

可以讨伐!"符坚说:"从前周武王讨伐商纣,违背木星和占卜的兆示,也取得了成功。天道深远,不容易预知。夫差、孙皓都据守江湖,也免不了灭亡。现在凭借我的军队,向长江投掷马鞭,足可以遮断水流,又有什么天险足以依恃呢?"石越回答说:"陛下所说三位亡国之君,都骄奢淫逸、残虐无道,所以敌国攻取它们,像拾起遗失的东西一样容易。现在东晋虽然无德,但也没有大罪,希望陛下暂且按兵不动,广积粮食,等待它的破绽出现。"于是群臣各言利害,长时间无法决定。符坚说:"这就是所谓的在道路旁边建造房屋,众说纷纭,没有能建成的那一天。我应当在心里自己决断。"

群臣都走后,符坚单独留下阳平公符融,对他说:"自古以来决定大事的,不过一二位大臣而已。现在众说纷纭,只会扰乱人的意志,我应当和你决定此事。"符融回答说:"现在讨伐东晋有三大困难:不顺应天道,是其一;晋国没有破绽,是其二;我军多次出战,战士疲惫,百姓有怕敌的心理,是其三。群臣中说不能讨伐晋国的,都是忠臣,希望陛下听从他们的话。"符坚变脸道:"你也这样,我还能指望谁!我有百万强兵,物资甲仗堆积如山。我虽然不是完美的君主,但也不昏暗孱弱。乘多次胜捷的势头,攻濒临灭亡的国家,有什么担心攻不克的?哪能再留下这一残敌,让他长期成为国家的忧患!"符融流泪说:"晋国不能灭亡,昭然若揭,十分明白。现在调动军队大举进攻,恐怕不能百分之百的成功。而且臣下我所担忧的,不止这一点。陛下宠爱抚育鲜卑、羌、羯各族,他们布满京城周围,这些人都是我们的深仇大敌。太子只与弱卒数万留守京城,我害怕有预料不到的变乱发生在腹心肘腋,果真那样,则是后悔不及的。臣下我顽劣愚笨,意见不值得采纳;王猛是一位时代英杰,陛下常常将他比作诸葛武侯,难道不记得他临终所说的话了吗!"符坚不听。在这时进谏的朝臣很多,符坚说:"用我的军队攻击东晋,比较二者的强弱形势,就像疾风去扫秋天的落叶,而朝廷内外都说不能攻晋,这确实让我不能理解!"太子符宏说:"现在木星在吴分野,加上晋国

君无罪,若大举不捷,恐威名外挫,财力内竭,此群下所以疑也!"坚曰:"昔吾灭燕,亦犯岁而捷,天道固难知也。秦灭六国,六国之君岂皆暴虐乎!"

冠军、京兆尹慕容垂言于坚曰:"弱并于强,小并于大,此理势自然,非难知也。以陛下神武应期,威加海外,虎旅百万,韩、白满朝,而蕞尔江南,独违王命,岂可复留之以遗子孙哉!《诗》云:'谋夫孔多,是用不集。'陛下断自圣心足矣,何必广询朝众!晋武平吴,所仗者张、杜二三臣而已,若从朝众之言,岂有混一之功乎!"坚大悦曰:"与吾共定天下者,独卿而已。"赐帛五百匹。

坚锐意欲取江东,寝不能旦。阳平公融谏曰:"'知足不辱,知止不殆。'自古穷兵极武,未有不亡者。且国家本戎狄也,正朔曾不归之。江东虽微弱仅存,然中华正统,天意必不绝之。"坚曰:"帝王历数,岂有常邪,惟德之所在耳!刘禅岂非汉之苗裔邪,终为魏所灭。汝所以不如吾者,正病此不达变通耳。"

坚素信重沙门道安,群臣使道安乘间进言。十一月,坚与道安同辇游于东苑,坚曰:"朕将与公南游吴、越,泛长江,临沧海,不亦乐乎!"安曰:"陛下应天御世,居中土而制四维,自足比隆尧、舜,何必栉风沐雨,经略遐方乎!且东南卑湿,沴气易构,虞舜游而不归,大禹往而不复,何足以上劳大驾也!"坚曰:"天生烝民而树之君,使司牧之,朕岂敢惮劳,使彼一方独不被泽乎!必如公言,是古之帝王皆无征伐也!"道安曰:"必不得已,陛下宜驻跸洛阳,

君主无罪,如果大举进攻不获胜,恐怕在外挫损威名,在内财力枯竭,这就是群臣疑虑的原因。"符坚说:"以前我灭前燕,也是违犯木星的兆示而得胜,天道本来就难以预知。秦国消灭六国,六国的国君难道都暴虐吗!"

冠军将军、京兆尹慕容垂向符坚进言说:"弱者被强者吞并,小的被大的合并,这是自然的趋势,不是难以预知的。凭借陛下的神圣武功,应和期运,威加海外,似虎劲旅,拥有百万,像韩信、白起一样的大将,满朝都是,而小小江南,独违王命,哪能再把它留给子孙!《诗经》说:'谋夫很多,由此意见不合。'陛下自己在圣心里决定就够了,何必广泛征询朝中众臣意见!晋武帝平定孙吴,所依仗的只有张华、杜预二三个大臣而已,如果听从朝中众臣的话,哪有统一全国的功业!"符坚十分高兴,说:"和我共同平定天下的,只有爱卿你一人而已。"赏赐慕容垂五百匹帛。

符坚想要夺取江东,心情急切,每天睡不到天亮。阳平公符融进谏说:"'知道满足不会受辱,知道止步不会危险。'自古以来,穷兵黩武,没有不灭亡的。况且我国本来是戎狄建立的,正统朔运不归我们。江东虽然微弱仅存,但它是中华正统所在,天意一定不会灭亡它。"符坚说:"帝王的历数,哪有常规?只有有德的人才会获得!刘禅难道不是汉家的后代吗?最终被魏灭亡。你所以不如我,问题正在不明白变通这一点上。"

符坚一向信任沙门道安,群臣让道安乘机进言规劝。十一月,符坚和道安同坐辇车在东苑游玩,符坚说:"我将与你南游吴、越,泛舟长江,临观沧海,不也是很快乐的事吗!"道安说:"陛下顺应天命驾御全国,居住中土,控制四方,盛况足以和尧、舜相比,何必栉风沐雨去经略远方呢!况且东南地势低湿,容易形成不祥之气,虞舜到那里巡游,去而不回,大禹到那里巡狩,往而不返,怎么值得劳烦您的大驾呢!"符坚说:"上天造就百姓而为他们树立君主,让有关部门管理他们,我哪敢怕累,只让东南一方不蒙受恩泽呢!一定如您所说,古代的帝王都没有征伐之事了!"道安说:"一定不能停止行动的话,陛下应该在洛阳停留车驾,

遣使者奉尺书于前,诸将总六师于后,彼必稽首入臣,不必亲涉江、淮也。"坚不听。

坚所幸张夫人谏曰:"妾闻天地之生万物,圣王之治天下,皆因其自然而顺之,故功无不成。是以黄帝服牛乘马,因其性也;禹浚九川,障九泽,因其势也;后稷播殖百谷,因其时也;汤、武帅天下而攻桀、纣,因其心也,皆有因则成,无因则败。今朝野之人皆言晋不可伐,陛下独决意行之,妾不知陛下何所因也。《书》曰:'天聪明自我民聪明。'天犹因民,而况人乎!妾又闻王者出师,必上观天道,下顺人心。今人心既不然矣,请验之天道。谚云:'鸡夜鸣者不利行师,犬群嗥者宫室将空,兵动马惊,军败不归。'自秋、冬以来,众鸡夜鸣,群犬哀嗥,厩马多惊,武库兵器自动有声,此皆非出师之祥也。"坚曰:"军旅之事,非妇人所当预也。"

坚幼子中山公诜最有宠,亦谏曰:"臣闻国之兴亡,系贤人之用舍。今阳平公,国之谋主,而陛下违之,晋有谢安、桓冲,而陛下伐之,臣窃惑之!"坚曰:"天下大事,孺子安知!"

八年夏五月,桓冲帅众十万伐秦,攻襄阳。遣前将军刘波等攻沔北诸城。辅国将军杨亮攻蜀,拔五城,进攻涪城。鹰扬将军郭铨攻武当。六月,冲别将攻万岁、筑阳,拔之。秦王坚遣征南将军钜鹿公叡、冠军将军慕容垂等帅步骑五万救襄阳,兖州刺史张崇救武当,后将军张蚝、步兵校尉姚苌救涪城。叡军于新野,垂军于邓城,桓冲退屯沔

派遣使者在前面送去劝降文书,各位大将总率六军在后,晋国君主一定会跪下投降,做您的臣民,不一定亲自渡过江、淮。"符坚不听从。

符坚所宠爱的张夫人进谏说:"贱妾听说天地生万物,圣王治天下,都因其自然,顺其规律,所以功无不成。因此,黄帝驾牛套马来拉车运重物,行远路,是顺应它们的习性;大禹疏通九川,堵塞九泽,是顺应它们的流向趋势;后稷播种繁殖各种作物,是顺应它们的生长季节;商汤、周武王统帅天下诸侯讨伐夏桀、商纣,是顺应他们的心愿;都是顺应就成功,不顺应就失败。现在朝野内外都说不能讨伐东晋,唯独陛下决心要做这件事,妾身不知道陛下是顺应什么。《尚书》说:'上天聪明来自我民聪明。'上天还要顺应民众,何况人呢!妾身又听说做君王的人出兵,一定要上看天道,下顺人心。现在人心已经不同意此事了,请用天道检验一下。谚语说:'鸡在夜间鸣叫不利于行军,狗成群嗥叫宫室将会变空,军队出动马匹受惊,将会军败不回。'从秋天到冬季以来,群鸡夜间鸣叫,群狗不断哀号,厩中的马很多受惊,武库内的兵器自己移动出声,这都不是出兵的好兆头。"符坚说:"军旅的事情,不是妇人所应当参预的。"

符坚的幼子中山公符诜最受宠爱,也进谏说:"我听说国家的兴亡,关键在于是否任用了贤人。阳平公符融现在是国家的谋主,而陛下违背他的意见行事;东晋有谢安、桓冲,而陛下要讨伐它,我私下对此迷惑不解。"符坚说:"天下大事,小孩子怎么知道!"

八年(383)夏季五月,桓冲率军十万讨伐前秦,进攻襄阳。派遣前将军刘波等攻击沔水以北各城。辅国将军杨亮进攻蜀地,攻下五座城后,又进攻涪城。鹰扬将军郭铨进攻武当。六月,桓冲派别将率军进攻万岁、筑阳,攻下二城。前秦王符坚派遣征南将军钜鹿公符叡,冠军将军慕容垂等率领步骑兵五万救援襄阳,兖州刺史张崇救援武当,后将军张蚝、步兵校尉姚苌救援涪城。符叡在新野驻军,慕容垂在邓城驻军,桓冲退军驻扎沔水

南。秋七月，郭铨及冠军将军桓石虔败张崇于武当，掠二千户以归。钜鹿公叡遣慕容垂为前锋，进临沔水。垂夜命军士人持十炬，系于树枝，光照数十里。冲惧，退还上明。张蚝出斜谷，杨亮引兵还。冲表其兄子石民领襄城太守，戍夏口。冲自求领江州刺史，诏许之。

秦王坚下诏大举入寇，民每十丁遣一兵。其良家子年二十已下，有材勇者，皆拜羽林郎。又曰："其以司马昌明为尚书左仆射，谢安为吏部尚书，桓冲为侍中。势还不远，可先为起第。"良家子至者三万馀骑，拜秦州主簿金城赵盛之为少年都统。是时，朝臣皆不欲坚行，独慕容垂、姚苌及良家子劝之。阳平公融言于坚曰："鲜卑、羌虏，我之仇雠，常思风尘之变以逞其志，所陈策画，何可从也！良家少年皆富饶子弟，不闲军旅，苟为谄谀之言以会陛下之意耳。今陛下信而用之，轻举大事，臣恐功既不成，仍有后患，悔无及也！"坚不听。

八月戊午，坚遣阳平公融督张蚝、慕容垂等步骑二十五万为前锋；以兖州刺史姚苌为龙骧将军、督益梁州诸军事。坚谓苌曰："昔朕以龙骧建业，未尝轻以授人，卿其勉之！"左将军窦冲曰："王者无戏言，此不祥之征也！"坚默然。

慕容楷、慕容绍言于慕容垂曰："主上骄矜已甚，叔父建中兴之业，在此行也！"垂曰："然。非汝，谁与成之！"

甲子，坚发长安，戒卒六十馀万，骑二十七万，旗鼓相望，前后千里。九月，坚至项城，凉州之兵始达咸阳，蜀、汉之兵

以南。秋季七月,郭铨和冠军将军桓石虔在武当击败张崇,掠取了二千户百姓后撤军。钜鹿公苻叡派遣慕容垂为前锋,进军逼近沔水。慕容垂夜间命令军中士兵每人拿十支火把系到树枝上,火光照到数十里外。桓冲害怕,退军回到上明。张蚝出军斜谷,杨亮引兵退回。桓冲上表推荐他的侄子桓石民兼任襄城太守,防守夏口。桓冲自己请求兼任江州刺史,朝廷下诏恩准。

前秦王苻坚下诏,大举进攻东晋,百姓平均每十名丁男派出一人当兵。那些良家子弟年龄在二十岁以下又有才能和勇力的,一律拜授羽林郎。诏令中还说:"可以让司马昌明当尚书左仆射,谢安当吏部尚书,桓冲当侍中。从形势来看,灭晋班师为时不远,可以先替他们建造府第。"前来报到的良家子弟,多达三万馀名,于是任命秦州主簿赵盛之为少年都统。这时朝中大臣都不愿意苻坚伐晋,只有慕容垂、姚苌以及良家子弟怂恿他出兵。阳平公苻融向苻坚进言道:"鲜卑和羌族,本来都是我们的仇敌,常常希望突然出现变乱来实现他们复国的夙愿,他们所陈奏的谋划策略,怎么能够听从呢! 这些良家少年,都是纨绔子弟,不熟悉军旅生活,随便说通谄媚阿谀的言辞,用来迎合陛下的心意罢了。现在陛下听信而且任用他们,轻举大事,为臣我担心大功既不会告成,还会带来后患,到那时后悔都来不及了。"苻坚不听。

八月戊午(初二),苻坚派阳平公苻融统率张蚝、慕容垂等步兵骑兵二十五万做前锋;用兖州刺史姚苌为龙骧将军,督益州、梁州诸军事。苻坚对姚苌说:"从前我凭龙骧将军这一职衔建立帝业,不曾轻易将它授给别人,爱卿你可要奋勉啊!"左将军窦冲说:"做君王的,不能说玩笑话,这是不吉利的征兆。"苻坚沉默。

慕容楷、慕容绍向慕容垂进言说:"秦王骄傲狂妄已经到了极点,叔父您建立复国的大业,关键就在这次行动了。"慕容垂说:"是这样。但是没有你们,谁和我一起成就这中兴大业呢!"

甲子(初八)这天,苻坚从长安出发,全副武装的士兵共有六十多万,骑兵二十七万,旌旗战鼓前后相望,绵延长达千里。九月,苻坚到达了项城,凉州的军队才刚刚抵达咸阳,蜀、汉的士兵

方顺流而下,幽、冀之兵至于彭城,东西万里,水陆齐进,运漕万艘。阳平公融等兵三十万,先至颍口。

诏以尚书仆射谢石为征虏将军、征讨大都督,以徐、兖二州刺史谢玄为前锋都督,与辅国将军谢琰、西中郎将桓伊等众共八万拒之。使龙骧将军胡彬以水军五千援寿阳。琰,安之子也。

是时秦兵既盛,都下震恐。谢玄入,问计于谢安,安夷然,答曰:"已别有旨。"既而寂然。玄不敢复言,乃令张玄重请。安遂命驾出游山墅,亲朋毕集,与玄围棋赌墅。安棋常劣于玄,是日,玄惧,便为敌手而又不胜。安遂游陟,至夜乃还。桓冲深以根本为忧,遣精锐三千入援京师。谢安固却之,曰:"朝廷处分已定,兵甲无阙,西藩宜留以为防。"冲对佐吏叹曰:"谢安石有庙堂之量,不闲将略。今大敌垂至,方游谈不暇,遣诸不经事少年拒之,众又寡弱,天下事已可知,吾其左衽矣!"

冬十月,秦阳平公融等攻寿阳,癸酉,克之,执平虏将军徐元喜等。融以其参军河南郭褒为淮南太守。慕容垂拔郧城。胡彬闻寿阳陷,退保硖石,融进攻之。秦卫将军梁成等帅众五万屯于洛涧,栅淮以遏东兵。谢石、谢玄等去洛涧二十五里而军,惮成不敢进。胡彬粮尽,潜遣使告石等曰:"今贼盛粮尽,恐不复见大军!"秦人获之,送于阳平公融。融驰使白秦王坚曰:"贼少易擒,但恐逃去,

正顺长江往下游进发,幽州、冀州的军队到达彭城,战线东西万里,水军陆军齐进,通过水道运粮的船只有上万艘。阳平公苻融等所率三十万军队,首先到达颍口。

东晋孝武帝下诏,用尚书仆射谢石为征虏将军、征讨大都督,用徐、兖二州刺史谢玄为前锋都督,会同辅国将军谢琰、西中郎将桓伊等官兵共八万人抗击前秦军。让龙骧将军胡彬率领水军五千援救寿阳。谢琰,是谢安的儿子。

这时前秦军军威大盛,京城建康受到震动,人心惶惶不安。谢玄入内向谢安问计,谢安表情平静,回答说:"已经另有诏书。"不久便默不作声。谢玄不敢再说什么,便命令张玄重新请示。谢安就命令驾车外出,到山中别墅游玩,亲戚朋友全部会聚一堂,谢安和张玄下围棋,用别墅做赌注。谢安的棋艺平常比张玄差,这天张玄很害怕,两人旗鼓相当,张玄无法取胜。于是谢安登山游玩,到晚上才回京城。桓冲为京城深深地担忧,派遣精锐部队三千人前往京城帮助防守。谢安坚决不接纳,回复说:"朝廷的部署已经确定了,京师不缺军队,西部战线应该留下这部分军队,来加强防卫。"桓冲对身边的官吏叹息道:"谢安石有做宰相的气度,却不精通将帅的谋略。现在大敌将到,他却还整天忙着游玩清谈,派遣没有经历过大事的几个少年去抗拒强敌,军队又势单力薄,天下事结局已经可以预见到,我们恐怕要当亡国奴了!"

冬季十月,前秦阳平公苻融等进攻寿阳,癸酉(十八日),攻克了该城,俘虏东晋平虏将军徐元喜等。苻融用他的参军河南人郭褒为淮南太守。慕容垂攻下郧城。胡彬听说寿阳陷落,退守硖石,苻融率军来攻。前秦卫将军梁成等率军五万屯驻在洛涧,在淮水中设置木栅来阻遏东晋水军。谢石、谢玄等离洛涧二十五里安营,害怕梁成,不敢前进。胡彬粮尽,暗中派使者报信给谢石等,说:"现在敌军强大,我们已经粮尽,恐怕再见不到大军了!"前秦军人俘虏了东晋信使,送到阳平公苻融那里。苻融派快马特使报告前秦王苻坚说:"敌军人少,容易擒获,只怕他们逃走,

宜速赴之!"坚乃留大军于项城,引轻骑八千,兼道就融于寿阳。遣尚书朱序来说谢石等,以"强弱异势,不如速降。"序私谓石等曰:"若秦百万之众尽至,诚难与为敌。今乘诸军未集,宜速击之。若败其前锋,则彼已夺气,可遂破也。"

石闻坚在寿阳,甚惧,欲不战以老秦师。谢琰劝石从序言。十一月,谢玄遣广陵相刘牢之帅精兵五千趣洛涧,未至十里,梁成阻涧为陈以待之。牢之直前渡水,击成,大破之,斩成及弋阳太守王咏。又分兵断其归津,秦步骑崩溃,争赴淮水,士卒死者万五千人,执秦扬州刺史王显等,尽收其器械军实。于是谢石等诸军,水陆继进。秦王坚与阳平公融登寿阳城望之,见晋兵部阵严整,又望见八公山上草木皆以为晋兵,顾谓融曰:"此亦勍敌,何谓弱也!"忱然始有惧色。

秦兵逼肥水而陈,晋兵不得渡。谢玄遣使谓阳平公融曰:"君悬军深入,而置陈逼水,此乃持久之计,非欲速战者也。若移陈小却,使晋兵得渡,以决胜负,不亦善乎!"秦诸将皆曰:"我众彼寡,不如遏之,使不得上,可以万全。"坚曰:"但引兵少却,使之半渡,我以铁骑蹙而杀之,蔑不胜矣!"融亦以为然,遂麾兵使却。秦兵遂退,不可复止。谢玄、谢琰、桓伊等引兵渡水击之。融驰骑略陈,欲以帅退者,马倒,为晋兵所杀,秦兵遂溃。玄等乘胜追击,至于青冈。秦兵大败,自相蹈藉而死者,蔽野塞川。其走者闻风声

应火速赶赴寿阳!"苻坚便留大军在项城,自己率领轻装骑兵八千,倍道兼程到寿阳与苻融会师。苻坚又派遣尚书朱序按"强弱势力相差悬殊,不如赶快投降"的意思去游说谢石等。朱序私下对谢石等说:"如果前秦百万军队全部到达,确实难以和他们做敌手。现在趁各路军队没有会集,应该赶快攻击他们。如果去败他们的前锋,那么前秦军队已被夺去士气,就能彻底粉碎他们。"

谢石听说苻坚在寿阳,十分害怕,想用坚守不战的办法使前秦军疲惫。谢琰劝谢石听从朱序的话。十一月,谢玄派遣广陵相刘牢之率领精兵五千向洛涧进军,还差十里到达时,梁成已经在涧边设阵以待。刘牢之直接向前渡水,攻击梁成,大败前秦军,杀掉了梁成和前秦弋阳太守王咏。同时分派军队切断前秦军回归的渡口,前秦步兵骑兵崩溃,争先跳入淮水逃命,士兵死亡一万五千人。东晋军俘虏了前秦扬州刺史王显等,全部缴获了敌军的器械军粮。于是谢石等各路军队,水陆接续前进。前秦王苻坚和阳平公苻融登上寿阳城遥望东晋军,看到东晋军队部伍阵列严整,又望见八公山上的草木,都以为是东晋兵,回头对苻融说:"这也是强硬的敌手,怎么能说弱呢!"茫然自失,开始流露出害怕的神色。

前秦军逼近肥水列阵,东晋兵无法渡水。谢玄派遣使者对阳平公苻融说:"您孤军深入,却临水设阵,这是相持对垒的打法,不是想速战速决啊。如果移动军阵,稍微后撤几步,让东晋兵能渡过河,来一决胜负,不也很好吗!"前秦诸位将领都说:"我军人多敌军人少,不如阻挡住他们,使他们不能上岸,可以万无一失。"苻坚说:"只率军稍微退后,让他们渡过一半,我用铁骑紧压冲杀他们,就没有不胜利的了!"苻融也认为正确,便指挥军队往后退。前秦军一往后退,停不下来了。谢玄、谢琰、桓伊等率军渡水紧紧追击敌军。苻融勒马来回奔驰压住阵脚,力图制止住后退的士兵,结果他战马倒地,被东晋军杀死,于是前秦军崩溃。谢玄等乘胜追击,到达青冈,前秦军大败,自相践踏而死的士兵,遮蔽田野,堵塞河川。那些逃跑的士兵,听到风吹草动、

鹤唳，皆以为晋兵且至，昼夜不敢息，草行露宿，重以饥冻，死者什七八。初，秦兵小却，朱序在陈后呼曰："秦兵败矣！"众遂大奔。序因与张天锡、徐元喜皆来奔。复取寿阳，执其淮南太守郭褒。

坚中流矢，单骑走至淮北，饥甚，民有进壶飧、豚髀者，坚食之，赐绵帛。辞曰："陛下厌苦安乐，自取危困。臣为陛下子，陛下为臣父，安有子饲其父而求报乎！"弗顾而去。坚谓张夫人曰："吾今复何面目治天下乎！"潸然流涕。

是时，诸军皆溃，惟慕容垂所将三万人独全，坚以千馀骑赴之。世子宝言于垂曰："家国倾覆，天命人心皆归至尊，但时运未至，故晦迹自藏耳。今秦主兵败，委身于我，是天借之便以复燕祚，此时不可失也，愿不以意气微恩忘社稷之重！"垂曰："汝言是也。然彼以赤心投命于我，若之何害之！天苟弃之，不患不亡。不若保护其危以报德，徐俟其衅而图之，既不负宿心，且可以义取天下。"奋威将军慕容德曰："秦强而并燕，秦弱而图之，此为报仇雪耻，非负宿心也，兄奈何得而不取，释数万之众以授人乎？"垂曰："吾昔为太傅所不容，置身无所，逃死于秦，秦主以国士遇我，恩礼备至。后复为王猛所卖，无以自明，秦主独能明之，此恩

野鹤鸣叫,都以为是东晋兵将要追来了,白天黑夜都不敢休息,草行露宿,加上饥寒交迫,死去的士兵约占前秦军总数的十分之七八。最初,前秦军稍微退后时,朱序在军阵后大喊道:"秦军大败了!"士兵听到后便没命地奔逃。朱序趁混乱之机,和张天锡、徐元喜都归奔东晋。东晋军再次夺回寿阳,并俘虏了前秦淮南太守郭褒。

符坚身中流箭,一行人单独逃到淮北,非常饥饿,有百姓进献水浇饭和小猪大腿的,符坚吃掉东西后,赏赐献食百姓绵帛。百姓推辞说:"陛下厌倦了安乐的生活,自取危难困苦。我是陛下的子民,陛下是我的君父,哪里有子民赡养他的君父而要求回报的呢!"他们连赏赐的东西看都没看就离去了。符坚对张夫人说:"我现在还有什么脸面来治理天下呢!"说完已泪流满面,十分悲凉。

这时,各路军队都崩溃了,只有慕容垂所率领的三万人一军独全,符坚带着一千多骑兵赶到慕容垂处。慕容垂的世子慕容宝对他说:"燕国被秦灭亡了,天命人心都归向至高无上、受人尊敬的您,只是时运未到,所以您才隐身匿迹。现在前秦君主兵败而归,向我委身,这是上天赐给我们良机,让我们恢复燕国的国祚,此事时机不可错过,希望您不要因为前秦君主曾对您有点恩惠而意气用事,忘记复兴国家的重大使命!"慕容垂说:"你说得对。但他一片真心,把性命都交付给我们了,怎么能够害他呢!上天如果抛弃他,不用担心他不灭亡。不如暂且在秦主危难时保护他,来报答他的恩德,慢慢等待出现破绽再图谋他,既不辜负平素的心意,又能凭借仁义来夺取天下。"奋威将军慕容德说:"前秦强大时兼并了燕国,前秦衰弱时我们图谋它,这属于报仇雪耻,不是辜负平素的心意。兄长为什么可得却不取,放弃几万军队,拱手交给别人呢?"慕容垂说:"我过去被太傅慕容评所不容,没有可以安身的地方,到前秦逃避死亡的威胁,前秦君主用国士的礼节对待我,恩惠礼敬无微不至。后来又被王猛所陷害,没办法自我说明真相,前秦君主偏偏能够明察一切。这种恩情

何可忘也！若氏运必穷，吾当怀集关东，以复先业耳，关西会非吾有也。"冠军行参军赵秋曰："明公当绍复燕祚，著于图谶。今天时已至，尚复何待！若杀秦主，据邺都鼓行而西，三秦亦非苻氏之有也！"垂亲党多劝垂杀坚，垂皆不从，悉以兵授坚。平南将军慕容晖屯郧城，闻坚败，弃其众遁去。至荥阳，慕容德复说晖起兵以复燕祚，晖不从。

谢安得驿书，时方与客围棋，摄书置床上，了无喜色，围棋如故。客问之，徐答曰："小儿辈遂已破贼。"既罢，还内，过户限，不觉屐齿之折。丁亥，谢石归建康。乙未，以张天锡为散骑常侍，朱序为琅邪内史。

秦王坚收集离散，比至洛阳，众十馀万，百官、仪物、军容粗备。慕容农谓慕容垂曰："尊不迫人于险，其义声足以感动天地。农闻秘记曰：'燕复兴当在河阳。'夫取果于未熟与自落，不过晚旬日之间，然其难易美恶，相去远矣！"垂心善其言，行至渑池，言于坚曰："北鄙之民，闻王师不利，轻相扇动，臣请奉诏书以镇慰安集之，因过谒陵庙。"坚许之。权翼谏曰："国兵新破，四方皆有离心，宜征集名将，置之京师，以固根本，镇枝叶。垂勇略过人，世豪东夏，顷以避祸而来，其心岂止欲作冠军而已哉！譬如养鹰，饥则附人，每闻风飙之起，常有陵霄之志，正是谨其絛笼，岂

怎么能忘记呢！如果氐人的气运一定要结束，我将安抚招纳函谷关以东地区的士民来恢复祖先的功业而已，函谷关以西的地区，不是我能掌握的。"冠军行参军赵秋说："明公您应当继承和复兴燕国的国祚，这在图书谶言中早就说得明明白白了。现在天时已到，还在等什么！如果杀掉前秦君主，占据前燕首都邺城，向西击鼓进军，三秦也不再是苻氏拥有的地盘！"慕容垂的亲属党羽大都劝他杀掉苻坚，慕容垂都不听从，把军队全部交给了苻坚。平南将军慕容暐屯驻在郧城，听说苻坚失败了，丢下他的军队逃离而去。来到荥阳，慕容德又劝说慕容暐起兵恢复燕国国祚，慕容暐也没有听从。

谢安得到驿站送来的战报，当时正在和客人下围棋，阅后顺手把战报放在小桌上，一点高兴的神色也没流露，仍旧下围棋。客人问他，他慢慢回答说："小儿们已经击败贼寇。"下完棋后，回内室，经过门槛，因为太高兴，都没觉察出木鞋的齿被折断了。丁亥（初二）这天，谢石等人回到建康。乙未（初十），东晋朝廷用张天锡为散骑常侍，用朱序为琅邪内史。

前秦王苻坚收集离散的将士，到达洛阳时，军队有十多万人，百官、仪物、军容大致完备。慕容农对慕容垂说："尊父不在危险时逼迫人，这讲仁义的名声足可以感动天地。我听说谶文中讲：'燕国复兴应当在河阳。'取果子在不熟和自落之间，最多不过相隔十天的时间，但它的难易好坏，却相差太远了！"慕容垂在心里认为慕容农的话很好，走到渑池时，他向苻坚进言说："北部边疆的百姓，听说国家军队失利，轻易相互扇动，我请求两手捧着诏书去镇护、抚慰、安集他们，并借此机会拜谒祖宗的陵墓、庙宇。"苻坚答应了他。权翼进谏说："国家军队刚失败，四方都有离心，应该征集名将，将他们安置在京城，以稳固根本，安定枝叶。慕容垂勇气谋略超过常人，世代是中原以东的豪族，从前是因为逃避灾难而来，他的心愿哪里只是想做冠军将军而已！譬如人们收养的雄鹰，饥饿时就依附主人，每当听到刮起暴风，它常会产生凌驾云霄的志向，正应该谨慎地系牢丝绳和笼子，怎么

可解纵,任其所欲哉!"坚曰:"卿言是也。然朕已许之,匹
夫犹不食言,况万乘乎!若天命有废兴,固非智力所能移
也。"翼曰:"陛下重小信而轻社稷,臣见其往而不返,关东
之乱,自此始矣。"坚不听,遣将军李蛮、闵亮、尹固帅众三
千送垂。又遣骁骑将军石越帅精卒三千戍邺,骠骑将军张
蚝帅羽林五千戍并州,镇军将军毛当帅众四千戍洛阳。权
翼密遣壮士邀垂于河桥南空仓中,垂疑之,自凉马台结草
筏以渡,使典军程同衣己衣,乘己马,与僮仆趣河桥。伏兵
发,同驰马获免。

十二月,秦王坚至长安,哭阳平公融而后入,谥曰哀
公。大赦,复死事者家。

庚午,大赦。以谢石为尚书令。进谢玄号前将军,固
让不受。

慕容垂至安阳,遣参军田山修笺于长乐公丕。丕闻垂
北来,疑其欲为乱,然犹身自迎之。赵秋劝垂于座取丕,因
据邺起兵,垂不从。丕谋袭击垂,侍郎天水姜让谏曰:"垂
反形未著,而明公擅杀之,非臣子之义。不如待以上宾之
礼,严兵卫之,密表情状,听敕而后图之。"丕从之,馆垂于邺
西。垂潜与燕之故臣谋复燕祚。会丁零翟斌起兵叛秦,谋
攻豫州牧平原公晖于洛阳,秦王坚驿书使垂将兵讨之。石
越言于丕曰:"王师新败,民心未安,负罪亡匿之徒,思乱者
众,故丁零一唱,旬日之中,众已数千,此其验也。慕容垂,

可以解开放纵它,任它为所欲为呢!"符坚说:"爱卿您说得对。但我已答应了他,匹夫还不食言,何况君主呢!如果天命中该有废兴的事情发生,本来就不是人的智慧和能力所能转移的。"权翼说:"陛下以小信为重,以国家为轻,我看他必将一去不返,函谷关以东的变乱,从此开始了。"符坚不听,派遣将军李蛮、闵亮、尹国率军三千送慕容垂去安抚百姓。又派遣骁骑将军石越率精兵三千防守邺城,骠骑将军张蚝率羽林军五千防守并州,镇军将军毛当率军四千防守洛阳。权翼秘密派遣壮士在河桥南边的空仓中邀击慕容垂。慕容垂猜到会有这种事,便扎制草筏,乘着它从凉马台渡过黄河,让典军程同穿着自己的衣服,骑着自己的马,和奴僮仆人向河桥进发。将到河桥,便有伏兵出击,程同驱马疾驰,逃离险境。

十二月,前秦王符坚到达长安,在为阳平公符融大哭一场后入城,给符融加谥号为哀公。大赦天下,免除在战争中死难者家属的赋税徭役。

庚午(十五日)这天,东晋大赦天下。用谢石为尚书令。朝廷给谢玄进号前将军,谢玄坚决辞让,不接受。

慕容垂到安阳,派遣参军田山写信给长乐公符丕。符丕听说慕容垂向北而来,怀疑他想作乱,但还是亲自去迎接他。赵秋劝慕容垂在会见的坐席上杀掉符丕,趁机占据邺城起兵,慕容垂不听从。符丕阴谋袭击慕容垂,他的侍郎天水人姜让进谏说:"慕容垂造反的迹象没明显表露出来,而明公您擅自杀掉他,这不是臣子应该做的。不如用上等宾客的礼节对待他,暗中派兵严密防卫他,并秘密上表说明情况,听到敕令后再图谋他。"符丕听从了姜让的话,将慕容垂安置在邺城西部宾馆中。慕容垂暗中和前燕的旧臣图谋恢复燕国帝位。恰好丁零人翟斌起兵背叛前秦,阴谋进攻在洛阳的豫州牧平原公符晖,前秦王符坚派驿马送信让慕容垂率兵讨伐翟斌。石越向符丕进言说:"国家军队刚遭失败,民心不安,负罪亡匿的人,想借机叛乱的很多,所以丁零人一倡导,十天之内,叛乱人数已有数千,这是明证。慕容垂

燕之宿望,有兴复旧业之心,今复资之以兵,此为虎傅翼也。"丕曰:"垂在邺如藉虎寝蛟,常恐为肘腋之变,今远之于外,不犹愈乎! 且翟斌凶悖,必不肯为垂下,使两虎相毙,吾从而制之,此卞庄子之术也。"乃以羸兵二千及铠仗之弊者给垂,又遣广武将军苻飞龙帅氐骑一千为垂之副。密戒飞龙曰:"垂为三军之帅,卿为谋垂之将,行矣,勉之!"

垂请入邺城拜庙,丕弗许,乃潜服而入。亭吏禁之,垂怒,斩吏烧亭而去。石越言于丕曰:"垂敢轻侮方镇,杀吏烧亭,反形已露,可因此除之。"丕曰:"淮南之败,垂侍卫乘舆,此功不可忘也。"越曰:"垂尚不忠于燕,安能尽忠于我! 失今不取,必为后患。"丕不从。越退,告人曰:"公父子好为小仁,不顾大计,终当为人擒耳。"

垂留慕容农、慕容楷、慕容绍于邺,行至安阳之汤池,闵亮、李毗自邺来,以丕与苻飞龙所谋告垂。垂因激怒其众曰:"吾尽忠于苻氏,而彼专欲图吾父子,吾虽欲已,得乎!"乃托言兵少,停河内募兵,旬日间,有众八千。

平原公晖遣使让垂,趣使进兵。垂谓飞龙曰:"今寇贼不远,当昼止夜行,袭其不意。"飞龙以为然。壬午,夜,垂遣世子宝将兵居前,少子隆勒兵从己,令氐兵五人为伍,阴与宝约,闻鼓声,前后合击氐兵及飞龙,尽杀之,参佐家在西者皆遣还,并以书遗秦王坚,言所以杀飞龙之故。

是前燕的老臣，众望所归，又有兴复旧业的雄心，现在再以军队资助他，这是为虎添翼。"苻丕说："慕容垂在邺城，如同坐卧的老虎，睡着的蛟龙，常担心他制造腹心之变。现在向外派遣，让他远一些，不是比留在邺城要好吗！而且翟斌凶狠悖逆，一定不会甘愿败在慕容垂之下，让其两虎相斗，必一死一伤，我们再随后制服他们，这是卞庄子的战术。"于是苻丕派给慕容垂两千瘦弱的士兵，拨给的铠甲兵仗也破败不堪，又派广武将军苻飞龙率领氐族骑兵一千，作为慕容垂的副手。苻丕秘密告诫苻飞龙说："慕容垂是三军的元帅，你是图谋他的将领，去吧，要努力！"

慕容垂请求进入邺城祭拜宗庙，苻丕不允许，他便化装进城。邺城门亭小吏禁止他进城，他发怒，杀掉小吏，烧毁亭子而离去。石越向苻丕进言说："慕容垂胆敢轻视侮辱方镇，杀吏烧亭，反叛的形迹已经暴露，可以因此除掉他。"苻丕说："淮南失败，慕容垂侍卫皇帝返回，这一功劳是不能忘记的。"石越说："慕容垂对前燕尚且不忠诚，怎么能够对我们尽忠！失去现在的机会，不杀掉他，必定成为后患。"苻丕不听从。石越退堂后，告诉别人说："长乐公父子喜欢对人施小仁义，不考虑国家大计，终究将被他人擒获。"

慕容垂留下慕容农、慕容楷、慕容绍在邺城，行军到安阳的汤池，闵亮、李毗从邺城追来，将苻丕与苻飞龙所谋划的事告诉慕容垂。慕容垂借机激怒他的军人说："我对苻氏尽忠，而他们专想图谋我父子，我虽然想罢手，但能行吗！"于是假托说兵少，停留在河内，招募军队，十天时间，招募军队八千人。

平原公苻晖派使者去指责慕容垂，督促他进兵平叛。慕容垂对苻飞龙说："现在离寇贼不远，应当白天休息晚上行军，出其不意地袭击他们。"苻飞龙认为很对。壬午（二十七日）这天晚上，慕容垂派遣世子慕容宝率兵在前，少子慕容隆率兵跟随自己，命令氐族士兵五人为一伍。暗中和慕容宝约定，听到鼓声，前后夹击氐族士兵和苻飞龙，全部杀掉了他们，参佐中家属在函谷关以西的都遣返，同时写信给前秦王苻坚，说明杀死苻飞龙的原因。

初,垂从坚入邺,以其子麟屡尝告变于燕,立杀其母,然犹不忍杀麟,置之外舍,希得侍见。及杀苻飞龙,麟屡进策画,启发垂意,垂更奇之,宠待与诸子均矣。

慕容凤及燕故臣之子燕郡王腾、辽西段延等闻翟斌起兵,各帅部曲归之。平原公晖使武平武侯毛当讨斌。慕容凤曰:"凤今将雪先王之耻,请为将军斩此氐奴。"乃擐甲直进,丁零之众随之,大败秦兵,斩毛当,遂进攻陵云台戍,克之,收万馀人甲仗。

癸未,慕容垂济河焚桥,有众三万,留辽东鲜卑可足浑谭集兵于河内之沙城。垂遣田山如邺,密告慕容农等使起兵相应。时日已暮,农与慕容楷留宿邺中。慕容绍先出,至蒲池,盗丕骏马数百匹以待农、楷。甲申晦,农、楷将数十骑微服出邺,遂同奔列人。

九年春正月乙酉朔,秦长乐公丕大会宾客,请慕容农不得,始觉有变。遣人四出求之,三日,乃知其在列人,已起兵矣。

慕容凤、王腾、段延皆劝翟斌奉慕容垂为盟主,斌从之。垂欲袭洛阳,且未知斌之诚伪,乃拒之曰:"吾来救豫州,不来赴君。君既建大事,成享其福,败受其祸,吾无预焉。"丙戌,垂至洛阳,平原公晖闻其杀苻飞龙,闭门拒之。翟斌复遣长史郭通往说垂,垂犹未许。通曰:"将军所以

起初,慕容垂跟随苻坚进入邺城,因为他儿子慕容麟曾屡次向前燕朝廷报告事变,便立即杀掉了慕容麟的母亲,但还不忍心杀慕容麟,便让他住在外边的房子里,很少与他相见。等到杀苻飞龙时,慕容麟屡次进献计策,帮助谋划,启发慕容垂的想法,慕容垂改变成见,认为他不同寻常,对他的宠爱与别的儿子一样了。

慕容凤和前燕旧臣的儿子燕郡人王腾、辽西人段延等,听说翟斌起兵,便分别率领部曲投归他。平原公苻晖让武平武侯毛当讨伐翟斌。慕容凤说:"我现在将洗雪先王的耻辱,请为将军杀掉这个氐族奴仆。"于是穿上铠甲,向前直进,丁零族的士兵跟随他,大败前秦军,杀掉毛当。于是进攻驻守在陵云台的士兵,攻克陵云台,获得一万多人的铠甲兵仗。

癸未(二十八日)这一天,慕容垂渡过黄河,烧掉河桥,拥有军队三万人,留下辽东鲜卑人可足浑谭在河内郡的沙城募集军队。慕容垂派遣田山到邺城,秘密告诉慕容农等人,让他们起兵相应。当时太阳已落山,慕容农和慕容楷留在邺城过夜。慕容绍首先出城,到蒲池,偷盗苻丕的骏马几百匹以等待慕容农、慕容楷。甲申(二十九日)这天是月底,慕容农、慕容楷率领几十名骑兵改变服装溜出邺城,于是他们一起逃奔到列人城。

九年(384)春季正月乙酉这天是初一,前秦长乐公苻丕大会宾客,请慕容农参加聚会,在家里找不到他,才开始觉察到情况的变化,派人四处寻找他。三天后,才知道他在列人城,已经起兵叛乱了。

慕容凤、王腾、段延都劝翟斌尊奉慕容垂为盟主,翟斌听从了他们的话。慕容垂想袭击洛阳,并且不知道翟斌的推戴是真是假,就拒绝他说:"我来这里是为救援豫州,不是赶来解决您的军队。您既然想创建大事业,成功便享受福分,失败就遭受灾祸,我不参预。"丙戌(初二)这天,慕容垂到洛阳,平原公苻晖听说他杀了苻飞龙,便关闭城门,拒绝他入城。翟斌又派遣他的长史郭通去游说慕容垂,慕容垂还是不答应。郭通说:"将军之所以

拒通者,岂非以翟斌兄弟山野异类,无奇才远略,必无所成故邪?独不念将军今日凭之,可以济大业乎!"垂乃许之。于是斌帅其众来与垂会,劝垂称尊号。垂曰:"新兴侯,吾主也,当迎归返正耳。"

　　垂以洛阳四面受敌,欲取邺而据之,乃引兵而东。故扶馀王馀蔚为荥阳太守,及昌黎鲜卑卫驹各帅其众降垂。垂至荥阳,群下同请上尊号,垂乃依晋中宗故事,称大将军、大都督、燕王,承制行事,谓之统府。群下称臣,文表奏诰,封拜官爵,皆如王者。以弟德为车骑大将军,封范阳王;兄子楷为征西大将军,封太原王;翟斌为建义大将军,封河南王;馀蔚为征东将军、统府左司马,封扶馀王;卫驹为鹰扬将军;慕容凤为建策将军。帅众二十馀万,自石门济河,长驱向邺。

　　慕容农之奔列人也,止于乌桓鲁利家,利为之置馔,农笑而不食。利谓其妻曰:"恶奴,郎贵人,家贫无以馔之,奈何?"妻曰:"郎有雄才大志,今无故而至,必将有异,非为饮食来也。君亟出,远望以备非常。"利从之。农谓利曰:"吾欲集兵列人以图兴复,卿能从我乎?"利曰:"死生唯郎是从。"农乃诣乌桓张骧,说之曰:"家王已举大事,翟斌等咸相推奉,远近响应,故来相告耳。"骧再拜曰:"得旧主而奉之,敢不尽死!"于是农驱列人居民为士卒,斩桑榆为兵,裂襜裳为旗。使赵秋说屠各毕聪,聪与屠各卜胜、张延、李白、郭超及东夷馀和、敕勃、易阳乌桓刘大各帅部众

拒绝我,岂不是因为翟斌兄弟是山野中的少数部族,没有奇异才能、长远谋略,必定一事无成的缘故?将军难道就不考虑今天凭借他们的军队可以建成大业吗!"慕容垂这才答应郭通。于是翟斌率领他的军队来与慕容垂会师,劝慕容垂称帝。慕容垂说:"新兴侯慕容暐,是我的主人,应当迎接他回来复辟帝位。"

慕容垂认为洛阳四面受敌,想夺取邺城,占据它作为大本营,于是率领军队向东进发。过去的扶馀王馀蔚是前秦荣阳太守,他和昌黎的鲜卑人卫驹分别率领自己的军队投降了慕容垂。慕容垂到荣阳,手下人一起请他称尊号,他这才依照晋中宗司马睿过去实行的办法,称大将军、大都督、燕王,按皇帝授权行事,称统治机构为统府。群下称臣,行文上表,奏章诰书,分封除授官爵,都如同做帝王的人一样。用他的弟弟慕容德为车骑大将军,封为范阳王;用他的侄子慕容楷为征西大将军,封为太原王;用翟斌为建义大将军,封为河南王;用馀蔚为征东将军、统府左司马,封为扶馀王;用卫驹为鹰扬将军;用慕容凤为建策将军。然后,慕容垂率领军队二十多万,从石门渡过黄河,长驱直入,向邺城而来。

慕容农奔逃到列人,停留在乌桓人鲁利家中,鲁利给他准备食物,慕容农笑而不吃。鲁利对他妻子说:"臭老婆,郎是贵人,家贫没有可以供给他吃的美食,怎么办?"妻子说:"郎有雄才大志,现在无故而到我们家,必将有奇特的事,不是为了饮食而来的。您快出去远望一下,以防备不测。"鲁利听从了妻子的话。慕容农对鲁利说:"我想在列人募集军队以图谋兴复燕国,您能跟着我吗?"鲁利说:"死生只跟着你。"于是慕容农到乌桓人张骧那里,劝说他道:"家王慕容垂已经举兵起义,翟斌等都一起推奉他为王,远近响应,所以来告诉您一下。"张骧再三拜谢道:"得到旧的主人而尊奉他,怎敢不尽死力!"于是慕容农驱迫列人城的居民为士卒,砍伐桑、榆树作为兵器,撕裂短的便衣作为军旗。派赵秋劝说屠各部毕聪,毕聪和屠各部卜胜、张延、李白、郭超以及东夷人馀和、敕勒、易阳县的乌桓人刘大,各自率领手下军队

数千赴之。农假张骧辅国将军,刘大安远将军,鲁利建威将军。农自将攻破馆陶,收其军资器械,遣兰汗、段赞、赵秋、慕舆悕略取康台牧马数千匹。汗,燕王垂之从舅;赞,聪之子也。于是步骑云集,众至数万,骧等共推农为使持节、都督河北诸军事、骠骑大将军,监统诸将,随才部署,上下肃然。农以燕王垂未至,不敢封赏将士。赵秋曰:"军无赏,士不往,今之来者,皆欲建一时之功,规万世之利,宜承制封拜,以广中兴之基。"农从之,于是赴者相继,垂闻而善之。农西招库傉官伟于上党,东引乞特归于东阿,北召光烈将军平叡及叡兄汝阳太守幼于燕国,伟等皆应之。又遣兰汗等攻顿丘,克之。农号令整肃,军无私掠,士女喜悦。

　　长乐公丕使石越将步骑万馀讨之。农曰:"越有智勇之名,今不南拒大军而来此,是畏王而陵我也,必不设备,可以计取之。"众请治列人城,农曰:"善用兵者,结士以心,不以异物。今起义兵,唯敌是求,当以山河为城池,何列人之足治也!"辛卯,越至列人西,农使赵秋及参军綦毋滕击越前锋,破之。参军太原赵谦言于农曰:"越甲仗虽精,人心危骇,易破也,宜急击之。"农曰:"彼甲在外,我甲在心,昼战,则士卒见其外貌而惮之,不如待暮击之,可以必克。"令军士严备以待,毋得妄动。越立栅自固,农笑谓诸将曰:"越兵精士众,不乘其初至之锐以击我,方更立栅,吾

数千人赶赴列人。慕容农任张骧为辅国将军,刘大为安远将军,鲁利为建威将军。接着他亲自率军攻破馆陶,获得馆陶城中的军资器械,派遣兰汗、段赞、赵秋、慕舆悌偷偷地掠取在康台的牧马几千匹。兰汗是燕王慕容垂的堂舅,段赞是毕聪的儿子。于是步骑兵如云汇集,军队达到几万人,张骧等共推慕容农为使持节、都督河北诸军事、骠骑大将军,监督统领诸将,随各人的才能安排职位,上下肃然。慕容农因为燕王慕容垂没到,不敢分封赏赐将士。赵秋说:"军中没有奖赏,战士不会勇往。现在前来投奔的人,都想建立一时的功业,图万代的好处,应按皇帝授权封官拜爵,以此增广中兴的基础。"慕容农照办,于是奔赴义军的人络绎不绝;慕容垂听到此事后,认为做得很对。慕容农向西招抚在上党的库傉官伟,向东招引在东阿的乞特归,向北招诱在燕国的光烈将军平叡以及叡兄汝阳太守平幼,库傉官伟等都表示响应。同时,又派遣兰汗等进攻顿丘,攻克此城。慕容农号令严明,军队整齐肃穆,没有敢私自掠取财物的,士人妇女都很喜悦。

长乐公苻丕让石越率领步骑兵一万多人去讨伐慕容农。慕容农说:"石越有智勇双全的美名,现在不向南去抗拒燕王的大军而来这里,这是畏惧燕王而来欺凌我,因此一定不会设置防备,能用计策智取他。"大家请求修筑列人城,慕容农说:"善于用兵的人,用心来交结战士,不用别的东西。现在兴举义军,只想寻找敌人,应当用山河作为城池,列人城有什么值得修筑的!"辛卯(初七)这一天,石越到达了列人城西,慕容农让赵秋和他的参军慕毋滕攻击石越的前锋,将其击败。参军太原人赵谦向慕容农进言说:"石越铠甲兵仗虽然精良,但军心惊骇畏惧,容易击败他,应该赶快攻击他。"慕容农说:"他们的铠甲在外面,我们的战士勇于赴战,所以甲胄在战士们的心里。如果白天战斗,那么士兵见到敌军的外表就会害怕他们,不如等到晚上攻击他们,能够由此必胜。"于是,下令军士严密戒备,等待命令,不能乱动。石越建立木栅,加固防守,慕容农笑对诸将说:"石越兵器精良,士兵众多,不乘他刚到的锐气来攻击我们,正轮番建立木栅,我

知其无能为也。"向暮，农鼓噪出，陈于城西，牙门刘木请先攻越栅，农笑曰："凡人见美食，谁不欲之，何得独请！然汝猛锐可嘉，当以先锋惠汝。"木乃帅壮士四百腾栅而入，秦兵披靡。农督大众随之，大败秦兵，斩越，送首于垂。越与毛当，皆秦之骁将也，故秦王坚使助二子镇守，既而相继败没，人情骚动，所在盗贼群起。

庚戌，燕王垂至邺，改秦建元二十年为燕元年，服色朝仪，皆如旧章。以前岷山公库傉官伟为左长史，前尚书段崇为右长史，荥阳郑豁等为从事中郎。慕容农引兵会垂于邺，垂因其所称之官而授之。立世子宝为太子，封从弟拔等十七人及甥宇文输、舅子兰审皆为王。其馀宗族及功臣封公者三十七人，侯、伯、子、男者八十九人。可足浑谭集兵得二万馀人，攻野王，拔之，引兵会攻邺。平幼及弟叡、规亦帅众数万会垂于邺。

长乐公丕使姜让诮让燕王垂，且说之曰："过而能改，今犹未晚也。"垂曰："孤受主上不世之恩，故欲安全长乐公，使尽众赴京师，然后修复国家之业，与秦永为邻好。何故暗于机运，不以邺城见归？若迷而不复，当穷极兵势，恐单马求生，亦不可得也。"让厉色责之曰："将军不容于家国，投命圣朝，燕之尺土，将军岂有分乎？主上与将军风殊类别，一见倾心，亲如宗戚，宠逾勋旧，自古君臣际遇，有如

知道他们是没有能力进攻了。"等到天黑以后，慕容农率军鼓噪而出，在城西列下战阵。牙门将刘木请求首先率军进攻石越的木栅，慕容农笑着说："凡是人见到美食，谁不想吃掉它，怎么能只你一人请求前往呢！然而你的勇猛和锐气值得嘉奖，应当将先锋优先授予给你。"刘木便率领壮士四百人翻越木栅进入石越兵营，前秦军望风披靡。慕容农督率大军随后赶到，大败前秦的军队，杀掉了石越，将他的头送给了慕容垂。石越和毛当，都是前秦的骁将，所以前秦王苻坚让他们帮助苻晖、苻丕二子镇守洛阳、邺城；不久这两位将领相继失败战死，因此人情骚动，各地盗贼蜂起云涌。

庚戌（二十六日）这一天，燕王慕容垂到达邺城，改前秦建元二十年（384）为后燕元年，服色朝仪都与前燕时相同。用从前的岷山公库傉官伟为左长史，从前的尚书段崇为右长史，荥阳人郑豁等为从事中郎。慕容农率军与慕容垂在邺城会师，慕容垂即授给慕容农所自称的官。又立世子慕容宝为太子，封堂弟慕容拔等十七人以及外甥宇文输、舅子兰审都为王。其馀宗族以及功臣被封为公的有三十七人，侯、伯、子、男的有八十九人。可足浑谭募集军队，得到二万多人，进攻野王，攻拔其城，率军与慕容垂等会师，攻打邺城。平幼和弟弟平叡、平规也率军几万，在邺城和慕容垂会师。

长乐公苻丕让姜让去责备燕王慕容垂，并且让他劝说慕容垂道："犯了过错只要能改就行，现在还不晚。"慕容垂说："我因为曾蒙受主上莫大的恩惠，所以想保证长乐公的安全，让他率领全部军队赶赴长安，然后我修复国家大业，重建燕国，和前秦永远做好邻居。为什么在机运上糊涂，不把邺城归还给我？如果长乐公迷途不返，我将穷极兵势，志在必得，恐怕到那时想单马求生也不可能了。"姜让厉声责备慕容垂说："将军在国内家里无法容身，逃命到我朝，前燕的一尺土地，哪有将军的份呢？主上和将军风俗不同，族类有别，却一见倾心，亲密程度如同宗族亲属，宠爱超过勋将旧臣，自古以来君臣之间的交往礼遇有像

是之厚者乎？一旦因王师小败，遽有异图！长乐公，主上元子，受分陕之任，宁可束手输将军以百城之地乎？将军欲裂冠毁冕，自可极其兵势，奚更云云！但惜将军以七十之年，悬首白旗，高世之忠，更为逆鬼耳！”垂默然。左右请杀之，垂曰：“彼各为其主耳，何罪！”礼而归之，遗丕书及上秦王坚表，陈述利害，请送丕归长安。坚及丕怒，复书切责之。

壬子，燕王垂攻邺，拔其外郭，长乐公丕退守中城。关东六州郡县多送任请降于燕。癸丑，垂以陈留王绍行冀州刺史，屯广阿。

桓冲闻谢玄等有功，自以失言，惭恨成疾而卒。

二月，燕王垂引丁零、乌桓之众二十馀万为飞梯地道以攻邺，不拔，乃筑长围守之，分处老弱于肥乡，筑新兴城以置辎重。燕范阳王德击秦枋头，取之，置戍而还。东胡王晏据馆陶，为邺中声援，鲜卑、乌桓及郡县民据坞壁不从燕者尚众。燕王垂遣太原王楷与镇南将军陈留王绍讨之。楷谓绍曰：“鲜卑、乌桓及冀州之民，本皆燕臣，今大业始尔，人心未洽，所以小异。唯宜绥之以德，不可震之以威。吾当止一处，为军声之本，汝巡抚民夷，示以大义，彼必当听从。”楷乃屯于辟阳。绍帅骑数百往说王晏，为陈祸福，

这样优厚的吗？你却乘国家军队出现小小的失败，马上便有别的打算！长乐公，是主上的长子，接受分陕而独治一方的任务，他怎么能把有一百多座城市的土地束手交给将军呢？将军想背弃君主，自然可以极其兵势，哪里还用得着说那么多话呢！只是可惜将军在七十岁高龄的时候，在白旗上悬挂着级，超越世人的忠节，反而变为叛逆之鬼罢了！"慕容垂听了姜让的话，心中有愧，默然不应。身边的人员请求杀掉姜让，慕容垂说："彼此都是为了自己的主人，有什么罪过呢！"对姜让以礼相待，并将他放回。慕容垂让姜让带封书信给苻丕，同时给前秦王苻坚上表，陈述利害，请求送苻丕回长安。苻坚和苻丕见后大怒，回信狠狠责备了慕容垂。

壬子(二十八日)这一天，燕王慕容垂进攻邺城，攻拔邺城外郭，长乐公苻丕退守中城。函谷关以东六州的郡县大多送子作为人质，请求向后燕投降。癸丑(二十九日)这一天，慕容垂用陈留王慕容绍为代理冀州刺史，屯驻广阿。

桓冲听到谢玄等有功的消息，自己因为失言，惭愧愤恨，得病而死。

二月，燕王慕容垂带领丁零、乌桓的军队二十多万，制造飞梯、挖掘地道，进攻邺城，没有攻下，于是构筑长范围的包围圈，守在那里，分头将老弱的人安排在肥乡，建筑新兴城来安置辎重。后燕范阳王慕容德进攻前秦的枋头，并夺取了它，设置戍卒而回。东胡人王晏占据馆陶，对邺城中的守军表示声援，鲜卑、乌桓以及郡县的百姓据有坞壁不服从后燕的还有很多。燕王慕容垂派遣太原王慕容楷和镇南将军陈留王慕容绍讨伐他们。慕容楷对慕容绍说："鲜卑、乌桓以及冀州的百姓本来都是前燕的臣民，现在大业刚刚开始，民心与我们不太融洽，所以出现小小分歧。只应该用恩德安抚他们，不能用威势震动他们。我将停留在一个地方，作为军队声势的根本，你巡抚百姓和各族不从命的地区，向他们晓以大义，他们必将听从。"于是慕容楷屯驻在辟阳。慕容绍率领骑兵数百人前往馆陶劝说王晏，向他陈述祸福，

晏随绍诣楷降,于是鲜卑、乌桓及坞民降者数十万口。楷留其老弱,置守宰以抚之,发其丁壮十馀万,与王晏诣邺。垂大悦曰:"汝兄弟才兼文武,足以继先王矣。"

三月,秦北地长史慕容泓闻燕王垂攻邺,亡奔关东,收集鲜卑,众至数千,还屯华阴,败秦将军强永,其众遂盛。自称都督陕西诸军事、大将军、雍州牧、济北王,推垂为丞相、都督陕东诸军事、领大司马、冀州牧、吴王。

秦王坚谓权翼曰:"不用卿言,使鲜卑至此。关东之地,吾不复与之争,将若泓何?"乃以广平公熙为雍州刺史,镇蒲阪。征雍州牧钜鹿公叡为都督中外诸军事、卫大将军、录尚书事,配兵五万;以左将军窦冲为长史,龙骧将军姚苌为司马,以讨泓。

平阳太守慕容冲亦起兵于平阳,有众二万,进攻蒲阪,坚使窦冲讨之。

库傉官伟帅营部数万至邺,燕王垂封伟为安定王。

秦冀州刺史阜城侯定守信都,高城男绍在其国,高邑侯亮、重合侯谟守常山,固安侯鉴守中山。燕王垂遣前将军、乐浪王温督诸军攻信都,不克。夏四月丙辰,遣抚军大将军麟益兵助之。定、鉴,秦王坚之从叔;绍、谟,从弟;亮,从子也。温,燕王之弟子也。

慕容泓闻秦兵且至,惧,帅众将奔关东。秦钜鹿愍公叡粗猛轻敌,欲驰兵邀之。姚苌谏曰:"鲜卑皆有思归之志,故起而为乱,宜驱令出关,不可遏也。夫执鼷鼠之尾,犹能反噬于人。彼自知困穷,致死于我,万一失利,悔将

王晏随从慕容绍到慕容楷处投降。于是鲜卑、乌桓以及据坞自保的民众,投降的达数十万人。慕容楷留下他们中的老弱者,设置郡守县宰管理他们,征发他们中的丁壮十多万人,和王晏一起到邺城。慕容垂十分高兴,说:"你们兄弟文武双全,足可以继承先王慕容恪的遗志了。"

三月,前秦北地长史慕容泓听说燕王慕容垂进攻邺城,便逃亡奔向关东,收罗募集鲜卑人,军队达数千人,他率领这支军队重入函谷关,屯驻华阴,打败前秦将军强永,于是军队强大起来,慕容泓自称都督陕西诸军事、大将军、雍州牧、济北王。推举慕容垂为丞相、都督陕东诸军事、兼大司马、冀州牧、吴王。

前秦王符坚对权翼说:"不用您的话,让鲜卑到这个地步。关东的土地,我不再与他们争了,对慕容泓将怎么办?"于是用广平公符熙为雍州刺史,镇守蒲阪。征召雍州牧钜鹿公符叡为都督中外诸军事、卫大将军、录尚书事,配给军队五万;用左将军窦冲为长史,龙骧将军姚苌为司马,讨伐慕容泓。

平阳太守慕容冲也在平阳起兵,有军队二万人,进攻蒲阪。符坚让窦冲讨伐他。

库傉官伟率领营下所属数万人到邺城,帮助攻城,燕王慕容垂封他为安定王。

前秦冀州刺史阜城侯符定守信都,高城男符绍守卫在他的封国内,高邑侯符亮、重合侯符谟守卫常山,固安侯符鉴守卫中山。燕王慕容垂派遣前将军乐浪王慕容温督率诸军攻打信都,没有攻克。夏季四月丙辰(初三),派抚军大将军慕容麟增加军队,帮助攻城。符定、符鉴是前秦王符坚的堂叔,符绍、符谟是坚的堂弟,符亮是符坚的侄子。慕容温是燕王慕容垂的侄子。

慕容泓听说前秦兵将到,非常害怕,率军打算逃奔关东。前秦钜鹿愍公符叡勇猛粗心,轻视敌军,想快速进兵邀击慕容泓。姚苌进谏说:"鲜卑都有想回故乡的念头,所以起来作乱,应该驱赶他们,使他们出函谷关,不能阻遏。抓住鼷鼠的尾巴,它还能向人反咬。他们自知走投无路,向我们拼死,万一失利,后悔将

何及？但可鸣鼓随之，彼将奔败不暇矣。"叡弗从，战于华泽，叡兵败，为泓所杀。苌遣龙骧长史赵都、参军姜协诣秦王坚谢罪。坚怒，杀之。苌惧，奔渭北马牧，于是天水尹纬、尹详、南安庞演等纠扇羌豪，帅其户口归苌者五万馀家，推苌为盟主。苌自称大将军、大单于、万年秦王，大赦，改元白雀，以尹详、庞演为左、右长史，南安姚晃及尹纬为左、右司马，天水狄伯支等为从事中郎，姜训等为掾属，王据等为参军，王钦卢、姚方成等为将帅。

秦窦冲击慕容冲于河东，大破之。冲帅鲜卑骑八千奔慕容泓。泓众至十馀万，遣使谓秦王坚曰："吴王已定关东，可速资备大驾，奉送家兄皇帝，泓当帅关中燕人翼卫乘舆，还返邺都，与秦以虎牢为界，永为邻好。"坚大怒，召慕容暐责之曰："今泓书如此，卿欲去者，朕当相资。卿之宗族，可谓人面兽心，不可以国士期也！"暐叩头流血，涕泣陈谢。坚久之曰："此自三竖所为，非卿之过。"复其位，待之如初。命暐以书招谕泓、冲及垂。暐密遣使谓泓曰："吾笼中之人，必无还理。且燕室之罪人也，不足复顾。汝勉建大业，以吴王为相国，中山王为太宰、领大司马，汝可为大将军、领司徒，承制封拜，听吾死问，汝便即尊位。"泓于是进向长安，改元燕兴。

燕王垂以邺城犹固，会僚佐议之。右司马封衡请引漳水灌之，从之。垂行围，因饮于华林园，秦人密出兵掩之，矢下如雨，垂几不得出，冠军大将军隆将骑冲之，

来不及了。只要能击鼓随他们之后,他们将片刻不停地抓紧时间奔逃败退了。"符叡不听从姚苌的话,在华泽和慕容泓展开战斗,符叡兵败,被慕容泓杀死。姚苌派遣龙骧将军府长史赵都、参军姜协到前秦王符坚那里道歉请罪,符坚发怒,杀掉了他们。姚苌害怕,逃奔到渭水以北的牧马场中,于是天水人尹纬、尹详、南安人庞演等纠集煽动羌族豪强,率领他们的领户归附姚苌,共有五万多家,推举姚苌为盟主。姚苌自称大将军、大单于、万年秦王,大赦,改年号为白雀。用尹详、庞演为左、右长史,南安人姚晃和尹纬为左、右司马,天水人狄伯支等为从事中郎,姜训等人为掾属,王据等人为参军,王钦卢、姚方成等为将帅。

前秦窦冲在河东攻击慕容冲,大败他的军队,慕容冲率领鲜卑骑兵八千人投奔慕容泓。慕容泓的军队达到十多万人,他派使者对前秦王符坚说:"吴王已经平定关东,可以快快资助、准备大驾,奉送家兄慕容暐皇帝,我将率领关中的前燕人侍卫乘舆,还返邺都,与前秦在虎牢划分国界,永远为友好邻邦。"符坚大怒,召来慕容暐,责备他说:"现在慕容泓的信这样说,如果你想离去的话,我将给予资助。你的宗族,可以说是人面兽心,不能当作国士来期望!"慕容暐叩头流血,边流泪哭泣,边陈述道歉。符坚过了很长时间才说:"这是三个小子自己做的事,不是你的过错。"于是,又恢复他的职位,待他像从前一样。符坚命令慕容暐写信告诉并招抚慕容泓、慕容冲及慕容垂。慕容暐秘密派遣使者对慕容泓说:"我是笼子中的人,必定没有回去的道理,况且我是前燕宗室国家的罪人,不值得再挂念。你努力建立大业,用吴王为相国,中山王为太宰、兼大司马,你可以为大将军、兼司徒,按皇帝授权封官拜爵,听到我的死讯后,你便即皇帝位。"于是,慕容泓向长安进军,改年号为燕兴。

燕王慕容垂因为邺城防守还很坚固,会集僚佐商议对策。右司马封衡请求引漳水灌城,慕容垂同意。慕容垂巡行包围圈,顺便在华林园饮酒,前秦守军秘密派人出城突袭他,矢下如雨,慕容垂几乎无法逃出,冠军大将军慕容隆率领骑兵冲击袭击者,

垂仅而得免。

五月，秦苻定、苻绍皆降于燕。燕慕容麟引兵西攻常山。后秦王苌进屯北地，秦华阴、北地、新平、安定羌胡降之者十馀万。

六月，秦王坚自帅步骑二万以击后秦军于赵氏坞，使护军将军杨璧等分道攻之。后秦兵屡败，斩后秦王苌之弟镇军将军尹买。后秦军中无井，秦人塞安公谷、堰同官水以困之。后秦人恟惧，有渴死者。会天大雨，后秦营中水三尺，绕营百步之外，寸馀而已，后秦军复振。秦王坚叹曰："天亦佑贼乎！"

慕容泓谋臣高盖等以泓德望不如慕容冲，且持法苛峻，乃杀泓，立冲为皇太弟，承制行事，置百官，以高盖为尚书令。后秦王苌遣其子嵩为质于冲以请和。

后秦王苌帅众七万击秦，秦王坚遣杨璧等拒之，为苌所败。获杨璧及右将军徐成、镇军将军毛盛等将吏数十人，苌皆礼而遣之。

燕慕容麟拔常山，秦苻亮、苻谟皆降。麟进围中山，秋七月，克之，执苻鉴。麟威声大振，留屯中山。

秦幽州刺史王永、平州刺史苻冲帅二州之众以击燕。燕王垂遣宁朔将军平规击永，永遣昌黎太守宋敞逆战于范阳，敞兵败，规进据蓟南。

秦平原公晖帅洛阳、陕城之众七万归于长安。

秦王坚闻慕容冲去长安浸近，乃引兵归，遣抚军大将军高阳公方戍骊山，拜平原公晖为都督中外诸军事配兵五万以拒冲。冲与晖战于郑西，大破之。坚又遣前将军姜宇与少子河间公琳帅众三万拒冲于灞上。琳、宇皆败死，

慕容垂才得以脱身。

五月，前秦苻定、苻绍都向后燕投降。后燕慕容麟带兵向西进攻常山。后秦王姚苌进军屯驻北地，前秦华阴、北地、新平、安定的羌族、胡族人投降他的达十多万人。

六月，前秦王苻坚亲自率领步骑兵二万人进攻后秦，驻扎在赵氏坞，让护军将军杨璧等分几路发动攻击。后秦军屡战屡败，后秦王姚苌的弟弟镇军将军姚尹买被杀。后秦军兵营中无井，前秦军堵住安公谷，筑堰截断同官水来围困他们。后秦军中人人恐惧，而且喧嚷骚动，已有渴死的士兵。恰好天下大雨，后秦兵营中水深三尺，围绕营房百步以外，只下了一寸多，后秦军因此士气重新振作起来。前秦王苻坚叹道："上天也保佑寇贼吗！"

慕容泓的谋臣高盖等人因慕容泓的品德声望不如慕容冲，而且执法严峻苛刻，于是杀掉慕容泓而立慕容冲为皇太弟。按照皇帝授权行事，设置百官，用高盖为尚书令。后秦王姚苌派遣他的儿子姚嵩做人质向慕容冲求和。

后秦王姚苌率军七万攻击前秦，前秦王苻坚派遣杨璧等进行抗拒，被姚苌击败。杨璧以及右将军徐成、镇军将军毛盛等将吏几十人被俘，姚苌对他们全部以礼相待，遣送他们回去。

后燕慕容麟攻拔常山，前秦苻亮、苻谟都投降了后燕。慕容麟又进兵包围中山，秋季七月，攻克中山，俘虏苻鉴。慕容麟威望、声势大振，留军屯驻中山。

前秦幽州刺史王永、平州刺史苻冲率领二州的军队攻击后燕。燕王慕容垂派遣宁朔将军平规攻击王永，王永派遣昌黎太守宋敞率军在范阳迎战，宋敞兵败，平规进军占据蓟南。

前秦平原公苻晖率领洛阳、陕城的军队七万人回到长安。

前秦王苻坚听说慕容冲离长安越来越近，便带兵回长安，派抚军大将军高阳公苻方戍守骊山，任命平原公苻晖为都督中外诸军事，配给五万军队以抗拒慕容冲。慕容冲和苻晖在郑西相遇，发生战斗，大败苻晖军。苻坚又派遣前将军姜宇和小儿子河间公苻琳率军三万在灞上抗拒慕容冲。苻琳、姜宇都失败被杀，

冲遂据阿房城。

燕翟斌与秦长乐公丕通谋，垂杀斌，翟真奔邯郸。事见《丁零叛燕》。

八月，邺中刍粮俱尽，削松木以饲马。燕王垂谓诸将曰："苻丕穷寇，必无降理，不如退屯新城，开丕西归之路，以谢秦王畴昔之恩，且为讨翟真之计。"丙寅夜，垂解围趋新城。遣慕容农徇清河、平原，征督租赋，农明立约束，均适有无，军令严整，无所侵暴，由是谷帛属路，军资丰给。

秦王永求救于振威将军刘库仁，库仁遣其妻兄公孙希帅骑三千救之，大破平规于蓟南，乘胜长驱，进据唐城，与慕容麟相持。九月，慕容冲进逼长安，秦王坚登城观之，叹曰："此虏何从出哉！"大呼责冲曰："奴何苦来送死！"冲曰："奴厌奴苦，欲取汝为代耳！"冲少有宠于坚，坚遣使以锦袍称诏遗之。冲遣詹事称皇太弟令答之曰："孤今心在天下，岂顾一袍小惠！苟能知命，君臣束手，早送皇帝，自当宽贷苻氏以酬曩好。"坚大怒曰："吾不用王景略、阳平公之言，使白虏敢至于此！"

冬十月，秦长乐公丕遣宦者冗从仆射清河光祚将兵数百赴中山，与燕叛将翟真相结。又遣阳平太守邵兴将数千骑招集冀州故郡县，与光祚期会襄国。是时燕军疲弊，秦势复振，冀州郡县皆观望成败。赵郡人赵栗等起兵柏乡以应兴。燕王垂遣冠军大将军隆、龙骧将军张崇将兵邀击

于是慕容冲占据了阿房城。

后燕翟斌和前秦长乐公符丕串通密谋，慕容垂杀掉翟斌，翟真逃奔邯郸。事见《丁零叛燕》。

八月，邺城内牲口吃的草和粮食全部用尽，削松木屑来饲养马匹。燕王慕容垂对诸将说："符丕是走投无路的敌人，一定不会投降。不如退兵屯驻新城，敞开符丕西归的路，以此答谢前秦王过去的恩德，而且为讨伐翟真做准备。"丙寅（十五日）这天晚上，慕容垂解除包围，扑向新城，派遣慕容农巡行清河、平原，督促征发租赋。慕容农公开写明征收办法，使有无均衡适宜，军令严肃整齐，没有侵暴百姓的地方，因此上交谷物布帛的百姓络绎不绝，军队物资供给丰饶。

前秦幽州刺史王永向振威将军刘库仁求救，刘库仁派遣妻子的哥哥公孙希率领骑兵三千前去救援，在蓟南大败平规，乘胜长驱直入，进占唐城，和慕容麟互相对峙。九月，慕容冲进军逼近长安，前秦王符坚登上城墙观看敌军，叹道："这白虏是从什么地方出来的呢！"他大声指责慕容冲说："贱奴你何苦来送死！"慕容冲说："贱奴厌恶了做奴隶的苦日子，想取代你罢了。"慕容冲小时曾得到过符坚的宠爱，符坚派遣使者拿着锦袍到慕容冲处，称有诏令赠给他。慕容冲派遣詹事去见符坚，詹事见到符坚后，称皇太弟命令回答说："我现在的志向是夺取天下，哪里看得上一件锦袍这点小好处！如果能知天命，君臣束手就擒，早早送出前燕皇帝，我自然将宽待符氏家族，以此酬谢从前的良好待遇。"符坚大怒道："我不采纳王猛、阳平公符融的话，竟让白虏猖狂到这种地步！"

冬季十月，前秦长乐公符丕派遣宦官冗从仆射、清河人光祚率军数百赶赴中山，和后燕叛将翟真联合起来。又派遣阳平太守邵兴率领几千骑兵招集冀州旧时的郡县，和光祚约定在襄国会师。这时候后燕军队疲弊，前秦军势重新振作起来，冀州各郡县都在观望双方的成败。赵郡人赵粟等在柏乡起兵以响应邵兴。燕王慕容垂派遣冠军大将军慕容隆、龙骧将军张崇率军邀击

兴,命骠骑大将军农自清河引兵会之。隆与兴战于襄国,大破之,兴走至广阿,遇农,执之。光祚闻之,循西山走归邺。隆遂击赵栗等,皆破之,冀州郡县复从燕。

刘库仁闻公孙希已破平规,欲大举兵以救长乐公丕,发雁门、上谷、代郡兵屯繁畤。燕太子太保慕舆句之子文、零陵公慕舆虔之子常时在库仁所,知三郡兵不乐远征,因作乱,夜攻库仁,杀之,窃其骏马奔燕。公孙希之众闻乱自溃。

秦长乐公丕遣光祚及参军封孚召骠骑将军张蚝、并州刺史王腾于晋阳以自救,蚝、腾以众少不能赴。丕进退路穷,谋于僚佐。司马杨膺请自归于晋,丕未许。会谢玄遣龙骧将军刘牢之等据碻磝,济阳太守郭满据滑台,将军颜肱、刘袭军于河北,丕遣将军桑据屯黎阳以拒之。刘袭夜袭据,走之,遂克黎阳。丕惧,乃遣从弟就与参军焦逵请救于玄,致书称:“欲假途求粮,西赴国难,须援军既接,以邺与之。若西路不通,长安陷没,请帅所领保守邺城。”逵与参军姜让密谓杨膺曰:“今丧败如此,长安阻绝,存亡不可知。屈节竭诚以求粮援,犹惧不获,而公豪气不除,方设两端,事必无成。宜正书为表,许以王师之至,当致身南归;如其不从,可逼缚与之。”膺自以力能制丕,乃改书而遣之。

后秦王苌闻慕容冲攻长安,会群僚议进止,皆曰:“大王宜先取长安,建立根本,然后经营四方。”苌曰:“不然。燕人因其众有思归之心以起兵,若得其志,必不久留关中,

邵兴，命令骠骑大将军慕容农从清河带兵与他们会师。慕容隆和邵兴在襄国展开战斗，大败邵兴，邵兴逃到广阿，遇上慕容农，被俘，光祚听到这一消息，沿着西部山区逃回邺城。于是慕容隆攻击赵果等，将他们全都击败，冀州的郡县又归从了后燕。

刘库仁听说公孙希已打败平规，想大规模举兵救援长乐公符丕，征发雁门、上谷、代郡的军队屯驻繁峙。后燕太子太保慕舆句的儿子慕舆文、零陵公慕舆虔的儿子慕舆常当时在刘库仁那里，他们知道三郡的士兵不乐意远征，便借机作乱，在夜间进攻刘库仁，将他杀死，偷了他的骏马逃奔到后燕。公孙希的军队听到变乱的消息，自行溃散了。

前秦长乐公符丕派遣光祚和参军封孚到晋阳征召骠骑将军张蚝、并州刺史王腾来救援自己，张蚝、王腾因为军队少而不能赴援。符丕进退无路，同僚佐商量。司马杨膺请求符丕率领军队主动归服东晋，符丕不同意。恰好谢玄派遣龙骧将军刘牢之等占据碻磝，济阳太守郭满占据滑台，将军颜肱、刘袭在黄河以北驻军，符丕派遣将军桑据屯驻黎阳以抗拒东晋军。刘袭夜间袭击桑据，桑据逃走，于是东晋军攻克黎阳。符丕害怕，便派遣堂弟符就和参军焦逵向谢玄求救，给谢玄的信称："想借道求粮，向西赶赴、解救国难，等待援军来到以后，将邺城给你们。如果向西的道路不通，长安陷落，请统率您所辖领的人保卫、守护邺城。"焦逵与参军姜让秘密对杨膺说："现在丧败到这种地步，长安阻隔，消息断绝，存亡无法知道。屈折节操、竭尽诚意以请求粮食援助，还害怕得不到，而长乐公不收敛豪气，正设有两方面打算，事情必定不能成功。应该改信为表，答应他们晋军到后，将亲自向南归顺晋朝；如果他不听从，可以逼迫捆绑他交给晋军。"杨膺自以为有能力制服符丕，便改动信件，派焦逵带走了。

后秦王姚苌听说慕容冲进攻长安，集会群僚议论行动计划，僚佐都说："大王应该首先夺取长安，建立首都作为根本，然后再经营四方。"姚苌说："不对。燕国人是凭借他们的民众有思归之心才起兵的，如果他们达到回归的目的，一定不会长久留在关中，

吾当移屯岭北，广收资实，以待秦亡燕去，然后拱手取之耳。"乃留其长子兴守北地，使宁北将军姚穆守同官川，自将其众攻新平。

初，新平人杀其郡将，秦王坚缺其城角以耻之，新平民望深以为病，欲立忠义以雪之。及后秦王苌至新平，新平太守南安苟辅欲降之，郡人辽西太守冯杰、莲勺令冯羽、尚书郎赵义、汶山太守冯苗谏曰："昔田单以一城存齐，今秦之州镇，犹连城过百，奈何遽为叛臣乎！"辅喜曰："此吾志也，但恐久而无救，郡人横被无辜。诸君能尔，吾岂顾生哉！"于是凭城固守。后秦为土山地道，辅亦于内为之，或战地下，或战山上，后秦之众死者万馀人。辅诈降以诱苌，苌将入城，觉之而返。辅伏兵邀击，几获之，又杀万馀人。

鲜卑在长安城中者犹千馀人，慕容绍之兄肃，与慕容暐阴谋结鲜卑为乱。十二月，暐白坚，以其子新昏，请坚幸其家，置酒，欲伏兵杀之。坚许之，会天大雨，不果往。事觉，坚召暐及肃，肃曰："事必泄矣，入则俱死。今城内已严，不如杀使者驰出，既得出门，大众便集。"暐不从，遂俱入。坚曰："吾相待何如，而起此意？"暐饰辞以对。肃曰："家国事重，何论意气！"坚先杀肃，乃杀暐及其宗族，城内鲜卑无少长、男女，皆杀之。燕王垂幼子柔，养于宦者宋牙家为牙子，故得不坐，与太子宝之子盛乘间得出，奔慕容冲。

我将移军屯驻九崚之北,广泛收聚军需物资,以等待前秦灭亡、燕人离去,然后拱手可得关中。"于是姚苌留下他的长子姚兴守卫北地,让宁北将军姚穆守卫同官川,自己率军进攻新平。

最初,新平人杀了他们的郡将,前秦王苻坚使新平城缺一角来羞辱他们,新平城的望族把这件事看作很大的心病,想建立忠义来洗雪这一耻辱。等到后秦王姚苌到新平,新平太守、南安人苟辅想投降他,郡中人辽西太守冯杰、莲勺令冯羽、尚书郎赵义、汶山太守冯苗谏阻说:"从前田单凭借一座城市挽救了齐国,现在前秦的州镇仍然连城过百,怎么能就做叛臣呢!"苟辅高兴地说:"这是我的想法,只是害怕长时间没人救援,郡中人横遭无辜的灾难。诸君能这样的话,我难道还顾惜自己的生命吗!"于是,登临城墙,决心坚守。后秦军作土山、地道,苟辅也在内相应修筑,有时在地下作战,有时在山上作战,后秦军死了一万多人。苟辅假装投降以引诱姚苌,姚苌将要进城,发觉上当,马上返回。苟辅所埋伏的军队半路迎击,差一点俘获姚苌,又杀了后秦军一万多人。

鲜卑人在长安城中还有一千多人,慕容绍的哥哥慕容肃和慕容㬚暗中密谋联结鲜卑人作乱。十二月,慕容㬚告诉苻坚,因为他儿子刚结婚,请苻坚到他家作客,并设酒宴,想埋伏士兵杀掉苻坚。苻坚接受了邀请,恰好天下大雨,没有成行。不料,此事被发觉,苻坚召见慕容㬚和慕容肃,慕容肃对慕容㬚说:"事情一定泄漏了,入宫就会都被杀。现在城内已经戒严,不如杀掉使者,快马出逃,能够出了城门,大众便会聚集起来。"慕容㬚不听,于是二人一起入宫。苻坚说:"我待你们怎样,你们竟然萌生这种念头?"慕容㬚编造谎言进行诡辩。慕容肃说:"家族宗国的利益至高无上,讲什么义气!"苻坚首先杀掉慕容肃,然后才杀慕容㬚及其宗族成员,长安城内的鲜卑人,不论男女老幼,全部被杀。燕王慕容垂的幼子慕容柔养在宦官宋牙家中,因为是宋牙的养子,所以能够不连坐,他和后燕太子慕容宝的儿子慕容盛乘机逃出,投奔慕容冲。

燕王垂以秦长乐公丕犹据邺不去，乃更引兵围邺，开其西走之路。焦逵见谢玄，玄欲征丕任子，然后出兵。逵固陈丕款诚，并述杨膺之意，玄乃遣刘牢之、滕恬之等帅众二万救邺。丕告饥，玄水陆运米二千斛以馈之。

十年春正月，秦王坚朝飨群臣。时长安饥，人相食，诸将归，吐肉以饲妻子。

慕容冲即皇帝位于阿房，改元更始。冲有自得之志，赏罚任情。慕容盛年十三，谓慕容柔曰："夫十人之长，亦须才过九人，然后得安。今中山王才不逮人，功未有成，而骄汰已甚，殆难济乎！"

后秦王苌留诸将攻新平，自引兵击安定，擒秦安西将军勃海公珍，岭北诸城悉降之。

甲寅，秦王坚与西燕主冲战于仇班渠，大破之。乙卯，战于雀桑，又破之。甲子，战于白渠，秦兵大败。西燕兵围秦王坚，殿中将军邓迈等力战却之，坚乃得免。壬申，冲遣尚书令高盖夜袭长安，入其南城，左将军窦冲、前禁将军李辩等击破之，斩首八百级，分其尸而食之。乙亥，高盖引兵攻渭北诸垒，太子宏与战于成贰壁，大破之，斩首三万。二月癸未，秦王坚与西燕主冲战于城西，大破之，追奔至阿城。诸将请乘胜入城，坚恐为冲所掩，引兵还。

刘牢之至枋头。杨膺、姜让谋泄，长乐公丕收杀之。牢之闻之，盘桓不进。

燕王慕容垂因为前秦长乐公苻丕仍占据邺城,没有离去的迹象,便重新带兵包围邺城,仍为苻丕留有向西逃跑的路。焦逵见到谢玄,谢玄想征召苻丕的质子然后出兵。焦逵陈述苻丕的投诚之心非常坚决,并述说杨膺的意思。谢玄这才派遣刘牢之、滕恬之等率军二万救援邺城。苻丕请求粮食救饥,谢玄派兵从水、陆两路运米二千斛馈赠苻丕。

　　十年(385)春季正月,前秦王苻坚在朝廷中用酒食招待群臣。当时长安发生饥荒,人吃人,诸将回家后,将口中的肉吐出,用来养活妻子、孩子。

　　慕容冲在阿房城即皇帝位,改年号为更始。他有点志满意得,赏罚随情绪好坏而定。慕容盛只有十三岁,可他却对慕容柔说:“做十个人的队长,也必须才能超过九个人,然后方能心安理得。现在中山王才能不及他人,功业没有建成,而已经过分骄傲了,恐怕难以成大气候!”

　　后秦王姚苌留下诸将继续进攻新平,自己带兵攻安定,擒获前秦安西将军勃海公苻珍,九嵕山以北各个城邑都投降姚苌。

　　甲寅这一天,前秦王苻坚与西燕主慕容冲在仇班渠交战,大败西燕军。乙卯(初一),又在崔桑交战,再次击败西燕军。甲子(初十),两军在白渠再次交锋,前秦军大败。西燕兵包围了前秦王苻坚,多亏殿中将军邓迈等奋力苦战,打退敌军,苻坚才得以逃出重围。壬申(十八日),慕容冲派遣尚书令高盖夜间偷袭长安,进入了长安南城,前秦左将军窦冲、前禁将军李辩等击败入侵敌军,杀掉八百人,将敌人尸体分给部下吃掉了。乙亥(二十一日),高盖带兵进攻渭水以北各个前秦壁垒,前秦太子苻宏率军与高盖在成贰壁展开大战,大败西燕军,杀敌三万人。二月癸未这一天,前秦王苻坚与西燕主慕容冲在长安城西交战,大败西燕军,并追击逃敌到了阿房城,诸将请求乘胜入城,苻坚怕被慕容冲搞突然袭击,于是带兵返回。

　　刘牢之到达枋头。杨膺、姜让阴谋泄漏,长乐公苻丕逮捕并杀掉了他们,刘牢之听到消息后,逗留枋头,不再进兵。

秦平原悼公晖数为西燕主冲所败，秦王坚让之曰："汝，吾之才子也，拥大众与白虏小儿战，而屡败，何用生为！"三月，晖愤恚自杀。

西燕主冲攻秦高阳愍公方于骊山，杀之，执秦尚书韦钟，以其子谦为冯翊太守，使招集三辅之民。冯翊垒主郫安民等责谦曰："君雍州望族，今乃从贼，与之为不忠不义，何面目以行于世乎！"谦以告钟，钟自杀，谦来奔。

秦左将军苟池、右将军俱石子与西燕主冲战于骊山，兵败。西燕将军慕容永斩苟池，俱石子奔邺。永，庑弟运之孙；石子，难之弟也。秦王坚遣领军将军杨定击冲，大破之，虏鲜卑万馀人而还，悉坑之。

三月，燕王垂攻邺，久不下，将北诣冀州，乃命抚军大将军麟屯信都，乐浪王温屯中山，召骠骑大将军农还邺。于是远近闻之，以燕为不振，颇怀去就。农至高邑，遣从事中郎眭邃近出，违期不还。长史张攀言于农曰："邃目下参佐，敢欺罔不还，请回军讨之。"农不应，敕备假版，以邃为高阳太守，参佐家在赵北者，悉假署遣归。凡举补太守三人，长史二十馀人，退谓攀曰："君所见殊误，当今岂可自相鱼肉！俟吾北还，邃等自当迎于道左，君但观之。"

乐浪王温在中山，兵力甚弱，丁零四布，分据诸城。温谓诸将曰："以吾之众，攻则不足，守则有馀。骠骑、抚军，

前秦平原悼公苻晖屡次被西燕主慕容冲所打败,前秦王苻坚严厉责备他说:"你,是我的有才能的儿子,统率大军与白虏小儿交战,竟然屡次失败,你活着还有什么用啊!"三月,苻晖愤恨自杀。

西燕主慕容冲进攻在骊山的前秦高阳愍公苻方,并杀掉了他,还俘虏了前秦尚书韦钟,用韦钟的儿子韦谦做冯翊太守,让他招集三辅的百姓。冯翊垒主邵安民等指责韦谦说:"你出身于雍州有名望的家族,现在竟然服从盗贼,和他们一起做不忠不义的事情,还有什么脸面在世上活着呢!"韦谦把邵安民等所说的话告诉了韦钟,韦钟自杀,韦谦逃到了东晋。

前秦左将军苟池、右将军俱石子与西燕主慕容冲在骊山交战,前秦军失败。苟池被西燕将军慕容永杀掉,俱石子逃奔邺城。慕容永,是慕容廆的弟弟慕容运的孙子;俱石子,是俱难的弟弟。前秦王苻坚派遣领军将军杨定攻击慕容冲,大败西燕军,抓回鲜卑俘虏一万多人,将他们全部活埋。

三月,燕王慕容垂进攻邺城,久战不下,他打算北上冀州,于是命令抚军大将军慕容麟屯驻信都,乐浪王慕容温屯驻中山,将骠骑大将军慕容农召回邺城战场。于是远近听到这一消息的人,都以为后燕兵势不振,很多人怀有去就之心。慕容农到达高邑,派遣从事中郎眭邃到很近的地方办事,眭邃超过规定日期也没回来。长史李攀向慕容农进言道:"眭邃是您眼皮底下的参佐,竟敢欺骗您,不按时回来,请回军讨伐他。"慕容农不回答李攀的话,下令备齐代用的奏事板笏,用眭邃为高阳太守,参佐家在赵国以北的,全部派他们回去暂代官职。共荐举补充太守三人,长史二十多人,事后对李攀说:"你的见解是非常错误的,目前情况下岂能自相残杀!等我回北方时,眭邃等自然会在道路左边相迎,你只管看好了。"

乐浪王慕容温在中山城内,兵力十分虚弱,丁零族四处分布,分别占据周围各个城邑。慕容温对诸将说:"用我们的军队,进攻力量不够,而防守力量却有余。骠骑大将军、抚军大将军,

首尾连兵,会须灭贼,但应聚粮厉兵以俟时耳。"于是抚旧招新,劝课农桑,民归附者相继,郡县壁垒争送军粮,仓库充溢。翟真夜袭中山,温击破之,自是不敢复至。温乃遣兵一万运粮以饷垂,且营中山宫室。

刘牢之攻燕黎阳太守刘抚于孙就栅,燕王垂留慕容农守邺围,自引兵救之。秦长乐公丕闻之,出兵乘虚夜袭燕营,农击败之。刘牢之与垂战,不胜,退屯黎阳,垂复还邺。

夏四月,刘牢之进兵至邺,燕王垂逆战而败,遂撤围,退屯新城。乙卯,自新城北遁。牢之不告秦长乐公丕,即引兵追之。丕闻之,发兵继进。庚申,牢之追及垂于董唐渊。垂曰:"秦、晋瓦合,相待为强,一胜则俱豪,一失则俱溃,非同心也。今两军相继,势既未合,宜急击之。"牢之军疾趋二百里,至五桥泽,争燕辎重,垂邀击,大破之,斩首数千级。牢之单马走,会秦救至,得免。

邺中饥甚,秦长乐公丕帅众就晋谷于枋头。刘牢之入屯邺城,收集亡散,兵复少振。坐军败,征还。

燕、秦相持经年,幽、冀大饥,人相食,邑落萧条。燕之军士多饿死,燕王垂禁民养蚕,以桑椹为军粮。

垂将北趣中山,以骠骑大将军农为前驱,前所假授吏眭邃等皆来迎候,上下如初,李攀乃服农之智略。

军队首尾相连,他们当然能消灭盗贼,我们只应该聚积军粮、整治兵器,来等待时机罢了。"于是抚慰旧民,招纳新的归附者,勉励督促农业生产,百姓归附者络绎不绝,所属郡、县壁垒争先恐后送来军粮,仓库很快装满了。翟真夜间偷袭中山,慕容温将他击败,从此以后,他不敢再来了。于是,慕容温派兵上万运送粮食以供应慕容垂,同时在中山城营造宫室。

刘牢之进攻在孙就栅的后燕黎阳太守刘抚,燕王慕容垂留下慕容农守住邺城的包围圈,自己带兵去救刘抚。前秦长乐公苻丕听到这一消息,夜间乘虚出兵,袭击后燕军营,但被慕容农击败。刘牢之和慕容垂交战,没有获胜,退兵屯驻黎阳,慕容垂重回邺城战场。

夏季四月,刘牢之进兵到达邺城,燕王慕容垂迎战失败,于是撤兵解围,退兵屯驻新城。乙卯(初八)这天,又从新城北逃。刘牢之没告诉前秦长乐公苻丕,便带兵追击慕容垂。苻丕听到消息,也派兵跟着追击。庚申(十三日),刘牢之在董唐渊追上了慕容垂。慕容垂说:"前秦、东晋是瓦片一样的结合,互相依恃对方才强大,一方获胜就会全有威力,一方失败就会全部崩溃,不是同心一意。现在两军相继而来,军势既然没合到一起,应该赶快攻击他们。"刘牢之的军队快速前进二百里,到五桥泽,争抢后燕军的辎重,被慕容垂迎候截击,杀得大败,几千人被杀。刘牢之单马逃跑,恰好前秦救兵赶到,才幸免于难。

邺城内饥荒十分严重,前秦长乐公苻丕率领军队去枋头找东晋的粮食。刘牢之进入邺城屯驻,收罗逃亡离散的将士,兵势又稍为振作。因率军征战失败而获罪,被东晋征回。

后燕、前秦军队互相对峙了一年多,幽州、冀州发生大饥荒,人吃人,城邑乡村一片萧条。后燕的军士有很多饿死了,于是慕容垂禁止百姓养蚕,用桑椹做军粮。

慕容垂准备向北到中山,用骠骑大将军慕容农为先头部队,慕容农以前所暂授的官吏眭邃等都来迎候,上下关系和好如初,李攀这才叹服慕容农的才智和谋略。

新平粮竭矢尽,外救不至。后秦王苌使人谓苟辅曰:"吾方以义取天下,岂仇忠臣邪!卿但帅城中之人还长安,吾正欲得此城耳。"辅以为然,帅民五千口出城,苌围而坑之,男女无遗。独冯杰子终得脱,奔长安。秦王坚追赠辅等官爵,皆谥曰节愍侯,以终为新平太守。

五月,西燕主冲攻长安,秦王坚身自督战,飞矢满体,流血淋漓。冲纵兵暴掠,关中士民流散,道路断绝,千里无烟。有堡壁三十馀,推平远将军赵敖为主,相与结盟,冒难遣兵粮助坚,多为西燕兵所杀。坚谓之曰:"闻来者率不善达,此诚忠臣之义,然今寇难殷繁,非一人之力所能济也,徒相随入虎口,何益!汝曹宜为国自爱,畜粮厉兵,以俟天时,庶几善不终否,有时而泰也!"

三辅之民为冲所略者,遣人密告坚,请遣兵攻冲,欲纵火为内应。坚曰:"甚哀诸卿忠诚!然吾猛士如虎豹,利兵如霜雪,困于乌合之虏,岂非天乎!恐徒使诸卿坐自夷灭,吾不忍也!"其人固请不已,乃遣七百骑赴之。冲营纵火者,反为风火所烧,其得免者什一二,坚祭而哭之。

卫将军杨定与冲战于城西,为冲所擒。定,秦之骁将也。坚大惧,以谶书云"帝出五将久长得",乃留太子宏守长安,谓之曰:"天其或者欲导予出外。汝善守城,勿与贼争利,吾当出陇

新平城内弹尽粮绝，外面的救援也没到，后秦王姚苌派人对苟辅说："我正在凭借仁义夺取天下，怎么能仇恨忠臣呢！你只要率领城中的人回长安就行，我只是想得到这座城池而已。"苟辅认为姚苌说得有道理，便率领百姓五千人出城，结果姚苌包围并活埋了他们，男女都不留。只有冯杰的儿子冯终得以逃脱，投奔长安。前秦王苻坚追封给苟辅等人官爵，都定谥号为节愍侯，用冯终做新平太守。

　　五月，西燕主慕容冲进攻长安，前秦王苻坚亲自督战，全身被流箭射中，鲜血透过战袍滴滴下落。慕容冲放纵士兵施暴抢掠，关中的读书人和平民百姓四处流亡，妻离子散，道路上行人断绝，千里内没有人烟。有三十多个坞堡壁垒还存在，大家推举平远将军赵敖做盟主，相互结为联盟，冒着生命危险送兵送粮帮助苻坚，多数人被西燕的士兵杀害。苻坚对他们说："听说前来长安的人一般不能顺利到达，这确实是忠臣的义气。但现在寇贼太多，所造成的灾难实在太深重，不是一个人的力量所能帮助渡过难关的，白白地彼此接连进入虎口，有什么好处！你们应该为国家爱惜自己，蓄积军粮，整治兵器，等待天时，总不能始终运气不好，毕竟有时来运转的时候。"

　　被慕容冲所劫掠去的三辅百姓，派人秘密告诉苻坚，请苻坚派兵进攻慕容冲，并想纵火做内应。苻坚说："我十分哀怜诸位的忠诚，但我的猛士像虎豹，锐利的兵器如霜雪，现在被乌合的敌人围困，难道不是天命吗！恐怕白白地让诸位因为这一错误而被杀，我实在不忍心！"来的人不停地坚决请求出兵，苻坚便派了七百骑兵前去。在慕容冲兵营内纵火的人，反而被风转向所烧，得免于难的十人中只有一两人。苻坚为死难者祭奠并流下眼泪。

　　卫将军杨定和慕容冲在长安城西展开战斗，被慕容冲擒获。杨定，是前秦骁勇善战的将领。苻坚感到非常害怕，认为谶书说的"帝出五将久长得"是"皇帝出城到五将山便能帝位长久"。于是留下太子苻宏守卫长安，并对他说："上天或许是想引导我外出。你好好守城，不要与贼寇争胜负，我将外出，到陇上

收兵运粮以给汝。"遂帅骑数百与张夫人及中山公诜、二女宝、锦出奔五将山,宣告州郡,期以孟冬救长安。

六月,秦太子宏不能守长安,将数千骑与母、妻、宗室西奔下辨。百官逃散,司隶校尉权翼等数百人奔后秦。西燕主冲入据长安,纵兵大掠,死者不可胜计。

秋七月,秦王坚至五将山,后秦王苌遣骁骑将军吴忠帅骑围之。秦兵皆散走,独侍御十数人在侧,坚神色自若,坐而待之,召宰人进食。俄而忠至,执之,送诣新平,幽于别室。

太子宏至下辨,南秦州刺史杨璧拒之。璧妻,坚之女顺阳公主也,弃其夫从宏。宏奔武都,投氐豪强熙,假道来奔,诏处之江州。长乐公丕帅众自枋头将归邺城,龙骧将军檀玄击之,玄兵败,丕复入邺城。

八月,后秦王苌使求传国玺于秦王坚,曰:"苌次应历数,可以为惠。"坚瞋目叱之曰:"小羌敢逼天子,五胡次序,无汝羌名。玺已送晋,不可得也!"苌复遣右司马尹纬说坚,求为禅代。坚曰:"禅代,圣贤之事,姚苌叛贼,何得为之!"坚与纬语,问纬:"在朕朝何官?"纬曰:"尚书令史。"坚叹曰:"卿,王景略之俦,宰相才也,而朕不知卿,宜其亡也。"坚自以平生遇苌有恩,尤忿之,数骂苌求死,谓张夫人曰:"岂可令羌奴辱吾儿。"乃先杀宝、锦。辛丑,苌遣人缢坚于新平佛寺,张夫人、中山公诜皆自杀。后秦将士皆为之哀恸。苌欲隐其名,谥坚曰壮烈天王。

收兵、运粮来供应你。"于是率领几百名骑兵和张夫人以及中山公符诜、两个女儿符宝、符锦出城,奔向五将山,向州郡宣告,约定在十月救长安。

六月,前秦太子符宏没有能力守卫长安,率领几千骑兵和母亲、妻子、宗室的人一起向西奔往下辨。百官逃散,司隶校尉权翼等几百人投奔后秦。西燕主慕容冲占据长安,放纵士兵大规模抢掠,死的人数不胜数。

秋季七月,前秦王符坚到达五将山,后秦王姚苌派遣骁骑将军吴忠率领骑兵包围了他。前秦士兵都逃散了,只有侍卫符坚的十几个人留在身边,符坚神色泰然自若,坐在那里等待敌人,并招呼厨师进献食物。一会儿,吴忠来到,俘虏了符坚,将他送到新平,监禁在另外的房子内。

前秦太子符宏到下辨,南秦州刺史杨璧拒绝他入城。杨璧的妻子,是符坚的女儿顺阳公主,她抛弃她的丈夫,跟随符宏。符宏逃奔到武都,投靠氐族土豪强熙,借道投奔东晋,东晋孝武帝下诏,将他们安置在江州。长乐公符丕率军从枋头将回邺城,东晋龙骧将军檀玄攻击他们,被前秦军击败,符丕重回邺城。

八月,后秦王姚苌让人向符坚要传国玺,说:"姚苌按顺序应合历数,可以承受恩惠。"符坚怒目圆睁,斥责来人说:"小羌,竟敢逼迫天子! 五胡次序中,没有你羌人做皇帝的谶文。传国玺已经送给东晋,你是不可能得到的!"姚苌又派遣右司马尹纬去游说符坚,要求进行禅代。符坚说:"禅代是圣贤们的事情,姚苌是叛贼,怎么能做这种事呢!"符坚和尹纬交谈,问他:"你在我的朝廷中是什么官?"尹纬说:"是尚书令史。"符坚叹气说:"你是王猛一类的人,做宰相的人才,而我却不知道你,看来是该灭亡了。"符坚自认为平生待姚苌有恩,所以特别怨恨他,屡次骂姚苌以求死,他对张夫人说:"岂能让羌奴污辱我的女儿。"于是先杀死符宝、符锦。辛丑(二十六日)这天,姚苌派人在新平佛寺勒死了符坚,张夫人、中山公符诜都自杀。后秦将士都为他们举哀恸哭。姚苌想隐瞒他杀符坚的罪名,给符坚的谥号叫壮烈天王。

臣光曰：论者皆以为秦王坚之亡，由不杀慕容垂、姚苌故也，臣独以为不然。许劭谓魏武帝治世之能臣，乱世之奸雄。使坚治国无失其道，则垂、苌皆秦之能臣也，乌能为乱哉！坚之所以亡，由骤胜而骄故也。魏文侯问李克，吴之所以亡，对曰："数战数胜。"文侯曰："数战数胜，国之福也，何故亡？"对曰："数战则民疲，数胜则主骄，以骄主御疲民，未有不亡者也。"秦王坚似之矣。

长乐公丕在邺，将西赴长安，幽州刺史王永在壶关，遣使招丕，丕乃帅邺中男女六万馀口西如潞川，骠骑将军张蚝、并州刺史王腾迎之入晋阳。王永留平州刺史苻冲守壶关，自帅骑一万会丕于晋阳。丕始知长安不守，坚已死，乃发丧，即皇帝位，追谥坚曰宣昭皇帝，庙号世祖，大赦，改元大安。

燕王垂以鲁王和为南中郎将，镇邺。
九月，秦主丕以张蚝为侍中、司空，王永为侍中、都督中外诸军事、车骑大将军、尚书令，王腾为中军大将军、司隶校尉，苻冲为尚书左仆射，封西平王。又以左长史杨辅为右仆射，右长史王亮为护军将军。立妃杨氏为皇后，子宁为皇太子，寿为长乐王，锵为平原王，懿为勃海王，昶为济北王。
秦尚书令、魏昌公纂自关中奔晋阳。秦主丕拜纂太尉，封东海王。
冬十月，西燕主冲遣尚书令高盖帅众五万伐后秦，战于新平南，盖大败，降于后秦。苻定、苻绍、苻谟、苻亮闻秦主丕即位，皆自河北遣使谢罪。中山太守王兖，本新平氏也，固守博陵，为秦拒燕。十一月，丕以兖为平州刺史，定为冀州牧，

北宋史臣司马光评论说：论史的人都认为前秦王苻坚的灭亡，是由于不杀慕容垂、姚苌的缘故，我唯独认为不是这样。许劭说魏武帝是太平盛世的能臣，动乱时代的奸雄。如果苻坚统治国家失去法则，那么慕容垂、姚苌都是前秦的能臣，怎么能作乱呢！苻坚之所以灭亡，是因为多次获胜而骄横。魏文侯问李克吴国灭亡的原因，李克回答说："屡战屡胜。"魏文侯说："屡战屡胜，是国家的福分，为什么灭亡？"李克回答说："多次战争，百姓必然疲惫，多次胜利，君主必然骄横，用骄横的君主驾御疲惫的民众，国家没有不灭亡的。"前秦王苻坚与吴国的情况很相似了。

长乐公苻丕在邺城，打算西行奔赴长安，幽州刺史王永在壶关，派使者招请苻丕，苻丕便率领邺城内的男女六万多人向西到达潞川，骠骑将军张蚝、并州刺史王腾迎接他进入晋阳。王永留下平州刺史苻冲守卫壶关，自己率领骑兵一万到晋阳和苻丕会师。苻丕此时才知道长安陷落，苻坚已经死了，于是为苻坚发丧，自己即皇帝位。追谥苻坚为宣昭皇帝，庙号为世祖。大赦，改年号为大安。

燕王慕容垂用鲁王慕容和为南中郎将，镇守邺城。

九月，前秦王苻丕用张蚝为侍中、司空，王永为侍中、都督中外诸军事、车骑大将军、尚书令，王腾为中军大将军、司隶校尉，苻冲为尚书左仆射，封为西平王。又用左长史杨辅为右仆射，右长史王亮为护军将军。立王妃杨氏为皇后，儿子苻宁为太子，苻寿为长乐王，苻锵为平原王，苻懿为勃海王，苻昶为济北王。

前秦尚书令魏昌公苻纂从关中投奔晋阳。秦主苻丕任命苻纂为太尉，封为东海王。

冬季十月，西燕主慕容冲派遣尚书令高盖率军五万讨伐后秦，在新平以南交战，高盖大败，向后秦投降。苻定、苻绍、苻谟、苻亮听说秦主苻丕已即皇帝位，都从河北派使者向苻丕道歉请罪。中山太守王兖，本来是新平的氐族人，坚持守卫博陵，为前秦抗拒后燕。十一月，苻丕用王兖为平州刺史，苻定为冀州牧，

绍为冀州都督,谟为幽州牧,亮为幽、平二州都督,并进爵郡公。左将军窦冲据兹川,有众数万,与秦州刺史王统、河州刺史毛兴、益州刺史王广、南秦州刺史杨璧、卫将军杨定皆自陇右遣使邀丕,共击后秦。丕以定为雍州牧,冲为梁州牧,加统镇西大将军,兴车骑大将军,璧征南大将军,并开府仪同三司,加广安西将军,皆进位州牧。

慕容麟攻王兖于博陵,城中粮竭矢尽,功曹张猗逾城出,聚众以应麟。兖临城数之曰:"卿是秦民,吾是卿君,卿起兵应贼,自号'义兵',何名实之相违也?古人求忠臣必于孝子之门,卿母在城,弃而不顾,吾何有焉!今人取卿一切之功则可矣,宁能忘卿不忠不孝之事乎?不意中州礼义之邦,乃有如卿者也!"十二月,麟拔博陵,执兖及苻鉴,杀之。昌黎太守宋敞帅乌桓、索头之众救兖,不及而还。秦主丕以敞为平州刺史。

十二月,燕王垂北如中山,谓诸将曰:"乐浪王招流散,实仓廪,外给军粮,内营宫室,虽萧何何以加之!"丙申,垂始定都中山。

秦苻定据信都以拒燕,燕王垂以从弟北地王精为冀州刺史,将兵攻之。

十一年春正月,燕王垂即皇帝位。后秦王苌如安定。秦益州牧王广自陇右引兵攻河州牧毛兴于枹罕,兴遣建节将军卫平帅其宗人一千七百夜袭广,大破之。二月,秦州牧王统遣兵助广攻兴,兴婴城自守。

燕大赦,改元建兴,置公卿尚书百官,缮宗庙、社稷。

符绍为冀州都督,符谟为幽州牧,符亮为幽、平二州都督,同时都进爵为郡公。左将军窦冲占据兹川,有军队几万人,与秦州刺史王统、河州刺史毛兴、益州刺史王广、南秦州刺史杨璧、卫将军杨定,都从陇右派使者邀请符丕,共同进攻后秦。符丕用杨定为雍州牧,窦冲为梁州牧,加授王统为镇西大将军,毛兴为车骑大将军,杨璧为征南大将军,都为开府仪同三司,加授王广为安西将军,都进职位为州牧。

慕容麟进攻在博陵的王兖,城中弹尽粮绝,功曹张猗越墙出城,聚集军队响应慕容麟。王兖从城上往下看着张猗,数落他的罪状说:"你是前秦百姓,我是你的主人,你起兵响应寇贼,自己号称'义兵',为什么名与实如此相违背?古人寻求忠臣一定在孝子家中,你母亲在城内,你却抛弃她,不理会她,我又有什么可说的呢!现在人们拿走你的一切功劳是可以了,但怎能忘记你不忠不孝的事呢?没想到中州这礼仪之邦,竟然有像你这样的人!"十二月,慕容麟攻下博陵,俘虏了王兖和符鉴,并杀掉了他们。昌黎太守宋敞率领乌桓、索头的军队救援王兖,没来得及,只好回兵。秦主符丕用宋敞为平州刺史。

十二月,燕王慕容垂向北到了中山,他对诸将说:"乐浪王招抚流浪散亡百姓,充实仓廪,对外供给军粮,在内营造宫室,即使萧何也不能超过他!"丙申(二十三日)这一天,慕容垂确定中山为国都。

前秦符定占据信都,抗拒后燕,燕王慕容垂用堂弟北地王慕容精为冀州刺史,让他率兵进攻符定。

十一年(386)春季正月,燕王慕容垂即皇帝位。后秦王姚苌到安定。前秦益州牧王广从陇右带兵进攻在袍罕的河州牧毛兴,毛兴派遣建节将军卫平率领他的宗人一千七百人夜间袭击王广,大败王广的军队。二月,秦州牧王统派兵帮助王广进攻毛兴,毛兴据城加强防守。

后燕实行大赦,改年号为建兴,设置公卿、尚书百官,修建宗庙、社稷。

西燕主冲乐在长安，且畏燕主垂之强，不敢东归，课农筑室，为久安之计，鲜卑咸怨之。左将军韩延因众心不悦，攻冲，杀之，立冲将段随为燕王，改元昌平。

三月，西燕左仆射慕容恒、尚书慕容永袭段随杀之，立宜都王子颛为燕王，改元建明，帅鲜卑男女四十馀万口去长安而东。恒弟护军将军韬诱颛杀之于临晋，恒怒，舍韬去。永与武卫将军刁云帅众攻韬，韬败，奔恒营。恒立西燕主冲之子瑶为帝，改元建平，谥冲曰威皇帝。众皆去瑶奔永，永执瑶，杀之，立慕容泓子忠为帝，改元建武。忠以永为太尉，守尚书令，封河东公。永持法宽平，鲜卑安之。至闻喜，闻燕主垂已称尊号，不敢进，筑燕熙城而居之。

鲜卑既东，长安空虚，前荥阳太守高陵赵谷等招杏城卢水胡郝奴帅户四千入于长安，渭北皆应之，以谷为丞相。扶风王骥有众数千，保据马嵬，奴遣弟多攻之。夏四月，后秦王苌自安定伐之，骥奔汉中。苌执多而进，奴惧，请降，拜镇北将军、六谷大都督。

毛兴袭击王广，败之，广奔秦州，陇西鲜卑匹兰执广送于后秦。兴复欲攻王统于上邽，枹罕诸氐皆厌苦兵事，乃共杀兴，推卫平为河内刺史，遣使请命于秦。

秦大赦，以卫平为抚军将军、河州刺史，使者没于后秦，不能达。

后秦王苌即皇帝位于长安，大赦，改元建初，国号大秦。追尊其父弋仲为景元皇帝，立妻蛇氏为皇后，子

西燕主慕容冲喜欢在长安,而且畏惧燕主慕容垂的强大,不敢东归,于是督促农业生产,建筑房屋居室,做长时间安居的打算。鲜卑人都怨恨他,左将军韩延趁着众心不悦的机会,攻击慕容冲,将他杀掉,立慕容冲的将领段随为燕王,改年号为昌平。

三月,西燕左仆射慕容恒、尚书慕容永袭击段随,将他杀掉,立宜都王的儿子慕容颙为燕王,改年号为建明,并率领鲜卑男女四十多万人离开长安东归。慕容恒的弟弟护军将军慕容韬引诱慕容颙到临晋,杀掉了他,慕容恒发怒,丢下慕容韬离去了。慕容永与武卫将军刁云率军进攻慕容韬,慕容韬失败,投奔到慕容恒营内。慕容恒又立西燕主慕容冲的儿子慕容瑶为皇帝,改年号为建平,给慕容冲加谥号为威皇帝。但众人都离开慕容瑶投奔慕容永,慕容永便抓住慕容瑶,将他杀掉,另立慕容泓的儿子慕容忠为皇帝,改年号为建武。慕容忠用慕容永为太尉、守尚书令,封他为河东公。慕容永用法宽松公平,鲜卑人因此安宁下来。慕容忠率领鲜卑人到达闻喜,听说燕主慕容垂已称皇帝,便不敢前进,于是构筑燕熙城而居住下来。

鲜卑人东去以后,长安空虚,曾做过荥阳太守的高陵人赵谷等,招引杏城卢水胡郝奴率领四千户进入长安,渭水以北都表示响应,郝奴用赵谷为丞相。扶风人王骕拥有军队几千人,占有马鬐堡,郝奴派弟弟郝多去进攻他。夏季四月,后秦王姚苌从安定出兵讨伐他们,王骕投奔汉中。姚苌俘虏郝多,继续进兵,郝奴害怕,请求投降,被姚苌任命为镇北将军、六谷大都督。

毛兴袭击王广,击败了他,王广逃奔秦州,陇西鲜卑人匹兰抓住王广,送给了后秦。毛兴又想进攻在上邽的王统,在枹罕的各个氏族分支,都对战争感到厌恶、苦痛,于是共同杀掉毛兴,推荐卫平为河州刺史,派使者向前秦请示。

前秦大赦,用卫平为抚军将军、河州刺史,但使者被后秦抓住,没法传达任命。

后秦王姚苌在长安即皇帝位,大赦,改年号为建初,国号大秦。追尊他父亲姚弋仲为景元皇帝,立妻子蛇氏为皇后,儿子

兴为太子,置百官。苌与群臣宴,酒酣,言曰:"诸卿皆与朕北面秦朝,今忽为君臣,得无耻乎!"赵迁曰:"天不耻以陛下为子,臣等何耻为臣!"苌大笑。

六月,西燕刁云等杀西燕主忠,推慕容永为使持节、大都督中外诸军事、大将军、大单于、雍秦梁凉四州牧、录尚书事、河东王,称藩于燕。

燕主垂遣太原王楷、赵王麟、陈留王绍、章武王宙攻秦苻定、苻绍、苻谟、苻亮等。楷先以书与之,为陈祸福,定等皆降。垂封定等为侯,曰:"以酬秦主之德。"

秦主丕以都督中外诸军事、司徒、录尚书事王永为左丞相,太尉、东海王纂为大司马,司空张蚝为太尉,尚书令咸阳徐义为司空,司隶校尉王腾为骠骑大将军、仪同三司。永传檄四方公侯、牧守、垒主、民豪,共讨姚苌、慕容垂,令各帅所统,以孟冬上旬会大驾于临晋。于是天水姜延、冯翊寇明、河东王昭、新平张晏、京兆杜敏、扶风马朗、建忠将军高平牧官都尉扶风王敏等咸承檄起兵,各有众数万,遣使诣秦,丕皆就拜将军、郡守,封列侯。冠军将军邓景拥众五千据彭池,与窦冲为首尾,以击后秦。丕以景为京兆尹。景,羌之子也。

后秦主苌徙安定五千馀户于长安。

秋七月,秦平凉太守金熙、安定都尉没奕干与后秦左将军姚方成战于孙丘谷,方成兵败。后秦主苌以其弟征虏将军绪为司隶校尉,镇长安,自将至安定击熙等,大破之。金熙本东胡之种。没奕干,鲜卑多兰部帅也。

姚兴为太子,设置百官。姚苌召请群臣宴会,酒喝到畅快时,发话说:"你们各位都和我一起在前秦朝中做过大臣,今天忽然变为君臣关系,能没有耻辱感吗!"赵迁说:"上天既然对用陛下为儿子不感到耻辱,我们这些人为什么要对做您的大臣感到耻辱呢!"姚苌听后开心大笑。

六月,西燕刁云等杀掉西燕主慕容忠,推举慕容永为使持节,大都督中外诸军事,大将军,大单于,雍、秦、梁、凉四州牧,录尚书事,河东王,对后燕称属国。

燕主慕容垂派遣太原王慕容楷、赵王慕容麟、陈留王慕容绍、章武王慕容宙进攻前秦苻定、苻绍、苻谟、苻亮等。慕容楷事先送信给他们,向他们陈述祸福,苻定等见信后都投降了。慕容垂封苻定等人为侯,说:"以此酬谢前秦君主的恩德。"

前秦国主苻丕任用都督中外诸军事、司徒、录尚书事王永为左丞相,任用太尉、东海王苻纂为大司马,司空张蚝为太尉,尚书令、咸阳人徐义为司空,司隶校尉王腾为骠骑大将军、仪同三司。王永向四方公侯、牧守、垒主、民豪发布檄文,要求他们一起讨伐姚苌、慕容垂,命令他们各率所属部队,在十月上旬到临晋与前秦国主会师。于是天水的姜延、冯翊的寇明、河东的王昭、新平的张晏、京兆的杜敏、扶风的马朗、建忠将军高平县牧官都尉扶风人王敏等,都接受檄文,起兵相应,各有军队几万,派使者到前秦,苻丕全部任命他们为当地的将军、郡守,封他们为列侯。冠军将军邓景拥有军队五千人,占据彭池,和窦冲前后相应,一起攻击后秦。苻丕用邓景为京兆尹。邓景,是邓羌的儿子。

后秦主姚苌迁徙安定百姓五千多户到长安。

秋季七月,前秦平凉太守金熙、安定都尉没奕干与后秦左将军姚方成在孙丘谷交战,姚方成兵败。后秦主姚苌任用他弟弟、征虏将军姚绪为司隶校尉,镇守长安,亲自率军到安定攻击金熙等,大败他们。金熙本来是居住在辽碣的鲜卑人。没奕干是鲜卑多兰部的首领。

枹罕诸氐以卫平衰老，难以成功，议废之，而惮其宗强，累日不决。氐啖青谓诸将曰："大事宜时定，不然，变生。诸君但请卫公为会，观我所为。"会七夕大宴，青抽剑而前曰："今天下大乱，吾曹休戚同之，非贤主不可以济大事。卫公老，宜返初服以避贤路。狄道长苻登，虽王室疏属，志略雄明，请共立之，以赴大驾。诸君有不同者，即下异议。"乃奋剑攘袂，将斩异己者。众皆从之，莫敢仰视。于是推登为使持节、都督陇右诸军事、大将军、雍河二州牧、略阳公，帅众五万，东下陇，攻南安，拔之，驰使请命于秦。登，秦主丕之族子也。

八月，秦主丕以苻登为征西大将军、开府仪同三司、南安王，持节、州牧、都督，皆因其所称而授之，又以徐义为右丞相。留王腾守晋阳，右仆射杨辅戍壶关，帅众四万，进屯平阳。

初，后秦主苌之弟硕德统所部羌居陇上，闻苌起兵，自称征西将军，聚众于冀城以应之。以兄孙详为安远将军，据陇城，从孙训为安西将军，据南安之赤亭，与秦秦州刺史王统相持。苌自安定引兵会硕德攻统，天水屠各、略阳羌胡应之者二万馀户。秦略阳太守王皮降之。

九月，王统以秦州降于后秦。后秦主苌以姚硕德为使持节、都督陇右诸军事、秦州刺史，镇上邽。

冬十月，西燕慕容永遣使诣秦主丕求假道东归，丕弗许，与永战于襄陵，秦兵大败，左丞相王永、卫大将军俱石子皆死。初，东海王纂自长安来，麾下壮士三千馀人，丕忌之，既败，

枹罕的各氐族家族认为卫平年老体衰,难以成功,商议废掉他,但畏惧他宗族强盛,连续几天决定不下来。氐人啖青对诸将说:"大事应该及时决定,不然就会发生事变。各位只要能请卫公举行宴会,到时候看我的行动。"恰好卫平举行七夕大宴会,啖青抽出宝剑走到前面说:"现在天下大乱,我们这些人同休戚共命运,不是贤明的主人不能带领我们成就大事。卫公老了,应该退位,来给贤人让路。狄道长符登,虽然是王室中的远房亲属,但他的志向谋略,雄武英明,请大家共同拥立他,让他率领我们赶赴临晋,与君主相会。各位有不同意见的,就当场发表异议。"于是扬起宝剑,挽起袖子,准备杀掉异己者。大家都服从了他,没有敢向上看的。于是,推举符登为使持节,都督陇右诸军事,大将军,雍、河二州牧,略阳公,率军五万,向东下陇,进攻南安,攻下了它,然后派快马使者向前秦请示。符登,是秦主符丕的同姓亲属的儿子。

八月,秦主符丕用符登为征西大将军、开府仪同三司、南安王,持节、州牧、都督,全部依照他所称的官职而授给他,又用徐义为右丞相。留下王腾卫卫晋阳,右仆射杨辅戍守壶关,自己率军四万,前进到平阳,屯驻下来。

最初,后秦主姚苌的弟弟姚硕德统领所属羌人居于陇上,听到姚苌起兵的消息后,他自称征西将军,在冀城聚集军队响应姚苌。用他的侄孙姚详为安远将军,占据陇城;用侄孙姚训为安西将军,占据南安的赤亭,和前秦秦州刺史王统相对峙。姚苌从安定带兵与姚硕德相会,进攻王统,天水各族、略阳羌族、胡族响应后秦的有二万多户。前秦略阳太守王皮投降了后秦。

九月,王统献上秦州向后秦投降。后秦主姚苌用姚硕德为使持节、都督陇右诸军事、秦州刺史,镇守上邽。

冬季十月,西燕慕容永派使者到前秦符丕那里请求借路东归,符丕不答应,于是和慕容永在襄陵交战,前秦军大败,左丞相王永、卫大将军俱石子都战死了。最初,东海王符纂从长安来投奔符丕,部下有壮士三千多人,可符丕猜忌他。此战失败后,

惧为纂所杀,帅骑数千南奔东垣,谋袭洛阳。扬威将军冯该自陕邀击之,杀丕,执其太子宁、长乐王寿,送建康,诏赦不诛,以付苻宏。纂与其弟尚书永平侯师奴帅秦众数万走据杏城,其馀王公百官皆没于永。永遂进据长子,即皇帝位,改元中兴。将以秦后杨氏为上夫人,杨氏引剑刺永,为永所杀。

后秦主苌还安定。

秦南安王登既克南安,夷、夏归之者三万馀户,遂进攻姚硕德于秦州,后秦主苌自往救之。登与苌战于胡奴阜,大破之,斩首二万馀级,将军啖青射苌,中之。苌创重,走保上邽,姚硕德代之统众。

十一月,秦尚书寇遗奉勃海王懿、济北王昶自杏城奔南安,南安王登发丧行服,谥秦主丕曰哀平皇帝。登议立懿为主,众曰:“勃海王虽先帝之子,然年在幼冲,未堪多难。今三虏窥觎,宜立长君,非大王不可。”登乃为坛于陇东,即皇帝位,大赦,改元太初,置百官。

慕容柔、慕容盛及盛弟会皆在长子,盛谓柔、会曰:“主上已中兴幽、冀,东西未一,吾属居嫌疑之地,为智为愚,皆将不免,不若以时东归,无为坐待鱼肉也!”遂相与亡归燕。后岁馀,西燕主永悉诛燕主偁及燕主垂之子孙,男女无遗。

十二月,秦主登立世祖神主于军中,载以辒辌,建黄旗青盖,以虎贲三百人卫之,凡所欲为,必启主而后行。引兵五万,

他怕被符纂杀掉，便率领骑兵几千人向南逃奔到东垣，阴谋袭击洛阳。东晋扬威将军冯该从陕城半路截击这支前秦军，杀掉了符丕，俘虏了他的太子符宁、长乐王符寿，送往建康。东晋孝武帝下诏，赦免他们死罪，把他们交给符宏处理。符纂和他弟弟尚书永平侯符师奴率领前秦军几万人逃跑脱险后占据杏城，其馀王公百官全部被慕容永俘虏。于是慕容永向前进军，占据长子，即皇帝位，改年号为中兴。他打算用前秦皇后杨氏为上夫人，杨氏取过剑来刺他未成，被他杀害了。

后秦主姚苌回到安定。

前秦南安王符登攻克南安后，夷、夏归附他的有三万多户，于是进攻在秦州的姚硕德，后秦主姚苌亲自前往救援姚硕德。符登和姚苌在胡奴阜交战，大败姚苌，杀死后秦军二万多人，将军啖青射中了姚苌。姚苌伤势严重，逃跑到上邽，进行防守。姚硕德代替他统帅军队。

十一月，前秦尚书寇遗尊奉勃海王符懿、济北王符昶从杏城投奔南安，南安王符登为符丕发丧、穿丧服，给秦主符丕谥号为哀平皇帝。符登建议立符懿为君主，大家都说："勃海王虽然是先帝的儿子，但他年龄幼小，经不起乱世磨难。现在姚苌、慕容垂、慕容永三房窥视觊觎，应该立年长的国君，君主非大王不可。"符登这才在陇东造祭坛，即皇帝位，大赦，改年号为太初，设置百官。

慕容柔、慕容盛以及慕容盛的弟弟慕容会都在长子县，慕容盛对慕容柔、慕容会说："主上已在幽、冀中兴燕国，东西没统一，我们这些人处在受嫌疑的位置，不论做事聪明还是愚笨，都将免不了灾难。不如在适当的时候东归，不能坐等被人宰割。"于是一起逃亡，回到后燕。后来，过了一年多时间，西燕主慕容永全部杀掉了燕主慕容儁和燕主慕容垂的子孙，男女一个不留。

十二月，秦主符登在军中设立符坚的牌位，用四面有屏蔽的车装载，给车装上黄旗青盖，派勇猛战士三百人进行护卫，凡想做的事情，一定先向牌位陈述，然后再进行。他率领军队五万，

东击后秦,将士皆刻锋、铠为"死""休"字。每战以剑稍为方圆大阵,知有厚薄,从中分配,故人自为战,所向无前。

初,长安之将败也,中垒将军徐嵩、屯骑校尉胡空各聚众五千,结垒自固,既而受后秦官爵。后秦主苌以王礼葬秦主坚于二垒之间。及登至,嵩、空以众降之。登拜嵩雍州刺史,空京兆尹,改葬坚以天子之礼。

十二年春正月,秦主登立妃毛氏为皇后,勃海王懿为太弟。后,兴之女也。遣使拜东海王纂为使持节、都督中外诸军事、太师、领大司马,封鲁王;纂弟师奴为抚军大将军、并州牧,封朔方公。纂怒谓使者曰:"勃海王先帝之子也,南安王何以不立而自立乎?"长史王旅谏曰:"南安已立,理无中改。今寇虏未灭,不可宗室之中自为仇敌也。"纂乃受命。于是卢水胡彭沛谷、屠各董成、张龙世、新平羌雷恶地等皆附于纂,有众十馀万。

后秦主苌徙秦州豪杰三万户于安定。

三月,秦主登以窦冲为南秦州牧,杨定为益州牧,杨璧为司空、梁州牧。

夏四月,后秦征西将军姚硕德为杨定所逼,退守泾阳。定与秦鲁王纂共攻之,战于泾阳,硕德大败。后秦主苌自阴密救之,纂退屯敷陆。

燕主垂自碻磝还中山,慕容柔、慕容盛、慕容会来自长子。庚辰,垂为之大赦。垂问盛:"长子人情如何,为可取乎?"盛曰:"西军扰扰,人有东归之志,陛下唯当修仁政以俟之耳。若大军一临,必投戈而来,若孝子之归慈父也。"垂悦。癸未,封柔为阳平王,盛为长乐公,会为清河公。

向东攻击后秦,将士们都在剑矛、铠甲上刻着"死""休"字样。每次战斗时,用剑稍围成方圆大阵,让士卒明了亲疏关系,交叉分配兵力,人人各自为战,所向无敌。

最初,长安将要陷落时,中垒将军徐嵩、屯骑校尉胡空各自聚军五千,建造壁垒,自我防护,后来接受了后秦的官爵。后秦主姚苌用诸侯王的礼节将秦主苻坚埋葬在二垒之间。等苻登来到后,徐嵩、胡空率军向他投降。苻登授给徐嵩雍州刺史,胡空京兆尹,用天子的礼节改葬了苻坚。

十二年(387)春季正月,秦主苻登立王妃毛氏为皇后,勃海王苻懿为太弟。毛后,是毛兴的女儿。还派使者授给东海王苻纂使持节、都督中外诸军事、太师、兼大司马,封为鲁王;授给苻纂的弟弟苻师奴抚军大将军、并州牧,封为朔方公。苻纂发怒,对使者说:"勃海王是先帝的儿子,南安王凭什么不立他而自立呢?"长史王旅进谏说:"南安王已经自立为帝,没有中途改变的道理。现在寇虏没有消灭,不能宗室之中自己人成为仇敌。"苻纂这才接受任命。于是,卢水胡人彭沛谷、屠各人董成、张龙世、新平羌人雷恶地等都归附苻纂,使他拥有军队十多万人。

后秦主姚苌迁徙秦州豪杰三万户到安定。

三月,秦主苻登用窦冲为南秦州牧,杨定为益州牧,杨璧为司空、梁州牧。

夏季四月,后秦征西将军姚硕德被杨定逼迫,退守泾阳。杨定和前秦鲁王苻纂一起进攻姚硕德,在泾阳交战,姚硕德大败。后秦主姚苌从阴密率军来救姚硕德,苻纂退军,屯驻敷陆。

燕主慕容垂从碻磝回中山,慕容柔、慕容盛、慕容会从长子逃来。庚辰(十五日)这天,慕容垂为他们的到来大赦天下。慕容垂问慕容盛:"长子民情怎样,可以夺取吗?"慕容盛说:"西军一片混乱,百姓有东归的念头,陛下只应当施行仁政来等待他们。日后如果大军一到,必定放下武器,投奔而来,就像孝子回归慈父一样。"慕容垂很高兴。癸未(十八日)这天,封慕容柔为阳平王,慕容盛为长乐公,慕容会为清河公。

秋七月,秦主登军于瓦亭,后秦主苌攻彭沛谷堡,拔之,谷奔杏城。苌还阴密,以太子兴镇长安。

八月,秦冯翊太守兰楛帅众二万自频阳入和宁,与鲁王纂谋攻长安。纂弟师奴劝纂称尊号,纂不从。师奴杀纂而代之,楛遂与师奴绝。西燕主永攻楛,楛遣使请救于秦,后秦主苌欲自救之。尚书令姚旻、左仆射尹纬曰:"苻登近在瓦亭,将乘虚袭吾后。"苌曰:"苻登众盛,非旦夕可制。登迟重少决,必不能轻军深入。比两月间,吾必破贼而返,登虽至,无能为也。"九月,苌军于泥源。师奴逆战,大败,亡奔鲜卑。后秦尽收其众,屠各董成等皆降。

秦主登进据胡空堡,戎、夏归者十馀万。

后秦主苌进击西燕王永于河西,永走。兰楛复列兵拒守,苌攻之。十二月,禽楛,遂如杏城。

后秦姚方成攻秦雍州刺史徐嵩垒,拔之,执嵩而数之。嵩骂曰:"汝姚苌罪当万死,苻黄眉欲斩之,先帝止之。授任内外,荣宠极矣。曾不如犬马识所养之恩,亲为大逆。汝羌辈岂可以人理期也!何不速杀我,早见先帝,取姚苌于地下治之!"方成怒,三斩嵩,悉坑其士卒,以妻子赏军。后秦主苌掘秦主坚尸,鞭挞无数,剥衣倮形,荐之以棘,坎土而埋之。

十三年春二月,秦主登军朝那,后秦主苌军武都。秋七月,秦、后秦自春相持,屡战,互有胜负,至是各解归。关西豪桀

秋季七月，秦主苻登在瓦亭驻军，后秦主姚苌进攻彭沛谷营堡，将其攻下，彭沛谷投奔杏城。姚苌回阴密，让太子姚兴镇守长安。

八月，前秦冯翊太守兰椟率军二万人从频阳出发进入和宁，和鲁王苻纂谋划进攻长安。苻纂的弟弟苻师奴劝他称皇帝，他不听。苻师奴便杀掉他并取代他统帅军队，兰椟便和苻师奴断绝了关系。西燕主慕容永进攻兰椟，兰椟派使者向后秦求救。后秦主姚苌想亲自率军救兰椟，尚书令姚旻、左仆射尹纬说："苻登近在瓦亭，将会乘虚袭击我们的背后。"姚苌说："苻登军队多，不是旦夕能制服的。苻登迟疑稳重，优柔寡断，一定不会轻易率军深入我们背后。等两个月的时间，我一定能击败敌人，胜利返回。那时苻登即使到了，也无能为力了。"九月，姚苌在泥源驻军。苻师奴迎战，大败，逃奔鲜卑。后秦全部俘虏了他的军队，屠各人董成等都投降了后秦。

秦主苻登进军占据胡空堡，戎、夏归附他的有十多万人。

后秦主姚苌进军攻击在河西的西燕主慕容永，将他赶跑。兰椟又列兵防守，抗拒姚苌，姚苌进攻他。十二月，将兰椟擒获，于是姚苌到达杏城。

后秦姚方成进攻前秦雍州刺史徐嵩的堡垒，将其攻下，俘虏了徐嵩，姚方成数落徐嵩的罪状，徐嵩骂道："你们的姚苌罪该万死，苻黄眉想杀掉他，被先帝制止了。授任他内外官职，恩荣宠爱到了极点。现在竟不如狗马知道主人的恩德，亲自做大逆不道的事情。你们羌族人，哪能用人的伦理标准来要求！为什么不快杀我，早见先帝，在地下取来姚苌惩治他！"姚方成发怒，先砍去徐嵩的脚，再砍断腰，最后砍断脖子，将他的士兵全部活埋，用他们的妻子、孩子赏赐军士。后秦主姚苌挖掘出秦主苻坚的尸体，鞭挞了无数下，剥去衣服裸体放在荆棘上，然后挖一浅坑埋掉了他。

十三年（388）春季二月，秦主苻登驻军朝那，后秦主姚苌驻军武都。秋季七月，前秦、后秦军从春天就开始互相对峙，屡次交战，互有胜负，到这时各自解除了对峙，率军返回。关西豪杰

以后秦久无成功,多去而附秦。

八月,秦主登立子崇为皇太子。

冬十月,后秦主苌还安定。秦主登就食新平,帅众万馀围苌营,四面大哭,苌命营中哭以应之,登乃退。

十四年春正月,后秦主苌以秦战屡胜,谓得秦王坚之神助,亦于军中立坚像而祷之曰:"臣兄襄救臣复仇,新平之祸,臣行襄之命,非臣罪也。苻登,陛下疏属,犹欲复仇,况臣敢忘其兄乎!且陛下命臣以龙骧建业,臣敢违之!今为陛下立像,陛下勿追计臣过也。"秦主登升楼,遥谓苌曰:"为臣弑君,而立像求福,庸有益乎!"因大呼曰:"弑君贼姚苌何不自出!吾与汝决之!"苌不应。久之,以战未有利,军中每夜数惊,乃斩像首以送秦。

夏五月,后秦主苌与秦主登战,数败,乃遣中军将军姚崇袭大界。登邀击之于安丘,又败之。

秋七月,秦主登攻后秦右将军吴忠等于平凉,克之。八月,登据苟头原以逼安定。诸将劝后秦主苌决战,苌曰:"与穷寇竞胜,兵家之忌也。吾将以计取之。"乃留尚书令姚旻守安定,夜,帅骑三万袭秦辎重于大界,克之,杀毛后及南安王弁、北海王尚,擒名将数十人,驱掠男女五万馀口而还。毛氏美而勇,善骑射。后秦兵入其营,毛氏犹弯弓跨马,帅壮士数百力战,杀七百馀人,众寡不敌,为后秦所执。苌将纳之,毛氏骂且哭曰:"姚苌,汝先已杀天子,今又欲辱皇太后,皇天后土,宁汝容乎!"苌杀之。诸将欲因秦军骇

因为后秦长时间交战没有成功,多数离开后秦归附前秦。

八月,秦主苻登立儿子苻崇为皇太子。

冬季十月,后秦主姚苌回安定。秦主苻登到新平解决军粮问题,率军万馀人包围姚苌兵营,四面大哭,姚苌命令兵营中用哭声相应,苻登这才退走。

十四年(389)春季正月,后秦主姚苌以为前秦打仗屡次获胜,是得到前秦王苻坚的神灵佑助,便也在军中立苻坚的偶像并向他祷告,说:"我的哥哥姚襄命令我复仇,新平的灾祸,是我执行姚襄的命令,不是我的罪过。苻登是陛下的远房亲属,还想复仇,更何况我的哥哥,我怎敢忘记!而且陛下命令我依靠龙骧将军建立大业,我怎敢违背您!现在我给陛下立偶像,请陛下不要追究、计较我的过错。"秦主苻登上新平城楼遥对姚苌说:"做大臣的杀掉国君,却立他的偶像求福,难道能得到什么好处吗!"并趁机大喊道:"杀害国君的寇贼姚苌,为什么不自己出来!我和你单独决一死战!"姚苌不回应。从立像后过了很长时间,因为给打仗没带来什么好处,军队中每晚上仍数次惊乱,于是姚苌便砍下偶像的头送给了前秦。

夏季五月,后秦主姚苌和秦主苻登交战,屡次失败,于是派遣中军将军姚崇偷袭大界,苻登在安丘拦路截击姚崇,又打败了他。

秋季七月,秦主苻登进攻在平凉的后秦右将军吴忠等,攻克平凉。八月,苻登占据苟头原,逼近安定。诸将劝后秦主姚苌进行决战,姚苌说:"和走投无路的敌人竞争胜负,是兵家的大忌。我将用计策战胜他们。"于是,留下尚书令姚旻防守安定,夜间率骑兵三万人偷袭在大界的前秦辎重,攻克大界,杀死毛后以及南安王苻弁、北海王苻尚,擒获名将几十人,驱迫掳掠男女五万多人返回。毛后既美丽又勇猛,善于骑马射箭。后秦兵已进入她的兵营,她仍弯弓跨马,率领壮士几百人奋力苦战,杀敌七百馀人,终因众寡悬殊,被后秦俘虏。姚苌将要收她为妃,毛氏边骂边哭说:"姚苌,你在此之前已经杀了天子,现在又想污辱皇太后,皇天后土岂能容你!"于是姚苌杀掉了她。诸将想趁着前秦军惊骇

乱击之,苌曰:"登众虽乱,怒气犹盛,未可轻也。"遂止。登收馀众屯胡空堡。苌使姚硕德镇安定,徙安定千馀家于阴密,遣其弟征南将军靖镇之。

秦主登之东也,后秦主苌使姚硕德置秦州守宰,以从弟常戍陇城,邢奴戍冀城,姚详戍略阳。杨定攻陇、冀,克之,斩常,执邢奴。详弃略阳,奔阴密。定自称秦州牧、陇西王,秦因其所称而授之。

冬十月,秦主登以窦冲为大司马、都督陇东诸军事、雍州牧,杨定为左丞相、都督中外诸军事、秦梁二州牧,杨璧为都督陇右诸军事、南秦益二州牧,约与共攻后秦。又约监河西诸军事并州刺史杨政、都督河东诸军事冀州刺史杨楷各帅其众会长安。政、楷皆河东人。秦主丕既败,政、楷收集流民数万户,政据河西,楷据湖、陕之间,遣使请命于秦,登因而授之。

十二月,后秦主苌使其东门将军任瓮诈遣使招秦主登,许开门纳之。登将从之,征东将军雷恶地将兵在外,闻之,驰骑见登,曰:"姚苌多诈,不可信也。"登乃止。苌闻恶地诣登,谓诸将曰:"此羌见登,事不成矣。"登以恶地勇略过人,阴惮之。恶地惧,降于后秦,苌以恶地为镇军将军。

十五年春正月,西燕主永引兵向洛阳,朱序自河阴北济河,击败之。

三月,后秦主苌攻秦扶风太守齐益男于新罗堡,克之,益男走。秦主登攻后秦天水太守张业生于陇东,苌救之,登引去。

混乱进攻他们，姚苌说："符登的军队虽然混乱，但怒气还很盛，不可轻视。"于是没有出击。符登收罗馀兵屯驻胡空堡。姚苌让姚硕德镇守安定，迁徙安定人一千多家到阴密，派遣他弟弟征南将军姚靖镇守阴密。

秦主符登向东进军后，后秦主姚苌让姚硕德设置秦州守宰，用堂弟姚常戍守陇城，邢奴戍守冀城，姚详戍守略阳。杨定进攻陇城、冀城，攻克二城，杀掉姚常，俘虏了邢奴。姚详放弃略阳，投奔阴密。杨定自称秦州牧、陇西王，前秦依照他所称的官爵授给他。

冬季十月，秦主符登用窦冲为大司马、都督陇东诸军事、雍州牧，杨定为左丞相，都督中外诸军事，秦、梁二州牧，杨壁为都督陇右诸军事，南秦、益二州牧，约定和他们一起进攻后秦。又约定监河西诸军事并州刺史杨政、都督河东诸军事冀州刺史杨楷，各率自己的军队在长安会师。杨政、杨楷都是河东人，秦主符丕失败后，杨政、杨楷收集流民几万户，杨政占据河西，杨楷占据湖、陕之间，他们派使者到前秦请求指示，符登依照他们所请授给他们官职。

十二月，后秦主姚苌命令他的东门将军任瓮假装派遣使者招引秦主符登，答应打开城门接纳他。符登即将上当，征东将军雷恶地率兵在外，听说了这件事情，快马赶来见符登，说："姚苌诡计多端，多是欺骗，不能相信。"符登这才没有前往。姚苌听说雷恶地到符登那里去了，对诸位将领说："这个羌人去见符登，事情不能成功了。"符登因为雷恶地有过人的勇气谋略，暗中害怕他。雷恶地因此非常恐惧，于是向后秦投降，姚苌用雷恶地为镇军将军。

十五年（390）春季正月，西燕主慕容永率领军队向洛阳进攻，朱序从河阴向北渡过黄河，击败了慕容永。

三月，后秦主姚苌进攻在新罗堡的前秦扶风太守齐益男，攻克新罗堡，齐益男逃走。秦主符登进攻在陇东的后秦天水太守张业生，姚苌救援张业生，符登率军离去。

秋七月，冯翊人郭质起兵于广乡以应秦，移檄三辅曰："姚苌凶虐，毒被神人。吾属世蒙先帝尧、舜之仁，非常伯、纳言之子，即卿校、牧守之孙也。与其含耻而存，孰若蹈道而死。"于是三辅壁垒皆应之。独郑县人苟曜不从，聚众数千，附于后秦。秦以质为冯翊太守，后秦以曜为豫州刺史。冬十二月，郭质及苟曜战于郑东，质败，奔洛阳。

十六年春三月，秦主登自雍攻后秦安东将军金荣于范氏堡，克之。遂渡渭水，攻京兆太守韦范于段氏堡，不克，进据曲牢。

夏四月，燕兰汗破贺染干于牛都。

苟曜有众一万，密召秦主登，许为内应。登自曲牢向繁川，军于马头原。五月，后秦主苌引兵逆战，登击破之，斩其右将军吴忠。苌收众复战，姚硕德曰："陛下慎于轻战，每欲以计取之，今战失利而更前逼贼，何也？"苌曰："登用兵迟缓，不识虚实。今轻兵直进，遥据吾东，此必苟曜竖子与之有谋也。缓之则其谋得成，故及其交之未合，急击之以败散其事耳。"遂进战，大破之。登退屯于郿。

秦兖州刺史强金槌据新平，降后秦，以其子遆为质。后秦主苌将数百骑入金槌营。群下谏之，苌曰："金槌既去苻登，又欲图我，将安所归乎！且彼初来款附，宜推心以结之，奈何复以不信疑之乎！"既而群氐欲取苌，金槌不从。

秋七月，秦主登攻新平，后秦主苌救之，登引去。

冬十二月，秦主登攻安定，后秦主苌如阴密以拒之，谓太子兴曰："苟曜闻吾北行，必来见汝，汝执诛之。"曜果见兴于长安，

秋季七月，冯翊人郭质在广乡起兵以响应前秦，在三辅传递檄文说："姚苌凶狠暴虐，流毒遍及神人。我们世代承蒙先帝尧、舜般的仁爱，不是常伯、纳言的儿子，即为卿校、牧守的孙子。与其忍辱生存，不如追求正义而亡。"于是三辅地区的坞壁、堡垒全响应郭质的号召。只有郑县人苟曜不听从号召，他聚集军队几千人，依附后秦。前秦用郭质为冯翊太守，后秦用苟曜为豫州刺史。冬季十二月，郭质和苟曜在郑县以东交战，郭质失败，投奔洛阳。

十六年（391）春季三月，秦主苻登从雍城出兵进攻在范氏堡的后秦安东将军金荣，攻克范氏堡。于是渡过渭水，进攻在段氏堡的京兆太守韦范，没有攻克段氏堡，便进军占据曲牢。

夏季四月，后燕兰汗在牛都击败贺染干。

苟曜有军队一万人，秘密召引秦主苻登，答应做内应。苻登从曲牢向繁川进军，在马头原驻军。五月，后秦主姚苌带兵迎战，苻登击败了他，并杀掉了他的右将军吴忠。姚苌收兵再战，姚硕德说："陛下对轻易作战一向谨慎，常常想用计策战胜他，现在交战失利反而向前进逼寇贼，为什么？"姚苌说："苻登用兵迟缓，不辨识虚实。现在率轻装军队向前直进，远远占据我的东部，这必是苟曜那小子和他有阴谋。慢一点攻击他，他们的阴谋就会得逞，所以要在他们还没交合到一起，赶快攻击他，以便破坏他们的事情。"于是进军交战，大败苻登军，苻登退军，屯驻在郿。

据有新平的前秦兖州刺史强金槌投降后秦，用他儿子强逯做人质。后秦主姚苌率数百骑兵进入强金槌营中。手下群臣谏阻他，姚苌说："强金槌已离开苻登，再想图谋我，他将回什么地方呢？况且他初次来诚心归附，应该推心结纳他，为什么不信任他而使他怀疑呢！"不久，许多氐族人想杀姚苌，强金槌不让。

秋季七月，秦主苻登进攻新平，后秦主姚苌救援新平，苻登带兵离去。

冬季十二月，秦主苻登进攻安定，后秦主姚苌到阴密以抗拒他。临行前，他对太子姚兴说："苟曜听说我北行后，一定会来见你，到时候你就抓住他，把他杀掉。"苟曜果真来到长安见姚兴，

兴使尹纬让而诛之。苌败登于安定城东，登退据路承堡。苌置酒高会，诸将皆曰："若值魏武王，不令此贼至今，陛下将牢太过耳。"苌笑曰："吾不如亡兄有四：身长八尺五寸，臂垂过膝，人望而畏之，一也；将十万之众，与天下争衡，望麾而进，前无横阵，二也；温古知今，讲论道艺，收罗英隽，三也；董帅大众，上下咸悦，人尽死力，四也。所以得建立功业，驱策群贤者，正望算略中有片长耳。"群臣咸称万岁。

十七年春三月，后秦主苌寝疾，命姚硕德镇李润，尹纬守长安，召太子兴诣行营。征南将军姚方成言于兴曰："今寇敌未灭，上复寝疾。王统等皆有部曲，终为人患，宜尽除之。"兴从之，杀王统、王广、苻胤、徐成、毛盛。苌怒曰："王统兄弟，吾之州里，实无他志。徐成等皆前朝名将，吾方用之，奈何辄杀之！"

秋七月，秦主登闻后秦主苌疾病，大喜，告祠世祖神主，大赦，百官进位二等，秣马厉兵，进逼安定，去城九十馀里。八月，苌疾小瘳，出兵拒之。登引兵出营，将逆战，苌遣安南将军姚熙隆别攻秦营，登惧而还。苌夜引兵旁出以蹑其后，旦而候骑告曰："贼诸营已空，不知所向。"登惊曰："彼为何人，去令我不知，来令我不觉，谓其将死，忽然复来。朕与此羌同世，何其厄哉！"登遂还雍，苌亦还安定。

巴、蜀人在关中者皆叛后秦，据弘农以附秦。秦主登

姚兴让尹纬责备他并杀掉了他。姚苌在安定城东击败了符登，符登退兵占据路承堡。姚苌设置酒宴进行庆贺，诸将都说："如果是魏武王执政，不会让符登这个贼活到现在，陛下过于稳重了。"姚苌笑着说："我不如死去的哥哥有四方面：他身长八尺五寸，手臂垂下超过膝盖，人们望见他就敬畏他，这是其一；他率领十万人的军队，与天下争衡，望着指挥作战的旗子而前进，前面没有挡得住的敌阵，这是其二；他温习古代的事情，知道现在的事情，能讲论道艺，收罗英雄俊杰，这是其三；他管理统帅大军，上下都高兴，人人愿尽死力，这是其四。我所以能建立功业，驱使鞭策群贤，正是期望策算谋略中有一点比他高而已。"群臣都称万岁。

十七年(392)春季三月，后秦主姚苌卧病不起，命令姚硕德镇守李润，尹纬守卫长安，召来太子姚兴到行营。征南将军姚方成向姚兴进言说："现在寇敌还没有消灭，皇上又卧病。王统等人都有部曲，恐怕最终会成为我们的祸患，应该全部除掉他们。"姚兴听从了姚方成的话，杀掉了王统、王广、符胤、徐成、毛盛。姚苌生气地说："王统兄弟，是我的州里同乡，实在没有其他打算。徐成等都是前朝名将，我刚重用他们，你怎么独断专行杀掉了他们！"

秋季七月，秦主符登听说后秦主姚苌病了，而且病得很重，非常高兴，告知并祭祀符坚的牌位，大赦，百官晋升两级职位，秣马厉兵，进军逼近安定，只离城九十馀里。八月，姚苌病情稍有好转，便出城抗击符登。符登带兵出营，将要迎战，姚苌派遣安南将军姚熙隆另外攻击前秦军营，符登害怕，率军返回。姚苌夜间带兵从旁边出营，跟在符登军后，早晨符登的侦察骑兵报告说："敌人各个兵营都已空了，不知道去了什么地方。"符登吃惊道："他是什么人，离去让我不知，来时让我不觉，说他将要死了，可忽然又来了。我和这个羌人同时代，是何等的灾难啊！"于是符登返回雍城，姚苌也返回安定。

关中的巴、蜀人都背叛后秦，占据弘农郡归附前秦。秦主符登

以窦冲为左丞相,冲徙屯华阴。郗恢遣将军赵睦守金墉,河南太守杨佺期帅众军湖城,击冲,走之。

十八年夏五月,秦右丞相窦冲矜才尚人,自请封天水王,秦主登不许。六月,冲自称秦王,改元元光。

秋七月,秦主登攻窦冲于野人堡,冲求救于后秦。尹纬言于后秦主苌曰:"太子仁厚之称,著于远近,而英略未著,请使击苻登以著之。"苌从之。太子兴将兵攻胡空堡,登解冲围以赴之。兴因袭平凉,大获而归。苌使兴还镇长安。

冬十月,后秦主苌疾甚,还长安。
燕主垂议伐西燕,诸将皆曰:"永未有衅,我连年征讨,士卒疲弊,未可也。"范阳王德曰:"永既国之枝叶,又僭举位号,惑民视听,宜先除之,以壹民心。士卒虽疲,庸得已乎!"垂曰:"司徒意正与吾同。吾比老,叩囊底智,足以取之,终不复留此贼以累子孙也。"遂戒严。

十一月,垂发中山步骑七万,遣镇西将军丹杨王瓒、龙骧将军张崇出井陉,攻西燕武乡公友于晋阳,征东将军平规攻镇东将军段平于沙亭。西燕主永遣其尚书令刁云、车骑将军慕容钟帅众五万守潞川。友,永之弟也。十二月,垂至邺。
己亥,后秦主苌召太尉姚旻、仆射尹纬、姚晃、将军姚大目、尚书狄伯支入禁中,受遗诏辅政。苌谓太子兴曰:"有毁此诸公者,慎勿受之。汝抚骨肉以恩,接大臣以礼,待物以信,遇民以仁,四者不失,吾无忧矣。"姚晃垂涕问取苻登之策,

用窦冲为左丞相，窦冲迁徙军队屯驻华阴。郗恢派遣将军赵睦守卫金墉，河南太守杨佺期率军驻扎湖城，攻击窦冲，将他赶跑。

十八年(393)夏季五月，前秦右丞相窦冲自负才能，想凌驾于他人之上，自己请求封为天水王，秦主苻登不答应。六月，窦冲自称秦王，改年号为元光。

秋季七月，秦主苻登攻击在野人堡的窦冲，窦冲向后秦求救。尹纬向后秦主姚苌进言说："太子仁义厚道的名声远近闻名，但英才谋略不著名，请让他率军攻击苻登来出一下名吧。"姚苌听从了尹纬的话。于是，太子姚兴率军进攻胡空堡，苻登解除对窦冲的包围而奔赴胡空堡。姚兴趁机袭击平凉，缴获了大批物资返回。姚苌让姚兴仍回长安镇守。

冬季十月，后秦主姚苌病情十分严重，返回长安。

燕主慕容垂商议讨伐西燕，诸将都说："慕容永没有破绽，我军连年征伐，士兵疲惫不堪，不能讨伐。"范阳王慕容德说："慕容永既是国家的枝叶，又超越本分即位称号，迷惑百姓的视听，应该先除掉他，以便统一民心。士兵虽然疲惫，可难道能就这样罢休吗！"慕容垂说："司徒的意见和我的相同。我到死以前，敲打一下袋子底部的才智，足可以消灭他，终究不能再留下这个贼来烦扰子孙。"于是戒严。

十一月，慕容垂调发中山步骑兵七万，派镇西将军丹阳王慕容瓒、龙骧将军张崇越过井陉，攻击在晋阳的西燕武乡公慕容友，征东将军平规攻击在沙亭的西燕镇东将军段平。西燕主慕容永派遣他的尚书令刁云、车骑将军慕容钟率军五万守卫潞川。慕容友，是慕容永的弟弟。十二月，慕容垂到了邺城。

己亥这一天，后秦主姚苌召太尉姚旻、仆射尹纬、姚晃、将军姚大目、尚书狄伯支进入皇宫，接受遗诏辅政。姚苌对太子姚兴说："有诋毁这几位大臣的，千万不要听他的。你用恩德抚育骨肉亲人，用礼仪对待大臣，用信誉待人，用仁义待百姓，这四方面不失误，我就没有忧虑了。"姚晃流着泪请教消灭苻登的计策，

苌曰:"今大业垂成,兴才智足办,奚所复问!"庚子,苌卒。
兴秘不发丧,以其叔父绪镇安定,硕德镇阴密,弟崇守长
安。或谓硕德曰:"公威名素重,部曲最强,今易世之际,
必为朝廷所疑,不如且奔秦州,观望事势。"硕德曰:"太子
志度宽明,必无他虑。今苻登未灭而骨肉相攻,是自亡也。
吾有死而已,终不为也。"遂往见兴,兴优礼而遣之。兴自
称大将军,以尹纬为长史,狄伯支为司马,帅众伐秦。

十九年春正月,秦主登闻后秦主苌卒,喜曰:"姚兴小
儿,吾折杖笞之耳。"乃大赦,尽众而东,留司徒安成王广守
雍,太子崇守胡空堡。

二月,燕主垂留清河公会镇邺,发司、冀、青、兖兵,遣
太原王楷出滏口,辽西王农出壶关,垂自出沙庭以击西燕,
标榜所趣,军各就顿。西燕主永闻之,严兵分道拒守,聚粮
台壁,遣从子征东将军小逸豆归、镇东将军王次多、右将军
勒马驹帅众万馀人戍之。

夏四月,秦主登自六陌趣废桥,后秦始平太守姚详据
马嵬堡以拒之。太子兴遣尹纬将兵救详,纬据废桥以待
秦。秦兵争水,不能得,渴死者什二三,因急攻纬。兴驰遣
狄伯支谓纬曰:"苻登穷寇,宜持重以挫之。"纬曰:"先帝登
遐,人情扰惧,今不因思奋之力以禽敌,大事去矣!"遂与秦
战,秦兵大败。其夜,秦众溃,登单骑奔雍。太子崇及安成
王广闻败,皆弃城走。登至,无所归,乃奔平凉,收集遗众,
入马毛山。

姚苌说:"现在大业将要成功,姚兴的才智足以办理此事,有什么好再问的!"庚子这一天,姚苌去世。姚兴秘不发丧,用他叔父姚绪镇守安定,姚硕德镇守阴密,弟弟姚崇守卫长安。有人对姚硕德说:"您的威望名声向来最受敬重,部曲最强,现在换代之际,必然被朝廷所猜疑,不如暂且投奔秦州,观望事态、形势的发展。"姚硕德说:"太子心志度量宽宏明察,一定不会有其他疑虑。现在符登没有消灭,如果骨肉亲人互相攻击,是自取灭亡,我最多去死罢了,终究不做那种事。"于是前去见姚兴,姚兴优礼相待,并派他重回任所。姚兴自称大将军,用尹纬为长史,狄伯支为司马,率军讨伐前秦。

十九年(394)春季正月,秦主符登听说后秦主姚苌已经死了,高兴地说:"姚兴小儿,我折断兵杖当竹板打他。"于是大赦,率领全部军队向东而来,留下司徒安成王符广守卫雍城,太子符崇守卫胡空堡。

二月,燕主慕容垂留下清河公慕容会镇守邺城,征发司、冀、青、兖四州的军队,派遣太原王慕容楷越过滏口,辽西王慕容农越过壶关,慕容垂自己率军越过沙庭,以此攻击西燕,标示宣明所要去的地方,军队各自就地停宿。西燕主慕容永听说这种情况后,戒严军队,分路把守,在台壁聚集军粮,派侄子征东将军小逸豆归、镇东将军王次多、右将军勒马驹率军万馀人防守台壁。

夏季四月,秦主符登从六陌向废桥进军,后秦始平太守姚详占据马鬼堡来抗拒前秦军队。太子姚兴派遣尹纬率兵救援姚详,尹纬占据废桥,等待前秦军。前秦军争水,得不到,渴死的士兵有十分之二三,因此赶快进攻尹纬。姚兴快速派遣狄伯支对尹纬说:"符登已经走投无路,应该稳重地来挫败他。"尹纬说:"先帝刚死,人们的心情忧虑恐惧,现在不趁士兵想奋力战斗的机会来擒获敌人,大业就会失败了!"于是,便和前秦交战,前秦兵大败。当晚,前秦军崩溃,符登单骑逃奔雍城。太子符崇和安成王符广听到失败的消息,都放弃城池逃走。符登到后,没有可去的地方,便投奔平凉,收集留下的军队,进入马毛山。

燕主垂顿军邺西南,月馀不进。西燕王永怪之,以为太行道宽,疑垂欲诡道取之,乃悉敛诸军屯轵关,杜太行口,惟留台壁一军。甲戌,垂引大军出滏口,入天井关。五月乙酉,燕军至台壁,永遣从兄太尉大逸豆归救之,平规击破之。小逸豆归出战,辽西王农又击破之,斩勒马驹,禽王次多,遂围台壁。永召太行军还,自将精兵五万以拒之。刁云、慕容钟震怖,帅众降燕,永诛其妻子。己亥,垂陈于台壁南,遣骁骑将军慕容国伏千骑于涧下。庚子,与永合战,垂伪退,永众追之,行数里,国骑从涧中出,断其后,诸军四面俱进,大破之,斩首八千馀级,永走归长子。晋阳守将闻之,弃城走。丹杨王瓒等进取晋阳。

五月,后秦太子兴始发丧,即皇帝位于槐里,大赦,改元皇初,遂如安定。谥后秦主苌曰武昭皇帝,庙号太祖。

六月,燕主垂进军围长子。西燕主永欲奔后秦,侍中兰英曰:"昔石虎伐龙都,太祖坚守不去,卒成大燕之基。今垂七十老翁,厌苦兵革,终不能顿兵连岁以攻我也,但当城守以疲之。"永从之。

秦主登遣其子汝阴王宗为质于河南王乾归以请救,进封乾归梁王,纳其妹为梁王后。乾归遣前军将军乞伏益州等帅骑一万救之。秋七月,登引兵出迎乾归兵,后秦主兴自安定如泾阳,与登战于山南,执登,杀之。悉散其部众,使归农业,徙阴密三万户于长安,以李后赐姚晃。益州等闻之,引兵还。

燕主慕容垂在邺城西南面停宿军队，一个多月也不进军。西燕主慕容永对他的做法感到奇怪，以为太行山道路宽阔，怀疑慕容垂想用欺诈的办法消灭他，于是全部收回各路军队，屯驻轵关，杜绝太行山口，只留下台壁一支军队。甲戌（二十日）这天，慕容垂带领大军越过滏口，进入天井关。五月乙酉（初一），后燕军队到达台壁，慕容永派遣堂兄、太尉大逸豆归救援台壁，平规击败了这支援军。小逸豆归出战，辽西王慕容农又击败了他，杀掉勒马驹，擒获王次多，于是包围了台壁。慕容永召回太行山的守军，亲自率领精兵五万来抗拒后燕军。刁云、慕容钟感到震惊、恐怖，率军投降后燕，慕容永杀掉了他们的妻子儿女。己亥（十五日），慕容垂在台壁南列阵，派遣骁骑将军慕容国在山涧下埋伏了一千骑兵。庚子（十六日），与慕容永交战，慕容垂假装退走，慕容永的士兵追击他，走了几里，慕容国的骑兵从涧中出来，截断西燕兵的退路，各路军队四面齐进，大败西燕军，杀死八千多人，慕容永逃回长子县。晋阳守将听到败讯，放弃城池逃走。丹阳王慕容瓒等进军占领晋阳。

五月，后秦太子姚兴才发丧，在槐里即皇帝位，大赦，改年号为皇初。于是来到安定，定后秦主姚苌谥号为武昭皇帝，庙号太祖。

六月，燕主慕容垂进军包围长子。西燕主慕容永想投奔后秦，侍中兰英说："从前石虎讨伐龙都，太祖坚守不离去，终于成就大燕的基业。现在慕容垂是七十岁的老头子，对战争必然感到厌恶、痛苦，终究不能连年驻兵来进攻我们，只应当用坚守城池的办法来疲弊他们。"慕容永听从了兰英的话。

秦主符登派他儿子汝阴王符宗做人质向河南王乞伏乾归请求救兵，进封乞伏乾归为梁王，献纳他妹妹去做梁王后。乞伏乾归派遣前军将军乞伏益州等率骑兵一万救援符登。秋季七月，符登带兵出山迎接乞伏乾归的援兵，后秦主姚兴从安定到泾阳，和符登在马毛山南交战，抓住符登，杀掉了他。全部遣散他的手下军队，让他们回家种地。同时，还迁徙阴密人口三万户到长安。把李后赏赐给姚晃。乞伏益州等听到消息后，率兵返回。

秦太子崇奔湟中，即帝位，改元延初。谥登曰高皇帝，庙号太宗。

八月，西燕主永困急，遣其子常山公弘等求救于雍州刺史郗恢，并献玉玺一纽。恢上书言："垂若并永，为患益深，不如两存之，可以乘机双毙。"帝以为然，诏青、兖二州刺史王恭、豫州刺史庾楷救之。楷，亮之孙也。永恐晋兵不出，又遣其太子亮来为质，平规追亮及于高都，获之。永又告急于魏，魏王珪遣陈留公虔、将军庾岳帅骑五万东渡河，屯秀容以救之。晋、魏兵皆未至，大逸豆归等部将伐勤等开门纳燕兵，燕人执永，斩之，并斩其公卿大将刁云、大逸豆归等三十馀人，得永所统八郡七万馀户及秦乘舆、服御、妓乐、珍宝甚众。九月，垂自长子如邺。

十月，秦主崇为梁王乾归所逐，奔陇西王杨定。定留司马邵疆守秦州，帅众二万与崇共攻乾归，乾归遣凉州牧轲弹、秦州牧益州、立义将军诘归帅骑三万拒之。益州与定战，败于平州，轲弹、诘归皆引退，轲弹司马翟瑥奋剑怒曰："主上以雄武开基，所向无敌，威振秦、蜀。将军以宗室居元帅之任，当竭力致命以佐国家。今秦州虽败，二军尚全，奈何望风退衄，将何面以见主上乎！瑥虽无任，独不能以便宜斩将军乎！"轲弹谢曰："向者未知众心何如耳。果能若是，吾敢爱死！"乃帅骑进战，益州、诘归亦勒兵继之，大败定兵，杀定及崇，斩首万七千级。乾归于是尽有陇西之地。

前秦太子苻崇逃奔湟中,登上帝位,改年号为延初,给苻登谥号为高皇帝,庙号为太宗。

八月,西燕主慕容永困窘急迫,派他儿子常山公慕容弘等向东晋雍州刺史郗恢求救,同时献上一枚有鼻纽的玉玺。郗恢上书朝廷说:"慕容垂如果吞并了慕容永,造成的灾难会更深重,不如让他们两人共存,可以乘机使他们双双毙命。"东晋孝武帝觉得对,于是下诏让青、兖二州刺史王恭、豫州刺史庾楷救援西燕。庾楷,是庾亮的孙子。慕容永担心东晋不出兵救援,又派遣他的太子慕容亮到东晋做人质,平规追赶慕容亮,在高都赶上,俘获了他。慕容永又向北魏告急,北魏王拓跋珪派遣陈留公拓跋虔、将军庾岳率领骑兵五万东渡黄河,屯驻秀容以便救援慕容永。东晋、北魏救兵都还没到,大逸豆归的部将伐勤等,已打开城门接纳后燕军队,后燕军抓住慕容永,并杀掉了他,同时杀掉的还有慕容永的公卿、大将如刁云、大逸豆归等三十多人,得到慕容永所统领的八郡七万多户百姓以及前秦很多的皇帝车驾、皇帝用衣、妓乐、珍宝等。九月,慕容垂从长子到邺城。

十月,秦主苻崇被梁王乞伏乾归驱逐,投奔陇西王杨定。杨定留下司马邵疆守卫秦州,自己率军二万,和苻崇一起进攻乞伏乾归。乞伏乾归派遣凉州牧乞伏轲弹、秦州牧乞伏益州、立义将军乞伏诘归率领三万骑兵进行抗击。乞伏益州与杨定交战,在平州失败,乞伏轲弹、乞伏诘归都带兵后退。乞伏轲弹的司马翟瑥扬起宝剑发怒道:"主上凭借雄才武略开创基业,所向无敌,威震秦、蜀。将军凭借宗室身份处在元帅的位置上,应当竭尽全力拼死来辅佐国家。现在秦州牧虽然失败了,但我们两支军队仍完好,怎么能望风败退,将用什么脸面去见主上呢!我翟瑥虽然没有职位,难道就不能因为对国家有利而杀掉将军吗!"乞伏轲弹道歉说:"刚才只是不知道大家的想法怎样罢了。果真能像你这样,我怎敢贪生怕死!"于是,乞伏轲弹率领骑兵进军交战,乞伏益州、乞伏诘归也统率军队继后,大败杨定的军队,杀掉杨定和苻崇,杀敌一万七千人。乞伏乾归于是全部占有了陇西地区。

定无子,其叔父佛狗之子盛,先守仇池,自称征西将军、秦州刺史、仇池公,谥定为武王,仍遣使来称藩。秦太子宣奔盛。盛分氐、羌为二十部护军,各为镇戍,不置郡县。

杨定没有儿子,他叔父杨佛狗的儿子杨盛事先守卫仇池,自称征西将军、秦州刺史、仇池公,他给杨定谥号为武王,仍然派遣使者向东晋称藩属。前秦太子苻宣投奔杨盛。杨盛划分氐、羌为二十部护军,各自作为镇戍,不设置郡县。

丁零叛燕

晋孝武帝太元八年,丁零翟斌起兵叛秦,慕容凤及燕故臣之子燕郡王腾、辽西段延等各帅部曲归之。初,丁零翟斌世居康居,后徙中国。

九年,慕容凤、王腾、段延皆劝翟斌奉慕容垂为盟主,斌从之。垂至洛阳,斌帅其众来与垂会,劝垂称尊号。垂至荥阳,称大将军、大都督、燕王。承制以翟斌为建义大将军,封河南王。事见《慕容叛秦复燕》。

燕翟斌恃功骄纵,邀求无厌。又以邺城久不下,潜有贰心。太子宝请除之,燕王垂曰:"河南之盟,不可负也。若其为难,罪由于斌。今事未有形而杀之,人必谓我忌惮其功能。吾方收揽豪杰以隆大业,不可示人以狭,失天下之望也。藉彼有谋,吾以智防之,无能为也。"范阳王德、陈留王绍、骠骑大将军农皆曰:"翟斌兄弟恃功而骄,必为国患。"垂曰:"骄则速败,焉能为患!彼有大功,当听其自毙耳。"

丁零叛燕

东晋孝武帝太元八年(383),丁零人翟斌起兵背叛前秦,慕容凤以及前燕旧臣的儿子燕郡人王腾、辽西人段延等各自率领部曲投靠了他。最初,丁零人翟斌世世代代居住在康居国,后来迁徙到中原地区的国家。

太元九年(384),慕容凤、王腾、段延都劝翟斌尊奉慕容垂为盟主,翟斌听从了他们的话。慕容垂到洛阳,翟斌率领他的军队前来与慕容垂会师,并劝说慕容垂称皇帝。慕容垂到荥阳后,在众人的劝说下,开始称大将军、大都督、燕王。按照皇帝授权任命翟斌为建义大将军、封为河南王。事见《慕容叛秦复燕》。

后燕翟斌依恃功高,骄傲自负,放纵自己,求取的东西越来越多,无法满足。又因为邺城长时间没有攻下,暗中有了二心。太子慕容宝请求杀掉他,燕王慕容垂说:"在河南时的盟约,不可以违背。如果他要发难,那么罪过在于翟斌。现在事情没有明显迹象而杀了他,人们必然说我忌讳、害怕他的功劳和才能。我目前正在招收延揽豪杰使大业兴隆,不能用心胸狭窄的形象出现在人们面前,使天下人感到失望。即便他有拥兵反叛的阴谋,我用智慧防范他,他也就无能为力了。"范阳王慕容德、陈留王慕容绍、骠骑大将军慕容农都说:"翟斌兄弟们依恃功高而骄傲自负,必定会给国家造成祸患。"慕容垂说:"骄傲自负就会加速失败,怎么能造成祸患呢!他立有大功,应当听任他自己灭亡。"

礼遇弥重。

斌讽丁零及其党请斌为尚书令。垂曰："翟王之功，宜居上辅，但台既未建，此官不可遽置耳。"斌怒，密与前秦长乐公丕通谋，使丁零决堤溃水。事觉，垂杀斌及其弟檀、敏，馀皆赦之。

斌兄子真，夜将营众北奔邯郸，引兵还向邺围，欲与丕内外相应。太子宝与冠军大将军隆击破之，真还走邯郸。太原王楷、陈留王绍言于垂曰："丁零非有大志，但宠过为乱耳。今急之则屯聚为寇，缓之则自散，散而击之，无不克矣。"垂从之。秋八月，翟真自邯郸北走，燕王垂遣太原王楷、骠骑大将军农帅骑追之，甲寅，及于下邑。楷欲战，农曰："士卒饥倦，且视贼营不见丁壮，殆有他伏。"楷不从，进战，燕兵大败。真北趋中山，屯于承营。冬十月，翟真在承营，与公孙希、宋敞遥相首尾。

十一月，燕慕容农自信都西击丁零翟辽于鲁口，破之。辽退屯无极，农屯藁城以逼之。辽，真之从兄也。十二月，燕慕容麟、慕容农合兵袭翟辽，大破之，辽单骑奔翟真。

十年春二月，慕容农引兵会慕容麟于中山，与共攻翟真。麟、农先帅数千骑至承营，观察形势。翟真望见，陈兵而出。诸将欲退，农曰："丁零非不劲勇，而翟真懦弱，今简精锐，望真所在而冲之，真走，众必散矣，乃邀门而蹙之，可尽

于是,对翟斌的礼节待遇更加隆盛、优厚。

翟斌用含蓄的话暗示丁零人和他的同伙,让他们请求任命他为尚书令。慕容垂说:"翟王的功劳,应该居于宰相的高位,但尚书台既然没建立,这个官不能马上设置。"翟斌发怒,秘密和前秦长乐公符丕阴谋串通,让丁零人决开堤坝,将灌淹邺城的水放走。结果事情被发觉,慕容垂杀掉了翟斌以及他的弟弟翟檀、翟敏,其馀的党羽都予以赦免。

翟斌的侄子翟真,夜间率领营中的军队向北投奔邯郸,后来带兵又回到邺城外围,想和符丕内外相互呼应。太子慕容宝和冠军大将军慕容隆击败了他,他又逃回邯郸。太原王慕容楷、陈留王慕容绍向慕容垂进言说:"丁零人没有远大志向,只是宠爱太过分了才造成了叛乱。现在若使他们处境危急,他们就会屯聚起来做强盗;若使他们情况和缓,他们就会自动散离。散离后再攻击他们,便没有攻不克的了。"慕容垂听从了他们的话。秋季八月,翟真从邯郸北逃,燕王慕容垂派遣太原王慕容楷、骠骑大将军慕容农率领骑兵追击他,甲寅(初三)这天,在下邑追上了。慕容楷想交战,慕容农说:"士兵饥饿疲倦,而且只看见敌人的营垒而不见健壮的成年人,可能有其他埋伏。"慕容楷不听劝告,进军交战,结果后燕军队大败。翟真向北朝中山进发,在承营驻军。冬季十月,翟真在承营,和公孙希、宋敞首尾遥相呼应。

十一月,后燕慕容农从信都出兵向西进攻在鲁口的丁零人翟辽,并击败了他。翟辽撤退,驻军无极,慕容农驻军藁城逼迫他。翟辽是翟真的堂兄。十二月,后燕慕容麟、慕容农联合出兵,袭击翟辽,将他的军队打得大败,翟辽单骑而逃,投奔了翟真。

十年(385)春季二月,慕容农带兵与在中山的慕容麟会师,共同进攻翟真。慕容麟、慕容农首先率领几千骑兵到承营,观察形势。翟真望见后,带领军队列阵而出。诸将想撤退,慕容农说:"丁零人不是不强劲勇猛,但翟真本人很懦弱。现在选拔精锐将士,朝着翟真所在的地方冲过去,翟真逃跑,他的军队必然会逃散,这时,在他们的城门加以截击,骑兵踩踏过去,可以全部

杀也。"使骁骑将军慕容国帅百馀骑冲之,真走,其众争门,自相蹈藉,死者太半,遂拔承营外郭。

夏四月,翟真自承营徙屯行唐,真司马鲜于乞杀真及诸翟,自立为赵王。营人共杀乞,立真从弟成为主,其众多降于燕。

闰五月庚戌,燕王垂至常山,围翟成于行唐。命带方王佐镇龙城。秋七月癸酉,翟成长史鲜于得斩成出降,垂屠行唐,尽坑成众。

十一年。鲜于乞之杀翟真也,翟辽奔黎阳,黎阳太守滕恬之甚爱信之。恬之喜畋猎,不爱士卒,辽潜施奸惠以收众心。恬之南攻鹿鸣城,辽于后闭门拒之,恬之东奔鄄城,辽追执之,遂据黎阳。豫州刺史朱序遣将军秦膺、童斌与淮、泗诸郡共讨之。春三月,泰山太守张愿以郡叛降翟辽。秋八月,翟辽寇谯,朱序击走之。

十二年春正月,翟辽遣其子钊寇陈、颍,朱序遣将军秦膺击走之。夏四月,高平人翟畅执太守徐含远,以郡降翟辽。燕主垂谓诸将曰:"辽以一城之众,返覆三国之间,不可不讨。"五月,以章武王宙监中外诸军事,辅太子宝守中山。垂自帅诸将南攻辽,以太原王楷为前锋都督。辽众皆燕、赵之人,闻楷至,皆曰:"太原王子,吾之父母也!"相帅归之。辽惧,遣使请降。垂以辽为徐州牧,封河南公,前至黎阳,受降而还。井陉人贾鲍,招引北山丁零翟遥等五千馀人,夜袭中山,陷其外郭。章武王宙以奇兵

杀掉他们。"于是,派骁骑将军慕容国率领一百多骑兵冲过去,翟真果然逃跑,他的士兵争入城门,自己互相践踏,死者枕藉,占军队总数的三分之二,于是后燕军攻拔承营外城。

夏季四月,翟真从承营迁徙到行唐屯驻,他的司马鲜于乞将翟真和他的兄弟全部杀掉,自立为赵王。兵营中的丁零人一起杀掉鲜于乞,立翟真的堂弟翟成为首领,他的军队大都投降了后燕。

闰五月庚戌(初四)这天,燕王慕容垂到常山,包围了在行唐的翟成。命令带方王慕容佐镇守龙城。秋季七月癸酉(二十八日),翟成的长史鲜于得杀掉翟成出城投降,慕容垂在行唐进行大屠杀,全部活埋了翟成的士兵。

十一年(386)。鲜于乞杀害翟真时,翟辽逃奔黎阳,东晋黎阳太守滕恬之十分宠爱、信任他。滕恬之喜欢打猎,不爱护士兵,翟辽暗中行施一些私人恩惠,以此收买士兵的心。滕恬之向南进攻鹿鸣城,翟辽在他走后关闭城门,拒绝他入城。滕恬之向东投奔鄄城,翟辽追赶并抓住了他,于是占据黎阳。豫州刺史朱序派遣将军秦膺、童斌和淮河、泗水流域的各郡守将共同讨伐翟辽。春季三月,泰山太守张愿献出本郡,叛变东晋,投降翟辽。秋季八月,翟辽侵扰谯县,朱序将他击走。

十二年(387)春季正月,翟辽派遣他儿子翟钊侵扰陈留、颍川,朱序派将军秦膺将他击走。夏季四月,高平人翟畅抓住太守徐含远,主动献上本郡投降了翟辽。燕主慕容垂对诸将说:"翟辽凭借一座城市的军队,在三国之间绕来晃去,忽叛忽降,不能不讨伐他。"五月,他用章武王慕容宙为监中外诸军事,辅佐太子慕容宝守卫中山。慕容垂亲自率领诸将向南进攻翟辽,用太原王慕容楷为前锋都督。翟辽的部众都是燕、赵地区的人,听说慕容楷到达的消息后,都说:"太原王慕容恪的儿子,就是我们的父母。"于是,便陆续归附了他。翟辽害怕了,派使者请求投降。慕容垂用翟辽为徐州牧,封他为河南公。同时慕容垂率军前进到黎阳,接受完投降后才返回。井陉人贾鲍招诱并带领北山的丁零人翟遥等五千多人,夜袭中山,攻陷外城。章武王慕容宙用奇兵

出其外,太子宝鼓噪于内,合击,大破之,尽俘其众,唯遥、鲍单马走免。冬十月,翟辽复叛燕,遣兵与王祖、张申寇抄清河、平原。

十三年春二月,翟辽遣司马眭琼诣燕谢罪。燕主垂以其数反覆,斩琼以绝之。辽乃自称魏天王,改元建光,置百官。夏五月,翟辽徙屯滑台。

十四年夏四月,翟辽寇荥阳,执太守张卓。冬十月,燕乐浪悼王温为冀州刺史,翟辽遣丁零故堤诈降于温,为温帐下。乙酉,刺温,杀之,并其长史司马驱,帅守兵二百户奔西燕。辽西王农邀击于襄国,尽获之,惟堤走免。

十五年秋八月,刘牢之击翟钊于鄄城,钊走河北。又败翟辽于滑台,张愿来降。

十六年冬十月,翟辽卒,子钊代立,改元定鼎。攻燕邺城,燕辽西王农却之。

十七年春二月壬寅,燕主垂自鲁口如河间、渤海、平原。翟钊遣其将翟都侵馆陶,屯苏康垒。三月,垂引兵南击钊。燕主垂进逼苏康垒。夏四月,翟都南走滑台。翟钊求救于西燕,西燕主永谋于群臣,尚书郎勃海鲍遵曰:“使两寇相弊,吾承其后,此卞庄子之策也。”中书侍郎太原张腾曰:“垂强钊弱,何弊之承!不如速救之,以成鼎足之势。今我引兵趋中山,昼多疑兵,夜多火炬,垂必惧而自救。我冲其前,钊蹑其后,此天授之机,不可失也。”永不从。

在入侵者外面出现,太子慕容宝在城内击鼓呐喊,内外夹击,大败贾鲍、翟遥等,全部俘虏了他们的士兵,只有翟遥、贾鲍各自骑马跑掉了。冬季十月,翟辽又背叛后燕,派兵和王祖、张申一起侵犯、掠夺清河、平原。

十三年(388)春季二月,翟辽派遣司马眭琼到后燕道歉、请罪。燕主慕容垂因为他数次反复,杀掉眭琼,与他绝交。翟辽便自称魏天王,改年号为建光,设置百官。夏季五月,翟辽迁徙到滑台屯驻。

十四年(389)夏季四月,翟辽侵扰荥阳,抓住东晋荥阳太守张卓。冬季十月,后燕乐浪悼王慕容温做冀州刺史,翟辽派遣丁零人故堤向慕容温假装投降,在慕容温的帐幕下做事。乙酉(初四)这天,故堤行刺慕容温,将他杀死,同时杀掉了慕容温的长史司马驱,尔后他率领冀州兵二百户投奔西燕。辽西王慕容农在襄国拦路截击他们,全部俘虏了逃跑的守兵,只有故堤逃脱了。

十五年(390)秋季八月,东晋刘牢之攻击在鄄城的翟钊,翟钊逃往黄河以北的地方。刘牢之又在滑台击败翟辽,张愿到东晋投降。

十六年(391)冬季十月,翟辽去世,儿子翟钊接替他的位置,改年号为定鼎。翟钊进攻后燕邺城,后燕辽西王慕容农击退了他。

十七年(392)春季二月壬寅(初五)这天,燕主慕容垂从鲁口到河间、渤海、平原巡视。翟钊派遣他的将领翟都侵犯馆陶,驻军苏康垒。三月,慕容垂带兵南进,攻击翟钊。燕主慕容垂进军逼近苏康垒。夏季四月,翟都向南逃往滑台。翟钊向西燕求救,西燕主慕容永与群臣一起商量,尚书郎勃海人鲍遵说:"让慕容垂、翟钊两敌互相损耗,待他们彼此困乏,我们承继他们之后,这是卞庄子的计策。"中书侍郎太原人张腾说:"慕容垂强大而翟钊弱小,能承继什么好处! 不如赶快救援他,以便形成鼎足三立的形势。现在我们率兵向中山进军,白天多设疑兵,夜间多举火把,慕容垂一定会害怕,因而回军自救。我军冲他们的前面,翟钊追随他们的后面,这是上天授予的机会,不能失去。"慕容永不听从。

六月,燕主垂军黎阳,临河欲济,翟钊列兵南岸以拒之。辛亥,垂徙营就西津,去黎阳西四十里,为牛皮船百馀艘,伪列兵仗,溯流而上。钊亟引兵趣西津,垂潜遣中垒将军桂林王镇等自黎阳津夜济,营于河南,比明而营成。钊闻之,亟还,攻镇等营,垂命镇等坚壁勿战。钊兵往来疲暍,攻营不能拔,将引去,镇等引兵出战,骠骑将军农自西津济,与镇等夹击,大破之。钊走还滑台,将妻子,收遗众,北济河,登白鹿山,凭险自守,燕兵不得进。农曰:"钊无粮,不能久居山中。"乃引兵还,留骑候之。钊果下山,还兵掩击,尽获其众,钊单骑奔长子。西燕主永以钊为车骑大将军、兖州牧,封东郡王。岁馀,钊谋反,永杀之。

初,郝晷、崔逞及清河崔宏、新兴张卓、辽东夔腾、阳平路纂皆仕于秦,避秦乱来奔,诏以为冀州诸郡,各将部曲营于河南。既而受翟氏官爵,翟氏败,皆降于燕,燕主垂各随其材而用之。钊所统七郡三万馀户,皆按堵如故。以章武王宙为兖、豫二州刺史,镇滑台。徙徐州民七千馀户于黎阳,以彭城王脱为徐州刺史,镇黎阳。脱,垂之弟子也。垂以崔荫为宙司马。

初,陈留王绍为镇南将军,太原王楷为征西将军,乐浪王温为征东将军,垂皆以荫为之佐。荫才干明敏强正,善规谏,

六月,燕主慕容垂驻军黎阳,在黄河岸边想渡河,翟钊在黄河南岸排列军队抵御后燕军。辛亥(十六日)这天,慕容垂迁徙军营到西津渡口,距离黎阳西部四十里,制造了一百多艘牛皮船,假装陈列军队仪仗,逆流而上。翟钊急忙带兵赶往西津,慕容垂暗中派中垒将军桂林王慕容镇等夜间从黎阳津渡河,在黄河南岸建立兵营,到天亮时军营建成。翟钊听到消息后,急忙赶回,进攻慕容镇等人的兵营,慕容垂命令慕容镇等坚守军营,不要出战。翟钊的军队来往奔波,疲惫伤暑,进攻慕容镇等的兵营又不能攻下,翟钊将要带兵离去。慕容镇等带兵出战,骠骑将军慕容农从西津渡河,与慕容镇形成夹击之势,大败翟钊军。翟钊逃回滑台,率领妻子儿女,收罗残馀的兵众,北渡黄河,登上白鹿山,凭借天险进行防守,后燕的军队不能前进。慕容农说:"翟钊没有粮食,不能在山中久住。"于是带兵返回,只留巡逻骑兵等待翟钊。翟钊果然下山,后燕的军队掉头对其进行突然袭击,全部俘获了翟钊的兵众,只有翟钊一人骑马逃走,投奔到长子县。西燕主慕容永用翟钊为车骑大将军、兖州牧,封他为东郡王。一年以后,翟钊因为阴谋造反,被慕容永杀掉了。

最初,郝晷、崔逞以及清河人崔宏、新兴人张卓、辽东人夔腾、阳平人路纂都在前秦做官,为逃避前秦国内的动乱,投奔到东晋,东晋孝武帝用他们做冀州各郡的郡守,让他们各自率领部曲在黄河以南进行驻扎。不久,他们都接受了翟氏授予的官号爵位,翟氏失败后,又都向后燕投降,燕主慕容垂分别按他们的才能而加以任用。翟钊所统治的七郡三万多户,都和过去一样安居乐业。慕容垂用章武王慕容宙为兖、豫二州刺史,镇守滑台。迁徙徐州百姓七千多户到黎阳,用彭城王慕容脱为徐州刺史,镇守黎阳。慕容脱,是慕容垂的侄子。慕容垂又用崔荫做慕容宙的司马。

最初,陈留王慕容绍做镇南将军,太原王慕容楷做征西将军,乐浪王慕容温做征东将军,慕容垂都用崔荫做他们的辅佐。崔荫有明察秋毫、反应敏捷、刚强正直的才干,很善于规劝进谏,

四王皆严惮之。所至简刑法,轻赋役,流民归之,户口滋息。

秋七月,以太原王楷为冀州牧,右光禄大夫馀蔚为左仆射。

四王都尊敬、害怕他。他到什么地方都简化刑法,减轻赋税徭役,流离失所的百姓都愿意归附他,户口增长很快。

秋季七月,慕容垂用太原王慕容楷为冀州牧,用右光禄大夫饶蔚为左仆射。

拓跋兴魏

　　魏元皇帝景元二年，鲜卑索头部大人拓跋力微始遣其子沙漠汗入贡，因留为质。力微之先，世居北荒，不交南夏。至可汗毛，始强大，统国三十六，大姓九十九。后五世至可汗推寅，南迁大泽。又七世至可汗邻，使其兄弟七人及族人乙旃氏、车焜氏分统部众为十族。邻老，以位授其子诘汾，使南迁遂居匈奴故地。诘汾卒，力微立，复徙居定襄之盛乐，部众浸盛，诸部皆畏服之。

　　晋武帝泰始三年，遣鲜卑拓跋沙漠汗归其国。

　　咸宁元年夏六月，鲜卑拓跋力微复遣其子沙漠汗入贡，将还，幽州刺史卫瓘表请留之，又密以金赂其诸部大人离间之。

　　三年冬十二月，卫瓘遣拓跋沙漠汗归国。自沙漠汗入质，力微可汗诸子在侧者多有宠。及沙漠汗归，诸部大人共谮

拓跋兴魏

魏元皇帝曹奂景元二年(261),鲜卑族索头部大人拓跋力微开始派他儿子拓跋沙漠汗向魏国进贡,魏国趁机留下他作为人质。拓跋力微的祖先,世代居住在北方荒漠地区,与南方华夏族没有交往。到毛可汗时,开始强大起来,统治的部落国家有三十六个,大的族姓有九十九个。此后经过五代,到推寅可汗时,向南迁移,到达大片沼泽地区。又经过七代,到邻可汗时,让他的七个兄弟和族人乙旃氏、车焜氏分别统领部下民众,分为十族。邻年老,将可汗位授给他儿子诘汾,让诘汾率领百姓向南迁移,于是,鲜卑族在匈奴过去居住过的土地上定居下来。诘汾死后,拓跋力微成为可汗,他又率百姓迁徙到定襄的盛乐城居住,部下民众逐渐繁盛,各个部落都畏惧、服从他。

西晋武帝泰始三年(267),西晋政府遣送鲜卑人拓跋沙漠汗回国。

咸宁元年(275)夏季六月,鲜卑人拓跋力微又派遣他儿子拓跋沙漠汗向西晋进贡,拓跋沙漠汗将要返回时,幽州刺史卫瓘上表请求留住他,又秘密用金钱贿赂鲜卑各部大人,离间他们与拓跋沙漠汗的关系。

三年(277)冬季十二月,卫瓘遣送拓跋沙漠汗回国。自从拓跋沙漠汗进入中原国家做人质后,拓跋力微可汗身边的儿子大都受到宠爱。等到拓跋沙漠汗回国时,各部大人一起进谗言

而杀之。既而力微疾笃,乌桓王库贤亲近用事,受卫瓘赂,欲扰动诸部,乃砺斧于庭,谓诸大人曰:"可汗恨汝曹谗杀太子,欲尽收汝曹长子杀之。"诸大人惧,皆散走。力微以忧卒,时年一百。四子悉禄立,其国遂衰。初,幽、并二州皆与鲜卑接,东有务桓,西有力微,多为边患。卫瓘密以计间之,务桓降而力微死。朝廷嘉瓘功,封其弟为亭侯。

太康七年,鲜卑拓跋悉鹿卒,弟绰立。

惠帝元康三年夏六月,拓跋绰卒,弟子弗立。

四年,拓跋弗卒,叔父禄官立。

五年冬十二月,拓跋禄官分其国为三部:一居上谷之北,濡源之西,自统之;一居代郡参合陂之北,使兄沙漠汗之子猗㐌统之;一居定襄之盛乐故城,使猗㐌弟猗卢统之。猗卢善用兵,西击匈奴、乌桓诸部,皆破之。代人卫操与从子雄及同郡箕澹往依拓跋氏,说猗㐌、猗卢招纳晋人。猗㐌悦之,任以国事,晋人附者稍众。

七年秋九月,拓跋猗㐌度漠北巡,因西略诸国,积五岁,降附者三十馀国。

永兴元年秋七月,东嬴公腾乞师于拓跋猗㐌,以击刘渊,猗㐌与弟猗卢合兵击渊于西河,破之,与腾盟于汾东而还。

二年夏六月,汉王渊攻东嬴公腾,腾复乞师于拓跋猗㐌,卫操劝猗㐌助之。猗㐌帅轻骑数千救腾,斩汉将綦毋豚。诏

使沙漠汗被杀。不久,拓跋力微病重,乌桓王库贤因受可汗信用,执掌政事,他接受卫瓘的贿赂,想使各部动乱,便在厅堂中磨斧子,对各部大人说:"可汗痛恨你们这些人进谗言使太子被杀害,想把你们这些人的大儿子全部逮捕杀掉。"各部大人害怕,全部逃散。拓跋力微因为发愁而死去,当时年龄已一百岁。他的儿子拓跋悉禄被立为可汗,国家于是衰落。起初,幽、并二州都与鲜卑接壤,东部有务桓,西边有力微,他们多次制造边境灾难。卫瓘秘密用计离间他们,务桓投降而力微死去,西晋朝廷嘉奖卫瓘的功劳,封他弟弟为亭侯。

太康七年(286),鲜卑拓跋悉鹿去世,他的弟弟拓跋绰成为可汗。

西晋惠帝元康三年(293)夏季六月,拓跋绰去世,他的侄子拓跋弗成为可汗。

四年(294),拓跋弗去世,他的叔父拓跋禄官成为可汗。

五年(295)冬季十二月,拓跋禄官将他的国家划分为三部:一部居住在上谷以北,濡源以西地区,他自己统领;一部居住在代郡参合陂以北,让他哥哥沙漠汗的儿子猗㐌统领;一部居住在定襄的盛乐故城,让猗㐌的弟弟猗卢统领。猗卢善于用兵,向西攻击匈奴、乌桓各部,都取得了胜利。代人卫操与他的侄子卫雄以及同郡人箕澹前去投靠拓跋氏,劝说猗㐌、猗卢招抚接纳晋国人。猗㐌对他们很欣赏,任用他们处理国家大事,晋国人归附拓跋氏的逐渐多起来。

七年(297)秋季九月,拓跋猗㐌渡过荒漠北巡,趁机向西掠夺各国,战争陆续进行了五年,征服了三十多个国家。

永兴元年(304)秋季七月,东赢公司马腾向拓跋猗㐌求兵援助,以便攻击刘渊,猗㐌和弟弟猗卢联合出兵攻击在西河的刘渊,打败了他,与司马腾在汾水以东结盟后返回。

二年(305)夏季六月,汉王刘渊进攻东赢公司马腾,司马腾又向拓跋猗㐌求兵,卫操劝猗㐌帮助他。猗㐌率领轻装骑兵几千人前来救援司马腾,击杀了汉国将领綦毋豚。西晋朝廷下诏

假猗㐌大单于,加操右将军。甲申,猗㐌卒,子普根代立。

怀帝永嘉元年,拓跋禄官卒,弟猗卢总摄三部。

四年冬十月,刘琨之讨刘虎、白部也,遣使卑辞厚礼说鲜卑拓跋猗卢以请兵。猗卢使其弟弗之子郁律帅骑二万助之,遂破刘虎、白部,屠其营。琨与猗卢结为兄弟,表猗卢为大单于,以代郡封之为代公。猗卢以封邑去国悬远,民不相接,乃帅部落万馀家自云中入雁门,从琨求陉北之地。琨不能制,且欲倚之为援,乃徙楼烦、马邑、阴馆、繁畤、崞五县民于陉南,以其地与猗卢,由是猗卢益盛。

五年,刘琨遣子遵请兵于代公猗卢,猗卢遣其子六脩将兵助琨,戍新兴。事见《石勒寇河朔》。

六年,汉靳冲等攻刘琨于晋阳,猗卢遣兵救琨,击走之。刘粲等复攻晋阳,拔之。猗卢自将破粲等,琨复入晋阳。事并见《西晋之乱》。

愍帝建兴元年,代公猗卢城盛乐,以为北都,治故平城为南都。又作新平城于灅水之阳,使右贤王六脩镇之,统领南部。

三年春二月,诏进拓跋猗卢爵为代王,置官属,食代、常山二郡。猗卢请并州从事雁门莫含于刘琨,琨遣之。含不欲行,琨曰:"以并州单弱,吾之不材而能自存于胡、羯之间者,代王之力也。吾倾身竭赀,以长子为质而奉之者,庶几为朝廷雪大耻也。卿欲为忠臣,奈何惜共事之小诚而忘徇国之大节乎! 往事代王,为之腹心,乃一州之所赖也。"

非正式任命猗卢为大单于,给卫操加官号为右将军。甲申(二十四日)这天,猗㐌去世,儿子拓跋普根接替父位,成为可汗。

西晋怀帝永嘉元年(307),拓跋禄官去世,他的弟弟拓跋猗卢全面统领三部。

四年(310)冬季十月,刘琨讨伐刘虎、白部时,派遣使者献上优厚礼品,低声下气游说鲜卑拓跋猗卢,请求他出兵。猗卢让他弟弟拓跋弗的儿子拓跋郁律率领骑兵二万帮助刘琨,顺利地击败刘虎、白部,将他们全营的将士统统杀光。刘琨和猗卢结拜为兄弟,又上表朝廷,推荐猗卢做大单于,将代郡封给他,封他为代公。猗卢因为封邑代郡离本国很远,民众不能互相衔接,便率领部落一万多家从云中进入雁门,向刘琨索求石陉关以北的土地。刘琨不能制止,而且想依靠他作为外援,于是迁徙楼烦、马邑、阴馆、繁畤、崞五县的百姓到石陉关以南,用空出来的土地给猗卢居住,自此猗卢更加昌盛。

五年(311),刘琨派儿子刘遵向代公猗卢求兵,猗卢派他儿子拓跋六脩率兵帮助刘琨防守新兴。事见《石勒寇河朔》。

六年(312),汉国靳冲等进攻在晋阳的刘琨,猗卢派兵救援刘琨,将靳冲等赶跑。刘粲等又进攻晋阳,将其攻下。猗卢亲自率军击败刘粲等,刘琨又重返晋阳。事并见《西晋之乱》。

西晋愍帝建兴元年(313),代公猗卢建造盛乐城,用它作为北都,修筑旧平城作为南都。又在灅水的北面建造新平城,让右贤王拓跋六脩镇守,统领南部族众。

三年(315)春季二月,西晋朝廷下诏提升拓跋猗卢的爵位为代王,设置官属,以代郡、常山二郡作为食邑。猗卢向刘琨要并州从事、雁门人莫含,刘琨派遣他去。莫含不想去,刘琨说:"凭借并州的势单力薄,我的无能而能够在胡人、羯族之间存在下去,原因在于代王的大力帮助。我低头弯腰,竭尽资财,用大儿子做质子来尊奉代王的目的是,或许能依靠他给朝廷洗雪大耻。您想做忠臣,怎么能爱惜与我共事的小忠诚,而忘记殉国的大节操呢!前去为代王做事,成为他的心腹,也是一州所依赖的。"

含遂行。猗卢甚重之,常与参大计。猗卢用法严,国人犯法者,或举部就诛,老幼相携而行,人问:"何之?"曰:"往就死。"无一人敢逃匿者。

四年。初,代王猗卢爱其少子比延,欲以为嗣,使长子六脩出居新平城,而黜其母。六脩有骏马,日行五百里,猗卢夺之,以与比延。六脩来朝,猗卢使拜比延,六脩不从。猗卢乃坐比延于其步辇,使人导从出游。六脩望见,以为猗卢,伏谒路左;至,乃比延,六脩惭怒而去。猗卢召之不至,大怒,帅众讨之,为六脩所败。猗卢微服逃民间,有贱妇人识之,遂为六脩所弑。拓跋普根先守外境,闻难来赴,攻六脩,灭之。

普根代立,国中大乱,新旧猜嫌,迭相诛灭。左将军卫雄、信义将军箕澹,久佐猗卢,为众所附,谋归刘琨,乃言于众曰:"闻旧人忌新人悍战,欲尽杀之,将奈何?"晋人及乌桓皆惊惧,曰:"死生随二将军!"乃与琨质子遵帅晋人及乌桓三万家、马牛羊十万头归于琨。琨大喜,亲诣平城抚纳之,琨兵由是复振。

夏四月,普根卒。其子始生,普根母惟氏立之。十二月,拓跋普根之子又卒,国人立其从父郁律。

元帝大兴元年夏六月,刘虎自朔方侵拓跋郁律西部。秋七月,郁律击虎,大破之。虎走出塞,从弟路孤帅其部落降于郁律。

于是，莫含就去了。猗卢十分重视莫含，经常让他参预国家大计。猗卢用法很严，国内人犯法的，有时全部落都被判死刑，老幼互相扶携着前进，人们问到哪里去，回答说："去刑场接受死刑。"没有一个人敢于逃跑或藏匿起来。

四年（316）。起初，代王猗卢宠爱他的小儿子拓跋比延，想让他做继承人，让长子拓跋六脩外出，居住在新平城，同时废黜了六脩的母亲。拓跋六脩有一匹骏马，每天可行五百里，猗卢将马夺来，送给拓跋比延。六脩来朝拜代王，猗卢让他拜比延，六脩不听。猗卢就让比延坐在他的步辇上，让人开道、跟从外出游玩。六脩望见步辇，以为是猗卢，伏在道路左边拜见，步辇到后，才知是比延，六脩惭恨发怒，愤然离去。猗卢召见他，他拒不奉命前来，猗卢大怒，率军前去讨伐，被六脩打败。猗卢穿着平民的衣服逃到百姓中间，有一贱妇人认出了他，于是被六脩杀害。拓跋普根起先守卫外部边境，听到灾难发生后赶来救援，进攻六脩，消灭了他和他的党羽。

拓跋普根代替拓跋猗卢，成为代王，代国国内大乱，新、旧归附者互相猜疑、仇恨，轮番交替着诛杀、灭亡。左将军卫雄和信义将军箕澹，长时间辅佐猗卢，被众人归附，他们谋划回到刘琨那里，于是对众人说："听说过去归附的人忌怕新归附的人强悍善战，想把你们全部杀掉，将怎么办？"西晋人和乌桓人都惊慌害怕，说："生死都跟随二位将军。"于是，卫雄、箕澹和刘琨的做人质的儿子刘遵一起，率领西晋人和乌桓人三万家，马牛羊十万头，回到刘琨那里。刘琨万分高兴，亲自到平城安抚接纳他们，刘琨的军队因此又振作起来。

夏季四月，拓跋普根去世。他的儿子刚刚出生，拓跋普根的母亲惟氏立幼儿为代王。十二月，拓跋普根的儿子又死去，国内人立他父亲的兄弟拓跋郁律为代王。

东晋元帝大兴元年（318）夏季六月，刘虎从朔方郡入侵拓跋郁律西部地区。秋季七月，拓跋郁律攻击刘虎，将他打得大败。刘虎逃跑出塞，他的堂弟路孤率领他的部落民众向郁律投降。

于是郁律西取乌孙故地,东兼勿吉以西,士马精强,雄于北方。

四年,拓跋猗㐌妻惟氏,忌代王郁律之强,恐不利于其子,乃杀郁律而立其子贺傉,大人死者数十人。郁律之子什翼犍,幼在襁褓,其母王氏匿于袴中,祝之曰:"天苟存汝,则勿啼。"久之,不啼,乃得免。惟氏专制国政,遣使聘后赵,后赵人谓之"女国使"。

明帝太宁二年,代王贺傉始亲国政,以诸部多未服,乃筑城于东木根山,徙居之。

三年十二月,代王贺傉卒,弟纥那立。

成帝咸和二年,代王郁律之子翳槐居于其舅贺兰部,纥那遣使求之,贺兰大人蔼头拥护不遣。纥那与宇文部共击蔼头,不克。

四年,贺兰部及诸大人共立拓跋翳槐为代王,代王纥那奔宇文部。翳槐遣其弟什翼犍质于赵以请和。

咸康三年,赵将李穆纳拓跋翳槐于大宁,其故部落多归之。代王纥那奔燕,国人复奉翳槐为代王,翳槐城盛乐而居之。

四年,代王翳槐之弟什翼犍质于赵,翳槐疾病,命诸大人立之。翳槐卒,诸大人梁盖等以新有大故,什翼犍在远,来未可必,比其至,恐有变乱,谋更立君。而翳槐次弟屈,刚猛多诈,不如屈弟孤仁厚,乃相与杀屈而立孤。孤不可,自诣邺迎什翼犍,请身留为质,赵王虎义而俱遣之。十一月,什翼犍即代王位于繁畤北,改元曰建国,

于是，郁律向西夺取了乌孙故地，向东兼并了勿吉以西地区，士卒战马精锐强壮，称雄于北方。

四年(321)，拓跋猗㐌的妻子惟氏害怕代王郁律的强大，恐怕对她的儿子不利，就杀掉郁律而立她的儿子拓跋贺傉为代王，随郁律被杀的各部落的大人有几十人。郁律的儿子什翼犍，是在襁褓中的幼儿，他母亲王氏将他藏在裤子中，祝祷他说："上天如果让你生存，就不要哭啼。"过了很长时间，他没哭，才得以逃脱。惟氏专制国家政事，派遣使者访问后赵，后赵人称使者为"女国派来的使者"。

明帝太宁二年(324)，代王贺傉开始亲自主持国政，因为各部多数不服从命令，便在东木根山建造城邑，迁到那里居住。

三年(325)十二月，代王贺傉去世，他的弟弟纥那继位。

成帝咸和二年(327)，代王郁律的儿子翳槐居住在他舅舅所在的贺兰部内，纥那派使者前来要他，贺兰部大人蔼头拥持守护他不遣送。纥那和宇文部一起攻击蔼头，没有获胜。

四年(329)，贺兰部和各部大人共同拥立拓跋翳槐为代王，代王纥那投奔到宇文部。翳槐派遣他弟弟什翼犍到后赵做人质，用此请求两国和好。

成帝咸康三年(337)，后赵将领李穆在大宁接纳拓跋翳槐，他从前的部落多数归附了他。代王纥那投奔到前燕，国内人又尊奉翳槐为代王，翳槐修筑盛乐城，在盛乐居住下来。

四年(338)，代王翳槐的弟弟什翼犍在后赵做人质，翳槐生病，而且病情越来越严重，他命令各部大人拥立什翼犍为代王。翳槐死后，各大人中梁盖等认为国家新有大丧，什翼犍在遥远的后赵国，不一定能回来，等他来到，恐怕会发生变乱，因而阴谋另立国君。但翳槐的二弟拓跋屈，性格刚强勇猛，诡计多端，不如他弟弟拓跋孤仁义厚道，于是，一起杀掉拓跋屈，拥立拓跋孤。拓跋孤不答应，自己到邺城去迎接什翼犍，请求自身留下代替什翼犍当人质，后赵王石虎认为他这种做法很义气，便将他们都送回国。十一月，什翼犍在繁畤以北登上代王王位，改年号为建国，

分国之半以与孤。

初,代王猗卢既卒,国多内难,部落离散,拓跋氏浸衰。及什翼犍立,雄勇有智略,能修祖业,国人附之。始置百官,分掌众务。以代人燕凤为长史,许谦为郎中令。始制反逆、杀人、奸盗之法,号令明白,政事清简,无系讯连逮之烦。百姓安之。于是东自涉貊,西及破落那,南距阴山,北尽沙漠,率皆归服,有众数十万人。

五年五月,代王什翼犍会诸大人于参合陂,议都灅源川。其母王氏曰:"吾自先世以来,以迁徙为业。今国家多难,若城郭而居,一旦寇来,无所避之。"乃止。代人谓他国之民来附者皆为乌桓,什翼犍分之为二部,各置大人以监之。弟孤监其北,子寔君监其南。什翼犍求昏于燕,燕王皝以其妹妻之。

六年春三月,代王什翼犍始都云中之盛乐宫。

七年秋九月,代王什翼犍筑盛乐城于故城南八里。代王妃慕容氏卒。冬十月,匈奴刘虎寇代西部,代王什翼犍遣军逆击,大破之。虎卒,子务桓立,遣使求和于代,什翼犍以女妻之。务桓又朝贡于赵,赵以务桓为平北将军、左贤王。

康帝建元元年,代王什翼犍复求婚于燕,燕王皝使纳马千匹为礼,什翼犍不与,又倨慢无子婿礼。八月,皝遣世子儁帅前军师评等击代。什翼犍帅众避去,燕人无所见而还。

将国家的一半划分给拓跋孤辖领。

最初，代王猗卢死后，国家内部变乱很多，部落分离瓦解，拓跋氏逐渐衰落。到拓跋什翼犍继位后，因为他有雄心勇气和智慧谋略，能整治祖上的事业，所以国内人纷纷归附他。他开始设置百官，分管各种事务。用代人燕凤为长史，许谦为郎中令。开始制定反逆、杀人、奸盗的法律，号令明白，政事清楚简单，没有拘留审讯犯人牵连到很多人的烦扰，百姓安居乐业。于是，东到涉貊，西到破落那，南到阴山，北到沙漠尽头，大都归服，有部众几十万人。

五年（339）五月，代王什翼犍在参合陂聚合各部大人，商议建都灅源川。他母亲王氏说：“我们从先世以来，凭借迁徙为生。现在国家多难，如果建造城墙定居下来，一旦敌人来了，没有避难的地方。”于是，放弃了建都的打算。代国人称其他国家来归附的百姓都叫乌桓，什翼犍划分这些乌桓为二部，分别设置大人来监督他们。弟弟拓跋孤监督北边的一部，儿子拓跋寔君监督南边的一部。什翼犍向前燕求婚，燕王慕容皝把妹妹许给什翼犍做妻子。

六年（340）春季三月，代王什翼犍开始将云中的盛乐宫定为国都。

七年（341）秋季九月，代王什翼犍在盛乐旧城以南八里建造盛乐城。代王的妃子慕容氏去世。冬季十月，匈奴人刘虎侵略代国西部，代王什翼犍派军队迎击，将刘虎的军队打得大败。刘虎死后，他儿子刘务桓继位，派使者向代国求和，什翼犍把女儿许给他做妻子。刘务桓又向后赵朝贡，后赵用刘务桓为平北将军、左贤王。

康帝建元元年（343），代王什翼犍又向前燕求婚，燕王慕容皝让他交纳一千匹马作为聘礼，什翼犍不给，又傲慢无礼，慢待前燕使者，不行女婿礼。八月，慕容皝派遣世子慕容儁统率前军师慕容评等攻击代国。什翼犍率军避去，前燕军没有见到敌军，便返回了。

二年春正月，代王什翼犍遣其大人长孙秩迎妇于燕。

穆帝永和十二年春正月，匈奴大人刘务桓卒，弟阏头立，将贰于代。二月，代王什翼犍引兵西巡，临河，阏头惧，请降。

升平二年冬十二月，匈奴刘阏头部落多叛，惧而东走，乘冰渡河，半度而冰解，后众尽归刘悉勿祈，阏头奔代。悉勿祈，务桓之子也。

三年夏四月，匈奴刘悉勿祈卒，弟卫辰杀其子而代之。

四年，匈奴刘卫辰遣使降秦，请田内地，春来秋返。秦王坚许之。夏四月，云中护军贾雍遣司马徐赟帅骑袭之，大获而还。坚怒曰："朕方以恩信怀戎狄，而汝贪小利以败之，何也！"黜雍以白衣领职，遣使还其所获，慰抚之。卫辰于是入居塞内，贡献相寻。六月，代王什翼犍妃慕容氏卒。秋七月，刘卫辰如代会葬，因求婚，什翼犍以女妻之。

五年春正月，刘卫辰掠秦边民五十馀口为奴婢以献于秦，秦王坚责之，使归所掠。卫辰由是叛秦，专附于代。

哀帝兴宁三年，刘卫辰复叛代，代王什翼犍东渡河击走之。

海西公太和元年，代王什翼犍遣左长史燕凤入贡于秦。

二年冬十月，代王什翼犍击刘卫辰，河冰未合，什翼犍命以苇絙约流澌。俄而冰合，然犹未坚，乃散苇于其上，冰草

二年(344)春季正月,代王什翼犍派遣他的大人长孙秩到前燕迎接新娘。

穆帝永和十二年(356)春季正月,匈奴大人刘务桓去世,他弟弟刘阏头继位,将要对代王有二心。二月,代王什翼犍带兵向西巡视,临近黄河,刘阏头害怕,请求投降。

升平二年(358)冬季十二月,匈奴刘阏头部落多数叛变,他恐惧东逃,踩着冰渡河,渡过一半人时河冰破裂,后边的军队全部归附刘悉勿祈,刘阏头投奔代国。刘悉勿祈,是刘务桓的儿子。

三年(359)夏季四月,匈奴刘悉勿祈去世,弟弟刘卫辰杀掉他的儿子取代大人位置。

四年(360),匈奴刘卫辰派使者投降前秦,请求在内地给一些土地,让匈奴人春天南来,秋天北返。前秦王符坚答应了他的要求。夏季四月,前秦云中护军贾雍派遣司马徐赟率骑兵袭击刘卫辰,获得大量民众、物资返回。符坚发怒说:"我正在用恩惠信义招纳戎狄,而你却贪图小利而击败他们,为什么?"黜免贾雍,让他以普通百姓身份暂领职务,派使者归还贾雍所俘获的民众、物资,并慰问、安抚刘卫辰的人。于是,刘卫辰进入长城以内居住,时隔不久便向前秦贡献一次物品。六月,代王什翼犍的妃子慕容氏去世。秋季七月,刘卫辰到代国参加葬礼,趁机向代国求婚,什翼犍把女儿许给他做妻子。

五年(361)春季正月,刘卫辰掳掠前秦边境百姓五十馀口做奴婢献给前秦,前秦王符坚责备他,让他将所掳掠的人口送回原地。刘卫辰由此背叛前秦,只归附代国。

哀帝兴宁三年(365),刘卫辰又背叛代国,代王什翼犍东渡黄河,将他赶跑。

海西公太和元年(366),代王什翼犍派遣左长史燕凤向前秦进贡。

二年(367)冬季十月,代王什翼犍攻击刘卫辰,黄河上的冰还没有冻合,什翼犍命令用苇草拧成的粗绳索来约束流冰。不一会儿,河冰冻合,但还不结实,便在冰上散撒芦苇,河冰和芦苇

相结，有如浮梁，代兵乘之以渡。卫辰不意兵猝至，与宗族西走，什翼犍收其部落什六七而还。卫辰奔秦，秦王坚送卫辰还朔方，遣兵戍之。

简文帝咸安元年春三月，代将长孙斤谋弑代王什翼犍，世子寔格之，伤胁，遂执斤杀之。夏五月，代世子寔病伤而卒。秋七月，代世子寔娶东部大人贺野干之女，有遗腹子，甲戌，生男，代王什翼犍为之赦境内，名曰涉圭。

孝武帝宁康元年夏，代王什翼犍使燕凤入贡于秦。
二年，代王什翼犍击刘卫辰南走。
太元元年冬十月，刘卫辰为代所逼，求救于秦。秦王坚以幽州刺史行唐公洛为北讨大都督，帅幽、冀兵十万击代；使并州刺史俱难、镇军将军邓羌、尚书赵迁、李柔、前将军朱彤、前禁将军张蚝、右禁将军郭庆帅步骑二十万东出和龙，西出上郡，皆与洛会，以卫辰为乡道。十一月，代王什翼犍使白部、独孤部南御秦兵，皆不胜，又使南部大人刘库仁将十万骑御之。库仁者，卫辰之族，什翼犍之甥也。与秦战，战于石子岭，库仁大败。什翼犍病，不能自将，乃帅诸部奔阴山之北。高车杂种尽叛，四面寇钞，不得刍牧，什翼犍复度漠南。闻秦兵稍退，十二月，什翼犍还云中。

初，什翼犍分国之半以授弟孤，孤卒，子斤失职怨望。世子寔及弟翰早卒，寔子珪尚幼，慕容妃之子阏婆、寿鸠、纥根、地干、力真、窟咄皆长，继嗣未定。时秦兵尚在君子津，诸子

相结合,如同浮桥,代国士兵凭借这种浮桥渡过黄河。刘卫辰没想到代兵突然杀到,和宗族一起西逃,什翼犍俘虏了他部落十分之六七的人返回。刘卫辰逃奔到前秦,前秦王苻坚送他回朔方,派兵帮助他防守朔方。

简文帝咸安元年(371)春季三月,代周将领长孙斤阴谋杀害代王什翼犍,世子拓跋寔与他格斗,胁部受伤,终于抓住长孙斤,将他杀掉。夏季五月,代国世子拓跋寔因伤势严重死去。秋季七月,代国世子拓跋寔所娶的东部大人贺野干的女儿,有一遗腹子。甲戌(初七)这天,生下一男孩,代王什翼犍为新生孙子大赦境内,起名叫涉圭。

孝武帝宁康元年(373)夏季,代王什翼犍派燕凤向前秦进贡。

二年(374),代王什翼犍攻击刘卫辰,迫使他向南逃跑。

太元元年(376)冬季十月,刘卫辰被代国进逼,向前秦求救。前秦王苻坚用幽州刺史、行唐公苻洛为北讨大都督,率领幽、冀地区的军队十万人进攻代国;派并州刺史俱难、镇军将军邓羌、尚书赵迁、李柔、前将军朱肜、前禁将军张蚝、右禁将军郭庆率领步骑兵二十万,东部从和龙出发,西部从上郡出发,都与苻洛会师,用刘卫辰做向导。十一月,代王什翼犍派白部、独孤部向南抵御前秦,都告失败,又派南部大人刘库仁率领十万骑兵抵御前秦军。刘库仁,是刘卫辰的同族人,什翼犍的外甥。他率军与前秦军作战,在石子岭交战时,被打得大败。什翼犍生病,病得很重,不能亲自率军作战,便率领各部逃奔到阴山的北面。高车各种族部落全都叛变,在各地骚扰掠夺,鲜卑各部无法割草放牧,什翼犍又南渡荒漠。听说前秦军逐渐撤退,十二月,什翼犍回到云中。

最初,什翼犍划分国家的一半授给弟弟拓跋孤,拓跋孤死后,他儿子拓跋斤因没能继承父亲职位而怨恨失望。世子拓跋寔和弟弟拓跋翰死得早,拓跋寔的儿子拓跋珪还年幼,慕容妃的儿子阏婆、寿鸠、纥根、地干、力真、窟咄都年长,继承代王位的人选还没确定。当时前秦军还在君子津,什翼犍的各个儿子

每夜执兵警卫。斤因说什翼犍之庶长子寔君曰:"王将立慕容妃之子,欲先杀汝,故顷来诸子每夜戎服,以兵绕庐帐,伺便将发耳。"寔君信之,遂杀诸弟,并弑什翼犍。是夜诸子妇及部人奔告秦军,秦李柔、张蚝勒兵趋云中,部众逃溃,国中大乱。珪母贺氏以珪走依贺讷。讷,野干之子也。

　　秦王坚召代长史燕凤,问代所以乱故,凤具以状对。坚曰:"天下之恶一也。"乃执寔君及斤,至长安,车裂之。坚欲迁珪于长安,凤固请曰:"代王初亡,群下叛散,遗孙冲幼,莫相统摄。其别部大人刘库仁,勇而有智,铁弗卫辰,狡猾多变,皆不可独任。宜分诸部为二,令此两人统之。两人素有深仇,其势莫敢先发。俟其孙稍长,引而立之,是陛下有存亡继绝之德于代,使其子子孙孙永为不侵不叛之臣,此安边之良策也。"坚从之。分代民为二部,自河以东属库仁,自河以西属卫辰,各拜官爵,使统其众。贺氏以珪归独孤部,与南部大人长孙嵩、元佗等皆依库仁。行唐公洛以什翼犍子窟咄年长,迁之长安。刘库仁招抚离散,恩信甚著,奉事拓跋珪恩勤周备,不以废兴易意,常谓诸子曰:"此儿有高天下之志,必能恢隆祖业,汝曹当谨遇之。"秦王坚赏其功,加广武将军,给幢麾鼓盖。刘卫辰耻在库仁之下,怒杀秦五原太守而叛。库仁击卫辰,破之,追至阴山西北

每晚上拿着兵器警卫。拓跋斤趁机游说什翼犍的妾所生的大儿子拓跋寔君,说:"大王将要立慕容妃的儿子,想先杀掉你,所以近来各个儿子每晚上穿着戎服,拿着兵器环绕帐篷,等待方便时就下手罢了。"拓跋寔君相信了他,便杀掉各个弟弟,并且杀害了什翼犍。当天晚上什翼犍各个儿子的妻子以及部内的人跑去告诉了前秦军,前秦李柔、张蚝领兵向云中进发,代国部众纷纷溃逃,国中大乱。拓跋珪的母亲贺氏带着他去投靠了贺讷。贺讷是贺野干的儿子。

前秦王苻坚召见代国长史燕凤,询问代国内乱的原因,燕凤把详细情况向苻坚做了回答。苻坚说:"天下做恶的都一个样。"于是,逮捕拓跋寔君和拓跋斤,带到长安,用车裂的酷刑处置了他俩。苻坚想将拓跋珪迁徙到长安,燕凤坚决请求道:"代王刚刚去世,他的部下叛变逃散,留下的孙子年龄幼小,没法统领国内民众。代王的别部大人刘库仁勇敢而有智谋,铁弗卫辰狡猾多变,都不能单独委任。应该将各部一分为二,命令这两人分别统领,两人向来有深仇大恨,其情势是谁都不敢首先发难。等代王的孙子渐渐年龄大些,您引用他,将他立为代王。这样,陛下对代国就有使亡国留存、使断绝的祭祀得以延续的恩德,让代王的子子孙孙永远做不侵略、不背叛的臣子。这是安定边境的良策。"苻坚听从了燕凤的话。分代国百姓为两部分,从黄河以东属于刘库仁,从黄河以西属于铁弗卫辰,分别拜官封爵,让他们统领自己的民众。贺氏带着拓跋珪回独孤部,和南部大人长孙嵩、元佗等都投靠了刘库仁。行唐公苻洛因为什翼犍的儿子窟咄年龄大,将他迁徙到长安。刘库仁招纳抚慰流离逃散的百姓,对他们很讲恩信,尊奉伺候拓跋珪,无微不至,不因为国家的兴衰而改变主意。他常常对各个儿子说:"这个孩子有超出天下一般人的志向,一定能恢复昌盛祖业,你们应当勤谨对待他。"前秦王苻坚赏赐刘库仁的功绩,提升他为广武将军,赠给旌旗、鼓盖。刘卫辰对在刘库仁之下感到耻辱,发怒杀掉前秦五原太守后发动叛乱。刘库仁攻击刘卫辰,将他击败,追击到阴山西北

千馀里，获其妻子。又西击库狄部，徙其部落，置之桑乾川。久之，坚以卫辰为西单于，督摄河西杂类，屯代来城。

九年冬十月，燕太子太保慕舆句之子文、零陵公慕舆虔之子常攻杀刘库仁，库仁弟头眷代领库仁部众。

十年秋八月，鲜卑刘头眷击破贺兰部于善无，又破柔然于意亲山。头眷子罗辰言于头眷曰："比来行兵，所向无敌，然心腹之疾，愿早图之！"头眷曰："谁也？"罗辰曰："从兄显，忍人也，必将为乱。"头眷不听。显，库仁之子也。顷之，显果杀头眷自立。又将杀拓跋珪，显弟亢埿妻，珪之姑也，以告珪母贺氏。显谋主梁六眷，代王什翼犍之甥也，亦使其部人穆崇、奚牧密告珪，且以其爱妻、骏马付崇曰："事泄，当以此自明。"贺氏夜饮显酒，令醉，使珪阴与旧臣长孙犍、元佗、罗结轻骑亡去。向晨，贺氏故惊厩中群马，使显起视之。贺氏哭曰："吾子适在此，今皆不见，汝等谁杀之邪？"显以故不急追。珪遂奔贺兰部，依其舅贺讷。讷惊喜曰："复国之后，当念老臣！"珪笑曰："诚如舅言，不敢忘也。"

显疑梁六眷泄其谋，将囚之。穆崇宣言曰："六眷不顾恩义，助显为逆，我掠得其妻、马，足以解忿。"显乃舍之。贺氏从弟外朝大人贺悦举所部以奉珪。显怒，将杀贺氏，贺氏奔亢埿家，匿神车中三日，亢埿举家为之请，乃得免。

故南部大人长孙嵩帅所部七百馀家叛显，将奔五原。时拓跋寔君之子渥亦聚众自立，嵩欲从之。乌渥谓嵩曰："逆父之

一千多里，俘虏他的妻子儿女。又向西攻击库狄部，迁徙库狄部落，将它安置在桑乾川。过了一段时间，符坚用刘卫辰为西单于，督率河西的各部族，屯驻代来城。

九年(385)冬季十月，前燕太子太保慕舆句的儿子慕舆文、零陵公慕舆虔的儿子慕舆常攻击并杀害了刘库仁，刘库仁的弟弟刘头眷代他统领部下民众。

十年(386)秋季八月，鲜卑人刘头眷击败在善无的贺兰部，又在意亲山击败柔然。刘头眷的儿子刘罗辰向他进言说："近来行兵打仗，所向无敌，但心腹中的病患，希望早点能处理！"刘头眷说："是谁？"刘罗辰说："堂兄刘显是一个残忍的人，将来一定会制造乱子。"刘头眷不听。刘显，是刘库仁的儿子。不久，刘显果真杀害刘头眷，自立为单于。他又打算杀拓跋珪，他弟弟刘元遌的妻子，是拓跋珪的姑姑，她将消息告诉了拓跋珪的母亲贺氏。刘显的谋主梁六眷，是代王什翼犍的外甥，也派他的部人穆崇、奚牧秘密告诉拓跋珪这消息，而且把他的爱妻、骏马交给穆崇说："事情如果泄漏，就凭借这个自明。"贺氏夜间请刘显饮酒，使他喝醉后，让拓跋珪偷偷地和旧臣长孙犍、元佗、罗结连夜骑马逃走。第二天早晨，贺氏故意使马圈中的群马受惊，让刘显起床看。贺氏哭着说："我儿子刚好在这里，现在都不见了，你是不是派人杀了他啊？"刘显因此不再派人追赶。拓跋珪顺利地逃奔到贺兰部，依附他舅舅贺讷。贺讷惊喜地说："恢复国家之后，应当想着我！"拓跋珪笑着说："确实像舅舅所说的，不敢忘记。"

刘显怀疑梁六眷泄漏了他的阴谋，将要囚禁他。穆崇扬言说："梁六眷不顾恩义，帮助刘显做大逆不道的事情，我掳掠到了他的妻子、骏马，足可以排解一下愤怒。"刘显这才放了他。贺氏的堂弟外朝大人贺悦带领所统领的全部部众尊奉拓跋珪。刘显发怒，打算杀贺氏，贺氏逃奔到刘元遌家中，在神车中藏了三天，刘元遌全家替她请求，才得以免死。

从前的南部大人长孙嵩率领所统领的七百多家背叛了刘显，打算投奔到五原。当时拓跋寔君的儿子拓跋渥也聚集军队自立为王，长孙嵩想归附于他。乌渥对长孙嵩说："叛逆父亲的

子,不足从也。不如归珪。"嵩从之。久之,刘显所部有乱,故中部大人庚和辰奉贺氏奔珪。

贺讷弟染干以珪得众心,忌之,使其党侯引七突杀珪。代人尉古真知之,以告珪,侯引七突不敢发。染干疑古真泄其谋,执而讯之,以两车轴夹其头,伤一目,不伏,乃免之。染干遂举兵围珪,贺氏出,谓染干曰:"汝等欲于何置我,而杀吾子乎!"染干惭而去。

冬十二月,拓跋珪从曾祖纥罗与其弟建及诸部大人共请贺讷推珪为主。

十一年春正月戊申,拓跋珪大会于牛川,即代王位,改元登国。以长孙嵩为南部大人,叔孙普洛为北部大人,分治其众。以上谷张衮为左长史,许谦为右司马,广宁王建、代人和跋、叔孙建、庚岳等为外朝大人,奚牧为治民长,皆掌宿卫及参军国谋议。长孙道生、贺毗等侍从左右,出纳教命。王建娶代王什翼犍之女。岳,和辰之弟;道生,嵩之从子也。二月,代王珪徙居定襄之盛乐,务农息民,国人悦之。

三月,刘显自善无南走马邑,其族人奴真帅所部降于代。奴真有兄犍,先居贺兰部,奴真言于代王珪,请召犍而以所部让之,珪许之。犍既领部,遣弟去斤遗贺讷金马。贺染干谓去斤曰:"我待汝兄弟厚,汝今领部,宜来从我。"去斤许之。奴真怒曰:"我祖父以来,世为代忠臣,故我以部让

儿子,不值得跟从,不如归附拓跋珪。"长孙嵩听从了乌渥的话。过了一段时间,刘显统领的部内发生变乱,从前的中部大人庾和辰奉护贺氏投奔了拓跋珪。

贺讷的弟弟染干因为拓跋珪很得民心,于是便忌恨他,派自己的党羽侯引七突去刺杀拓跋珪。代人尉古真知道了这件事情,把它告诉了拓跋珪,侯引七突不敢下手了。贺染干怀疑尉古真泄漏了他的阴谋,便抓住他进行审讯,用两个车轴夹他的头,伤了一只眼睛,尉古真拒不承认,贺染干才放了他。贺染干竟起兵围攻拓跋珪,贺氏出来对贺染干说:"你们这些人把我放在什么位置,居然想杀我的儿子吗!"贺染干感到惭愧,便带兵离去了。

冬季十二月,拓跋珪的堂曾祖纥罗和他的弟弟拓跋建以及各部大人一起请求贺讷推举拓跋珪为君主。

十一年(386)春季正月戊申(初六)这天,拓跋珪在牛川举行大会,登上代王王位,改年号为登国。用长孙嵩为南部大人,叔孙普洛为北部大人,分别管理他的民众。用上谷人张衮为左长史,许谦为右司马,用广宁人王建、代人和跋、叔孙建、庾岳等为外朝大人,用奚牧为治民长,他们都掌管宿卫以及参加军事和国家大事的谋划、提供建议。长孙道生、贺毗等侍奉、随从身边,负责接受和宣布教令。王建娶了代王什翼犍的女儿。庾岳是庾和辰的弟弟,长孙道生是长孙嵩的侄子。二月,代王拓跋珪迁徙到定襄的盛乐城居住,从事农业生产,让人民休养生息,国内人民对此很高兴。

三月,刘显从善无向南逃到马邑,他的族人刘奴真率所领的部众向代国投降。刘奴真有一哥哥刘犍,原先居住在贺兰部,刘奴真对代王拓跋珪说了此事,请求召来刘犍,将所领的部众让给他,拓跋珪同意了刘奴真的请求。刘犍统领部众后,派遣弟弟刘去斤前去赠送贺讷金马。贺染干对刘去斤说:"我待你们兄弟优厚,你现在统领部众,应该来服从我。"刘去斤答应了他。刘奴真发怒说:"从我祖父以来,世代是代国的忠臣,所以我将部众让给

汝等，欲为义也。今汝等无状，乃谋叛国，义于何在！"遂杀
犍及去斤。染干闻之，引兵攻奴真，奴真奔代。珪遣使责
染干，染干乃止。

夏四月，代王珪初改称魏王。魏王珪东如陵石，护佛
侯部帅侯辰、乙佛部帅代题皆叛走。诸将请追之，珪曰：
"侯辰等累世服役，有罪且当忍之。方今国家草创，人情未
壹，愚者固宜前却，不足追也。"秋七月己酉，魏王珪还盛
乐，代题复以部落来降，十馀日又奔刘显。珪使其孙倍斤
代领其众。刘显弟肺泥帅众降魏。

初，秦灭代，迁代王什翼犍少子窟咄于长安，从慕容永
东徙，永以窟咄为新兴太守。刘显遣其弟亢埿迎窟咄，以
兵随之，逼魏南境，诸部骚动。魏王珪左右于桓等与部人
谋执珪以应窟咄，幢将代人莫题等亦潜与窟咄交通。桓舅
穆崇告之，珪诛桓等五人，莫题等七姓悉原不问。珪惧内
难，北逾阴山，复依贺兰部，遣外朝大人辽东安同求救于
燕，燕主垂遣赵王麟救之。

冬十月，燕赵王麟军未至魏，拓拔窟咄稍前逼魏王珪，
贺染干侵魏北部以应之。魏众惊扰，北部大人叔孙普洛亡
奔刘卫辰。麟闻之，遽遣安同等归魏。人知燕军在近，众心
少安。窟咄进屯高柳，珪引兵与麟会，击之，窟咄大败，奔刘
卫辰，卫辰杀之。珪悉收其众，以代人库狄干为北部大人。
麟引兵还中山。刘卫辰居朔方，士马甚盛。后秦主苌以卫
辰为大将军、大单于、河西王、幽州牧，西燕主永以卫辰为

你们，想做件义气的事。现在你们不像话，竟然阴谋叛国，还有什么义气！"于是，杀掉刘犍和刘去斤。贺染干听说此事，带兵攻击刘奴真，刘奴真投奔到代国。拓跋珪派使者责备贺染干，贺染干这才罢手。

夏季四月，代王拓跋珪初次改称魏王。魏王拓跋珪东到陵石，护佛侯部首领侯辰、乙佛部首领代题都叛变逃走。诸将请求追击他们，拓跋珪说："侯辰等人代代服役，有罪还应当容忍他们。当今国家草草创立，人心尚未统一，愚蠢的人本来就叛服无常，不值得追击。"秋季七月己酉（初十），魏王拓跋珪回到盛乐，代题又带领部落前来投降，十几天后又投奔了刘显。拓跋珪让他的孙子倍斤代替他领辖部众。刘显的弟弟刘肺泥率军投降北魏。

最初，前秦灭亡代国，迁徙代王什翼犍的小儿子窟咄到长安，长安被攻破后，窟咄跟随慕容永向东迁徙，慕容永用他做新兴太守。刘显派遣他弟弟刘亢埿迎接窟咄，派军队跟随其后，逼近北魏南部边境，各部出现骚动。魏王拓跋珪身边人员于桓等与部人阴谋抓住拓跋珪以便响应窟咄，幢将代人莫题等也暗中与窟咄交往、通信。于桓的舅舅穆崇告发了他们，拓跋珪杀掉于桓等五人，对莫题等七姓全部原谅、不加追查。拓跋珪害怕内部发生变乱，向北越过阴山，再次投靠贺兰部，派遣外朝大人辽东人安同向后燕求救，燕主慕容垂派遣赵王慕容麟救援他。

冬季十月，后燕赵王慕容麟的军队还没有到达北魏，拓跋窟咄逐渐前进逼近魏王拓跋珪，贺染干侵略北魏北部边境以响应拓跋窟咄。北魏部众惊慌混乱，北部大人叔孙普洛逃亡，投奔了刘卫辰。慕容麟听到这个消息后，立即遣送安同等回北魏。人们知道后燕军就在附近，人心稍微稳定了一些。拓跋窟咄进军屯驻高柳，拓跋珪带兵和慕容麟会师，一起攻击拓跋窟咄，窟咄大败，投奔刘卫辰，刘卫辰杀害了他。拓跋珪全部收编了拓跋窟咄的军队，用代人库狄干为北部大人。慕容麟带兵回中山。刘卫辰居住在朔方，士卒战马十分强盛。后秦主姚苌任命刘卫辰为大将军、大单于、河西王、幽州牧，西燕主慕容永任命刘卫辰为

大将军、朔州牧。十二月，燕主垂以魏王珪为西单于，封上谷王，珪不受。

十二年，刘显地广兵强，雄于北方。会其兄弟乖争，魏长史张衮言于魏王珪曰："显志在并吞，今不乘其内溃而取之，必为后患。然吾不能独克，请与燕共攻之。"珪从之，复遣安同乞师于燕。

秋七月，刘卫辰献马于燕，刘显掠之。燕主垂怒，遣太原王楷将兵助赵王麟击显，大破之。显奔马邑西山。魏王珪引兵会麟击显于弥泽，又破之，显奔西燕。麟悉收其部众，获马牛羊以千万数。

十三年，魏王珪破库莫奚于弱落水南。秋七月，库莫奚复袭魏营，珪又破之。库莫奚者，本属宇文部，与契丹同类而异种，其先皆为燕王皝所破，徙居松漠之间。

十四年春正月甲寅，魏王珪袭高车，破之。二月癸巳，魏王珪击吐突邻部于女水，大破之，尽徙其部落而还。

十五年夏四月丙寅，魏王珪会燕赵王麟于意辛山，击贺兰、纥突邻、纥奚三部，破之，纥突邻、纥奚皆降于魏。秋七月，刘卫辰遣子直力鞮攻贺兰部，贺讷困急，请降于魏。丙子，魏王珪引兵救之，直力鞮退。珪徙讷部落，处之东境。

十六年冬十月，刘卫辰遣子直力鞮帅众八九万攻魏南部。十一月己卯，魏王珪引兵五六千人拒之，壬午，大破直力鞮于铁岐山南，直力鞮单骑走，乘胜追之。戊子，

大将军、朔州牧。十二月,燕主慕容垂任命魏王拓跋珪为西单于,封他为上谷王,拓跋珪不接受。

十二年(387),刘显地广兵强,在北方称雄。适逢他们兄弟不和、争权夺利,北魏长史张衮向魏王拓跋珪进言说:"刘显的志向在于兼并、吞没别国,现在不趁他内乱的机会消灭他,必定成为以后的祸患。但我们单独不能取胜,请和后燕共同攻击他。"拓跋珪听从了张衮的话,再次派遣安同去向后燕求兵。

秋季七月,刘卫辰向后燕贡献马匹,刘显掠夺了这些进贡的马。燕主慕容垂发怒,派遣太原王慕容楷率兵帮助赵王慕容麟攻击刘显,将他打得大败,刘显逃奔到马邑的西山。魏王拓跋珪带兵和慕容麟会师,共同攻击在弥泽的刘显,又将他击败,刘显投奔了西燕。慕容麟全部接收了刘显的部众,获得的马、牛、羊要用千万计算。

十三年(388),魏王拓跋珪在弱落水南击败库莫奚。秋季七月,库莫奚又袭击北魏军营,拓跋珪又将他打败。库莫奚,本来属于宇文部,和契丹民族相同而部族不同,他们的祖先都被燕王慕容皝击败,后来迁徙到松漠之间。

十四年(389)春季正月甲寅这天,魏王拓跋珪袭击高车,击败了它。二月癸巳(初九),魏王拓跋珪攻击在女水流域的吐突邻部,将它打得大败,全部迁徙了它的部落后回军。

十五年(390)夏季四月丙寅(十二日)这天,魏王拓跋珪在意辛山与后燕赵王慕容麟会师,攻击贺兰、纥突邻、纥奚三部,取得了胜利,纥突邻、纥奚都向北魏投降。秋季七月,刘卫辰派遣儿子直力鞮进攻贺兰部,贺讷在困窘、急迫的形势下,向北魏请求投降。丙子(二十二日),魏王拓跋珪带兵救援贺兰部,直力鞮率军撤退。拓跋珪迁徙贺讷的部落,将他们安置在东部边境。

十六年(391)冬季十月,刘卫辰派遣儿子直力鞮率军八九万进攻北魏南部。十一月己卯(初十)这天,魏王拓跋珪带兵五六千人抵御敌人,壬午(十三日),在铁岐山南将直力鞮打得大败,直力鞮一个人骑马逃走,拓跋珪乘胜追击。戊子(十九日),

自五原金津南济河，径入卫辰国，卫辰部落骇乱。辛卯，珪直抵其所居悦跋城，卫辰父子出走。壬辰，分遣诸将轻骑追之，将军伊谓禽直力鞬于木根山，卫辰为其部下所杀。十二月，珪军于盐池，诛卫辰宗党五千馀人，皆投尸于河。自河以南诸部悉降，获马三十馀万匹，牛羊四百馀万头，国用由是遂饶。

卫辰少子勃勃亡奔薛干部，珪使人求之。薛干部帅太悉伏出勃勃以示使者曰："勃勃国破家亡，以穷归我，我宁与之俱亡，何忍执以与魏！"乃送勃勃于没奕干，没奕干以女妻之。

十八年秋七月，魏王珪以薛干太悉伏不送刘勃勃，八月，袭其城，屠之，太悉伏奔秦。

二十一年秋七月，魏群臣劝魏王珪称尊号，珪始建天子旌旗，出警入跸，改元皇始。

安帝隆安二年夏六月丙子，魏王珪命群臣议国号，皆曰："周、秦以前，皆自诸侯升为天子，因以其国为天下号。汉氏以来，皆无尺土之资。我国家百世相承，开基代北，遂抚有方夏，今宜以代为号。"黄门侍郎崔宏曰："昔商人不常厥居，故两称殷、商。代虽旧邦，其命惟新，登国之初，已更曰魏。夫魏者，大名，神州之上国也，宜称魏如故。"珪从之。

从五原的金津南渡黄河,直接进入刘卫辰国中,刘卫辰的部落大为震惊、混乱。辛卯(二十二日),拓跋珪直抵刘卫辰居住的悦跋城,刘卫辰父子出城逃走。壬辰(二十三日),拓跋珪分头派诸将率轻装骑兵追击,将军伊谓在木根山擒获直力鞮,刘卫辰被他的部下杀死。十二月,拓跋珪在盐池驻军,诛杀刘卫辰的宗族党羽五千多人,将尸体全部投入黄河。黄河以南的各个部落全部投降,获得三十多万匹马,四百多万头牛羊,国家费用因此就富足起来。

刘卫辰的小儿子刘勃勃逃亡,投奔到薛干部,拓跋珪派人去要他。薛干部首领太悉伏带出刘勃勃给使者看,说:"刘勃勃宗国残破,家族灭亡,因为走投无路来归附我,我宁愿和他一起死亡,怎么忍心把他抓起来交给北魏呢!"于是,送刘勃勃到没奕干那里,没奕干把女儿许给他做妻子。

十八年(393)秋季七月,魏王拓跋珪因为薛干部太悉伏不遣送刘勃勃,非常气恼,八月,袭击太悉伏所住城邑,屠杀了城邑里所有的人,只有太悉伏逃奔到前秦。

二十一年(396)秋季七月,北魏群臣劝魏王拓跋珪称皇帝,拓跋珪开始设立天子旌旗,出入警戒,开路清道时禁止他人通行,改年号为皇始。

东晋安帝隆安二年(398)夏季六月丙子(十六日)这天,魏王拓跋珪命令群臣议定国号,许多人都说:"周朝、秦朝以前,都从诸侯升为天子,沿用他所在的诸侯国名作为得天下的国号。汉朝以来,天子都没有一尺土地的凭籍。我们国家前后相承一代接一代,在代地的北边开创基业,进而安抚、拥有了四方中夏地区,今天应该用代作为国号。"黄门侍郎崔宏说:"从前商朝人不总是居住在他们定居的地方,所以朝代有殷、商两种称呼。代虽然是过去的邦国,但国家的命运却充满新气象,登国年号定立时,已经改代为魏。魏,是大国名字,是战国时中原的上等国家,应该像过去一样称魏。"拓跋珪听从了崔宏的话。

秋七月,魏王珪迁都平城,始营宫室,建宗庙,立社稷。宗庙岁五祭,用分、至及腊。

魏王珪命有司正封畿,标道里,平权衡,审度量。遣使循行郡国,举奏守宰不法者,亲考察黜陟之。

冬十一月辛亥,魏王珪命尚书吏部郎邓渊立官制,协音律,仪曹郎清河董谧制礼仪,三公郎王德定律命,太史令晁崇考天象,吏部尚书崔宏总而裁之,以为永式。渊,羌之孙也。

十二月己丑,魏王珪即皇帝位,大赦,改元天兴。命朝野皆束发加帽。追尊远祖毛以下二十七人皆为皇帝,谥六世祖力微曰神元皇帝,庙号始祖;祖什翼犍曰昭成皇帝,庙号高祖;父寔曰献明皇帝。魏之旧俗,孟夏祀天及东庙,季夏帅众却霜于阴山,孟秋祀天于西郊。至是始依仿古制,定郊庙朝飨礼乐,然惟孟夏祀天亲行,其馀多有司摄事。又用崔宏议,自谓黄帝之后,以土德王。徙六州二十二郡守宰、豪杰二千家于代都,东至代郡,西及善无,南极阴馆,北尽参合,皆为畿内,其外四方、四维置八部帅以监之。

秋季七月,魏王拓跋珪迁都到平城,开始营造宫室,建筑宗庙,设立土神和谷神庙。宗庙一年祭祀五次,采用春分、秋分、夏至、冬至和腊日这五天。

魏王拓跋珪命令有关部门确定封畿地区,标记道路里程,使衡器轻重公平,审查度器的长短标准和量器的规范程度。派遣使者到郡国巡视,举奏不守法的郡守县令,他亲自考察,罢免或提拔他们。

冬季十一月辛亥(二十三日)这天,魏王拓跋珪命令尚书吏部郎邓渊制定官制,协合音律,仪曹郎清河人董谧制定礼仪,三公郎王德制定法律条令,太史令晁崇考正天象,由吏部尚书崔宏总负责,并最后加以裁定,用它们作为永久法式。邓渊,是邓羌的孙子。

十二月己丑(初二)这天,魏王拓跋珪登上皇帝宝座,大赦境内,改年号为天兴。命令朝野官民都要束发,戴帽子。追尊远祖拓跋毛以下的二十七个人都为皇帝,给六世祖拓跋力微加谥号为神元皇帝,庙号为始祖;祖父拓跋什翼犍的谥号为昭成皇帝,庙号为高祖;父亲拓跋寔的谥号为献明皇帝。北魏旧的习俗,农历四月祭祀上天和东庙,六月率领民众到阴山退霜,七月在西郊祭天。到这时才效法古代的制度,确定了郊庙朝享的礼节音乐,但只有四月祭天时皇帝才亲自主持,其馀的祭祀活动多让有关部门代替主持。又采纳崔宏的建议,自称是黄帝的后代,应土德称王。迁徙六州二十二郡的守宰、豪杰二千家到代都,东到代郡,西到善无,南到阴馆,北到参合陂,之间都是京畿以内地区,这以外有四方、四维,设置八部帅加以监护。

魏伐后燕 慕容德据广固附

晋孝武帝太元十三年，魏王珪密有图燕之志，遣九原公仪奉使至中山。燕主垂诘之曰："魏王何以不自来？"仪曰："先王与燕并事晋室，世为兄弟，臣今奉使，于理未失。"垂曰："吾今威加四海，岂得以昔日为比！"仪曰："燕若不修德礼，欲以兵威自强，此乃将帅之事，非使臣所知也。"仪还，言于珪曰："燕主衰老，太子暗弱，范阳王自负材气，非少主臣也。燕主既没，内难必作，于时乃可图也。今则未可。"珪善之。仪，珪母弟翰之子也。

十六年春正月，贺染干谋杀其兄讷，讷知之，举兵相攻。魏王珪告于燕，请为乡导以讨之。二月甲戌，燕主垂遣赵王麟将兵击讷。夏六月甲辰，燕赵王麟破贺讷于赤城，禽之，降其部落数万。燕主垂命麟归讷部落，徙染干于中山。麟归，言于垂曰："臣观拓跋珪举动，终为国患，不若摄之还朝，使其弟监国事。"垂不从。秋七月，魏王珪遣其弟觚

魏伐后燕 <small>慕容德据广固附</small>

　　东晋孝武帝太元十三年（388），魏王拓跋珪暗中有图谋后燕的志向，派遣九原公拓跋仪奉命出使到后燕都城中山。燕主慕容垂责问拓跋仪说："魏王为什么不亲自来？"拓跋仪回答说："先王和燕王同样奉事晋室，世代是兄弟，我现在奉命出使，在道理上讲并不失礼。"慕容垂说："我现在威望遍及四海，哪能拿过去做比较！"拓跋仪说："后燕如果不修明德礼，想凭借兵威来强大自己，这是将帅的事情，不是使臣我所知道的。"拓跋仪回国后向拓跋珪进言说："燕主慕容垂衰老了，他的太子愚昧孱弱，范阳王慕容德以才气自负，不是以后少主的忠臣。燕主死后，内部变乱必定爆发，到那时才可以图谋它，就现在讲是不可以的。"拓跋珪表示同意。拓跋仪是拓跋珪父亲的兄弟拓跋翰的儿子。

　　十六年（391）春季正月，贺染干阴谋杀害他的哥哥贺讷，贺讷知道后，起兵兄弟相攻。魏王拓跋珪向后燕报告，请求做向导以讨伐贺讷兄弟。二月甲戌这一天，燕主慕容垂派遣赵王慕容麟率领军队攻击贺讷。夏季六月甲辰（初三）这天，后燕赵王慕容麟在赤城击败贺讷，并擒获了他，降服了他的部落几万人。燕主慕容垂命令赵王慕容麟归还贺讷的部落，迁徙贺染干到中山。慕容麟回国后，向慕容垂进言说："我观察拓跋珪的举动，终究将成为国家的祸患，不如拘捕他回朝，让他的弟弟监理国内的政事。"慕容垂不听。秋季七月，魏王拓跋珪派遣他弟弟拓跋觚

献见于燕。燕主垂衰老,子弟用事,留觚以求良马。魏王珪弗与,遂与燕绝,使长史张衮求好于西燕。觚逃归,燕太子宝追获之,垂待之如初。

二十年,魏王珪叛燕,侵逼附塞诸部。夏五月甲戌,燕主垂遣太子宝、辽西王农、赵王麟帅众八万,自五原伐魏,范阳王德、陈留王绍别将步骑万八千为后继。散骑常侍高湖谏曰:"魏与燕世为昏姻,彼有内难,燕实存之,其施德厚矣,结好久矣。间以求马不获而留其弟,曲在于我,奈何遽兴兵击之!拓跋涉圭沉勇有谋,幼历艰难,兵精马强,未易轻也。皇太子富于春秋,志果气锐,今委之专征,必小魏而易之,万一不如所欲,伤威毁重,愿陛下深图之!"言颇激切,垂怒,免湖官。湖,泰之子也。

秋七月,魏张衮闻燕军将至,言于魏王珪曰:"燕狃于滑台、长子之捷,竭国之资力以来,有轻我之心,宜羸形以骄之,乃可克也。"珪从之,悉徙部落畜产,西渡河千馀里以避之。燕军至五原,降魏别部三万馀家,收穄田百馀万斛,置黑城,进军临河,造船为济具。珪遣右司马许谦乞师于秦。

八月,魏王珪治兵河南,九月,进军临河。燕太子宝列兵将济,暴风起,漂其船数十艘泊南岸。魏获其甲士三

向后燕进献时鲜物品。燕主慕容垂衰老了，他的儿子们执掌政事，他们扣留拓跋觚做人质以此向北魏要求良马。魏王拓跋珪不给，于是和后燕绝交，拓跋珪派长史张衮向西燕要求和好。拓跋觚寻机逃跑回国，后燕太子慕容宝追上了他，将他又抓回去，慕容垂待他和从前一样。

二十年（395），魏王拓跋珪背叛后燕，侵略、逼迫依附边塞的各个部落。夏季五月甲戌这天，燕主慕容垂派遣太子慕容宝、辽西王慕容农、赵王慕容麟率军八万从五原出击讨伐北魏，范阳王慕容德、陈留王慕容绍另外率领步、骑兵一万八千人作为后继部队。散骑常侍高湖进谏说："北魏和燕国世代是儿女亲家，北魏国内发生灾难时，实际上它依靠燕国才能渡过难关，燕国施与的恩德非常优厚，两国结好也时间很久了。近来因为要马没得到而扣留拓跋珪的弟弟，理亏在我方，怎么能立即发动军队攻击他！拓跋涉圭沉着勇敢，而且有计谋，幼年经历艰难困苦，军队精锐，战马强壮，不容易轻取。皇太子正当壮年，办事果勇，志高气盛，现在委派他统掌大军出征，一定会轻视魏国，认为伐魏是件容易的事情，万一不能如愿取胜，就会损毁陛下的威望，望陛下三思而后行！"其言论非常激切，慕容垂发怒，免去了高湖的官职。高湖，是高泰的儿子。

秋季七月，北魏张衮听说后燕军队将到，向拓跋珪进言说："后燕贪于滑台、长子的胜利，竭尽全国的资财、人力而来，有轻视我们的心理，应该用虚弱不堪的样子来使他们麻痹，这样才能获胜。"拓跋珪听从了张衮的话，全部迁徙部落畜产，向西渡过黄河，走了一千多里来躲避后燕军。后燕军队到达五原，降服了北魏另外的部落三万多家，收割田中糜子，获得一百多万斛，又设置黑城，进军到黄河岸边，建造船只以作为渡河的工具。拓跋珪派遣右司马许谦向秦国求兵援助。

八月，魏王拓跋珪在黄河南治理军队，九月，进军黄河岸边。后燕太子慕容宝排列军队，将要渡黄河时，忽然刮起暴风，把他的几十艘船漂泊到黄河南岸。北魏俘获了他的全副武装士兵三

百馀人,皆释而遣之。

宝之发中山也,燕主垂已有疾,既至五原,珪使人邀中山之路,伺其使者,尽执之。宝等数月不闻垂起居,珪使所执使者临河告之曰:"若父已死,何不早归?"宝等忧恐,士卒骇动。

珪使陈留公虔将五万骑屯河东,东平公仪将十万骑屯河北,略阳公遵将七万骑塞燕军之南。遵,寿鸠之子也。秦主兴遣杨佛嵩将兵救魏。

燕术士靳安言于太子宝曰:"天时不利,燕必大败,速去可免。"宝不听。安退告人曰:"吾辈皆当弃尸草野,不得归矣。"

燕、魏相持积旬,赵王麟将慕舆嵩等以垂为实死,谋作乱,奉麟为主。事泄,嵩等皆死,宝、麟等内自疑。冬十月辛未,烧船夜遁。时河冰未结,宝以魏兵必不能渡,不设斥候。十一月己卯,暴风,冰合,魏王珪引兵济河,留辎重,选精锐二万馀骑急追之。

燕军至参合陂,有大风,黑气如堤,自军后来,临覆军上。沙门支昙猛言于宝曰:"风气暴迅,魏兵将至之候,宜遣兵御之。"宝以去魏军已远,笑而不应。昙猛固请不已,麟怒曰:"以殿下神武,师徒之盛,足以横行沙漠,索虏何敢远来!而昙猛妄言惊众,当斩以徇!"昙猛泣曰:"苻氏以百万之师,败于淮南,

百多人，然后又将他们全部释放并遣送回去。

慕容宝从中山出发的时候，燕主慕容垂已生病，到五原以后，拓跋珪派人在到中山的路上进行拦截，等候慕容宝的使者，将他们全部抓获。慕容宝等人几个月听不到慕容垂日常生活的消息，拓跋珪让所抓获的使者靠近黄河告诉慕容宝说："你父亲已经死了，为什么不尽早回去？"慕容宝等担忧、害怕，士兵们惊骇、骚动。

拓跋珪派陈留公拓跋虔率五万骑兵屯驻黄河以东，东平公拓跋仪率十万骑兵屯驻黄河以北，略阳公拓跋遵率七万骑兵堵住后燕军的南行之路。拓跋遵是拓跋寿鸠的儿子。秦主姚兴派遣杨佛嵩率兵救援北魏。

后燕的术士靳安向太子慕容宝进言说："天时不利，燕军必定大败，赶快离去可以免去灾难。"慕容宝不听。靳安退出后告诉别人说："我们这些人都将死在杂草丛生的野地里，不能回去了。"

后燕、北魏互相对峙了十天时间，赵王慕容麟的将领慕舆嵩等以为慕容垂是真的死了，阴谋作乱，尊奉慕容麟为君主。不料，事情泄漏，慕舆嵩等都被处死，慕容宝、慕容麟等内心各自猜疑。冬季十月辛未（二十五日）这天，后燕军烧毁船只，夜间逃走。当时黄河还没结冰，慕容宝以为北魏军队一定不能渡河，因而没安排侦察敌情的士兵。十一月己卯（初三），刮起暴风，黄河冰块冻合，魏王拓跋珪带兵渡过黄河，并留下辎重，挑选精锐骑兵二万多人，加紧追赶后燕军。

后燕军到达参合陂，突然吹来一股大风，伴着黑云笼罩像堤坝一样，从军队后面刮来，到了军队上方时又覆盖下来。和尚支昙猛向慕容宝进言说："风云突然、迅猛，这是北魏兵将要追到的征兆，应该派遣军队防御他们。"慕容宝以为离北魏军队已经很远了，所以只是一笑置之。支昙猛不停地坚决请求派兵，慕容麟发怒说："凭借太子的英明，军队的盛大，足可以在沙漠中横行，索虏怎么敢远道而来！而支昙猛胡言乱语、惊扰士兵，应当杀掉示众！"支昙猛抽泣着说："符氏凭借百万人的军队在淮南失败，

正由恃众轻敌，不信天道故也！"司徒德劝宝从昙猛言，宝乃遣麟帅骑三万居军后以备非常。麟以昙猛为妄，纵骑游猎，不肯设备。宝遣骑还诇魏兵，骑行十馀里，即解鞍寝。

魏军晨夜兼行，乙酉，暮，至参合陂西。燕军在陂东，营于蟠羊山南水上。魏王珪夜部分诸将，掩覆燕军，士卒衔枚束马口潜进。丙戌，日出，魏军登山，下临燕营。燕军将东引，顾见之，士卒大惊扰乱。珪纵兵击之，燕兵走赴水，人马相腾蹂，压溺死者以万数。略阳公遵以兵邀击其前，燕兵四五万人，一时放仗敛手就禽，其遗迸去者不过数千人，太子宝等皆单骑仅免。杀燕右仆射陈留悼王绍，生禽鲁阳王倭奴、桂林王道成、济阴公尹国等文武将吏数千人，兵甲粮货以钜万计。道成，垂之弟子也。

魏王珪择燕臣之有才用者代郡太守广川贾闰、闰从弟骠骑长史昌黎太守彝、太史郎辽东晁崇等留之，其馀欲悉给衣粮遣还，以招怀中州之人。中部大人王建曰："燕众强盛，今倾国而来，我幸而大捷，不如悉杀之，则其国空虚，取之为易。且获寇而纵之，无乃不可乎！"乃尽坑之。十二月，珪还云中之盛乐。

燕太子宝耻于参合之败，请更击魏。司徒德言于燕主垂曰："虏以参合之捷，有轻太子之心，宜及陛下神略以服

正是由于依仗军队多而轻敌,不相信天道的缘故!"司徒慕容德劝慕容宝听从支昙猛的话,慕容宝就派遣慕容麟率领骑兵三万人,布置在大军后面以防备敌军突然袭击。慕容麟认为支昙猛的话荒诞虚妄,所以放纵士兵游玩打猎,不肯设置防备。慕容宝派遣骑兵回去侦察北魏兵,骑兵走出十几里,便解下马鞍睡起觉来。

北魏军队在白天和夜间加倍赶路,乙酉(初九)这天黄昏时分,到达参合陂西边。后燕军队在参合陂东边,建营地于蟠羊山南水边。魏王拓跋珪夜间安排诸将,准备偷袭消灭后燕军,士兵都在嘴里含竹筷,并束缚马口,悄悄地进军。丙戌(初十)这天,日出时,北魏军队登上蟠羊山,向下俯视后燕军营。后燕军队将要向东退却,回头见到他们,士兵们大惊失色,乱作一团。拓跋珪摧动士兵,攻击后燕军,后燕士兵逃跑,扑到水中,人马互相跳跃、踩踏,压死和淹死的士兵达一万多人。略阳公拓跋遵指挥军队在前面拦路截击,后燕士兵四五万人,一时间都放下武器,束手就擒,后燕兵遗漏或奔逃掉的不过几千人,太子慕容宝等都单人匹马逃脱。北魏军杀掉了后燕右仆射陈留悼王慕容绍,活捉鲁阳王慕容倭奴、桂林王慕容道成、济阴公慕容尹国等文武将吏几千人,获得的兵器铠甲、粮食货物,用万万计算。慕容道成,是慕容垂的侄子。

魏王拓跋珪选择后燕大臣中有才能可用的如代郡太守广川人贾闰、贾闰的堂弟骠骑府长史、昌黎太守贾彝、太史郎辽东人晁崇等留下,其馀的人想全部发给衣服粮食遣送回去,用他们来招诱安抚中原的人。中部大人王建说:"后燕军队强盛,现在倾尽全国人马而来,我们有幸取得大捷,不如全部杀掉他们,那样他们的国家就会空虚,夺取它时就会容易一些。况且俘获敌人后又放掉他们,恐怕不行吧!"于是全部活埋了他们。十二月,拓跋珪回到云中的盛乐城。

后燕太子慕容宝对参合陂的失败感到耻辱,请求再次进攻北魏。司徒慕容德向慕容垂进言说:"索虏因为参合陂的胜利,有轻视太子的心理,应该趁着陛下健在时,用您的神威谋略制服

之,不然,将为后患。"垂乃以清河公会录留台事,领幽州刺史,代高阳王隆镇龙城。以阳城王兰汗为北中郎将,代长乐公盛镇蓟;命隆、盛悉引其精兵还中山,期以明年火举击魏。

二十一年春正月,燕高阳王隆引龙城之甲入中山,军容精整,燕人之气稍振。三月庚子,燕主垂留范阳王德守中山,引兵密发,逾青岭,经天门,凿山通道,出魏不意,直指云中。魏陈留公虔帅部落三万馀家镇平城。垂至猎岭,以辽西王农、高阳王隆为前锋以袭之。是时,燕兵新败,皆畏魏,惟龙城兵勇锐争先。虔素不设备,闰月乙卯,燕军至平城,虔乃觉之,帅麾下出战,败死,燕军尽收其部落。魏王珪震怖欲走,诸部闻虔死,皆有贰心,珪不知所适。

垂之过参合陂也,见积骸如山,为之设祭,军士皆恸哭,声震山谷。垂惭愤呕血,由是发疾,乘马舆而进,顿平城西北三十里。太子宝等闻之,皆引还。燕军叛者奔告于魏云:"垂已死,舆尸在军。"魏王珪欲追之,闻平城已没,乃引还阴山。

垂在平城积十日,疾转笃,乃筑燕昌城而还。夏四月癸未,卒于上谷之沮阳,秘不发丧。丙申,至中山。戊戌,发丧,谥曰成武皇帝,庙号世祖。壬寅,太子宝即位,大赦,改元永康。

它,不然将成为以后的祸患。"慕容垂这才用清河公慕容会总领留台事,兼任幽州刺史,代替高阳王慕容隆镇守龙城,用阳城王兰汗为北中郎将,代替长乐公慕容盛镇守蓟城,命令慕容隆、慕容盛带上他们的全部精兵回中山,约定在明年大举进攻北魏。

二十一年(396)春季正月,后燕高阳王慕容隆带领龙城全副武装的士兵进入中山,军容精壮整齐,后燕人的气势稍微振作起来。三月庚子(二十六日)这天,燕主慕容垂留下范阳王慕容德守卫中山,自己带领军队秘密出发,越过青岭,经过天门,开凿山路,从北魏人意想不到的地方出击,直接插向云中。北魏陈留公拓跋虔率领部落三万多家镇守平城。慕容垂到达猎岭,用辽西王慕容农,高阳王慕容隆为前锋,袭击平城。这时的后燕士兵刚经历失败,都畏惧北魏,只有龙城来的士兵锐气十足,奋勇争先。拓跋虔向来不设防备,闰月乙卯(十二日)这天,后燕军到达平城,拓跋虔这才发觉他们,忙率领部下出城交战,结果失败被杀,后燕军全部收取了他的部落。魏王拓跋珪听到消息后感到震惊、恐怖,想要逃走,各部落听说拓跋虔战死,都有了二心,拓跋珪不知道该到什么地方。

慕容垂经过参合陂时,看到堆积的尸骨像山一样,于是为死难的将士设案祭祀,军士们都失声恸哭,哭声震撼山谷。慕容垂惭愧气愤,以致呕血,因此发病,靠乘坐马车前进,在平城西北三十里的地方停宿。太子慕容宝等听到慕容垂患病的消息后,都带兵返回。后燕军队中的叛变者跑去向北魏报告,说:"慕容垂已经死了,用车载着尸体在军队中。"魏王拓跋珪想追击后燕军,听说平城已经陷落,便带兵回到阴山。

慕容垂在平城停留了十天,病情加重,便建造了一座燕昌城,然后回军。夏季四月癸未(初十)这天,慕容垂在上谷的沮阳去世,消息保密,暂不发丧。丙申(二十三日),后燕军到达中山。戊戌(二十五日),后燕为慕容垂发丧,给他的谥号为成武皇帝,庙号为世祖。壬寅(二十九日),太子慕容宝登上皇位,大赦境内,改年号为永康。

　　五月辛亥，以范阳王德为都督冀兖青徐荆豫六州诸军事、车骑大将军、冀州牧，镇邺；辽西王农为都督并雍益梁秦凉六州诸军事、并州牧，镇晋阳；又以安定王库傉官伟为太师，夫馀王蔚为太傅。甲寅，以赵王麟领尚书左仆射，高阳王隆领右仆射，长乐公盛为司隶校尉，宜都王凤为冀州刺史。

　　初，燕主垂先段后生子令、宝，后段后生子朗、鉴，爱诸姬子麟、农、隆、柔、熙。宝初为太子，有美称，已而荒怠，中外失望。后段后尝言于垂曰："太子遭承平之世，足为守成之主。今国步艰难，恐非济世之才。辽西、高阳二王，陛下之贤子，宜择一人，付以大业。赵王麟奸诈强愎，异日必为国家之患，宜早图之。"宝善事垂左右，左右多誉之，故垂以为贤，谓段氏曰："汝欲使我为晋献公乎！"段氏泣而退，告其妹范阳王妃曰："太子不才，天下所知，吾为社稷言之，主上乃以吾为骊姬，何其苦哉！观太子必丧社稷，范阳王有非常器度，若燕祚未尽，其在王乎！"宝及麟闻而恨之。

　　乙丑，宝使麟谓段氏曰："后常谓主上不能守大业，今竟能不？宜早自裁，以全段宗！"段氏怒曰："汝兄弟不难逼杀其母，况能守先业乎！吾岂爱死，但念国亡不久耳。"遂自杀。宝议以"段后谋废適统，无母后之道，不宜成丧"。群臣咸以为然。中书令眭邃扬言于朝曰："子无废母之义。汉安思阎后

五月辛亥(初九),慕容宝用范阳王慕容德为都督冀、兖、青、徐、荆、豫六州诸军事、车骑大将军、冀州牧,镇守邺城;用辽西王慕容农为都督并、雍、益、梁、秦、凉六州诸军事、并州牧,镇守晋阳;又用安定王库傉官伟为太师,夫馀王馀蔚为太傅。甲寅(十二日),用赵王慕容麟兼任尚书左仆射,高阳王慕容隆兼任右仆射,长乐公慕容盛为司隶校尉,宜都王慕容凤为冀州刺史。

最初,燕主慕容垂的先段后生下儿子慕容令、慕容宝,后段后生下儿子慕容朗、慕容鉴,慕容垂喜爱其他姬妾生下的儿子慕容麟、慕容农、慕容隆、慕容柔、慕容熙。慕容宝刚为太子时,受到人们的交口称赞,后来荒淫懒惰,宫中内外,感到失望。后段后曾经向慕容垂进言说:"太子遇到承平的世道,足可成为守护基业的君主。当今国家步履艰难,恐怕他不是引导我们度过乱世的人才。辽西王慕容农、高阳王慕容隆,是陛下的有道德有才能的儿子,应该选择其中一人交付给国家大业。赵王慕容麟奸诈刚愎,以后必定成为国家的祸患,应尽早考虑处置他。"慕容宝善于奉事慕容垂身边的人,慕容垂身边的人大多赞美慕容宝,所以,慕容垂认为他贤能,于是对段氏说:"您想让我成为晋献公吗!"段氏抽泣着退下,告诉她做范阳王妃的妹妹说:"太子没有才能,天下所知。我为了国家进言这件事,皇帝竟把我看成骊姬,我太痛苦了!我看太子必定会使国家灭亡,范阳王有非常的器识和度量,如果燕国国统还没到头,延续它的将是范阳王吧!"慕容宝和慕容麟听说这件事后,非常痛恨后段后。

乙丑(二十三日)这天,慕容宝让慕容麟对段氏说:"皇后常常说当今皇帝不能守住国家大业,现在究竟能否?你应该尽早自己了结,以此保全段氏宗族!"段氏愤怒地说:"你们兄弟这样轻易逼死自己的母亲,还谈什么能守住先帝的大业呢!我哪里贪生怕死,只是顾念国家不久将会灭亡罢了。"说完就自杀了。慕容宝提议"段后阴谋废掉嫡子一脉统系,没有母后的道德品质,不应该与先帝合葬"。群臣都以为应该这样。中书令眭邃在朝中公开地宣布说:"儿子没有废掉母亲的道理。汉朝安思阎后

亲废顺帝,犹得配飨太庙,况先后暧昧之言,虚实未可知乎!”乃成丧。

夏六月癸酉,魏王珪遣将军王建等击燕广宁太守刘亢埿,斩之,徙其部落于平城。燕上谷太守开封公详弃郡走。详,觊之曾孙也。

燕主宝定士族旧籍,分辨清浊,校阅户口,罢军营封荫之户,悉属郡县。由是士民嗟怨,始有离心。

上谷张恂劝珪进取中原,珪善之。

燕辽西王农悉将部曲数万口之并州。并州素乏储偫,是岁早霜,民不得供其食。又遣诸部护军分监诸胡,由是民夷俱怨,潜召魏军。八月己亥,魏王珪大举伐燕,步骑四十馀万,南出马邑,逾句注,旌旗二千馀里,鼓行而进。左将军雁门李栗将五万骑为前驱,别遣将军封真等从东道出军都,袭燕幽州。

燕征北大将军、幽平二州牧、清河公会母贱而年长,雄俊有器艺,燕主垂爱之。宝之伐魏也,垂命会摄东宫事、总录,礼遇一如太子。及垂伐魏,命会镇龙城,委以东北之任,国官府佐,皆选一时才望。垂疾笃,遗言命宝以会为嗣。而宝爱少子濮阳公策,意不在会。长乐公盛与会同年,耻为之下,乃与赵王麟共劝宝立策,宝从之。乙亥,立妃段氏为皇后,策为皇太子,会、盛皆进爵为王。策年十一,素恚弱,会闻之,心愠悆。

亲自废掉顺帝,还能配享太庙,况且有关先后在宫中对先帝说的悄悄话,是真是假,无法知道呢!"这才将段后与慕容垂合葬。

夏季六月癸酉(初一),魏王拓跋珪派遣将军王建等攻击后燕广宁太守刘亢泥,杀掉了他,将他的部落迁徙到平城。后燕上谷太守开封公慕容详,放弃本郡逃走。慕容详是慕容皝的曾孙。

燕主慕容宝审定士族过去的族籍,分辨清流、浊流,校定查阅户口,废罢诸军庇护的民户,让他们全部隶属郡县。因为这些措施,士民叹气怨恨,开始产生离心。

上谷人张恂劝拓跋珪进军夺取中原,拓跋珪认为他说得对。

后燕辽西王慕容农带领他的全部部曲几万人前往并州。并州向来缺乏储备、用具,适逢这一年降霜早,百姓没力量提供军饷。慕容农又派遣各部护军分头监视各少数部族,因此后燕百姓和各少数部族都有怨气,他们暗中召北魏军来。八月己亥(二十八日)这天,魏王拓跋珪大举讨伐后燕,步骑兵共四十多万,南出马邑,越过句注,旌旗相望达二千多里,一路击鼓前进。左将军雁门人李栗率领五万骑兵为前锋,另外派遣将军封真等从东道出军军都,袭击后燕幽州。

后燕征北大将军,幽、平二州牧,清河公慕容会,其生母出身微贱。他年龄最大,雄武英俊,有器度才艺,燕主慕容垂很喜爱他。慕容宝讨伐北魏时,慕容垂命令慕容会代领东宫事、总录朝政,礼节、待遇一切如太子一样。到慕容垂讨伐北魏时,命令慕容会镇守龙城,把东北方面的事情全权委托他处理,辖区内的官僚府佐,挑选的都是当时有才气有名望的人。慕容垂病重时,留下遗言,命令慕容宝用慕容会为接班人。但慕容宝喜爱小儿子濮阳公慕容策,不看重慕容会。长乐公慕容盛与慕容会年龄相同,对在他下面感到耻辱,便与赵王慕容麟一起劝慕容宝立慕容策为接班人,慕容宝听从了他们的话。乙亥(初四)这天,慕容宝立妃子段氏为皇后,慕容策为皇太子,慕容会、慕容盛都进爵为王。慕容策年龄才十一岁,向来愚蠢懦弱,慕容会听到消息后,心中既恼怒又怨恨。

　　九月，章武王宙奉燕主垂及成哀段后之丧葬于龙城宣平陵，宝诏宙悉徙高阳王隆参佐、部曲、家属还中山，会违诏，多留部曲不遣。宙年长属尊，会每事陵侮之，见者皆知其有异志。

　　戊午，魏军至阳曲，乘西山，临晋阳，遣骑环城大噪而去。燕辽西王农出战，大败，奔还晋阳，司马慕舆嵩闭门拒之。农将妻子帅数千骑东走，魏中领将军长孙肥追之，及于潞川，获农妻子。燕军尽没，农被创，独与三骑逃归中山。

　　魏王珪遂取并州，初建台省，置刺史、太守、尚书郎以下官，悉用儒生为之。士大夫诣军门者，无少长，皆引入存慰，使人人尽言，少有才用，咸加擢叙。己未，遣辅国将军奚牧略地汾川，获燕丹杨王买得及离石护军高秀和。以中书侍郎张恂等为诸郡太守，招抚离散，劝课农桑。

　　燕主宝闻魏军将至，议于东堂。中山尹苻谟曰："今魏军众强，千里远斗，乘胜气锐，若纵之使入平土，不可敌也，宜杜险以拒之。"中书令眭邃曰："魏多骑兵，往来剽速，马上赍粮，不过旬日。宜令郡县聚民，千家为一堡，深沟高垒，清野以待之，彼至无所掠，不过六旬，食尽自退。"尚书封懿曰："今魏兵数十万，天下之勍敌也，民虽筑堡，不足以自固，是聚兵及粮以资之也。且动摇民心，示之以弱，不如阻关拒战，

九月,章武王慕容宙拥奉燕主慕容垂和成哀段后的灵柩到龙城宣平陵安葬,慕容宝诏令慕容宙全部迁徙高阳王慕容隆的参佐、部曲、家属返回中山,慕容会违抗诏令,留下多数部曲不遣送。慕容宙年龄大,亲属中是长辈,慕容会常常在一些事情上凌辱他,看到这种情况的人都知道慕容会要叛乱。

戊午(十八日)这天,拓跋珪率领北魏军队到达阳曲,登上西山,向下俯视晋阳城,并派遣骑兵环绕城池大叫大嚷后离去。后燕辽西王慕容农出城交战,结果大败,逃奔回晋阳,司马慕舆嵩关闭城门拒绝他入城。慕容农带上妻子儿女率领几千骑兵东逃,北魏中领将军长孙肥追赶他,在潞川追上了,俘获了他的妻子儿女。后燕军队全部覆没,慕容农身体受伤,独自和三名骑兵逃回中山。

魏王拓跋珪顺利地夺取了并州,开始建立台省,设置刺史、太守、尚书郎以下官职,全部选儒生来做这些官。士大夫到军门的,不论年龄大小,拓跋珪都让人带进来,问候并安慰他们,让每个人说完想说的话,稍有才能、用处的,都加以提拔录用。己未(十九日),拓跋珪派遣辅国将军奚牧到汾川掠夺土地,俘获后燕丹杨王慕容买得和离石护军高秀和。用中书侍郎张恂等为各个郡的太守,招纳、安抚流离失所的百姓,勉励督促农业生产。

后燕主慕容宝听说北魏军即将到达,在东堂举行会议,商量对策。中山尹苻谟说:"现在北魏军队人多马壮,离国千里,进行战斗,乘胜前进,士气旺盛,如果不阻止他们,使他们进入平地,是没法与他们对敌的,应该堵住险要地方,以便抗拒他们。"中书令眭邃说:"北魏多是骑兵,往来轻捷迅速,马上携带的粮食,不过吃十天。应该命令郡县集中百姓,千家为一坞堡,挖深沟筑高垒,坚壁清野以等待他们,他们到了各地没有可以抢劫的,不过六十天,粮食吃完后,自然会退走。"尚书封懿说:"现在北魏军队几十万人,是天下的强敌。百姓即使构筑坞堡,也不足以自我保护,这是集中起士兵和粮食来供给敌人。而且这样做的话会动摇民心,向敌人显示我们的懦弱,不如阻住关口进行抗战,

计之上也。"赵王麟曰:"魏今乘胜气锐,其锋不可当,宜完守中山,待其弊而乘之。"于是修城积粟,为持久之备。命辽西王农出屯安喜,军事动静,悉以委麟。

冬十月,魏王珪使冠军将军代人于栗䃅、宁朔将军公孙兰帅步骑二万,潜自晋阳开韩信故道。己酉,珪自井陉趋中山。李先降魏,珪以为征东左长史。

魏王珪进攻常山,拔之,获太守苟延。自常山以东,守宰或走或降,诸郡县皆附于魏,惟中山、邺、信都三城为燕守。十一月,珪命东平公仪将五万骑攻邺,冠军将军王建、左将军李栗攻信都。戊午,珪进军中山。己未,攻之。燕高阳王隆守南郭,帅众力战,自旦至晡,杀伤数千人,魏兵乃退。珪谓诸将曰:"中山城固,宝必不肯出战,急攻则伤士,久围则费粮,不如先取邺、信都,然后图之。"丁卯,珪引兵而南。

章武王宙自龙城还,闻有魏寇,驰入蓟,与镇北将军阳城王兰乘城固守。兰,垂之从弟也。魏别将石河头攻之,不克,退屯渔阳。

珪军于鲁口,博陵太守申永奔河南,高阳太守崔宏奔海渚。珪素闻宏名,遣吏追求,获之,以为黄门侍郎,与给事黄门侍郎张衮对掌机要,创立制度。博陵令屈遵降魏,珪以为中书令,出纳号令,兼总文诰。

才是上策。"赵王慕容麟说:"北魏军现在乘胜前进,士气旺盛,他们的兵锋不能抵挡,应该完好地防守中山,等待他们疲惫时再乘机反攻。"于是慕容宝修理城墙、积累粮食,做打持久战的准备。命令辽西王慕容农出城屯驻安喜,军事上的一切行动,全权委托慕容麟。

冬季十月,魏王拓跋珪让冠军将军代人于栗碑、宁朔将军公孙兰,率领步骑兵两万人,秘密地从晋阳出发,开通汉代韩信故道。己酉这一天,拓跋珪从井陉出兵向中山进军。李先投降北魏,拓跋珪用他做征东左长史。

魏王拓跋珪进攻常山,攻下了它,俘获了太守苟延。从常山往东的守宰,有的逃走,有的投降,各郡县都归附了北魏,只有中山、邺、信都三城为后燕守卫。十一月,拓跋珪命令东平公拓跋仪率领五万骑兵进攻邺城,冠军将军王建、左将军李栗进攻信都。戊午(十九日),拓跋珪将军队推进到中山城外。己未(二十日),开始攻城。后燕高阳王慕容隆守卫南边城墙,率军奋战,从早晨激战到下午,杀伤敌军达几千人,北魏兵才退走。拓跋珪对诸位将领说:"中山城非常坚固,慕容宝必定不肯出来作战,加紧进攻就会使战士受伤亡,长久围困就会耗费军粮,不如先夺取邺城和信都,然后再想办法攻下它。"丁卯(二十八日),拓跋珪带兵南去。

章武王慕容宙从龙城返回,听说北魏军队入侵,便快马进入蓟城,与镇北将军阳城王慕容兰登上城墙,加固防守。慕容兰,是慕容垂的堂弟。北魏另一路军队的将领石河头进攻蓟城,没有攻克,退军屯驻渔阳。

拓跋珪在鲁口驻军,后燕博陵太守申永逃奔到黄河以南,高阳太守崔宏逃奔到海岛上去了。拓跋珪一向听说崔宏的大名,派遣官吏追赶寻找他,并抓获了他,拓跋珪用他做黄门侍郎,与给事黄门侍郎张衮共同执掌机要,创立规章制度。博陵县令屈遵投降北魏,拓跋珪用他做中书令,发布、接纳号令,同时兼掌文书、诏诰。

燕范阳王德使南安王青等夜击魏军于邺下，破之，魏军退屯新城。青等请追击之，别驾韩诨曰："古人先计而后战。魏军不可击者四：悬军远客，利在野战，一也；深入近畿，顿兵死地，二也；前锋既败，后阵方固，三也；彼众我寡，四也。官军不宜动者三：自战其地，一也；动而不胜，众心难固，二也；城隍未修，敌来无备，三也。今魏无资粮，不如深垒固军以老之。"德从之，召青还。青，详之兄也。

十二月，魏辽西公贺赖卢帅骑二万会东平公仪攻邺。赖卢，讷之弟也。

魏别部大人没根有胆勇，魏王珪恶之。没根惧诛，己丑，将亲兵数十人降燕，燕主宝以为镇东大将军，封雁门公。没根求还袭魏，宝难与重兵，给百馀骑。没根效其号令，夜入魏营，至中仗，珪乃觉之，狼狈惊走。没根以所从人少，不能坏其大众，多获首虏而还。

安帝隆安元年春正月，燕范阳王德求救于秦，秦兵不出，邺中恟惧。贺赖卢自以魏王珪之舅，不受东平公仪节度，由是与仪有隙。仪司马丁建阴与德通，从而构间之，射书入城中，言其状。甲辰，风霾，昼晦，赖卢营有火，建言于仪曰："赖卢烧营为变矣。"仪以为然，引兵退。赖卢闻之，亦退。

后燕范阳王慕容德派南安王慕容青等夜间攻击在邺城下的北魏军,将他们击败,北魏军退走,在新城屯驻。慕容青请求追击北魏兵,慕容德的别驾韩谅说:"古代人都先计划好然后出战。不能攻击北魏军,有四个原因:北魏军孤军深入,是远来我国的客军,在野地里作战对他们有利,是其一;北魏军深入到靠近京城的京畿地区,没有退路,攻打会逼他们与我们拼命,是其二;北魏军前锋失败以后,后边的阵营依然很牢固,是其三;敌军人多我军人少,是其四。官军不应该行动的原因有三个:自己在本地区作战,是其一;行动后不胜利,军心难以稳固,是其二;护城壕没有修建,敌人来了没有防备,是其三。现在北魏军队没有物资军粮,不如加深壁垒,坚固军队防守,用这种办法使他们疲惫。"慕容德听从了韩谅的话,叫慕容青回军。慕容青是慕容详的哥哥。

十二月,北魏辽西公贺赖卢率领骑兵二万与东平公拓跋仪会师,共同进攻邺城。贺赖卢是贺讷的弟弟。

北魏别部大人没根有胆识、勇力,魏王拓跋珪讨厌他。没根害怕被杀,己丑(二十日),他率亲兵几十人投降后燕,燕主慕容宝用他为镇东大将军,封为雁门公。没根请求回去袭击北魏军,慕容宝舍不得给他重兵,只给了一百多骑兵。没根仿效北魏军号令,夜间进入北魏军营,到达中军营帐区时,拓跋珪才觉察,他惊慌失措、狼狈逃走。没根因为带领的人太少,不能破坏北魏的大部队,只是斩杀和俘获了很多的北魏军将士,便返回了。

东晋安帝隆安元年(397)春季正月,后燕范阳王慕容德向后秦求救,后秦不出兵,邺城内因恐惧而喧嚷骚动。贺赖卢自以为是魏王拓跋珪的舅舅,便不接受东平公拓跋仪的节制调度,因此与拓跋仪产生了矛盾。拓跋仪的司马丁建暗中与慕容德串通一气,从而进一步挑拨离间拓跋仪与贺赖卢之间的关系,并用射箭的方式把书信带入邺城,说明这种情况。甲辰(初六)这天,大风夹着尘土,飞沙走石,白天即昏暗不清,贺赖卢军营中点火照明,丁建向拓跋仪进言说:"贺赖卢在焚烧兵营制造变乱了。"拓跋仪信以为真,于是带兵撤退。贺赖卢听到消息后,也退走了。

建帅其众诣德降,且言仪师老,可击。德遣桂阳王镇、南安王青帅骑七千追击魏军,大破之。燕主宝使左卫将军慕舆腾攻博陵,杀魏所置守宰王建等。

攻信都,六十馀日不下,士卒多死。庚申,魏王珪自攻信都。壬戌夜,燕宜都王凤逾城奔中山。癸亥,信都降魏。

燕主宝闻魏王珪攻信都,出屯深泽,遣赵王麟攻杨城,杀守兵三百。宝悉出珍宝及宫人募郡国群盗以击魏。

二月己巳朔,珪还屯杨城。没根兄子丑提为并州监军,闻其叔父降燕,惧诛,帅所部兵还国作乱。珪欲北还,遣其国相涉延求和于燕,且请以其弟为质。宝闻魏有内难,不许,使冗从仆射兰真责珪负恩,悉发其众步卒十二万、骑三万七千屯于曲阳之柏肆,营于滹沱水北以邀之。丁丑,魏军至,营于水南。宝潜师夜济,募勇敢万馀人袭魏营,宝陈于营北以为之援。募兵因风纵火,急击魏军,魏军大乱,珪惊起,弃营跣走。燕将军乞特真帅百馀人至其帐下,得珪衣靴。既而募兵无故自惊,互相斫射,珪于营外望见之,乃击鼓收众,左右及中军将士稍稍来集,多布火炬于营外,纵骑冲之。募兵大败,还赴宝陈,宝引兵复渡水北。戊寅,

丁建率领他的人到慕容德那里投降,并且说拓跋仪的军队已经疲惫,可以攻击他们。慕容德派遣桂阳王慕容镇、南安王慕容青率领骑兵七千追击北魏军,将其打得大败。燕主慕容宝派左卫将军慕舆腾进攻博陵,杀掉了北魏所安排的守宰。

北魏王建等人进攻信都,攻了六十多天没有攻下,士兵大多战死。庚申(二十二日)这天,魏王拓跋珪亲自率领军队进攻信都。壬戌(二十四日)这天夜间,后燕宜都王慕容凤翻越城墙,投奔到中山。癸亥(二十五日),信都投降了北魏。

燕主慕容宝听说魏王拓跋珪进攻信都,率军出中山,屯驻深泽,派遣赵王慕容麟进攻杨城,杀掉那里的守兵三百人。慕容宝拿出全部珍宝和宫人,用来招募各郡县的一伙伙强盗,用他们来攻击北魏军。

二月己巳这天是初一,拓跋珪从信都回军,屯驻在杨城。没根的侄子丑提是并州监军,听说他叔父投降了后燕后,害怕受连累而被杀,便率领部下军队回国发动叛乱。拓跋珪想北回,派遣他的国相涉延向后燕求和,并且请求用他弟弟做人质。慕容宝听说北魏国内有灾难,不答应此事,派冗从仆射兰真去责备拓跋珪辜负后燕对他的恩德,调发他的全部军队步兵十二万人、骑兵三万七千人,屯驻在曲阳的柏肆,在滹沱水北面建立营地以拦路截击北魏军。丁丑(初九)这天,北魏军队来到,在滹沱水南面建立营地。慕容宝秘密率军夜间渡河,招募勇敢战士一万多人袭击北魏营地,慕容宝在北魏军营北面列阵来作为他们的援助。后燕所募战士顺风放火,快速攻击北魏军,北魏军中大乱,拓跋珪受惊起床,抛弃营地赤脚逃跑。后燕将军乞特真率领一百多人到了拓跋珪的帐帷下,获得拓跋珪的衣服、靴子。不久,后燕所招募的战士无缘无故自己惊慌,互相砍杀射箭,拓跋珪在军营外望见这种情况,便击鼓收罗军队,身边人员和中军的将士逐渐前来集合,他下令在军营外布列许多火炬,挥动骑兵冲击后燕军,后燕所招募的勇敢战士被打得大败,他们返回,奔赴慕容宝的军阵,慕容宝带兵再回滹沱水北面。戊寅(初十)这天,

魏整众而至,与燕相持,燕军夺气。宝引还中山,魏兵随而击之,燕兵屡败。宝惧,弃大军,帅骑二万奔还,时大风雪,冻死者相枕。宝恐为魏军所及,命士卒皆弃袍仗、兵器数十万,寸刃不返,燕之朝臣将卒降魏及为魏所系虏者甚众。

先是,张衮尝为魏王珪言燕秘书监崔逞之材,珪得之,甚喜,以逞为尚书,使录三十六曹,任以政事。

己卯夜,燕尚书郎慕舆皓谋弑燕主宝,立赵王麟,不克,斩关出奔魏。麟由是不自安。

初,燕清河王会闻魏军东下,表求赴难,燕主宝许之。会初无去意,使征南将军库傉官伟、建威将军余崇将兵五千为前锋。崇,嵩之子也。伟等顿卢龙近百日,无食,啖马牛且尽,会不发。宝怒,累诏切责,会不得已,以治行简练为名,复留月馀。时道路不通,伟欲使轻军前行通道,侦魏强弱,且张声势。诸将皆畏避不欲行。余崇奋曰:"今巨寇滔天,京都危逼,匹夫犹思致命以救君父,诸君荷国宠任,而更惜生乎!若社稷倾覆,臣节不立,死有馀辱。诸君安居于此,崇请当之。"伟喜,简给步骑数百人。崇进至渔阳,遇魏千馀骑。崇谓其众曰:"彼众我寡,不击则不得免。"乃鼓噪直进,崇手杀十馀人。魏骑溃去,崇亦引还,

北魏重整军队,到滹沱水北,与后燕军互相对峙,后燕军见后丧气。慕容宝带兵回中山,北魏兵追随其后,攻击后燕军,后燕军屡屡失败。慕容宝因此害怕,丢下大部队,只率领骑兵二万人奔跑回中山,当时正值大风雪天气,后燕军被冻死的相互枕压。慕容宝恐怕被北魏军追上,命令士兵丢弃全部军袍、器仗、兵器达几十万件,一件也没带回。后燕的朝臣、将士投降北魏以及被北魏所俘虏的不计其数。

在此之前,张衮曾对魏王拓跋珪说起后燕秘书监崔逞的才能。拓跋珪得到崔逞后,十分高兴,用他做尚书,让他总领三十六曹,把政事交给他处理。

己卯(十一日)这天夜里,后燕尚书郎慕舆皓阴谋杀害燕主慕容宝,拥立赵王慕容麟,但没有成功,他便杀掉守城门的士兵逃出,投奔了北魏。慕容麟因此内心感到不安。

最初,后燕清河王慕容会听说北魏军东下入侵后燕,上表请求奔赴国难,燕主慕容宝答应了他。慕容会本来没有离开龙城的意思,他派征南将军库傉官伟、建威将军余崇率军五千为前锋。余崇是余蒿的儿子。库傉官伟等停宿在卢龙将近一百天,没有粮食,杀掉军中的马牛来吃,马牛也将吃完,慕容会还不出发。慕容宝发怒,一次次发诏书深深责备慕容会。慕容会万不得已,用整理行装、挑选士卒为借口,又停留了一个多月。当时道路不通,库傉官伟想派轻装军队在前面行军开路,侦察北魏军队的强弱,并且虚张声势。各位将领都害怕、回避,不想前往。余崇奋起发言说:"现在强大的敌人罪恶滔天,京都中山危在旦夕,匹夫还想拼命来救援君父,各位身受国家的恩宠、重任,却反而更加爱惜自己的生命吗?如果国家覆灭,不坚持做大臣的节操,死后都会受羞辱。各位安心住在这里,我余崇请求担当此任。"库傉官伟很高兴,给余崇挑选步骑兵几百人。余崇前进到渔阳,遇到北魏骑兵一千多人。余崇对他的战士们说:"他们人多我们人少,不攻击他们我们就无法脱身。"于是,击鼓呐喊,向前一直进攻,余崇亲手杀敌十几人。北魏骑兵溃败逃离,余崇也带兵返回,

斩首获生，具言敌中阔狭，众心稍振。会乃上道徐进，是月，始达蓟城。

魏围中山既久，城中将士皆思出战。征北大将军隆言于宝曰："涉圭虽屡获小利，然顿兵经年，凶势沮屈，士马死伤太半，人心思归，诸部离解，正是可破之时也。加之举城思奋，若因我之锐，乘彼之衰，往无不克。如其持重不决，将卒气丧，日益困逼，事久变生，后虽欲用之，不可得也！"宝然之。而卫大将军麟每沮其议，隆成列而罢者，前后数四。

宝使人请于魏王珪，欲还其弟觚，割常山以西皆与魏以求和。珪许之，既而宝悔之。己酉，珪如卢奴，辛亥，复围中山。燕将士数千人俱自请于宝曰："今坐守穷城，终于困弊，臣等愿得一出乐战，而陛下每抑之，此为坐自摧败也。且受围历时，无他奇变，徒望积久寇贼自退。今内外之势，强弱悬绝，彼必不自退明矣，宜从众一决。"宝许之。隆退而勒兵，召诸参佐谓之曰："皇威不振，寇贼内侮，臣子同耻，义不顾生。今幸而破贼，吉还固善。若其不幸，亦使吾志节获展。卿等有北见吾母者，为吾道此情也！"乃被甲

同时带回所杀敌人的首级和俘虏的敌人,他详细述说了敌军中的虚实,军心稍微振奋。慕容会这才上路,率军慢慢前进。这个月才到达蓟城。

北魏军队包围中山很久后,城中将士都想出城作战。征北大将军慕容隆向慕容宝进言说:"涉圭虽然多次获得小的胜利,但停宿军队在我国已一年了,凶猛之势已经丧失,士兵战马死伤有一大半,人们想要回去,部落离散瓦解,这正是可以击败他们的时候。加上全城将士想奋力杀敌,如果凭借我们的锐气,趁着他们的士气衰落,前去攻击,没有攻不克的道理。如果谨慎稳重,不下决心,将士就会丧气,环境一天天更加艰苦,长时间下去,就会发生变乱,以后即使想利用机会,也办不到了。"慕容宝同意慕容隆的看法。但卫大将军慕容麟每次都败坏慕容隆的建议,慕容隆列好队伍而又停止出发的情况,前后出现了许多次。

慕容宝派人向魏王拓跋珪请求,想用归还拓跋珪的弟弟拓跋觚、割常山以西的土地全部送给北魏的办法求和。拓跋珪答应了慕容宝的条件。不久,慕容宝又对这样求和后悔了。三月己酉(十一日),拓跋珪到了卢奴,辛亥(十三日),再次包围了中山。后燕将士几千人都自愿向慕容宝请求说:"现在坐在这里守卫一座没有出路的城市,终有一天会被困死,我们这些人希望能有机会出城痛快地打一仗,即使死了也心甘情愿,但陛下每次阻止我们出战,这是坐着自取灭亡啊。而且被包围了这么长时间,没有其他奇谋应变,只是指望时间久了寇贼自己退走。现在城内城外的形势,强弱相差悬殊,他们必定不会自己退走,这已很清楚了,应该听从大家的呼声,与敌人一决胜负。"慕容宝答应了他们的请求。慕容隆退下统率军队,并叫来各位参佐,对他们说:"国家遭受不幸,皇帝威望下降,寇贼进到国内来欺侮我们,我们这些做大臣的,都对此感到耻辱,我们应该把自己的生死置之度外。今天有幸击败敌人,平安地回来固然很好,如果出战不利,不幸遇难,也让我的志向、气节获得了展现的机会。你们这些人中有北行见到我母亲的,替我说明这种心情。"于是,他披甲

上马，诣门俟命。麟复固止，宝众大忿恨，隆涕泣而还。

是夜，麟以兵劫左卫将军北地王精，使帅禁兵弑宝。精以义拒之，麟怒，杀精，出奔西山，依丁零馀众。于是城中人情震骇。

宝不知麟所之，以清河王会军在近，恐麟夺会军，先据龙城，乃召隆及骠骑大将军农，谋去中山，走保龙城。隆曰：“先帝栉风沐雨以成中兴之业，崩未期年而天下大坏，岂得不谓之孤负邪！今外寇方盛而内难复起，骨肉乖离，百姓疑惧，诚不可以拒敌，北迁旧都，亦事之宜然。龙川地狭民贫，若以中国之意取足其中，复朝夕望有大功，此必不可。若节用爱民，务农训兵，数年之中，公私充实，而赵、魏之间，厌苦寇暴，民思燕德，庶几返旆，克复故业。如其未能，则凭险自固，犹足以优游养锐耳。”宝曰：“卿言尽理，朕一从卿意耳。”

辽东高抚善卜筮，素为隆所信厚，私谓隆曰：“殿下北行，终不能达，太妃亦不可得见。若使主上独往，殿下潜留于此，必有大功。”隆曰：“国有大难，主上蒙尘，且老母在北，吾得北首而死，犹无所恨。卿是何言也！”乃遍召僚佐，问其去留，唯司马鲁恭、参军成岌愿从，馀皆欲留，隆并听之。

上马,到城门等候命令。慕容麟又坚决阻止出击,慕容宝的军队万分忿恨,慕容隆流着眼泪返回兵营。

这天晚上,慕容麟用兵刃劫持左卫将军北地王慕容精,让他率领禁卫军杀害慕容宝。慕容精用大义拒绝了他,慕容麟发怒,杀死慕容精,出城逃奔到西山,依附丁零的残馀部队。于是,中山城的人们内心感到震动和惊骇。

慕容宝不知道慕容麟去了哪里,因为清河王慕容会的军队就在附近,恐怕慕容麟夺了慕容会的军队,首先占据龙城,便召来慕容隆和骠骑大将军慕容农谋划,想离开中山,跑去保住龙城。慕容隆说:"先帝栉风沐雨才建成这中兴燕国的大业,他逝世还没到一年,天下便遭到大破坏,难道能说这不是辜负了他老人家的托付吗!现在入侵的外敌正当强盛,而我们内部又出现变乱,骨肉之间相违分离,百姓疑虑恐惧,确实不能用这种状态去抗击敌人。向北迁回旧的都城,也是情势所迫,应该这样做的。然而龙川土地狭小,百姓贫穷,如果用在中原时的想法立足其中,又早晚期望能有大的成功,这一定是不可以。如果节约用度,爱护百姓,从事农业生产,训练士兵战斗,几年之中,公私费用充实,而赵、魏地区之间,早就已经厌倦了经年的战乱、暴虐,百姓回想燕国的恩德,或许能够旌旗重返,克复旧业。如果这种局面不能出现,那么凭借险要地形自我保护,还足可以悠闲自得,养精蓄锐。"慕容宝说:"您说的全都很有道理,我一切听从您的意见。"

辽东人高抚善于占卜,一向被慕容隆所信任厚爱,他私下对慕容隆说:"殿下这次北行,终究不能到达目的地,太妃也不可能见到。如果让主上单独前往,殿下秘密地留在这里,一定会有大的功劳。"慕容隆说:"国家有大灾难,主上蒙受风尘,而且我的老母亲在北边,我能够头颅向北而死,尚且不觉遗憾。你这是什么话!"于是,慕容隆召见全部僚佐,询问他们的去留,只有司马鲁恭、参军成炭愿意跟从,其馀人都想留下,慕容隆听从他们的意见,完全自便。

农部将谷会归说农曰："城中之人,皆涉圭参合所杀者父兄子弟,泣血踊跃,欲与魏战,而为卫军所抑。今闻主上当北迁,皆曰:'得慕容氏一人奉而立之,以与魏战,死无所恨。'大王幸而留此,以副众望,击退魏军,抚宁畿甸,奉迎大驾,亦不失为忠臣也。"农欲杀归而惜其材力,谓之曰:"必如此以望生,不如就死!"

壬子夜,宝与太子策、辽西王农、高阳王隆、长乐王盛等万馀骑出赴会军,河间王熙、勃海王朗、博陵王鉴皆幼,不能出城,隆还入迎之,自为靷乘,俱得免。燕将王沈等降魏。乐浪王惠、中书侍郎韩范、员外郎段宏、太史令刘起等帅工伎三百奔邺。

中山城中无主,百姓惶惑,东门不闭。魏王珪欲夜入城,冠军将军王建志在虏掠,乃言恐士卒盗府库物,请俟明旦,珪乃止。燕开封公详从宝不及,城中立以为主,闭门拒守。珪尽众攻之,连日不拔。使人登巢车,临城谕之曰:"慕容宝已弃汝走,汝曹百姓空自取死,欲谁为乎?"皆曰:"群小无知,恐复如参合之众,故苟延旬月之命耳。"珪顾王建而唾其面。使中领将军长孙肥、左将军李栗将三千骑追宝至范阳,不及,破其新城戍而还。

燕主宝出中山,与赵王麟遇于阱城。麟不意宝至,惊骇,帅其众奔蒲阴,复出屯望都,土人颇供给之。慕容详遣兵

慕容农的部将谷会归游说他说:"城中的人,都是涉圭在参合陂所杀的将士的父兄子弟,他们都为亲人哭出了血,踊跃参战,想与北魏兵拼命,但被卫大将军慕容麟所压抑。现在听说主上将向北迁移,都说:'得到慕容氏一个人尊奉拥立他,来与北魏军作战,死了也不感到遗憾!'大王有幸而留在这里,以应合众人的期望,击退北魏军,安抚平定京畿甸服地区,尊奉迎接大驾,也不失做一忠臣。"慕容农想杀掉谷会归,但爱惜他的才能,对他说:"一定要这样来希望活下去,不如去死。"

壬子(十四日)夜间,慕容宝和太子慕容策、辽西王慕容农、高阳王慕容隆、长乐王慕容盛等率领一万多骑兵出城奔赴慕容会军中,河间王慕容熙、勃海王慕容朗、博陵王慕容鉴都年幼,不能出城,慕容隆回身重入城中迎接他们,自己充当鞍辔车辆,使他们全部得以脱身。后燕将领王沈等人投降了北魏。乐浪王慕容惠、中书侍郎韩范、员外郎段宏、太史令刘起等率领乐工歌女三百人投奔到邺城。

中山城中没有头领,百姓惊慌困惑,东城门没有关闭。魏王拓跋珪想夜间进城,冠军将军王建想进行掳掠,就说恐怕士兵晚上偷盗府库中的东西,请求等到明天早晨,拓跋珪便没有入城。后燕开封公慕容详没来得及跟随慕容宝走,城中立他做君主,关闭城门,守城抗拒。拓跋珪投入全部兵力攻城,连续几天攻不下。他让人坐上似鸟巢的车,俯视城中,告诉城中人说:"慕容宝已经丢下你们跑了,你们这些老百姓白白地自己找死,想为谁这样卖命呢?"城中人都回答说:"一群小人物,无知无识,因恐怕再像参合陂的军队那样被坑杀,所以暂且拖延一个月的小命罢了。"拓跋珪回头看着王建,唾他的脸。于是,又派中领将军长孙肥、左将军李栗率领三千骑兵追赶慕容宝,追到范阳,没追上,长孙肥等攻破后燕的新城戍后返回。

燕主慕容宝逃出中山后,与赵王慕容麟在阱城相遇。慕容麟没想到慕容宝会来到这里,大惊失色,率领他的军队逃奔到蒲阴,又出蒲阴屯驻望都,当地人供给他很多东西。慕容详派兵

掩击麟，获其妻子，麟脱走，入山。甲寅，宝至蓟，殿中亲近散亡略尽，惟高阳王隆所领数百骑为宿卫。清河王会帅骑卒二万迎于蓟南，宝怪会容止怏怏有恨色，密告隆及辽西王农。农、隆俱曰："会年少，专任方面，习骄所致，岂有他也！臣等当以礼责之。"宝虽从之，然犹诏解会兵以属隆，隆固辞，乃减会兵分给农、隆。又遣西河公库傉官骥帅兵三千助守中山。

　　丙辰，宝尽徙蓟中府库北趣龙城。魏石河头引兵追之，戊午，及宝于夏谦泽。宝不欲战，清河王会曰："臣抚教士卒，惟敌是求。今大驾蒙尘，人思效命，而虏敢自送，众心忿愤。兵法曰：'归师勿遏。'又曰：'置之死地而后生。'今我皆得之，何患不克！若其舍去，贼必乘人，或生馀变。"宝乃从之。会整陈与魏兵战，农、隆等将南来骑冲之，魏兵大败，追奔百馀里，斩首数千级。隆又独追数十里而还，谓故吏留台治书阳璆曰："中山城中积兵数万，不得展吾意，今日之捷，令人遗恨。"因慷慨流涕。

　　会既败魏兵，矜很滋甚，隆屡训责之，会益忿恚。会以农、隆皆尝镇龙城，属尊位重，名望素出己右，恐至龙城，权政不复在己，又知终无为嗣之望，乃谋作乱。

偷袭慕容麟,俘获了他的妻子儿女,慕容麟逃脱,跑进了山中。甲寅(十六日)这天,慕容宝到达蓟城,宫殿中的亲近人员差不多都逃散了,只有高阳王慕容隆所率领的几百名骑兵充任宿卫。清河王慕容会率领骑兵二万在蓟城南面迎接,慕容宝奇怪慕容会的面色、举止有不满意和愤恨的成分在内,秘密告诉慕容隆和辽西王慕容农。慕容农和慕容隆都说:"慕容会年龄还轻,专断任职一个地区,养成了骄傲习气,所以才对陛下那样,哪能有其他企图!我们将根据礼仪来责备他。"慕容宝虽然听从了他们的话,但还是解除了慕容会的兵权,并将兵权交给慕容隆,慕容隆坚决辞让,这才只减少慕容会的兵力,将裁减的士兵分给慕容农、慕容隆。又派遣西河公库傉官骥率兵三千去帮助守卫中山。

丙辰(十八日)这天,慕容宝迁移全部蓟城内府库所藏的东西,向北朝龙城进发。北魏将领石河头带兵追赶他们,戊午(二十日),在夏谦泽追上了慕容宝。慕容宝不想作战,清河王慕容会说:"我抚养教育士兵,只为了寻找敌人。现在大驾蒙受风尘,人人想着效力拼命,而敌人胆敢自己送上门来,军人心中愤怒。兵法说'回归的军队不要阻止',又说'到达死亡境地然后寻找生路'。现在我军的处境都符合兵法所说的这两种情况,还担心不胜利吗!如果放弃他们离开,敌人必定会趁机攻击我们,或许会发生别的变化。"慕容宝这才听从慕容会的话。慕容会整理军阵和北魏兵交战,慕容农、慕容隆率领从南面来的骑兵冲击敌军,北魏兵被打得大败,后燕军追击逃奔的敌军,追了一百多里,斩获了几千敌军首级。慕容隆又单独追了几十里才返回,他对从前的属吏留台治书侍御史阳璆说:"中山城内集中了几万军队,不能施展我的杀敌报国意愿,今天的胜利,令人为从前感到遗憾。"随后慷慨激昂,泪流满面。

慕容会打败北魏兵,更加自负,慕容隆多次训斥他,他更加怨恨。他因为慕容农、慕容隆都曾镇守过龙城,属于长辈,位置又高,名声威望也一向比自己大,恐怕到龙城后,权力、政事不再由自己说了算,又知道终究没有做太子的指望,于是阴谋作乱。

幽、平之兵皆怀会恩，不乐属二王，请于宝曰："清河王勇略高世，臣等与之誓同生死，愿陛下与皇太子、诸王留蓟宫，臣等从王南解京师之围，还迎大驾。"宝左右皆恶会，言于宝曰："清河王不得为太子，神色甚不平。且其才武过人，善收人心。陛下若从众请，臣恐解围之后，必有卫辄之事。"宝乃谓众曰："道通年少，才不及二王，岂可当专征之任！且朕方自统六师，杖会以为羽翼，何可离左右也！"众不悦而退。

左右劝宝杀会。侍御史仇尼归闻之，告会曰："大王所恃者父，父已异图；所杖者兵，兵已去手。欲于何所自容乎！不如诛二王，废太子，大王自处东宫，兼将相之任，以匡复社稷，此上策也。"会犹豫未许。

宝谓农、隆曰："观道通志趣，必反无疑，宜早除之。"农、隆曰："今寇敌内侮，中土纷纭，社稷之危，有如累卵。会镇抚旧都，远赴国难，其威名之重，足以震动四邻。逆状未彰而遽杀之，岂徒伤父子之恩，亦恐大损威望。"宝曰："会逆志已成，卿等慈恕，不忍早杀，恐一旦为变，必先害诸父，然后及吾，至时勿悔自负也！"会闻之，益惧。

夏四月癸酉，宝宿广都黄榆谷，会遣其党仇尼归、吴提染干帅壮士二十馀人分道袭农、隆，杀隆于帐下，农被重创，

幽州、平州的士兵都怀念慕容会的恩德,不愿意隶属慕容农、慕容隆二王,于是,他们向慕容宝请求说:"清河王勇气谋略高出当世,我们这些人和他誓同生死,希望陛下与皇太子、诸王留在蓟城宫中,我们这些人跟随清河王向南进军,解除敌军对京城的围困,然后回来迎接大驾。"慕容宝身边的人都讨厌慕容会,他们向慕容宝进言说:"清河王没能成为太子,神色非常不高兴。而且,他才能武艺超过一般人,善于收买人心。陛下如果听从士兵的请求,我们担心解除敌人的包围之后,必然会有卫辄那样的事情发生。"慕容宝便对士兵们说:"慕容会年龄太小,才能也赶不上二王,怎么能独自承担南征的重任呢! 况且我正亲自统率六军,还依仗慕容会作为羽翼进行保护,怎么可以离开我身边呢!"士兵们不高兴地退下去了。

慕容宝身边的人劝他杀掉慕容会。侍御史仇尼归听到消息后,告诉慕容会说:"大王所依靠的是父亲,父亲已经有了别的打算;所依仗的是士兵,士兵已经离开你,你想在什么地方自我安身呢! 不如杀掉二王,废掉太子,大王自己居住东宫,兼任将相,用这种办法复兴国家,这是上等计策。"慕容会犹豫不决,没答应仇尼归。

慕容宝对慕容农、慕容隆说:"观察慕容会的心思,之后必定谋反,毫无疑问,应该尽早除掉他。"慕容农、慕容隆说:"现在寇敌入侵,中州土地上战乱纷纭,国家的危险,就像堆叠在一起的蛋。慕容会镇守安抚旧都,远道奔赴国难,他隆盛的威名,足可以震动四周邻国。叛逆迹象没表露出来就马上杀了他,岂止伤害了父子之间的恩情,也恐怕会大大损害我们的威望。"慕容宝说:"慕容会叛逆的心思已经形成,你们仁慈宽容,不忍心早杀他,我担心一旦他制造变乱,必定先杀害各位叔父,然后杀我,到那时可不要因自负而后悔。"慕容会听说后,更加恐惧。

夏季四月癸酉(初六)这天,慕容宝在广都的黄榆谷住宿,慕容会派遣他的党羽仇尼归、吴提染干率领壮士二千多人,分路袭击慕容农、慕容隆,在营帐中杀死了慕容隆,慕容农身负重伤,

执仇尼归，逃入山中。会以仇尼归被执，事终显发，乃夜诣宝曰："农、隆谋逆，臣已除之。"宝欲讨会，阳为好言以安之曰："吾固疑二王久矣，除之甚善。"

甲戌，旦，会立仗严备，乃引道。会欲弃隆丧，余崇涕泣固请，乃听载随军。农出，自归，宝呵之曰："何以自负邪？"命执之。行十馀里，宝顾召群臣食，且议农罪。会就坐，宝目卫军将军慕舆腾使斩会，伤其首，不能杀。会走赴其军，勒兵攻宝。宝帅数百骑驰二百里，晡时，至龙城。会遣骑追至石城，不及。

乙亥，会遣仇尼归攻龙城，宝夜遣兵袭击，破之。会遣使请诛左右佞臣，并求为太子，宝不许。会尽收乘舆器服，以后宫分给将帅，署置百官，自称皇太子、录尚书事，引兵向龙城，以讨慕舆腾为名。丙子，顿兵城下。宝临西门，会乘马遥与宝语，宝责让之。会命军士向宝大噪以耀威，城中将士皆愤怒，向暮出战，大破之。会兵死伤太半，走还营。侍御郎高云夜帅敢死士百馀人袭会军，会众皆溃。会将十馀骑奔中山，开封公详杀之。宝杀会母及其三子。丁丑，宝大赦，凡与会同谋者皆除罪，复旧职。论功行赏，拜将军、封侯者数百人。

抓住仇尼归逃进山中。慕容会认为仇尼归被抓,事情终将暴露,便在夜间到慕容宝那里说:"慕容农、慕容隆阴谋叛逆,我已经除掉他们。"慕容宝想讨伐慕容会,便假装说些好话以安抚他,说:"我向来怀疑二王,已很长时间了,除掉了他们,非常好。"

甲戌(初七)这天早晨,慕容会设立卫兵严密防备后,才在前面带路。他想抛弃慕容隆的尸体,余崇流着眼泪恳求,这才允许装起来随军出发。慕容农从深山中出来,自己归队,慕容宝呵斥他说:"还有什么可以自负的!"命令抓起他来。走了十几里后,慕容宝回头招呼群臣吃饭,并且商议一下定慕容农的罪。慕容会就座后,慕容宝用眼色示意卫兵将军慕舆腾,让他杀慕容会,慕舆腾只伤了慕容会的头部,没有杀成。慕容会跑掉了,奔回他的军中,率领军队攻击慕容宝。慕容宝率领几百骑兵,快马疾驰二百里,下午到达龙城。慕容会派遣骑兵追到石城,没有追上。

乙亥(初八)这天,慕容会派遣仇尼归进攻龙城,慕容宝夜间派兵袭击仇尼归,将他击败了。慕容会派使者到慕容宝那里请求杀掉他身边的奸佞大臣,并请求做太子,慕容宝没有答应。慕容会全部没收了慕容宝所乘坐的车驾、用器和服装,将后宫佳丽分给将帅,安排设置百官,自称皇太子、录尚书事,带兵向龙城进发,以讨伐慕舆腾为名。丙子(初九)这天,慕容会的军队在龙城城下停宿。慕容宝登临龙城西门,慕容会骑马远远地与慕容宝讲话,慕容宝狠狠地责备了他。慕容会便命令军士向慕容宝大肆叫嚷,以炫耀威风,城中的将士都感到愤怒,傍晚出城交战时,大败慕容会的军队。慕容会的军队死伤一大半,跑回营地。侍御郎高云晚上率领敢死队一百多战士袭击慕容会的军队,慕容会的军队全部崩溃。慕容会率领十多名骑兵投奔中山,开封公慕容详杀掉了他。慕容宝杀掉了慕容会的母亲以及他的三个儿子。丁丑(初十)这天,慕容宝大赦,凡是和慕容会同谋的都免罪,恢复过去的官职。论功行赏,拜为将军、封为列侯的有几百人。

魏王珪以军食不给,命东平公仪去邺,徙屯钜鹿,积租杨城。慕容详出步卒六千人,伺间袭魏诸屯,珪击破之,斩首五千,生擒七百人,皆纵之。

五月,燕库傉官骥入中山,与开封公详相攻。详杀骥,尽灭库傉官氏,又杀中山尹苻谟,夷其族。中山城无定主,民恐魏兵乘之,男女结盟,人自为战。

甲辰,魏王珪罢中山之围,就谷河间,督诸郡义租。甲寅,以东平公仪为骠骑大将军、都督中外诸军事、兖豫雍荆徐扬六州牧、左丞相,封卫王。

慕容详自谓能却魏兵,威德已振,乃即皇帝位,改元建始,置百官。以新平公可足浑潭为车骑大将军、尚书令。杀拓跋觚以固众心。

邺中官属劝范阳王德称尊号,会有自龙城来者,知燕主宝犹存,乃止。

秋七月,慕容详杀可足浑潭。详嗜酒奢淫,不恤士民,刑杀无度,所诛王公以下五百馀人,群下离心。城中饥窘,详不听民出采稆,死者相枕,举城咨谋迎赵王麟。详遣辅国将军张骧帅五千馀人督租于常山,麟自丁零入骧军,潜袭中山,城门不闭,执详,斩之。麟遂称尊号,听人四出采稆。人既饱,求与魏战,麟不从,稍复穷馁。魏王珪军鲁口,遣长孙肥帅骑七千袭中山,入其郛。麟追至泒水,为魏所败而还。

八月丙寅朔,魏王珪徙军常山之九门。军中大疫,人畜多死,将士皆思归。珪问疫于诸将,对曰:"在者才

魏王拓跋珪因为军粮供应不上,命令东平公拓跋仪离开邺城,迁往钜鹿屯驻,催征田租,堆积杨城。慕容详派出六千名步兵,寻找机会袭击北魏各屯驻点,拓跋珪将他们击败,斩杀了五千敌兵,活捉了七百人,又将俘虏全部放掉了。

　　五月,后燕库傉官骥进入中山,与开封公慕容详互相攻击。慕容详杀掉了库傉官骥,全部消灭了库傉官氏,又杀掉了中山尹符谟,灭了符谟的家族。中山城中没有确定的首领,百姓害怕北魏军乘机进城,男女互相结盟,人人各自为战。

　　甲辰(初七),魏王拓跋珪放弃对中山的围困,到河间去找粮,督促各郡交纳义租。甲寅(十七日),用东平公拓跋仪为骠骑大将军,都督中外诸军事,兖、豫、雍、荆、徐、扬六州牧,左丞相,封卫王。

　　慕容详自以为能使北魏兵退走,威望德行已经振扬起来了,于是登上皇帝宝座,改年号为建始,设置百官。用新平公可足浑潭为车骑大将军、尚书令。杀掉拓跋觚以坚定大家守城的决心。

　　邺城内的官属劝范阳王慕容德称皇帝,恰好有从龙城来的人,知道燕主慕容宝还在,这才作罢了。

　　秋季七月,慕容详杀害了可足浑潭。慕容详嗜好喝酒,又奢侈淫乐,不怜惜士民,用刑杀人,没有尺度,所杀的王、公以下官吏就有五百多人,手下人都对他有了离心。城内饥饿困窘,慕容详不让百姓出城采稆,饿死的人一个压一个,全城人商议谋划迎接赵王慕容麟。慕容详派遣辅国将军张骧率领五千多人到常山督促田租,慕容麟从丁零中出来混入张骧军中,偷偷袭击中山,当时城门没关闭,慕容麟抓住慕容详,将他杀掉。于是,慕容麟称皇帝,听任百姓四出采稆。百姓吃饱后,请求与北魏军交战,慕容麟不让,逐渐地百姓又穷困饥饿了。魏王拓跋珪驻军鲁口,派遣长孙肥率领骑兵七千人袭击中山,进入中山外城。慕容麟带兵追击到泒水,被北魏军击败后才返回。

　　八月丙寅这天是初一,魏王拓跋珪迁徙军队到常山的九门。军中发生大规模流行病,士兵、战马大多死亡,将士都想回国。拓跋珪向诸将询问流行病的情况,诸将回答说:"生存的人才占

什四五。"珪曰:"此固天命,将若之何! 四海之民,皆可为国,在吾所以御之耳,何患无民!"群臣乃不敢言。遣抚军大将军略阳公遵袭中山,入其郛而还。

中山饥甚,慕容麟帅二万馀人出据新市。九月甲子晦,魏王珪进军攻之。太史令晁崇曰:"不吉。昔纣以甲子亡,谓之疾日,兵家忌之。"珪曰:"纣以甲子亡,周武不以甲子兴乎?"崇无以对。冬十月丙寅,麟退阻泒水。甲戌,珪与麟战于义台,大破之,斩首九千馀级,麟与数十骑驰取妻子入西山,遂奔邺。

甲申,魏克中山,燕公卿、尚书、将吏、士卒降者二万馀人。

燕人有自中山至龙城者,言拓跋涉圭衰弱,司徒德完守邺城。会德表至,劝燕主宝南还。十二月,宝遣将军启仑视形势。

乙亥,慕容麟至邺,说范阳王德曰:"魏既克中山,将乘胜攻邺,邺中虽有蓄积,然城大难固,且人心惴惧,不可守也。不如南趣滑台。"时鲁阳王和镇滑台,亦遣使迎德。

二年春正月,范阳王德自邺徙滑台。魏卫王仪入邺,追德至河,弗及。赵王麟上尊号于德,德称燕王,以统府行帝制,置百官,以赵王麟为司空,领尚书令。

燕启仑还至龙城,言中山已陷,燕主宝命罢兵。辽西

总人数的十分之四五。"拓跋珪说:"这本来就是天命,有什么办法呢! 四海的百姓,都可以成为国家的臣民,关键在于我用什么办法驾御他们罢了,还担心什么没有人民!"群臣这才不敢说什么了。拓跋珪派遣抚军大将军略阳公拓跋遵袭击中山,进入中山外城后返回。

中山城内饥荒十分严重,慕容麟率领二万多人出城占据新市。九月甲子(二十九日),是本月的最后一天,魏王拓跋珪进军攻击慕容麟。太史令晁崇说:"不吉利。从前商纣王在甲子这天灭亡,称这一天是坏日子,兵家忌讳这一天。"拓跋珪说:"商纣王在甲子这天灭亡,周武王不是在甲子这天兴起了吗?"晁崇无言以对。冬季十月丙寅(初二),慕容麟退兵依靠泒水阻挡北魏军的进攻。甲戌(初十),拓跋珪和慕容麟在义台交战,大败慕容麟的军队,斩杀敌首九千多级。慕容麟和几十名骑兵一起快马带走妻子儿女进入西山,由此逃奔到邺城。

甲申(二十日)这天,北魏军攻克中山,后燕公卿、尚书、将吏、士卒投降的有二万多人。

后燕人有从中山到龙城的,他们说拓跋涉圭的军队衰弱,司徒慕容德完好地守卫着邺城。恰好慕容德的上表来到,劝燕主慕容宝回到南方。十二月,慕容宝派遣将军启仑先去观察形势。

乙亥(十二日)这天,慕容麟到达邺城,游说范阳王慕容德说:"北魏攻克中山以后,将会乘胜攻邺城。邺城内虽然有积蓄,但城池大,难以保证处处坚固,况且人心惊慌恐惧,是不能守住的,不如向南到滑台。"当时鲁阳王慕容和镇守滑台,也派遣使者迎接慕容德。

隆安二年(398)春季正月,后燕范阳王慕容德从邺城迁徙滑台。北魏卫王拓跋仪进入邺城,他派兵追击慕容德到黄河岸边,没有追上。赵王慕容麟向慕容德献上皇帝尊号,慕容德便称燕王,凭借统府地位实行皇帝的制命,设置百官,用赵王慕容麟为司空,兼任尚书令。

后燕启仑回到龙城,说中山已陷落,燕主慕容宝命令罢兵。辽西

王农言于宝曰:"今迁都尚新,未可南征,宜因成师袭库莫奚,取其牛马以充军资,更审虚实,俟明年而议之。"宝从之。己未,北行。庚申,渡浇洛水,会南燕王德遣侍郎李延诣宝,言"涉圭西上,中国空虚",延追宝及之,宝大喜,即日引还。

　　燕主宝还龙城宫,诏诸军就顿,不听罢散,文武将士皆以家属随驾。辽西王农、长乐王盛切谏,以为兵疲力弱,魏新得志,未可与敌,宜且养兵观衅。宝将从之,抚军将军慕舆腾曰:"百姓可与乐成,难与图始。今师众已集,宜独决圣心,乘机进取,不宜广采异同以沮大计。"宝乃曰:"吾计决矣,敢谏者斩!"二月乙亥,宝出就顿,留盛统后事。己卯,燕军发龙城,慕舆腾为前军,司空农为中军,宝为后军,相去各一顿,连营百里。

　　壬午,宝至乙连,长上段速骨、宋赤眉等因众心之惮征役,遂作乱。速骨等皆高阳王隆旧队,共逼立隆子高阳王崇为主,杀乐浪威王宙、中牟熙公段谊及宗室诸王。河间王熙素与崇善,崇拥佑之,故独得免。燕主宝将十馀骑奔司空农营,农将出迎,左右抱其腰,止之曰:"宜小清澄,不可便出。"农引刀将斫之,遂出见宝,又驰信追慕舆腾。

王慕容农向慕容宝进言说:"现在迁都还刚不久,不能南征,应该凭借已集中起来的军队去袭击库莫奚,夺取他们的牛马以充实我军的费用,然后再观察虚实,等待明年来议定南征的事。"慕容宝听从了他的话。己未(二十六日)这天,慕容宝出军向北行进。庚申(二十七日),渡过浇洛水,恰好南燕王慕容德派遣侍郎李延到慕容宝这里,说:"涉圭向西北去了,中原地区空虚。"李延追上了慕容宝,慕容宝听了李延所说的话后,万分高兴,当天就带兵返回。

燕主慕容宝回到龙城宫中,下诏各路军队就地停宿,不允许解散,文武将士都带上家属跟随大驾。辽西王慕容农、长乐王慕容盛激切谏阻,认为"战士疲惫,力量弱小,北魏刚刚获胜,不能与他们做敌手,应该暂且养兵蓄锐,以观察敌人的破绽。"慕容宝打算听从谏言,抚军将军慕舆腾说:"百姓可以和他们一起享受成功果实,难以和他们一起谋划创业。现在军队已经集中起来了,您应该独自决定,乘机进取,不应该广泛采纳相同和不同意见,因此败坏了大的计划。"慕容宝于是说:"我的计谋已经决定了,敢谏阻的人杀头!"二月乙亥(十三日)这天,慕容宝出城到军营中停宿,留下慕容盛统领家里的事情。己卯(十七日),后燕军队从龙城出发,慕舆腾统领前军,司空慕容农统领中军,慕容宝统领后军,互相之间有一营住宿地的距离,军营相连,长达一百里。

壬午(二十日)这天,慕容宝到达乙连,常备卫兵段速骨、宋赤眉等利用军人害怕远征作战这一心理,于是发动叛乱。段速骨等都是高阳王慕容隆过去军队中的士兵,他们共同逼迫众人拥立慕容隆的儿子高阳王慕容崇为国君,杀害乐浪威王慕容宙、中牟熙公段谊以及宗室诸王。河间王慕容熙向来与慕容崇关系很好,慕容崇保护庇佑他,因而得免于难。燕主慕容宝率领十多名骑兵逃奔到司空慕容农的军营中,慕容农打算出营门迎接,身边人员抱住他的腰阻止他,说:"应该稍等事情清楚,局势明朗,不能轻易出营。"慕容农取刀要砍抱腰的人,他们这才放手。于是,慕容农出营见慕容宝,又派快马送信给慕舆腾,将他追回。

癸未,宝、农引兵还趣大营,讨速骨等。农营兵亦厌征役,皆弃仗走,腾营亦溃。宝、农奔还龙城。长乐王盛闻乱,引兵出迎,宝、农仅而得免。

燕尚书顿丘王兰汗阴与段速骨等通谋,引兵营龙城之东。城中留守兵至少,长乐王盛徙内近城之民,得丁夫万馀,乘城以御之。速骨等同谋才百馀人,馀皆为所驱胁,莫有斗志。三月甲午,速骨等将攻城,辽西桓烈王农恐不能守,且为兰汗所诱,夜,潜出赴之,冀以自全。明旦,速骨等攻城,城上拒战甚力,速骨之众死者以百数。速骨乃将农循城,农素有忠节威名,城中之众恃以为强,忽见在城下,无不惊愕丧气,遂皆逃溃。速骨入城,纵兵杀掠,死者狼籍。宝、盛与慕舆腾、余崇、张真、李旱、赵恩等轻骑南走。速骨幽农于殿内。长上阿交罗,速骨之谋主也,以高阳王崇幼弱,更欲立农。崇亲信靦让、出力犍等闻之,丁酉,杀罗及农。速骨即为之诛让等。农故吏左卫将军宇文拔亡奔辽西。

庚子,兰汗袭击速骨,并其党尽杀之。废崇,奉太子策,承制大赦,遣使迎宝,及于蓟城。宝欲还,长乐王盛等皆曰:"汗之忠诈未可知,今单骑赴之,万一汗有异志,悔之无及。不如南就范阳王,合众以取冀州。若其不捷,收南方之众,徐归龙都,亦未晚也。"宝从之。

癸未(二十一日)这天,慕容宝、慕容农带兵返回,向大营进军,讨伐段速骨等人。慕容农军营里的士兵也厌恶远征作战,都丢下兵器逃跑了,慕舆腾的兵营也崩溃了。慕容宝、慕容农逃奔回龙城。长乐王慕容盛听到叛乱的消息后,带兵出城迎接慕容宝等人,慕容宝、慕容农才仅仅得以脱身。

后燕尚书顿丘王兰汗暗中与段速骨等串通勾结,带兵在龙城的东面建营。城中的留守兵非常少,长乐王慕容盛将靠近龙城的居民迁移到城内,得到成年男子一万多人,令他们登上城墙防御叛乱者的进攻。段速骨等同谋才一百多人,其馀的都是被他们驱逼胁迫的,没有斗志。三月甲午(初二)这天,段速骨等将要攻城,辽西桓烈王慕容农恐怕不能守住,而且被兰汗所引诱,夜间偷偷地出城奔赴兰汗军营,希望能够此自我保全。第二天早晨,段速骨等人攻城,城上抗战十分顽强,段速骨的军人死的有一百多人。段速骨便带上慕容农沿城巡行,慕容农向来有忠国节操和威望高名,城内的人依恃他做强大后盾,现在忽然看到他在城下,无不恐慌、吃惊,因而丧气,于是都逃亡溃散。段速骨进城后,放纵士兵杀人掳掠,死者狼藉。慕容宝、慕容盛与慕舆腾、余崇、张真、李早、赵恩等都轻装骑马向南逃跑。段速骨将慕容农幽禁在殿内。常备卫兵阿交罗,是段速骨的谋主,他认为高阳王慕容崇幼小软弱,便想立慕容农为国君。慕容崇的亲信馘让、出力犍等听到这一消息后,在丁酉(初五)这天,杀掉了阿交罗和慕容农。段速骨就为阿交罗和慕容农杀掉了馘让等人。慕容农过去的属吏左卫将军宇文拔逃奔到辽西。

庚子(初八),兰汗袭击段速骨,将他及党羽全部杀掉。废掉慕容崇,尊奉太子慕容策,按照皇帝授权大赦境内。派使者迎接慕容宝,在蓟城追上他们。慕容宝想回龙城,长乐王慕容盛等都说:"兰汗的迎接是忠心还是欺诈不得而知,现在您单独骑马奔赴他那里,万一兰汗有别的打算,后悔都来不及。不如向南到范阳王慕容德那里,集合军队夺取冀州,如果不胜,再收集南方的军队慢慢地回龙城,也不晚。"慕容宝听从了慕容盛等人的建议。

　　夏四月，燕主宝过邺，邺人请留，宝不许。南至黎阳，伏于河西，遣中黄门令赵思告北地王钟曰："上以二月得丞相表，即时南征，至乙连，会长上作乱，失据来此。王亟白丞相奉迎！"钟，德之从弟也，首劝德称尊号，闻而恶之，执思付狱，以状白南燕王德。德谓群下曰："卿等以社稷大计，劝吾摄政。吾亦以嗣帝播越，民神乏主，故权顺群议以系众心。今天方悔祸，嗣帝得还，吾将具法驾奉迎，谢罪行阙，何如？"黄门侍郎张华曰："今天下大乱，非雄才无以宁济群生。嗣帝暗懦，不能绍隆先统。陛下若蹈匹夫之节，舍天授之业，威权一去，身首不保，况社稷其得血食乎！"慕舆护曰："嗣帝不达时宜，委弃国都，自取败亡，不堪多难，亦已明矣。昔蒯聩出奔，卫辄不纳，《春秋》是之。以子拒父犹可，况以父拒子乎！今赵思之言，未明虚实，臣请为陛下驰往诇之。"德流涕遣之。

　　护帅壮士数百人，随思而北，声言迎卫，其实图之。宝既遣思诣钟，于后得樵者，言德已称制，惧而北走。护至，无所见，执思以还。德以思练习典故，欲留而用之。思曰："犬马犹知恋主，思虽刑臣，乞还就上。"德固留之，思怒曰："周室东迁，晋、郑是依。殿下亲则叔父，位为上公，不能帅先群后以匡帝室，而幸本根之倾，为赵王伦之事，

夏季四月，燕主慕容宝经过邺城，邺城人请求他留下，他没有答应。向南到达黎阳，埋伏在黄河西岸，派遣中黄门令赵思告诉北地王慕容钟说："皇上在二月得到丞相的上表后，立即南征，到达乙连，适逢常备卫兵作乱，狼狈地来到这里。请王赶快报告丞相前来奉迎！"慕容钟，是慕容德的堂弟，他第一个劝慕容德称帝，听到赵思的话后，很讨厌他，于是，抓起他来投进监狱，将情况报告给了南燕王慕容德。慕容德对手下群臣说："你们这些人为了国家大计，劝我总领政事。我也认为继位的皇帝流离在外，民神缺乏主人，所以暂时顺应大家的提议，用来维系众人的心。现在上天正在后悔造成的灾祸，继位的皇帝得以回来，我将准备法驾前往奉迎，到行宫阙门道歉请罪，怎么样？"黄门侍郎张华说："现在天下大乱，不是雄才大略的人，不能使百姓渡过危难而获得安宁。继位的皇帝昏庸懦弱，不能继承发扬先帝的国统。陛下如果遵循匹夫的节操，舍弃上天授给的大业，威望权力一旦离身，性命将难以保全，况且国家怎么能继续下去呢！"慕舆护说："继位的皇帝不懂得时运要求他该做什么，抛弃国都，自取败亡，不能够负担起众多危难，这也已经很清楚了。过去蒯聩逃奔出国，后来卫辄不接纳他，《春秋》对此予以肯定，儿子拒绝父亲尚且可以，何况父亲拒绝儿子呢！现在赵思的话，不清楚虚实，我请求替陛下快马前往侦察一下。"慕容德流着泪派遣慕舆护去了。

慕舆护率壮士几百人跟随赵思北行，说是迎接护卫慕容宝，其实是去除掉他。慕容宝已经派遣赵思到慕容钟那里，在后来又找到一个采樵的人，说慕容德已经称帝，他便感到恐惧而向北逃跑。慕舆护到后没有见到慕容宝，便抓住赵思返回。慕容德因为赵思熟习典故，想留下任用他。赵思说："狗马尚且知道眷恋主人，赵思我虽然是宦官，但还是乞求回到皇上身边。"慕容德坚决挽留他，赵思发怒说："周室向东迁移，依靠晋、郑二国。殿下在亲戚中是皇上的叔父，在职位上是上公，不能给各要员首先做出榜样，来辅佐帝室，而庆幸首都的倾覆，做西晋赵王司马伦所做的事，

思虽不能如申包胥之存楚,犹慕龚君宾不偷生于莽世也!"
德斩之。

宝遣扶风忠公慕舆腾与长乐王盛收兵冀州,盛以腾素
暴横,为民所怨,乃杀之。行至钜鹿、长乐,说诸豪杰,皆愿
起兵奉宝。宝以兰汗祀燕宗庙,所为似顺,意欲还龙城,不
肯留冀州,乃北行。至建安,抵民张曹家。曹素武健,请为
宝合众。盛亦劝宝宜且驻留,察汗情状。宝乃遣冗从仆射
李旱先往见汗,宝留顿石城。会汗遣左将军苏超奉迎,陈
汗忠款。宝以汗燕王垂之舅,盛之妃父也,谓必无他,不待
旱返,遂行。盛流涕固谏,宝不听,留盛在后,盛与将军张
真下道避匿。

丁亥,宝至索莫汗陉,去龙城四十里,城中皆喜。汗
惶怖,欲自出请罪,兄弟共谏止之。汗乃遣弟加难帅五百
骑出迎,又遣兄堤闭门止仗,禁人出入。城中皆知其将为
变,而无如之何。加难见宝于陉北,拜谒已,从宝俱进。颍
阴烈公余崇密言于宝曰:"观加难形色,祸变甚逼,宜留三
思,奈何径前!"宝不从。行数里,加难先执崇,崇大呼骂
曰:"汝家幸缘肺附,蒙国宠荣,覆宗不足以报。今乃敢谋
篡逆,此天地所不容,计旦暮即屠灭,但恨我不得手脍汝曹
耳!"加难杀之。引宝入龙城外邸,弑之。汗谥宝曰灵帝,
杀献哀太子策及王、公、卿士百馀人。自称大都督、大将

赵思虽然不能像申包胥那样使楚国存在下去,但还是仰慕龚君宾不在王莽时代苟且偷生。"于是,慕容德杀掉了他。

慕容宝派遣扶风忠公慕舆腾与长乐王慕容盛收罗冀州的军队。慕容盛因为慕舆腾向来暴虐骄横,被百姓所怨恨,便杀掉了他。当走到钜鹿、长乐,他游说各位豪杰,他们都愿意起兵拥护慕容宝。慕容宝因为兰汗祭祀燕国宗庙,所作所为似乎忠顺,便想再回龙城,不肯留在冀州,于是北行。到建安时,在百姓张曹家住。张曹一向英武雄健,他请求为慕容宝集合军队,慕容盛也劝慕容宝应该暂且留驻一下,以观察兰汗的情形。慕容宝这才派遣冗从仆射李旱首先去见兰汗,自己则留在石城住宿。恰好兰汗派遣左将军苏超前来恭敬地迎接,苏超陈述了兰汗的忠诚心情。慕容宝认为兰汗是燕主慕容垂的舅舅,慕容盛妃子的父亲,以为一定不会有其他事情,不等李旱回来,便起程了。慕容盛流着眼泪坚决谏阻,慕容宝不听,留下慕容盛在后边,慕容盛和将军张真往回走躲避藏匿起来。

丁亥(二十四日)这天,慕容宝到达索莫汗陉,离龙城四十里,城中的人都很高兴。兰汗恐慌害怕,想自己出城请罪,他的兄弟一起进谏阻止了他。兰汗便派遣弟弟兰加难率领五百骑兵出城迎接,又派遣哥哥兰堤关闭城门,撤下卫兵,禁止有人出入城。城中人都知道兰汗将发动叛变,但对他又没有什么办法。兰加难在索莫汗陉以北见到慕容宝,拜见完后,跟随慕容宝一起前进。颍阴烈公余崇秘密地对慕容宝说:"我观察兰加难的形态神色,感到灾祸叛变的发生已非常迫近,应该停留下来多考虑考虑,怎么能直接前进呢!"慕容宝不听。走了几里后,兰加难首先抓住余崇,余崇大喊并且骂道:"你们家有幸是皇族的亲戚,蒙受国家的宠爱、荣耀,覆灭宗族不足以报恩。现在竟敢阴谋篡逆,这是天地不容的事情,估计早晚之间就会被杀、灭族,只恨我不能亲手细切你们这些人罢了!"兰加难杀掉了他,带着慕容宝到龙城外住所,杀害了他。兰汗给慕容宝加谥号为灵帝,又杀害了献哀太子慕容策以及王、公、卿、士一百多人。自称大都督、大将

军、大单于、昌黎王，改元青龙。以堤为太尉，加难为车骑将军，封河间王熙为辽东公，如杞、宋故事。

长乐王盛闻之，驰欲赴哀，张真止之。盛曰："我今以穷归汗，汗性愚浅，必念婚姻，不忍杀我，旬月之间，足以展吾情志。"遂往见汗。汗妻乙氏及盛妃皆泣涕请盛于汗，盛妃复顿头于诸兄弟。汗恻然哀之，乃舍盛于宫中，以为侍中、左光禄大夫，亲待如旧。堤、加难屡请杀盛，汗不从。堤骄很荒淫，事汗多无礼，盛因而间之。由是汗兄弟浸相嫌忌。

燕太原王奇，楷之子，兰汗之外孙也，汗亦不杀，以为征南将军。得入见长乐王盛，盛潜使奇逃出起兵。奇起兵于建安，众至数千，汗遣兰堤讨之。盛谓汗曰："善驹小儿，未能办此，岂非有假托其名欲为内应者乎！太尉素骄，难信，不宜委以大众。"汗然之，罢堤兵，更遣抚军将军仇尼慕将兵讨奇。

于是龙城自夏不雨至于秋七月，汗日诣燕诸庙及宝神座顿首祷请，委罪于兰加难。堤及加难闻之怒，且惧诛，乙巳，相与率所部袭仇尼慕军，败之。汗大惧，遣太子穆将兵讨之。穆谓汗曰："慕容盛我之仇雠，必与奇相表里，此乃腹心之疾，不可养也，宜先除之。"汗欲杀盛，先引见，察之。盛妃知之，密以告盛，盛称疾不出，汗亦止不杀。

军、大单于、昌黎王,改年号为青龙。用兰堤为太尉,兰加难为车骑大将军,封河间王慕容熙为辽东公,如同周武王封夏的后人在杞、商的后人在宋的先例。

长乐王慕容盛听到消息后,想快马赶去哀悼,张真阻止他。慕容盛说:"我现在因为走投无路归依兰汗,兰汗生性愚钝、目光短浅,必定会考虑姻亲关系,不忍心杀我。一月之间,足可以施展我的情怀、想法。"于是前去见兰汗。兰汗的妻子乙氏和慕容盛的妃子都为慕容盛向兰汗流泪求情,慕容盛的妃子又向兰汗的兄弟叩头。兰汗感到悲痛,怜悯慕容盛,便让他住在宫中,用为侍中、左光禄大夫,亲待如从前。兰堤、兰加难屡次请求杀掉慕容盛,兰汗没有听。兰堤骄横荒淫,事奉兰汗无礼的地方很多,慕容盛乘机离间他们。由此兰汗兄弟逐渐地互相嫌疑猜忌。

后燕太原王慕容奇,是慕容楷的儿子,兰汗的外孙,兰汗也没有杀他,用他做征南将军。慕容奇找到机会进宫见到长乐王慕容盛,慕容盛秘密让他逃出城去起兵。慕容奇在建安起兵,军队达到几千人,兰汗派遣兰堤前去讨伐他。慕容盛对兰汗说:"慕容奇小儿,没有能力办这种事,难道没有假托他的名义,想做内应的人吗!太尉向来骄横,难以相信,不应该把大军交给他。"兰汗以为慕容盛说得对,便罢免兰堤的兵权,改派抚军将军仇尼慕率军讨伐慕容奇。

到这时,龙城已从夏季直到秋季七月没有下雨,兰汗每天到后燕各宗庙以及慕容宝的神像座位前叩头祈祷、请求,把罪名推到兰加难身上。兰堤和兰加难听到此事后,很气愤,而且害怕被杀,乙巳(十五日)这天,他们共同率领各自所辖军队袭击仇尼慕的军队,将仇尼慕军击败。兰汗知道后,万分恐惧,他派遣太子兰穆率兵讨伐兰堤、兰加难。兰穆对兰汗说:"慕容盛是我们的仇敌,一定和慕容奇相互内外勾结,这才是心腹之患,不能养他,应该先除掉他。"兰汗想杀慕容盛,要首先见到他,对他进行观察,慕容盛的妃子知道了此事,秘密地告诉了慕容盛。慕容盛称病不出来,兰汗也就作罢,没有杀他。

李旱、卫双、刘忠、张豪、张真,皆盛素所厚也,而穆引以为腹心,旱、双得出入至盛所,潜与盛结谋。丁未,穆击堤、加难等,破之。庚戌,飨将士,汗、穆皆醉,盛夜如厕,因逾垣入于东宫,与旱等共杀穆。时军未解严,皆聚在穆舍,闻盛得出,呼跃争先,攻汗,斩之。汗子鲁公和、陈公扬分屯令支、白狼,盛遣旱、真袭诛之。堤、加难亡匿,捕得,斩之。于是内外帖然,士女相庆。宇文拔帅壮士数百来赴,盛拜拔为大宗正。

辛亥,告于太庙,令曰:"赖五祖之休,文武之力,宗庙社稷幽而复显。不独孤以眇眇之身免不同天之责,凡在臣民皆得明目当世。"因大赦,改元建平。盛谦不敢称尊号,以长乐王摄行统制。诸王皆降称公,以东阳公根为尚书左仆射,卫伦、阳璆、鲁恭、王腾为尚书,悦真为侍中,阳哲为中书监,张通为中领军,自馀文武各复旧位。改谥宝曰惠闵皇帝,庙号烈宗。群臣固请上尊号,盛不许。

八月,燕以河间公熙为侍中、车骑大将军、中领军、司隶校尉,城阳公元为卫将军。元,宝之子也。又以刘忠为左将军,张豪为后将军,并赐姓慕容氏。

冬十月癸酉,燕群臣复上尊号,丙子,长乐王盛始即皇帝位,大赦。尊皇后段氏曰皇太后,太妃丁氏曰献庄皇后。

三年。初,秦主登之弟广帅众三千依南燕王德,德以为冠军将军,处之乞活堡。会荧惑守东井,或言秦当复兴,

李旱、卫双、刘忠、张豪、张真,都是慕容盛向来优厚对待的人,而兰穆用他们做心腹,李旱、卫双得以在出入宫时到慕容盛的住处,暗中和慕容盛联系谋划。丁未(十七日),兰穆攻击兰堤、兰加难等,击败他们。庚戌(二十日),用酒食招待将士,兰汗、兰穆都喝醉了,慕容盛夜里到厕所去,趁机越过矮墙进入东宫,与李旱等一起杀死兰穆。当时军队没有解除戒备,都聚集在兰穆的住处,听说慕容盛得以出宫,都欢呼雀跃,奋勇争先,进攻兰汗,杀掉了他。兰汗的儿子鲁公兰和、陈公兰扬分别屯驻令支、白狼,慕容盛派遣李旱、张真分头袭击,杀掉了他们。兰堤、兰加难逃亡藏匿起来,后被搜捕抓到,也杀了头。于是,内外安定下来,士民妇人互相庆贺。宇文拔率领壮士几百人赶来效力,慕容盛任命他为大宗正。

辛亥(二十一日)这天,向太庙告祭,祭文说:"依赖五代祖先的美德,文武大臣的努力,宗庙社稷经历黑暗而重见光明。不只是我用渺小的身躯避免了不顺天意的谴责,凡是活着的燕国臣民,都得以在当代正眼看了。"随后大赦境内,改年号为建平。慕容盛谦虚不敢称皇帝,用长乐王身份代行统府的命令。诸王都降级称公,他任东阳公慕容根为尚书左仆射,卫伦、阳璆、鲁恭、王腾为尚书,悦真为侍中,阳哲为中书监,张通为中领军,其馀文武官吏都恢复旧职。改慕容宝的谥号为惠闵皇帝,庙号为烈宗。群臣坚决请求献上皇帝称号,慕容盛不答应。

八月,后燕朝廷用河间公慕容熙为侍中、车骑大将军、中领军、司隶校尉,城阳公慕容元为卫将军。慕容元是慕容宝的儿子。又用刘忠为左将军,张豪为后将军,并赐他们以慕容为姓。

冬季十月癸酉(十四日)这天,后燕群臣再次献上皇帝称号,丙子(十七日),长乐王慕容盛才登上皇位,大赦天下。尊皇后段氏为皇太后,太妃丁氏为献庄皇后。

三年(399)。最初,秦主苻登的弟弟苻广率领着军队三千人前去依附南燕王慕容德,慕容德任用他为冠军将军,安排他住在乞活堡。适逢火星出现在东井地界上空,有人说前秦将要复兴,

广乃自称秦王,击南燕北地王钟,破之。是时滑台孤弱,土无十城,众不过一万,钟既败,附德者多去德而附广。德乃留鲁阳王和守滑台,自帅众讨广,斩之。

燕主宝之至黎阳也,鲁阳王和长史李辩劝和纳之,和不从。辩惧,故潜引晋军至管城,欲因德出战而作乱。既而德不出,辩愈不自安。及德讨苻广,辩复劝和反,和不从,辩乃杀和以滑台降魏。魏行台尚书和跋在邺,帅轻骑自邺赴之。既至,辩悔之,闭门拒守。跋使尚书郎邓晖说之,辩乃开门内跋。跋悉收德宫人、府库。德遣兵击跋,跋逆击,破之,又破德将桂阳王镇,俘获千馀人。陈、颍之民多附于魏。

南燕右卫将军慕容云斩李辩,帅将士家属二万馀口出滑台赴德。德欲攻滑台,韩范曰:"向也魏为客,吾为主人;今也吾为客,魏为主人。人心危惧,不可复战,不如先据一方,自立基本,乃图进取。"张华曰:"彭城,楚之旧都,可攻而据之。"北地王钟等皆劝德攻滑台。尚书潘聪曰:"滑台四通八达之地,北有魏,南有晋,西有秦,居之未尝一日安也。彭城土旷人稀,平夷无崄,且晋之旧镇,未易可取。又密迩江、淮,夏秋多水。乘舟而战者,吴之所长,我之所短也。青州沃野二千里,精兵十馀万,左有负海之饶,右有山河之固,广固城曹嶷所筑,地形阻峻,足为帝王之都。三齐英杰,思得明主以立功于世久矣。辟闾浑昔为燕臣,

符广便自称秦王,攻击南燕北地王慕容钟,将他击败。这时滑台孤立虚弱,管辖的地带还没有十座城市,军队不超过一万人,慕容钟失败以后,依附慕容德的人大多背离慕容德而归附了符广。慕容德便留下鲁阳王慕容和守卫滑台,自己率军讨伐符广,杀掉了他。

燕主慕容宝到黎阳时,鲁阳王慕容和的长史李辩劝他接纳慕容宝,慕容和没有听从。李辩害怕,所以偷偷地召引东晋军队到管城,想趁慕容德出去作战时发动叛乱。过后,慕容德不出城,李辩更感到不安。等到慕容德去讨伐符广,李辩又劝慕容和造反,慕容和不答应,李辩就杀死慕容和,主动献上滑台城投降北魏。北魏行台尚书和跋当时在邺城,他率领轻装骑兵从邺城赶赴滑台。北魏兵到后,李辩又后悔了,便关闭城门,守城抵御。和跋派尚书郎邓晖游说李辩,李辩才开门接纳和跋。和跋全部没收了慕容德的宫人和府库财物。慕容德派兵攻击和跋,和跋迎击,将其击败;和跋又打败了慕容德的将领桂阳王慕容镇,俘虏一千多人。陈留、颍川的百姓多数归附到北魏一边。

南燕右卫将军慕容云杀掉李辩,率领将士的家属二万多口离开滑台奔赴慕容德所在地。慕容德想攻滑台,韩范说:"以前北魏军是客人,我们是主人;现在我们是客人,北魏是主人。人心畏惧,不能再战,不如先占据一方,自己建立大本营,才可考虑进取。"张华说:"彭城是楚国的旧都,可以攻下并占据它。"北地王慕容钟等人都劝慕容德进攻滑台。尚书潘聪说:"滑台是一个四通八达的地方,北方有北魏,南方有东晋,西方有后秦,居住在里面不曾有一天安宁过。彭城土地空旷,人烟稀少,地势平坦,没有险阻,况且是东晋的旧镇,不容易夺取。又紧靠长江、淮河,夏季、秋季雨水多。乘船作战,是吴人的长处,我们的短处。青州肥沃的土地有二千里,精锐战士有十多万,左边有背靠大海的富饶,右边有泰山、黄河的坚固,广固城是曹嶷所建筑的,地形险峻,足可以做帝王的国都。三齐的英雄豪杰,想得到一个英明的君主以便在世上建立功名已经很久了。辟闾浑过去是燕国的大臣,

今宜遣辩士驰说于前，大兵继踵于后，若其不服，取之如拾芥耳。既得其地，然后闭关养锐，伺隙而动，此乃陛下之关中、河内也。"德犹豫未决。沙门竺朗素善占候，德使牙门苏抚问之。朗曰："敬览三策，潘尚书之议，兴邦之言也。且今岁之初，彗星起奎、娄，扫虚、危。彗者，除旧布新之象，奎、娄为鲁，虚、危为齐。宜先取兖州，巡抚琅邪，至秋乃北徇齐地，此天道也。"抚又密问以年世，朗以《周易》筮之曰："燕衰庚戌，年则一纪，世则及子。"抚还报德，德乃引师而南，兖州北鄙诸郡县皆降之。德置守宰以抚之，禁军士无得虏掠。百姓大悦，牛酒属路。

秋七月，南燕王德遣使说幽州刺史辟闾浑，欲下之。浑不从，德遣北地王钟帅步骑二万击之。德进据琅邪，徐、兖之民归附者十馀万。德自琅邪引兵而北，以南海王法为兖州刺史，镇梁父。进攻莒城，守将任安委城走。德以潘聪为徐州刺史，镇莒城。兰汗之乱，燕吏部尚书封孚南奔辟闾浑，浑表为勃海太守。及德至，孚出降，德大喜曰："孤得青州不为喜，喜得卿耳！"遂委以机密。北地王钟传檄青州诸郡，谕以祸福。辟闾浑徙八千馀家入守广固，遣司马崔诞戍薄荀固，平原太守张豁戍柳泉。诞、豁承檄皆降于德。浑惧，携妻子奔魏，德遣射声校尉刘纲追之，及于莒城，斩之。浑子道秀自诣德，请与父俱死。德曰："父虽不忠，

现在应该派遣能言善辩之士快马赶到前面去游说,大队人马紧跟其后,如果他不归服,消灭他如同拾起一根小草般容易。完全得到这一地区,然后闭关养精蓄锐,等待机会而出动,这就是陛下的关中、河内。"慕容德犹豫不决。沙门竺朗向来善于占卜验问,慕容德派牙门将苏抚去问他。竺朗说:"恭敬地浏览三条计策,潘尚书的建议,是复兴国家的言论。而且,今年的年初,彗星从奎、娄天区兴起,扫过虚、危天区。彗星是除旧布新的天象,奎、娄天区是鲁国,虚、危天区是齐国。应该首先夺取兖州,巡行占领并安抚琅邪,到秋季才向北带兵巡行占领齐国地区,这是上天指示的路线。"苏抚又秘密询问年代,竺朗用《周易》占卜了一下,说:"燕国衰落在庚戌年(410),年岁是一纪十二年,经一代就轮到儿子。"苏抚回来报告慕容德,慕容德这才率领军队向南进攻,兖州北部边境的各郡县都投降了慕容德。慕容德设置守宰以安抚他们,禁令军中将士不得虏掠。百姓万分高兴,送牛、酒的人络绎不绝。

秋季七月,南燕王慕容德派遣使者劝说幽州刺史辟闾浑,想让他投降。辟闾浑不听从,慕容德便派遣北地王慕容钟率领步骑兵二万攻击他。慕容德进军占据琅邪,徐、兖二州的百姓归附的有十多万人。慕容德从琅邪带兵向北进攻,用南海王慕容法为兖州刺史,镇守梁父。南燕兵进攻莒城,守将任安弃城逃走。慕容德用潘聪为徐州刺史,镇守莒城。兰汗叛乱后,后燕吏部尚书封孚向南投降辟闾浑,辟闾浑上表推荐他为勃海太守。到慕容德来到时,封孚出城投降,慕容德万分高兴地说:"我得到青州不是喜事,喜事是得到你!"于是委付他处理机密。北地王慕容钟传递檄文到青州各郡,告诉他们祸福关系。辟闾浑迁徙八千多家进入广固坚守,又派遣司马崔诞防守薄荀固,派平原太守张豁防守柳泉。崔诞、张豁都承奉檄文,向慕容德投降。辟闾浑害怕了,携带妻子儿女投奔北魏。慕容德派遣射声校尉刘纲追赶辟闾浑,在莒城追上了,把他杀掉了。辟闾浑的儿子辟道秀自己去见慕容德,请求与父亲一起死。慕容德说:"父亲虽然不忠诚,

而子能孝。"特赦之。浑参军张瑛为浑作檄,辞多不逊,德执而让之。瑛神色自若,徐曰:"浑之有臣,犹韩信之有蒯通。通遇汉祖而生,臣遭陛下而死,比之古人,窃为不幸耳!"德杀之。遂定都广固。

　　四年,南燕王德即皇帝位于广固,大赦,改元建平。更名备德,欲使吏民易避。追谥燕主暐曰幽皇帝。以北地王钟为司徒,慕舆拔为司空,封孚为左仆射,慕舆护为右仆射。立妃段氏为皇后。

但儿子能孝顺。"特意赦免了他。辟间浑的参军张瑛为辟同浑写檄文,言辞大多不恭顺,慕容德抓住他后责备他。张瑛神色自若,慢吞吞地说:"辟间浑有我,犹如韩信有蒯通。蒯通遇到汉高祖而活下来,我遭遇陛下而死去,和古人相比,我也太不幸了!"慕容德杀掉了他。于是,南燕定都广固。

四年(400),南燕王慕容德在广固登上皇帝位,大赦境内,改年号为建平。改名字为慕容备德,想使官吏百姓容易避讳。追加给燕主慕容晰的谥号为幽皇帝。用北地王慕容钟为司徒,慕舆拔为司空,封孚为左仆射,慕舆护为右仆射。立妃子段氏为皇后。